高顿财经
GOLDEN FINANCE

2019
注册会计师全国统一考试备考用书

U0884010

注册会计师全国统一考试

四维考霸之

会计

高顿财经研究院◎编

"会说话"的CPA智能互动教辅

东北财经大学出版社
Dongbei University of Finance & Economics Press
大连

图书在版编目（CIP）数据

注册会计师全国统一考试四维考霸之会计 / 高顿财经研究院编．—大连：东北财经大学出版社，2019.6

（注册会计师全国统一考试备考用书）

ISBN 978-7-5654-3477-8

Ⅰ．注…　Ⅱ．高…　Ⅲ．会计学-资格考试-自学参考资料　Ⅳ．F230

中国版本图书馆CIP数据核字（2019）第036690号

东北财经大学出版社出版

（大连市黑石礁尖山街217号　邮政编码　116025）

网　址：http：//www.dufep.cn

读者信箱：dufep@dufe.edu.cn

大连图腾彩色印刷有限公司印刷　　东北财经大学出版社发行

幅面尺寸：185mm×260mm　　字数：939千字　　印张：40

2019年6月第1版　　2019年6月第1次印刷

责任编辑：李　栋　周　慧　王　玲　吴　茜　　责任校对：赵　楠　冯志慧　王　娟　石建华　王　玲　李　栋

封面设计：张智波　　版式设计：钟福建

定价：99.00元

教学支持　售后服务　　联系电话：（0411）84710309

如有印装质量问题，请联系营销部：（0411）84710711

“注册会计师全国统一考试备考用书”

编写委员会

序　言

注册会计师行业较快发展并不断做强、做大是国家发展的需要，因为建立和完善我国的注册会计师制度，是保证资金市场正常运转、促进我国会计与国际接轨的一个重要途径。随着执业质量和社会公信力的稳步提升，作为会计信息质量的重要鉴证者、市场经济秩序的重要维护者、企业提高经营管理水平的重要参谋，注册会计师已成为维系正常经济秩序、保障各方合法经济利益的重要社会监督力量。

注册会计师的执业资格标准是注册会计师这一职业群体与社会大众的一种契约标准，注册会计师考试是体现这一契约标准的重要途径之一，也是注册会计师行业人才建设和公信力建设的重要保证和基石。1991年，财政部注册会计师考试委员会先后发布了《注册会计师全国第一次统一考试、考核办法》《注册会计师考试命题原则》《注册会计师全国第一次统考考试工作规则》，从此初步形成了包括规范考试报名条件、考试科目、考试范围、试题结构等内容的考试基本制度以及考试组织管理制度。1991年12月7日至8日，我国举办了第一届注册会计师全国统一考试。自此开始，经过二十多年的发展、改革与完善，注册会计师考试已成为国内声誉最高的职业资格考试之一。

近年来，参加我国注册会计师考试的考生人数明显增多，人们对于注会考试的重视程度也越来越高，但是在不断完善考试形式、丰富考试内容、强化考试管理、提升考试质量的过程中，我国注册会计师考试的难度也逐年加大。由于注册会计师考试涵盖的知识量大、知识面广而且更新迅速，又需要合理的应试策略，因此很多人甚至在学习阶段还没结束时就放弃了参加考试的计划。

高难度的考试需要高质量的备考辅导书，高顿财经研究院的研发团队在经过实践检验的名师讲义基础上融合最新注会考试更新，并增加了考霸笔记、微课点拨和智能测评等内容，将重点放在培养读者的专业知识、基本技能和职业道德上，形成了四个维度的一系列备考辅助资料，可谓逻辑清晰、结构新颖、内容翔实。“是金子总会发光”，希望本系列备考辅导书能在广大注册会计师考生群体中引起共鸣，得到认可，也希望高顿财经研究院能再接再厉，多出精品。

在财政部制定的《会计改革与发展“十三五”规划纲要》中，我们可以看到，不久的将来，我国注册会计师行业的业务领域将得到显著扩展，在公共部门注册会计师审计、涉税服务、管理会计咨询、法务会计服务等新型业务领域，注册会计师们将大有作为。从另一个角度讲，我国对高品质注册会计师人才的需求将会更加迫切。希望会计教育界的同仁们一起，通过扎实的研究、踏实的工作和不懈的努力，共同为促进中国注册会计师行业的发展作出贡献！

刘永泽

前　言 Preface

作决定的刹那，我们有梦想，似乎也拥有无穷的勇气和动力。

备考CPA，是深思熟虑，还是一时冲动的决定？是技多不压身的淡定，还是对深刻蜕变的渴求？已然作出决定并付出代价的事，纵然有千万个“纵然”，我们都下定决心一战到底！

在奋战的路上，“放弃”却成了萦绕在我们心头的主旋律。

梦想是作决定时描绘的美好画卷，却遮盖不了路上的残酷。三千多页的教材，动摇着我们前行的决心；数千个怎么也吃不透的疑难问题，蚕食着我们仅存的动力；练习时的不知所措，终于把所有的勇气击退成一个个“无望”。而所有的“无望”最后都可能汇聚成“放弃”这首主旋律。你瞧那决战之地（考场上），过半之众已然凋零……

不言放弃，是前辈们用智慧战胜一个个无望所积聚的真正勇气。

他们化繁为简，于纷杂中厘清脉络，精炼要点；他们攻坚克难，用一行行笔记书写自己战胜疑难的心得；他们训练有方，通过有效的反馈，不断提升自己实战的能力。他们用自己的智慧战胜一个个“无望”，铸就“不言放弃”的真正勇气。

“四维考霸系列”正是将前辈们（名师与考霸）的这些智慧凝结成名师讲义、考霸笔记、微课点拨、智能测评这“四维”精要，帮你开启省时、省力、省心的备考之路，让你也拥有不言放弃的底气。

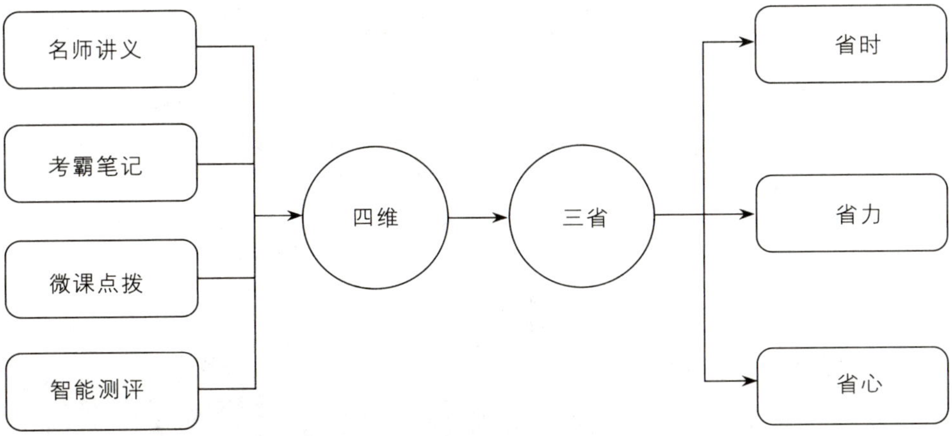

省时的教辅——名师独家精炼讲义，厘清重点！

名师讲义：本套教辅以高顿一线CPA名师10年教学积累的独家讲义为基础文本，涵盖全面、行文简明、结构清晰、内容精炼，可读性强，能帮考生花费更少的时间厘清脉络与重点。

省力的教辅——考霸智慧倾囊助力，攻坚克难！

考霸笔记：我们整理筛选了近百位注会考霸前辈的学习笔记，从最真实的备考视角出发，对考生在学习过程中可能存在的疑难点，通过考霸笔记的形式进行一一注释，使考生无须耗时费力钻研也能在最自然的学习情境中解决困惑。

微课点拨：对于书中知识点，感觉理解上有些难度、存有疑问的地方，考生可以扫描二维码，立即观看短视频微课。这些微课是由高顿一线讲师倾力打造的，3～5分钟精准解决具体问题，让考生无须费力检索就可以轻松获取帮助。全系列图书共两千多堂疑难点微课，让每一堂微课为你精准解决一个问题！

省心的教辅——免费经典应试题库，训练有方！

智能测评：对于书中各部分习题，考生均可扫描二维码，链接到高顿智能测评中心进行在线练习。并可进一步通过测评报告，了解自己的知识掌握情况，从而有针对性地进行复习强化训练。测评题目配有详细的文字解析，重点题目可选择观看视频解析，方便考生熟悉解题思路及答题技巧，使考生能够安心刷题，省心释疑。

我们衷心希望本套教辅能帮助广大考生获取不言放弃的底气，并顺利通过考试。但由于编者的时间和水平有限，在编写过程中难免出现一些疏漏和不足。在此，还望各位读者不吝批评指正，帮助我们不断提高和完善。

编　者

2019年4月

目　录 Contents

第一部分　命题趋势分析与备考建议

第二部分　应试辅导与强化训练

第三部分　跨章节综合集训

第一部分

命题趋势分析与备考建议

一、2019年注册会计师考试基本情况

（一）注册会计师总体考试情况

注册会计师全国统一考试是国家法定职业资格考试，由中国注册会计师协会（简称“中注协”）组织实施。1991年起，注册会计师考试制度不断完善，组织管理不断优化，目前考试划分为专业阶段考试和综合阶段考试，形成了“6+1”考试科目体系。根据中注协公布的数据，截至2018年年底，共有25.37万人通过CPA（注册会计师）考试并取得了全科合格证书。2018年专业阶段考试有139.28万人报名（同比增加20.16%），6个科目合计报考科次381.56万（同比增加21.39%），再创造历史新高，平均出考率为35.46%，较2017年增加了1.78%。2018年专业阶段考试6个科目平均合格率为27.93%，比2017年提高了2.66%。

根据权威机构发布的考试难度调查，以5为很难、4为难、3为一般的标准，以下为近四年注会考试各科难度系数（见附表1-1）。

附表1-1 近四年注会考试各科目难度系数表

年份	2015	2016	2017	2018
会计	3.58	3.19	3.24	3.82
审计	3.86	4.51	2.88	3.49
财务成本管理	3.22	3.46	3.41	3.22
税法	3.35	4.68	3.18	3.01
经济法	3.58	3.19	3.77	3.49
公司战略与风险管理	4.16	3.49	3.65	3.98
整体难度	3.57	3.97	3.36	3.5

CPA考试拼的不仅仅是智商，更是耐心和毅力，CPA出考率低的原因不是考试难度大，而是很多考生在备考过程中选择半途而废或是报名时对自身备考情况的错误预估。备考CPA，只要坚持走到最后，你就会发现CPA并没有传说中那么难！

（二）本科目考试的情况

CPA（注册会计师）考试“会计”科目2018年的报考人数是107.94万，通过率为21.93%。“会计”科目是CPA考试中最基本的，同时也是CPA考试中难度较大的科目之一。对于“会计”科目我们不提倡题海战术，而是建议大家不仅要会做题，更要对题目有深入的理解。

从这几年的命题情况来看，“会计”科目侧重于对基础知识的考查，覆盖面比较广，总体计算量下降，考题综合性增强，“会计”科目主教材各个章节看似独立，其实都有一定的联系，所以看题目时一定要注意联系各章内容进行分析。备考过程中大家研究历年真题是必不可少的，要反复研究真题的考点以及侧重领域，熟悉考试出题的套路，查漏补缺。

二、2019年教材各章节结构及重要程度分析

根据近几年考题情况，每一章知识难度、重要程度和高频题型分析见附表1-2。

附表1-2

各章考情表

章节名称	知识难度	重要程度	高频题型
第一章　总论	★★★	★	选择题
第二章　会计政策、会计估计及其变更和差错更正	★★	★★★	选择题、综合题
第三章　存货	★	★★	选择题
第四章　固定资产	★★	★★	选择题、计算分析题
第五章　无形资产	★	★★	选择题、综合题
第六章　投资性房地产	★★	★★	选择题、计算分析题、综合题
第七章　长期股权投资与合营安排	★★★	★★★	选择题、计算分析题、综合题
第八章　资产减值	★★	★★	选择题、综合题
第九章　负债	★	★	选择题
第十章　职工薪酬	★★	★★	选择题、计算分析题、综合题
第十一章　借款费用	★★	★★	选择题、综合题
第十二章　股份支付	★★	★★	选择题、计算分析题、综合题
第十三章　或有事项	★	★★	选择题、计算分析题、综合题
第十四章　金融工具	★★★	★★★	选择题、计算分析题、综合题
第十五章　所有者权益	★★	★	选择题
第十六章　收入、费用和利润	★★★	★★★	选择题、计算分析题、综合题
第十七章　政府补助	★★	★★	选择题、计算分析题、综合题
第十八章　非货币性资产交换	★	★	选择题
第十九章　债务重组	★	★★	选择题
第二十章　所得税	★★★	★★★	选择题、计算分析题、综合题
第二十一章　外币折算	★★	★★	选择题
第二十二章　租赁	★	★	选择题
第二十三章　财务报告	★★	★★	选择题
第二十四章　资产负债表日后事项	★★	★	选择题
第二十五章　持有待售的非流动资产、处置组和终止经营	★★	★★	选择题
第二十六章　企业合并	★★★	★★	选择题、综合题
第二十七章　合并财务报表	★★★	★★★	选择题、综合题
第二十八章　每股收益	★★	★	选择题
第二十九章　公允价值计量	★	★	选择题
第三十章　政府及民间非营利组织会计	★★	★★	选择题、计算分析题

注：★表示次重要，★★表示重要，★★★十分重要。

三、2019年官方教材主要变化及分析

总体来说，2019年官方教材变化不大，主要变化的章节集中在第十四章、二十三章、二十六章以及第三十章，具体见附表1-3。

附表1-3 **2019年官方教材主要变化及分析**

章节	名称	内容变化情况	考试重要性
第一章	总论	修改内容： 收入要素的确认条件修改为“取得相关商品控制权时确认收入”	☆
第二章	会计政策、会计估计及其变更和差错更正	删除内容： （1）企业应披露的重要会计政策由原来的11条变更为9条，删除收入的确认、合同收入与费用的确认两条 （2）不属于会计政策变更的情况删除关于建造合同的举例	☆☆☆
第三章	存货	本章内容无实质性变动	☆☆
第四章	固定资产	修改内容： 本章中的例题增值税是按照16%的税率进行计算的，但不属于实质性变动	☆☆
第五章	无形资产	无实质性变动	☆☆
第六章	投资性房地产	无实质性变动	☆☆
第七章	长期股权投资与合营安排	修改内容： 涉及金融资产的按照金融资产准则相关规定处理 增加内容： 关于“单独主体的法律形式”中增加单独主体的资产和负债很可能与参与方明显分割开来的相关表述	☆☆☆
第八章	资产减值	无实质性变动	☆☆
第九章	负债	修改内容： 整体无实质性变动，增加注释说明最新增值税税率为13%与9%，但是教材还是按照17%和11%编写。固定资产进项税抵扣规则仍为分期抵扣。	☆
第十章	职工薪酬	无实质性变动	☆☆
第十一章	借款费用	无实质性变动	☆☆
第十二章	股份支付	无实质性变动	☆☆
第十三章	或有事项	无实质性变动	☆☆
第十四章	金融工具	修改内容： （1）重新表述关于企业管理金融资产的业务模式 （2）重新描述应当分类为以公允价值计量且变动计入当期损益的金融资产的举例 （3）重新表述金融工具重分类并增加例题 （4）交易性金融资产处置时原公允价值变动损益不再转入投资收益 （5）交易性金融负债债券性质的利息支出计入财务费用，持有期间计入的公允价值变动损益冲回 （6）金融资产减值重新表述，引入金融工具减值三阶段模型 （7）重新编写金融资产转移 增加内容： （1）增加收益和库存股对每股收益计算的影响 （2）增加永续债的会计处理 删除内容： （1）删除不符合套期关系终止的情况 （2）删除套期会计相关披露、金融资产转移的披露	☆☆☆
第十五章	所有者权益	无实质性变动	☆

续表

章节	名称	内容变化情况	考试重要性
第十六章	收入、费用和利润	无实质性变动	☆☆☆
第十七章	政府补助	无实质性变动	☆☆
第十八章	非货币性资产交换	无实质性变动	☆
第十九章	债务重组	修改内容： 将固定资产转让收益由“营业外收入”修改为“资产处置损益”	☆☆
第二十章	所得税	无实质性变动	☆☆☆
第二十一章	外币折算	无实质性变动	☆☆
第二十二章	租赁	无实质性变动	☆
第二十三章	财务报告	修改内容： （1）利润表按新规定调整： ①不能重分类进损益的其他综合收益的事项增加“其他权益工具投资公允价值变动、企业自身信用风险公允价值变动” ②可以重分类进损益的其他综合收益增加“其他债权投资公允价值变动、其他债权投资信用减值准备、现金流量套期储备” ③增加研发费用、信用减值损失项目，财务费用下增加“其中：利息费用、利息收入”，营业利润下项目顺序变化，其他综合收益的税后净额下边举例项增加，且表述简化 （2）现金流量表补充资料和所有者权益变动表按新规定调整	☆☆
第二十四章	资产负债表日后事项	无实质性变动	☆☆
第二十五章	持有待售的非流动资产、处置组和终止经营	无实质性变动	☆☆
第二十六章	企业合并	增加内容： 区分业务的购买中增加了交易费用处理与递延所得税禁止确认的情形 修改内容： （1）或有对价中新增对非同一控制下企业合并的解释说明：因合并中取得的各项可辨认资产、负债及或有负债的公允价值或企业合并成本只能暂时确定的，购买方应当以所确定的暂时价值为基础对企业合并进行确认和计量。购买日后12个月内对确认的暂时价值进行调整的，视为在购买日确认和计量 （2）反向购买中非100%控股反向购买的情形计算虚拟增发股数及合并成本时，均不考虑少数股权因素	☆☆
第二十七章	合并财务报表	修改内容： 本章无实质性变化，仅针对报表格式按照最新调整，内部债权债务抵销项目本书未做最新调整，但报表项目是按最新的表述	☆☆☆
第二十八章	每股收益	无实质性变动	☆
第二十九章	公允价值计量	无实质性变动	☆

续表

章节	名称	内容变化情况	考试重要性
第三十章	政府及民间非营利组织会计	新增内容： 新增民间非营利组织会计和单位会计的异同的表述 修改内容： （1）单位会计核算的一般原则中，新增部门预算包括的内容 ①事业（预算）收入下新增合同完工进度的确定方式 ②新增事业单位对于因开展专业业务活动及其辅助活动取得的非同级财政拨款收入的账务处理表述 （2）受托代理资产下新增受托代理资产和受托代理负。债核算的说明 删除内容： 删除民间非营利组织会计的特点第4点“由于民间非营利组织采用权责发生制作为会计核算基础，因此设置了费用要素，而没有使用行政、事业单位的支出要素”	☆☆

四、历年考试命题规律总结及2019年命题趋势分析

1.考试题型、题量与分值

CPA会计考试包括单选题、多选题、计算分析题和综合题四种题型，每种题型的题量、分值、时间分配参考总结如下（见附表1-4）：

附表1-4　2019年《会计》考试信息表

题型	说明	题量	分值	考试时间分配参考	
单项选择题	每题2分	12	24	30分钟	150秒/题
多项选择题	每题2分	10	20	25分钟	150秒/题
计算分析题①	10分	1	10	22.5分钟	22.5分钟/题
计算分析题②	10分	1	10	22.5分钟	22.5分钟/题
综合题①	18分	1	18	40分钟	40分钟/题
综合题②	18分	1	18	40分钟	40分钟/题
合计		26	100	180分钟	

2.考试命题规律及趋势分析

近几年“会计”科目的命题趋于务实，更加贴近实际工作，不仅要求大家有扎实的专业基础，更要求大家有专业胜任能力。在对历年真题进行研究的基础上，我们分析了近五年“会计”科目出题的方向和趋势，并给出了应对策略：

（1）客观题：覆盖范围广，考查基础。

包括单项选择题和多项选择题。客观题考查范围广，重点与非重点都有可能涉及，要求大家对教材有全面认识。

单选题主要考查一些概念性的内容和相关的会计处理原则，要求大家理解记忆相关内容，同时有一部分常规计算题。只要基础知识掌握得牢固，在选择题上得分比较容易。

多选题历年来都是文字表述题居多，一部分考题是对知识点的直接还原。

（2）主观题：重点突出，综合考查。

主观题包括计算分析题和综合题。考题大多是会计实务案例，要求大家对知识点有一定的综

合运用能力。

主观题文字量较大，要求大家有较强的信息处理能力，能从大量材料中筛选出对解题有用的信息。由于每一题都涉及许多知识点，大家很难从头到尾将每一个知识点的分都拿到手，但是各小问之间关联性通常不会太强，遇到不会做的问题的时候，可以考虑先跳过，争取将自己能拿到的分数先拿到手。

（3）总体趋势和应对策略（见附表1-5）。

附表1-5 **总体趋势和应对策略**

总体趋势	应对策略
趋势一：重点恒重	重点突出，例如，“会计政策、会计估计变更和前期差错更正”“长期股权投资”“金融工具”“收入、费用和利润”“所得税”“合并财务报表”都是主观题重点考查区域。重点章节重点对待
趋势二：侧重对基础知识的考查	考题涉及的大多是基础知识，切忌花费大量时间钻研考查频率低、分值少的知识点，全面掌握基础知识即可
趋势三：覆盖面广，考核全面	相对于往年，试题出题更加广泛，这就要求大家对基础知识有一个更加全面的掌握
趋势四：总体计算量下降，考题综合性加强	全面掌握各知识点，平时做好知识储备，融会贯通
趋势五：考题贴近实务、偶尔出其不意	命题人喜欢考实务中新变化的内容（比如政府会计相关内容就成为了这两年的考点），这就要求大家加强对基本原理的理解与运用，平时做题能够举一反三，做到以不变应万变

五、应试备考建议

1.制订合理的学习计划并严格执行

“凡事预则立，不预则废”。备考之前，一定要制订清晰、实用的学习计划。这里给大家的建议是将整个备考过程分为三个阶段：

第一阶段：基础阶段。

建议学习时间：200小时～250小时。

基础阶段计划表见附表1-6。

附表1-6 **基础阶段计划表**

目标	建立知识框架，打好基础，攻克客观题
内容	通读教材，以听课为主，按章做题
方法	本阶段应以章为单位，借助网课和真题，对教材进行整体通读理解，步步为营，打好基础 第一步：听课辅助理解 在对教材有整体性掌握的基础之上，紧跟网课理解相关知识点，跟随着老师的步伐学习相关知识点，最好不要自己死抠教材，结合网课学习绝对比自己看书学习的效率更高、效果更好。在老师讲解的基础上，借助讲义搞清楚每一个知识点的内容。对于复杂且难以理解的章节（如：长投合并）需反复听课，直到弄懂为止 第二步：通读教材 将官方教材快速通读一遍，明白这一科有多少章，主要涉及哪些内容，对教材有一个整体性的掌握，同时明白哪些是重点章，哪些是非重点章，做到主次分明，有的放矢 第三步：整章练习 在知识掌握到一定程度之后，通过做题来测试对知识点的掌握程度和应试能力。做题的目的不仅仅是要做对，更应该是对知识点的巩固和记忆，尤其是客观题，每个选项对应的知识点和陷阱都应该掌握 对于不懂的地方，应当及时补上，特别困难的地方，再反复听网课进行理解和回顾

第二阶段：强化阶段。

建议学习时间：50小时～60小时。

强化阶段计划表见附表1-7。

附表1-7 强化阶段计划表

目标	对主观题进行专项突破
内容	集中攻克重难点章节，突击训练主观题
方法	集中、反复练习近3～5年真题中的主观题，掌握主观题的出题重点和规律，做到复习更具针对性。比如常考的长投合并、差错更正、所得税等大题，必须熟练掌握 同时，在练习过程当中，还要多思考，注意领会解题步骤和方法，使自己的解题答案尽量贴近标准答案，以提高得分率

第三阶段：冲刺阶段。

建议学习时间：50小时～60小时。

冲刺阶段计划表见附表1-8。

附表1-8 冲刺阶段计划表

目标	熟悉机考，培养考感，查漏补缺
内容	套卷模拟测试，整体回顾复习
方法	考前花一点时间，在之前以考点为基础进行练习的基础之上，进行广泛覆盖考点的套卷练习 套卷练习需完全模拟考试环境进行，因此需要按考试时间（3个小时），并在机考环境下进行。建议直接使用中注协机考模拟系统（http://cpademo.cicpa.org.cn）进行练习。试卷完成后必须进行反思，查漏补缺 在最后冲刺阶段，最好不要像基础阶段那样采用地毯式的复习方式，而要在突出重点的基础之上，发现有什么地方不明白的，尽快及时解决，尽量做到复习无漏洞 冲刺阶段完成后，你就可以从容步入考场，成功已经在向你招手了

2.考试时间合理分配

"会计"科目的考题题干长、主观题文字输入量大，而考试时间只有3小时，从往年考试的情况来看，大多数考生的时间是不够用的。建议大家可以从三方面着手，提高答题速度：

第一，在学习备考过程中要基础扎实，这样考试时才能反应迅速，节省时间。

第二，在平时的练习中，要注意提高答题效率和打字速度，尤其是在做主观题时，建议直接在电脑上用Word来答题，以模拟机考环境。考前可以进入中注协机考模拟系统（http://cpademo.cicpa.org.cn）多多练习，提高机考答题的熟练度。

第三，在正式考试中，将有限的时间合理分配给各种题型，这样通过的把握会大大提升。

了解了考试的命题规律和备考方法建议，接下来，就请你严格执行学习计划，一步一个脚印，千万不要轻易放弃！

CPA考试是一场马拉松，胜利属于坚持到最后的人。

第二部分

应试辅导与强化训练

本章导学

第一章 总论

本章框架图

考霸笔记

本章内容大多是理论性知识，比较抽象，题目的设置一般与后续章节的具体会计处理有关。建议第一遍学习本章时，先了解基本概念，待后续章节学完之后再揣摩本章的有关内容。

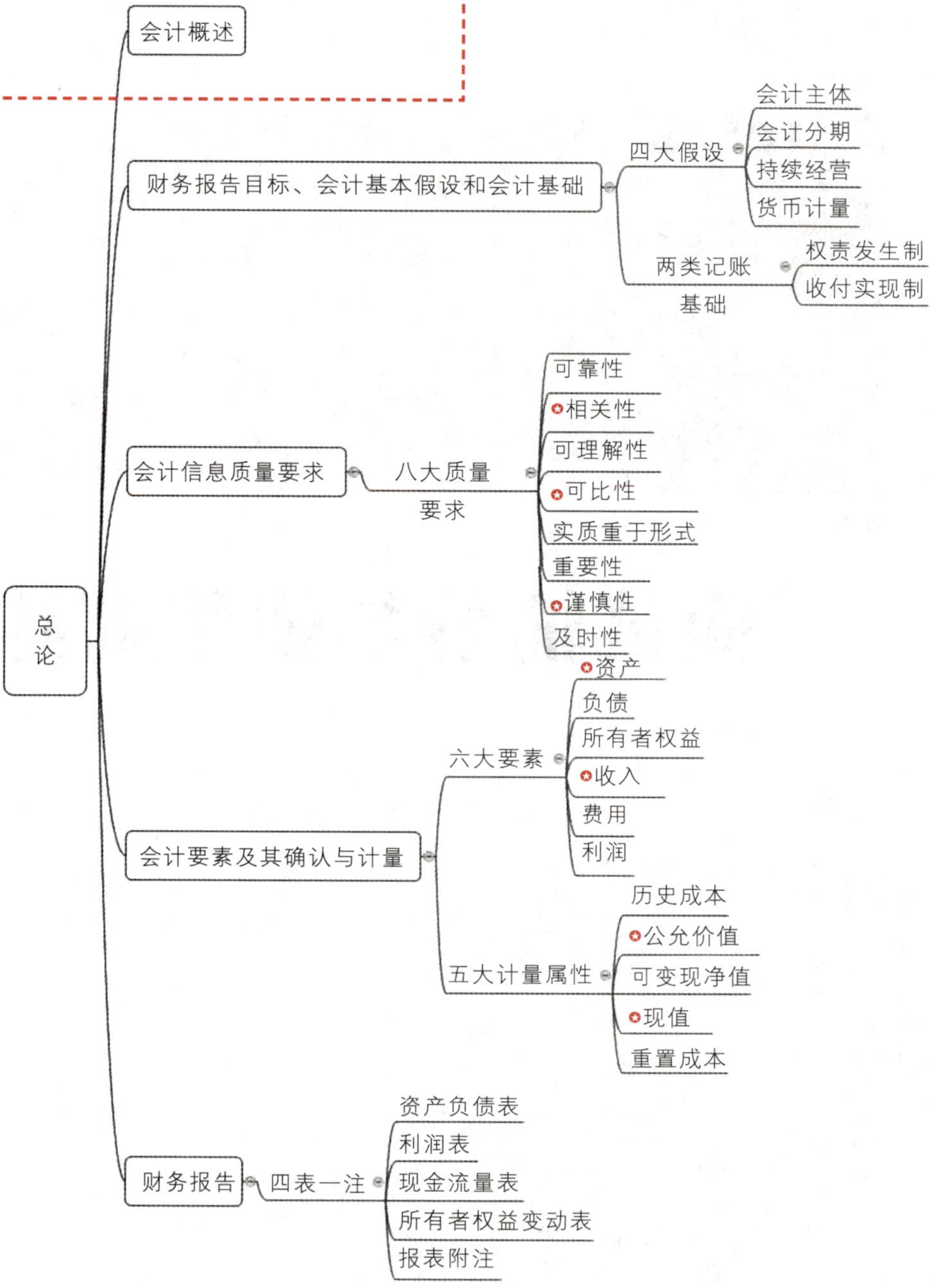

本章考情概述

本章阐述了会计的定义、财务报告目标、会计基本假设、会计信息质量要求、会计要素确认与计量等问题。本章所阐述的基本概念与理论，对后续章节具有统驭作用。

本章应当关注的问题：（1）会计基本假设；（2）会计基础；（3）会计信息质量要求；（4）会计要素的确认与计量。

近三年主要考点：（1）实质重于形式的理解与运用；（2）会计要素的增减变动。

2019年教材主要变化

根据新收入准则对收入要素的确认条件作了修订。

第一节　会计概述

◇会计的定义

◇会计的作用

◇企业会计准则的制定与企业会计准则体系

一、会计的定义

会计是以货币为主要计量单位，反映和监督一个单位经济活动的一种经济管理工作。

反映和监督：反映企业的财务状况、经营成果和现金流量，并对企业经营活动和财务收支进行监督。

> **考霸笔记**
> 财务状况：体现于“资产负债表”。
> 经营成果：体现于“利润表”。
> 现金流量：体现于“现金流量表”。

二、会计的作用

1.提供决策有用的信息，提高企业透明度，规范企业行为。

2.加强经营管理，提高经济效益，促进企业可持续发展。

3.考核企业管理层经济责任的履行情况。

三、企业会计准则的制定与企业会计准则体系

根据《中华人民共和国会计法》的规定，中国企业会计准则由财政部制定。2006年2月15日，财政部发布了企业会计准则体系。该体系由基本准则、具体准则、应用指南和解释组成。

第二节　财务报告目标、会计基本假设和会计基础

◇财务报告目标

◇会计基本假设

◇会计基础

一、财务报告目标

1.财务报告目标的受托责任观和决策有用观

财务报告目标从传统上讲有两种观点：

①受托责任观；②决策有用观。财务报告目标分类表，见表1-1。

表1-1 **财务报告目标分类表**

项目	受托责任观（回顾过去）	决策有用观（展望未来）
形成基础	公司制企业，所有权与经营权分离	资本市场的发展
核心内容	财务报告目标应以恰当方式，有效反映受托者受托管理委托人财产责任的履行情况。财务报告在委托人和受托人之间扮演着桥梁的作用，核心是揭示过去的经营活动与财务成果	财务报告应当向投资者等外部使用者提供对决策有用的信息，尤其是提供与企业财务状况、经营成果、现金流量等相关的信息，从而有助于使用者评价公司未来现金流量的金额、时间和不确定性

2.我国关于财务报告目标的规定

我国的财务报告目标兼顾了决策有用观和受托责任观。

我国会计基本准则规定财务报告的目标是向财务报告使用者提供与企业财务状况、经营成果和现金流量等有关的会计信息，反映企业管理层受托责任履行情况，有助于财务报告使用者作出经济决策。

其中，财务报告使用者主要包括投资者、债权人、政府及其有关部门和社会公众等。

如何理解会计四大基本假设

二、会计基本假设

会计基本假设是企业会计确认、计量和报告的前提，是对会计核算所处时间、空间环境等所作的合理设定。会计基本假设包括会计主体、持续经营、会计分期和货币计量。

（一）会计主体（见表1-2）

表1-2 **会计主体知识表**

概念	企业会计确认、计量和报告的空间范围
作用	明确界定会计主体是开展会计确认、计量和报告工作的重要前提 ①明确会计主体，才能划定会计所要处理的各项交易或事项的范围 ②明确会计主体，才能将会计主体的交易或者事项与会计主体所有者的交易或者事项以及其他会计主体的交易或者事项区分开来

考霸笔记

辨析：分公司VS子公司。

分公司：不是法律主体，因为分公司没有法人资格。

子公司：既是会计主体，又是法律主体。

（★）会计主体VS法律主体（见表1-3）。

表1-3 **会计主体VS法律主体知识表**

项目	会计主体	法律主体
概念	企业会计确认、计量和报告的空间范围	活跃在法律之中，享有权利、负有义务和承担责任的人或法人
关系	一般来说，一个法律主体必然是一个会计主体。但是，会计主体不一定是法律主体	

举例：

（1）一家企业作为一个法律主体，一般来说也是一个会计主体；

（2）企业集团是一个会计主体，编制合并财务报表；

（3）由企业管理的证券投资基金、企业年金基金等，尽管不属于法律主体，但属于会计主体，应当对每项基金进行会计确认、计量和报告。

（二）持续经营（见表1-4）

表1-4 **持续经营知识表**

概念	在可以预见的将来，企业将会按当前的规模和状态继续经营下去，不会停业，也不会大规模削减业务
运用	在持续经营的前提下，会计确认、计量和报告应当以企业持续、正常的生产经营活动为前提 举例：会计主体将按照既定用途使用资产，按照既定的合约条件清偿债务；企业的固定资产会在持续经营的生产经营过程中长期发挥作用，并服务于生产经营过程，固定资产可以根据历史成本进行记录，并采用折旧的方法，将历史成本分摊到各个会计期间或相关产品的成本中

（三）会计分期（见表1-5）

持续经营是会计分期的前提。

考霸笔记

因为会计分期假设，就有了当期和下期的概念，从而产生了权责发生制和收付实现制。

表1-5 **会计信息知识表**

概念	将一家企业持续经营的生产经营活动划分为一个个连续的、间隔相同的期间
目的	按期编报财务报告，从而及时向财务报告使用者提供有关企业财务状况、经营成果和现金流量的信息
运用	折旧、摊销

会计期间通常分为年度和中期。中期，是指短于一个完整的会计年度的报告期间，如月度、季度、半年度等。

（四）货币计量

概念：会计主体在财务会计确认、计量和报告时以货币计量，反映会计主体的生产经营活动。

在有些情况下，统一采用货币计量也有缺陷，某些影响企业财务状况和经营成果的因素，如企业经营战略、研发能力、市场竞争力等，往往难以用货币来计量，但这些信息对于使用者决策来讲也很重要，为此，企业可以在财务报告中补充披露有关非财务信息来弥补上述缺陷。

例1-1·2016年单选题

甲公司2×14年12月20日与乙公司签订商品销售合同。合同约定：甲公司应于2×15年5月20日前将合同标的商品运抵乙公司并通过验收，在商品运抵乙公司前灭失、毁损、价值变动等风险由甲公司承担。甲公司该项合同中所售商品为库存W商品。2×14年12月30日，甲公司根据合同向乙公司开具了增值税专用发票并于当日确认了商品销售收入。W商品于2×15年5月10日发出并于5月15日运抵乙公司验收合格。对于甲公司2×14年W商品销售收入确认的恰当性判断，除考虑与会计准则规定的收入确认条件的符合性以外，还应考虑的可能违背的会计基本假设是（　　）。

A.会计主体　　　　B.会计分期

C.持续经营　　　　D.货币计量

【答案】B

【解析】会计分期的目的之一就在于将收入的确认和计量归入正确的会计期间（既不能提前，也不能推迟）

三、会计基础

企业会计的确认、计量和报告应当以权责发生制为基础。

权责发生制VS收付实现制（见表1-6）

考霸笔记

权责发生制举例：某企业于2017年1月预付1～3月房租共30万元，则1月份按照权责发生制，只确认10万元费用。

表1-6　**权责发生制VS收付实现制知识表**

项目	定义	适用主体
权责发生制	凡是当期已经实现的收入和已经发生或负担的费用，无论款项是否收付，都应当作为当期的收入和费用，计入利润表。凡是不属于当期的收入和费用，即使款项已在当期收付，也不应当作为当期的收入和费用	企业、事业单位的经营业务
收付实现制	收付实现制是与权责发生制相对应的一种会计基础，它是以收到或支付的现金作为确认收入和费用等的依据	行政单位、事业单位除经营业务以外的其他业务

考霸笔记

用多少记多少；收多少记多少。企业的年报中，唯有现金流量表以收付实现制为基础编制，其他报表均采用权责发生制编制。因而编制现金流量表时需作大量调整。

第三节　会计信息质量要求

会计信息质量要求主要包括可靠性、相关性、可理解性、可比性、实质重于形式、重要性、谨慎性和及时性等，具体见表1-7。

表1-7　**会计信息质量要求知识表**

项目	含义	运用
可靠性	以实际发生的交易或事项为依据进行确认、计量和报告	如实、完整、中立、无偏
相关性	会计信息应当与投资者等财务报告使用者的经济决策需要相关	会计信息在可靠性的前提下，尽可能做到相关性
可理解性	会计信息应当清晰明了	
可比性（★）	会计信息应当相互可比	只要企业的会计处理符合准则的规定，都是具有可比性的
实质重于形式（★★★）	企业应当按照交易或者事项的经济实质进行会计确认、计量和报告，不应仅以交易或者事项的法律形式为依据	融资租入固定资产、售后租回形成融资租赁、强制付息义务的优先股，应确认为负债
重要性	会计信息应当反映与企业财务状况、经营成果和现金流量有关的所有重要交易或者事项	从项目的性质和金额大小两方面加以判断。如果会计信息的省略或者错报会影响投资者等财务报告使用者的决策与判断，那么该信息就具有重要性
谨慎性（★）	企业对交易或者事项进行会计确认、计量和报告时应当保持应有的谨慎，不应高估资产（或者收益）、低估负债（或者费用）	减值准备、预计负债；不允许企业设置秘密准备
及时性	企业对于已经发生的交易或者事项，应当及时进行确认、计量和报告，不得提前或者延后	及时收集、及时处理、及时传递会计信息 对相关性和可靠性起着制约作用

实质重于形式的归纳汇总

对“可比性”的解释——可比性主要包括两层含义：

（一）同一企业不同时期可比

要求同一企业不同时期发生的相同或者相似的交易或者事项，应当采用一致的会计政策，不得随意变更。但是，如果按照规定或者在会计政策变更后可以提供更可靠、更相关的会计信息，可以变更会计政策。企业有关会计政策变更的情况，应当在报表附注中予以说明。

（二）不同企业相同会计期间可比

要求不同企业同一会计期间发生的相同或者相似的交易或者事项，应当采用相同或相似的会计政策，确保会计信息口径一致、相互可比，以使不同企业按照一致的确认、计量和报告要求提供有关会计信息。

例1-2·2017年单选题

甲公司销售乙产品，同时对售后3年内因产品质量问题承担免费保修义务。有关产品更换或修理至达到正常使用状态的支出由甲公司负担。2×16年，甲公司共销售乙产品1 000件，根据历史经验估计，因履行售后保修承诺预计将发生的支出为600万元，甲公司确认了销售费用，同时将其确认为预计负债。甲公司该会计处理体现的会计信息质量要求是（　　）。

A.可比性　　　　B.实质重于形式

C.谨慎性　　　　D.及时性

【答案】C

【解析】资产减值和负债的提前确认都是谨慎性原则的体现。

例1-3·2017年单选题

甲公司在编制2×17年度财务报表时，发现2×16年度某项管理用无形资产未摊销，应摊销金额20万元，甲公司将该20万元补记的摊销额计入了2×17年度的管理费用。甲公司2×16年和2×17年实现的净利润分别为20 000万元和18 000万元。不考虑其他因素，甲公司上述会计处理体现的会计信息质量要求是（　　）。

A.重要性　　　　B.相关性

C.可比性　　　　D.及时性

【答案】A

【解析】本题中2×16年漏提了20万元摊销金额，原本应当调整2×17年报表的年初数，但是因为20万元相对于甲公司两年的净利润而言金额都比较小，因此按照重要性原则可以将差错视同当期差错处理。

例1-4·2015年多选题

下列各项交易事项的会计处理中，体现实质重于形式原则的有（　　）。

A.将发行的附有强制付息义务的优先股确认为负债

B.将企业未持有权益但能够控制的结构化主体纳入合并范围

C.将附有追索权的商业承兑汇票出售确认为质押贷款

D.承租人将融资租入固定资产确认为本企业的固定资产

【答案】ABCD

【解析】该题考查的是会计信息质量要求“实质重于形式”的知识点。

考霸笔记

此处优先股股息是“强制”支付的，无论企业是否盈利都需支付利息，其实质就是一项负债。

考霸笔记

未持有权益（股份），形式上没控制，实质上控制了，实质重于形式需要纳入合并范围。

例 1-5 · 2014年单选题

考霸笔记
谨慎性：资产不宜高估，负债不宜低估。

下列各项中，体现实质重于形式这一会计信息质量要求的是（　　）。

A.确认预计负债

B.对存货计提跌价准备

C.对外公布财务报表时提供可比信息

D.将融资租入固定资产视为自有资产入账

【答案】D

【解析】选项A、B，体现谨慎性要求；选项C，体现可比性要求；选项D，形式上不属于承租人的自有资产，但是从实质上来看，承租人已取得对该项资产的控制，应作为自有资产核算，因此体现实质重于形式会计信息质量要求。

第四节　会计要素及其确认与计量

◇会计要素的定义及确认条件

◇会计要素的计量属性及其应用原则

会计要素是根据交易或者事项的经济特征所确定的财务会计对象的基本分类。会计要素按照其性质分为资产、负债、所有者权益、收入、费用和利润。会计要素分类图，如图1-1所示。

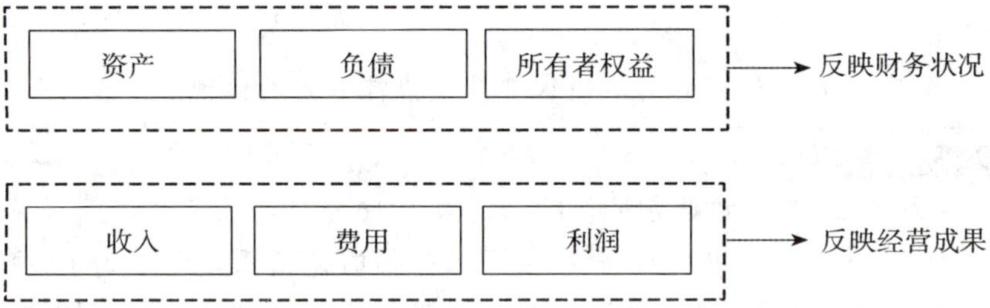

图1-1　会计要素分类图

如何深入理解会计恒等式?

一、会计要素的定义及确认条件

（一）资产的定义及其确认条件

1.资产的定义与特征（见表1-8）

表1-8　　资产的定义与特征

定义	企业过去的交易或者事项形成的，为企业拥有或者控制的，预期会给企业带来经济利益的资源
特征	（1）资产预期会给企业带来经济利益 （2）资产应为企业拥有或者控制的资源 （3）资产是由企业过去的交易或者事项形成的

考霸笔记
资产的确认条件在这里是概括说明，后续章节还会学到诸如固定资产、无形资产等具体资产的确认条件，与这里一致。

2.资产的确认条件

将一项资源确认为资产，需要符合资产的定义，还应同时满足以下两个条件：

（1）与该资源有关的经济利益很可能流入企业；

（2）该资源的成本或者价值能够可靠地计量。

（二）负债的定义及其确认条件

1.负债的定义与特征（见表1-9）

表1-9　负债的定义与特征

定义	企业过去的交易或者事项形成的、预期会导致经济利益流出企业的现时义务
特征	（1）负债是企业承担的现时义务 （2）负债预期会导致经济利益流出企业 （3）负债是由企业过去的交易或者事项形成的

2.负债的确认条件

将一项现时义务确认为负债，需要符合负债的定义，还需要同时满足以下两个条件：

（1）与该义务有关的经济利益很可能流出企业；

（2）未来流出的经济利益的金额能够可靠地计量。

（三）所有者权益的定义及其确认条件

1.所有者权益的定义与来源（见表1-10）

表1-10　所有者权益知识表

定义	企业资产扣除负债后，由所有者享有的剩余权益。公司的所有者权益又称为股东权益
来源	（1）所有者投入的资本 （2）直接计入所有者权益的利得和损失（其他综合收益） （3）留存收益等

（1）所有者投入的资本

它是指企业注册资本或者股本，也包括投入资本超过注册资本或者股本部分的金额，即资本溢价或者股本溢价，计入了资本公积，并在资产负债表中的资本公积项目下反映。

（2）直接计入所有者权益的利得和损失（其他综合收益）

它是指不应计入当期损益、会导致所有者权益发生增减变动的、与所有者投入资本或者向所有者分配利润无关的利得或者损失。直接计入所有者权益的利得和损失主要包括以公允价值计量且其变动计入其他综合收益的金融资产的公允价值变动额、现金流量套期中套期工具的公允价值变动额（有效套期部分）等，如图1-2所示。

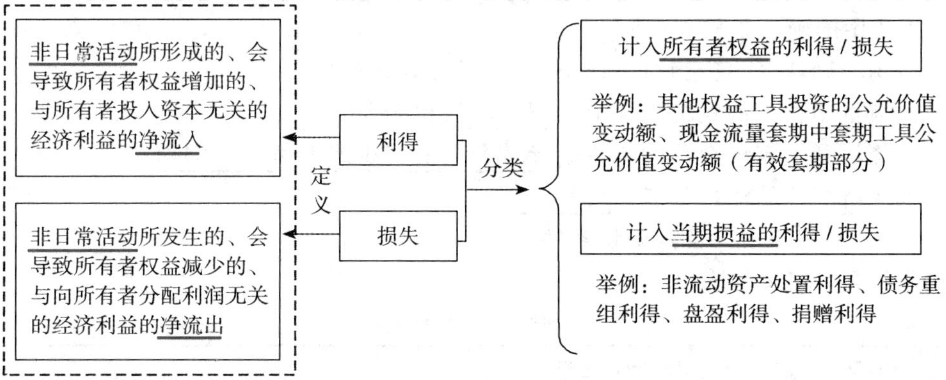

图1-2　直接计入所有者权益的利得和损失知识图

（3）留存收益

留存收益是企业历年实现的净利润留存于企业的部分，主要包括累计计提的盈余公积和未分配利润。

2.所有者权益的确认条件

所有者权益的确认主要依赖于其他会计要素，尤其是资产和负债的确认，其金额的确定也主要取决于资产和负债的计量。

收入	日常活动、导致所有者权益增加、与所有者投入资本无关、经济利益的总流入
利得	非日常活动、导致所有者权益增加、与所有者投入资本无关、经济利益的净流入

（四）收入的定义及其确认条件

1.收入的定义与特征（见表1-11）

表1-11 **收入的定义与特征**

定义	企业在日常活动中形成的、会导致所有者权益增加的、与所有者投入资本无关的经济利益的总流入
特征	（1）收入是企业在日常活动中形成的 （2）收入是与所有者投入资本无关的经济利益的总流入 （3）收入会导致所有者权益的增加

日常活动：企业为完成其经营目标所从事的经常性活动以及与之相关的活动。如工业企业制造并销售产品等。

2.收入的确认条件

收入的确认至少应当符合以下条件：

企业应当在履行了合同中的履约义务，即在客户取得相关商品控制权时确认收入。取得相关商品控制权，是指能够主导该商品的使用并从中获得几乎全部的经济利益。

费用	日常活动、导致所有者权益减少、与向所有者分配利润无关、经济利益的总流出
损失	非日常活动、导致所有者权益减少、与向所有者分配利润无关、经济利益的净流出

（五）费用的定义及其确认条件

1.费用的定义与特征（见表1-12）

表1-12 **费用的定义与特征**

定义	企业在日常活动中发生的、会导致所有者权益减少的、与向所有者分配利润无关的经济利益的总流出
特征	（1）费用是企业在日常活动中形成的 （2）费用是与向所有者分配利润无关的经济利益的总流出 （3）费用会导致所有者权益的减少

2.费用的确认条件

费用的确认至少应当符合以下条件：（同时满足）

①与费用相关的经济利益应当很可能流出企业；

②经济利益流出企业的结果会导致资产的减少或者负债的增加；

③经济利益的流出额能够可靠计量。

（六）利润的定义及其确认条件

1.利润的定义与来源（见表1-13）

表1-13 **利润的定义与来源**

定义	企业在一定会计期间的经营成果
来源	（1）收入减去费用后的净额（反映的是企业日常活动的业绩） （2）直接计入当期利润的利得和损失等（反映的是企业非日常活动的业绩）

考霸笔记
例：非股东捐赠利得、非日常政府补助利得、罚款等。

直接计入当期利润的利得和损失，是指应当计入当期损益、最终会引起所有者权益发生增减变动的、与所有者投入资本或向所有者分配利润无关的利得或者损失。

考霸笔记
利润表中影响利润总额的科目。

2.利润的确认条件

利润的确认主要依赖于收入和费用以及利得和损失的确认，其金额的确定也主要取决于收入、费用、利得和损失金额的计量。

例1-6·2014年多选题

下列交易事项中，能够引起资产和所有者权益同时发生增减变动的有（　　）。

A.分配股票股利（所有者权益总额不变）　　B.接受现金捐赠

C.财产清查中固定资产盘盈　　D.以银行存款支付原材料采购价款

【答案】BC

【解析】选项A，属于所有者权益内部结转，不影响资产；选项D，属于资产内部增减变动。

例1-7·2012年多选题

下列各项中，属于应计入损益的利得的有（　　）。

A.处置固定资产产生的净收益

B.重组债务形成的债务重组收益

C.持有其他债权投资公允价值增加额

D.对联营企业投资的初始投资成本小于应享有投资时联营企业净资产公允价值份额的差额

【答案】BD

【解析】选项C，持有可供出售金融资产公允价值增加额计入其他综合收益，属于直接计入所有者权益的利得。本题原有答案为ABD，但是根据《关于修订印发一般企业财务报表格式的通知》（财会〔2017〕30号）的规定，处置固定资产产生的净收益应当计入“资产处置损益”科目，该损益在利润表上对应的报表项目为“资产处置收益/损失”，位于“营业利润”项目上方，所以不再属于利得。答案应改为BD。

二、会计要素计量属性及其应用原则

会计五大计量属性的应用。

（一）会计要素计量属性

会计计量是为了将符合确认条件的会计要素登记入账并列报于财务报表而确定其金额的过程。会计要素计量属性主要包括历史成本、重置成本、可变现净值、现值和公允价值等，见表1-14。

表1-14　**会计要素计量属性知识表**

项目	含义	应用
历史成本	又称实际成本，是取得或制造某项财产物资时所实际支付的现金或者其他等价物	企业在对会计要素进行计量时，一般应当采用历史成本
重置成本	又称现行成本，是指按照当前市场条件，重新取得同样一项资产所需支付的现金或现金等价物的金额	盘盈的资产等
可变现净值	在正常生产经营过程中，以预计售价减去进一步加工成本和销售所必需的预计税金、费用后的净值	存货的期末计量等
现值	对未来现金流量以恰当的折现率进行折现后的现值，是考虑货币时间价值因素的一种计量属性	分期付款购入固定资产、存在弃置费用的固定资产入账价值计算等
公允价值	市场参与者在计量日发生的有序交易中，出售一项资产所能收到或者转移一项负债所应支付的价格	以公允价值计量且其变动计入当期损益的金融资产、以公允价值计量且其变动计入其他综合收益的金融资产等

考霸笔记

大部分资产和负债都以历史成本计量。

例 1-8 · 2012 年多选题

下列各项资产、负债中，应当采用公允价值进行后续计量的有（　　）。

A.持有以备出售的商品

B.为交易目的而持有的5年期债券

C.远期外汇合同形成的衍生金融负债

D.实施以现金结算的股份支付计划形成的应付职工薪酬（“股份支付”）

【答案】BCD

【解析】存货按照成本与可变现净值孰低法进行期末计量，不采用公允价值计量，故选项A错误；为交易目的而持有的债券属于交易性金融资产核算的范围，后续计量应采用公允价值模式，故选项B正确；远期外汇合同形成的衍生金融负债属于交易性金融负债，后续计量应采用公允价值模式，故选项C正确；实施以现金结算的股份支付计划形成的应付职工薪酬，应以股价的公允价值为基础确定，故选项D正确。

如何区分账面余额、账面净值、账面价值?

例 1-9 · 2011 年多选题

下列各项关于资产期末计量的表述中，正确的有（　　）。

A.固定资产按照市场价格计量

B.持有至到期投资按照市场价格计量

C.交易性金融资产按照公允价值计量

D.存货按照成本与可变现净值孰低法计量

E.应收款项按照账面价值与其预计未来现金流量现值孰低计量

考霸笔记：按账面余额与其预计未来现金流量现值孰低法计量。

【答案】CD

【解析】固定资产按照账面价值与可收回金额孰低法计量，故选项A错误；持有至到期投资按照账面余额与其预计未来现金流量现值孰低法计量，故选项B错误；应收款项按照账面余额与其预计未来现金流量现值孰低法计量，故选项E错误。

（二）计量属性的应用原则

企业在对会计要素进行计量时，一般应当采用历史成本法。采用重置成本、可变现净值、现值、公允价值计量的，应当保证所确定的会计要素金额能够取得并能可靠计量。

第五节　财务报告

（在财务报告章节单独展开讲解）

◇ 财务报告及其编制

◇ 财务报告的构成

财务报告是财务会计确认和计量的最终成果，是沟通企业管理层与外部信息使用者之间的桥梁和纽带。

一、财务报告及其编制

1.财务报告的定义

财务报告是企业对外提供的反映企业某一特定日期的财务状况和某一会计期间的经营成果、现金流量等会计信息的文件。

2. 财务报告编制

我国会计法、公司法、证券法规定企业应当定期编报财务报告。

二、财务报告的构成

财务报告包括财务报表和其他应当在财务报告中披露的相关信息和资料。

其中，财务报表由报表本身及其附注两部分构成：

1. 财务报表至少应当包括资产负债表、利润表和现金流量表等报表；

2. 附注是财务报表的有机组成部分。

考虑到小企业规模较小，外部信息需求相对较低，可以不包括现金流量表。

全面执行企业会计准则体系的企业所编制的财务报表，还应当包括所有者权益（股东权益）变动表。财务报告的构成，具体见表 1-15。

表 1-15　　财务报告的构成

项目	作用
资产负债表	反映企业在某一特定日期的财务状况的会计报表　时点数。
利润表	反映企业在一定会计期间的经营成果的会计报表　时期数。
现金流量表	反映企业在一定会计期间的现金和现金等价物流入和流出的会计报表　时期数。
所有者权益变动表	反映构成所有者权益各组成部分当期增减变动情况的报表
附注	包括对会计报表中列示的项目所作的进一步说明，以及对未能在这些报表中列示的项目的说明等

智能测评

在线练习	我要提问
扫码在线做题　扫码看答案 本书“本章同步强化训练”均配备二维码，打开微信“扫一扫”即可完成在线测评，查看本章详细的测评反馈报告，了解知识掌握情况，也可扫码直接看答案噢。 快来扫码做题吧！	扫码答疑 本书配备答疑专用二维码，打开微信“扫一扫”，即可完成在线提问，获取专业老师全面个性化解答，让学习问题不再拖延。 快来扫码提问吧！

本章同步强化训练

一、单选题

1.下列各项中，界定了会计核算空间范围的是（ ）。

A.会计主体 B.持续经营 C.会计分期 D.货币计量

2.企业对交易或者事项进行会计确认、计量和报告时应当保持应有的谨慎性，不应高估资产或者收益、低估负债或者费用，其所反映的是会计信息质量要求中的（ ）。

A.重要性原则 B.实质重于形式原则 C.谨慎性原则 D.及时性原则

3.资产按照其正常对外销售所能收到的现金或者现金等价物的金额扣减该资产至完工时估计将要发生的成本、估计的销售费用以及相关税费后的金额计量，其会计计量属性是（ ）。

A.历史成本 B.可变现净值 C.重置成本 D.现值

4.下列项目中，能够引起负债和所有者权益同时变动的是（ ）。

A.出售无形资产取得的净收益 B.接受投资者的投资

C.实际发放现金股利 D.股东大会向投资者宣告分派现金股利

5.以下经营成果中，不属于企业收入的是（ ）。

A.施工企业建造合同取得的收入 B.销售材料取得的收入

C.处置投资性房地产取得的收入 D.出售固定资产取得的净收益

6.下列各项关于资产期末计量的表述中，正确的是（ ）。

A.无形资产按照市场价格计量

B.固定资产期末按照账面价值与可收回金额孰低计量

C.交易性金融资产期末按照历史成本计量

D.存货按照账面价值与可变现净值孰低计量

7.下列属于财务报告目标的决策有用观的论点是（ ）。

A.会计信息更多强调可靠性 B.会计信息更多强调相关性

C.会计计量采用历史成本 D.会计计量采用当前市价

8.企业在对会计要素进行计量时，一般应当采用的计量属性是（ ）。

A.重置成本 B.公允价值 C.历史成本 D.可变现净值

9.在历史成本计量下，下列表述中，错误的是（ ）。

A.负债按预期需要偿还的现金或现金等价物的折现金额计量

B.负债按因承担现时义务的合同金额计量

C.资产按购买时支付的现金或现金等价物的金额计量

D.资产按购置资产时所付出的对价的公允价值计量

10.下列有关会计基础的说法中，正确的是（ ）。

A.企业会计的确认、计量和报告应当以收付实现制为基础

B.权责发生制下，凡是当期已经实现的收入，无论是否收到，都应当作为当期的收入计入利润表

C.收付实现制下，凡是当期已经实现的收入，无论是否收到，都应当作为当期的收入计入利润表

D.现金流量表的编写原理为权责发生制

11.资产按照预计从其持续使用和最终处置中所产生的未来现金流入量的折现金额计量，其会计计量属性是（　　）。

A.历史成本　　B.可变现净值　　C.现值　　D.公允价值

12.下列属于直接计入所有者权益的利得的是（　　）。

A.以公允价值计量且其变动计入其他综合收益的金融资产公允价值上升

B.处置固定资产净收益

C.取得租金收入

D.处置长期股权投资形成的收益

二、多选题

1.下列各项可以单独作为会计主体进行会计核算的有（　　）。

A.个人独资企业　　B.合伙企业

C.企业集团　　D.独立核算的生产车间和销售部门

2.下列关于会计基础的表述中，正确的有（　　）。

A.企业会计的确认、计量和报告应当以收付实现制为基础

B.现金流量表的编写原理为收付实现制

C.权责发生制要求凡是当期已经实现的收入，无论是否收到款项都应作为当期收入

D.权责发生制要求凡是当期已经发生或应当负担的费用，无论款项是否支付都应作为当期费用

3.甲公司下列会计处理符合会计谨慎性要求的有（　　）。

A.甲公司存货采用成本与可变现净值孰低计量

B.甲公司对其产品质量向保险公司投保，估计很可能得到的赔偿金为120万元，甲公司将其确认为资产

C.甲公司对购入的固定资产采用双倍余额递减法计提折旧

D.甲公司对销售的A产品估计的退货率为20%，并以此为基础确认预计负债

4.下列关于负债特征的表述正确的有（　　）。

A.负债是企业承担的现时义务

B.现时义务可以是法定的，也可以是推定的

C.负债预期会导致经济利益流出企业

D.负债是由企业过去的交易或者事项形成的

5.下列关于会计计量属性的表述中，正确的是（　　）。

A.历史成本反映的是资产过去的价值

B.重置成本是取得相同或相似资产的现行成本

C.现值是取得某项资产在当前需要支付的现金或其他等价物

D.公允价值是指市场参与者在计量日发生的有序交易中，出售一项资产所能收到或转移一项负债所需支付的价格

本章导学

第二章 会计政策、会计估计及其变更和差错更正

本章框架图

考霸笔记

本章从2017年增加差错更正开始，变得很重要。差错更正在考试中几乎不会缺席，并且考点覆盖整本书。学习本章时，要结合前后知识进行关联学习。

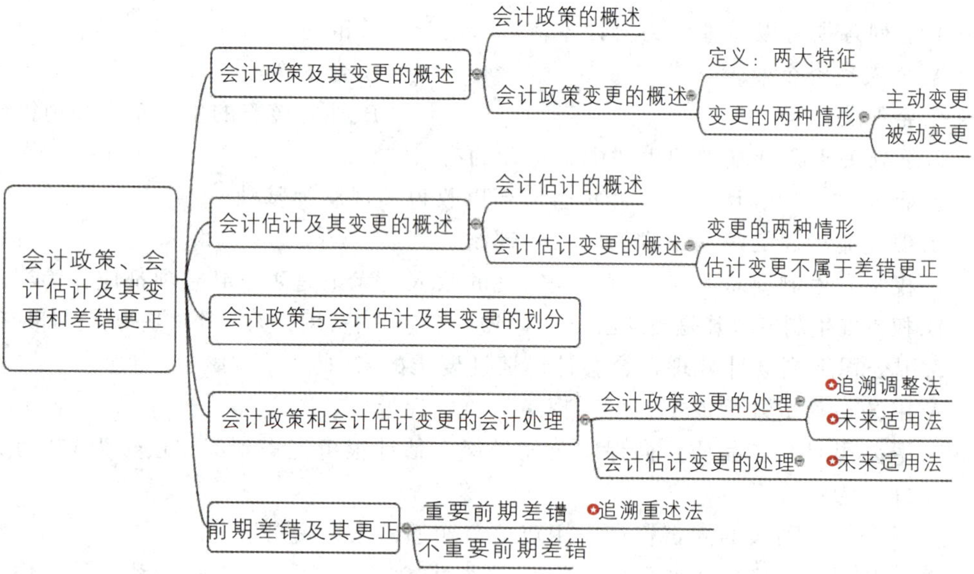

本章考情概述

本章主要涉及会计政策变更和会计估计变更的界定以及有关披露要求，主要考查对会计政策变更与会计估计变更的区分。

本章应关注的主要问题：（1）会计政策变更和会计估计变更的区分；（2）追溯调整法和未来适用法的应用；（3）前期差错及其更正。

本章近三年主要考点：（1）会计政策变更的判断；（2）会计政策变更的会计处理。

2019年教材主要变化

本章今年无考试层面需要关注的重大变化。

第一节 会计政策及其变更的概述

◇ 会计政策的概述

◇ 会计政策变更的概述

一、会计政策的概述

（✔基础概念，了解即可，明白什么是会计政策）

会计政策，是指企业在会计确认、计量和报告中所采用的原则、基础和会计处理方法。

二、会计政策变更的概述

会计政策变更是指企业对相同的交易或事项由原来采用的会计政策改用另一会计政策的行为。

（✔准确辨别会计政策变更和会计估计变更是本节的重点，常考选择题）

会计政策变更条件：

1.法律、行政法规或者国家统一的会计制度等要求变更。法定变更。

2.会计政策变更能够提供更可靠（真实）、更相关（有用）的会计信息。自愿变更。

注意：不属于会计政策变更的情形。

（1）当期发生与以前有本质区别的全新业务采用新的会计政策；

例：甲公司2016年租入的设备均为因临时需要而租入的，2016年甲公司按经营租赁会计处理方法核算；自2017年度起租入的设备均采用融资租赁的方式，则甲公司自本年度起对新租赁的设备采用融资租赁会计处理核算。由于经营租赁和融资租赁有着本质差别，因而改变会计政策不属于会计政策变更。

（2）对初次发生的或不重要的交易或者事项采用新的会计政策。

例：2017年初成立的乙公司第一次签订一项建造合同，为另一企业建造三栋厂房，乙公司对该项建造合同采用完工百分比法确认收入。由于乙公司初次发生该项交易，采用完工百分比法确认该项交易的收入，不属于会计政策变更（属于采用新政策）。

例2-1·2017年多选题

甲公司专门从事大型设备制造与销售，设立后即召开董事会会议，确定有关会计政策和会计估计事项。下列各项关于甲公司董事会确定的事项中，属于会计政策的有（　　）。

A.投资性房地产采用公允价值模式进行后续计量

B.建造合同按照完工百分比法确认收入

C.融资租入的固定资产作为甲公司的固定资产进行核算

D.按照生产设计预计生产能力确定固定资产的使用寿命

【答案】ABC

【解析】固定资产折旧方法的选择以及预计使用寿命和残值都属于会计估计。

第二节　会计估计及其变更的概述

◇ 会计估计的概述

◇ 会计估计变更的概述

考霸笔记

例如，发出存货成本的计量，是指企业确定发出存货成本所采用的会计处理方法。采用先进先出法还是根据其他方法是根据会计政策作出的选择

考霸笔记

会计原则，是指会计确认原则。例如，或有事项中规定的该义务是企业承担的现时义务、履行该义务很可能导致经济利益流出企业、该义务的金额能够可靠地计量的确认预计负债时需要遵循的会计原则。

考霸笔记

会计基础是为将会计原则体现于会计核算中而采用的计量基础。

考霸笔记

会计处理方法，如借款费用是资本化还是费用化。

考霸笔记

注意：企业采用的会计政策应在前后各期保持一致，不得随意变更，但并不是不得变更，满足一定的条件时，是可以变更的。

考霸笔记

例如：固定资产的预计使用寿命、净残值以及选择的折旧方法（由于寿命等不确定，折旧方法的选择也是一种估计）都是会计估计。

一、会计估计的概述

会计估计，是指企业对结果不确定的交易或者事项以最近可利用的信息为基础所作的判断。

二、会计估计变更的概述

考霸笔记

会计估计存在是因为一些经济活动受不确定性因素的影响。

会计估计变更，是指由于资产和负债的当前状况及预期经济利益和义务发生了变化，从而对资产或负债的账面价值或者资产的定期消耗金额进行调整。例如，固定资产、无形资产的折旧年限、折旧方法、净残值率、摊销年限及推销方法的变更等导致计算金额发生变化。

为什么固定资产折旧方法变化属于会计估计变更，而发出存货的计价方法变化是会计政策变更？

例 2-2 · 2015 年多选题

甲公司 2014 年经董事会决议作出的下列变更中，属于会计估计变更的有（　　）。

A. 将发出存货的计价方法由移动平均法改为先进先出法

B. 改变离职后福利核算方法，按照新的会计准则有关设定受益计划的规定进行追溯

C. 因车流量不均衡，将高速公路收费权的摊销方法由原来的年限平均法改为车流量法

D. 因市场条件变化，将某项采用公允价值计量的金融资产的公允价值确定方法由第一层级变为第二层级

【答案】CD

【解析】选项 A、B 属于会计政策变更。

（★★★）本节非常重要！

第三节 会计政策与会计估计及其变更的划分

1. 以会计确认是否发生变更作为判断基础。

一般地，对会计确认的指定或选择是会计政策，其相应的变更是会计政策变更。

考霸笔记

本节是本章的核心内容，已持续 5 年考查选择题。

2. 以计量基础是否发生变更作为判断基础。

一般地，对计量基础的指定或选择是会计政策，其相应的变更是会计政策变更。

3. 以列报项目是否发生变更作为判断基础。

一般地，对列报项目的指定或选择是会计政策，其相应的变更是会计政策变更。

4. 根据会计确认、计量基础和列报项目所选择的、为取得与资产负债表项目有关的金额或数值（如预计使用寿命、净残值等）所采用的处理方法，不是会计政策，而是会计估计，其相应的变更是会计估计变更。

会计政策变更与会计估计变更总结表，见表 2-1。

表 2-1　　会计政策变更与会计估计变更总结表

会计政策变更	(1) 收入的确认由完成合同法改为完工百分比法 (2) 投资性房地产的后续计量由成本模式改为公允价值模式 (3) 存货发出计价方法的变更（发出存货的计价方法由先进先出法变更为加权平均法） (4) 所得税核算方法由应付税款法变更为资产负债表债务法 (5) 研发费用原来被确认为管理费用，现在被确认为无形资产 (6) 在合并财务报表中对合营企业的投资由比例合并改为权益法核算 (7) 债务重组中债务人原不确认损益，现在改为确认债务重组利得和资产处置损益 (8) 一般借款费用原全部费用化，现在改为满足条件时可以资本化 (9) 商业企业购入商品过程中发生的运杂费原计入损益，现在改为计入存货成本 (10)“短期投资”（按成本与市价孰低计量）自 2007 年起改为按照“以公允价值计量且其变动计入当期损益的金融资产”处理 (11) 有关离职后福利的 2014 年修订的 9 号准则处理方法发生改变 (12) 2014 年修订的 2 号准则使长期股权投资核算范围缩小 (13) 修订后的 33 号准则重新设定了“控制”的定义，影响了合并报表合并范围 (14)《增值税会计处理规定》(财会〔2016〕22 号)规定营改增后将“营业税金及附加”科目改名为“税金及附加” (15)《关于修订印发一般企业财务报表格式的通知》（财会〔2017〕30 号）规定固定资产/无形资产处置损益不再计入营业外收支，而是改为计入“资产处置损益”科目，在利润表上列入“资产处置收益/损失”报表项目 (16)《关于修订印发 2018 年度一般企业财务报表格式的通知》（财会〔2018〕15 号）专门新增“信用减值损失”项目用于反映金融资产的减值 (17)《企业会计准则第 22 号——金融工具确认和计量》应用指南（2018 版） 取消交易性金融资产处置时“公允价值变动损益”结转的规定。
会计估计变更	(1) 公允价值计算方法的变更 (2) 固定资产、无形资产的折旧年限、折旧方法、净残值率、摊销年限及摊销方法的变更等 (3) 资产减值准备（存货）原来按照分类来计提，现改为按照单项计提 (4) 应收账款坏账计提比例发生变更，例如 10%→20% 或 20%→10% (5) 因或有事项确认的预计负债根据最新证据进行调整 (6) 收入金额的确定、提供劳务完工进度的确定 (7) 应纳税暂时性差异和可抵扣暂时性差异的确定 (8) 一般借款利息资本化金额的确定 (9) 存在弃置费用的固定资产在持续计量期间弃置费用发生改变 (10) 有等待期的股份支付在确认股份支付费用时对员工离职率的修正 (11) 短期利润分享计划中对员工离职率跨期的修正 (12) 未决诉讼中的被告在法院判决后对先前预计负债的修正

【提示】

由于执行新准则对子公司的投资由权益法改为成本法属于会计政策变更，而对于由于处置部分股权后，因对被投资单位由控制变为共同控制或重大影响的，长期股权投资由成本法转为权益法不属于会计政策变更。

考霸笔记

抓关键词：“确认”“计量”“报告”中采用的“原则”“基础”“会计处理方法”。

如何判断会计政策和会计估计变更？

考霸笔记

难以区分属于会计估计还是会计政策变更的，应当作为会计估计变更处理。

考霸笔记

考查对会计政策变更与会计估计变更的划分，2012—2016 年均有选择题考查，属于每年必考内容，必须掌握！

考霸笔记

一般而言，年限、百分比、金额的变化属于会计估计。

如何计算会计政策变更累积影响数?

考霸笔记

对列报前期最早期初的理解如下：如2018年发生政策变更，需要追溯调整，列报前期指的是2017年，列报前期最早期初是指2017年期初或者2016年期末。所以会计政策变更影响数，是调整2016年末的留存收益。

例2-3·2014年单选题

下列各项中，属于会计政策变更的是(　　)。

A.将一项固定资产的净残值由20万元变更为5万元

B.将产品保修费用的计提比例由销售收入的2%变更为1.5%

C.将发出存货的计价方法由移动加权平均法变更为个别计价法

D.将一台生产设备的折旧方法由年限平均法变更为双倍余额递减法

【答案】C

【解析】选项A、B和D均属于会计估计变更，选项C属于会计政策变更。

第四节　会计政策变更和会计估计变更的会计处理

◇ 会计政策变更的会计处理

◇ 会计估计变更的会计处理

一、会计政策变更的会计处理

发生会计政策变更时，有两种会计处理方法，即追溯调整法和未来适用法，两种方法适用于不同的情形。

（一）追溯调整法（根据定义掌握追溯调整法的内涵）

追溯调整法是指对某项交易或事项变更会计政策，视同该项交易或事项初次发生时即采用变更后的会计政策，并以此对财务报表相关项目进行调整的方法。即视同该业务从一开始用的就是新政策，并依此思路对以前政策下的所有会计核算指标进行“重述”。

会计政策变更累积影响数，是指按照变更后的会计政策，对以前各期追溯计算的列报前期最早期初留存收益应有金额与现有金额之间的差额。上述留存收益金额，包括盈余公积和未分配利润等项目，不考虑由于损益的变化而应当补分的利润或股利。

（二）未来适用法（不会追溯调账调表，不会对以前数据产生影响）

未来适用法，是指将变更后的会计政策应用于变更日及以后发生的交易或者事项，或者在会计估计变更当期和未来期间确认会计估计变更影响数的方法。

在未来适用法下，不需要计算会计政策变更产生的累积影响数，也无须重编以前年度的财务报表。

（三）会计政策变更会计处理方法的选择

1.企业依据法律、行政法规或者国家统一的会计制度等的要求变更会计政策的情况：

（1）国家明确规定了处理方法的，按照规定处理；例如下列情形中，企业应按照国家规定的处理方法进行处理：（有规定，按规定）

①2017年6月12日开始施行的修订后《企业会计准则第16号——政府补助》规定：企业对2017年1月1日存在的政府补助采用未来适用法处理，对2017年1月1日至本准则施行日之间新增的政府补助根据本准则进行调整。

②《企业会计准则第38号——首次执行企业会计准则》规定：企业在执行2006年发布的企业会计准则体系时存货准则涉及的会计政策变更（例如：取消后

进先出法后企业改用其他发出计价方法）不应追溯调整。

③2017年12月25日颁布的《关于修订印发一般企业财务报表格式的通知》（财会〔2017〕30号）规定：执行企业会计准则的非金融企业应当按照企业会计准则和本通知要求编制2017年度及以后期间的财务报表。

（2）国家未作明确规定的，按追溯调整法处理。（没规定，要追溯）

2.会计政策变更能够提供更可靠、更相关的会计信息的，应当采用追溯调整法处理，但确定该项会计政策变更累积影响数不切实可行的除外。

3.确定会计政策变更对列报前期影响数不切实可行的，应当从可追溯调整的最早期间期初开始应用变更后的会计政策。在当期期初确定会计政策变更对以前各期累积影响数不切实可行的，应当采用未来适用法处理。

考霸笔记：追溯调整原则：尽全力追溯，追到可以追的最早期初。

例2-4・2016年单选题

甲公司2×15年3月20日披露2×14年财务报告。2×15年3月3日，甲公司收到所在地政府于3月1日发布的通知，规定2×13年6月1日起，对装机容量在2.5万千瓦及以上有发电收入的水库和水电站，按照上网电量8厘/千瓦时征收库区基金。按照该通知界定的征收范围，甲公司所属已投产电站均需缴纳库区基金。不考虑其他因素，下列关于甲公司对上述事项会计处理的表述中，正确的是（　　）。

A.作为2×15年发生的事项在2×15年财务报表中进行会计处理

B.作为会计政策变更追溯调整2×14年财务报表的数据并调整相关的比较信息

C.作为重大会计差错重述2×14年财务报表的数据并重述相关的比较信息

D.作为资产负债表日后调整事项调整2×14年财务报表的当年发生数及年末数

【答案】D

【解析】资产负债表日后期间发生的政策变更，应该按照资产负债表日后调整事项的原则处理，因此应该选择D选项。

考霸笔记：此题重点考查会计政策变更的处理，需要掌握追溯调整法的原理，关注追溯调整法中具体金额的计算。

考霸笔记：概念性内容，了解即可，有关附注中需要披露的内容一般不会在考试中过多涉及。

例2-5

甲股份有限公司（以下简称“甲公司”）为一般工业企业，适用的所得税税率为25%，按净利润的10%提取法定盈余公积。在2×15年度发生或发现如下事项：甲公司有一项投资性房地产，为2×11年12月31日购入并于2×12年1月1日开始用于出租的。采用成本模式进行计量，该办公楼的原价为2 000万元，原预计使用年限为20年，预计净残值为零，采用年限平均法计提折旧，未计提减值准备。2×15年1月1日，甲公司决定采用公允价值模式对出租的办公楼进行后续计量。该办公楼2×12年12月31日、2×13年12月31日、2×14年12月31日的公允价值分别为2 200万元、2 500万元、2 800万元。

要求：

（1）判断上述事项属于会计政策变更、会计估计变更还是重大前期差错；

（2）写出甲公司2×15年度的有关会计处理。（计算结果保留两位小数，答案分录中金额单位以万元列示）

【答案】

（1）本事项属于会计政策变更

第二章

截至2×14年12月31日累计折旧=2 000÷20×3=300（万元）

（2）2×15年1月1日（单位：万元）

借：投资性房地产——成本	2 800
投资性房地产累计折旧	300
贷：投资性房地产	2 000
递延所得税负债	275=1 100×25%
盈余公积	82.5=1 100×（1−25%）×10%
利润分配——未分配利润	742.5=1 100×（1−25%）×90%

（四）会计政策变更的披露

企业应当在附注中披露与会计政策变更有关的下列信息：

（1）会计政策变更的性质、内容和原因；

（2）当期和各个列报前期财务报表中受影响的项目名称和调整金额；

（3）无法进行追溯调整的，说明该事实和原因以及开始应用变更后的会计政策的时点、具体应用情况。

二、会计估计变更的会计处理（需要掌握相关规定，以应对考查选择题）

考霸笔记：会计估计变更，不代表以前期间会计估计是错误的，只是由于情况发生变化，需要进行会计估计变更，以更好地反映企业的经营成果和财务状况。

企业对会计估计变更应当采用未来适用法处理，即在会计估计变更当期及以后期间，采用新的会计估计，不改变以前期间的会计估计，也不调整以前期间的报告结果。（简化处理，不用追溯）

（一）如果会计估计的变更仅影响变更当期，有关估计变更的影响应于当期确认。比如计提坏账准备。

（二）如果会计估计的变更既影响变更当期又影响未来期间，有关估计变更的影响在当期及以后各期确认。例如，应计提折旧的固定资产，其有效使用年限或预计净残值的估计发生的变更，常常影响变更当期及资产以后使用年限内各个期间的折旧费用。因此，这类会计估计的变更，应于变更当期及以后各期进行确认。

（三）难以将某项变更区分为会计政策变更或会计估计变更的，应当将其作为会计估计变更处理。（注意：有可能作为选择题的一个选项出现）

企业应当在附注中披露与会计估计变更有关的下列信息：

1.会计估计变更的内容和原因。

2.会计估计变更对当期和未来期间的影响数。

3.会计估计变更的影响数不能确定的，披露这一事实和原因。

例2-6·2016年单选题

甲公司在2×15年2月购置了一栋办公楼，预计使用寿命为40年，因此，该公司2×15年4月30日发布公告称：经公司董事会审议《关于公司固定资产折旧年限会计估计变更的议案》，决定调整公司房屋建筑物的预计使用寿命，从原定的20～30年调整为20～40年。不考虑其他因素，下列关于对折旧年限调整事项，甲公司的会计处理的表述中，正确的是（　　）。

A.对房屋建筑物折旧年限的变更应当作为会计政策变更并进行追溯调整

B.对房屋建筑物折旧年限变更作为会计估计变更并应当从2×15年1月1日起开始适用

C.对2×15年2月新购置的办公楼按照新的会计估计折旧年限40年进行处理，不属于会计估计变更

D.对因2×15年2月新购置办公楼折旧年限的确定导致对原有房屋建筑物折旧年限的变更应当作为重大会计差错进行追溯调整

【答案】C

【解析】选项A，固定资产折旧年限的变更属于会计估计变更；选项B，会计估计变更按照未来适用法处理，应该在变更当期及以后期间按照新的估计处理；选项D，固定资产折旧年限的改变不作为前期差错更正处理。

例2-7

甲股份有限公司（以下简称“甲公司”）为一般工业企业，在2×15年度发生或发现如下事项：甲公司于2×11年1月1日起计提折旧的管理用固定资产一台，账面原价为500万元，预计使用年限为10年，预计净残值为20万元，按直线法计提折旧。由于技术进步的原因，从2×15年1月1日起，甲公司决定对固定资产的折旧方法改为双倍余额递减法，同时估计使用寿命改为8年，预计净残值不变。

要求：判断上述事项属于会计政策变更、会计估计变更还是重大前期差错，并写出2015年的账务处理。

【答案】

本事项属于会计估计变更（单位：万元）

截至2×14年12月31日累计折旧=（500-20）÷10×4=192（万元）

2×15年折旧金额=（500-192）×2÷（8-4）=154（万元）

借：管理费用　　154

　贷：累计折旧　　154

第五节　前期差错及其更正

◇前期差错概述

◇前期差错更正的会计处理

◇前期差错更正的披露

一、前期差错概述（✔了解前期差错产生的原因及其相关实例）

前期差错，是指由于没有运用或错误运用下列两种信息，而对前期财务报表造成省略或错报：

考霸笔记：前期差错分为两种：漏报和错报。

1.编报前期财务报表时预期能够取得并加以考虑的可靠信息；

2.前期财务报告批准报出时能够取得的可靠信息。

前期差错通常包括计算错误、应用会计政策错误、疏忽或曲解事实以及舞弊产生的影响以及存货、固定资产盘盈等。

（1）计算错误。例如，企业本期应计提折旧1 000 000元，但由于计算出现差错，得出错误数据100 000元。

（2）应用会计政策错误。例如，按照《企业会计准则第17号——借款费用》的规定，为购建固定资产而发生的借款费用，在固定资产达到预定可使用状态前发生的，满足一定条件的，应予资本化，计入所购建固定资产的成本；在固定资产达到预定可使用状态后发生的，计入当期损益。如果企业固定资产达到预定可使用状态后发生的借款费用，也计入该项固定资产成本，予以资本化，则属于采用法律、行政法规或者国家统一的会计准则制度等所不允许的会计政策。

（3）疏忽或曲解事实以及舞弊产生的影响。例如，企业销售一批商品，商品已经发出，开出增值税专用发票，商品销售收入确认条件均已满足，但企业在期末未将已实现的销售收入入账。

二、前期差错更正的会计处理

考霸笔记：会计信息质量要求重要性原则的体现。

（一）不重要的前期差错的会计处理（未来适用法）

对于不重要的前期差错，企业不需调整财务报表相关项目的期初数，但应调整发现当期与前期相同的相关项目。属于影响损益的，应直接计入本期与上期相同的净损益项目；属于不影响损益的，应调整本期与前期相同的相关项目。

考霸笔记：对于重要的前期差错，首先要端正态度，调整前期比较数据，然后尽全力追溯重述留存收益金额。

（二）重要的前期差错的会计处理（追溯重述法）

对于重要的前期差错，企业应当在其发现的当期的财务报表中，调整前期比较数据。

确定前期差错影响数不切实可行的，可以从可追溯重述的最早期间开始调整留存收益的期初余额，财务报表其他相关项目的期初余额也应当一并调整，也可以采用未来适用法。

三、前期差错更正的披露

企业应当在附注中披露与前期差错更正有关的下列信息：

（一）前期差错的性质。

（二）各个列报前期财务报表中受影响的项目名称和更正金额。

（三）无法进行追溯重述的，说明该事实和原因以及对前期差错开始进行更正的时点、具体更正情况。

在以后期间的财务报表中，不需要重复披露在以前期间的附注中已披露的前期差错更正信息。

追溯重述法和追溯调整法会计处理的区别有哪些？

5781

例2-8 · 2015年多选题

下列情形中，根据会计准则的规定应当重述比较期间财务报表的有（　　）。

A.本年发现重要的前期差错

B.因部分处置对联营企业投资将剩余长期股权投资转变为采用公允价值计量的金融资产

C.发生同一控制下的企业合并，自最终控制方取得被投资单位60%的股权

D.自购买日12个月内对上年非同一控制下企业合并中取得的可辨认资产负债暂时确定的价值进行调整

【答案】ACD

【解析】选项B直接作为当前事项处理。

本节内容"差错更正"属于CPA考试会计综合题每年必考内容，主要考查考生对会计处理的判断和改正。对于具体会计处理的判断，属于各章节内容的"大杂烩"，非本节内容所涉及，做这样的改错题，要求考生牢固掌握基础知识，虽然是综合题，但每个小问之间互不影响，只要基础知识扎实，这样的题目还是很容易得分的。

至于涉及本章的具体改错，需要注意这样一个等式：

错误分录（题目条件）+更正分录=正确分录

在做题时，切不可直接将正确分录写出，而是要求在错误分录的基础之上，加上调整分录（更正分录），最终得出正确分录。而题目为了降低难度，通常都会在考题中提示："无须通过'以前年度损益调整'科目"。

考霸笔记

每年必考！2012—2016年都考了综合题，故必须掌握！

例2-9·2015年综合题

注册会计师在对甲股份有限公司（以下简称"甲公司"）20×4年财务报表进行审计时，对其当年发生的下列交易事项的会计处理提出疑问，希望能与甲公司财务部门讨论：

（1）1月2日，甲公司从公开市场以2 936.95万元购入乙公司于当日发行的公司债券30万张，该债券每张的面值为100元，票面年利率为5.5%，5年期，分期付息（于下一年度的1月2日支付上一年利息），到期还本。甲公司拟长期持有该债券以获得本息流入。因现金流充足，甲公司预计不会在到期前出售。甲公司对该交易事项的会计处理如下（会计分录中的金额单位为万元，下同）：

借：债权投资	3 000	
贷：银行存款		2 936.95
财务费用		63.05
借：应收利息	165	
贷：投资收益		165

（2）7月20日，甲公司取得当地财政部门拨款1 860万元，用于资助甲公司20×4年7月开始进行的一项研发项目的前期研究。该研发项目预计周期为2年，预计将发生研究支出3 000万元。项目自20×4年7月开始启动，至年末累计发生研究支出1 500万元（全部以银行存款支付）。甲公司对该交易事项的会计处理如下：

借：银行存款	1 860	
贷：营业外收入		1 860
借：研发支出——费用化支出	1 500	
贷：银行存款		1 500
借：管理费用	1 500	
贷：研发支出——费用化支出		1 500

（3）8月26日，甲公司与其全体股东协商，由各股东按照持股比例同比例增资的方式满足生产线建设的资金需求。8月30日，股东对甲公司新增投入资金3 200万元，甲公司将该部分资金存入银行存款账户。9月1日，生产线工程开工建设，并于当日及12月1日分别支付建造承包商工程款600万元和800万元。甲公司尚未动用增资款项投资货币市场，月收益率为0.4%。甲公司对该交易事项的

考霸笔记

差错更正是计算题的高频考点。首先，要读清楚题目要求，其是要求编写正确分录还是更正分录。其次，如果无须通过“以前年度损益调整”科目，则涉及相关损益类科目，可直接写对应的损益类科目。

会计处理如下：

借：银行存款　　3 200

　贷：资本公积　　3 200

借：在建工程　　1 400

　贷：银行存款　　1 400

借：银行存款　　38.40

　贷：在建工程　　38.40

其中，冲减在建工程的金额=2 600×0.4%×3+1 800×0.4%×1=38.40（万元）

其他有关资料：

（P/A，5%，5）=4.3295；（P/A，6%，5）=4.2124；（P/F，5%，5）=0.7835；（P/F，6%，5）=0.7473

本题中有关公司均按净利润的10%计提法定盈余公积，不计提任意盈余公积。不考虑相关税费及其他因素。

要求：判断甲公司对有关交易事项的会计处理是否正确，对于不正确的，说明理由并编制更正的会计分录（无须通过“以前年度损益调整”科目）。

【答案】

事项（1），甲公司的会计处理不正确。（涉及第十四章的“金融资产”）

【解析】企业购入折价发行的债券，应该将折价金额计入债权投资的初始成本，且后续采用实际利率法对该折价金额进行摊销。更正分录为：

借：财务费用　　63.05

　贷：债权投资——利息调整　　63.05

设内含利率为r，r应满足如下公式：

165×（P/A，r，5）+30 000×（P/F，r，5）=2 936.95（万元）

当r=6%时：

165×（P/A，6%，5）+30 000×（P/F，6%，5）=165×4.2124+3 000×0.7473=2 936.95（万元）

因此该债券的实际利率为6%。

本期实际利息收益=2 936.95×6%=176.22（万元）

会计分录为：

借：应收利息　　165

　　债权投资——利息调整　　11.22

　贷：投资收益　　176.22

相比原分录，应作如下调整：（错误分录+调整分录=正确分录，所以先写出调整分录）

借：债权投资——利息调整　　11.22

　贷：投资收益　　11.22

事项（2），甲公司的会计处理不正确。（涉及第十七章的“政府补助”）

【解析】与收益相关的政府补助，用于弥补以后期间将发生的费用或亏损的，应该先计入递延收益，然后在费用发生的期间转入当期营业外收入。更正分录为：

借：营业外收入（1 860×1 500÷3 000）　　930

　贷：递延收益　　930

事项（3），甲公司的会计处理不正确。（涉及第九章、第十五章的“负债和所有者权益”）

【解析】企业采用增资的方式筹集资金，此时应将取得的现金增加股本金额。更正分录为：

借：资本公积　　3 200

　贷：股本　　3 200

借：在建工程　　38.40

　贷：财务费用　　38.40

智能测评

在线练习	我要提问
5782 扫码在线做题　6104 扫码看答案 本书“本章同步强化训练”均配备二维码，打开微信“扫一扫”即可完成在线测评，查看本章详细的测评反馈报告，了解知识掌握情况，也可扫码直接看答案噢。 快来扫码做题吧！	6102 扫码答疑 本书配备答疑专用二维码，打开微信“扫一扫”，即可完成在线提问，获取专业老师全面个性化解答，让学习问题不再拖延。 快来扫码提问吧！

本章同步强化训练

一、单选题

1.A公司2×13年12月购入一项固定资产，入账价值为400万元，预计使用寿命为8年，净残值为0，采用平均年限法计提折旧。2×14年年末，对该固定资产进行减值测试，估计其可收回金额为300万元，重新估计尚可使用年限为5年，A公司对该项固定资产计提了减值准备，并确定2×15年起折旧方法改为年数总和法(净残值为0)。该公司的所得税税率为25%，假设税法规定该项资产采用平均年限法计提折旧，折旧年限为8年，净残值为0。

要求：根据上述资料，不考虑其他因素，回答下列题目：

（1）下列各项业务进行的会计处理中，属于会计政策变更的是（　　）。

A.长期股权投资由于减资由成本法改为权益法

B.对交易性金融资产的计量由成本与市价孰低法改为公允价值计量

C.固定资产预计使用寿命变更

D.固定资产折旧方法由平均年限法改为年数总和法

（2）2×15年，对该固定资产应计提的折旧额为(　　)万元。

A.100　　B.116.67　　C.50　　D.60

（3）该项固定资产2×15年12月31日产生的暂时性差异为（　　）万元。

A.0　　B.100　　C.66.67　　D.50

2.甲公司于2×12年12月建造完工的办公楼作为投资性房地产对外出租，并采用成本模式进行后续计量。该办公楼的原价为5 000万元（同建造完工时的公允价值），至2×15年1月1日，已提折旧800万元，未计提减值准备。2×15年1月1日，甲公司决定采用公允价值对出租的办公楼进行后续计量。该办公楼2×13年12月31日的公允价值为5 200万元，2×14年12月31日的公允价值为5 500万元，2×15年12月31日的公允价值为5 800万元。该公司按净利润的10%提取盈余公积，所得税税率为25%，采用资产负债表债务法核算。按照税法的规定，该投资性房地产净残值为0，采用直线法按照10年计提折旧。

要求：根据上述资料，不考虑其他因素，回答下列题目：

（1）甲公司该项会计政策变更影响期初未分配利润的金额为（　　）万元。

A.975　　B.1 300　　C.877.5　　D.1 170

（2）甲公司会计政策变更前递延所得税负债的余额为（　　）万元。

A.20　　B.50　　C.0　　D.325

（3）2×15年12月31日，暂时性差异的余额为（　　）万元。

A.1 500　　B.2 300　　C.575　　D.3 500

（4）该项会计政策变更对2×15年应交所得税的影响金额为（　　）万元。

A.0　　B.575　　C.325　　D.400

3. 甲股份有限公司（以下简称“甲公司”）自2×14年1月1日起，将所得税核算方法由应付税款法改为资产负债表债务法；考虑到技术进步因素，自2×14年1月1日起将一套生产设备的使用年限由12年改为7年，同时将折旧方法由平均年限法改为年数总和法。按税法的规定，该生产设备的使用年限为10年，按平均年限法计提折旧，净残值为0。该生产设备原价为600万元，已计提折旧2年，尚可使用年限5年，净残值为0。甲公司按10%提取法定盈余公积，适用的所得税税率为25%。

要求：根据上述资料，不考虑其他因素，回答下列各题：

（1）下列各项中，表述错误的是（　　）。

A. 固定资产折旧方法的变更属于会计估计变更

B. 所得税核算方法的变更属于会计政策变更

C. 固定资产折旧方法的变更应当使用未来适用法

D. 所得税核算方法的变更属于会计估计变更

（2）下列会计处理中，正确的是（　　）。

A. 由于会计政策变更，产生的累积影响数为5万元

B. 由于上述变更，应调整当期所得税费用5万元

C. 上述政策变更，应通过“以前年度损益调整”科目进行核算

D. 进行上述变更时，需确认递延所得税资产5万元

4. 甲公司2×15年3月在上年度财务会计报告批准报出后，发现2×13年10月购入的专利权摊销金额错误。该专利权2×13年应摊销的金额为200万元，2×14年应摊销的金额为360万元。2×13年、2×14年实际摊销金额一共为800万元。甲公司将此认定为重要会计差错，适用的所得税税率为25%，按净利润的10%提取法定盈余公积。

要求：根据上述资料，不考虑其他因素，回答下列各题：

（1）下列有关会计差错的处理中，正确的是（　　）。

A. 应当采用追溯调整法更正重要的前期差错

B. 对于发现的以前年度影响损益的不重要会计差错，应当调整发现当期的期初留存收益

C. 对于比较会计报表期间的重要会计差错，编制比较会计报表时不需要调整各该期间的净损

益及其他相关项目

D.对于年度资产负债表日至财务会计报告批准报出日发现的报告年度的重要会计差错，作为资产负债表日后调整事项处理

（2）甲公司2×15年年初未分配利润应调增的金额是（　　）万元。

A.180　　B.240　　C.216　　D.162

5.甲公司所得税采用资产负债表债务法，所得税税率为25%；按净利润10%计提盈余公积。2×14年度的财务报告于2×15年3月31日批准报出，该公司在2×15年6月份发现下列问题：

（1）2×14年年末库存钢材账面余额为100万元。经检查，该批钢材的预计售价为90万元，预计销售费用和相关税金为5万元，甲公司2×14年12月31日未计提存货跌价准备。

（2）2×14年12月15日，甲公司购入50万股股票，实际支付款项250万元，作为交易性金融资产。至年末尚未出售，2×14年12月31的收盘价为320万元。甲公司按其成本列报在资产负债表中。

（3）甲公司于2×14年1月1日支付8 000万元对价，取得丁公司80%股权，实现了非同一控制下的企业合并，使丁公司成为甲公司的子公司。2×14年丁公司实现净利润1 200万元，甲公司按权益法核算确认投资收益960万元。

要求：根据上述资料，不考虑其他因素，回答下列题目：

（1）下列有关差错的处理中，正确的是（　　）。

A.对于当期发生的重要会计差错，不应当调整当期相关项目的金额

B.对于发现的以前年度影响损益的不重要差错，应当视为当期差错，调整当期损益

C.对于比较会计报表期间的重要差错，编制比较财务报表时不应调整各该期间的净损益及其他相关项目

D.对于年度资产负债表日至财务报告批准报出日发现的报告年度的差错，应作为前期差错

（2）对上述会计差错更正的处理，不正确的是（　　）。

A.因差错更正应调减2×15年年初存货15万元

B.因差错更正应调增2×15年年初交易性金融资产70万元

C.因差错更正应调减2×15年年初长期股权投资960万元

D.差错更正不应调整递延所得税费用

6.采用追溯调整法计算出会计政策变更的累积影响数后，应当(　　)。

A.只需在报表附注中说明其累积影响金额

B.调整列报前期最早期初留存收益，以及会计报表其他相关项目的期初数和上年数，不需要在附注中说明

C.调整列报前期最早期初留存收益，以及会计报表其他相关项目的期初数和上年数，需要在附注中说明

D.调整列报前期最早期末及未来各期会计报表相关项目的数字

二、多选题

1.甲股份有限公司为增值税一般纳税人，适用的增值税税率为17%，适用的所得税税率为25%。该公司按净利润的10%计提法定盈余公积，根据2×14年12月20日董事会的决定，对2×15年会计核算做了以下变更：

（1）由于采用先进的技术，从2×15年1月1日起将A生产线的使用年限由8年缩短至6年，生产线原值为480万元，预计净残值为零，已经使用2年，仍采用年限平均法计提折旧，假设上

述设备原折旧方案与税法一致。

（2）预计产品面临转型，从2×15年1月1日对B生产线加速折旧并对使用年限缩短为6年，B生产线原值2 000万元，预计净残值为200万元，预计使用12年，已经使用4年，剩余年限由年限平均法改为双倍余额递减法，预计残值为100万元，假设上述设备原折旧方案与税法一致。

（3）从2×15年1月1日起，将产品保修费用的计提比例由年销售收入的1%改为年销售收入的3%，提高的原因是公司产品质量出现波动，原计提的产品保修费用与实际发生出现较大差异，假设甲公司规定期末预计保修费用的余额不得出现负值，2×14年年末预计保修费用的余额为0，甲公司2×15年度实现的销售收入为3 000万元；实际发生保修费用40万元。按税法的规定，公司实际发生的保修费用可从当期应纳税所得额中扣除。

（4）2×13年，甲公司将一栋写字楼对外出租，采用成本模式进行后续计量，税法对其处理与会计处理一致。2×15年1月1日，假设该公司持有的投资性房地产满足采用公允价值模式条件，甲企业决定采用公允价值模式对该写字楼进行后续计量。2×15年1月1日，该写字楼的原价为2 000万元，已计提折旧500万元，账面价值为1 500万元，公允价值为2 350万元。

要求：根据上述资料，不考虑其他因素，回答下列题目：

（1）对于上述事项会计核算变更的类型和处理变更的方法的描述，下列说法中正确的有（　　）。

A.事项（1）属于会计估计变更，应采用未来适用法处理

B.事项（2）属于会计政策变更，应采用追溯调整法处理

C.事项（3）属于会计估计变更，应采用未来适用法处理

D.事项（4）属于会计政策变更，应采用追溯调整法处理

E.事项（2）属于会计估计变更，应采用未来适用法处理

（2）对于上述事项的处理，下列说法中不正确的有（　　）。

A.事项（1）2×15年年末产生可抵扣暂时性差异30万元，影响2×15年净利润的金额为30万元

B.事项（2）2×15年年末产生可抵扣暂时性差异150万元，影响2×15年净利润的金额为150万元

C.事项（3）2×15年年末产生应纳税暂时性差异90万元，影响2×15年净利润的金额为67.5万元

D.事项（4）变更时产生应纳税暂时性差异850万元，影响2×15年年初未分配利润的金额为637.5万元

E.事项（4）变更时不产生暂时性差异

2.下列有关会计政策会计估计变更的说法中，不正确的有（　　）。

A.本期发生的交易或事项与以前相比具有本质差别而采用新的会计政策属于会计政策变更

B.对初次发生的或不重要的交易或者事项采用新的会计政策，不属于会计政策变更

C.发出存货成本的计量方法由先进先出法改为加权平均法属于会计估计变更

D.某企业第一次签订一项建造合同采用完工百分比法确认收入属于会计政策变更

E.企业改变对交易性金融资产公允价值的确定方法属于会计政策变更

三、计算题

1.甲股份有限公司（以下简称“甲公司”）为一般工业企业，适用的所得税税率为25%，按

净利润的10%提取法定盈余公积。假定对于会计差错，税法允许调整应交所得税。甲公司2×14年度的汇算清缴在2×15年3月31日完成。在2×15年度发生或发现如下事项：

（1）甲公司于2×11年1月1日起计提折旧的管理用固定资产一台，账面原价为500万元，预计使用年限为10年，预计净残值为20万元，按直线法计提折旧。由于技术进步的原因，从2×15年1月1日起，甲公司决定将固定资产的折旧方法改为双倍余额递减法，同时将估计使用寿命改为8年，预计净残值不变。

（2）甲公司有一项投资性房地产，为2×11年12月31日购入并于2×12年1月1日开始用于出租的。对其采用成本模式进行计量，该办公楼的原价为2 000万元，原预计使用年限为20年，预计净残值为零，采用年限平均法计提折旧，未计提减值准备。2×15年1月1日，甲公司决定采用公允价值模式将出租的办公楼进行后续计量。该办公楼2×12年12月31日、2×13年12月31日、2×14年12月31日的公允价值分别为2 200万元、2 500万元、2 800万元。

要求：

（1）判断上述事项属于会计政策变更、会计估计变更还是重大前期差错。

（2）写出甲公司2×15年度的有关会计处理，如果属于会计政策变更，要求计算会计政策变更的累积影响数。（计算结果保留两位小数，答案分录中金额单位以万元列示）

2.甲股份有限公司（以下简称“甲公司”）为一般工业企业，适用的所得税税率为25%，按净利润的10%提取法定盈余公积。假定对于会计差错，税法允许调整应交所得税。甲公司2×14年度的汇算清缴在2×15年3月31日完成。在2×15年度发生或发现如下事项：

（1）甲公司自行建造的办公楼已于2×14年6月30日达到预定可使用状态并投入使用。甲公司未按规定在6月30日办理竣工决算及结转固定资产手续。2×14年6月30日，该“在建工程”科目的账面余额为3 000万元。2×14年12月31日该“在建工程”科目账面余额为3 080万元，其中包括建造该办公楼相关的专门借款在2×14年7月至12月期间发生的利息80万元。

该办公楼竣工决算的建造成本为3 000万元。甲公司预计该办公楼使用年限为15年，预计净残值为零，采用年限平均法计提折旧。至2×15年1月1日，甲公司尚未办理结转固定资产手续。假定税法计提折旧的方法、折旧年限和预计净残值与会计规定一致。

（2）甲公司于2×15年5月25日发现，2×14年取得一项股权投资，取得成本为200万元，甲公司将其划分为以公允价值计量且其变动计入其他综合收益的金融资产。期末该项金融资产的公允价值为230万元，甲公司将该公允价值变动计入公允价值变动损益。

甲公司在计税时，没有将该公允价值变动损益计入应纳税所得额。

要求：

（1）判断上述事项属于会计政策变更、会计估计变更还是重大前期差错。

（2）写出甲公司2×15年度的有关会计处理，如果属于会计政策变更，要求计算会计政策变更的累积影响数。（计算结果保留两位小数，答案分录中金额单位以万元列示）

本章导学

第三章 存货

本章框架图

考霸笔记
每年考20～4分，比较简单，但很重要，是后面章节的基础，故需牢固掌握。

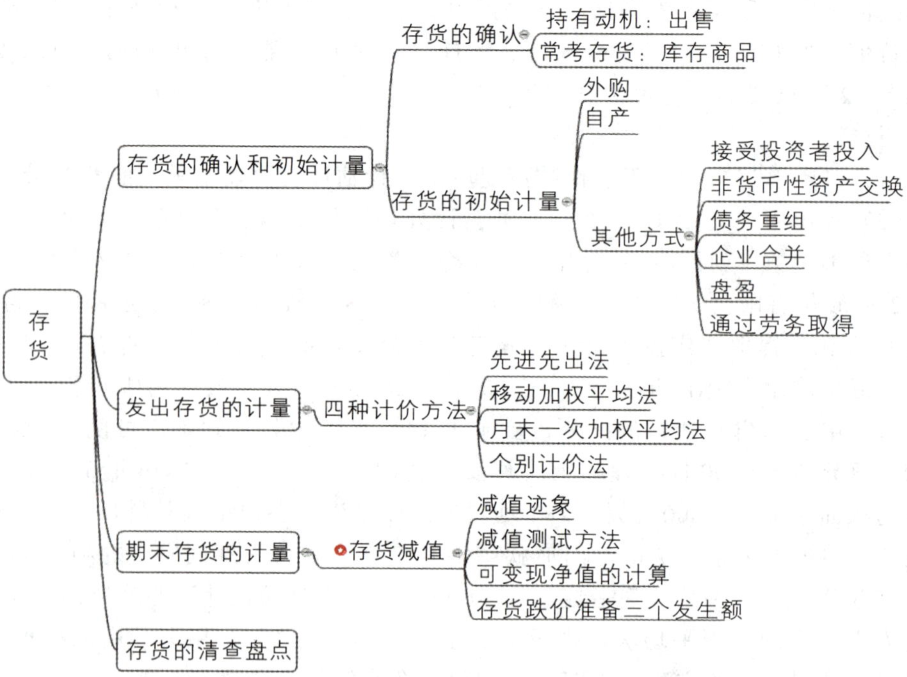

本章考情概述

本章阐述了存货的确认和初始计量，发出存货的计量，存货的清查盘点。

本章应当关注的问题：存货的判定与成本构成。

近三年主要考点：存货成本的构成。

2019年教材主要变化

本章今年无考试层面需要关注的重大变化。

第一节　存货的确认和初始计量

考霸笔记
注意考查选择题。

◇ 存货的性质与确认条件

◇ 存货的初始计量

一、存货的性质与确认条件

（一）存货的概念

存货是指企业在日常活动中持有以备出售的产成品或商品、处在生产过程中的在产品、在生产过程或提供劳务过程中耗用的材料、物料等。

存货通常包括以下内容：

1. 原材料。为建造固定资产等各项工程而储备的各种材料，虽然同属于材料，但是由于用于建造固定资产等各项工程不符合存货的定义，因此不能作为企业的存货进行核算。

2. 在产品。

3. 半成品。

4. 产成品。企业接受外来原材料加工制造的代制品和为外单位加工修理的代修品，制造和修理完成验收入库后，应视同企业的产成品。

5. 商品。

6. 周转材料。如各种包装物，各种工具、管理用具、玻璃器皿、劳动保护用品以及在经营过程中周转使用的容器等低值易耗品和建造承包商的钢模板、木模板、脚手架等其他周转材料。

（二）存货的确认条件

存货必须在符合定义的前提下，同时满足下列两个条件，才能予以确认：

1. 与该存货有关的经济利益很可能流入企业；

2. 该存货的成本能够可靠地计量。

> 考霸笔记：CPA常考：1.原材料。4.产成品。5.商品。

> 考霸笔记：即“工程物资”，其不属于存货。

> 考霸笔记：“存货”持有目的是以备出售，而工程物资持有目的是投入建造，变成固定资产，最终是以使用为目的。

> 考霸笔记：存货属于资产，故与资产确认条件一致。

二、存货的初始计量

企业取得存货应当按照成本进行计量。存货成本包括采购成本、加工成本和使存货达到目前场所和状态所发生的其他成本三个组成部分。企业存货的取得主要是通过外购和自制两个途径。

（一）外购存货的成本

企业外购存货主要包括原材料和商品。外购存货的成本即存货的采购成本，指企业物资从采购到入库前所发生的全部支出，包括购买价款、相关税费、运输费、装卸费、保险费以及其他可归属于存货采购成本的费用。外购存货成本构成表，见表3-1。

表3-1 外购存货成本构成表

取得方式	成本构成	解析
外购	购买价款	购入材料或商品的发票账单上列明的价款，但不包括按规定可抵扣的增值税进项税额
	相关税费	购买存货发生的进口关税以及不能抵扣的增值税进项税额等应计入存货采购成本 注意： ①与小规模纳税人购入货物相关的增值税计入存货成本 ②与一般纳税人购入货物相关的增值税可抵扣的，不计入成本；不可抵扣的，应计入存货成本
	其他相关费用	采购过程中发生的运输费、装卸费、保险费、包装费、仓储费、运输途中的合理损耗、入库前的挑选整理费用等

> 考霸笔记：小规模纳税人的进项税额不能抵扣，所以要计入成本。

> 考霸笔记：一般纳税人的进项税额正常情况下是可以抵扣的，特殊情况下不能抵扣时，也要计入成本。

> 考霸笔记：常考选择题。

（二）加工取得存货的成本

考霸笔记
制造费用属于间接成本，是存货成本的一部分，包括折旧费、办公费、水电费、机物料消耗、劳动保护费、车间管理人员工资、车间固定资产修理费、季节性和修理期间的停工损失等。

企业通过进一步加工取得的存货，主要包括产成品、在产品、半成品、委托加工物资等，其成本由采购成本、加工成本构成。加工取得存货成本构成，见表3-2。

表3-2　加工取得存货成本构成表

取得方式	成本构成	解析
加工	采购成本	消耗的原材料采购成本
	加工成本	直接人工和制造费用

2017年起教材在本章中将“车间固定资产的修理费用”计入存货加工成本，即此类费用不再费用化而改为资本化。

（三）其他方式取得存货的成本

企业取得存货的其他方式主要包括接受投资者投资、非货币性资产交换、债务重组、企业合并以及存货盘盈等。存货取得方式分类表，见表3-3。

考霸笔记
后续章节会具体讲解。

表3-3　存货取得方式分类表

取得方式	初始成本
投资者投入	合同或协议价；合同或协议价不公允的，用公允价值
盘盈	重置成本
非货币性资产交换、债务重组、企业合并	执行相关准则
提供劳务取得存货	劳务提供人员的直接人工和其他直接费用以及可归属于该存货的间接费用

考霸笔记
属于资产类科目。

注意：盘盈的存货通过“待处理财产损溢”科目进行会计处理，按管理权限报经批准后，冲减当期管理费用。

考霸笔记
☆☆重点！系历年重点考查区域。理解要点：之所以不计入存货成本，是因为不满足“合理”“必要”的条件。

（四）下列费用发生时计入当期损益，不计入存货成本

（1）非正常消耗的直接材料、直接人工和制造费用；

（2）仓储费用（指企业在采购入库后发生的储存费用，不包括在生产过程中为达到下一个生产阶段所必需的费用）；

（3）不能归属于使存货达到目前场所和状态的其他支出；

（4）企业采购用于广告营销活动的特定商品，向客户预付货款未取得商品时，应作为预付账款进行会计处理，待取得相关商品时计入当期损益（销售费用）。企业取得广告营销性质的服务比照该原则进行处理。

考霸笔记
非正常消耗如自然灾害造成的损失应计入营业外支出。

哪些因素会影响存货入账成本?

例3-1·2014年单选题

甲公司为制造企业，其在日常经营活动中发生的下列费用或损失，应当计入存货成本的是（　　）。

生产过程中为达到下一个生产阶段所必需的仓储费用，计入存货成本。

A.仓库保管人员的工资

比如：广告费、样品成本等，是为了促进销售而产生的费用，不计入成本，计入销售费用。

B.季节性停工期间发生的制造费用

C.未使用管理用固定资产计提的折旧　采购之后发生的费用，不属于必要支出。

D.采购运输过程中因自然灾害发生的损失

【答案】B　自然灾害导致的损失，属于非正常消耗，不能计入成本。

【解析】仓库保管人员的工资计入管理费用，不影响存货成本；制造费用是一

项间接生产成本，影响存货成本，选项B为正确选项；未使用管理用固定资产计提的折旧计入管理费用，不影响存货成本；采购运输过程中因自然灾害发生的损失计入营业外支出，不影响存货成本。

例3-2·2012年多选题

下列各项中，应计入制造企业存货成本的有（　　）。

A.进口原材料支付的关税

B.采购原材料发生的运输费

C.自然灾害造成的原材料净损失

D.用于生产产品的固定资产修理期间的停工损失

【答案】ABD

【解析】选项C应计入营业外支出。

考霸笔记：关税是价内税，即包含在价格里面的税。

第二节　发出存货的计量

◇ 发出存货成本的计量方法

◇ 存货成本的结转

考霸笔记：有关计量方法的计算是基础，需完全掌握。

一、发出存货成本的计量方法

企业应当根据各类存货的实物流转方式、企业管理的要求、存货的性质等实际情况，合理地选择发出存货成本的计算方法，以合理确定当期发出存货的实际成本。

发出存货成本的计量方法：先进先出法、移动加权平均法、月末一次加权平均法、个别计价法。

考霸笔记：无论采用哪一种计量方法，都会满足以下等式，这也是做计算题进行检验的一种方法："期初结存+本期增加−本期减少=期末结存"。

1.先进先出法（见表3-4）

表3-4　**先进先出法知识表**

定义	假设先购入的存货应先发出（销售或耗用），对发出存货进行计价
计算方法	例：A公司2016年12月份关于甲商品的收、发、存情况如下： （1）12月1日结存为0 （2）12月5日购入200件，单位成本为2.2万元/件 （3）12月10日购入200件，单位成本为2.5万元/件 （4）12月31日发出50件 发出商品成本=50×2.2=110（万元） 结存存货成本=150×2.2+200×2.5=830（万元）

考霸笔记：假设：优先发出12月5日购入的存货。

例3-3·2013年单选题

甲公司为增值税一般纳税人，采用先进先出法计量A原材料的成本。20×1年年初，甲公司库存200件A原材料的账面余额为2 000万元，未计提跌价准备。6月1日，购入A原材料250件，成本为2 375万元，增值税为403.75万元，运输环节取得增值税专用发票，运输费用为80万元，增值税税额为8.8万元，保险费用为0.23万元。1月31日、6月6日、11月12日分别发出A原材料150件、200件和30件。甲公司20×1年12月31日库存A原材料的成本是（　　）。

A.665万元　　　　C.687.4万元

如何掌握先进先出法的计算?

B.686万元　　　　　　　　　　D.700万元

【答案】C

【解析】①本期购入A原材料的单位成本=（2 375+80+0.23）÷250≈9.82（万元/件）；

②采用先进先出法计算期末库存A原材料的数量=200+250-150-200-30=70（件）；

③甲公司20×1年12月31日库存A原材料的成本=9.82×70=687.4（万元）。

考霸笔记
每次购入货物后都要重新计算单位成本。

2.移动加权平均法（见表3-5）

表3-5　**移动加权平均法知识表**

定义	每次进货的成本加上原有库存存货的成本，除以每次进货数量与原有库存存货的数量之和，据以计算加权平均单位成本，作为在下次进货前计算各次发出存货成本的依据
计算公式	$存货单位成本=\dfrac{原有库存存货实际成本+本次进货实际成本}{原有库存存货数量+本月进货数量}$ 本次发出存货的成本=本次发出存货数量×本次发货前的存货单位成本 本月月末库存存货成本=月末库存存货的数量×本月月末存货单位成本

例3-4

A公司2016年12月份关于甲商品的收、发、存情况如下：

（1）12月1日结存为0。

（2）12月5日购入200件，单位成本为2.2万元/件。

（3）12月10日购入200件，单位成本为2.5万元/件。

（4）12月15日发出50件。

（5）12月20日购入200件，单位成本为3万元/件。

（6）12月31日发出50件。

【计算】

①12月15日发出存货。

单位成本=（200×2.2+200×2.5）÷（200+200）=2.35（万元/件）

发出成本=2.35×50=117.5（万元）

②12月31日发出存货。

单位成本=（350×2.35+200×3）÷（350+200）≈2.59（万元/件）

发出成本=2.59×50=129.5（万元）

结存存货成本=200×2.2+200×2.5+200×3-117.5-129.5=1 293（万元）

考霸笔记
期初结存（0）+本期增加。

考霸笔记
每月末求一次单位成本。

考霸笔记
本期减少。

考霸笔记
当计算单位成本存在小数点差异时，期末存货成本应当用下面的公式来计算，以确保无小数点差异："期初结存+本期增加-本期减少=期末结存"。

3.月末一次加权平均法（见表3-6）

定义	以当月全部进货数量加上月初存货数量作为权数，去除当月全部进货成本加上月初存货成本，计算出存货的加权平均单位成本，以此为基础计算当月发出存货的成本和期末存货的成本的一种方法
计算公式	$存货单位成本=\dfrac{月初库存存货的实际成本+\sum\left(本月某批进货的实际单位成本\times 本月某批进货的数量\right)}{月初库存存货数量+本月各批进货数量之和}$ 本月发出存货的成本=本月发出存货的数量×存货单位成本 本月月末库存存货成本=月末库存存货的数量×存货单位成本

例 3-5

A公司2016年12月份有关甲商品的收、发、存情况如下：

（1）12月1日结存为0。

（2）12月5日购入200件，单位成本为2.2万元/件。

（3）12月10日购入200件，单位成本为2.5万元/件。

（4）12月15日发出50件。

（5）12月20日购入200件，单位成本为3万元/件。

（6）12月31日发出50件。

【计算】 (月末计算)

存货单位成本=（200×2.2+200×2.5+200×3）÷（200+200+200）≈2.57（万元/件）

12月15日发出50件存货的成本=2.57×50=128.5（万元）

12月31日发出50件存货的成本=2.57×50=128.5（万元）

结存存货成本=200×2.2+200×2.5+200×3−128.5−128.5=1 283（万元）

如何掌握月末一次加权平均法的计算?

例 3-6·2011年单选题

甲公司库存A产成品的月初数量为1 000台，月初账面余额为8 000万元；A在产品的月初数量为400台，月初账面余额为600万元。当月为生产A产品耗用原材料、发生直接人工和制造费用共计15 400万元，其中包括因台风灾害而发生的停工损失300万元。当月，甲公司完成生产并入库A产成品2 000台，销售A产成品2 400台。当月末甲公司库存A产成品数量为600台，无在产品。甲公司采用一次加权平均法按月计算发出A产成品的成本。甲公司A产成品当月末的账面余额为（　　）。

A.4 710万元　　　　B.4 740万元

C.4 800万元　　　　D.5 040万元

【答案】B

【解析】根据一次加权平均法按月计算发出A产成品的成本=（8 000+600+15 400−300）÷（1 000+2 000）=7.9（万元），A产品当月末的余额=7.9×600=4 740（万元）。

4.个别计价法（见表3-7）

考霸笔记 比较适用于单价较高、数量较少的存货（如大型机器设备）。

表3-7　　个别计价法知识表

定义	逐一辨认各批发出存货和期末存货所属的购进批别或生产批别，分别按其购入或生产时所确定的单位成本计算各批发出存货和期末存货的成本
特征	成本流转与实物流转一致

二、存货成本的结转

考霸笔记 只要有主营业务收入，就有主营业务成本。

1.定义

企业在确认存货销售收入的当期，应当将已经销售存货的成本结转为当期营业成本。

2.存货成本结转的会计处理

原理：存货对外销售，按已售产成品或商品的账面价值结转主营业务成本或其他业务成本。存货成本结转知识表，见表3-8。

考霸笔记 存货的账面价值=存货账面余额−存货跌价准备。

考霸笔记
不是企业的主营业务。

表3-8　存货成本结转知识表

项目	销售商品	销售材料
会计处理	借：主营业务成本 　　存货跌价准备 　贷：库存商品	借：其他业务成本 　　存货跌价准备 　贷：原材料

3.包装物的发出核算

包装物金额较小的，可在领用时一次计入成本费用。

考霸笔记
未来转入生产成本。

（1）生产领用的包装物，会计分录为：

借：制造费用等
　贷：周转材料——包装物

（2）出借包装物及随同产品出售不单独计价的包装物，会计分录为：

借：销售费用
　贷：周转材料——包装物

考霸笔记
出租包装物及随同产品出售单独计价的包装物会形成一笔其他业务收入，与此相应地应确认其他业务成本。

（3）出租包装物及随同产品出售单独计价的包装物，会计分录为：

借：其他业务成本
　贷：周转材料——包装物

第三节　期末存货的计量

◇ 存货期末计量及存货跌价准备计提原则

◇ 存货的可变现净值

◇ 存货期末计量的具体方法

考霸笔记
每年必考。

一、存货期末计量及存货跌价准备计提原则

考霸笔记
关键在于可变现净值的确定。

资产负债表日，存货应当按照成本与可变现净值孰低法计量。

1.存货成本>可变现净值，应当计提存货跌价准备，差额计入当期损益；

借：资产减值损失
　贷：存货跌价准备

考霸笔记
资产减值=成本-可变现净值。

2.存货成本<可变现净值，存货按照成本计量，账面价值不变。不做会计分录。

二、存货的可变现净值

（一）定义

存货的可变现净值，是指在日常活动中，存货的估计售价减去至完工时估计将要发生的成本、估计的销售费用以及相关税费后的金额。

（二）基本特征

1.确定存货可变现净值的前提是企业在进行日常活动。

2.可变现净值为存货的预计未来净现金流量，而不是简单地等于存货的售价或合同价。

3.不同存货可变现净值的构成不同（见表3-9）。

表 3-9　　不同存货可变现净值的构成知识表

存货类型	可变现净值
产成品、商品、用于出售的材料等	估计售价-预计销售费用-相关税费
需要经过加工的材料存货	产品估计售价-估计将要发生的成本-预计销售费用-相关税费

（三）确定存货的可变现净值时应考虑的因素

企业在确定存货的可变现净值时，应当以取得的确凿证据为基础，并且考虑持有存货的目的、资产负债表日后事项的影响等因素。

三、存货期末计量的具体方法

（一）存货估计售价的确定

1.为执行销售合同或者劳务合同而持有的存货，通常应当以产成品或商品的合同价格作为其可变现净值的计算基础。

2.如果企业持有存货的数量多于销售合同订购数量，超出部分的存货可变现净值应当以产成品或商品的一般销售价格（市场销售价格）作为计算基础。

3.如果企业持有存货的数量小于销售合同订购数量，实际持有与该销售合同相关的存货应以销售合同所规定的价格作为可变现净值的计算基础。

4.没有销售合同约定的存货，其可变现净值应当以产成品或商品一般销售价格（市场销售价格）作为计算基础。

注意：资产负债表日，同一项存货中一部分有合同价格约定，其他部分不存在合同价格的，应当分别确定其可变现净值，并与其相对应的成本进行比较，分别确定存货跌价准备的计提或转回的金额，由此计提的存货跌价准备不得相互抵销。

（二）存货的期末计量

根据持有存货的目的不同，适用不同的计算方式（见表3-10）。

表 3-10　　不同持有目的下存货的期末计量知识表

持有存货的目的	存货的期末计量
出售	可变现净值=估计售价-预计销售费用-相关税费
继续加工	计算用其生产的产成品的可变现净值：（计算产成品是否减值） 1.产成品的可变现净值＞成本：材料按照成本计量　（产成品没有发生减值） 2.产成品的可变现净值＜成本：材料按可变现净值计量　（产成品发生减值）

例 3-7 · 2014 年单选题

20×3年年末，甲公司库存A原材料账面余额为200万元，数量为10吨。该原材料全部用于生产按照合同约定向乙公司销售的10件B产品。合同约定：甲公司应于20×4年5月1日前向乙公司发出10件B产品，每件售价为30万元（不含增值税）。将A原材料加工成B产品尚需发生加工成本110万元，预计销售每件B产品尚需发生相关税费0.5万元。20×3年年末，市场上A原材料每吨售价为18万元，预计销售每吨A原材料尚需发生相关税费0.2万元。20×3年年初，A原材料未计提存货跌价准备。不考虑其他因素，甲公司20×3年12月31日对A原材料应计提的存货跌价准备是（　　）。

考霸笔记

1.原材料
(1)加工后出售=产品估计售价-预计发生加工费-相关税费
(2)直接出售=销售价格-相关税费
2.产成品=估计售价-相关税费
(1)有合同=合同价-相关税费
(2)无合同=销售价格-相关税费
3.在产品=产品估计售价-预计发生加工费-相关税费

原材料加工为产成品出售的可变现净值如何计算?

考霸笔记
本题A原材料必定减值，所以可以直接求A原材料的可变现净值（有合同，用合同约定售价）：30×10−110−0.5×10=185（万元）
185<200，故减值15万元。

A.5万元　　B.10万元

C.15万元　　D.20万元

【答案】C

【解析】B产品的可变现净值=30×10−10×0.5=295（万元），B产品的成本=200+110=310（万元），B产品发生减值，故A原材料发生减值，A原材料的可变现净值=295−110=185（万元），甲公司20×3年12月31日对A原材料应计提的存货跌价准备=200−185=15（万元）。

例3-8·2012年单选题

20×1年10月20日，甲公司与乙公司签订不可撤销的销售合同，拟于20×2年4月10日以40万元的价格向乙公司销售W产品1件。该产品主要由甲公司库存自制半成品S加工而成，每件半成品S可加工成1件W产品。20×1年12月31日，甲公司库存1件自制半成品S，成本为37万元，预计加工成W产品尚需发生加工费用10万元。当日，自制半成品S的市场销售价格为每件33万元，W产品的市场销售价格为每件36万元。不考虑其他因素，20×1年12月31日甲公司应就库存自制半成品S计提的存货跌价准备为（　　）。

考霸笔记
合同条件不能随意变更。

A.1万元　　B.4万元

C.7万元　　D.11万元

考霸笔记
根据题意，S肯定发生减值。按合同价计算，其可变现净值为：40−10=30（万元）
30<37，故发生7万元减值。解题思路要清晰！

【答案】C

【解析】因为甲公司与乙公司签订不可撤销合同，所以W产品的可变现净值为40万元，成本=37+10=47（万元），由于W产品的可变现净值低于成本，用自制半成品S生产的W产品发生减值，表明自制半成品S按可变现净值计量。自制半成品S的可变现净值=40−10=30（万元），应计提的存货跌价准备=37−30=7（万元）。

（三）计提存货跌价准备的方法

1.企业通常应当按照单个存货项目计提存货跌价准备。

考霸笔记
注意考查选择题。

2.对于数量繁多、单价较低的存货，可以按照存货类别计提存货跌价准备。

3.与在同一地区生产和销售的产品系列相关、具有相同或类似最终用途或目的，且难以与其他项目分开计量的存货，可以合并计提存货跌价准备。

考霸笔记
注意题干中是否包含有关减值迹象的字眼。

4.存货存在下列情形之一的，通常表明存货的可变现净值低于成本。

（1）该存货的市场价格持续下跌，并且在可预见的未来无回升的希望。

（2）企业使用该项原材料生产的产品的成本大于产品的销售价格。

（3）企业因产品更新换代，原有库存原材料已不适应新产品的需要，而该原材料的市场价格又低于其账面成本。

（4）因企业所提供的商品或劳务过时或消费者偏好改变而使市场的需求发生变化，导致市场价格逐渐下跌。

（5）其他足以证明该项存货实质上已经发生减值的情形。

考霸笔记
情形表明存货完全无价值。

5.存货存在下列情形之一的，通常表明存货的可变现净值为零：

（1）已霉烂变质的存货。

（2）已过期且无转让价值的存货。

（3）生产中已不再需要，并且已无使用价值和转让价值的存货。

（4）其他足以证明已无使用价值和转让价值的存货。

（四）存货跌价准备转回的处理

1.转回的条件

存货跌价准备转回的条件是以前减记存货价值的影响因素已经消失，而不是在当期造成存货可变现净值高于成本的其他影响因素。

考霸笔记 当时因为什么因素减值，现在也因为什么因素转回。

2.转回金额的上限

应在原已计提的存货跌价准备的金额内转回，即将存货跌价准备余额冲减至零为限。

考霸笔记 不能多转。

3.转回的会计处理

借：存货跌价准备
　贷：资产减值损失

考霸笔记 与计提减值损失作相反的分录。

（五）存货跌价准备的结转

1.结转的条件

企业售出存货，或因债务重组、非货币性资产交换转出存货。

2.结转的会计处理

企业在结转销售成本时，应同时结转对其已计提的存货跌价准备。结转的存货跌价准备，冲减当期主营业务成本或其他业务成本。

考霸笔记 实际上是按已售产成品或商品的账面价值结转主营业务成本或其他业务成本。例如，库存商品成本为100万元，若已计提存货跌价准备20万元，则将其全部出售时，按账面价值80万元结转到主营业务成本中。

借：存货跌价准备
　贷：主营业务成本（或其他业务成本）

例3-9

甲公司向乙公司（子公司）销售一批商品，成本为90万元，销售价格为100万元，乙公司购入商品后一直没有出售。以下表格中是各期期末该批存货的可变现净值。请依据各期期末存货贬值情况，分析乙公司个别报表和甲公司集团合并报表的减值结果，并编写乙公司的相关会计分录。

单位：万元

期间数	期末可变现净值
1	110
2	90
3	70
4	86
5	92

【解析】

单位：万元

期间数	成本		期末可变现净值	存货减值余额	
	甲公司角度	集团角度		乙公司	集团
1	100	90	110	0	0
2	100	90	90	10	0
3	100	90	70	30	20
4	100	90	86	14	4
5	100	90	92	8	0

乙公司会计处理（单位：万元）：

第 1 期：未发生减值

第 2 期：

借：资产减值损失　10

　贷：存货跌价准备　10

第 3 期：

借：资产减值损失　20

　贷：存货跌价准备　20

第 4 期：

借：存货跌价准备　16

　贷：资产减值损失　16

第 5 期：

借：存货跌价准备　6

　贷：资产减值损失　6

考霸笔记：注意考查选择题。

第四节　存货的清查盘点

存货发生的盘亏或毁损，应作为待处理财产损溢进行核算。按管理权限报经批准后，根据造成存货盘亏或毁损的原因，分别按照以下情况进行处理：

1. 属于计量收发差错和管理不善等原因造成的存货短缺，应先扣除残料价值、可以收回的保险赔偿和过失人赔偿，将净损失计入管理费用；

2. 属于自然灾害等非常原因造成的存货毁损，应先扣除处置收入（如残料价值）、可以收回的保险赔偿和过失人赔偿，将净损失计入营业外支出。

因非正常原因（因管理不善造成被盗、丢失、霉烂变质）导致的存货盘亏或毁损，按规定不能抵扣的增值税进项税额应当予以转出。

考霸笔记：“待处理财产损溢”账户是资产类账户，是一个过渡性账户，因而期末无余额，且无实质性含义。

考霸笔记：因管理不善造成的存货毁损，其增值税进项税额应当予以转出，计入管理费用。因自然灾害造成的存货毁损，其增值税进项税额可以正常抵扣。

智能测评

在线练习	我要提问
扫码在线做题　扫码看答案 本书“本章同步强化训练”均配备二维码，打开微信“扫一扫”即可完成在线测评，查看本章详细的测评反馈报告，了解知识掌握情况，也可扫码直接看答案噢。 快来扫码做题吧！	扫码答疑 本书配备答疑专用二维码，打开微信“扫一扫”，即可完成在线提问，获取专业老师全面个性化解答，让学习问题不再拖延。 快来扫码提问吧！

本章同步强化训练

1. 甲公司为增值税一般纳税人，2×12年发生部分交易或事项如下：

12月5日购买配件500套，每套配件的账面成本为30元，12月31日尚未被生产领用，市场价格为28元。该批配件可用于加工500件A产品，将每套配件加工成A产品尚需投入12元。A产品2×12年12月31日的市场价格为每件45元，估计销售过程中每件将发生销售费用及相关税费2元。

要求：计算配件应计提多少存货跌价准备。

2. 甲公司系增值税一般纳税人，2×12年年末库存乙原材料、丁产成品的账面余额分别为15 000万元和800万元；年末计提跌价准备前库存乙原材料、丁产成品计提的跌价准备的账面余额分别为0和50万元。库存乙原材料将全部用于生产丙产品，预计丙产成品的市场价格总额为20 250万元，预计生产丙产成品还需发生除乙原材料以外的总成本6 000万元，预计为销售丙产成品发生的相关税费总额为1 000万元。丙产成品销售中有固定销售合同的占60%，合同价格总额为13 500万元。丁产成品的市场价格总额为600万元，预计销售丁产成品发生的相关税费总额为30万元。

要求：甲公司2×12年12月31日存货跌价准备余额是多少？

3. 天天股份有限公司为增值税一般纳税人，适用的增值税税率为17%。2011年5月31日，天天公司从外部购入设备500台，单位成本为20万元，发生运输费和保险费共计500万元。2011年12月31日，该批设备未对外销售，此时市场销售价格为每台19万元，预计销售税费为每台1万元，在此之前未对存货计提减值准备。天天公司于2012年3月6日向白云公司销售电子设备300台，每台18万元，货款已收到。2012年12月31日，该设备的当前市场销售价格为每台22万元，预计销售费用为每台2万元。

要求：依据上述资料，不考虑其他因素，编制天天公司上述业务的会计分录。（答案中的金额单位用万元表示）

4. 白云股份有限公司（系上市公司），为增值税一般纳税人，2×10年12月31日，白云股份有限公司期末存货有关资料如下：

存货品种	数量	单位成本（万元）	账面余额（万元）	备注
A产品	2 000件	1	2 000	
B产品	3 000件	1.5	4 500	
甲材料	5 000千克	0.5	2 500	用于生产B产品

2×10年12月31日，A产品市场销售价格为每件0.9万元，预计销售税费为每件0.1万元。B产品市场销售价格为每件1.8万元，预计销售税费为每件0.2万元。甲材料的市场销售价格为0.45万元/千克。现有甲材料可用于生产5 000件B产品，用甲材料加工成B产品的进一步加工成本为0.6万元/件。

20×9年12月31日，A产品和B产品存货跌价准备账面余额分别为30万元和200万元，2×10年销售A产品和B产品分别结转存货跌价准备10万元和50万元。

要求：计算白云股份有限公司2×10年12月31日计提或转回的存货跌价准备，并编制有关会计分录。

本章导学

第四章 固定资产

本章框架图

考霸笔记

每年考4分左右，简单，次重要，本章是基础章节。知识较简单，需准确掌握！

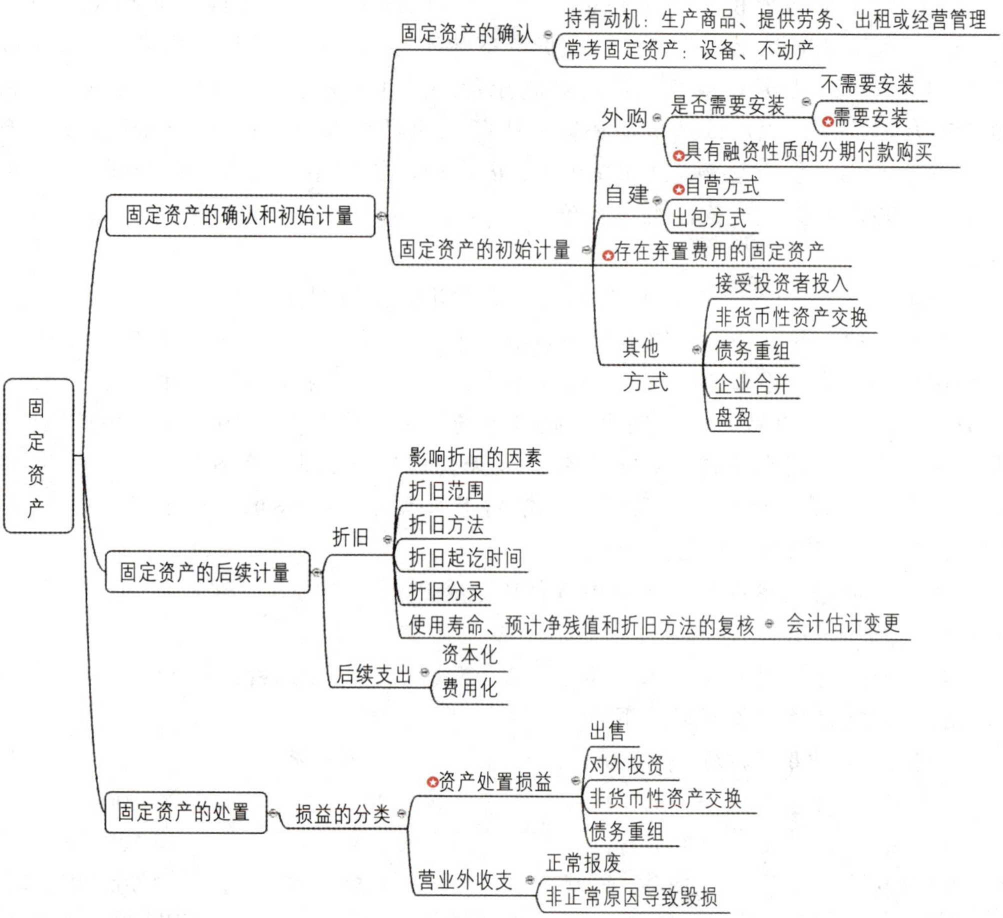

本章考情概述

本章阐述了固定资产的确认和初始计量、固定资产的后续计量、固定资产的处置等内容。

学习本章应当关注的问题：(1) 固定资产初始成本的计算；(2) 固定资产折旧的相关规定；(3) 持有待售固定资产的会计处理。

近三年主要考点：(1) 固定资产折旧的相关处理；(2) 自建固定资产"在建工程"的核算。

2019年教材主要变化

本章今年无考试层面需关注的重大变化。

第一节　固定资产的确认和初始计量

考霸笔记：掌握固定资产成本的计算。

◇ 固定资产的性质和确认条件

◇ 固定资产的初始计量

考霸笔记：常考。

一、固定资产的性质和确认条件

（一）固定资产的定义与特征（见表4-1）

表4-1　固定资产的定义与特征

定义	同时具有下列特征的有形资产： （1）为生产商品、提供劳务、出租或经营管理而持有的 （2）使用寿命超过一个会计年度（一年以上的非流动资产）
特征	（1）为生产商品、提供劳务、出租或经营管理而持有 （2）使用寿命超过一个会计年度 （3）固定资产是有形资产（是可以看得见的实物，区别于无形资产）

考霸笔记：与存货"为出售而持有"相区分。

表4-1中提到的"出租"的固定资产，是指企业以经营租赁方式出租的机器设备类固定资产，不包括以经营租赁方式出租的建筑物，后者属于企业的投资性房地产，不属于固定资产。

（二）固定资产的确认条件

固定资产在符合定义的前提下，应当同时满足以下两个条件，才能加以确认。

①与该固定资产有关的经济利益很可能流入企业；

②该固定资产的成本能够可靠地计量。

考霸笔记：固定资产是资产类科目，其确认需要符合资产的确认条件。

企业在确定固定资产成本时必须取得确凿证据，但是，有时需要根据所获得的最新资料，对固定资产的成本进行合理的估计。比如，企业对于已达到预定可使用状态但尚未办理竣工决算的固定资产，需要根据工程预算、工程造价或者工程实际发生的成本等资料，按估计价值确定其成本，办理竣工决算后，再按照实际成本调整原来的暂估价值。

考霸笔记：如已达到预定可使用状态，准确的成本却还没有确定，需先估值入账，等成本确定之后再调整即可。需要以暂估入账成本为基础计提折旧。

二、固定资产的初始计量

固定资产取得成本包括企业为购建某项固定资产达到预定可使用状态前所发生的一切合理的、必要的支出。

（一）外购固定资产的成本

企业外购固定资产的成本，包括购买价款、相关税费、使固定资产达到预定可使用状态前所发生的可归属于该项资产的运输费、装卸费、安装费和专业人员服务费等。

1.正常信用条件期限内付款购入（见表4-2）

表4-2 正常信用条件期限内付款购入相关知识

方式	不安装	安装
达到预定可使用状态的时点	购入后	安装调试完成之后
初始成本	购买价款、相关税费（不含可抵扣的增值税进项税额）、可归属于该项资产的运输费、装卸费、安装费和专业人员服务费　等	不安装的成本+安装调试成本
会计分录	借：固定资产 　应交税费——应交增值税（进项税额） 　贷：银行存款　等	①借：在建工程 　　应交税费——应交增值税（进项税额） 　贷：银行存款 　　应付职工薪酬　等 ②借：固定资产 　贷：在建工程

考霸笔记
与职工培训经费相区分，职工培训费不计入成本。

考霸笔记
①安装中；
②安装完成。

不动产增值税如何处理?

注意1：增值税一般纳税人2016年5月1日后取得，并在会计制度上按固定资产核算的不动产，以及2016年5月1日后发生的不动产在建工程，其进项税额应按照有关规定分2年从销项税额中抵扣，第一年抵扣比例为60%，第二年抵扣比例为40%。上述进项税额中，60%的部分于取得扣税凭证的当期从销项税额中抵扣；40%的部分为待抵扣进项税额，于取得扣税凭证的当月起第13个月从销项税额中抵扣。

注：2019年4月1日起纳税人取得不动产或不动产在建工程的进项税额允许一次性抵扣，不再采用”先六后四“的两次抵扣方式，但2019年教材仍然保留了两次抵扣的方式，未做及时调整。

《增值税会计处理规定》（财会〔2016〕22号）规定，会计处理时，新增“应交税费——待抵扣进项税额”科目核算待抵扣的进项税额。待抵扣进项税额记入“应交税费——待抵扣进项税额”科目核算，并于可抵扣当期转入“应交税费——应交增值税（进项税额）”科目。

注意2：以一笔款项购入多项没有单独标价的固定资产，应当按照各项固定资产的公允价值比例对总成本进行分配，分别确定各项固定资产的成本。

考霸笔记
此处较难，必须掌握。具体可参见教材中关于本考点的例题。

例4-1·2017年单选题

甲公司2×16年取得一项固定资产，与取得该资产相关的支出包括：(1) 支付购买价款300万元，增值税进项税额51万元，另支付购入过程中运输费8万元，相关增值税进项税额0.88万元；(2) 为使固定资产符合甲公司特定用途，购入后甲公司对其进行了改造，改造过程中领用本公司原材料6万元，相关增值税1.02万元，发生职工薪酬3万元。甲公司为增值税一般纳税人，不考虑其他因素，甲公司该固定资产的入账价值是（　）。

A.317万元　　B.369.90万元

C.317.88万元　　D.318.02万元

【答案】A

【解析】增值税属于价外税，不计入固定资产入账价值（300+8+6+3）。

考霸笔记
赊购由于时间较长、单价较高，要考虑货币时间价值。

（★）2.超过正常信用条件延期支付购买固定资产（如分期付款购入固定资产）

原理：实质上具有融资性质，购入固定资产的成本以各期付款额的现值之和确定。各期实际支付的价款之和与其现值之间的差额，在达到预定可使用状态之前符合《企业会计准则第17号——借款费用》中规定的资本化条件的，应当通过在建工程计入固定资产成本，其余部分应当在信用期间内确认为财务费用，计入当期损益。

计算购买价款的现值：

分期付款中，每期付款金额按照折现率折现得到的金额，全部累加起来得到购买价款的现值。折现率一般采用市场利率，折现的算法参照第7章金融资产相关内容。

举例：购买一项固定资产，每年末付款100万元，3年付清，假定折现率为5%。

则：购买价款的现值=100×（P/A,5%,3）=100×2.723=272.3（万元）。

会计分录：

借：在建工程/固定资产（各期付款额现值之和）

　　未确认融资费用（差额，倒挤）

　贷：长期应付款（应付总价款）

借：在建工程/固定资产/财务费用（长期应付款期初摊余成本×实际利率）

　贷：未确认融资费用

借：长期应付款

　贷：银行存款

“未确认融资费用”为负债类科目，是“长期应付款”的备抵科目。

在固定资产初始确认的时候，“未确认融资费用”在借方登记；随着后续期间的付款，“未确认融资费用”在贷方摊销，当最后一期款项付清时，“未确认融资费用”科目无余额。因此在最后一次作付款的会计分录时，需采用倒挤的方式计算“未确认融资费用”金额，防止出现小数点差异。“未确认融资费用”

考霸笔记：折现率题目会给出。

考霸笔记：意思是：如果现在一手交钱一手交货，购买该设备只需272.3万元。

考霸笔记：“未确认融资费用”为负债类科目，是“长期应付款”的备抵科目。

考霸笔记：长期应付款的摊余成本=长期应付款的贷方余额－未确认融资费用的借方余额。

（二）自行建造固定资产（相当于购买时一次性算出的利息，随着以后每年分摊，逐步调整为0。）

自行建造固定资产的成本，由建造该项资产达到预定可使用状态前所发生的必要支出构成。包括工程物资成本、人工成本、交纳的相关税费、应予以资本化的借款费用以及应分摊的间接费用等。

1. 自营方式建造固定资产

成本计算：企业以自营方式建造固定资产，其成本应当按照直接材料、直接人工、直接机械施工费等计量。自营方式建造固定资产的会计处理，见表4-3。

表4-3 自营方式建造固定资产的会计处理

原理	企业以自营方式建造固定资产，发生的工程成本应通过“在建工程”科目核算，工程完工达到预定可使用状态时，从“在建工程”科目转入“固定资产”科目	
会计分录	①借：在建工程 　贷：工程物资 　　　应付职工薪酬 　　　银行存款 等	②借：固定资产 　贷：在建工程

分期付款固定资产如何核算？

考霸笔记：费用化的不计入成本。

考霸笔记
选择题重点考查区域

自营方式注意事项：

（1）企业为建造固定资产准备的各种物资应当按照实际支付的买价、运输费、保险费等相关税费作为实际成本。用于不动产和动产的工程物资，其进项税额均可以抵扣。

（2）建造固定资产领用原材料和库存商品，不动产和动产其增值税处理方法相同。

例4-2·2016年单选题

甲公司为增值税一般纳税人。2015年2月，甲公司对一条生产线进行改造，该生产线改造时的账面价值为3 500万元。其中，拆除原冷却装置部分的账面价值为500万元。生产线改造过程中发生以下费用或支出：（1）购买新的冷却装置1 200万元，增值税税额204万元；（2）在资本化期间内发生专门借款利息80万元；（3）生产线改造过程中发生人工费用320万元；（4）领用库存原材料200万元，增值税税额34万元；（5）外购工程物资400万元（全部用于该生产线），增值税税额68万元。该改造工程于2015年12月达到预定可使用状态。不考虑其他因素，甲公司对该生产线改造达到预定可使用状态结转固定资产时确定的入账价值为（　）万元。

A.4 000　　B.5 506

C.5 200　　D.5 700

【答案】C

【解析】本题属于固定资产资本化后续支出，增值税属于价外税，不计入固定资产价值。因此答案为3 500−500+1 200+80+320+200+400=5 200（万元）。如果将本题改为不动产（建筑物）的更新改造，不管进项税额是分两次抵扣还是一次性抵扣，答案也是5 200万元。

考霸笔记
在建期间，工程物资盘亏、报废及毁损，净损失全部用"在建工程"科目核算；完工后，计入营业外收支。

（3）建设期间发生的工程物资盘亏、报废及毁损，减去残料价值以及保险公司、过失人等赔款后的净损失，计入所建工程项目的成本；盘盈的工程物资或处置净收益，冲减所建工程项目的成本。工程完工后发生的工程物资盘盈、盘亏、报废、毁损，计入当期营业外收支。

（4）符合资本化条件，应计入所建造固定资产成本的借款费用按照《企业会计准则第17号——借款费用》的有关规定处理。

（5）所建造的固定资产已达到预定可使用状态，但尚未办理竣工决算的，应当自达到预定可使用状态之日起，根据工程预算、造价或者工程实际成本等，按暂估价值转入固定资产，并按有关计提固定资产折旧的规定，计提固定资产折旧。待办理了竣工决算手续后再调整原来的暂估价值，但不需要调整原来的折旧额。

（6）高危行业企业按照国家规定提取的安全生产费，应当计入相关产品的成本或当期损益，同时记入"专项储备"科目。企业使用预先提取的安全生产费时，属于费用性支出的，直接冲减专项储备。企业使用提取的安全生产费形成固定资产的，应当通过"在建工程"科目归集所发生的支出，待安全项目完工达到预定可使用状态时确认为固定资产；同时，按照形成固定资产的成本冲减专项储备，并确认相同金额的累计折旧。该固定资产在以后期间不再计提折旧。提取与使用安全生产费的会计处理，见表4-4。

表 4-4　**提取与使用安全生产费的会计处理**

提取安全生产费	使用提取的安全生产费
借：生产成本（或当期损益） 　贷：专项储备	（1）属于费用性支出的，直接冲减专项储备： 借：专项储备 　贷：银行存款 （2）形成固定资产的： 借：在建工程 　　应交税费——应交增值税（进项税额） 　贷：银行存款等 借：固定资产 　贷：在建工程 同时，在达到可使用状态的当月，把固定资产全部计提折旧并冲减专项储备。 借：专项储备 　贷：累计折旧

什么是专项储备？

例 4-3 · 2014 年多选题

甲公司以出包方式建造厂房。建造过程中发生的下列支出中，应计入所建造固定资产成本的有（　　）。

A. 支付给第三方监理公司的监理费

B. 季节性暂停建造期间外币专门借款的汇兑损益

C. 取得土地使用权的土地出让金

D. 建造期间联合试车费用

【答案】ABD

【解析】选项 C，为取得土地使用权而缴纳的土地出让金应当确认为无形资产。

例 4-4 · 2012 年单选题

下列各项中，不应计入在建工程项目成本的是（　　）。

A. 在建工程试运行收入

B. 建造期间工程物资盘盈净收益

C. 建造期间工程物资盘亏净损失

D. 为在建工程项目取得的财政专项补贴

【答案】D

【解析】为在建工程项目取得的财政专项补贴，属于与资产相关的政府补助，这类补助应该先确认为递延收益，然后自相关资产达到预定可使用状态时起，在该项资产使用寿命内平均分配，计入当期营业外收入，选项 D 不正确。

考霸笔记

在建期间发生，可以计入在建工程。

2. 出包方式建造固定资产

成本计算：由建造该项固定资产达到预定可使用状态前所发生的必要支出构成，包括发生的建筑工程支出、安装工程支出以及需分摊计入各固定资产价值的待摊支出。

待摊支出：在建设期间发生的，不能直接计入某项固定资产价值，而应由所建造固定资产共同负担的相关费用，包括为建造工程发生的管理费、可行性研究费、临时设施费、公证费、监理费、应负担的税金、符合资本化条件的借款费用、建设期间发生的工程物资盘亏、报废及毁损净损失以及负荷联合试车费等。出包方式建造固定资产的会计处理，见表4-5。

表4-5 **出包方式建造固定资产的会计处理**

原理	企业支付的建筑工程支出、安装工程支出以及需分摊计入各固定资产价值的待摊支出先记入“在建工程”科目，待固定资产达到预定可使用状态后，再转入“固定资产”科目	
会计分录	①建筑工程支出、安装工程支出、在安装设备支出	借：在建工程——建筑工程 ——安装工程 ——在安装设备 贷：银行存款 等
	②分配的待摊支出	借：在建工程——待摊支出 贷：银行存款 等
	③达到可使用状态	借：固定资产 贷：在建工程——建筑工程 ——安装工程 ——在安装设备 ——待摊支出

考霸笔记 注意与盘盈的存货会计处理的区别。

弃置费用的财务处理?

$$待摊支出分配率=\frac{累计发生的待摊支出}{建筑工程支出+安装工程支出+在安装设备支出}\times 100\%$$

$$\times\times 工程应分配的待摊支出=\left(\frac{\times\times 工程建筑}{工程支出}+\frac{\times\times 工程安装}{工程支出}+\frac{\times\times 工程在安装}{设备支出}\right)\times\frac{待摊支出}{分配率}$$

3.其他方式取得的固定资产的成本

企业取得固定资产的其他方式与存货类似，主要包括接受投资者投资、非货币性资产交换、债务重组、企业合并等。具体的成本确定方法，见表4-6。

表4-6 **取得资产的方式及成本确定方法**

方式	成本确定方法
投资者投入	合同或协议约定价，合同或协议价不公允的，则以公允价值确定
盘盈	重置成本
非货币性资产交换、债务重组、企业合并等	按照相关准则的规定

注意：盘盈的固定资产，作为前期差错处理，在按管理权限报经批准处理前，应先通过“以前年度损益调整”科目核算。

考霸笔记 弃置费用一般在固定资产使用期满后支付，而固定资产的使用寿命比较长，所以要考虑货币的时间价值（折现）。弃置费用金额较大，且这笔费用服务于整个资产的使用期间，因此计入固定资产的成本。

4.存在弃置费用的固定资产（见表4-7） **注意选择题**

表4-7 **存在弃置费用的固定资产知识表**

弃置费用的概念	根据国家法律和行政法规、国际公约等的规定，企业承担环境保护和生态恢复等义务所确定的支出，如核设施等的弃置和恢复环境义务
核算关键点	将弃置费用的现值计入固定资产的入账价值
会计处理	借：固定资产 贷：在建工程（实际发生的建造成本） 预计负债（弃置费用的现值） 借：财务费用（预计负债每期期初的余额×实际利率） 贷：预计负债 借：预计负债 贷：银行存款等（发生弃置费用支出时）

考霸笔记 计算时，可直接用预计负债的账面价值×实际利率。

例 4-5 · 由教材例题改编

乙公司经国家批准于20×7年1月1日建造完成核电站核反应堆并交付使用，建造成本为2 500 000万元，预计使用寿命为40年。该核反应堆将会对当地的生态环境产生一定的影响，根据法律的规定，企业应在该项设施使用期满后将其拆除，并对造成的污染进行整治，预计发生弃置费用250 000万元。假定适用的折现率为10%。

为简化起见，假设该核电站从完工当月开始计提折旧。

假设2×10年1月1日，由于相关法律政策的变化，公司对弃置费用的预估数从原先的25亿元，调整为30亿元。

要求：根据上述情形进行会计处理。（单位：万元）

【解析】

完工时

借：固定资产　　2 500 000+250 000×(P/F,10%,40)

　贷：在建工程　　2 500 000

　　预计负债　　5 525

√持有期间

期间	余额	发生额
0	5 525	
1	5 525×（1+10%）	5 525×（1+10%）-5 525
2	5 525×（1+10%）^{n}	5 525×（1+10%）^{n}-5 525×（1+10%）
3	5 525×（1+10%）^{n}	5 525×（1+10%）^{n}-5 525×（1+10%）^{n}
⋮	⋮	⋮
40	5 525×（1+10%）^{n}=250 000	5525×（1+10%）^{n}-5525×（1+10%）^{n}

第1年年末（20×7年年末）

借：财务费用　　5 525×(1+10%)-5 525

　贷：预计负债　　5 525×(1+10%)-5 525

第2年年末（20×8年年末）

借：财务费用　　5 525×(1+10%)^n-5 525×(1+10%)

　贷：预计负债　　5 525×(1+10%)^n-5 525×(1+10%)

第3年年末（20×9年年末）

借：财务费用　　5 525×(1+10%)^n-5 525×(1+10%)^n

　贷：预计负债　　5 525×(1+10%)^n-5 525×(1+10%)^n

2×10年年初预计负债余额调整前后的比较

	原有余额		新余额
	终值计算法	现值计算法	
0	5 525	250 000 ×(P/F,10%,40)	
1	5 525×(1+10%)	250 000 ×(P/F,10%,39)	
2	5 525×(1+10%)^n	250 000 ×(P/F,10%,38)	
3	5 525×(1+10%)^n	250 000 ×(P/F,10%,37)	300 000 ×(P/F,10%,37)
⋮	⋮	⋮	⋮
40	5 525×(1+10%)^n=250 000	250 000	n

2×10年1月1日，固定资产账面价值的调整

调整前账面价值=2 505 525×37÷40=2 317 600（万元）

调整后账面价值=2 317 600+（300 000−250 000）×（P/F,10%,37）

借：固定资产　　50 000×（P/F,10%,37）

　贷：预计负债　　1 470

2×10年年末

借：财务费用　　300 000×（P/F,10%,37）×10%

　贷：预计负债　　882

注意：弃置费用的调整属于会计估计变更，无须调整20×7—20×9年三年期间的会计数据（包括财务费用和折旧）。

第二节　固定资产的后续计量

◇ 固定资产折旧

◇ 固定资产的后续支出

固定资产的后续计量主要包括固定资产折旧的计提、减值损失的确定，以及后续支出的计量。其中，固定资产的减值应当按照《企业会计准则第8号——资产减值》处理。

考霸笔记：指假定固定资产预计使用寿命已满，并处于使用寿命终了时的预期状态，企业目前从该项资产处置中获得的扣除预计处置费用后的金额。

一、固定资产折旧　（✔注意选择题）

（一）固定资产折旧的相关概念（见表4-8）

表4-8　**固定资产折旧的相关概念**

定义	在固定资产的使用寿命内，按照确定的方法对应计折旧额进行的系统分摊 应计折旧额：固定资产的原价扣除其预计净残值后的金额。如果已对固定资产计提减值准备，还应当扣除已计提的固定资产减值准备累计金额
影响因素	①固定资产原价 ②固定资产的使用寿命 ③预计净残值 ④固定资产减值准备
折旧范围	企业应当对所有的固定资产计提折旧，已提足折旧仍继续使用的固定资产和单独计价入账的土地除外

注意1：固定资产应当按月计提折旧，并根据用途计入相关资产的成本或者当期损益。当月增加的固定资产，当月不计提折旧，从下月起计提折旧；当月减少的固定资产，当月仍计提折旧，从下月起不计提折旧。

考霸笔记：1月购入，2月开始计提折旧；1月处置，2月停止计提折旧。注意与无形资产摊销的区别。

注意2：固定资产提足折旧后，不论能否继续使用，均不再计提折旧，提前报废的固定资产也不再补提折旧。

注意3：已达到预定可使用状态但尚未办理竣工决算的固定资产，应当按照估计价值确定其成本，并计提折旧；待办理竣工决算后再按实际成本调整原来的暂估价值，但不需要调整原已计提的折旧额。

注意4：对于融资租赁的固定资产，根据《企业会计准则第21号——租赁》的规定，能够合理确定租赁期届满时将会取得租赁资产所有权的，应当在租赁资产使用寿命内计提折旧；如果无法合理确定租赁期届满时能够取得租赁资产所有权的，应当在租赁期与租赁资产使用寿命两者中较短的期间内计提折旧。

注意5：固定资产减值准备，指已计提的固定资产减值准备累计金额。固定资产计提减值准备后，应当在剩余使用寿命内根据调整后的固定资产账面价值（固定资产账面余额扣减累计折旧和累计减值准备后的金额）和预计净残值重新计算确定折旧率和折旧额。

例4-6·2015年多选题

下列关于固定资产折旧会计处理的表述中，正确的有（　　）。

A.处理季节性修理过程中的固定资产在修理期间应停止计提折旧

B.已达到预定可使用状态但尚未办理竣工决算的固定资产应当按暂估价值计提折旧

C.自用固定资产转为以成本模式后续计量的投资性房地产后，仍应计提折旧

D.与固定资产有关的经济利益预期实现方式发生重大改变的，应当调整折旧

【答案】BCD

【解析】选项A应继续计提折旧。

例4-7·2014年多选题

下列资产中，不需要计提折旧的有（　　）。

A.已划分为持有待售的固定资产

B.以公允价值模式进行后续计量的已出租厂房

C.因产品市场不景气，尚未投入使用的外购机器设备

D.已经完工投入使用，但尚未办理竣工决算的自建厂房

【答案】AB

【解析】选项C，未使用固定资产仍需计提折旧，其折旧金额应当计入管理费用；选项D，已经完工投入使用但尚未竣工结算的在建工程在完工时应当转入固定资产，按照暂估价值入账并相应计提折旧。

考霸笔记：改变持有目的，不再归类为固定资产。

考霸笔记：投资性房地产。

考霸笔记：常考，必须掌握。

考霸笔记：只是在折旧年限到期两年之前，计算折旧时不考虑净残值；最终的折旧总额还是满足应计提折旧额的公式：原价-预计净残值。

考霸笔记：1.固定资产账面余额=原价；2.固定资产账面净值=固定资产账面余额-累计折旧；3.固定资产账面价值=固定资产账面余额-累计折旧-固定资产减值准备。

（二）固定资产折旧方法

企业应当根据与固定资产有关的经济利益的预期消耗方式，合理选择折旧方法。可选用的折旧方法包括年限平均法、工作量法、双倍余额递减法和年数总和法等。固定资产的折旧方法一经确定，不得随意变更。如需变更应当符合《企业会计准则第4号——固定资产》第十九条的规定。

1.年限平均法

年限平均法又称直线法，是指将固定资产的应计折旧额均衡地分摊到固定资产预计使用寿命内的一种方法。采用这种方法计算的每期折旧额均相等。

2.工作量法

工作量法，是根据实际工作量计算每期应提折旧额的一种方法。

3.双倍余额递减法

双倍余额递减法，是指在不考虑固定资产预计净残值的情况下，根据每期期初固定资产原价减去累计折旧后的金额（固定资产净值）和双倍的直线法折旧率计算

固定资产折旧的一种方法。

采用双倍余额递减法计提折旧的固定资产，通常在其折旧年限到期前两年内，将固定资产净值扣除预计净残值后的余额平均摊销。

4.年数总和法

年数总和法，又称年限合计法，是将固定资产的原价减去预计净残值的余额乘以一个以固定资产尚可使用寿命为分子、以预计使用寿命逐年数字之和为分母的逐年递减的分数计算每年的折旧额。4种折旧方法的计算公式汇总，见表4-9。

表4-9 **4种折旧方法计算公式汇总表**

年限平均法	年折旧额 =（原价-预计净残值）÷预计使用年限 =原价×（1-预计净残值÷原价）÷预计使用年限 =原价×年折旧率 月折旧额=年折旧额÷12=原价×月折旧率
工作量法	单位工作量折旧额=固定资产原价×（1-预计净残值率）÷预计总工作量 某项固定资产月折旧额=该项固定资产当月工作量×单位工作量折旧额
双倍余额递减法	年折旧率=2÷预计使用寿命（年）×100% 年折旧额=期初固定资产净值×年折旧率 月折旧额=年折旧额÷12 注意：最后两年改为年限平均法
年数总和法	年折旧率=尚可使用寿命÷预计使用寿命的年数总和×100% 年折旧额=（原价-预计净残值）×年折旧率 【举例】比如折旧年限为5年，年折旧率分别为5÷（1+2+3+4+5），4÷（1+2+3+4+5），3÷（1+2+3+4+5），2÷（1+2+3+4+5），1÷（1+2+3+4+5）

考霸笔记：残值率。

考霸笔记：（固定资产净值-预计净残值）÷2。

考霸笔记：双倍余额递减法和年数总和法属于加速折旧法，即固定资产使用前期计提折旧较多，而在后期计提折旧较少。

（三）固定资产折旧的会计处理

原理：固定资产应当按月计提折旧，计提的折旧应通过“累计折旧”科目核算，并根据用途计入相关资产的成本或者当期损益。

考霸笔记：（配比）注意折旧年度与会计年度的区别。

会计分录如下：

借：制造费用（对基本生产车间固定资产计提折旧）
　　管理费用（对企业管理部门、未使用的固定资产计提折旧）
　　销售费用（对销售部门固定资产计提折旧）
　　在建工程（对自行建造固定资产过程中使用的固定资产计提折旧）
　　其他业务成本（对经营租出固定资产计提折旧）
　贷：累计折旧

（四）固定资产使用寿命、预计净残值和折旧方法的复核

考霸笔记：这是会计估计，如发现差异，可调整。

企业至少应当于每年年度终了，对固定资产的使用寿命、预计净残值和折旧方法进行复核。

如有确凿证据表明，使用寿命预计数与原先估计数有差异的，应当调整固定资产使用寿命；预计净残值预计数与原先估计数有差异的，应当调整预计净残值。

固定资产有关的经济利益预期实现方式有重大改变的，应当改变固定资产折旧方法。

固定资产使用寿命、预计净残值和折旧方法的改变应当作为会计估计变更，按照《企业会计准则第28号——会计政策、会计估计变更和差错更正》处理。

考霸笔记：会计估计已在第二章中具体讲解。

二、固定资产的后续支出

考霸笔记：注意考查选择题。

关于固定资产后续支出的定义及处理原则，见表4-10。

表4-10 关于固定资产后续支出的定义及处理原则

定义	固定资产使用过程中发生的更新改造支出、修理费用等
处理原则	固定资产后续支出符合固定资产确认条件的，应当计入固定资产成本，同时将被替换部分的账面价值扣除；不符合固定资产确认条件的，应当计入当期损益

（一）资本化后续支出（见表4-11）

表4-11 资本化后续支出知识表

项目	处理规则	会计分录
资本化后续支出	①应将固定资产的原价、已计提的累计折旧和减值准备转销，即把固定资产的账面价值转入在建工程，并停止计提折旧	借：在建工程 累计折旧 固定资产减值准备 贷：固定资产
	②发生的资本化后续支出，通过“在建工程”科目核算	借：在建工程 贷：银行存款等
	③达到预定可使用状态时，再从在建工程转为固定资产，并按重新确定的使用寿命、预计净残值和折旧方法计提折旧	借：固定资产 贷：在建工程

考霸笔记：固定资产账面价值。

考霸笔记：固定资产转入在建工程的当月仍需计提折旧，下月起不再计提折旧。

考霸笔记：从达到预定可使用状态的下月起开始计提折旧。

考霸笔记
注意与改扩建的区分，大修理期间其并没有从固定资产转到在建工程。

企业对固定资产进行定期检查发生的大修理费用，符合资本化条件的，可以计入固定资产成本；不符合资本化条件的，应当费用化，计入当期损益。固定资产在定期大修理间隔期间，照提折旧。

（二）费用化后续支出（见表4-12）

表4-12 费用化后续支出知识表

分类	处理规则	会计分录
费用化后续支出	与固定资产有关的修理费用等后续支出，不符合固定资产确认条件的，应当根据不同情况分别在发生时计入当期管理费用或销售费用	借：管理费用 　　销售费用 　贷：银行存款等

考霸笔记
一般记入“制造费用”科。

注意：除与存货的生产和加工相关的固定资产的修理费用按照存货成本确定原则进行处理外，行政管理部门等发生的固定资产修理费用等后续支出计入管理费用；企业设置专设销售机构的，其发生的与专设销售机构相关的固定资产修理费用等后续支出，计入销售费用。

固定资产更新改造如何入账?

例4-8·2012年单选题

甲公司为增值税一般纳税人，适用的增值税税率为17%。20×6年7月1日，甲公司对某项生产用机器设备进行更新改造。当日，该设备原价为500万元，累计折旧为200万元，已计提减值准备50万元。更新改造过程中发生劳务费用100万元；领用本公司生产的产品一批，成本为80万元，市场价格（不含增值税税额）为100万元。经更新改造的机器设备于20×6年9月10日达到预定可使用状态。假定上述更新改造支出符合资本化条件，更新改造后，该机器设备的入账价值为（　　）。

考霸笔记
8月停止计提折旧。

A.430万元　　B.467万元

C.680万元　　D.717万元

考霸笔记
是按产品成本计入账面价值，不是按市场价值；增值税按市场价格缴纳：100×17%=17（万元）；增值税不计入设备成本。

【答案】A

【解析】机器设备更新改造后的入账价值=该项机器设备进行更新前的账面价值+发生的后续支出=（500-200-50）+100+80=430（万元）。

第三节　固定资产的处置

◇ 固定资产终止确认的条件

◇ 固定资产处置的账务处理

◇ 持有待售的固定资产

◇ 固定资产的清查

一、固定资产终止确认的条件

固定资产满足下列条件之一的，应当予以终止确认：

1.该固定资产处于处置状态

包括固定资产的出售、转让、报废或毁损、对外投资、非货币性资产交换、债务重组等。

2.该固定资产预期通过使用或处置不能产生经济利益

考霸笔记
不符合资产确认条件。

二、固定资产处置的账务处理

固定资产处置的账务处理相关知识，见表4-13。

表4-13　**固定资产处置账务处理知识表**

处理原则	固定资产处置一般通过“固定资产清理”科目进行核算。企业出售、转让、报废固定资产或发生固定资产毁损，应当将处置收入扣除账面价值和相关税费后的金额计入当期损益	
处理分录	①固定资产转入清理	借：固定资产清理 累计折旧 固定资产减值准备 贷：固定资产
	②发生清理费用和相关税费	借：固定资产清理 贷：银行存款 应交税费
	③收到残料变价收入	借：银行存款 贷：固定资产清理
	④计算或收到的应由保险公司或过失人赔偿的损失	借：银行存款 其他应收款（保险公司或过失人的赔偿） 贷：固定资产清理
	⑤结转固定资产净损益	借：资产处置损益 营业外支出——非常损失 贷：固定资产清理 或 借：固定资产清理 贷：资产处置损益

固定资产处置的账务处理

考霸笔记
固定资产账面价值。

考霸笔记
注意按①～⑤的顺序处理。

根据《关于修订印发一般企业财务报表格式的通知》（财会〔2017〕30号）的规定，将固定资产出售、对外投资或用于债务重组所产生的损益不再计入“营业外收入”或“营业外支出”科目，改为计入“资产处置损益”科目。但是需要注意的是，并不是固定资产处置的所有形式所产生的损益都计入资产处置损益，例如：固定资产因自然灾害发生毁损、已丧失使用功能等原因而报废的利得和损失仍分别计入“营业外收入”科目和“营业外支出”科目。

三、固定资产的清查

企业应当健全制度，加强管理，定期或者至少于每年年末对固定资产进行清查盘点，以保证固定资产核算的真实性和完整性。如果清查中发现存在固定资产损益，应及时查明原因，在期末结账前处理完毕。

考霸笔记
是一项非日常活动，属于利得或损失。

1.固定资产盘盈的会计处理

盘盈的固定资产，作为前期差错处理。在按管理权限报经批准前，应通过“以前年度损益调整”科目核算。

①借：固定资产

　　贷：以前年度损益调整

②借：以前年度损益调整

贷：盈余公积

利润分配——未分配利润

2.固定资产盘亏的会计处理

固定资产盘亏造成的损失，应当计入当期损益。

①管理权限报经批准前，先转销固定资产账面价值。

借：待处理财产损溢——待处理固定资产损溢

累计折旧

固定资产减值准备

贷：固定资产

②管理权限报经批准后，损失计入当期损益。

借：其他应收款（可回收的报销赔偿或过失人赔偿）

营业外支出——盘亏损失

贷：待处理财产损溢——待处理固定资产损溢

智能测评

在线练习	我要提问
扫码在线做题　扫码看答案 本书“本章同步强化训练”均配备二维码，打开微信“扫一扫”即可完成在线测评，查看本章详细的测评反馈报告，了解知识掌握情况，也可扫码直接看答案噢。 快来扫码做题吧！	扫码答疑 本书配备答疑专用二维码，打开微信“扫一扫”，即可完成在线提问，获取专业老师全面个性化解答，让学习问题不再拖延。 快来扫码提问吧！

本章同步强化训练

一、单选题

1.2011年1月1日，白云公司与红玉公司签订一项购货合同，白云公司从红玉公司购入一台需要安装的甲生产设备作为固定资产使用，合同约定，白云公司采用分期付款方式支付价款。甲设备的总价款共计5 000万元，当日支付2 000万元，余款分3年于2011年至2013年每年年末支付1 000万元。

2011年1月1日，甲设备运抵白云公司并开始安装。2011年1月1日，甲设备达到预定可使用状态，共发生安装等相关费用500万元，已用银行存款付讫。甲设备预计净残值为100万元，预计使用年限为10年，采用年限平均法计提折旧。

假定银行同期借款年利率为8%。（（P/A，8%，3）=2.5771，（P/A，8%，4）=3.3121）

要求：根据上述资料，不考虑其他因素，回答下列题目（保留两位小数）：

（1）甲设备的入账价值为（　　）万元。

A.5 000　　B.5 077.1　　C.5 500　　D.5 312.1

（2）2012年应计提的折旧额为（　　）万元。

A.497.71　　B.490　　C.540　　D.521.21

（3）2013年度未确认融资费用的摊销额为（　　）万元。

A.206.17　　B. 74.07　　C.142.66　　D. 422.9

2.某企业接受投资者投入生产经营用设备一台，该设备需要安装。双方在协议中约定的价值为100万元，设备的不含税公允价值为90万元。安装过程中领用生产用材料一批，实际成本为10万元；领用自产的产成品一批，实际成本为50万元，售价为60万元，该产品为应税消费品，消费税税率10%。本企业为一般纳税人，适用的增值税税率为17%。

要求：根据上述资料，不考虑其他因素，回答下列问题：

（1）假设该项业务发生于2006年，则安装完毕投入生产使用的该设备入账成本为（　　）。

A.177.2元　　B.193.2万元　　C.183.2万元　　D.187.2元

（2）假设该业务发生于2012年，则安装完毕投入生产使用的该设备入账成本为（　　）。

A.166万元　　B.160万元　　C.150万元　　D.156万元

3.甲公司为增值税一般纳税人，2010年2月28日，甲公司支付银行存款500万元购入一台需安装的生产用设备，增值税进项税额为85万元。3月6日，甲公司以银行存款支付装卸费10万元。4月10日，设备开始安装，安装过程中，甲公司发生安装人员工资30万元；领用原材料一批，该批原材料的成本为20万元，相应的增值税进项税额为3.4万元，市场价格（不含增值税）为22万元。设备于2010年6月20日完成安装，达到预定可使用状态。该设备预计使用10年，预计净残值为零，甲公司采用年限平均法计提折旧。

要求：根据上述资料，不考虑其他因素，回答下列各题：

（1）甲公司该设备的入账价值是（　　）。

A.563.4万元　　B.563.74万元　　C.560万元　　D.648.74万元

（2）甲公司2010年对该设备应计提的折旧是（　　）。

A.28万元　　B.28.17万元　　C.28.19万元　　D.32.44万元

4.天天公司2011年至2014年与固定资产有关的业务资料如下：

（1）2011年12月20日，天天公司购进一台不需要安装的设备，设备价款为300万元，另发生运杂费5万元，专业人员服务费10万元，款项均以银行存款支付；没有发生其他相关税费。该设备于当日投入使用，预计使用年限为10年，预计净残值为15万元，采用直线法计提折旧。

（2）2012年12月31日，天天公司对该设备进行检查时发现其已经发生减值，预计可收回金额为200万元；计提减值准备后，该设备原预计使用年限、折旧方法保持不变。预计净残值变更为10万元，预计剩余使用年限为5年。

（3）2013年12月31日，天天公司因生产经营方向调整，决定采用出包方式对该设备进行改良。该设备于当日停止使用，开始进行改良。改良过程中，对该项固定资产的某一主要部件进行更换，被更换部件账面价值为120万元，改良工程验收合格后支付工程价款。

（4）2014年3月31日，改良工程完工并验收合格，天天公司以银行存款支付工程总价款160万元。当日，改良后的设备投入使用，预计尚可使用8年，采用双倍余额递减法计提折旧，预计净残值为5万元。2014年12月31日，该设备未发生减值。

（5）不考虑其他相关税费。

要求：根据上述资料，不考虑其他因素，回答下列各题：

（1）天天公司2011年12月20日取得该设备的入账价值为（　　）。

A.300万元　　B.305万元　　C.315万元　　D.310万元

（2）天天公司2012年12月31日该设备计提的固定资产减值准备为（　　）。

A.85万元　　B.115万元　　C.76万元　　D.80.5万元

（3）天天公司2013年12月31日该设备转入改良时的账面价值为（　　）。

A.200万元　　B.162万元　　C.180万元　　D.178.89万元

（4）天天公司2014年3月31日改良后的设备原值为（　　）。

A.202万元　　B.162万元　　C.322万元　　D.218.89万元

（5）天天公司2014年改良后的设备折旧额为（　　）。

A.41.04万元　　B.54.72万元　　C.50.5万元　　D.37.88万元

二、计算分析题

1.2012年5月1日，白云公司向红玉公司一次性购进三套不同型号且有不同生产能力的设备X、Y和Z。白云公司以银行存款支付货款6 000万元、增值税税额1 020万元、包装费50万元。Y设备在安装过程中领用生产用原材料一批，价值为80万元，支付安装费200万元。假定设备X、Y和Z分别满足固定资产的定义及其确认条件，公允价值分别为2 000万元、2 500万元、2 500万元。

要求：假设不考虑其他相关税费，计算Y设备的入账价值。

2.B公司2010年9月1日自行建造厂房一栋，购入工程物资价款为2 000万元，进项税额为340万元；领用生产用原材料成本为200万元，原材料进项税额为34万元；领用自产产品成本为250万元，计税价格为300万元，增值税税率为17%；支付其他费用50万元。2010年10月16日完工投入使用，预计使用年限为20年，预计净残值为60万元。

要求：在采用直线平均法计提折旧的情况下，计算该项设备2011年应提折旧。

3.2010年1月，丙股份有限公司准备自行建造一座厂房，为此发生以下业务：

（1）购入工程物资一批，价款为20 000元，支付的增值税进项税额为3 400元，款项以银行存款支付；

（2）至6月，工程先后领用工程物资9 360元；剩余工程物资转为该公司的存货，其所含的增值税进项税额可以抵扣；

（3）领用生产用原材料一批，价值为50 000元，购进该批原材料时支付的增值税进项税额为8 500元；

（4）辅助生产车间为工程提供有关的劳务支出为20 000元；

（5）计提工程人员工资30 000元；

（6）6月底，工程达到预定可使用状态，但尚未办理竣工决算手续，工程按暂估价值结转固定资产成本；

（7）假定不考虑其他相关税费。

要求：编制上述业务相关的会计分录。

第五章
无形资产

本章导学

考霸笔记
每年考3分左右；比较简单，重要程度一般；建议与第四章“固定资产”类比学习，往往效果更佳，效率更高。

本章框架图

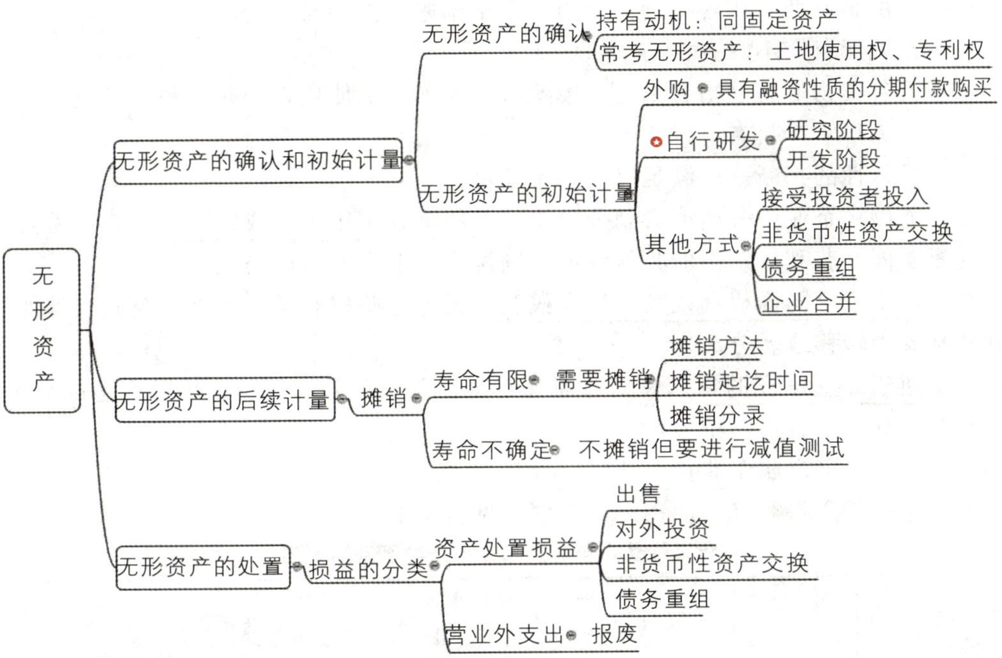

本章考情概述

本章论述了无形资产的确认、计量、内部研究与开发及处置等会计处理。

本章应当关注的问题：（1）无形资产取得时成本的计算；（2）内部研发支出的会计核算；（3）无形资产的后续计量；（4）无形资产的处置。

近三年主要考点：（1）无形资产的辨认；（2）融资购入无形资产的会计处理；（3）无形资产会计处理的表述等。

2019年教材主要变化

本章内容无变化。

第一节　无形资产的确认和初始计量

◇ 无形资产的定义与特征

◇ 无形资产的内容

◇ 无形资产的确认条件

◇ 无形资产的初始计量

考霸笔记
与固定资产相区分。

一、无形资产的定义与特征

考霸笔记
与商誉相区分。

1.定义

无形资产是指企业拥有或者控制的没有实物形态的可辨认非货币性资产。

考霸笔记
特殊举例：软件。
由计算机控制的机械工具，当没有特定计算机软件就不能运行时，则说明该软件是构成硬件不可缺少的组成部分，故该软件应当作为固定资产处理；若计算机软件不是相关硬件不可缺少的组成部分，则该软件应当作为无形资产核算。

2.特征

（1）由企业拥有或者控制并能为其带来未来经济利益的资源。

（2）无形资产不具有实物形态。

不具有实物形态是指看不见，摸不着，比如土地使用权、非专利技术等。

（3）无形资产具有可辨认性。

可辨认性的判断——满足以下一条即可：

①能够从企业中分离或者划分出来，并能单独用于出售或转让等，而不需要同时处置于同一获利活动中的其他资产，则说明无形资产可以辨认。

②产生于合同性权利或其他法定权利，无论这些权利是否可以从企业或其他权利和义务中转移或者分离。

不属于无形资产的特殊举例：商誉、客户关系、人力资源、内部产生的品牌、报刊名、刊头、客户名单等。

（4）无形资产属于非货币性资产。

货币性资产与非货币性资产的区别，见表5-1。

考霸笔记
常考选择题。

考霸笔记
☆重要！常考选择题，第二十一章“外币折算”也会用到此表格。

表5-1 **货币性资产与非货币性资产的区别知识表**

项目	货币性资产	非货币性资产
定义	企业持有的货币资金和将以固定或可确定的金额收取的资产	企业持有的货币资金和将以固定或可确定的金额收取的资产以外的其他资产
举例	库存现金、银行存款、应收账款、应收票据和短期有价证券等	预付账款、交易性金融资产、存货、长期股权投资、固定资产、无形资产等

二、无形资产的内容

货币性与非货币性资产如何区分？

无形资产通常包括专利权、非专利技术、商标权、著作权、特许权、土地使用权等。

例5-1·2014年单选题

下列各项中，制造企业应确认为无形资产的是（　　）。

A.自创的商誉

B.企业合并产生的商誉（不可辨认）

C.内部研究开发项目研究阶段发生的支出

D.以缴纳土地出让金方式取得的土地使用权

【答案】D

【解析】选项A，自创的商誉是不确认的。选项B，商誉不属于无形资产，根据《企业会计准则第6号——无形资产》的规定，无形资产是指企业拥有或者控制的没有实物形态的可辨认非货币性资产。由于商誉属于不可辨认资产，因此不属于无形资产。选项C，研究阶段的支出不符合资本化条件，期末应当转入损益。

考霸笔记
研究阶段全部费用化，不计入无形资产成本。

三、无形资产的确认条件

无形资产应当在符合定义的前提下，同时满足以下两个确认条件时，才能予以确认。

①与该资产有关的经济利益很可能流入企业；

②该无形资产的成本能够可靠地计量。

四、无形资产的初始计量

无形资产通常是按实际成本计量，即以取得无形资产并使之达到预定用途而发生的全部支出，作为无形资产的成本。对于通过不同来源取得的无形资产，其初始成本构成也不尽相同。

（一）外购的无形资产成本

1.以正常信用条件购入无形资产

原理：外购的无形资产，其成本包括购买价款、相关税费以及直接归属于使该项资产达到预定用途所发生的其他支出。

会计分录：

借：无形资产

　　应交税费——应交增值税（进项税额）（如果涉及）

　贷：银行存款 等

注意1：直接归属于使该项资产达到预定用途所发生的其他支出包括使无形资产达到预定用途所发生的专业服务费用、测试无形资产是否能够正常发挥作用的费用等。

注意2：无形资产的初始成本不包括：

①为引入新产品进行宣传发生的广告费、管理费用及其他间接费用；

②无形资产已经达到预定用途以后发生的费用。

考霸笔记
时间较长，金额较大，要考虑货币的时间价值。

2.以超过正常信用条件延期支付价款购入无形资产

原理：如果购入的无形资产超过正常信用条件延期支付价款，实质上具有融资性质，应按所取得无形资产购买价款的现值计量其成本，现值与应付价款之间的差额作为未确认的融资费用，在付款期间内按照实际利率法确认为利息费用。

如何理解现值的计算?

购买价款的现值计算：

分期付款中，每期付款金额按照折现率折现得到的金额，全部累加起来得到购买价款的现值。其中折现率一般采用市场利率，折现的算法参照“第十四章 金融资产”相关内容。

举例：购买一项无形资产，每年年末付款100万元，3年付清，假定折现率为5%，则：

购买价款的现值=100×（P/A，5%，3）=100×2.723=272.3（万元）

考霸笔记

与固定资产相应条件下的处理完全一致。

“未确认融资费用”科目属于负债类科目，是“长期应付款”的备抵科目。

在无形资产初始确认的时候，“未确认融资费用”在借方登记；随着后续期间的付款，“未确认融资费用”在贷方摊销，当最后一期款项付清时，“未确认融资费用”科目无余额。因此在最后一次做付款的会计分录时，需采用倒挤的方式计算“未确认融资费用”金额，防止出现小数点差异。

会计分录：

借：无形资产（付款总额的现值）——本金

　　未确认融资费用（倒挤）——利息

　贷：长期应付款（付款总额）——本息和

借：财务费用（长期应付款期初摊余成本×实际利率）

　贷：未确认融资费用

借：长期应付款

　贷：银行存款

例5-2·2014年多选题

20×2年1月1日，甲公司从乙公司购入一项无形资产，由于资金周转紧张，甲公司与乙公司协议以分期付款方式支付款项。协议约定：该无形资产作价2 000万元，甲公司每年年末付款400万元，分5年付清。假定银行同期贷款利率为5%，5年期5%利率的年金现值系数为4.3295。不考虑其他因素，下列甲公司与该无形资产相关的会计处理中，正确的有（　　）（单位：万元）。

A.20×2年财务费用增加86.59万元

B.20×3年财务费用增加70.92万元

C.20×2年1月1日确认无形资产2 000万元

D.20×2年12月31日长期应付款列报为2 000万元

考霸笔记

长期应付款的摊余成本=长期应付款的贷方余额－未确认融资费用的借方余额。

【答案】AB

【解析】借：无形资产　　1 731.8

　　　　　未确认融资费用　　268.2

　　　　贷：长期应付款　　2 000

选项A，20×2确认的财务费用=（2 000−268.2）×5%=86.59（万元）；选项B，20×3年财务费用=[（2 000−400）−（268.2−86.59）]×5%=70.92（万元）；选项C，20×2年1月1日确认无形资产=400×4.3295=1 731.8（万元）；选项D，20×2年12月31日长期应付款列报金额=（2 000−400−400）−（268.2−86.59−70.92）=1 089.31（万元）。

分期付款购买无形资产如何计算?

（二）投资者投入的无形资产成本

原理：投资者投入的无形资产，应当按照投资合同或协议约定的价值确定无形资产的取得成本。如果投资合同或协议约定价值不公允，应按无形资产的公允价值作为无形资产初始成本入账。

考霸笔记：即以公允价值入账。

> 会计分录：
> 借：无形资产
> 　贷：股本（实收资本）等

（三）通过非货币性资产交换取得的无形资产成本

原理：非货币性资产交换具有商业实质且公允价值能够可靠计量的，在发生补价的情况下，支付补价方应当以换出资产的公允价值加上支付的补价（换入无形资产的公允价值）和应支付的相关税费，作为换入无形资产的成本；收到补价方，应当以换入无形资产的公允价值（或换出资产的公允价值减去补价）和应支付的相关税费，作为换入无形资产的成本。

考霸笔记：指多支付的金额。

会计分录：第十八章中具体讲解。

（四）通过债务重组取得的无形资产成本

原理：通过债务重组取得的无形资产成本，应当以其公允价值入账。

会计分录：第十九章中具体讲解。

（五）通过政府补助取得的无形资产成本

原理：通过政府补助取得的无形资产成本，应当按照公允价值计量；公允价值不能可靠取得的，按照名义金额计量。

考霸笔记：名义金额为1元。

会计分录：第十七章中具体讲解。

（六）企业合并中取得的无形资产成本（见表5-2）

如何理解企业合并中无形资产的成本？

表 5-2　企业合并中取得的无形资产成本知识表

合并类型	合并方式	成本计算
同一控制	吸收合并/控股合并	被合并企业合并日无形资产的账面价值
非同一控制	吸收合并/控股合并	按被合并企业购买日无形资产的公允价值计量，包括： （1）被购买企业原已确认的无形资产 （2）被购买企业原未确认的无形资产，但其公允价值能够可靠计量，购买方就应在购买日将其独立于其他资产的商誉确认为一项无形资产

（七）土地使用权的处理

土地使用权在不同的企业和不同的用途下，会计处理也不相同，具体见表5-3。

土地使用权应计入什么会计科目?

表 5-3 **土地使用权处理表**

用途		一般企业	房地产企业
土地自用		无形资产	无形资产
土地出租		投资性房地产	投资性房地产
土地增值后转让		投资性房地产	存货
土地建造房屋出售		（一般无此情况）	存货
外购房屋建筑物（含土地）	价款可以合理分配	无形资产	无形资产
	价款不能合理分配	固定资产	固定资产

例 5-3 · 2010 年多选题

下列各项关于土地使用权会计处理的表述中，正确的有（　　）。

A. 为建造固定资产购入的土地使用权确认为无形资产

B. 房地产开发企业为开发商品房购入的土地使用权确认为存货

C. 用于出租的土地使用权及其地上建筑物一并确认为投资性房地产

D. 用于建造厂房的土地使用权摊销金额在厂房建造期间计入在建工程成本

E. 土地使用权在地上建筑物达到预定可使用状态时，与地上建筑物一并确认为固定资产

考霸笔记：与房子一起出售。

考霸笔记：符合投资性房地产的定义。

【答案】ABCD

【解析】选项 D，因为土地使用权的经济利益通过建造厂房实现，所以土地使用权的摊销金额应资本化（计入在建工程成本）。选项 E，土地使用权应该单独作为无形资产核算。

例 5-4 · 2017 年多选题

甲公司为增值税一般纳税人。2×17 年 1 月 1 日，甲公司通过公开拍卖市场以 5 000 万元购买一块可使用 50 年的土地的使用权，用于建造商品房。为建造商品房，甲公司于 2×17 年 3 月 1 日向银行专门借款 4 000 万元，年利率为 5%（等于实际利率）。截至 2×17 年 12 月 31 日，其建造商品房累计支出 5 000 万元，增值税进项税额为 585 万元，商品房尚在建造过程中，专门借款未使用期间获得投资收益 5 万元。不考虑其他因素，下列各项关于甲公司购买土地使用权建造商品房会计处理的表述中，正确的有（　　）。

A. 购买土地使用权发生的成本计入所建造商品房的成本

B. 2×17 年专门借款应支付的利息计入所建造商品房的成本

C. 建造商品房所支付的增值税进项税额计入所建造商品房的成本

D. 专门借款未使用期间获得的投资收益冲减所建造商品房的成本

【答案】ABD

【解析】选项 A 和 D 属于“借款费用”，用于符合资本化条件资产的专门借款利息费用在资本化期间（商品房建造期间）的利息应当资本化（计入存货成本），闲置收益（投资收益）应冲减存货成本。

第二节　内部研究开发支出的确认和计量

◇ 研究阶段和开发阶段的划分
◇ 开发阶段有关支出资本化的条件
◇ 内部开发的无形资产的计量
◇ 内部研究开发支出的会计处理

一、研究阶段和开发阶段的划分

对于企业自行进行的研究开发项目，应当区分研究阶段与开发阶段两个部分，分别进行核算（见表5-4）。

■研究阶段：计划性、探索性

■开发阶段：针对性、形成成果的可能性较大

考霸笔记 "抱着试试看的心态"。

考霸笔记 说明"已经比较有把握并开始实施"。

表5-4　研究阶段VS开发阶段

考霸笔记 计算性题目一般会明确给出属于哪个"阶段"。

项目	研究阶段	开发阶段
目标	不具体	具体
对象	不具体	针对某个对象
风险	大	小
结果	研究报告	新技术、新产品

二、开发阶段有关支出资本化的条件　（✔注意多选题）

在开发阶段，判断可以将有关支出资本化计入无形资产成本的条件包括：

1.完成该无形资产以使其能够使用或出售在技术上具有可行性。

2.具有完成该无形资产并使用或出售的意图。

3.无形资产产生经济利益的方式，包括能够证明运用该无形资产生产的产品存在市场或无形资产自身存在市场，无形资产将在内部使用的，应当证明其有用性。

4.有足够的技术、财务资源和其他资源支持，以完成该无形资产的开发，并有能力使用或出售该无形资产。

考霸笔记 有人，有钱，有资源。

5.归属于该无形资产开发阶段的支出能够可靠地计量。

考霸笔记 支出不能可靠计量的不算。

以上条件需同时满足。

三、内部开发的无形资产的计量

1.内部开发活动形成的无形资产，其成本由可直接归属于该资产的创造、生产并使该资产能够以管理层预定的方式运作的所有必要支出组成。

2.在开发无形资产过程中发生的除上述可直接归属于无形资产开发活动的其他销售费用、管理费用等间接费用，无形资产达到预定用途前发生的可辨认的无效和初始运作损失，为运行该无形资产发生的培训支出等，不构成无形资产的开发成本。

考霸笔记 下列项目不计入成本：（1）无效损失；（2）培训支出等。

3.内部开发无形资产的成本仅包括在满足资本化条件的时点至无形资产达到预定用途前发生的支出总额，对于同一项无形资产在开发过程中达到资本化条件之前已经费用化计入当期损益的支出不再进行调整。

考霸笔记

内部研究开发支出的会计处理是历年考试的重点考查区域，与第二十章“所得税”联系紧密，必须掌握。

内部研发支出如何进行会计处理？

考霸笔记

内部研发无形资产发生的研发支出，先在“研发支出——费用化支出”科目和“研发支出——资本化支出”科目归集；待期末，由“研发支出——费用化支出”转入“管理费用”科目；待无形资产达到预定用途后，由“研发支出——资本化支出”转入“无形资产”科目。

（★★★）四、内部研究开发支出的会计处理（见表5-5）

表5-5　**内部研究开发支出的会计处理**

基本原则	研究阶段的支出：全部费用化，计入当期损益（管理费用） 开发阶段的支出：符合资本化条件的，计入无形资产成本；不符合资本化条件的，计入当期损益（管理费用） 无法区分阶段的支出：全部费用化，计入当期损益（管理费用）
会计分录	1.发生研发支出 借：研发支出——费用化支出 　　　　　　——资本化支出 　贷：原材料 　　　应付职工薪酬 　　　银行存款 等 2.资产负债表日 借：管理费用 　贷：研发支出——费用化支出 “研发支出——资本化支出”科目余额计入资产负债表中的“开发支出”项目。 3.无形资产达到预定用途 借：无形资产 　贷：研发支出——资本化支出

例5-5·2017年单选题

甲公司2×16年1月开始研发一项新技术，2×17年1月进入开发阶段，2×17年12月31日完成开发并申请了专利。该项目2×16年发生研究费用600万元，截至2×17年年末累计发生研发费用1 600万元，其中符合资本化条件的金额为1 000万元，按照税法的规定，研发支出可按实际支出的150%于税前抵扣。不考虑其他因素，下列各项关于甲公司上述研发项目会计处理的表述中，正确的是（　　）。

A.将研发项目发生的研究费用确认为长期待摊费用

B.实际发生的研发费用与其可予税前抵扣金额的差额确认递延所得税资产

C.自符合资本化条件起至达到预定用途时所发生的研发费用资本化金额计入无形资产

D.研发项目在达到预定用途后，将所发生全部研究和开发费用可予以税前抵扣金额的所得税影响额确认为所得税费用

【答案】C

【解析】选项A错在没有区分资本化和费用化的金额。选项B在教材“所得税”一章中阐述为不确认递延所得税资产（这是一个特例）。选项D错在研发项目达到预定用途后才确认所得税费用，实际上费用化支出应在发生当期就计入所得税费用，而不是等到研发完毕后。

第三节 无形资产的后续计量

考霸笔记
本节主要解决无形资产摊销的问题，属于基础知识，必须掌握。

◇ 无形资产后续计量的原则
◇ 使用寿命有限的无形资产
◇ 使用寿命不确定的无形资产

一、无形资产后续计量的原则

无形资产初始确认和计量后，在其后使用该项无形资产期间内应以成本减去累计摊销额和累计减值损失后的余额计量。

考霸笔记
此余额为：无形资产的账面价值=原值－累计摊销－无形资产减值准备。

（一）估计无形资产的使用寿命

企业应当于取得无形资产时分析判断其使用寿命。无法预见无形资产为企业带来未来经济利益期限的，应当视为使用寿命不确定的无形资产。

考霸笔记
不计提摊销。

（二）无形资产使用寿命的确定

一般情况下就是资产的预计使用寿命，如果存在合同性权利或其他法定权利的期限，则无形资产的使用寿命需选择合同性权利或其他法定权利的期限与资产预计使用寿命中的较短者。

（三）无形资产使用寿命的复核

企业至少应当于每年年度终了，对无形资产的使用寿命及摊销方法进行复核，如果有证据表明无形资产的使用寿命及摊销方法不同于以前的估计，则对于使用寿命有限的无形资产，应改变其摊销年限及摊销方法，并按照会计估计变更进行处理。

考霸笔记
此为会计估计。

对于使用寿命不确定的无形资产，如果有证据表明其使用寿命是有限的，则应视为会计估计变更，应当估计其使用寿命并按照使用寿命有限的无形资产的处理原则进行处理。

复核时间	复核的要素	复核有变更
每年年度终了	使用寿命、摊销方法、残值	作为会计估计变更

二、使用寿命有限的无形资产

使用寿命有限的无形资产，应在其预计的使用寿命内采用系统合理的方法对应摊销金额进行摊销。

考霸笔记
无形资产称“摊销”，固定资产称“折旧”。

应摊销金额=成本－残值－无形资产减值准备

（一）摊销期和摊销方法

摊销期：可供使用（其达到预定用途）时起至终止确认时止；当月增加的无形资产，当月开始摊销；当月减少的无形资产，当月不再摊销。

考霸笔记
举例：2017年3月购入无形资产，则3月开始摊销；2017年9月出售无形资产，则9月不再摊销。

摊销方法：摊销方法应当能够反映与该项无形资产有关的经济利益的预期消耗方式，并一致地运用于不同会计期间，包括直线法、产量法等。

> 注意：持有待售的无形资产不进行摊销，按照账面价值与公允价值减去处置费用后的净额孰低进行计量。（与固定资产一致）

（二）残值的确定

无形资产的残值一般为零，下列情况除外：

第五章

考霸笔记
受益原则。

1.有第三方承诺在无形资产使用寿命结束时购买该项无形资产；

2.可以根据活跃市场得到无形资产预计残值信息，并且该市场在该项无形资产使用寿命结束时可能存在。

残值确定以后，在持有无形资产的期间，至少应于每年年末进行复核，预计其残值与原估计金额不同的，应按照会计估计变更进行处理。无形资产的残值重新估计以后高于其账面价值的，则无形资产不再摊销，直至残值降至低于账面价值时再恢复摊销。

（三）使用寿命有限的无形资产摊销的账务处理

原理：摊销时，应当考虑该项无形资产所服务的对象，并以此为基础将其摊销价值计入相关资产的成本或者当期损益。

会计分录：
借：管理费用
　　制造费用
　　其他业务成本
　　在建工程　等
　贷：累计摊销

三、使用寿命不确定的无形资产

例5-6·2016年单选题

长江公司为一家多元化经营的综合性集团公司，不考虑其他因素，其纳入合并范围的下列子公司对所持有土地使用权的会计处理中，不符合会计准则规定的是（　　）。

A.子公司甲为房地产开发企业，将土地使用权取得成本计入所建造商品房成本

B.子公司乙将取得的用于建造厂房的土地使用权在建造期间的摊销计入当期管理费用

C.子公司丙将持有的土地使用权对外出租，租赁开始日停止摊销并转为采用公允价值进行后续计量

D.子公司丁将用作办公用房的外购房屋价款按照房屋建筑物和土地使用权的相对公允价值分别确认为固定资产和无形资产，采用不同的年限计提折旧或摊销

【答案】B

【解析】厂房开始建造前，土地使用权的摊销应计入管理费用，厂房建造期间土地使用权的摊销应当计入在建工程，厂房建造完成后土地使用权的摊销与厂房一样计入制造费用。

考霸笔记
无形资产的减值测试与计算会在“第八章 资产减值”中具体讲解，这里只要知道使用寿命不确定的无形资产不计提摊销，年末要进行减值测试就可以了。

原理：对于使用寿命不确定的无形资产，在持有期间内不需要摊销，但应当在每个会计期间进行减值测试。其减值测试的方法按照资产减值的原则进行处理，如经减值测试表明已发生减值，则需要计提相应的减值准备。会计分录为：

借：资产减值损失
　贷：无形资产减值准备

考霸笔记
一旦计提，不得转回。

例5-7 · 2015年单选题

下列各项关于无形资产会计处理的表述中，正确的是（　　）。

A. 自行研究开发的无形资产在尚未达到预定用途前无须考虑减值

B. 非同一控制下企业合并中，购买方应确认被购买方在该项交易前未确认但可单独辨认且公允价值能够可靠计量的无形资产

C. 使用寿命不确定的无形资产在持有过程中不应该摊销也不考虑减值

D. 同一控制下企业合并中，合并方应确认被合并方在该项交易前未确认的无形资产

【答案】B

【解析】选项A在年度终了需进行减值测试；选项C需要计提减值；选项D不需要确认该金额。

考霸笔记：无形资产研发存在很多不确定性，一定要考虑减值。

考霸笔记：不摊销，但要考虑减值。

第四节　无形资产的处置

考霸笔记：本节关注处置影响损益的计算问题。

◇ 无形资产的出售

◇ 无形资产的出租

◇ 无形资产的报废

无形资产的处置，包括无形资产出售、对外出租、对外捐赠，或者报废。

无形资产处置记入什么科目？

一、无形资产的出售

原理：将所取得的价款与该无形资产账面价值的差额作为资产处置利得或损失（计入“资产处置损益”）。

会计分录：

借：银行存款

　　无形资产减值准备

　　累计摊销

　　资产处置损益

　贷：无形资产

　　　应交税费——应交增值税（销项税额）

　　　资产处置损益

考霸笔记：无形资产出售和报废，其结果都是企业没有这项资产了，因此企业的资产负债表上不再反映该资产，会计处理需将这项资产的账面价值全部结转（做反向分录），包括原价、累计摊销、减值准备等。

考霸笔记：倒挤，或贷方。

二、无形资产的出租

原理：无形资产出租属于与企业日常活动相关的其他经营活动取得的收入，在满足收入确认条件的情况下，应确认相关的收入及成本，并通过其他业务收支科目进行核算。

会计分录：

（1）确认租金收入

借：银行存款

　贷：其他业务收入等

（2）将发生的与该转让使用权有关的相关费用计入其他业务成本

借：其他业务成本

　贷：累计摊销

　　　银行存款

三、无形资产的报废

原理：如果无形资产预期不能为企业带来未来经济利益，则不再符合无形资产的定义，应将其报废并予以转销，其账面价值转作当期损益（营业外支出）。

【提示】无形资产报废造成的损失不计入“资产处置损益”。

会计分录：

借：营业外支出

　　累计摊销

　　无形资产减值准备

　贷：无形资产

考霸笔记：倒挤，借方差额。

智能测评

在线练习	我要提问
扫码在线做题　扫码看答案 本书“本章同步强化训练”均配备二维码，打开微信“扫一扫”即可完成在线测评，查看本章详细的测评反馈报告，了解知识掌握情况，也可扫码直接看答案噢。 快来扫码做题吧！	扫码答疑 本书配备答疑专用二维码，打开微信“扫一扫”，即可完成在线提问，获取专业老师全面个性化解答，让学习问题不再拖延。 快来扫码提问吧！

本章同步强化训练

一、单选题

1.2011年1月1日，甲公司从乙公司购买一项商标权，由于甲公司资金周转比较紧张，经与乙公司协商决定采用分期付款方式支付款项。合同规定，该项商标权总价款为4 500万元，每年年末付款1 500万元，3年付清，首次付款时间为2011年12月31日。假定银行同期贷款年利率为8%，未确认融资费用采用实际利率法摊销。取得的商标权当日即达到预定用途，未发生其他税费。甲公司对该项商标权采用直线法按5年摊销，无残值。2011年12月31日和2012年12月31日，该项商标权的可收回金额分别为2 800万元和2 200万元。假定计提减值准备后，该项商标权的摊销方法和净残值不变。（P/A，8%，3）=2.5771，假定计算结果保留两位小数：

要求：根据上述资料，不考虑其他因素，回答下列题目。

（1）2011年1月1日，购入商标权的入账价值为（　　）万元。

A.4 500　　B.3 865.65　　C.1 500　　D.4 000

（2）2011年12月31日，“未确认融资费用”科目的余额为（　　）万元。

A.16.04　　B.943.6　　C.0　　D.325.1

（3）2011年12月31日，甲公司资产负债表上“长期应付款”的金额为（　　）万元。

A.1 500　　B.2 674.9　　C.1 388.89　　D.3 000

（4）2013年，无形资产的摊销额为（　　）万元。

A.650　　B.700　　C.773.13　　D.733.33

2.甲公司2012年11月10日开始自行研究开发无形资产，2013年8月31日达到预定用途。其中，2012年研究阶段发生职工薪酬300万元，计提专用设备折旧100万元；2013年1月1日进入开发阶段后，相关支出符合资本化条件前发生的职工薪酬150万元，计提专用设备折旧120万元，符合资本化条件后发生职工薪酬300万元，计提专用设备折旧350万元。假定不考虑其他因素，甲公司2013年对上述研发支出进行的下列会计处理中，正确的是（　　）。

A.确认管理费用670万元，确认无形资产650万元

B.确认管理费用270万元，确认无形资产650万元

C.确认管理费用400万元，确认无形资产920万元

D.确认管理费用0，确认无形资产920万元

3.2013年7月20日，甲公司从乙公司购入一项实用非专利技术，成本为300万元，无其他相关税费，购买当日达到预定用途，甲公司将其作为无形资产核算。该项非专利技术的法律保护期限为15年，甲公司预计运用该项非专利技术生产的产品在未来10年内会为公司带来经济利益。就该项非专利技术，第三方承诺在6年内以其取得日付出成本的40%购买该项非专利技术，根据目前管理层的持有计划，预计6年后转让给第三方。该项非专利技术经济利益的预期实现方式无法可靠确定，2013年12月31日，该项非专利技术无减值迹象。假定不考虑其他因素，则2013年甲公司该项非专利技术的摊销额为（　　）万元。

A.0　　B.30　　C.15　　D.30

二、多选题

下列有关无形资产后续计量的说法中，正确的有（　　）。

A.无法预见无形资产为企业带来经济利益期限的，应当视为使用寿命不确定的无形资产

B.无形资产的使用寿命及摊销方法一经确定，不得变更

C.使用寿命不确定的无形资产，如果有证据表明其使用寿命是有限的，则应当视为会计估计变更处理

D.企业选择的无形资产摊销方法应当能够反映与该项无形资产有关的经济利益的预期实现方式，并一致地运用于不同会计期间

E.持有待售的无形资产的可回收金额应当取公允价值减去处置费用后的净额与未来现金流量现值孰低值

三、计算题

1.甲公司2010年至2012年有关资料如下：

（1）2010年1月1日，甲公司与乙公司签订资产转让协议，自乙公司取得其拥有的一项专利权。协议约定，专利权的转让价款为5 000万元，甲公司应于协议签订之日支付1 000万元，其余款项分四次自当年起每年12月31日支付1 000万元。当日，甲公司与乙公司办理完成了专利权的权利变更手续。

上述取得的专利权专门用于甲公司新型A产品的生产，取得当月投入使用，预计使用年限为10年，预计净残值为零，采用直线法摊销。

2012年2月5日，甲公司与丙公司签订资产转让协议。协议约定，甲公司以1738.72万元将其从乙公司购入的专利权出售给丙公司；同时，经乙公司同意约定甲公司因取得该专利权尚未支付乙公司的款项2 000万元由丙公司负责偿还。假定相关资产未发生减值。

上述协议签署当日，甲公司与丙公司办理完成了专利权的所有权变更手续（办理资产转移手续

时甲公司尚未进行2月份未确认融资费用的摊销），同日甲公司收到丙公司的支付的该专利权款项。

（2）甲公司2010年至2011年自行研究开发一项非专利技术。2010年12月31日以前发生各项研究、调查、试验等费用500万元，2010年12月31日，甲公司公司证实该项非专利技术预计很可能成功，开始进入开发阶段。2011年1月至10月发生开发支出共计1 500万元，其中符合资本化条件的支出为1 100万元（假定所有支出均以银行存款付讫）。2011年10月20日通过该项非专利技术中试鉴定，证明已达到预定用途，遂将其投入生产经营活动使用，并预计在未来10年会为企业带来经济利益，但无法可靠确定其预期经济利益的实现方式，该项非专利技术的预计净残值为零。上述非专利技术专门用于甲公司新型B产品的生产。

经董事会批准，甲公司2012年10月1日与庚公司签订一项不可撤销的销售合同，将上述研发的非专利技术的所有权转让给庚公司。合同约定，该项非专利技术转让价格为800万元，（甲公司预计届时还会发生出售费用10万元），庚公司应于2013年1月10日前支付上述款项；甲公司应协助庚公司于2013年1月20日前完成非专利技术所有权的转移手续。该项非专利技术至2012年10月1日签订销售合同时未计提减值准备。

（3）其他相关资料如下：

①假定上述交易或事项不考虑增值税及其他相关税费。

②假定实际年利率为8%。

③相关复利现值系数：（P／F，8%,1）=0.9259，（P／F，8%，2）=0.8573，（P／F，8%，3）= 0.7938，（P／F，8%，4）=0.7350；相关年金现值系数：（P／A，8%，1）=0.9259，（P／A，8%，2）=1.7833，（P／A，8%，3）=2.5771，（P／A，8%，4）=3.3121。

要求：

（1）计算甲公司取得的专利权的入账价值，并编制相关会计分录。（答案中的金额单位用万元表示）

（2）计算甲公司取得的专利权的月摊销金额、该专利权2012年1月31日的账面价值，并编制甲公司出售该无形资产时的相关会计分录。（答案中的金额单位用万元表示）

（3）编制甲公司2010年至2012年与自行研发非专利技术相关的会计分录。（答案中的金额单位用万元表示）

2.2×17年年末甲企业在对外购专利权的账面价值进行检查时，发现市场上已存在类似专利技术所生产的产品，从而对甲企业产品的销售造成重大不利影响。该专利权的原入账价值为6 000万元，已累计摊销2 000万元（包括2×17年摊销额），该无形资产按直线法进行摊销。该专利权的摊余价值为4 000万元，剩余摊销年限为10年。按2×17年年末的技术市场的行情，如果甲企业将该专利权予以出售，则在扣除发生的律师费和其他相关税费后，可以获得3 600万元。但是，如果甲企业打算继续利用该专利权进行产品生产，则在未来5年内预计可以获得的未来现金流量的现值为3 000万元（假定使用年限结束时处置收益为零）。

2×18年1月1日，甲公司与乙公司签署协议，决定在6个月内将上述专利权转让给乙公司。初步议定转让价格为3 550万元，预计出售费用为10万元。

2×18年6月甲企业将该专利权正式出售给乙公司，价款为3 500万元（不含税），应交增值税210万元，出售费用为10万元，款项已收到并存入银行。

要求：

（1）确定2×17年年末无形资产的可收回金额并说明理由。（答案以万元为单位，计算结果保留整数）

（2）计算2×17年年末计提无形资产减值准备的金额并编制会计分录。（答案以万元为单位，计算结果保留整数）

（3）编制2×18年出售专利权的会计分录。（答案以万元为单位，计算结果保留整数）

第六章
投资性房地产

本章导学

考霸笔记
每年考5分左右，难度和重要程度中等。

本章框架图

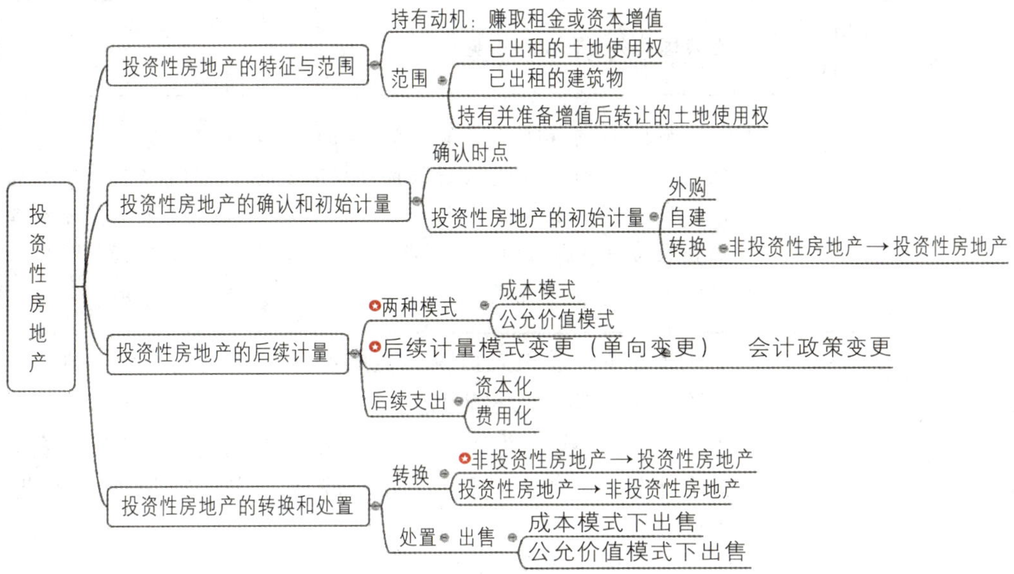

本章考情概述

本章论述了投资性房地产的特征、范围、确认和计量等的会计处理。

本章应当关注的问题：（1）投资性房地产的范围；（2）投资性房地产的后续计量；（3）投资性房地产转换的会计处理；（4）投资性房地产的处置。

近三年主要考点：（1）投资性房地产的后续计量；（2）投资性房地产会计处理与所得税的结合。

2019年教材主要变化

本章内容无变化。

第一节　投资性房地产的特征与范围

◇ 投资性房地产的定义

◇ 投资性房地产的范围

一、投资性房地产的定义

它是指为赚取租金或资本增值，或两者兼有而持有的房地产。

哪些属于投资性房地产?

考霸笔记

选择题考点，注意与存货、固定资产、无形资产相区别。

二、投资性房地产的范围

投资性房地产的范围包括：已出租的土地使用权、持有并准备增值后转让的土地使用权、已出租的建筑物。投资性房地产的范围及应注意的问题，见表 6-1。

表 6-1　　投资性房地产的范围及应注意的问题

范围	应注意的问题
已出租的土地使用权	待出租的土地使用权不属于投资性房地产
持有并准备增值后转让的土地使用权	在我国实务工作中很少见
已出租的建筑物	(1) 企业以经营租赁方式租入再转租的建筑物不属于投资性房地产 (2) 以备经营出租的空置建筑物或在建建筑物，只有企业管理当局(董事会或类似机构)作出正式书面决议，明确表明将其用于经营出租且持有意图短期内不再发生变化的，即使尚未签订租赁协议，也可视为投资性房地产

注意 1：企业将建筑物出租并向承租人提供相关的服务，相关辅助服务在整个协议中不重大的，应当将该建筑物确认为投资性房地产。

注意 2：某项房地产部分自用或作为存货出售，部分用于赚取租金或资本增值，如各部分能够单独计量和出售，则应当分别确认。房地产用途与确认，见表 6-2。

表 6-2　　房地产用途与确认表

用途	确认
自用	固定资产/无形资产
作为存货出售	存货
赚取租金/资本增值	投资性房地产

第二节　投资性房地产的确认和初始计量

◇ 投资性房地产的确认和初始计量

◇ 与投资性房地产有关的后续支出

一、投资性房地产的确认和初始计量

1. 确认条件

投资性房地产在符合定义的前提下，需同时符合以下条件，才能确认：

(1) 与该投资性房地产有关的经济利益很可能流入企业；

(2) 该投资性房地产的成本能够可靠地计量。

2.确认时点（见表6-3）

表6-3 确认时点知识表

时点	适用情况
租赁期开始日	已出租的土地使用权、已出租的建筑物
董事会或类似机构作出书面决议的日期	持有以备经营出租的空置建筑物或在建建筑物
自用土地使用权停止自用、准备增值后转让的日期	持有并准备增值后转让的土地使用权

投资性房地产的转换日期如何确定?

考霸笔记 基本与固定资产一致。

3.投资性房地产的初始计量

投资性房地产应当按照成本进行初始计量。不同的取得方式，决定其成本构成不同。投资性房地产初始计量知识表，见表6-4。

表6-4 投资性房地产初始计量知识表

取得方式	成本计算	会计分录	
		成本模式	公允价值模式
外购	包括购买价款、相关税费和可直接归属于该资产的其他支出	借：投资性房地产 贷：银行存款 等	借：投资性房地产——成本 贷：银行存款 等
自建	包括土地开发费、建筑成本、安装成本、应予以资本化的借款费用、支付的其他费用、分摊的间接费用、建造该项资产达到预定可使用状态前发生的必要支出	借：投资性房地产 贷：银行存款 等	借：投资性房地产——成本 贷：银行存款 等
转换	详见第四节“投资性房地产的转换和处置”		

考霸笔记 投资性房地产的成本计算只跟取得方式（外购或者自建）有关，跟后续计量采用哪个模式没有关系，因此无论是采用成本模式还是公允价值模式进行后续计量，其初始成本是一样的。

注意：企业购入的房地产，部分用于出租（或资本增值）、部分自用，用于出租（或资本增值）的部分中应当予以单独确认的，应按照不同部分的公允价值占公允价值总额的比重将成本在不同部分之间进行分配。

二、与投资性房地产有关的后续支出

考霸笔记 改扩建时，会计处理的科目依旧是“投资性房地产——在建”，而不是“在建工程”。

（一）资本化的后续支出

原理：与投资性房地产有关的后续支出，满足投资性房地产确认条件的，应当计入投资性房地产成本。企业对某项投资性房地产进行改扩建等再开发且将来仍作为投资性房地产的，在再开发期间应继续将其作为投资性房地产，在再开发期间不计提折旧或摊销。会计分录如下（见表6-5）：

考霸笔记 此处是常考点，注意区分。

第六章

考霸笔记：成本模式下投资性房地产改扩建与固定资产更新改造核算原理是相通的，只不过用的会计科目不同而已（注意总结归纳）。

考霸笔记：比照交易性金融资产进行处理。

考霸笔记：投资性房地产的账面价值。

考霸笔记：一定注意不同于固定资产，此处与租金记入“其他业务收入”科目相对应。

考霸笔记：☆☆☆重点考查区域，可与所得税结合考查，必须牢牢掌握。

考霸笔记：计量模式一旦选定，不得随意变更。

考霸笔记：成本和收入是对应关系。

表6-5 资本化的后续支出会计分录表

步骤	成本模式	公允价值模式
①改扩建前原投资性房地产的账面价值转入“投资性房地产——在建”科目	借：投资性房地产——在建 投资性房地产累计折旧 投资性房地产减值准备 贷：投资性房地产	借：投资性房地产——在建 贷：投资性房地产——成本 投资性房地产——公允价值变动（或在借方）
②改扩建期间支出符合资本化条件	借：投资性房地产——在建 贷：银行存款 等	借：投资性房地产——在建 贷：银行存款 等
③改扩建完工	借：投资性房地产 贷：投资性房地产——在建	借：投资性房地产——成本 贷：投资性房地产——在建

（二）费用化的后续支出

原理：与投资性房地产有关的后续支出，不满足投资性房地产确认条件的，应当在发生时计入当期损益。例如企业对投资性房地产进行日常维护发生的费用。大致的会计分录为：

借：其他业务成本
　贷：银行存款 等

第三节 投资性房地产的后续计量

◇ 采用成本模式进行后续计量的投资性房地产
◇ 采用公允价值模式进行后续计量的投资性房地产
◇ 投资性房地产后续计量模式的变更

投资性房地产后续计量，通常应当采用成本模式，只有在满足特定条件的情况下才可以采用公允价值模式。但是，同一企业只能采用一种模式对其所有投资性房地产进行后续计量，不得同时采用两种计量模式。

一、采用成本模式进行后续计量的投资性房地产（见表6-6）

表6-6 采用成本模式进行后续计量的投资性房地产知识表

业务流程	会计处理
计提折旧或进行摊销	借：其他业务成本 贷：投资性房地产累计折旧（摊销）
取得租金收入	借：银行存款 贷：其他业务收入
存在减值迹象，计提减值准备时	借：资产减值损失 贷：投资性房地产减值准备

注意：已经计提减值准备的投资性房地产的价值又得以恢复的，计提的减值准备不得转回。

二、采用公允价值模式进行后续计量的投资性房地产

1.适用条件

（1）投资性房地产所在地有活跃的房地产交易市场。

（2）企业能够从活跃的房地产交易市场上取得同类或类似房地产的市场价格及其他相关信息，从而能够对投资性房地产的公允价值作出合理的估计。

以上条件需同时满足。

2.适用范围

企业选择公允价值模式，就应当对其所有投资性房地产采用公允价值模式进行后续计量，不得对一部分投资性房地产采用成本模式进行后续计量，而对另一部分投资性房地产采用公允价值模式进行后续计量。

3.会计处理

原理：投资性房地产采用公允价值模式进行后续计量的，不计提折旧或摊销，也不考虑减值，应当以资产负债表日的公允价值计量。投资性房地产的公允价值与其账面余额的差额记入“投资性房地产——公允价值变动”科目，并记入“公允价值变动损益”科目。会计分录为：

借：投资性房地产——公允价值变动
　贷：公允价值变动损益
　　（或相反分录）

> 考霸笔记
> 与“交易性金融资产”的会计核算原理类似，确认公允价值变动，并记入“公允价值变动损益”科目。

> 考霸笔记
> 成本模式可以转换为公允价值模式，但公允价值模式不能转换为成本模式。

> 成本模式转公允价值模式的会计处理。

三、投资性房地产后续计量模式的变更

1.变更的有关规定

为保证会计信息的可比性，企业对投资性房地产的计量模式一经确定，不得随意变更。只有在房地产市场比较成熟、能够满足采用公允价值模式条件的情况下，才允许企业对投资性房地产从成本模式计量变更为公允价值模式计量。已采用公允价值模式计量的投资性房地产，不得从公允价值模式转为成本模式。

2.成本模式转公允价值模式的会计处理

①原理：应当作为会计政策变更处理，并按计量模式变更时公允价值与账面价值的差额调整期初留存收益。

②会计分录：

借：投资性房地产——成本（公允价值）
　　投资性房地产累计折旧
　　投资性房地产减值准备
　贷：投资性房地产
　　　（以上三项：账面价值）
　　　盈余公积
　　　未分配利润
　　　（差额，可在借方。）

> 考霸笔记
> 即采用追溯调整法。

> 考霸笔记
> 投资性房地产由成本模式转换为公允价值模式：
> 公允价值－原账面价值＝差额
> 差额×10%＝盈余公积
> 差额×90%＝未分配利润

例6-1

长城公司系上市公司，该公司于2010年12月将建造完工的办公楼作为投资性房地产对外出租，采用成本模式进行后续计量，截至2012年1月1日，该办公楼的原价为5 000万元，

已提折旧500万元，已提减值准备300万元。由于房地产市场条件成熟，2012年1月1日，长城公司决定采用公允价值模式对出租的办公楼进行后续计量。该办公楼2012年1月1日的公允价值为4 500万元，该公司按净利润的10%提取盈余公积。2012年12月31日该投资性房地产的公允价值为4 200万元。假定不考虑相关税费等其他因素的影响。

要求：针对上述业务，编制与长城公司相关会计分录。（答案中的金额用万元）

【答案】

2012年1月1日

借：投资性房地产——成本	4 500	
投资性房地产累计折旧	500	
投资性房地产减值准备	300	
贷：投资性房地产		5 000
盈余公积		300×10%=30
利润分配——未分配利润		300×90%=270

2012年12月31日

借：公允价值变动损益	300	
贷：投资性房地产——公允价值变动		300

投资性房地产转换常见的情形。

第四节　投资性房地产的转换和处置

◇ 投资性房地产的转换

◇ 投资性房地产的处置

一、投资性房地产的转换

考霸笔记

由经营决策改变导致对房地产的用途发生改变，而非会计政策变更。

1.定义

投资性房地产的转换，是因房地产用途发生改变而对房地产进行的重新分类。

房地产用途改变的依据包括两个方面：

①企业董事会或类似机构应当就改变房地产用途形成正式的书面决议；

②房地产因用途改变而发生实际状态上的改变，如从自用状态改为出租状态。

2.转换形式（见表6-7）

表6-7　　转换形式知识表

转换形式	举例
投资性房地产 → 自用房地产	①企业将出租的厂房收回，并用于生产本企业的产品 ②房地产开发企业将出租的开发产品收回，作为企业的固定资产使用
投资性房地产 → 存货	房地产企业将用于经营出租的房地产重新开发，用于对外销售
自用房地产 → 投资性房地产	①自用土地使用权停止自用，用于赚取租金或资本增值 ②自用建筑物停止自用，改为出租
作为存货的房地产 → 投资性房地产	房地产开发企业将其持有的开发产品以经营租赁的方式出租

考霸笔记

选择题考点。

3.转换日的确定

转换日是指房地产的用途发生改变，状态相应发生改变的日期。转换日的确定关系到投资性房地产的确认时点和入账价值。转换日相关知识，见表6-8。

表6-8 **转换日相关知识表**

转换形式	转换日
投资性房地产 → 自用房地产	房地产达到自用状态，开始用于生产商品、提供劳务或者经营管理的日期
投资性房地产 → 存货	租赁期届满、企业董事会或类似机构作出书面决议，明确表明将其重新开发用于对外销售的日期
自用房地产 → 投资性房地产 作为存货的房地产 → 投资性房地产	通常为租赁期开始日

特殊情况转换日为：董事会或类似机构作出书面决议的日期。

董事会或类似机构正式作出书面决议，明确表明其自行建造或开发产品，用于经营出租、持有，短期内不再发生变化的下列房地产：

①自行建造或开发完成，但尚未使用的建筑物；

②不再用于日常生产经营活动，且经整理后达到可经营出租状况的房地产。

考霸笔记 投资性房地产的转换是历年重点考查区域，无论是会计原理，还是会计分录都要掌握。

4.会计处理

（1）投资性房地产转换为非投资性房地产

①成本模式（见表6-9）。

表6-9 **成本模式相关知识表**

项目	投资性房地产转换为自用	投资性房地产转换为存货
原理	应当将该项投资性房地产在转换日的账面余额、累计折旧或摊销、减值准备等，分别转入“固定资产”“累计折旧”“固定资产减值准备”等科目	应当按照该项房地产在转换日的账面价值，转入“开发产品”科目
分录	借：固定资产/无形资产（原值） 　　投资性房地产累计折旧/投资性房地产累计摊销 　　投资性房地产减值准备 　贷：投资性房地产（原值） 　　　累计折旧/累计摊销 　　　固定资产减值准备/无形资产减值准备	借：开发产品 　　投资性房地产累计折旧 　　投资性房地产减值准备 　贷：投资性房地产（原值） （注意一一对应的关系）

考霸笔记 成本模式下转换没有差额，不影响损益。

成本模式下投资性房地产的转换如何进行会计处理?

②公允价值模式（见表6-10）。

表6-10 **公允价值模式知识表**

项目	投资性房地产转换为自用	投资性房地产转换为存货
原理	应当以其转换当日的公允价值作为固定资产或无形资产的入账价值，公允价值与原账面价值的差额计入当期损益	应当以其转换当日的公允价值作为存货的入账价值，公允价值与原账面价值的差额计入当期损益
分录	借：固定资产/无形资产（公允价值） 　　公允价值变动损益（借方差额） 　贷：投资性房地产——成本 　　　　　　　　　——公允价值变动 　　　公允价值变动损益（贷方差额）	借：开发产品（公允价值） 　　公允价值变动损益（借方差额） 　贷：投资性房地产——成本 　　　　　　　　　——公允价值变动 　　　公允价值变动损益（贷方差额）

考霸笔记 转换时，公允价值与原账面价值的差额都记入“公允价值变动损益”科目，影响损益。

（2）非投资性房地产转换为投资性房地产

①成本模式（见表6-11）。

表6-11 **成本模式知识表**

项目	自用转换为投资性房地产	存货转换为投资性房地产
原理	应当将该项建筑物或土地使用权在转换日的原价、累计折旧、减值准备等，分别转入“投资性房地产”“投资性房地产累计折旧（摊销）”“投资性房地产减值准备”科目	应当按该项存货在转换日的账面价值转入“投资性房地产”科目
分录	借：投资性房地产（原值） 累计折旧/累计摊销 固定资产减值准备/无形资产减值准备 贷：固定资产/无形资产（原值） 投资性房地产累计折旧/投资性房地产累计摊销 投资性房地产减值准备	借：投资性房地产 存货跌价准备（若存在） 贷：开发产品（账面余额）

考霸笔记

转换时，公允价值小于账面价值的话，（借方差额）记入“公允价值变动损益”科目，公允价值大于账面价值（贷方差额）记入“其他综合收益”科目，即借方差额影响损益，贷方差额影响所有者权益。这是为了防止企业操纵报表，虚增利润。

②公允价值模式（见表6-12）。

表6-12 **公允价值模式知识表**

项目	自用转换为投资性房地产	存货转换为投资性房地产
原理	应当以其转换当日的公允价值作为投资性房地产的入账价值，公允价值大于原账面价值的差额计入其他综合收益，公允价值小于原账面价值的差额计入公允价值变动损益	应当以其转换当日的公允价值作为投资性房地产的入账价值，公允价值大于原账面价值的差额计入其他综合收益，公允价值小于原账面价值的差额计入公允价值变动损益
分录	借：投资性房地产——成本（公允价值） 累计折旧/累计摊销 固定资产减值准备/无形资产减值准备 公允价值变动损益（借方差额） 贷：固定资产/无形资产（原值） 其他综合收益（贷方差额）	借：投资性房地产——成本（公允价值） 存货跌价准备 公允价值变动损益（借方差额） 贷：开发产品（账面余额） 其他综合收益（贷方差额）

公允价值模式下投资性房地产的转换如何进行会计处理？

例6-2·2016年单选题

下列各项有关投资性房地产会计处理的表述中，正确的是（　　）。

A.以成本模式后续计量的投资性房地产转换为存货，存货应按转换日的公允价值计量，公允价值大于原账面价值的差额确认为其他综合收益

B.以成本模式后续计量的投资性房地产转换为自用固定资产，自用固定资产应按转换日的公允价值计量，公允价值小于原账面价值的差额确认为当期损益

C.存货转换为以公允价值模式后续计量的投资性房地产，投资性房地产应按转换日的公允价值计量，公允价值小于存货账面价值的差额确认为当期损益

D.以公允价值模式后续计量的投资性房地产转换为自用固定资产，自用固定资产应按转换日的公允价值计量，公允价值大于账面价值的差额确认为其他综合收益

【答案】C

【解析】选项A，将转换日会计分录的贷方差额记入“其他综合收益”科目，这是“非投资性房地产转换为投资性房地产（公允价值模式）”的特有考点。选项B，投资性房地产（成本模式）转换为固定资产（成本模式）不会产生差额。选项D，投资性房地产（公允价值模式）转换为固定资产（成本模式），无论差额在借方还是贷方一律计入当期损益。

转换	成本模式	公允价值模式
投资性→非投资性	没有差额，不影响损益	差额记入“公允价值变动损益”科目
非投资性→投资性		借方差额记入“公允价值变动损益”科目，贷方差额记入“其他综合收益”科目

二、投资性房地产的处置

考霸笔记：☆☆☆选择题考点。

原理：企业出售、转让、报废投资性房地产或者发生投资性房地产毁损，应当将处置收入扣除其账面价值和相关税费后的金额计入当期损益。

1.采用成本模式计量的投资性房地产的处置（见表6-13）

表6-13 采用成本模式计量的投资性房地产的处置知识表

步骤	会计分录
①确认收入	借：银行存款 　贷：其他业务收入
②结转成本	借：其他业务成本 　　投资性房地产累计折旧/投资性房地产摊销 　　投资性房地产减值准备 　贷：投资性房地产

（成本与收入相对应；账面价值转入其他业务成本）

2.采用公允价值模式计量的投资性房地产的处置（见表6-14）

表6-14 采用公允价值模式计量的投资性房地产的处置知识表

步骤	会计分录
①确认收入	借：银行存款 　贷：其他业务收入
②结转成本	借：其他业务成本 　贷：投资性房地产——成本 　　　　　　　　——公允价值变动（或在借方） 借：公允价值变动损益 　贷：其他业务成本 （或作相反分录） 借：其他综合收益 　贷：其他业务成本

考霸笔记：此笔分录数据来源于持有期间投资性房地产的公允价值变动累计数，以及投资性房地产转换时产生的公允价值变动损益。

考霸笔记：此笔分录数据来源于投资性房地产的转换；转换时其他综合收益在贷方，因此从借方转出，记入“其他业务成本”科目。

投资性房地产处置的账务处理?

例 6-3

20×7 年 2 月 5 日，甲公司资产管理部门建议管理层将一闲置办公楼用于出租。20×7 年 2 月 10 日，董事会批准关于出租办公楼的议案，并明确出租办公楼的意图在短期内不会发生变化。当日，办公楼成本为 3 200 万元，已计提折旧 2 100 万元，未计提减值准备，公允价值为 2 400 万元。甲公司采用公允价值模式对投资性房地产进行后续计量。

20×7 年 2 月 20 日，甲公司与承租方签订办公楼租赁合同，租赁期为自 20×7 年 3 月 1 日起 2 年，年租金为 360 万元。办公楼 20×7 年 12 月 31 日的公允价值为 2 600 万元，20×8 年 12 月 31 日的公允价值为 2 640 万元。20×9 年 3 月 1 日，甲公司收回租赁期届满的办公楼并对外出售，取得价款 2 800 万元。

要求：进行甲公司的账务处理（单位：万元）。

【答案】

20×7 年 2 月 10 日

借：投资性房地产——成本	2 400	
累计折旧	2 100	
贷：固定资产		3 200
其他综合收益		1 300

20×7 年 12 月 31 日

借：银行存款	360×10÷12=300	
贷：其他业务收入		300
借：投资性房地产——公允价值变动	200	
贷：公允价值变动损益		200

20×8 年 12 月 31 日

借：投资性房地产——公允价值变动	40	
贷：公允价值变动损益		40

20×9 年 3 月 1 日

借：银行存款	2 800	
贷：其他业务收入		2 800
借：其他业务成本	2 640	
贷：投资性房地产——成本		2 400
——公允价值变动		240
借：公允价值变动损益	240	
贷：其他业务成本		240
借：其他综合收益	1 300	
贷：其他业务成本		1 300

例 6-4 · 2012 年单选题

20×6 年 6 月 30 日，甲公司与乙公司签订租赁合同，合同规定甲公司将一栋自用办公楼出租给乙公司，租赁期为 1 年，年租金为 200 万元。当日，出租办公楼的公允价值为 8 000 万元，大于其账面价值 5 500 万元。20×6 年 12 月 31 日，该办公楼的公允价值为9 000万元。20×7年6月30日，甲公司收回租赁期届满的办公楼并对外出售，取得价款9 500万元，甲公司采用公允价值模式对投资性房地产进行后续计量。不考虑其他因素，上述交易或事项对甲公司20×7年度损益的影响金额是（　　）。

A.500万元　　B.6 000万元　　C.6 100万元　　D.7 000万元

【答案】C

【解析】处置投资性房地产时，需要将自用办公楼转换为以公允价值模式计量的投资性房地产，计入其他综合收益的金额5 500万元应转入其他业务成本的贷方，则上述交易或事项对甲公司20×7年度损益的影响金额=9 500−9 000+5 500+100=6 100（万元）。

考霸笔记：固定资产转换成投资性房地产（公允价值模式）是为了避免操纵利润，故记入“其他综合收益”科目。

（附分录）20×7年6月30日（单位：万元）：

（1）确认租金收入

借：银行存款	100	
贷：其他业务收入		100

（2）确认出售收益：

借：银行存款	9 500	
贷：其他业务收入		9 500
借：其他业务成本	9 000	
贷：投资性房地产——成本		8 000
——公允价值变动		1 000
借：其他综合收益	5 500	
贷：其他业务成本		5 500
借：公允价值变动损益	1 000	
贷：其他业务成本		1 000

例6-5·2011年单选题

甲公司20×1年至20×4年发生以下交易或事项：

20×1年12月31日购入一栋办公楼，实际取得成本为3 000万元。该办公楼预计使用年限为20年，预计净残值为零，采用年限平均法计提折旧。因公司迁址，20×4年6月30日，甲公司与乙公司签订租赁协议。该协议约定：甲公司将上述办公楼租赁给乙公司，租赁期开始日为协议签订日，租期2年，年租金为150万元，每半年支付一次。租赁协议签订日该办公楼的公允价值为2 800万元。

甲公司对投资性房地产采用公允价值模式进行后续计量。20×4年12月31日，该办公楼的公允价值为2 200万元。

要求：根据上述资料，不考虑其他因素，回答下列问题。

1.关于甲公司上述交易或事项会计处理的表述中，正确的是（　　）。

A.出租办公楼应于20×4年计提折旧150万元

B.出租办公楼应于租赁期开始日确认其他综合收益175万元

C.出租办公楼应于租赁期开始日按其原价3 000万元确认为投资性房地产

D.出租办公楼20×4年取得的75万元租金应冲减投资性房地产的账面价值

2.上述交易或事项对甲公司20×4年度营业利润的影响金额是（　　）。

投资性房地产对营业利润的影响金融是多少？

考霸笔记

20×4年1月1日—20×4年6月30日，按固定资产计提折旧，折旧影响营业利润－75万元。

20×4年1月1日—20×4年12月31日，租金影响营业利润150÷2=75（万元）。公允价值模式计量影响营业利润：2 200−2 800=－600（万元），合计：－75+75−600=－600万元（万元）。

A.0　　B.−75万元　　C.−600万元　　D.−675万元

1.【答案】B

【解析】20×4年应计提的折旧=3 000÷20×6÷12=75（万元），故选项A错误；办公楼出租前的账面价值=3 000−3 000÷20×2.5=2 625（万元），出租日转换为以公允价值模式计量的投资性房地产，租赁期开始日按当日的公允价值确认为投资性房地产，故选项C错误；应确认的其他综合收益=2 800−2 625=175（万元），选项B正确；出租办公楼取得的租金收入应当作为其他业务收入，故选项D错误。

2.【答案】C

【解析】上述交易对20×4年度营业利润的影响=−75+150÷2+（2 200−2 800）=−600（万元）。

例6-6 · 2010年多选题

下列各项关于土地使用权会计处理的表述中，正确的有（　　）。

A.为建造固定资产购入的土地使用权确认为无形资产

B.房地产开发企业为开发商品房购入的土地使用权确认为存货

C.用于出租的土地使用权及其地上建筑物一并确认为投资性房地产

D.用于建造厂房的土地使用权摊销金额在厂房建造期间计入在建工程成本

E.土地使用权在地上建筑物达到预定可使用状态时，与地上建筑物一并确认为固定资产

【答案】ABCD

【解析】企业取得的土地使用权一般确认为无形资产。土地使用权用于自行开发建造厂房等地上建筑物时，土地使用权的账面价值不与地上建筑物合并计算成本，而仍作为无形资产进行核算，并计提摊销；对于房地产开发企业取得的土地使用权用于建造对外出售的房屋建筑物时，土地使用权作为存货核算，待开发时计入房屋建筑物的成本；用于出租的土地使用权，应将其转为投资性房地产核算。

智能测评

在线练习	我要提问
扫码在线做题　扫码看答案 本书“本章同步强化训练”均配备二维码，打开微信“扫一扫”即可完成在线测评，查看本章详细的测评反馈报告，了解知识掌握情况，也可扫码直接看答案噢。 快来扫码做题吧！	扫码答疑 本书配备答疑专用二维码，打开微信“扫一扫”，即可完成在线提问，获取专业老师全面个性化解答，让学习问题不再拖延。 快来扫码提问吧！

本章同步强化训练

一、单选题

1.投资性房地产初始计量

甲公司主要从事房地产开发经营业务，2013年发生如下经济业务：

（1）2013年，甲公司建造的三座相同结构办公楼即将完工时，甲公司与B公司签订经营租赁合同，将其中一座办公楼租赁给B公司使用，租赁期开始日为办公楼达到预定可使用状态的日期。2013年6月1日，三座办公楼达到预定可使用状态并交付使用，三座办公楼的成本均为8 000万元。

（2）2013年10月，建成商品房20栋，取得预售许可证，商品房成本为3 000万元。

（3）为改善职工住宿环境，2013年11月将未出售的商品房给本公司职工居住，出租商品房成本为500万元。

要求：根据上述资料，不考虑其他因素，回答下列各题：

（1）下列项目中，属于投资性房地产的是（　　）。

A.房地产开发公司开发的商品房

B.企业用作生产的厂房

C.出租给本企业职工居住的宿舍

D.已出租的投资性房地产租赁期届满，因暂时空置但继续用于出租的房地产

（2）投资性房地产的初始入账成本总计（　　）。

A.8 000万元　　B.8 500万元

C.11 000万元　　D.11 500万元

2.后续支出

甲公司对投资性房地产采用成本模式进行后续计量，2013年发生的与投资性房地产有关的后续支出如下：

（1）2013年6月30日，开始对投资性房地产A进行改良，改良后将继续用于经营出租。该投资性房地产原价为3 000万元，采用直线法计提折旧，使用寿命为20年，预计净残值为零，已使用5年。改良期间共发生改良支出500万元，其中400万元满足资本化条件，2013年12月31日改良完成。

（2）2013年10月，对投资性房地产B进行日常维修，发生维修支出100万元。

要求：根据上述资料，不考虑其他因素，回答下列各题：

（1）下列关于投资性房地产后续支出的说法中，不正确的是（　　）。

A.一个企业可以选择对部分投资性房地产采用公允价值后续计量，对另外一部分采用成本模式后续计量

B.投资性房地产的后续支出，满足资本化条件的，应当计入投资性房地产的成本

C.投资性房地产的后续支出，不满足资本化条件的，应当计入当期损益

D.采用成本模式计量的投资性房地产在再开发期间是不用计提折旧或摊销

（2）2013年年末，投资性房地产A的账面价值为（　　）。

A.2 250万元　　B.2 650万元

C.2 750万元　　D.400万元

（3）2013年，投资性房地产影响损益的金额为（　　）。

A.100万元　　B.75万元

C.175万元　　D.275万元

3. 后续计量模式变更

甲公司拥有一项投资性房地产，采用成本模式进行后续计量。2015年1月1日，甲公司认为该房地产所在地的房地产交易市场比较成熟，具备了采用公允价值模式计量的条件，决定对该项投资性房地产从成本模式转换为公允价值模式计量。2015年1月1日，该写字楼的原价为500万元，已计提折旧50万元，账面价值为450万元，公允价值为580万元。不考虑所得税影响。

要求：根据上述资料，不考虑其他因素，回答下列各题：

（1）关于投资性房地产计量模式的变更，下列说法正确的是（　　）。

A.成本模式转为公允价值模式的，应当作为会计政策变更

B.已经采用成本模式计量的投资性房地产，不可以从成本模式转为公允价值模式

C.非投资性房地产转换为投资性房地产，应当作为会计政策变更

D.已经采用公允价值模式计量的投资性房地产，可以从公允价值模式转为成本模式

（2）甲公司关于投资性房地产计量模式变更的处理中，正确的是（　　）。

A.确认留存收益130万元　　B.确认营业外收入130万元

C.确认公允价值变动损益130万元　　D.调整其他综合收益130万元

4. 后续计量模式变更

甲公司对投资性房地产采用公允价值模式计量。有关资料如下：

（1）2015年4月6日，甲公司资产管理部门建议管理层将一闲置办公楼用于出租。

（2）2015年4月10日，董事会批准关于出租办公楼的方案并明确出租办公楼的意图在短期内不会发生变化。当日公允价值为10 000万元。

（3）2015年4月20日，甲公司与承租方签订办公楼租赁合同，租赁期为自2015年5月1日起2年，年租金为2 000万元。2015年4月20日，其公允价值为10 500万元。2015年5月1日，公允价值为10 550万元。

（4）转换日的固定资产原值为8 000万元，已计提折旧为1 500万元。

要求：根据上述资料，不考虑其他因素，回答下列问题：

（1）甲公司将自用房地产转换为投资性房地产的时点是（　　）。

A.2015年4月6日　　B.2015年4月10日

C.2015年4月20日　　D.2015年5月1日

（2）2015年，将自用办公楼转换为投资性房地产，下列有关转换日公允价值与账面价值的差额的表述正确的是（　　）。

A.公允价值大于其账面价值的差额3 500万元计入其他综合收益

B.公允价值大于其账面价值的差额4 000万元计入公允价值变动损益

C.公允价值大于其账面价值的差额4 050万元计入其他综合收益

D.公允价值大于其账面价值的差额3 500万元计入公允价值变动损益

5. 投资性房地产处置

甲企业2011年1月1日外购一幢建筑物，含税售价为2 000万元，该建筑用于出租，年租金为100万元，每年年初收取。该企业采用公允价值模式对其进行后续计量。2011年12月31日，该建筑物的公允价值为2 200万元，2012年12月31日，该建筑物的公允价值为2 100万元，2013年1月1日，甲企业出售该建筑物，售价为2 400万元。

要求：根据上述资料，不考虑其他因素，回答下列各题：

（1）下列关于投资性房地产处置的说法中，不正确的是（　　）。

A.采用成本模式计量的投资性房地产处置时应将投资性房地产账面价值转入其他业务成本

B.企业处置投资性房地产时，应当将处置收入计入其他业务收入

C.企业处置采用公允价值模式计量的投资性房地产时，原转换日计入其他综合收益的金额，应转入其他业务成本

D.企业处置采用公允价值模式计量的投资性房地产时，应当将累计公允价值变动损益转入投资收益

（2）2013年1月1日，甲企业处置投资性房地产时，影响损益的金额合计是（　　）。

A.0　　B.200万元　　C.300万元　　D.400万元

二、多选题

甲公司于2009年12月31日将一建筑物对外出租并采用公允价值模式计量，租期为3年，每年12月31日收取租金350万元。出租时，该建筑物的成本为5 000万元，已提折旧1 000万元，已提减值准备500万元，尚可使用年限为10年，公允价值为3 200万元，甲公司对该建筑物采用年限平均法计提折旧，无残值。2010年12月31日，该建筑物的公允价值为3 500万元。2011年12月31日，该建筑物的公允价值为3 300万元。2012年12月31日，该建筑物的公允价值为2 900万元。2013年1月5日，将该建筑物对外出售，收到2 800万元存入银行。

要求：根据上述资料，不考虑其他因素，回答下列各题：

（1）2009年12月31日，甲公司正确的会计处理有（　　）。

A.投资性房地产的入账价值为3 200万元

B.应确认其他综合收益借方发生额300万元

C.应确认公允价值变动损失300万元

D.投资性房地产的入账价值为3 500万元

E.应确认投资损失300万元

（2）关于投资性房地产2010年的会计处理，下列说法中正确的有（　　）。

A.应确认其他业务收入350万元

B.应确认公允价值变动收益300万元

C.应确认公允价值变动损失350万元

D.应对投资性房地产计提折旧320万元

E.2010年12月31日投资性房地产的账面价值是3 500万元

（3）关于投资性房地产2011年和2012年的会计处理，下列说法中正确的有（　　）。

A.2011年应确认公允价值变动损失200万元

B.2012年应确认公允价值变动损失400万元

C.2011年12月31日投资性房地产的账面价值为3 300万元

D.2012年12月31日投资性房地产的账面价值为2 900万元

E.2012年该业务使利润总额减少50万元

（4）2013年1月5日出售投资性房地产时，下列会计处理中正确的有（　　）。

A.借：银行存款　　2 800

　贷：其他业务收入　　2 800

B.借：其他业务成本　　2 900
　　投资性房地产——公允价值变动　　300
　贷：投资性房地产——成本　　3 200

C.借：其他业务成本　　300
　贷：公允价值变动损益　　300

D.借：公允价值变动损益　　600
　贷：其他业务成本　　600

E.借：其他业务成本　　600
　贷：公允价值变动损益　　600

三、计算题

1.长城公司系上市公司，该公司于2010年12月将建造完工的办公楼作为投资性房地产对外出租，采用成本模式进行后续计量，截至2012年1月1日，该办公楼的原价为5 000万元，已提折旧500万元，已提减值准备300万元。由于房地产市场条件成熟，2012年1月1日，长城公司决定采用公允价值模式对出租的办公楼进行后续计量。该办公楼2012年1月1日的公允价值为4 500万元，该公司按净利润的10%提取盈余公积。2012年12月31日该投资性房地产的公允价值为4 200万元，2013年1月1日，将该项办公楼对外出售，价款4 000万元已收存银行。假定不考虑其他因素的影响。

要求：针对上述业务，编制与长城公司相关会计分录。(答案中的金额用万元表示)

2.甲股份有限公司（以下简称“甲公司”）为增值税一般纳税企业。甲公司将该写字楼经营租赁给乙公司，租赁期为1年，年租金为500万元（不含税），租金于每年年末结清。租赁期开始日为2×15年12月31日。租赁期间，由甲企业提供该写字楼的日常维护。该写字楼的原造价为5 000万元，按直线法计提折旧，使用寿命为25年，预计净残值为零，已计提折旧1 800万元，账面价值为3 200万元。甲企业采用成本模式对投资性房地产进行后续计量。

2×16年12月，该办公楼发生减值迹象，经减值测试，其可收回金额为2 700万元；2×16年共发生日常维护费用90万元，均以银行存款支付。

2×17年1月1日，甲企业决定于当日开始对该写字楼进行再开发，开发完成后将继续用于经营租赁。

2×17年4月20日，甲企业与丙公司签订经营租赁合同，约定自2×17年7月1日起将写字楼出租给丙公司。租赁期为2年，年租金为650万元（不含税），租金每半年支付一次。

2×17年6月30日，该写字楼再开发完成，共发生支出400万元，均以银行存款支付,其中符合资本化的为350万元。现预计该项投资性房地产尚可使用年限为20年，预计净残值为零，折旧方法仍为直线法。

其他资料：按照税法的规定，不动产经营租赁的增值税税率为11%，假设不考虑除增值税以外的其他税费。甲公司按净利润的10%计提盈余公积。

要求：

（1）编制2×16年1月1日甲企业出租写字楼的有关会计分录；

（2）编制2×16年12月31日该投资性房地产的有关会计分录；

（3）编制2×17年甲企业该投资性房地产再开发的有关会计分录；

（4）编制2×17年12月31日该投资性房地产的有关会计分录。

第七章

长期股权投资与合营安排

本章导学

考霸笔记

本章每年考12分左右，难度高，非常重要（★★★）!!!

本章框架图

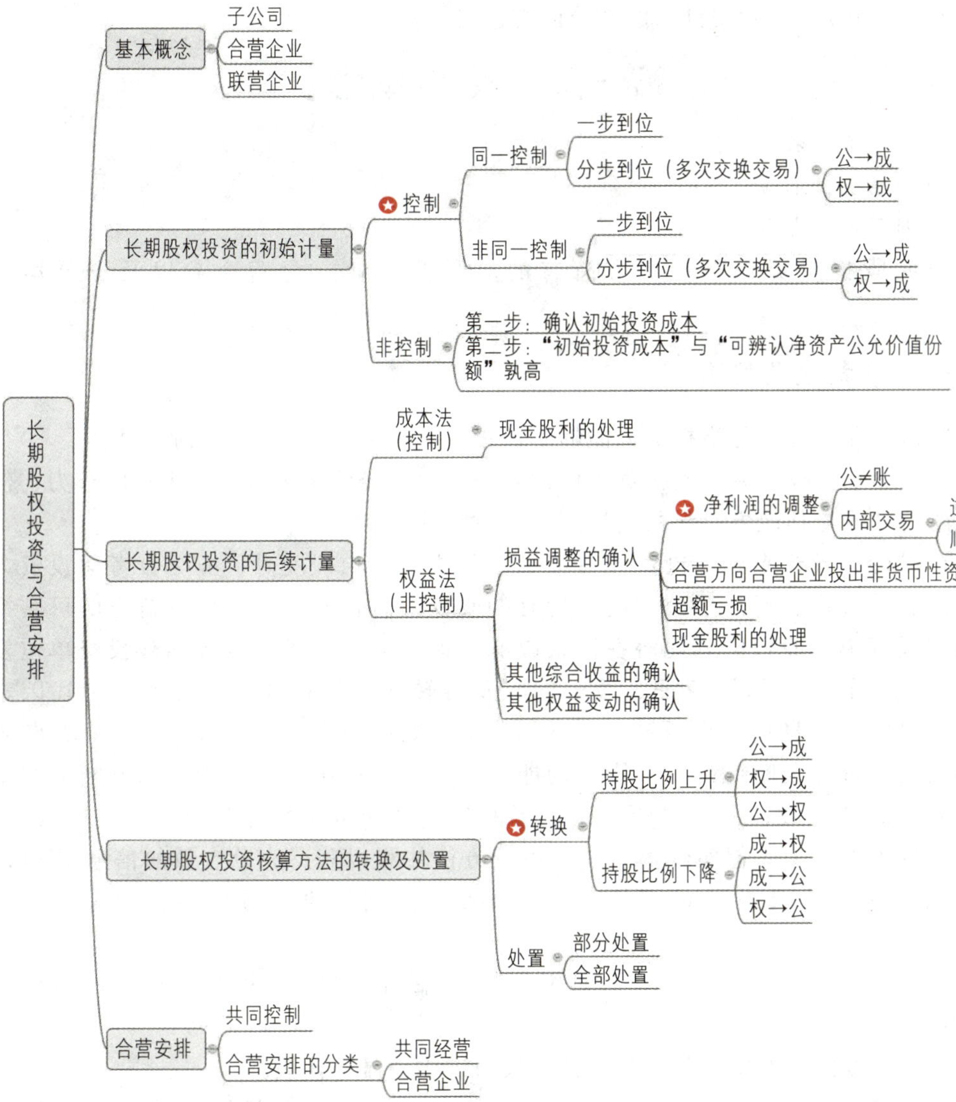

考霸笔记

长期股权投资是CPA考试会计内容中最难的部分，业务复杂，可与企业合并、合并报表等多章节结合考查。在学习第一遍时，感到痛苦与困难是正常现象，但只要多学几遍，一定可以突破。加油！

本章考情概述

本章阐述了股权投资的基本概念，长期股权投资初始计量、后续计量、核算方法的转换与处置、合营安排等会计处理。本章内容与第二十六章、二十七章一脉相承，并且这三章内容涉及金融资产、存货、固定资产、无形资产、非货币性资产交换等相关知识，难度较高。

学习本章应当关注的问题：（1）长期股权投资初始成本的计算；（2）长期股权投资成本法与权益法核算的区分；（3）长期股权投资核算方法的转换。

近三年主要考点：（1）长期股权投资初始成本的计算；（2）权益法下投资收益的计算；（3）相关交易费用的处理；（4）合营安排的相关概念。

2019年教材主要变化

1.对2018年教材中的部分例题按照修订后的金融资产准则进行了勘误

2.对第5节“合营安排”的部分内容进行了修订

第一节 基本概念

◇ 联营企业投资

◇ 合营企业投资

◇ 对子公司投资

长期股权投资包括投资方持有的对联营企业、合营企业以及子公司的投资。

一、联营企业投资

联营企业投资，是指投资方能够对被投资单位施加重大影响的股权投资。

重大影响：投资方对被投资单位的财务和生产经营决策有参与决策的权力，但并不能控制或与其他方一起共同控制这些政策的制定。

在以持有股权来判断投资方对被投资单位的影响程度时，应综合考虑投资方自身持有的股权、通过子公司间接持有的股权以及投资方或其他方持有的可转换为对被投资单位股权的其他潜在因素影响，该类潜在因素通常包括被投资单位发行的当期可转换的认股权证、股份期权及可转换公司债券等的影响。上述因素中，以投资方自身直接或通过子公司间接持有的股权来分析和判断，且在判断中注重的是投资方现时施加重大影响的能力。理论上来讲，重大影响的判断应当基于现时实际持有股权及被投资单位发行的其他当期可转换为普通股的认股权证、股份期权等的影响，但实际执行中，投资方往往难以获得充分有效的信息,用以评估有关潜在表决权因素对其自身及被投资单位其他投资者可能施加表决权的影响。

企业通常可以根据以下一种或几种情形来判断是否对被投资单位具有重大影响：

（1）在被投资单位的董事会或类似权力机构中派有代表。

（2）参与被投资单位财务和经营政策制定过程，包括股利分配政策等的制定。

（3）与被投资单位之间发生重大交易。有关的交易因对被投资单位的日常经营具有重要性，一定程度上可以影响被投资单位的生产经营决策。

（4）向被投资单位派出管理人员。

（5）向被投资单位提供关键技术资料。

二、合营企业投资

合营企业投资，是指投资方持有的对构成合营企业的合营安排的投资。投资方判断持有的对合营企业的投资，首先应当看是否构成合营安排，其次再看有关合营安排下是否构成合营企业。

三、对子公司投资

对子公司投资，是指投资方持有的能够对被投资单位施加控制的股权投资。对子公司投资的取得一般是通过企业合并方式。

控制：投资方拥有对被投资方的权力，通过参与被投资方的相关活动而享有可变回报，并且有能力运用对被投资方的权力影响其回报金额。控制的界定及判断将在第二十七章详细讲解。

考霸笔记：本节内容比较简单，重点掌握不同合并类型下长期股权投资成本的计算、相关交易费用的处理。

第二节 长期股权投资的初始计量

◇ 长期股权投资的确认
◇ 对联营企业、合营企业投资的初始计量
◇ 对子公司投资的初始计量

一、长期股权投资的确认

长期股权投资的确认，是指投资方能够在自身账簿和报表中确认对被投资单位股权投资的时点。

时点的确定：

（一）对子公司投资的确认时点

购买方（或合并方）应于购买日（或合并日）确认对子公司的长期股权投资。

其中，合并日（或购买日）是指合并方（或购买方）实际取得对被合并方（或被购买方）控制权的日期，对于合并日（或购买日）的判断，满足以下有关条件的，通常可认为实现了控制权的转移：

（1）企业合并合同或协议已获股东大会通过；

（2）企业合并事项需要经过国家有关主管部门审批的，已获得批准；

（3）参与合并各方已办理了必要的财产权转移手续；

（4）合并方或购买方已支付了合并价款的大部分（一般应超过50%），并且有能力、有计划支付剩余款项；

（5）合并方或购买方实际上已经控制了被合并方或被购买方的财务和经营政策，并享有相应的利益，承担相应的风险。

（二）对联营企业、合营企业等投资的确认时点

实务中一般参照对子公司长期股权投资的确认条件进行。

考霸笔记：注意选择题，需掌握长期股权投资成本计算。

考霸笔记：初始投资成本为所支付对价的公允价值+初始直接费用，且付出的非现金资产视同出售处理。

二、对联营企业、合营企业投资的初始计量（★）

（1）以支付现金取得的长期股权投资，应当按照实际支付的购买价款作为长期股权投资的初始投资成本，包括与取得长期股权投资直接相关的费用、税金及其他必要支出，但所支付价款中包含的被投资单位已宣告但尚未发放的现金股利或利润作为应收项目核算的，不构成取得长期股权投资的成本。

借：长期股权投资（实际支付的价款，包括直接相关费用）

　　应收股利（已宣告但尚未发放的现金股利）

　贷：银行存款

（2）以发行权益性证券方式取得的长期股权投资，其成本为所发行权益性证券的公允价值，但不包括应自被投资单位收取的已宣告但尚未发放的现金股利或利润。

如何计算联营企业、合营企业投资的初始投资成本?

借：长期股权投资（发行权益性证券的公允价值）

　　应收股利（已宣告但尚未发放的现金股利）

　贷：股本

　　　资本公积——股本溢价

为发行权益性证券支付给有关证券承销机构等的手续费、佣金等与权益性证券发行直接相关的费用，不构成取得长期股权投资的成本。按照《企业会计准则第37号——金融工具列报》的规定，该部分费用应自权益性证券的溢价发行收入中扣除，权益性证券的溢价收入不足冲减的，应冲减盈余公积和未分配利润。

发行权益性性证券支付的手续费、佣金等

借：资本公积——股本溢价

　贷：银行存款

例7-1·2014年单选题

20×4年2月1日，甲公司以增发1 000万元股本的公司普通股股票和一台大型设备为对价，取得乙公司25%股权。其中，所发行普通股面值为每股1元，公允价值为每股10元。为增发股份，甲公司向证券承销机构等支付佣金和手续费400万元。用作对价的设备账面价值为1 000万元，公允价值为1 200万元。当日，乙公司可辨认净资产公允价值为40 000万元。假定甲公司能够对乙公司施加重大影响。不考虑其他因素，甲公司该项长期股权投资的初始投资成本是（　　）。

A.10 000万元

B.11 000万元

C.11 200万元

D.11 600万元

【答案】C

【解析】甲公司该项长期股权投资的初始投资成本 = 1 000×10 + 1 200 = 11 200（万元），为增发股份支付的佣金和手续费冲减股份的溢价收入。

考霸笔记

初始投资成本按支付对价的公允价值确定，即为11 200万元。

但若此题问入账价值，则要用可辨认净资产公允价值份额与初始投资成本中的孰高者确定。在本题中，份额=40 000 ×25%=10 000<11 200，则入账价值取孰高11 200万元。所以此题中初始投资成本=入账价值。

三、对子公司投资的初始计量（如图 7-1 所示）★★★

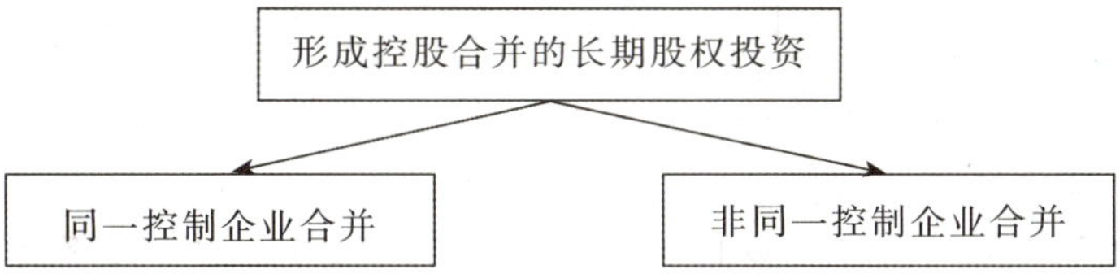

图 7-1　对子公司投资的初始计量 注意选择题。

考霸笔记
提示：同一控制下，付出的非现金资产账面价值与公允价值的差额不确认损益。

（一）同一控制下形成控股合并的长期股权投资

合并方对被合并方的长期股权投资，其成本代表的是在被合并方账面所有者权益中享有的份额。

根据同一控制企业合并的定义，我们在进行长期股权投资会计处理时通常只认可账面价值，不认可公允价值，即不允许出现任何损益类科目。具体处理原则为：

1.会计分录借方

长期股权投资应当以持股比例计算的合并日应享有被合并方账面所有者权益份额作为该项投资的初始投资成本。而被合并方账面所有者权益是指被合并方的所有者权益相对于最终控制方合并财务报表而言的账面价值。

考霸笔记
同一控制下只认最终控制方认可的账面价值。

2.会计分录贷方

合并方为获得被合并方股权所支付的各类对价（不含直接相关费用）应当按其原有账面价值转出。

3.会计分录借贷差额

由于上述分录中借方和贷方均按照账面价值计价，因此会导致会计分录借贷不平衡。按照准则规定差额应当调整资本公积（资本溢价或股本溢价）；资本公积（资本溢价或股本溢价）的余额不足冲减的，调整留存收益。

4.直接相关费用

考霸笔记
只要是合并，直接相关费用都计入管理费用。

合并过程中发生的各类直接相关费用需要另行编制会计分录计入当期损益（管理费用）。此处所指的直接相关费用是指为进行企业合并支付的审计费用、资产评估费用、法律咨询费用以及鉴证费用等增量费用。对于上述直接相关费用的处理同样适用于非同一控制下企业合并。

我们将上述处理原则结合“一步到位”和“分步到位”两种合并步骤整理如下：

1.一步到位实现同一控制下企业合并　一步就形成控制。

（1）合并方以支付现金、转让非现金资产或承担债务方式作为合并对价

原理：应当在合并日按照取得被合并方所有者权益账面价值的份额作为长期股权投资的初始投资成本。长期股权投资的初始投资成本与支付的现金、转让的非现金资产及所承担债务账面价值之间的差额，应当调整资本公积（资本溢价或股本溢价）；资本公积（资本溢价或股本溢价）的余额不足冲减的，调整留存收益。

会计分录：

借：长期股权投资

贷：负债 （承担债务账面价值）

资产 （投出资产账面价值）

银行存款

资本公积——资本溢价或股本溢价 （倒挤差额，可在借方）

考霸笔记：被合并方所有者权益在最终控制方合并财务表中的账面价值的份额+最终控制方收购被合并方而形成的商誉。

提示：商誉是企业整体价值的组成部分，这里的商誉反映的是最终控制方购买被合并企业时，投资成本超过被合并企业可辨认净资产公允价值份额的部分，在最终控制方合并报表中列示。

合并商誉=企业合并成本-合并中取得被购买方可辨认净资产公允价值（考虑所得税后）的份额

考霸笔记：这里的账面价值是最终控制方合并报表上反映的被合并企业可辨认净资产的账面价值，不是被合并企业个别报表上反映的净资产账面价值，注意区分。

例7-2·2014年多选题

甲公司20×3年7月1日自母公司（丁公司）取得乙公司60%股权，当日，乙公司个别财务报表中净资产账面价值为3 200万元。该股权系丁公司于20×1年6月自公开市场购入，丁公司在购入乙公司60%股权时确认了800万元的商誉。20×3年7月1日，按丁公司取得该股权时乙公司可辨认净资产公允价值为基础持续计算的乙公司可辨认净资产价值为4 800万元。为进行该项交易，甲公司支付有关审计等中介机构费用120万元。不考虑其他因素，甲公司应确认对乙公司股权投资的初始投资成本是（　　）。 计入管理费用。

A.1 920万元　　B.2 040万元　　C.2 880万元　　D.3 680万元

【答案】D

【解析】甲公司应确认对乙公司股权投资的初始投资成本=4 800×60%+800=3 680（万元）。

考霸笔记：商誉一旦确定，一般情况下不会变动。此处商誉是最终控制方丁公司认可的价值，所以要计入初始投资成本。

如果将本题修改为"甲公司20×3年7月1日自母公司（丁公司）取得乙公司58%股权，丁公司继续持有乙公司2%股权"其余条件不变，则本题的答案为4 800×58%+800=3 584（万元）。

同一控制下形成控股合并的长期股权投资如何计算初始入账成本?

例7-3·计算题

甲公司于2×16年1月1日购入同一集团内的乙公司60%的股份，为此甲公司提出的交换条件如下：形成同一控制。 形成控制，计入管理费用。

①支付500万元的银行存款。 注意：只认账面价值。

②交付一批商品，该批商品的账面价值为800万元，公允价值为1 000万元。

另外，甲公司支付了100万元的审计费用和资产评估费用。

假设乙公司当日的净资产账面价值为3 000万元，甲、乙公司均为增值税一般纳税义务人，适用17%税率。 此题要考虑销项税。

要求：编制合并日甲公司长期股权投资的确认分录。

【解析】本题中甲、乙公司在合并前属于同一集团，因此判定双方合并为同一控制控股合并。另外根据税法规定，企业以其自产货物（例如：库存商品）对外投资属于增值税视同销售，需要确认销项税额。审计费用和资产评估费用则计入当期损益（管理费用）。

借：长期股权投资　　18 000 000=30 000 000×60%

贷：银行存款　　5 000 000

贷：库存商品　　8 000 000
　　应交税费——应交增值税（销项税额）　　1 700 000=10 000 000×17%
　　资本公积——股本溢价　　3 300 000（金额为倒轧得到）
借：管理费用　　1 000 000
　贷：银行存款　　1 000 000

考霸笔记：此题比较复杂，将长期股权投资与企业合并、合并财务报表学完后，再详细研究，必须掌握！

例 7-4 · 计算题

甲公司为某一集团母公司，分别控制乙公司和丙公司。20×7 年 1 月 1 日，甲公司以 4 200 万元从本集团外部购入丁公司 80% 股权（属于非同一控制下企业合并），并能够控制丁公司的财务和经营政策，购买日，丁公司可辨认资产、负债的公允价值为 5 000 万元，账面价值为 3 500 万元。假设两者的差异源自一项固定资产，该资产当日公允价值为 2 200 万元，账面价值为 700 万元，剩余寿命为 10 年，预计无残值，采用年限平均法计提折旧。

考霸笔记：认可公允价值。

20×7 年 1 月至 20×8 年 12 月 31 日，丁公司按照购买日净资产账面价值计算实现的净利润为 1 500 万元。无其他所有者权益变动。

考霸笔记：只认可账面价值。

20×9 年 1 月 1 日，乙公司购入甲公司所持丁公司 80% 的股权，形成同一控制下的企业合并。假设乙公司以一批存货（库存商品）换取甲公司持有的丁公司股权，该批商品计税基础为 5 000 万元，成本为 4 000 万元。

甲、乙公司均为增值税一般纳税义务人，适用 17% 的税率。

考霸笔记：考虑增值税的影响。

要求：编制合并日甲公司长期股权投资的确认分录。

【解析】

2014 年 1 月 17 日颁布的《企业会计准则解释第 6 号》第 2 条规定："同一控制下的企业合并在被合并方是最终控制方以前年度从第三方收购来的情况下，应视同合并后形成的报告主体自最终控制方开始实施控制时起，一直是一体化存续下来的，应以被合并方的资产、负债（包括最终控制方收购被合并方而形成的商誉）在最终控制方财务报表中的账面价值为基础进行相关会计处理。"

20×7 年 1 月 1 日甲公司对丁公司的合并属于非同一控制下企业合并，当日确认合并商誉=合并成本－取得的可辨认净资产公允价值份额=4 200－5 000×80%=200（万元），由此推断当日丁公司的全部商誉=200÷80%=250（万元）。

考霸笔记：200 万元只是 80% 的商誉。

20×7 年 1 月 1 日丁公司账面上公允价值≠账面价值的固定资产在随后两年期间（20×7 年和 20×8 年）合计计提折旧=700×2÷10=140（万元），而该固定资产在最终控制方（甲公司）角度应计提的折旧为 2 200×2÷10=440（万元）。由于丁公司按照购买日账面价值净资产计算实现的净利润为 1 500 万元，因此按照购买日公允价值净资产计算实现的净利润为 1 500－（440－140）=1 200（万元）。

考霸笔记：故在甲公司看来，丁公司少计提了 300 万元（440－140）的折旧，所以要补提折旧，影响净利润。

（★）因此，20×9 年年初在最终控制方（甲公司）所编制的合并财务报表中丁公司的账面价值=（5 000+250）+（1 500－300）=6 200+250=6 450（万元）。

如果将本题修改为"20×9 年 1 月 1 日，乙公司购入甲公司所持丁公司 60% 的股权，甲公司继续持有丁公司 20% 股权"其余条件不变，则 20×9 年 1 月 1 日乙公司所获得丁公司长期股权投资的入账价值为 6 200×60%+250×80%=3 920（万元）。

考霸笔记
税法上只是以公允价值计税，视同销售。

借：长期股权投资　51 600 000=64 500 000×80%
　贷：库存商品　40 000 000（账面价值）
　　应交税费——应交增值税（销项税额）　8 500 000=50 000 000×17%
　　资本公积——股本溢价　3 100 000（金额为倒轧得到）

考霸笔记
被合并方所有者权益在最终控制方合并财务报表中的账面价值的份额+最终控制方收购被合并方而形成的商誉。

（2）合并方以发行权益性证券作为合并对价

原理：应当在合并日按照取得被合并方所有者权益账面价值的份额作为长期股权投资的初始投资成本。发行权益性证券的面值总额作为股本，长期股权投资初始投资成本与所发行权益性证券面值总额之间的差额，应当调整资本公积（资本溢价或股本溢价）；资本公积（资本溢价或股本溢价）不足冲减的，调整留存收益。

会计分录：

借：长期股权投资
　贷：股本（发行股票的数量×每股面值）
　　资本公积——股本溢价（倒挤差额，可在借方）

考霸笔记
此题比较具体，有代表性，考生应完全掌握！

例7-5·计算题

甲公司于2×16年1月1日购入同一集团内的乙公司60%的股份，为此甲公司向乙公司股东定向增发1 000万股股票作为支付对价，当日股价为2.5元/股。因发行股票甲公司发生手续费10万元。另外，甲公司支付了100万元的审计费用和资产评估费用。

假设乙公司当日的净资产账面价值为4 000万元。

要求：编制合并日甲公司长期股权投资的确认分录。

【解析】本题属于同一控制下企业合并，所以不确认股价公允价值2.5元/股。股票发行的费用应当冲减溢价，而审计费用和资产评估费用则计入当期损益（管理费用）。

借：长期股权投资　24 000 000=40 000 000×60%
　贷：股本　10 000 000
　　银行存款　100 000
　　资本公积——股本溢价　13 900 000（金额为倒轧得到）
借：管理费用　1 000 000
　贷：银行存款　1 000 000

考霸笔记
注意没有形成控制时，相关交易费用计入成本。

（3）相关交易费用的处理

①在企业合并中，合并方发生的审计、法律服务、评估咨询等中介费用以及其他相关管理费用，应当于发生时计入当期损益（管理费用）。

借：管理费用
　贷：银行存款

②为发行权益性证券支付给有关证券承销机构等的手续费、佣金等与权益性证券发行直接相关的费用，无论是否形成控制，均不构成取得长期股权投资的成本。该部分费用应自权益性证券的溢价发行收入中扣除，权益性证券的溢

价收入不足冲减的，应冲减盈余公积和未分配利润。

借：资本公积——股本溢价
　贷：银行存款

2.分步到位实现同一控制下企业合并

原理：个别报表应当以持股比例计算的合并日应享有被合并方账面所有者权益份额，作为该项投资的初始投资成本。初始投资成本与其原长期股权投资账面价值加上合并日为取得新的股份所支付对价的现金、转让的非现金资产及所承担债务账面价值之和的差额，调整资本公积（资本溢价或股本溢价），资本公积不足冲减的，冲减留存收益。

借：长期股权投资
　贷：长期股权投资　原股权账面价值。
　　负债　承担债务账面价值。
　　资产　投出资产账面价值。
　　银行存款
　　资本公积——资本溢价或股本溢价　倒挤差额，可在借方。

考霸笔记：例如：发行股票的手续费，冲减资本公积。

考霸笔记：例：第一步：20%；第二步：+40%；60%

考霸笔记：老账+新账，仍不出现损益类科目。

考霸笔记：被合并方所有者权益在最终控制方合并财务报表中的账面价值的份额+最终控制方收购被合并方而形成的商誉。

例 7-6·教材例题改编　公→成（同一控制）

A公司于20×8年3月以2 000万元取得B上市公司5%的股权，对B公司不具有重大影响，A公司将其分类为其他权益工具投资，按公允价值计量。

20×9年4月1日，A公司又斥资25 000万元自C公司取得B公司另外50%股权。假定A公司在取得对B公司的长期股权投资后，B公司未宣告发放现金股利。A公司原持有B公司5%的股权于20×9年3月31日的公允价值为2 500万元，20×9年4月1日的公允价值为2 600万元。

假设A公司对B公司的合并属于同一控制控股合并，20×9年4月1日B公司所有者权益的账面价值为55 000万元。

假设不考虑所得税。

【答案】

20×8年3月。

借：其他权益工具投资——成本　2 000
　贷：银行存款　2 000

20×9年3月31日及以前累计确认上涨500万元。

借：其他权益工具投资——公允价值变动　500
　贷：其他综合收益　500

20×9年4月1日（合并日）。

借：长期股权投资　30 250=55 000×（5%+50%）
　贷：其他权益工具投资——成本　2 000
　　　　　　　　　　——公允价值变动　500
　　银行存款　25 000
　　资本公积——股本溢价　2 750（倒轧）

注：A公司个别报表层面当日并不结转其他权益工具投资先前确认的其他综合收益，即该科目余额并不清空。

例7-2·教材例题改编 权→成（同一控制）

假定，A公司于20×8年3月以12 000万元取得B公司20%的股权，并能对B公司施加重大影响，采用权益法核算该项股权投资，当年度确认对B公司的投资收益450万元，其他综合收益500万元，其他权益变动100万元。

20×9年4月，A公司又以一批公允价值15 000万元的商品自C公司换取B公司另外30%的股权，该批商品的账面价值为14 000万元。

A公司按净利润的10%提取盈余公积。A公司对该项长期股权投资未计提任何减值准备。

假设A公司对B公司的合并属于同一控制控股合并，合并日当天B公司所有者权益的账面价值为60 000万元。

【答案】

20×8年3月。

借：长期股权投资——投资成本　　12 000

　贷：银行存款　　12 000

20×9年4月以前累计确认长期股权投资相关调整。

借：长期股权投资——损益调整　　450

　贷：投资收益　　450

借：长期股权投资——其他综合收益　　500

　贷：其他综合收益　　500

借：长期股权投资——其他权益变动　　100

　贷：资本公积——其他资本公积　　100

20×9年4月合并日。

借：长期股权投资　　30 000=60 000×（20%+30%）

　贷：长期股权投资——投资成本　　12 000

　　　　　　　——损益调整　　450

　　　　　　　——其他综合收益　　500

　　　　　　　——其他权益变动　　100

　　库存商品　　14 000

　　应交税费——应交增值税（销项税额）　　2 550（=15 000×17%）

　　资本公积——股本溢价　　400（倒轧）

注：A公司个别报表层面当日并不结转原20%股权方式下先前确认的其他综合收益和资本公积，即科目余额并不清空。

（二）**非同一控制下企业合并形成的长期股权投资**★★★注意选择题。

根据非同一控制企业合并的定义，合并双方在合并前并无实质性的关联能够影响股权交易的公允性。我们在进行长期股权投资会计处理时按照购买法处理，认可公允价值，即允许出现相应的损益类科目。具体处理原则为：

考霸笔记
注意与同一控制下的区别。

1.会计分录借方

长期股权投资应当按照支付对价的公允价值，即合并成本入账。

2.会计分录贷方

购买方为获得被购买方股权所支付的各类对价（不含直接相关费用）应当按其原有账面价值转出，同时允许确认结转损益。

> 考霸笔记：例：以存货获取股权，存货要视同销售，所以确认为主营业务收入。

3.会计分录平衡性

同一控制控股合并的会计处理中，因为借贷双方按其各自交换对象的账面价值入账从而导致会计分录不平衡。但是在非同一控制下，长期股权投资按照贷方支付对价的公允价值入账，因此会计分录具有平衡性，不会出现差额。

> 考霸笔记：所以在确定长期投资的成本时，一定要先确定贷方金额。

4.直接相关费用

非同一控制企业合并对于直接相关费用的定义及其会计处理与同一控制下企业合并相同。

> 考霸笔记：都计入管理费用。

我们将上述处理原则结合“一步到位”和“分步到位”两种合并步骤整理如下：

1.一步到位实现非同一控制下企业合并

（1）合并方以支付现金、转让非现金资产或承担债务方式作为合并对价。

原理：按照所支付对价的公允价值确定长期股权投资初始投资成本。支付对价的公允价值与其账面价值的差额计入当期损益。

会计分录：以库存商品为例。

> 考霸笔记：购买日的合并成本。

> 考霸笔记：库存商品的公允价值。

借：长期股权投资
　贷：主营业务收入
　　应交税费——应交增值税（销项税额）
借：主营业务成本
　贷：库存商品

> 非同一控制下企业合并形成的长期股权投资如何计算初始入账成本？

例7-7·计算题

甲公司于2×16年1月1日购入乙公司60%的股份，为此甲公司提出的交换条件如下：

①支付500万元的银行存款。

②交付一批商品，该批商品的账面价值为800万元，公允价值为1 000万元。

另外，甲公司支付了100万元的审计费用和资产评估费用。

> 考霸笔记：直接相关费用计入管理费用。

假设甲、乙公司在合并前无任何关联关系，乙公司当日的净资产账面价值为3 000万元，甲、乙公司均为增值税一般纳税义务人，适用17%的税率。

要求：编制购买日甲公司长期股权投资的确认分录。

【解析】本题与【例7-3】的基本数据相同，只是假设合并双方在合并前无任何关联关系，因此判定双方合并为非同一控制控股合并，审计费用和资产评估费用则计入当期损益（管理费用）。(单位：万元)

借：长期股权投资　1 670（倒轧，1 670=500+1 000×（1+17%））
　贷：银行存款　500
　　主营业务收入　1 000
　　应交税费——应交增值税（销项税额）　170=1 000×17%
借：主营业务成本　800

> 考霸笔记
> 与一般发行股票的会计处理一致。

　　贷：库存商品　　　　　　　　　　800

借：管理费用　　　　　　　　　　100

　　贷：银行存款　　　　　　　　　　100

（2）购买方以发行权益性证券作为合并对价的，应按发行权益性证券的公允价值作为长期股权投资的初始投资成本，发行权益性证券的面值总额作为股本，差额应当计入资本公积（资本溢价或股本溢价）。

例 7-8 · 计算题

> 考霸笔记
> 完全掌握！

> 考霸笔记
> 发行股票的手续费冲减资本公积。

甲公司于 2×16 年 1 月 1 日购入乙公司 60% 的股份，为此甲公司向乙公司股东定向增发 1 000 万股股票作为支付对价，当日股价为 2.5 元/股。因发行股票甲公司发生手续费 10 万元。另外，甲公司支付了 100 万元的审计费用和资产评估费用。

假设甲、乙公司在合并前无任何关联关系。

要求：编制购买日甲公司长期股权投资的确认分录。

【解析】本题与【例 7-5】的基本数据相同，只是假设合并双方在合并前无任何关联关系，因此判定双方合并为非同一控制控股合并，长期股权投资应该按照支付对价（发行股票）的公允价值入账。题目中费用的处理与同一控制一致，即股票发行的费用应当冲减溢价，而审计费用和资产评估费用则计入当期损益（管理费用）。（单位：万元）

借：长期股权投资　　　　　　　　2 500=1 000×2.5

　　贷：股本　　　　　　　　　　　1 000=1 000×1

　　　　银行存款　　　　　　　　　10　发行股票手续费。

　　　　资本公积——股本溢价　　　　1 490　金额为倒轧得到。

借：管理费用　　　　　　　　　　100

　　贷：银行存款　　　　　　　　　　100

> 分步取得股权形成控股合并如何会计处理？

2. 多次交换交易，分步取得股权最终形成控股合并

原理：①形成控股合并前对长期股权投资采用权益法核算的，购买日长期股权投资的初始投资成本，为原权益法下的账面价值加上购买日为取得新的股份所支付对价的公允价值之和，购买日之前因权益法形成的其他综合收益或其他资本公积暂时不作处理，待到处置该项投资时将与其相关的其他综合收益或其他资本公积再按长期股权投资的规定进行处理。

> 考霸笔记
> 处置时将可转损益的其他综合收益、资本公积等转入损益。

②形成控股合并前对长期股权投资用公允价值计量的（例如，原分类为以公允价值计量且其变动计入其他综合收益金融资产的非交易性权益工具投资），长期股权投资在购买日的初始成本为原股权的公允价值加上购买日取得新的股份所支付对价的公允价值之和。

会计分录见表 7-1。

表 7-1　　多次交换交易，分步取得股权最终形成控股合并的会计分录

金融资产→成本法		权益法→成本法
（以公允价值计量且其变动计入当期损益的金融资产→成本法	（指定为以公允价值计量且其变动计入其他综合收益的非交易性权益工具投资）→成本法	
借：长期股权投资 　贷：交易性金融资产 　　　银行存款等 　　　投资收益	借：长期股权投资 　贷：其他权益工具投资 　　　银行存款等 　　　盈余公积、利润分配 借：其他综合收益 　贷：盈余公积、利润分配	借：长期股权投资 　贷：长期股权投资——投资成本 　　　　　　　　——损益调整 　　　　　　　　——其他综合收益 　　　　　　　　——其他权益变动 　　　银行存款等 其他综合收益不做处理

（原持有的股权投资账面价值+新增投资成本）

（原持有的股权投资公允价值+新增投资成本）

（账面价值）

（账面价值）

（公允价值）

（公允价值）

（原投资的公允价值-账面价值）

（公允价值）

例 7-9・教材例题改编　公→成（非同一控制）

A公司于20×8年3月以2 000万元取得B上市公司5%的股权，对B公司不具有重大影响，A公司将其分类为其他权益工具投资，按公允价值计量。

20×9年4月1日，A公司又斥资25 000万元自C公司取得B公司另外50%股权。假定A公司在取得对B公司的长期股权投资后，B公司未宣告发放现金股利。A公司原持有B公司5%的股权于20×9年3月31日的公允价值为2 500万元，20×9年4月1日的公允价值为2 600万元。

假设A公司对B公司的合并属于非同一控制控股合并，盈余公积计提比例为10%。

假设不考虑所得税。

【答案】

20×8年3月。

借：其他权益工具投资——成本　　2 000

　贷：银行存款　　2 000

20×9年3月31日及以前累计确认上涨500万元。

借：其他权益工具投资——公允价值变动　　500

　贷：其他综合收益　　500

20×9年4月1日（购买日）。

借：长期股权投资　　27 600

　贷：其他权益工具投资——成本　　2 000

　　　　　　　　　　——公允价值变动　　500

贷：盈余公积 10

利润分配——未分配利润 90

银行存款 25 000

借：其他综合收益 500

贷：盈余公积 50

利润分配——未分配利润 450

注：A公司个别报表层面当日需要结转其他权益工具投资先前确认的其他综合收益，即该科目余额应当清空。

例7-10·教材例题改编　权→成（非同一控制）

假定，A公司于20×8年3月以12 000万元取得B公司20%的股权，并能对B公司施加重大影响，采用权益法核算该项股权投资，当年度确认对B公司的投资收益450万元，其他综合收益500万元，其他权益变动100万元。

20×9年4月，A公司又以一批公允价值15 000万元的商品自C公司换取B公司另外30%的股权，该批商品的账面价值为14 000万元。

A公司按净利润的10%提取盈余公积。A公司对该项长期股权投资未计提任何减值准备。

假设A公司对B公司的合并属于非同一控制控股合并。

【答案】

20×8年3月。

借：长期股权投资——投资成本 12 000

贷：银行存款 12 000

20×9年4月以前累计确认长期股权投资相关调整。

借：长期股权投资——损益调整 450

贷：投资收益 450

借：长期股权投资——其他综合收益 500

贷：其他综合收益 500

借：长期股权投资——其他权益变动 100

贷：资本公积——其他资本公积 100

20×9年4月购买日。

借：长期股权投资 30 600

贷：长期股权投资——投资成本 12 000

——损益调整 450

——其他综合收益 500

——其他权益变动 100

主营业务收入 15 000

应交税费——应交增值税（销项税额） 2 550

注：A公司个别报表层面当日并不结转原20%股权方式下先前确认的其他综合收益和资本公积，即科目余额并不清空。

3.相关交易费用的处理

与同一控制下形成控股合并的处理一致。

例 7-11 · 2014 年多选题

下列各项交易费用中，应当于发生时直接计入当期损益的有（　　）。

A.与取得交易性金融资产相关的交易费用　投资收益

B.同一控制下企业合并中发生的审计费用　管理费用

C.取得一项债权投资发生的交易费用　成本

D.非同一控制下企业合并中发生的资产评估费用　管理费用

【答案】ABD

【解析】选项C，取得的债权投资发生的交易费用计入债权投资初始入账金额中。

考霸笔记：选项 A、C 为金融资产。

例 7-12 · 2012 年多选题

下列各项涉及交易费用会计处理的表述中，正确的有（　　）。

A.购买子公司股权发生的手续费直接计入当期损益　管理费用

B.定向增发普通股支付的券商手续费直接计入当期损益　冲减资本公积

C.购买交易性金融资产发生的手续费直接计入当期损益　投资收益

D.购买债权投资发生的手续费直接计入当期损益　成本

【答案】AC

【解析】选项B，应计入权益性证券的初始计量金额（冲减资本公积）；选项D，应计入债权投资的初始确认金额。

考霸笔记：选项C、D为金融资产内容。

（三）投资成本中包含的已宣告但尚未发放的现金股利或利润的处理

企业无论以何种方式取得长期股权投资，取得投资时，对于投资成本中包含的被投资单位已经宣告但尚未发放的现金股利或利润，应作为应收项目单独核算，不构成取得长期股权投资的初始投资成本。

借：应收股利
　贷：银行存款等

（四）一项交易中同时涉及自最终控制方购买股权形成控制及自其他外部独立第三方购买股权的会计处理

该类交易中，一般认为自集团内取得的股权能够形成控制的，相关股权投资成本的确定按照同一控制下企业合并的有关规定处理。而自外部独立第三方取得的股权则视为在取得对被投资单位的控制权，形成同一控制下企业合并后少数股权的购买。

这部分少数股权的购买不管与形成同一控制下企业合并的交易是否同时进行，在与同一控制下企业合并并不构成一揽子交易的情况下，有关股权投资成本即应按照实际支付的购买价款确定。

该种情况下，在合并方最终持有对同一被投资单位的股权中，不同部分的计量基础会存在差异。

例7-13·2015年综合题摘录

2014年甲公司和其控股股东P公司以及无关联第三方丙公司签订协议，分别从P公司处购买其持有乙公司60%的股权，以发行1 800万股股票作为对价，发行价4元每股；从丙公司处购买少数股权40%，以银行存款支付5 000万元，7月1日办理完毕交接手续，改选董事会成员。当日乙公司所有者权益账面价值8 000万元（其中：股本2 000万元，资本公积3 200万元，盈余公积1 600万元，未分配利润1 200元）。

要求：

（1）判断甲公司对乙公司的合并类型。

（2）编制甲公司对乙公司取得控制权日的会计分录。

【答案】（1）甲公司从P公司（母公司）处取得对乙公司的控制权，因此，甲公司对乙公司的合并属于同一控制控股合并。

（2）合并日当天甲公司既实现了对乙公司的控制，又涉及购买乙公司少数股权。

甲公司编制如下会计分录：

借：长期股权投资　　9 800=8 000×60%+5 000
　贷：股本　　1 800
　　银行存款　　5 000
　　资本公积——股本溢价　　3 000（倒轧）

上述长期股权投资的入账金额包括实现控制的60%股权（8 000×60%）和购买的少数股权（5 000），两者的计量基础存在差异。

考霸笔记 注意本节是学习企业合并的基础，是历年考试的重点考查章节。

第三节　长期股权投资的后续计量

◇ 长期股权投资的成本法

◇ 长期股权投资的权益法

◇ 长期股权投资的减值

取得子公司的长期股权投资初始投资成本如何会计处理？

长期股权投资在持有期间，根据投资企业对被投资单位的影响程度进行划分，应当分别采用成本法及权益法进行核算。

一、长期股权投资的成本法

考霸笔记 成本法下，除发生增减资、减值、处置等因素外，股权投资的账面价值等于初始投资成本。

（一）成本法的定义及其适用范围（见表7-2）

表7-2　**成本法的定义及其适用范围**

定义	投资按成本计价的方法
适用范围	企业持有的、能够对被投资单位实施控制的长期股权投资

（二）成本法的核算

考霸笔记 ★★★非常重要。

1.个别财务报表

（1）投资时点成本的确定

按照初始投资或追加投资时的成本增加长期股权投资的账面价值。

借：长期股权投资
　贷：银行存款等

（2）投资期间被投资单位宣告发放现金股利或利润

投资企业按照享有被投资单位股权比例确认投资收益（无论现金股利是被投资单位何时实现的，但不包括初始购买时实际支付的价款或对价中包含的已宣告但尚未发放的现金股利或利润）。

考霸笔记
举例：2016年1月5日，甲公司对乙公司实施控制，乙公司2016年1月6日宣告发放2015年的现金股利，则甲公司应当按照自己的股权比例确认投资收益。

借：应收股利（被投资单位宣告发放的现金股利或利润×持股比例）
　贷：投资收益

投资企业在确认自被投资单位应分得的现金股利或利润后，应当考虑有关长期股权投资是否发生减值。

（3）子公司将未分配利润或盈余公积转增股本（实收资本），且未向投资方提供等值现金股利或利润的选择权时，投资方不应确认相关的投资收益。

2.合并财务报表

具体参见本书合并财务报表相关内容。

二、长期股权投资的权益法

考霸笔记
重大影响：
　对联营企业的投资。
共同控制：
　对合营企业的投资。

（一）权益法的定义及其适用范围（见表7-3）

表7-3　权益法的定义及其适用范围

定义	投资以初始投资成本计量后，在投资持有期间，根据被投资单位所有者权益的变动，投资企业按应享有（或应分担）被投资企业所有者权益的份额调整其投资账面价值的方法
适用范围	对被投资单位具有共同控制或重大影响的长期股权投资，即对合营企业投资及联营企业投资，应当采用权益法核算

初始投资成本与账面价值的区别？

权益法下一共设置四个明细科目，初始计量时开设“投资成本”科目。后续计量期间因为需要随着被投资单位所有者权益的变动而根据持股比例进行调整，考虑到引起所有者权益变动的不同起因，我们开设三个明细科目，分别为“损益调整”、“其他综合收益”和“其他权益变动”。

（二）权益法的核算

考霸笔记
★★★非常重要！

1.初始投资成本的调整

借：长期股权投资——投资成本
　贷：银行存款等

初始投资成本VS被投资单位可辨认净资产公允价值份额：

（1）初始投资成本>被投资单位可辨认净资产公允价值份额：差额是商誉，不调整初始投资成本。

（2）初始投资成本<被投资单位可辨认净资产公允价值份额：差额调整增加长期股权投资的账面价值，并计入取得投资当期的营业外收入。

借：长期股权投资
　贷：营业外收入

借：长期股权投资——投资成本
　贷：银行存款等
　　　营业外收入

2.投资损益的确认

考霸笔记
此净利润必须为经过调整之后，投资方认可的“净利润”。

投资企业取得长期股权投资后，应当按照应享有或应分担被投资单位实现净利润或发生净亏损的份额，调整长期股权投资的账面价值，并确认为当期投资损益。

考霸笔记：被投资单位账面净利润的调整是权益法核算的关键，第(2)、(5)需重点掌握计算。

考霸笔记：简称“公不等账”。

存在公不等于账，如何调整被投资单位的净利润?

考霸笔记：相对比较复杂，需多看两遍。

考霸笔记：存货：乙公司以100万元计量，而甲公司认可120万元，存在差异，需调整利润。

考霸笔记：乙公司按账面价值折旧摊销，甲按公允价值折旧摊销，存在差异。

借：长期股权投资　（调整后的净利润×持股比例）
　贷：投资收益　（或做相反的分录）。

账面净利润的调整：

（1）被投资单位采用的会计政策及会计期间与投资企业不一致的，应按投资企业的会计政策及会计期间对被投资单位的财务报表进行调整。例如：投资双方不处在同一国家，有可能此时双方遵循的会计准则存在差异，包括会计年度的起讫时间。

（2）被投资单位有关资产、负债的公允价值与其账面价值不同的，应以投资时被投资单位有关资产、负债的公允价值为基础计算确定净利润，从而需要对被投资单位账面净利润进行调整。

例7-14·计算题

甲公司于2×15年1月1日购入乙公司30%的股份，并自取得投资之日起派人参与乙公司的生产经营决策。取得投资当日，乙公司可辨认净资产公允价值为10 000万元，除表7-4中所列项目外，乙公司其他资产、负债的公允价值与账面价值相同。

表7-4　【例7-10·计算题】资料　金额单位：万元

项　目	账面原价（乙认可。）	已提折旧或摊销	公允价值（甲认可。）	乙公司预计使用年限	取得投资时剩余使用年限
存货	100		120		
固定资产	500	200	420	10	6
无形资产	300	180	150	5	2
合计	900	380	670		

假定乙公司于2×15年实现账面净利润1 000万元，其中在甲公司取得投资时的账面存货有60％对外出售，剩余40%留存至期末。乙公司于2×16年实现账面净利润1 200万元，其中在甲公司取得投资时的账面存货有30％对外出售，剩余10%留存至期末。

甲公司与乙公司的会计年度及采用的会计政策相同。固定资产、无形资产均按直线法提取折旧或摊销，预计净残值均为0。假设不考虑所得税影响。

要求：编制甲公司连续两年投资收益确认的会计分录。

【解析】乙公司的账面净利润是依据其账面记录持续计算的，基于谨慎性原则乙公司不会接受甲公司投资日当天上述表格中存在的“公允价值>账面价值”现象。但是对于甲公司来说，需要以取得投资时乙公司（被投资单位）存货、固定资产以及无形资产等资产的公允价值为基础持续计算调整乙公司净利润。

2×15年年末（单位：万元）：

调整后乙公司净利润=1 000-（120-100）×60%-（420/6-500/10）-（150/2-300/5）=953（万元）

（存货当年出售60%。当年固定资产折旧。无形资产摊销。）

借：长期股权投资——损益调整　285.9=953×30%
　贷：投资收益　285.9

2×16年年末（单位：万元）：

调整后乙公司净利润=1 200-（120-100）×30%-（420/6-500/10）-（150/2-300/5）=1 159（万元）

借：长期股权投资——损益调整　347.7=1 159×30%
　贷：投资收益　347.7

例7-15·计算题

甲公司于2×16年1月1日购入乙公司30%的股份，假设当日乙公司有一批存货的公允价值与账面价值不同，分别为100万元和80万元。

假定乙公司于2×16年实现净利润305万元，上述存货当年没有出售一直留存至年底。

假设不考虑所得税影响。

要求：分别以下两种情形编制甲公司当年投资收益确认的会计分录。

情形1：存货的可变现净值为95万元；

情形2：存货的可变现净值为75万元。

【解析】本题中投资日当天同样一批存货在甲公司角度和乙公司角度的价值并不相同，但两者所面临的可变现净值却是一样的。当投资日当天存货的公允价值大于账面价值时，这批存货在甲公司看来更为脆弱，更易发生存货减值。乙公司的账面净利润中即便考虑了存货的减值，对于甲公司来说，由于减值结果的差异乙公司的净利润仍然需要调整。

情形1：存货的可变现净值为95万元。

乙公司角度：存货成本80万元小于期末可变现净值95万元，当年没有发生减值。

甲公司角度：存货成本100万元大于期末可变现净值95万元，当年发生减值5万元。

调整后乙公司净利润=305-5=300（万元）

借：长期股权投资——损益调整　　90=300×30%

　贷：投资收益　　90

情形2：存货的可变现净值为75万元。

乙公司角度：存货成本80万元大于期末可变现净值75万元，当年发生减值5万元，因此，乙公司当年的账面净利润305万元中已内部扣除5万元的存货减值损失。

甲公司角度：存货成本100万元大于期末可变现净值75万元，当年发生减值25万元。

调整后乙公司净利润=305-（25-5）=285（万元）

借：长期股权投资——损益调整　　85.5=285×30%

　贷：投资收益　　85.5

（3）在评估投资方对被投资单位是否具有重大影响时，应当考虑潜在表决权的影响，但在确定应享有的被投资单位实现的净损益、其他综合收益和其他所有者权益变动的份额时，潜在表决权所对应的权益份额不应予以考虑。

（4）在确认应享有或应分担的被投资单位净利润（或亏损）额时，法规或章程规定，不属于投资企业的净损益应当予以剔除后再计算，例如，被投资单位发行了分类为权益的可累积优先股等类似的权益工具，无论被投资单位是否宣告分配优先股股利，投资方计算应享有被投资单位的净利润时，均应将归属于其他投资方的累积优先股股利予以扣除。

（5）对于投资企业与其联营企业及合营企业之间发生的未实现内部交易损益（无论顺流还是逆流），应予抵销并在此基础上确认投资损益。

考霸笔记：情形一与情形二对比记忆。

考霸笔记：100万元：甲认可。80万元：乙认可。

考霸笔记：甲认为有减值，乙不认为减值。

考霸笔记：甲、乙都认可减值，但金额不同。

存货存在减值的情况下如何调整被投资单位净利润？

考霸笔记：甲要确认5万元的资产减值损失，所以调减净利润5万元。

考霸笔记：甲确认的减值多于乙确认的减值，所以调减净利润20万元。

考霸笔记
例如，甲公司投资乙公司30%股权，对乙公司具有重大影响，甲公司向乙公司出售一项资产，这笔交易构成内部交易，且是顺流交易。

投资企业与被投资单位发生的内部交易损失，按照《企业会计准则第8号——资产减值》等规定属于资产减值损失的，应当全额确认无须调整。

顺流交易是指投资企业向其联营企业或合营企业出售资产，逆流交易是指联营企业或合营企业向投资企业出售资产。

考霸笔记
实现对第三方出售时，才真正实现损益。

未实现内部交易损益：内部交易的有关资产未对外部独立第三方出售。当该未实现内部交易损益体现在投资企业或其联营企业、合营企业持有的资产账面价值中时，相关的损益在计算确认投资损益时应予抵销。

例7-16·计算题

甲企业于2×16年1月取得乙公司30%有表决权股份，能够对乙公司施加重大影响。假定甲企业取得该项投资时，乙公司各项可辨认资产、负债的公允价值与其账面价值相同。2×16年8月，投资双方之间发生商品买卖交易，被销售的商品成本为600万元、售价为900万元，购入方将取得的商品作为存货。至2×16年资产负债表日，购入方仍未对外出售该存货。

假设自2×17年起购入方连续3年每年出售上述存货的1/3。乙公司每年净利润都为1 000万元。

假设不考虑所得税影响。

考霸笔记
（逆流交易）

要求：分别以下两种情形编制甲公司连续4年投资收益确认的会计分录（单位：万元）。

情形1：存货由乙公司向甲公司出售。

情形2：存货由甲公司向乙公司出售。

考霸笔记
（顺流交易）

【解析】在内部交易（逆流或顺流）存在未实现内部交易损益的情况下（有关资产未对外部独立第三方出售），投资企业在采用权益法计算确认应享有联营企业或合营企业的投资损益时，应抵销该未实现内部交易损益的影响。

情形1：存货由乙公司向甲公司出售，属于逆流交易。

2×16年年末：

当年内部交易存货没有对外出售，其包含的内部交易损益需要全部调整。

调整后乙公司净利润=1 000-（900-600）=700（万元）

借：长期股权投资——损益调整　　210=700×30%

　贷：投资收益　　210

2×17年年末：

上一年未出售的内部交易存货在当年出售1/3，出售存货包含的内部交易损益可以回调。

调整后乙公司净利润=1 000+（900-600）×1÷3=1 100（万元）

借：长期股权投资——损益调整　　330=1 100×30%

　贷：投资收益　　330

考霸笔记
无论顺流还是逆流交易，只要是内部交易，都应当调整。

2×18年和2×19年的会计处理与2×17年相同。

4年中甲公司累计确认的投资收益=210+330×3=1 200（万元）=1 000×4×30%

情形2：存货由甲公司向乙公司出售，属于顺流交易。

长期股权投资会计准则对于内部交易的调整只是对“未实现”的关注，与交易的类型（逆流或顺流）无关。所以情形2的答案与情形1相同。

例7-17·计算题

甲企业于2×16年1月取得乙公司30%有表决权股份，能够对乙公司施加重大影响。假定甲企业取得该项投资时，乙公司各项可辨认资产、负债的公允价值与其账面价值相同。2×16年8月，投资双方之间发生商品买卖交易，被销售的商品成本为600万元、售价为900万元。购入方将取得的商品作为固定资产，预计使用寿命为5年，无残值，采用年限平均法计提折旧。

假设乙公司每年净利润都为1 000万元。假设不考虑所得税影响。

要求：分别以下两种情形编制甲公司连续6年投资收益确认的会计分录（单位：万元）。

情形1：存货由乙公司向甲公司出售。

情形2：存货由甲公司向乙公司出售。

考霸笔记 逆流交易。

考霸笔记 顺流交易。

【解析】存货交易的内部交易损益通过对外部独立第三方的出售来实现，但本题中购入方将商品作为固定资产处理，所以其内部交易损益是通过计提折旧实现的。这种内部交易损益的实现方式同样适用于内部无形资产交易的处理。

情形1：存货由乙公司向甲公司出售，属于逆流交易。

2×16年年末：

甲公司购入商品后作为固定资产处理，从9月份开始计提折旧，至年末已计提了4个月的折旧，其包含的内部交易损益当年实现比例为4/60。

调整后乙公司净利润=1 000-（900-600）÷5×（5-4÷12）=720（万元）

考霸笔记 当年已实现的折旧。

借：长期股权投资——损益调整 216=720×30%

　贷：投资收益 216

2×17年年末：

固定资产全年计提了折旧，其包含的内部交易损益当年实现比例为12/60。

调整后乙公司净利润=1 000+（900-600）÷5=1 060（万元）

借：长期股权投资——损益调整 318=1 060×30%

　贷：投资收益 318

2×18年、2×19年和2×20年的会计处理与2×17年相同。

2×21年年末：

固定资产的折旧计提至8月份，其包含的内部交易损益当年实现比例为8/60。

调整后乙公司净利润=1 000+（900-600）/5×8/12=1 040（万元）

借：长期股权投资——损益调整 312=1 040×30%

　贷：投资收益 312

6年中甲公司累计确认的投资收益=216+318×4+312

=1 800（万元）=1 000×6×30%

情形2：存货由甲公司向乙公司出售，属于顺流交易。

尽管本题中购入方的资产从商品变为了固定资产，但是与【例7-12】一样，本题情形2的答案与情形1相同。

第七章

考霸笔记
逆流交易。

考霸笔记
从整个联合体"甲—乙"看来，视作这项交易没有发生，要计提减值损失200－145=55万元。内部交易损益=200－140=60万元，超出减值部分的5万元属于对净利润调整需考虑的部分。

考霸笔记
即：－（140－145）+（140－145）×2÷5

考霸笔记
权益法。

考霸笔记
内部交易损益为1 000－600=400（万元），相当于赚自己的钱。

例7-18·计算题

甲企业于2×16年1月取得乙公司30%有表决权股份，能够对乙公司施加重大影响。假定甲企业取得该项投资时，乙公司各项可辨认资产、负债的公允价值与其账面价值相同。2×16年8月，乙公司将其成本为200万元的某商品以140万元的价格出售给甲企业，假设该批商品当日的可变现净值为145万元。甲企业将取得的商品作为存货，当年出售了2/5。

乙公司2×16年实现净利润997万元。假设不考虑所得税影响。

要求：编制甲公司当年投资收益确认的会计分录（单位：万元）。

【解析】乙公司当年向甲公司出售的商品在出售前可变现净值为145万元<成本200万元，因此即便没有发生内部交易，按照《企业会计准则第8号——资产减值》的规定，该批商品也已发生了55万元的减值损失。所以内部交易损失140−200=−60（万元）并不是全部都需要调整，需要调整的损失是140−145=−5（万元）。另外，存货当年出售了2/5，所以最终需要调整的未实现内部交易损失实为−5×3÷5=−3（万元）。

2×16年年末：

调整后乙公司净利润=997−（140−145）×3/5=1 000（万元）

借：长期股权投资——损益调整　　300=1 000×30%

　贷：投资收益　　300

例7-19·2012年单选题

甲公司持有乙公司30%的股权，能够对乙公司施加重大影响。20×2年度乙公司实现净利润8 000万元，当年6月20日，甲公司将成本为600万元的商品以1 000万元的价格出售给乙公司，乙公司将其作为管理用固定资产并于当月投入使用，预计使用10年，净残值为零，采用年限平均法计提折旧。不考虑其他因素，甲公司在其20×2年度的个别财务报表中应确认对乙公司投资的投资收益为（　　）。

A.2 100万元　　B.2 280万元　　C.2 286万元　　D.2 400万元

【答案】C

【解析】确认对乙公司投资的投资收益=（8 000−400+400÷10×1÷2）×30%=2 286（万元）。

注意：

①投资方与联营、合营企业之间发生投出或出售资产的交易，该资产构成业务的，会计处理如下：

a.联营、合营企业向投资方出售业务的，投资方应全额确认与交易相关的利得或损失。

b.投资方向联营、合营企业投出业务，投资方因此取得长期股权投资但未取得控制权的，应以投出业务的公允价值作为新增长期股权投资的初始投资成本，初始投资成本与投出业务的账面价值之差，全额计入当期损益。

②合营方向合营企业投出或出售非货币性资产的相关损益。应当按照以下原则处理：

a.符合下列情况之一的，合营方不应确认该类交易的损益：与投出非货币性资产所有权有关的重大风险和报酬没有转移给合营企业；投出非货币性资产的损益无法可靠计量；投出非货币性资产交易不具有商业实质。

b.合营方转移了与投出非货币性资产所有权有关的重大风险和报酬，并且投出资产留给合营企业使用的，应在该项交易中确认属于合营企业其他合营方的利得和损失。交易表明投出或出售非货币性资产发生减值损失的，合营方应当全额确认该部分损失。

c.在投出非货币性资产的过程中，合营方除了取得合营企业的长期股权投资外还取得了其他货币性或非货币性资产的，应当确认该项交易中与所取得其他货币性、非货币性资产相关的损益。

考霸笔记 此例题非常具有代表性，必须掌握！

投资方向共同控制企业投出非货币性资产属于公不等于账还是内部交易处理？

例 7-20 · 计算题

2×16 年 6 月 30 日，甲、乙、丙三家公司共同出资成立丁公司，持股比例均为 1/3，共同控制丁公司。假设甲公司以一台设备出资，该设备原值为 1 500 万元，累计折旧为 300 万元，公允价值为 1 600 万元，剩余使用年限为 8 年，无残值。

丁公司每年的账面净利润均为 1 000 万元。假设不考虑税收因素。

要求：编制甲公司连续 9 年确认投资收益的会计分录（单位：万元）。

考霸笔记 账面价值。

【解析】本题中甲公司以设备（非货币性资产）向合营企业丁公司出资，会计准则要求的处理方式与顺流交易相似。交易损益=1 600-（1 500-300）=400（万元）。

2×16 年 6 月 30 日。

考霸笔记 相当于处置固定资产。

借：固定资产清理　　1 200
　　累计折旧　　300
　贷：固定资产　　1 500
借：长期股权投资——投资成本　　1 600
　贷：固定资产清理　　1 200
　　　资产处置损益　　400

2×16 年年末。

考霸笔记 未实现内部交易损益。

当年固定资产从 7 月份开始计提折旧，至年末已计提了 6 个月的折旧。

调整后乙公司净利润=1 000-400÷8×（8-6÷12）=625（万元）

借：长期股权投资——损益调整　　187.5（625×30%）
　贷：投资收益　　187.5

2×17 年年末。

调整后乙公司净利润=1 000+400÷8=1 050（万元）

借：长期股权投资——损益调整　　315（1 050×30%）
　贷：投资收益　　315

2×18 年至 2×23 年的会计处理与 2×17 年相同。

2×24 年年末。

固定资产的折旧计提至 6 月份。

调整后乙公司净利润=1 000+400÷8×6÷12=1 025（万元）

借：长期股权投资——损益调整　　307.5（1 025×30%）
　贷：投资收益　　307.5

9 年中甲公司累计确认的投资收益=187.5+315×7+307.5=2 700（万元）=1 000×9×30%

3.股利的处理

（1）现金股利的处理

由于被投资单位一般都是在已经盈利的情形下才会考虑发放现金股利，而权益法下只要被投资单位盈利即便暂不发放股利，投资企业也需要先确认投资收益，所以当以后被投资单位正式宣告发放现金股利时，投资企业不再将应得股利重复确认为当期投资收益，而是抵减长期股权投资的账面价值。

借：应收股利
　贷：长期股权投资——损益调整

（2）股票股利的处理

对于被投资单位分派的股票股利，投资企业不做账务处理，但应于除权日在备查簿中注明所增加的股数，以反映股份的变化情况。

被投资方超额亏损时，投资方如何做账务处理?

4.超额亏损的确认

按照权益法核算的长期股权投资，投资企业确认应分担被投资单位发生的损失，原则上应以长期股权投资及其他实质上构成对被投资单位净投资的长期权益减记至零为限，投资企业负有承担额外损失义务的除外。

投资企业在确认应分担被投资单位发生的亏损时，具体应按照以下顺序处理：

①减记长期股权投资的账面价值。

考霸笔记
此处冲回的时候只冲减长期股权投资下的“长期股权投资——损益调整”明细科目，但金额是已长期股权投资账面价值为限。

②在长期股权投资的账面价值减记至零的情况下，对于未确认的投资损失，考虑除长期股权投资以外，账面上是否有其他实质上构成对被投资单位净投资的长期权益项目，如果有，则应以其他长期权益投资的账面价值为限，继续确认投资损失，冲减长期应收项目等的账面价值。

③按照投资合同或协议约定，投资企业仍需要承担额外损失弥补等义务的，应按预计将承担的义务金额确认预计负债，计入当期投资损失。

会计分录：

借：投资收益
　贷：长期股权投资——损益调整　第一顺序。
　　长期应收款　第二顺序。
　　预计负债　第三顺序。

账外备查　第四顺序。

考霸笔记
如果被投资企业实现盈利，应按与左边相反的顺序进行恢复。

除上述情况仍未确认的应分担被投资单位的损失，应在账外备查登记。

5.其他综合收益的处理

原理：当被投资单位其他综合收益发生变动时，投资企业应当按照归属于本企业的部分，相应调整长期股权投资的账面价值，同时增加或减少其他综合收益。

会计分录：

借：长期股权投资——其他综合收益
　贷：其他综合收益
（或相反分录）

考霸笔记
被投资方其他综合收益×持股比例。

常考事项：

权益法下考试时涉及的其他综合收益主要集中在以下两个方面：

（1）被投资单位持有的以公允价值计量且其变动计入其他综合收益的非交易性权益工具投资公允价值波动计入其他综合收益；

（2）被投资单位因非投资性房地产转为投资性房地产并采用公允价值模式时确认的其他综合收益。

例 7-21 · 计算题

假设甲公司持有乙公司30%股权，并具有重大影响。当年乙公司将持有作为存货的房地产转换为以公允价值模式计量的投资性房地产，转换日公允价值大于账面价值1 500万元，计入其他综合收益。假设不考虑所得税因素。

要求：编制甲、乙公司相关会计分录（单位：万元）。

【解析】甲公司应确认的其他综合收益=1 500×30%=450（万元），按照持股比例调整长期股权投资账面价值。

甲公司会计分录：

借：长期股权投资——其他综合收益　　450=1 500×30%

　贷：其他综合收益　　450

6. 被投资单位所有者权益其他变动的处理

原理：采用权益法核算时，投资企业对于被投资单位除净损益、其他综合收益以及利润分配以外所有者权益的其他变动，应按照持股比例与被投资单位所有者权益的其他变动计算的归属于本企业的部分，相应调整长期股权投资的账面价值，同时增加或减少资本公积（其他资本公积）。

主要包括：

（1）被投资单位接受其他股东的资本性投入。

（2）被投资单位发行可分离交易的可转换公司债券中包含的权益成分。

（3）以权益结算的股份支付。

（4）其他股东对被投资单位增资导致投资方持股比例变动。

会计分录：

借：长期股权投资——其他权益变动

　贷：资本公积——其他资本公积

三、长期股权投资的减值

对子公司、联营企业及合营企业的投资，应当按照《企业会计准则第8号——资产减值》的规定确定其可收回金额及应予计提的减值准备，长期股权投资的减值准备在提取以后，不允许转回。

例 7-22 · 2013年多选题

甲公司20×3年1月2日取得乙公司30%的股权，并与其他投资方共同控制乙公司，甲公司、乙公司20×3年发生的下列交易或事项中，会对甲公司20×3年个别财务报表中确认对乙公司投资收益产生影响的有（　　）。

考霸笔记：此处遵循对应交易事项原本的会计处理。被投资方计入其他综合收益，长期股权投资也要确认相应其他综合收益。

考霸笔记：主要包括：被投资单位接受其他股东的资本性投入、被投资单位发行可分离交易的可转换公司债券中包含的权益成分、以权益结算的股份支付等。

考霸笔记：被投资单位除净损益、其他综合收益以及利润分配以外所有者权益的其他变动×持股比例。

考霸笔记：对被投资单位不具有控制、共同控制或者重大影响且在公开市场无报价的股权投资按照金融资产计提减值。

考霸笔记：与固定资产、无形资产一样。

第七章

考霸笔记
股数增加，所有者权益总额不变。

A.乙公司股东大会通过发放股票股利的议案

B.甲公司将成本为50万元的产品以80万元出售给乙公司作为固定资产 顺流交易。

C.投资时甲公司投资成本小于应享有乙公司可辨认净资产公允价值的份额 按孰高计量。

D.乙公司将账面价值200万元的专利权作价360万元出售给甲公司作为无形资产 逆流交易。

【答案】BD

【解析】选项A，宣告发放股票股利，乙公司不做会计处理，对所有者权益没有影响，甲公司不做会计处理；选项B和D属于内部交易，影响调整后的净利润，因此影响投资收益；选项C，确认营业外收入，不影响投资收益。

第四节　长期股权投资核算方法的转换及处置

◇ 成本法转换为权益法

◇ 成本法转公允价值计量

◇ 权益法转公允价值计量

◇ 公允价值计量转换为成本法

◇ 权益法转换为成本法

◇ 公允价值计量转为权益法核算

◇ 少数股东增资，导致投资单位持股比例下降

考霸笔记
主要是持股比例发生变化。

长期股权投资在持有期间，因各方面情况的变化，可能导致其核算需要由一种方法转换为另外的方法。

考霸笔记
（如：60%降为40%）（☆☆☆非常重要）。

一、成本法转换为权益法

（一）适用条件

投资企业因处置投资导致对被投资单位的影响能力下降，由控制转为具有重大影响，或是与其他投资方一起实施共同控制。

（二）会计处理

考霸笔记
本知识点较难，但也是考试热点，一定要掌握。

1.个别报表

关键点：剩余持股比例按权益法追溯调整。

考霸笔记
追溯调整的目的是使两年的报表数据具有可比性。

（1）出售价款PK出售成本，差额计入投资收益

借：银行存款
　贷：长期股权投资　（原账面价值×处置比例）
　　　投资收益

（2）剩余持股比例初始投资时点按照权益法追溯调整

考霸笔记
因为之前计入营业外收入，年终所有损益类科目都要结转，最终归属于权益。

原理：比较剩余长期股权投资的成本与按照剩余持股比例计算原投资时应享有被投资单位可辨认净资产公允价值的份额，前者大于后者的，属于投资作价中体现的商誉部分，不调整长期股权投资的账面价值；前者小于后者的，在调整长期股权投资成本的同时，调整留存收益。

会计分录：

借：长期股权投资——投资成本（金额为剩余股权原始成本）
　贷：长期股权投资
借：长期股权投资——投资成本
　贷：盈余公积
　　利润分配——未分配利润

考霸笔记：以前年度营业外收入。

（3）剩余持股比例持股期间按照权益法追溯调整

原理：对于原取得投资后至转变为权益法核算之间被投资单位实现的净损益中应享有的份额，一方面应调整长期股权投资的账面价值，同时对于原取得投资时至处置投资当期期初被投资单位实现的净损益（扣除已发放及已宣告发放的现金股利及利润）中应享有的份额，调整留存收益，对于处置投资当期期初至处置投资之日被投资单位实现的净损益中享有的份额，调整当期损益；其他原因导致被投资单位所有者权益变动中应享有的份额，在调整长期股权投资账面价值的同时，应当计入“资本公积——其他资本公积”。

会计分录：

A：原投资时点——处置当期期初时点，期间实现净利润、其他综合收益、其他权益变动×剩余持股比例

借：长期股权投资——损益调整
　　　　　　　　——其他综合收益
　　　　　　　　——其他权益变动
　贷：盈余公积
　　利润分配——未分配利润
　　其他综合收益
　　资本公积——其他资本公积

B：处置当期期初时点——处置时点，期间实现净利润、其他综合收益、其他权益变动×剩余持股比例

借：长期股权投资——损益调整
　　　　　　　　——其他综合收益
　　　　　　　　——其他权益变动
　贷：投资收益
　　其他综合收益
　　资本公积——其他资本公积

考霸笔记：调整后的净利润。

考霸笔记：以前年度实现的投资收益。

考霸笔记：一一对应关系。以前年度产生的损益要调整“盈余公积”和“利润分配——未分配利润”。

考霸笔记：当期产生的损益直接计入投资收益。

成本法转权益法合并报表如何做账务处理？

2.合并报表　“先买后卖”。

关键点：不再纳入合并范围，视同股权全部出售，再将剩余部分投资按出售日的公允价值回购。

（1）剩余股权账面价值刷新至公允价值

借：长期股权投资　公允价值。
　贷：长期股权投资　出售时点剩余股权按权益法核算的账面价值。
　　投资收益

考霸笔记：即合并报表中确认的投资收益为全部股权的公允价值减去合并报表认可的股权价值。

考霸笔记
因为是在个别报表上层面确认投资收益，所要调整的归属期间是从取得至出售投资收益的整个持有期间。

（2）调整出售部分的投资收益的期间（个别报表出售部分在当期全额确认投资收益，按权益法要调整至以前年度）

借：投资收益　以前年度的利润×出售比例。
　贷：盈余公积　净利润×出售比例×10%。
　　未分配利润　净利润×出售比例×90%。
　　其他综合收益　其他综合收益×出售比例。
　　资本公积——其他资本公积　资本公积——其他资本公积×出售比例。

考霸笔记
原股权下可转损益的其他综合收益、资本公积全部结转。

（3）与原有子公司股权投资相关的其他综合收益、其他资本公积应在丧失控制权时转为当期投资收益

借：其他综合收益　可转损益的其他综合收益×原持股比例。
　资本公积——其他资本公积　资本公积×原持股比例。
　贷：投资收益　（资本公积和可重分类为损益的其他综合收益）
　　盈余公积（不能重分类损益的其他综合收益×盈余公积计提比例）
　　未分配利润（不能重分类损益的其他综合收益×（1-盈余公积计提比例））

考霸笔记
合并报表层面视同全部出售。

（4）处置股权取得的对价与剩余股权公允价值之和，减去按原持股比例计算应享有原有子公司自购买日开始持续计算的净资产的份额之间的差额，计入丧失控制权当期的投资收益

合并报表当期的处置投资收益=［（处置股权取得的对价+剩余股权公允价值）-原有子公司自购买日开始持续计算的可辨认净资产×原持股比例］-商誉+其他综合收益、（可重分类进损益）其他所有者权益变动×原持股比例

考霸笔记
此例题非常具有代表性，必须牢固掌握！

成本法转权益法个别报表如何处理?

例7-23·计算题

2×15年1月1日，甲公司支付1 600万元取得乙公司80%的股权，当日乙公司可辨认净资产的公允价值为1 500万元。

2×15年，乙公司按购买日公允价值持续计算的净利润为80万元，持有的非交易性权益工具投资以公允价值计量且其变动计入其他综合收益的金融资产的公允价值上涨了20万元，因发行可转换公司债券确认其他权益工具10万元。

2×16年，乙公司按购买日公允价值持续计算的净利润为120万元，持有的非交易性权益工具投资以公允价值计量且其变动计入其他综合收益的金融资产的公允价值下降了12万元。当年年末，乙公司发放现金股利50万元。

2×17年1月1日，甲公司转让乙公司50%的股权，收取现金1 200万元存入银行，转让后甲公司对乙公司的剩余持股比例为30%，能对其施加重大影响。当日剩余30%股权的公允价值为720万元。假定甲、乙公司提取盈余公积的比例均为10%。

假设考虑所得税因素，税率为25%。

要求：编制转换日当天甲公司个别财务报表中相关会计分录（单位：万元）。

【解析】本题甲公司出售部分股权后剩余股权应该转换为权益法继续核算，为了保持会计报表前后期间的可比性，甲公司需要在2×17年的账簿中对往年的成本法数据进行追溯调整。

2×17 年 1 月 1 日

1. 甲公司个别报表层面的处理

（1）处置部分股权

借：银行存款　　1 200

　贷：长期股权投资　　1 000=1 600×5÷8

　　投资收益　　200

（2）剩余部分股权追溯调整为权益法

以下调整分录编制完后将用于 2×17 年会计报表中相关数据的调整。

借：长期股权投资——投资成本　　600=1 600×3÷8

　贷：长期股权投资　　600

①考虑是否调整初始投资成本

初始投资成本 600 万元>可辨认净资产公允价值份额 1500×30%=450（万元），不需要调整。

②确认损益调整

借：长期股权投资——损益调整　　45=（80+120−50）×30%

　贷：盈余公积　　4.5=45×10%

　　利润分配——未分配利润　　40.5=45×90%

考霸笔记：以前年度实现的利润，要扣减 50 万元现金股利。

③确认其他综合收益和其他权益变动

借：长期股权投资——其他综合收益　　1.8=（20−12）×（1−25%）×30%

　贷：其他综合收益　　1.8

借：长期股权投资——其他权益变动　　3=10×30%

　贷：资本公积——其他资本公积　　3

考霸笔记：影响所得税，其他权益工具投资正常涨跌，税法不认可。

2. 甲公司合并报表层面的处理

（1）剩余股权账面价值刷新至公允价值。

剩余股权的账面价值=600+45+1.8+3=649.8 万元

借：长期股权投资　　720=720−649.8

　贷：投资收益　　70.2

（2）调整出售部分的投资收益的期间（个别报表出售部分在当期全额确认投资收益，按权益法要调整至以前年度）。

借：投资收益　　83

　贷：盈余公积　　7.5=（80+120−50）×50%×10%

　　未分配利润　　67.5=（80+120−50）×50%×（1−10%）

　　其他综合收益　　3=（20−12）×（1−25%）×50%

　　资本公积　　5=10×50%

（3）与原有子公司股权投资相关的其他综合收益、其他资本公积应在丧失控制权时结转。

借：其他综合收益　　4.8=（20−12）×（1−25%）×80%

　贷：盈余公积　　0.48=（20−12）×（1−25%）×80%×10%

　　未分配利润　　4.32=（20−12）×（1−25%）×80%×（1−10%）

借：资本公积　　　　8=10×80%
　贷：投资收益　　　　8

3.合报层面的投资收益

(1) 直接计算法：

(1 200 +720)−[(1 500+400÷80%)+(80+120−50)+(20−12)×(1−25%)+10]×80%+10×80%=195.2 万元

(2) 合并工作底稿法

200+70.2−83+8=195.2 万元

拓展：如果将上述例题中乙公司的“其他权益工具投资”改为“其他债权投资”，则答案修订为：

1.甲公司个别报表层面的处理。

答案同上，无需修改。

2.甲公司合并报表层面的处理。

(1) 和 (2) 同上，无需修改。

(3) 改为：

借：其他综合收益　　　　4.8=（20−12）×（1−25%）×80%
　贷：投资收益　　　　4.8

借：资本公积　　　　8=10×80%
　贷：投资收益　　　　8

3.合报层面的投资收益。

(1) 直接计算法。

(1 200 +720) − [(1 500+400÷80%) + (80+120−50) + (20−12) × (1−25%) +10] ×80%+(20−12) × (1−25%) ×80%+10×80%=200 万元

(2) 合并工作底稿法。

200+70.2−83+4.8+8=200 万元

二、成本法转公允价值计量

(一) 适用条件

投资企业原持有被投资单位的股份达到控制，其后因部分处置等原因导致持股比例下降，不能再对被投资单位实施控制的，也不能实施共同控制或重大影响。

(二) 会计处理

1.个别报表

(1) 出售价款PK出售成本，差额计入投资收益

借：银行存款
　贷：长期股权投资
　　　投资收益

（2）剩余股权作为金融资产核算，成本刷新至公允价值，差额计入投资收益

借：其他权益工具投资、交易性金融资产　　剩余部分公允价值。
　贷：长期股权投资　　剩余部分账面价值。
　　投资收益

2.合并报表

关键点：不再纳入合并范围，视同股权全部出售，再将剩余部分投资按出售日的公允价值回购。

（1）调整出售部分投资收益的期间（个别报表出售部分在当期全额确认投资收益，按权益法要调整至以前年度）

借：投资收益　　以前年度实现的投资收益不应在当年体现，注意调整至权益。
　贷：盈余公积　　净利润×出售比例×10%。
　　未分配利润　　净利润×出售比例×90%。
　　其他综合收益　　可转换损益的其他综合收益×出售比例。
　　资本公积——其他资本公积　　资本公积×出售比例。

（2）从资本公积、其他综合收益转出与股权对应的原计入权益的资本公积、其他综合收益，重分类转入投资收益

借：其他综合收益　　可转损益的其他综合收益×原来持股比例。
　资本公积　　资本公积×原来持股比例。
　贷：投资收益

成本法转公允价值计量如何做会计处理？

（3）合并报表当期的处置投资收益=［（处置股权取得的对价+剩余股权公允价值）-原有子公司自购买日开始持续计算的可辨认净资产×原持股比例］-商誉+原持股比例其他综合收益

例7-24·计算题

甲公司持有乙公司80%股权，成本为3 200万元，采用成本法核算。2×16年1月1日，甲公司出售所持乙公司75%的股权给非关联方，取得价款3 150万元，剩余5%股权的公允价值为210万元，甲公司将其指定为以公允价值计量且其变动计入其他综合收益的非交易性权益工具投资。假定不考虑其他因素。

考霸笔记：此例题清晰明了，必须掌握！

要求：编制甲公司相关会计分录（单位：万元）。

【解析】本题中甲公司出售部分股权后应该按剩余股权当日公允价值借记“其他权益工具投资”，剩余的长期股权投资则按账面价值结转，会计分录差额计入投资收益。

2×16年1月1日：

（1）处置部分股权。

借：银行存款	3 150	
贷：长期股权投资		3 000=3 200×15÷16
投资收益		150

考霸笔记：75%÷80%

（2）剩余部分股权重分类。

借：其他权益工具投资	210	
贷：长期股权投资		200=3 200×1÷16
投资收益		10

考霸笔记：公允价值。

考霸笔记：账面价值。

考霸笔记
如果达不到"控制"，则没有合并报表的问题。

三、权益法转公允价值计量

1.适用条件：投资企业原持有的被投资单位的股权对其具有共同控制或重大影响，因部分处置等原因导致持股比例下降，不再能对被投资单位实施共同控制或重大影响。

2.会计处理：

考霸笔记
出售部分账面价值。

（1）出售价款PK出售成本，差额计入投资收益

借：银行存款
　贷：长期股权投资
　　投资收益

考霸笔记
由于被投资方重新计量设定受益计划净负债或净资产变动而产生的其他综合收益不需要转出到投资收益。

（2）权益法核算的其他综合收益，其他权益变动产生的资本公积转投资收益

借：其他综合收益
　资本公积——其他资本公积
　贷：投资收益（资本公积和可重分类为损益的其他综合收益）
　　盈余公积（不能重分类为损益的其他综合收益×盈余公积计提比例）
　　未分配利润（不能重分类为损益的其他综合收益×（1−盈余公积计提比例）

（3）剩余股权作为金融资产核算，成本刷新至公允价值，差额计入投资收益

借：其他权益工具投资、交易性金融资产
　贷：长期股权投资
　　投资收益

考霸笔记
此例题比较有难度，多看两遍！必须掌握！

例7-25·计算题

甲公司持有乙公司30%的股权，采用权益法核算。2×16年1月1日，甲公司将25%的乙公司股权对外出售，取得价款1 000万元。甲公司持有乙公司剩余5%股权，无法再对乙公司施加重大影响，甲将其指定为以公允价值计量且其变动计入其他综合收益的非交易性权益工具投资。股权出售日剩余股权的公允价值为200万元。

考霸笔记
不能重分类进损益。

2×16年年初，甲公司对乙公司长期股权投资的账面价值为1 140万元，其中投资成本为600万元，损益调整为360万元，其他综合收益为150万元（其中，108万元与乙公司其他债权投资的上涨有关，42万元与乙公司重新计量设定受益计划净负债或净资产变动有关），除净损益、其他综合收益和利润分配外的其他所有者权益变动为30万元。不考虑相关税费等其他因素影响。

要求：编制甲公司相关会计分录（单位：万元）。

【解析】本题中甲公司出售部分股权后剩余股权应该转换为非交易性权益工具投资继续核算。其他综合收益中与乙公司重新计量设定受益计划净负债或净资产变动有关的42万元不能重分类进损益，剩余其他综合收益连同其他权益变动都应全部转入投资收益。

2×16年1月1日：

（1）处置部分股权。

借：银行存款　　1 000

贷：长期股权投资——投资成本 500=600×5÷6
——损益调整 300=360×5÷6
——其他综合收益 125=150×5÷6
——其他权益变动 25=30×5÷6
投资收益 50

考霸笔记：刷新至公允价值。

（2）剩余部分股权重分类。
借：其他权益工具投资 200
贷：长期股权投资——投资成本 100=600×1÷6
——损益调整 60=360×1÷6
——其他综合收益 25=150×1÷6
——其他权益变动 5=30×1÷6
投资收益 10

考霸笔记：全部转，不是按比例转。

（3）其他综合收益和其他权益变动结转至当期损益。
①借：其他综合收益 150=108+42
贷：投资收益 108
盈余公积 4.2=42×10%
未分配利润 37.8=42×（1−10%）

考霸笔记：此处只包含可转进损益的其他综合收益。

②借：资本公积——其他资本公积 30
贷：投资收益 30

四、公允价值计量转换为成本法 ★★★非常重要

考霸笔记：与“多次交易实现控股合并、长投成本计算”相联系。

（一）适用条件

投资企业原股权投资采用公允价值计量，追加投资之后能够对被投资企业实施控制。

（二）会计处理

1.个别报表

（1）原股权的公允价值加上新增投资成本之和，作为改按成本法核算的初始投资成本。

①以公允价值计量且其变动计入当期损益的金融资产转换为成本法核算。

借：长期股权投资
贷：交易性金融资产
银行存款等
投资收益

②指定为以公允价值计量且其变动计入其他综合收益的非交易性权益工具投资的转换为成本法核算。

借：长期股权投资 原持有的股权投资公允价值+新增投资成本。
贷：其他权益工具投资 原股权账面价值。
银行存款等 新增股权公允价值。
盈余公积、未分配利润 原股权的公允价值−账面价值。

（2）原累计公允价值变动的处理。

①根据2018年6月颁布的第22号准则应用指南的规定，交易性金融资产处置时原累计的公允价值变动损益不再结转。

②指定为以公允价值计量且其变动计入其他综合收益的非交易性权益工具投资的转换成本法核算。

考霸笔记 具体的会计处理在“合并报表财务报表”章节具体讲解。

借：其他综合收益
　贷：盈余公积
　　利润分配——未分配利润
或相反分录。

考霸笔记 必须记住！

2.合并报表

（1）合并成本计算

与个别报表长期股权投资的初始投资成本一致。

（2）合并商誉计算

合并商誉=企业合并成本－合并中取得被购买方可辨认净资产公允价值（考虑所得税后）的份额

公允价值计量转换为成本法如何做账务处理？

例7-26·计算题

考霸笔记 上述文字概述比较抽象，结合例题更容易理解。必须掌握！

甲公司于2×15年6月1日以500万元取得乙公司（上市公司）5%的股权。甲公司根据其管理乙公司股票的业务模式和乙公司股票的合同现金流量特征，将乙公司股票分类为以公允价值计量且其变动计入当期损益的金融资产进行会计处理。假设甲、乙公司此前并不存在关联方关系。所持5%股权在当年年末的公允价值为530万元。

2×16年1月1日，甲公司又以一批商品换取乙公司另外50%股权，该批商品成本为5 200万元，公允价值为6 000万元。假设甲公司原持有乙公司5%股权的公允价值为550万元。

假设甲、乙公司均为增值税一般纳税义务人，不考虑除增值税以外的其他税收因素。

要求：编制甲公司个别财务报表中相关会计分录（单位：万元）。

【分析】本题中甲、乙公司的合并属于非同一控制控股合并。因此2×16年1月1日既是转换日又是购买日，交易性金融资产和库存商品的结转视同出售。

考霸笔记 交易性金融资产按公允价值计量，后续公允价值变动计入损益。

2×15年6月1日：

借：交易性金融资产——成本　　500
　贷：银行存款　　500

2×15年12月31日：

借：交易性金融资产——公允价值变动　　30
　贷：公允价值变动损益　　30

2×16年1月1日：

借：长期股权投资　　7 570（金额为倒轧得到）
　贷：交易性金融资产——成本　　500
　　　　　　　　　——公允价值变动　　30
　　投资收益　　20=550－（500+30）
　　主营业务收入　　6 000
　　应交税费——应交增值税（销项税额）　　1 020=6 000×17%

考霸笔记 对应主营业务收入结转成本。

借：主营业务成本　　5 200
　贷：库存商品　　5 200

五、权益法转换为成本法

考霸笔记
★★★非常重要！

（一）适用条件

投资企业原股权投资采用权益法核算，追加投资之后能够对被投资企业实施控制。

（二）会计处理

1.个别报表

（1）应当按照原持有的股权投资账面价值加上新增投资成本之和，作为改按成本法核算的初始投资成本。

借：长期股权投资
　贷：长期股权投资——投资成本
　　　　　　　　——损益调整
　　　　　　　　——其他综合收益
　　　　　　　　——其他权益变动
　　银行存款等

考霸笔记
原持有的股权投资账面价值+新增投资成本。

（2）购买日之前持有的股权采用权益法核算的，相关其他综合收益应当在处置该项投资时采用与被投资单位直接处置相关资产或负债相同的基础进行会计处理，因被投资方除净损益、其他综合收益和利润分配以外的其他所有者权益变动而确认的所有者权益，应当在处置该项投资时相应转入处置期间的当期损益。

无会计分录。

考霸笔记
在处置时才做相关会计分录。

2.合并报表

考霸笔记
具体的会计处理在“长期股权投资与企业合并”中讲解。

（1）合并成本计算

合并成本 = 购买日之前持有的被购买方的股权于购买日的公允价值 + 购买日新购入股权所支付对价的公允价值

（2）商誉计算

合并商誉=企业合并成本−合并中取得被购买方可辨认净资产公允价值（考虑所得税后）的份额

权益法转成本法如何做账务处理?

例7-27·2014年综合题节选

甲股份有限公司（以下简称“甲公司”）20×2及20×3年发生了以下交易事项：

（1）20×2年4月1日，甲公司以定向发行本公司普通股2 000万股为对价，自乙公司取得A公司30%股权，并于当日向A公司派出董事，参与A公司生产经营决策。当日，甲公司发行股份的市场价格为5元/股，另支付中介机构佣金1 000万元；A公司可辨认净资产公允价值为30 000万元，除一项固定资产公允价值为2 000万元、账面价值为800万元外，其他资产、负债的公允价值与账面价值相同。A公司增值的固定资产原取得成本为1 600万元，原预计使用年限为20年，自甲公司取得A公司股权时起仍可使用10年，采用年限平均法计提折旧，预计净残值为零。

A公司20×2年实现净利润2 400万元，假定A公司有关损益在年度中均衡实现；20×2年4月至12月产生其他综合收益600万元。

甲公司与乙公司及A公司在发生该项交易前不存在关联方关系。

考霸笔记
此例题非常复杂，需多看两遍。

（2）20×3年1月2日，甲公司追加购入A公司30%股权并自当日起控制A公司。购买日，甲公司用作合并对价的是本公司一项土地使用权及一项专利技术。土地使用权和专利技术的原价合计为6 000万元，已累计摊销1 000万元，公允价值合计为12 600万元。

购买日，A公司可辨认净资产公允价值为36 000万元；A公司所有者权益账面价值为26 000万元，具体构成为：股本6 667万元、资本公积（资本溢价）4 000万元、其他综合收益2 400万元、盈余公积6 000万元、未分配利润6 933万元。

甲公司原持有A公司30%股权于购买日的公允价值为12 600万元。

其他资料：

本题不考虑所得税等相关税费。

要求：

（1）确定甲公司20×2年4月1日对A公司30%股权投资成本，说明甲公司对该项投资应采用的核算方法及理由，编制与确认该项投资相关的会计分录。

（2）计算甲公司20×2年因持有A公司30%股权应确认的投资收益，并编制20×2年与调整该项股权投资账面价值相关的会计分录。

（3）确定甲公司合并A公司的购买日、企业合并成本及应确认的商誉金额，分别计算甲公司个别财务报表、合并财务报表中因持有A公司60%股权投资应计入损益的金额，确定购买日甲公司个别财务报表中对A公司60%股权投资的账面价值。

【解析】

（1）甲公司对A公司初始投资成本为10 000万元。

该项投资应采用权益法核算，理由是甲公司向A公司董事会派出成员，参与其生产经营决策，能够施加重大影响（单位：万元，下同）。

借：长期股权投资——投资成本　　10 000
　贷：股本　　2 000=2 000×1
　　资本公积——股本溢价　　8 000=（5-1）×2 000
借：资本公积——股本溢价　　1 000
　贷：银行存款　　1 000（佣金手续费）

（2）甲公司因持有A公司股权投资应确认的投资收益=［2400-（2000÷10-800÷10）］×9÷12×30%
=513（万元）

借：长期股权投资——损益调整　　513
　　——其他综合收益　　180=600×30%
　贷：投资收益　　513
　　其他综合收益　　180

（3）购买日为20×3年1月2日。

企业合并成本=12 600+12 600=25 200（万元）

商誉=25 200-36 000×60%=3 600（万元）

个别财务报表应确认的损益为7 600万元。

借：长期股权投资 12 600
　　累计摊销 1 000
　贷：无形资产 6 000
　　　资产处置损益 7 600

合并财务报表应确认的损益=7 600+［12 600-（10 000+693）］+180=9 687（万元）

甲公司在个别财务报表中长期股权投资的账面价值=（10 000+693）+12 600=23 293（万元）

考霸笔记 老股权的损益。

考霸笔记 其他综合收益转入投资收益。

考霸笔记 持股比例上升。

六、公允价值计量转为权益法核算

（一）适用条件

原采用公允价值计量的股权投资，追加投资后能够对被投资企业实施共同控制或重大影响。

考霸笔记 相当于将金融资产出售，再加一笔钱购买长期股权投资。

（二）会计处理

1.投资方应当按照金融工具确认和计量准则确定的原股权投资的公允价值加上为取得新增投资而应支付对价的公允价值，作为改按权益法核算的初始投资成本。原持有的股权投资分类为交易性金融资产的，其公允价值与账面价值之间的差额，以及原计入公允价值变动损益的累计公允价值变动应当转入改按权益法核算的当期损益。

借：长期股权投资——投资成本　原持有的股权投资的公允价值。
　贷：交易性金融资产　原持有的股权投资的账面价值。
　　　投资收益　视同出售，计入投资收益。
借：长期股权投资——投资成本　新增投资而应支付对价的公允价值。
　贷：银行存款等

考霸笔记 也相当于将金融资产出售，再加一笔钱购买长期股权投资。

原持有的股权投资指定为以公允价值计量且其变动计入其他综合收益的非交易性权益工具投资的，其公允价值与账面价值之间的差额，以及原计入公允价值变动损益的累计公允价值变动应当转入留存收益。

第一步：先卖
借：长期股权投资——投资成本　原持有股权投资的公允价值
　贷：其他权益工具投资　原持有股权投资的账面价值
　　　盈余公积、利润分配——未分配利润　差额，不影响损益，计入留存收益
借：其他综合收益　原累计计入其他综合收益的公允价值变动，可在贷方
　贷：盈余公积、利润分配——未分配利润

考霸笔记 第一步：先卖。

第二步：后买
借：长期股权投资——投资成本　新增投资而应支付对价的公允价值
　贷：银行存款等

考霸笔记 第二步：后买。

2.比较上述计算所得的初始投资成本，与按照追加投资后全新的持股比例计算确定的应享有被投资单位在追加投资日可辨认净资产公允价值份额，前者大于后者的，不调整长期股权投资的账面价值；前者小于后者的，差额应调整长期股权投资的账面价值，并计入当期营业外收入。

借：长期股权投资——投资成本
　贷：营业外收入

考霸笔记 非交易性权益工具投资，按公允价值计量，年末要针对公允价值调整账面价值。

公允价值计量转为权益法如何核算?

例7-28·计算题

甲公司以100万元于2×15年6月1日取得乙公司（上市公司）3%的股权，甲公司根据金融工具确认和计量准则将其指定为以公允价值计量且其变动计入其他综合收益的非交易性权益工具投资，取得时乙公司可辨认净资产公允价值总额为5 000万元（假定公允价值与账面价值相同）。2×15年年末，上述3%股权的公允价值为120万元。

考霸笔记：此例题比较典型，需牢固掌握!

2×16年1月1日，甲公司又以一批商品换取乙公司17%的股权，该批商品成本为800万元，公允价值为1 000万元。假设当日乙公司可辨认净资产公允价值总额为6 500万元，甲公司原持有的乙公司3%股权的公允价值为125万元。

考霸笔记：第三步：权益法初始计量持有：初始投资成本VS可辨认净资产公允价值份额。

假设甲、乙公司均为增值税一般纳税义务人，不考虑除增值税以外的其他税收因素。甲、乙公司提取盈余公积的比例均为10%。

要求：编制甲公司相关会计分录（单位：万元）。

【解析】考试时通常情况下只要持股比例达到20%，即使题目中没有说投资企业此时能够对被投资单位施加重大影响或参与其决策，一般也可以认定为权益法。本题中2×16年1月1日为转换日，这一天既要进行长期股权投资（权益法）的初始计量，又要在会计上体现对原有其他权益工具投资的处置。

考霸笔记：其他权益工具投资按公允价值计量，后续公允价值变动计入其他综合收益。

2×15年6月1日：

借：其他权益工具投资——成本　100

　贷：银行存款　100

2×15年12月31日：

借：其他权益工具投资——公允价值变动　20

　贷：其他综合收益　20

考霸笔记：金额为倒轧得到的。

2×16年1月1日：

借：长期股权投资——投资成本　1 295（金额为倒轧得到）

　贷：其他权益工具投资——成本　100

　　　　　　　　　　——公允价值变动　20

（权益工具出售——处置。）

考霸笔记：=125－（100+20），存货视同销售。

　　盈余公积　0.5=（125−120）×10%

　　未分配利润　4.5=（125−120）×90%

　　主营业务收入　1 000

　　应交税费——应交增值税（销项税额）　170

借：长期股权投资——投资成本　5=6 500×（3%+17%）－1 295

　贷：营业外收入　5

考霸笔记：此分录对应的第二步商品视同销售，结转成本。

借：主营业务成本　800

　贷：库存商品　800

借：其他综合收益　20

　贷：盈余公积　2=20×10%

　　　未分配利润　18=20×90%

考霸笔记：此分录对应第一步视同销售，将之前确认的其他综合收益转入留存收益。

七、少数股东增资，导致投资单位持股比例下降

考霸笔记
成本法——权益法。

（一）适用条件

投资方因其他投资方对其子公司增资而导致本投资方持股比例下降，从而丧失控制权但能实施共同控制或施加重大影响的。

（二）会计处理

1.个别报表。

应当对该项长期股权投资从成本法转为权益法核算。

（1）按照新的持股比例确认本投资方应享有的原子公司因增资扩股而增加净资产的份额，与应结转持股比例下降部分所对应的长期股权投资原账面价值之间的差额计入当期损益；

（2）按照新的持股比例视同自取得投资时即采用权益法核算进行调整。

2.在合并财务报表中，应当按照合并财务报表的有关规定进行会计处理。

八、长期股权投资的处置

考霸笔记
借：银行存款（实际收到的金额）
　　长期股权投资减值准备（已计提的减值准备）
　贷：长期股权投资（账面余额）
　　投资收益（差额，或借方）

（一）全部处置

1.成本法下长期股权投资的全部处置

借：银行存款
　贷：长期股权投资

上述分录差额借记或贷记“投资收益”科目。

2.权益法下长期股权投资的全部处置

（1）处置全部股权

借：银行存款
　贷：长期股权投资（写明各级明细科目）

上述分录差额借记或贷记“投资收益”。

（2）其他综合收益和其他权益变动全部结转至当期损益或留存收益

根据处置前与权益法下长期股权投资相关的其他综合收益（不能结转损益的除外）和其他权益变动的余额方向编制（或反向编制）以下分录：

①会计分录1：

借：其他综合收益
　贷：投资收益（可重分类进损益的其他综合收益）
　　盈余公积（不可重分类进损益的其他综合收益×盈余公积计提比例）
　　利润分配——未分配利润（不可重分类进损益的其他综合收益×（1-盈余公积计提比例）

②会计分录2：

借：资本公积——其他资本公积
　贷：投资收益

考霸笔记
重点是将前期确认的其他综合收益（不能结转至损益的除外）和其他权益变动全部结转至当期损益！

权益法下处置如何进行会计处理?

考霸笔记

此例题考查权益法下长期股权投资的处置，比较具有代表性，必须牢固掌握!

例7-29·计算题

甲公司持有乙公司30%的股权，采用权益法核算。2×16年1月1日，甲公司将所持有的乙公司股权全部对外出售，取得价款1 200万元。

2×16年年初，甲公司对乙公司长期股权投资的账面价值为1 140万元，其中投资成本为600万元，损益调整为360万元，其他综合收益为150万元（其中，42万元与乙公司重新计量设定受益计划净负债或净资产变动有关），除净损益、其他综合收益和利润分配外的其他所有者权益变动为30万元。不考虑相关税费等其他因素影响。甲公司、乙公司盈余公积计提比例均为10%。

【解析】本题中因为全部处置权益法下长期股权投资，所以需要将长期股权投资的所有明细科目全部反向注销。其他综合收益中与乙公司重新计量设定受益计划净负债或净资产变动有关的42万元不能重分类进损益，但也要结转。剩余其他综合收益连同其他权益变动都应全部转入投资收益（单位：万元）。

2×16年1月1日：

处置全部股权。

借：银行存款　　1 200

　贷：长期股权投资——投资成本　　600

　　　　　　　　——损益调整　　360

　　　　　　　　——其他综合收益　　150

　　　　　　　　——其他权益变动　　30

　　　投资收益　　60

其他综合收益和其他权益变动结转至当期损益。

考霸笔记

（另外42万元不能结转）

借：其他综合收益　　150=108+42

　贷：投资收益　　108

　　　盈余公积　　4.2=42×10%

　　　利润分配——未分配利润　　37.8=42×（1−10%）

借：资本公积——其他资本公积　　30

　贷：投资收益　　30

（二）部分处置

1.处置后仍为长期股权投资

（1）成本法→权益法

成本法转权益法如何进行账务处理?

具体会计处理方法请参见前述“（一）成本法转换为权益法”中相关内容。

（2）权益法→权益法

此类处置后，长期股权投资仍然采用权益法核算，因此只需将长期股权投资所有明细科目按比例结转即可。与权益法下长期股权投资相关的其他综合收益（不能结转损益的除外）和其他权益变动也是按比例结转至当期损益（投资收益）。

考霸笔记

不是全部。

例7-30·计算题

甲公司持有乙公司30%的股权，采用权益法核算。不能结转至损益的其他综合收益按比例结转至留存收益（其他权益工具投资）或未分配利润（重新计量设定受益计划净负债或净资产变动）。2×16年1月1日，甲公司将10%的乙公司股权对外出售，取得价款400万元。甲公司持有乙公司剩余20%的股权，仍然能对乙公司施加重大影响，继续采用权益法核算。

2×16年年初，甲公司对乙公司长期股权投资的账面价值为1 140万元，其中投资成本为600万元，损益调整为360万元，其他综合收益为150万元（其中，42万元与乙公司重新计量设定受益计划净负债或净资产变动有关），除净损益、其他综合收益和利润分配外的其他所有者权益变动为30万元。不考虑相关税费等其他因素影响。

【解析】本题中因为是部分处置权益法下长期股权投资，所以需要将长期股权投资的所有明细科目全部按比例反向注销。其他综合收益中与乙公司重新计量设定受益计划净负债或净资产变动有关的42万元不能重分类进损益，但也要结转。剩余其他综合收益连同其他权益变动都应按比例转入投资收益（单位：万元）。

2×16年1月1日：

处置全部股权。

借：银行存款　　400

　贷：长期股权投资——投资成本　　200=600×1÷3

　　——损益调整　　120=360×1÷3

　　——其他综合收益　　50=150×1÷3

　　——其他权益变动　　10=30×1÷3

　　投资收益　　20

其他综合收益和其他权益变动按比例结转至当期损益。

借：其他综合收益　　50=150×1÷3

　贷：投资收益　　36

　　盈余公积　　1.4=42×1÷3×10%

　　利润分配——未分配利润　　12.6=42×1÷3×（1-10%）

上述会计分录编制完后，甲公司的账簿中仍然保留42+108×2÷3=114万元的其他综合收益。

借：资本公积——其他资本公积　　10=30×1÷3

　贷：投资收益　　10

2.处置后不再是长期股权投资

此类处置结果包括两种情形，分别是：

（1）成本法下的长期股权投资→公允价值计量的金融资产；

（2）权益法下的长期股权投资→公允价值计量的金融资产。具体会计处理方法请参见前面相关内容。

考霸笔记

本节主要是文字内容，重点关注基本概念。

第五节 合营安排

◇ 概念及合营安排的认定

◇ 共同经营中合营方的会计处理

◇ 对共同经营不享有共同控制的参与方的会计处理原则

一、概念及合营安排的认定

（一）合营安排（见表7-5）

表7-5　合营安排的概念与特征

概念	合营安排是指一项由两个或两个以上的参与方共同控制的安排
特征	①各参与方均受到该安排的约束 ②两个或两个以上的参与方对该安排实施共同控制

考霸笔记
注意选择题，关注共同控制的判断。

（二）共同控制及判断原则

共同控制的概念及判断原则见表7-6。

表7-6　共同控制的概念与判断原则

概念	是指按照相关约定对某项安排进行共同的控制，并且该安排的相关活动必须经过分享控制权的参与方一致同意后才能决策
判断原则	首先判断是否由所有参与方或参与方组合集体控制该安排，其次再判断该安排相关活动的决策是否必须经过这些参与方一致同意

在判断某项安排是否为共同控制时，需要考虑以下因素：

1.集体控制。

如果所有参与方或一组参与方必须一致行动才能决定某项安排的相关活动，则称所有参与方或一组参与方集体控制该安排。

考霸笔记
共同控制的组合只能是唯一的。

形成集体控制的结果并不一定就是共同控制，能够集体控制一项安排的参与方组合很可能不止一个，但是只有存在唯一一个参与方组合能够集体控制某项安排时，才构成共同控制。如果参与方组合的数量在两个甚至两个以上就不构成共同控制。

例7-31·选择题

丁公司为上市公司，其公司章程规定相关活动决策要求至少2/3以上表决权比例才能实施。经过对丁公司的股权结构分析发现，甲、乙、丙三家公司是其前三大股东，其余股东均为散户，其持股非常分散且在股东大会的表决中难以被甲、乙、丙三家公司中的任何一家拉拢。下列对甲、乙、丙三家公司持股比例的不同组合中只能出现共同控制结果的是（　　）。

A.甲、乙、丙三家公司在丁公司中的持股比例分别为67%、12%、10%

B.甲、乙、丙三家公司在丁公司中的持股比例分别为49%、20%、18%

C.甲、乙、丙三家公司在丁公司中的持股比例分别为30%、20%、16%

D.甲、乙、丙三家公司在丁公司中的持股比例分别为24%、23%、22%

【答案】D

【解析】选项A中甲公司可以凭一己之力控制丁公司，无须与他人合作。选项B中存在多个参与方组合能够实现集体控制，例如：甲与乙、甲与丙，而共同控制要求形成集体控制的参与方组合只能有唯一一个。选项C中即便三家公司联手也难以形成共同控制结果。选项D中三家公司只有在一起联手的情况下才能形成对丁公司的集体控制，任意一方不配合，其余两家公司都难以形成集体控制。

2.相关活动的决策。

主体应当在确定是由参与方组合集体控制该安排，而不是某一参与方单独控制该安排后，再判断这些集体控制该安排的参与方是否共同控制该安排。当且仅当相关活动的决策要求集体控制该安排的参与方一致同意时，才存在共同控制。

考霸笔记
唯一组合。

如果存在两个或两个以上的参与方组合能够集体控制某项安排的，不构成共同控制。

3.争议解决机制。

在分析合营安排的各方是否共同分享控制权时，要关注对于争议解决机制的安排。如果在各方未就相关活动的重大决策达成一致意见的情况下，其中一方具备"一票通过权"或者潜在表决权等特殊权力，则需要仔细分析，很可能具有特殊权力的一方实质上具备控制权。

4.仅享有保护性权利的参与方不享有共同控制。

5.一项安排的不同活动可能分别由不同的参与方或参与方组合主导。

6.综合评估多项相关协议。

（三）合营安排中的不同参与方

只要两个或两个以上的参与方对该安排实施共同控制，一项安排就可以被认定为合营安排，并不要求所有参与方都对该安排享有共同控制。

1."合营方"，是指对合营安排享有共同控制的参与方（分享控制权的参与方）；

2."非合营方"，是指对合营安排不享有共同控制的参与方。

（四）合营安排的分类

合营安排分为共同经营和合营企业（见表7-7）。

表7-7　**合营安排的分类**

共同经营	是指合营方享有该安排相关资产且承担该安排相关负债的合营安排
合营企业	是指合营方仅对该安排的净资产享有权利的合营安排

合营方应当根据其在合营安排的正常经营中享有的权利和承担的义务，来确定合营安排的分类。在实务中，主体可以合营安排是否通过单独主体达成为起点，判断一项合营安排是共同经营还是合营企业。简要识别方式如下：

1.合营安排未通过单独主体达成

当合营安排未通过单独主体达成时，该合营安排为共同经营。

2.合营安排通过单独主体达成

（1）各参与方可能通过单独主体执行合营安排，单独主体的法律形式决定在单独主体中的资产和负债是单独主体的资产和负债，而不是各参与方的资产和负债。在这种情况下，基于单独主体的法律形式赋予各参与方的权利和义务，可以初步判定该项安排是合营企业。

（2）在各参与方通过单独主体达成合营安排的情形下，当且仅当单独主体的法律形式没有将参与方和单独主体分离（单独主体持有的资产和负债是各参与方的资产和负债）时，基于单独主体的法律形式赋予参与方权利和义务的判断，足以说明该合营安排是共同经营。

除上述从单独主体角度出发外，实务中还可能根据合同安排的条款以及其他事实和情况等因素逐一排查确定合营安排的类型。

（3）重新评估。

企业对合营安排是否拥有共同控制权，以及评估该合营安排是共同经营还是合营企业，这需要企业予以判断并持续评估。

考霸笔记
重点掌握！

二、共同经营中合营方的会计处理

1. 一般会计处理原则

合营方应当确认其与共同经营中利益份额相关的下列项目，并按照相关企业会计准则的规定进行会计处理：

（1）确认单独所持有的资产，以及按其份额确认共同持有的资产；

（2）确认单独所承担的负债，以及按其份额确认共同承担的负债；

（3）确认出售其享有的共同经营产出份额所产生的收入；

（4）按其份额确认共同经营因出售产出所产生的收入；

（5）确认单独所发生的费用，以及按其份额确认共同经营发生的费用。

考霸笔记
（视同顺流交易）

2. 合营方向共同经营投出或者出售不构成业务的资产的会计处理

合营方向共同经营投出或出售资产等（该资产构成业务的除外），在共同经营将相关资产出售给第三方或相关资产消耗之前（此时未实现内部交易损益仍包括在共同经营持有的资产账面价值中时），应当仅确认归属于共同经营其他参与方的利得或损失。如果投出或出售的资产发生符合《企业会计准则第8号——资产减值》等规定的资产减值损失的，合营方应当全额确认该损失。

3. 合营方自共同经营购买不构成业务的资产的会计处理

合营方自共同经营购买资产等（该资产构成业务的除外），在将该资产等出售给第三方之前（未实现内部交易损益仍包括在合营方持有的资产账面价值中时），不应当确认因该交易产生的损益中该合营方应享有的部分。即此时应当仅确认因该交易产生的损益中归属于共同经营其他参与方的部分。

例7-32·选择题

甲、乙、丙三家公司共同设立某项安排，假设该安排被划分为共同经营。三家公司对该安排的资产、负债及损益各承担1/3。2×16年年末，甲公司从上述安排处购入一台设备作为固定资产处理，该设备的账面价值为70万元，成交价为100万元。假设不考虑税收因素，则该设备在2×16年年末甲公司个别资产负债表上列示的金额应为（　　）万元。

A.70　　B.80　　C.90　　D.100

【答案】C

【解析】该设备系甲公司从共同经营购买，至年末尚未计提折旧，即经济利益还未开始对外转移，则100−70=30万元的内部交易损益中归属于甲公司的那份不能在甲公司个别资产负债表上确认，但归属于乙、丙公司的损益可以确认。因此答案为70+30×2÷3=90万元。

4.合营方取得构成业务的共同经营的利益份额的会计处理

合营方取得共同经营中的利益份额，且该共同经营构成业务时，应当按照企业合并准则等相关准则进行相应的会计处理，但其他相关准则的规定不能与本准则的规定相冲突。企业应当按照企业合并准则的相关规定判断该共同经营是否构成业务。该处理原则不仅适用于收购现有的构成业务的共同经营中的利益份额，也适用于与其他参与方一起设立共同经营，且由于有其他参与方注入既存业务，使共同经营设立时即构成业务。

三、对共同经营不享有共同控制的参与方的会计处理原则

对共同经营不享有共同控制的参与方（非合营方），如果享有该共同经营相关资产且承担该共同经营相关负债的，比照合营方进行会计处理；否则，应当按照相关企业会计准则的规定对其利益份额进行会计处理。

1.如果该参与方对于合营安排的净资产享有权利并且具有重大影响，则按照长期股权投资准则等相关规定进行会计处理；

2.如果该参与方对于合营安排的净资产享有权利并且无重大影响，则按照金融工具确认和计量准则等相关规定进行会计处理；

3.向共同经营投出构成业务的资产的，以及取得共同经营的利益份额的，则按照合并财务报表及企业合并等相关准则进行会计处理。

智能测评

在线练习	我要提问
扫码在线做题　扫码看答案 本书“本章同步强化训练”均配备二维码，打开微信“扫一扫”即可完成在线测评，查看本章详细的测评反馈报告，了解知识掌握情况，也可扫码直接看答案噢。 快来扫码做题吧！	扫码答疑 本书配备答疑专用二维码，打开微信“扫一扫”，即可完成在线提问，获取专业老师全面个性化解答，让学习问题不再拖延。 快来扫码提问吧！

本章同步强化训练

一、单选题

1.甲公司和乙公司为同一集团内的两家子公司。2013年12月1日甲公司以定向增发股票的方式作为对价从其母公司处取得乙公司80%的股权。甲公司增发600万股普通股（每股面值1元，每股公允价值为8元），同时支付承销商佣金30万元和事务所审计费20万元。同日，乙公司可辨认净资产账面价值为3 000万元，公允价值为3 300万元。

假定甲公司和乙公司采用的会计政策和会计期间均相同，甲公司取得该股权时应确认的资本公积为（　　）万元。

A.1 750　　B.1 770　　C.2 010　　D.4 170

2. 甲公司、乙公司、丙公司均为增值税一般纳税人，适用的增值税税率为17%。2013年4月20日，甲公司以一批库存商品和一项交易性金融资产从丙公司购买乙公司的股权，取得的股权占乙公司注册资本的70%。2013年4月20日该批库存商品的账面原价为6 000万元，已计提存货跌价准备500万元，公允价值为5 800万元，公允价值等于计税价格。该项交易性金融资产系甲公司于2013年1月1日购入的，其在2013年4月20日的公允价值是1 500万元，账面价值为1 450万元（其中成本为1 400万元，公允价值变动为50万元）。此项企业合并，甲公司共发生与企业合并直接相关税费30万元。投资时乙公司除一项固定资产外其他各项可辨认资产、负债的公允价值与其账面价值相同，可辨认净资产公允价值的总额为13 000万元，账面价值总额为12 000万元。

要求：根据上述资料，不考其他因素的影响，回答下列题目。

（1）若甲公司与乙公司、丙公司均无关联方关系，则甲公司取得长期股权投资的入账价值为（　　）万元。

A.8 286　　B.7 300　　C.8 400　　D.7 000

（2）若甲公司与乙公司、丙公司均无关联方关系，则甲公司因取得该项投资影响利润的金额为（　　）万元。

A.320　　B.400　　C.370　　D.350

（3）若甲公司为丙公司的子公司，且甲公司为有限责任公司，则甲公司取得长期股权投资的入账价值为（　　）万元。

A.7 000　　B.7 300　　C.8 286　　D.8 400

3. 2014年1月1日，A公司将一项固定资产以及承担B公司的短期借款作为对价换取B公司持有的C公司15%的股权。该固定资产原值为500万元，已计提累计折旧100万元，未计提减值准备，其公允价值为450万元；B公司短期借款的账面价值和公允价值均为50万元。另为取得股权发生评估费、律师咨询费等5万元。取得股权日C公司可辨认资产的公允价值为5 000万元，负债公允价值为1 500万元。假定A公司取得该部分股权后，能够对C公司的财务和经营决策产生重大影响。假设不考虑税收因素。

（1）A公司长期股权投资的初始投资成本为（　　）万元。

A.450　　B.525　　C.505　　D.455

（2）A公司长期股权投资的入账价值为（　　）万元。

A.450　　B.525　　C.505　　D.455

4. 鸿运公司于2014年1月1日以银行存款470万元取得绿荫公司有表决权股份的20%，另支付20万元的相关税费。取得投资后，鸿运公司能够对绿荫公司施加重大影响。2014年1月1日绿荫公司可辨认净资产公允价值为2 400万元，其账面价值为2 200万元；差额为一批存货，该批存货的公允价值为600万元，成本为400万元。截至2014年年末，绿荫公司上述存货已对外销售40%，绿荫公司2014年实现净利润1000万元。

要求：根据上述资料，不考虑其他因素，回答下列题目。

（1）鸿运公司在取得对绿荫公司的股权投资时，应当（　　）。

A. 调增初始投资成本10万元　　B. 调减初始投资成本10万元

C. 调减初始投资成本15万元　　D. 不调整初始投资成本

（2）甲公司2014年应确认的投资收益为（　　）万元。

A.176　　B.184　　C.200　　D.216

5.2014年1月1日甲公司持有的乙公司长期股权投资的账面价值为500万元，甲公司持有乙公司20%股权且具有重大影响，按权益法核算（此项投资是在2012年取得的）。取得该长期股权投资时，乙公司一项无形资产的账面价值为300万元，公允价值为500万元，剩余使用年限为5年，净残值为零，采用年限平均法进行摊销。假设两个公司的会计期间和会计政策均相同，投资双方本期未发生任何内部交易，不考虑所得税的影响。

要求：根据上述资料，不考虑其他因素，回答下列题目。

（1）若2014年乙公司发生净亏损800万元，则2014年甲公司应确认的投资损失为（　　）万元。

A.0　　B.168　　C.152　　D.160

（2）若2014年乙公司发生净亏损3 000万元，则2014年甲公司应确认的投资损失为（　　）万元。

A.0　　B.608　　C.500　　D.600

（3）若2014年乙公司发生净亏损30 00万元且甲公司账上有应收乙公司长期应收款500万元（实质上构成对被投资单位净投资），则2014年甲公司应确认的投资损失为（　　）万元。

A.0　　B.608　　C.500　　D.600

（4）若2014年乙公司发生净亏损3 000万元且按照投资合同或协议约定企业仍应承担额外义务，则2014年甲公司确认的投资损失为（　　）万元。

A.0　　B.608　　C.500　　D.600

6.甲股份有限公司2015年至2016年对乙股份有限公司投资业务的有关资料如下：

（1）2015年1月1日，甲公司以银行存款3 000万元购入乙公司30%的股份，另支付相关税费20万元。甲公司对乙公司的财务和经营决策具有重大影响，并准备长期持有该股份。2015年1月1日，乙公司的可辨认净资产的公允价值为9 500万元。

（2）2015年3月1日，乙公司宣告分派2014年度利润250万元，2015年3月20日，甲公司收到乙公司分派的现金股利。

（3）2015年度，乙公司实现净利润500万元，2015年初，乙公司一台营销部门用的设备公允价值为600万元，账面价值为500万元，截至2015年初，固定资产的预计尚可使用年限为5年，净残值为零，按照直线法计提折旧。

（4）2016年，乙公司发生净亏损600万元。

（5）2016年12月31日，由于乙公司当年发生亏损，甲公司对乙公司投资的预计可收回金额降至2 500万元。

根据上述资料，不考虑其他因素，回答下列各题。

（1）下列关于甲公司会计处理的表述中，正确的是（　　）。

A.甲公司对乙公司长期股权投资的初始投资成本为2 850万元

B.2015年3月1日，乙公司宣告分派2014年度利润，甲公司应确认投资收益75万元

C.2016年底甲公司应确认的净亏损为180万元

D.2016年底甲公司应计提的长期股权投资减值准备为403万元

（2）2015年底，乙公司实现2015年度的净利润500万元时，针对甲公司此时应做的会计处理，下列说法正确的是（　　）。

A.直接按照乙公司实现的净利润500万元计算应确认的投资收益

B.不做任何处理，在乙公司股东大会宣告分派现金股利时确认投资收益

C.首先对乙公司账面净利润进行调整，然后再计算应确认的应收股利

D.首先对乙公司账面净利润进行调整，然后再计算应确认的投资收益

7.甲公司2013年1月1日以3 300万元的价格购入乙公司25%的股份，另支付相关费用15万元。购入时乙公司可辨认净资产的公允价值为15 000万元（假定乙公司各项可辨认资产、负债的公允价值与账面价值相等），双方采用的会计政策、会计期间相同。2013年3月28日乙公司出售一批商品给甲公司，商品成本为300万元，售价为450万元，甲公司购入的商品作为存货管理。至2013年年末，甲公司已对外出售该批存货的1/5。乙公司2013年实现净利润980万元。甲公司取得该项投资后对乙公司具有重大影响。假定不考虑所得税因素。

要求：根据上述资料，不考虑其他因素，回答下列各题。

（1）下列关于甲公司会计处理的表述中，错误的是（　　）。

A.初始投资成本3 315万元和应享有乙公司可辨认净资产公允价值份额3 750万元之间的差额确认为营业外收入

B.取得投资时支付的相关费用15万元计入应计入股权投资成本

C.逆流交易的未实现内部交易收益应调减乙公司当期实现的净利润

D.甲公司应按照乙公司实现的净利润980万元的25%确认投资收益

（2）该投资对甲公司2013年度利润总额的影响为（　　）。

A.215万元　　B.650万元　　C.672.5万元　　D.237.5万元

二、多选题

1.对于长期股权投资，下列说法错误的是（　　）。

A.同一控制下的企业合并，因合并发生的审计法律等费用计入股权投资成本

B.除企业合并方式外取得的长期股权投资，因合并发生的审计法律等费用计入股权投资成本

C.同一控制下的企业合并，如果以非现金资产交换股权，初始投资成本为换出资产的公允价值之和

D.同一控制下的企业合并，如果以非现金资产交换股权，初始投资成本为换出资产的账面价值之和

E.非同一控制下的企业合并，如果以非现金资产交换股权，初始投资成本为换出资产的公允价值之和

2.甲公司为增值税一般纳税义务人，2013年6月1日以3 000万元取得乙公司20%的股权，款项以银行存款支付，并对其采用权益法核算，取得投资时乙公司可辨认净资产公允价值为16 000万元（公允价值等于账面价值）。

2013年乙公司实现净利润960万元（假定每个月的利润是均衡实现的），未分配现金股利，投资双方未发生任何内部交易。

2014年1月1日，甲公司又以银行存款2 500万元和一台机器设备（账面价值3 500万元，公允价值4 000万元）作为支付对价取得乙公司另外30%的股权。当日乙公司可辨认净资产公允价值为20 000万元。取得该部分投资后，甲公司能够对乙公司实施控制，因此，将对乙公司的投资转为成本法核算。

甲、乙公司不存在任何关联方关系，且甲公司未对该项长期股权投资计提任何减值准备。

要求：根据上述资料，不考虑其他因素。

下列各项关于甲公司对乙公司的长期股权投资的表述中，正确的有（ ）。

A.甲公司因此项投资对其2013年利润总额的影响为312万元

B.甲公司此项投资由权益法转为成本法属于会计政策的变更

C.甲公司此项投资由权益法转为成本法属于会计估计的变更

D.甲公司2014年1月1日追加投资后个别报表中长期股权投资账面价值为9 812万元

E.甲公司2014年1月1日追加投资后个别报表中长期股权投资账面价值为10 492万元

3.甲公司2×13年度与投资相关的交易或事项如下：

（1）1月1日，从市场购入2 000万股乙公司发行在外的普通股，准备随时出售，每股成本为8元。甲公司不具有控制、共同控制或重大影响。12月31日，乙公司股票的市场价格为每股7元。

（2）1月1日，购入丙公司当日按面值发行的三年期债券1 000元万元，甲公司计划持有至到期。该债券票面年利率为6%，与实际年利率相同，利息于每年12月31日支付。12月31日，甲公司持有的该债券市场价格为998万元。

（3）1月1日，购入丁公司发行的认股权证100万份，成本100万元，每份认股权证可于两年后按每股5元的价格认购丁公司增发的1股普通股。12月31日，该认股权证的市场价格为每份0.6元。

（4）1月1日，取得戊公司25%股权，成本为1 200万元，投资时戊公司可辨认净资产公允值为4 600万元（各项可辨认资产、负债的公允价值与账面价值相同）。甲公司能够对戊公司的财务和经营政策施加重大影响。当年度，戊公司实现净利润500万元；甲公司向戊公司销售商品产生利润100万元，至年末戊公司尚未将该商品对外销售。

（5）持有庚上市公司100万股股份，成本为1 500万元，对庚上市公司不具有控制、共同控制或重大影响。该股份自2×12年7月起限售期为3年。甲公司在取得该股份时未将其分类为以公允价值计量且其变动计入当期损益的金融资产。该股份2×12年12月31日的市场价格为1 200万元，2×13年12月31日的市场价格为1 300万元。甲公司管理层判断，庚上市公司股票的公允价值未发生持续严重下跌。

要求：根据上述资料，不考虑其他因素，回答下列题目。

（1）下列各项关于甲公司对持有的各项投资分类的表述中，正确的有（ ）。

A.对戊公司的股权投资作为长期股权投资处理

B.对丙公司的债权投资作为持有至到期投资处理

C.对乙公司的股权投资作为交易性金融资产处理

D.对庚上市公司的股权投资作为长期股权投资处理

E.对丁公司的认股权证作为其他权益工具投资处理

（2）下列各项关于甲公司对持有的各项投资进行后续计量的表述中，正确的有（ ）。

A.对丁公司的认股权证按照成本计量

B.对戊公司的股权投资采用成本法核算

C.对乙公司的股权投资按照公允价值计量

D.对丙公司的债权投资按照摊余成本计量

E.对庚上市公司的股权投资采用权益法核算

（3）下列各项关于甲公司持有的各项投资于2×13年度确认所持金额的表述中，正确的有（ ）。

A.对丙公司债券投资确认投资收益60万元

B.对戊公司股权投资确认投资收益100万元

C.对庚上市公司股权投资确认投资收益100万元

D.对乙公司股权投资确认公允价值变动损失2 000万元

E.持有的丁公司认股权证确认公允价值变动损失40万元

（4）下列各项关于甲公司持有的各项投资于2×13年12月31日账面余额的表述中，正确的有（　　）。

A.对戊公司股权投资为1 300万元　　B.对丙公司债权投资为1 000万元

C.对乙公司股权投资为14 000万元　　D.持有的丁公司认股权证为100万元

E.对庚上市公司股权投资为1 500万元

三、计算题

1.权益法

甲公司、乙公司2×13年度和2×14年度有关交易事项如下：

（1）2×13年7月1日甲公司以1 100万元的价格取得乙公司20%的股权，要求乙公司对其董事会进行改选。2×13年7月1日，甲公司向乙公司董事会派出一名董事，从而对乙公司具有重大影响。

（2）2×13年7月1日，乙公司可辨认净资产公允价值为6 000万元，除下列资产外，其他可辨认资产、负债的公允价值与其账面价值相同（见表7-8）。

表7-8　　相关资产情况表　　单位：万元

项　目	成　本	原预计使用年限	公允价值	预计剩余使用年限
固定资产	500	8	800	5
无形资产	1 000	5	1 500	5

乙公司对上述固定资产采用年限平均法计提折旧，对上述无形资产采用直线法摊销，预计净残值均为零。

（3）2×13年，乙公司实现净利润960万元（假设每月利润均匀实现）。乙公司持有的其他权益工具投资公允价值从200万元上升为250万元。

2×14年1至6月，乙公司实现净利润300万元，上年年末持有的其他权益工具投资至6月30日未予出售，公允价值为220万元。

（4）不考虑所得税及其他因素的影响；假定甲公司与乙公司在2×13年7月1日以前不存在关联方关系；甲公司、乙公司均按年度净利润的10%提取法定盈余公积。

要求：

（1）计算甲公司对乙公司长期股权投资2×13年应确认的投资收益、该项长期股权投资2×13年12月31日的账面价值，并编制2×13年与该项长期股权投资相关的会计分录。

（2）计算甲公司对乙公司长期股权投资2×14年1至6月应确认的投资收益、该项长期股权投资2×14年6月30日的账面价值，并编制相关会计分录。（答案中的金额单位用万元表示）

2.权益法

甲股份有限公司（本题下称甲公司）为增值税一般纳税人，适用的增值税税率为17%。甲公司2×15年—2×17年与投资有关的资料如下：

（1）2×15年10月5日，甲公司与乙公司签订股权转让协议，甲公司以一组资产作为对价取得乙公司所持有的A公司30%的股权，该组资产包括银行存款、一批库存商品、一台设备和一项其他权益工具投资，该组资产在股权转让日的账面价值和公允价值相关资料如下（见表7-9）。

表7-9　账面价值与公允价值　单位：万元

项目	账面价值	公允价值
银行存款	800	800
库存商品	1 000	1 200
固定资产	1 500	1 200
其他权益工具投资500（成本450，公允价值变动50）		580

该股权转让协议于2×15年12月1日分别经甲公司临时股东大会和乙公司股东大会批准；股权以及相关对价资产的过户手续费16万元均于2×16年1月1日办理完毕。甲公司取得上述股权后对A公司财务和经营政策有重大影响。甲公司与乙公司及A公司均不存在关联关系。

2×15年，A公司实现净利润2 000万元。2×16年1月1日，A公司可辨认净资产公允价值为12 000万元，除下列项目外，A公司其他资产、负债的账面价值与其公允价值相同（见表7-10）。

表7-10　A公司其他资产价值　单位：万元

项目	账面原价	公允价值
存货	500	800
无形资产	1 200（累计摊销450）	950

A公司该项无形资产原预计适用年限为8年，已使用3年，预计净残值为0，采用直线法摊销，摊销的费用计入当期管理费用。甲公司在取得投资时A公司账面上的存货（未计提跌价准备）分别于2×16年对外出售60%，2×17年对外出售40%。

（2）2×16年4月20日，A公司宣告发放2×15年度现金股利800万元，并于2×16年5月10日实际发放。

（3）2×16年8月，A公司将其成本为1 000万元的商品以1 150万元的价格销售给甲公司，甲公司将取得的商品作为存货。至2×16年末甲公司该批存货全部未对外销售。2×16年度，A公司实现净利润1 500万元。

（4）2×17年12月，A公司因其他权益工具投资业务进行会计处理后，增加所有者权益50万元。同年A公司接受股东资本性投入计入资本公积（股本溢价）200万元。

2×17年度，A公司发生亏损1 300万元。

2×17年度，甲公司和A公司未发生任何内部交易，2×16年内部交易形成的存货全部对外销售。

假定：

（1）不考虑固定资产转让涉及的增值税，也不考虑所得税等其他税收因素；

（2）按净利润的10%提取法定盈余公积；

（3）除上述交易或事项外，A公司未发生导致其所有者权益变动的其他交易或事项。

要求：

（1）确定甲公司从乙公司处收购A公司股权交易中的“股权转让日”。

（2）计算说明该股权投资对甲公司2×16年度个别财务报表中长期股权投资、其他综合收益、资产处置损益和投资收益项目的影响额。

（3）计算说明该股权投资对甲公司2×16年度合并财务报表中长期股权投资和存货项目的影响额。

（4）编制甲公司2×17年度对A公司长期股权投资核算的会计分录，并计算该项投资在甲公司2×17年度个别财务报表中长期股权投资项目的余额。

3. 公允价值计量→权益法

甲公司为增值税一般纳税义务人，其2×14—2×15年有关投资业务如下：

（1）2×14年1月1日，甲公司以180万元（含已宣告但尚未领取的现金股利20万元）购入乙上市公司5%的股权，乙公司当日可辨认净资产公允价值为3 000万元（假定乙公司可辨认资产、负债的公允价值与其账面价值相等）。甲公司对乙公司不具有控制、共同控制或重大影响。甲公司将购入的乙公司股权归类为其他权益工具投资。

（2）2×14年5月10日，甲公司收到乙公司支付的现金股利20万元。

（3）2×14年乙公司实现净利润360万元。2×14年年末甲公司持有的乙公司股权公允价值为240万元。

（4）基于对乙公司长远发展前景的信心，甲公司拟继续增持A公司股份。2×15年1月1日，又从乙公司的另一投资者处取得乙公司25%的股份，支付方式为银行存款500万元和一批商品（公允价值600万元，账面价值500万元）。此次购买完成后，持股比例达到30%，对乙公司达到重大影响。2×15年1月1日乙公司可辨认净资产公允价值为5 000万元。甲公司2×14年购入的乙公司股权在当天的公允价值为246万元。

（5）2×15年乙公司实现净利润600万元。

（6）2×15年末乙公司因持有的其他权益工具投资公允价值变动增加80万元计入了所有者权益。

要求：分别编制甲公司2×14年和2×15年的会计分录。

4. 公允价值计量→成本法

甲公司为增值税一般纳税义务人，其2×14—2×15年有关投资业务如下：

（1）2×14年1月1日，甲公司以180万元（含已宣告但尚未领取的现金股利20万元）购入乙上市公司5%的股权。甲公司对乙公司不具有控制、共同控制或重大影响。甲公司将购入的乙公司股权归类为其他权益工具投资。

（2）2×14年5月10日，甲公司收到乙公司支付的现金股利20万元。

（3）2×14年乙公司实现净利润360万元。2×14年年末甲公司持有的乙公司股权公允价值为240万元。

（4）基于对乙公司长远发展前景的信心，甲公司拟继续增持乙公司股份。2×15年1月1日，又从乙公司的另一投资者处取得乙公司55%的股份，支付方式为银行存款1 200万元和一批商品（公允价值1 000万元，账面价值800万元）。2×15年1月1日乙公司净资产公允价值为5 000万元，账面价值为4 500万元。甲公司2×14年购入的乙公司股权在当天的公允价值为246万元。

要求：分别以下两种情形编制甲公司2×14年和2×15年的会计分录。

（1）甲与乙的合并属于同一控制企业合并。

（2）甲与乙的合并属于非同一控制企业合并。

5. 权益法→成本法

延续第2题，假设2×18年1月1日甲公司又从A公司的另一投资者处取得A公司30%的股份。支付方式为银行存款1 200万元和一批商品（公允价值1 000万元，账面价值800万元）。2×18年1月1日A公司净资产公允价值为12 000万元，账面价值为11 000万元。

要求：分别以下两种情形编制甲公司2×18年取得A公司控制权日的会计分录。

（1）甲与乙的合并属于同一控制企业合并。

（2）甲与乙的合并属于非同一控制企业合并。

6.成本法→权益法（持股比例下降）

A公司2×13年和2×14年有关资料如下：

（1）A公司2×13年1月1日以一组资产交换甲公司持有B公司80%的股份作为长期股权投资，A公司另支付资产评估和法律咨询等费用100万元。该组资产包括银行存款、库存商品、一栋办公楼、一项无形资产和一项其他权益工具投资。该组资产的公允价值和账面价值有关资料见表7-11。

表7-11　相关资料

项　目	公允价值（万元）	账面价值（万元）
银行存款	510	510
库存商品	1 000（等于计税基础）	800
固定资产（办公大楼）	3 500（等于计税基础）	2 500（原价3 000，累计折旧500）
无形资产	1 200	900（原价1 000万元，累计摊销100万元）
其他权益工具投资	1 500	1 200（取得时成本1 000，公允价值变动200）
合计	7 710	5 910

（2）2×13年1月1日，B公司可辨认净资产公允价值为10 000万元，假定B公司除一项无形资产外，其他资产、负债的公允价值与账面价值相等。该无形资产的账面价值为500万元，公允价值为1 000万元，预计剩余使用年限为10年，无残值。

（3）2×13年度B公司实现净利润2 500万元，当期将自用房地产转换为投资性房地产（公允价值模式），转换日该房地产公允价值大于账面价值200万元，除此以外无其他所有者权益变动。

（4）2×14年1月2日，A公司将其持有的对B公司长期股权投资中的3/4出售给乙公司，收到6 300万元存入银行。同日，B公司可辨认净资产公允价值为12 000万元。

（5）2×14年度B公司实现净利润1 300万元，分配现金股利300万元，无其他所有者权益变动。

（6）2×15年度B公司实现净利润800万元，持有的其他权益工具投资公允价值增加100万元。

假定：

（1）A公司适用的增值税税率为17%，按净利润的10%提取法定盈余公积。

（2）合并前，A公司和甲公司不存在任何关联方关系，不考虑所得税的影响，同时也不考虑无形资产转让和不动产销售的税收义务。

要求：

（1）编制A公司2×13年1月1日取得B公司80%股权投资的会计分录。

（2）编制A公司2×14年1月2日出售B公司3/4股权投资的会计分录。

（3）编制A公司2×14年1月2日长期股权投资由成本法改为权益法核算的会计分录。

（4）编制A公司2×14年度与长期股权投资有关的会计分录。

（5）计算A公司个别报表中对B公司长期股权投资2×14年应确认的投资收益。

（6）计算2×15年A公司对B公司长期股权投资个别报表和合并报表中应确认的投资收益。（假设A公司存在其他的子公司）

7.成本法→公允价值计量

甲公司持有乙公司80%股权，成本为1 000万元。2×15年1月1日甲公司出售乙公司股权72%给非关联方，售价（公允价值）为990万元。剩余8%股权转为其他权益工具投资。

要求：编制2×15年1月1日甲公司当日会计分录。

8.权益法→公允价值计量

延续第12题，假设2×18年1月1日甲公司出售A公司24%股权给非关联方，售价为3 600万元。剩余6%股权转为其他权益工具投资。

要求：编制2×18年1月1日甲公司当日会计分录（见表7-12）。

表7-12 长期股权投资核算方法的转换

持股比例变化	核算方法转换		习　题
持股比例上升	公允价值计量→权益法		第3题
	公允价值计量→成本法	实现同一控制	第4题
		实现非同一控制	
	权益法→成本法	实现同一控制	第5题
		实现非同一控制	
持股比例下降	成本法→权益法		第6题
	成本法→公允价值计量		第7题
	权益法→公允价值计量		第8题

9.最终控制方角度的同一控制企业合并

甲公司与乙公司为母子公司关系。2×14年12月31日，甲公司定向增发1 000万股股票从本集团外部购入丙公司80%股权（属于非同一控制下企业合并）并能够控制丁公司的财务和经营政策。当日股票的公允价值为4.2元/股。购买日，丙公司可辨认净资产的公允价值为5 000万元，账面价值为4 360万元，当日丙公司存在以下两项资产的公允价值不等于其账面价值（见表7-13）。

表7-13 资产情况 金额单位：万元

项　目	原　价	丙公司取得时间	丙公司取得时资产寿命（年）	当日公允价值
固定资产	480	2×12年12月	8	720
无形资产	800	2×12年1月	10	840

2×16年12月31日，乙公司以5 200万元购入甲公司所持丙公司的80%股权。

丙公司2×15年和2×16年的净利润分别为800万元和1 200万元。

假设甲公司对丙公司的合并属于免税合并。

要求：编制2×16年12月31日乙公司合并丙公司当天的长期股权投资入账分录。

第八章 资产减值

本章导学

本章框架图

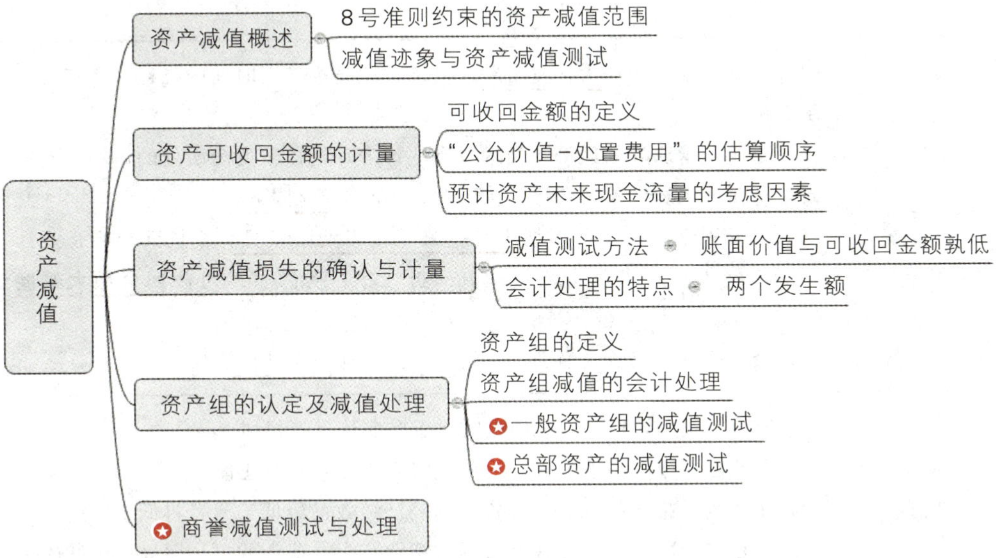

本章考情概述

本章论述了资产减值的确认和计量。

本章应当关注的问题：(1) 资产减值的迹象与测试；(2) 资产可收回金额的确定；(3) 资产组与总部资产减值损失的确认和计量；(4) 商誉的减值处理。

近三年主要考点：(1) 资产减值转回的相关规定；(2) 商誉的减值处理。

2019年教材主要变化

本章内容无变化。

第一节　资产减值概述

◇ 资产减值的范围

◇ 其他资产减值迹象的判断

一、资产减值的范围

资产是指企业过去的交易或者事项形成的、由企业拥有或者控制的、预期会给企业带来经济利益的资源。如果资产带来的经济利益低于其账面价值，应对资产计提减值准备。

考霸笔记
常考点：固定资产、无形资产、商誉、长期股权投资和投资性房地产的减值核算与处理。

本章涉及的资产减值主要包括：

（1）固定资产；（2）无形资产；（3）生产性生物资产；（4）商誉；（5）对子公司、联营企业和合营企业的长期股权投资；（6）采用成本模式进行后续计量的投资性房地产；（7）探明石油、天然气矿区权益、井及相关设施、辅助设备及设施。

二、其他资产减值迹象的判断

（一）资产减值迹象的判断（见表8-1）（主要考察文字题，把握关键字即可）

表8-1 资产减值迹象

外部信息	（1）资产的市价当期大幅度下跌，其跌幅明显高于因时间的推移或者正常使用而预计的下跌 （2）企业经营所处的经济、技术或者法律等环境以及资产所处的市场在当期或者将在近期发生重大变化，从而对企业产生不利影响 （3）市场利率或者其他市场投资报酬率在当期已经提高，从而影响企业计算资产，预计未来现金流量现值的折现率，导致资产可收回金额大幅度降低 （4）企业所有者权益（净资产）的账面价值远高于其市值等
内部信息	（1）有证据表明资产已经陈旧过时或者其实体已经损坏 （2）资产已经或者将被闲置、终止使用或者计划提前处置 （3）企业内部报告的证据表明资产的经济绩效已经低于或者将低于预期，如资产所创造的净现金流量或者实现的营业利润（或者亏损）远远低于（或者高于）预计金额等

（二）资产减值的测试

（1）一般资产：存在减值迹象 → 资产负债表日进行减值测试。

（2）特殊资产：应当至少于每年年度终了进行减值测试。

特殊资产包括：→常考点，一般在客观题中体现，需要记忆。

（1）商誉和使用寿命不确定的无形资产。

（2）尚未达到可使用状态的无形资产。

企业在判断资产减值迹象以决定是否需要估计资产可收回金额时，应当遵循重要性原则。根据这一原则，企业资产存在下列情况的，可以不估计其可收回金额：

（1）以前报告期间的计算结果表明，资产可收回金额显著高于其账面价值，之后又没有发生消除这一差异的交易或者事项的，资产负债表日可以不重新估计该资产的可收回金额。

（2）以前报告期间的计算与分析表明，资产可收回金额相对于某种减值迹象反应不敏感，在本报告期间又发生了该减值迹象的，可以不因该减值迹象的出现而重新估计该资产的可收回金额。比如，当期市场利率或其他市场投资报酬率上升，对计算资产未来现金流量现值采用的折现率影响不大的，可以不重新估计资产的可收回金额。

例8-1·2015年多选题

下列各项中，无论是否有确凿证据表明资产存在减值迹象，均应至少于每年年末进行减值测试的有（　　）。

A.对联营企业的长期股权投资

B.使用寿命不确定的专有技术

C.非同一控制下企业合并产生的商誉

D.尚未达到预定可使用状态的无形资产

【答案】BCD

【解析】使用寿命不确定的无形资产和因企业合并所形成的商誉，无论是否存在减值迹象，每年都应当进行减值测试。另外，对于尚未达到预定可使用状态的无形资产，由于其价值具有较大的不确定性，也应当每年进行减值测试。

为什么固定资产的账面价值和可收回金额比较，计算出来的是发生额，而存货的成本与可变现净值比较，计算出来的减值金额是余额?

第二节　资产可收回金额的计量

◇ 估计资产可收回金额的基本方法

◇ 资产的公允价值减去处置费用后的净额的估计

◇ 资产预计未来现金流量的限制的估计

一、估计资产可收回金额的基本方法

原则：在估计资产可收回金额时，原则上应当以单项资产为基础，如果企业难以对单项资产的可收回金额进行估计，应当以该资产所属的资产组为基础确定资产组的可收回金额。

方法：资产可收回金额的估计，应当根据其公允价值减去处置费用后的净额与资产预计未来现金流量的现值两者之间较高者确定。

考霸笔记

可收回金额选择“较高者”的理由：作为一个理性的企业，处置资产时一般都会选择价高者，这也符合财管中的“自利行为原则”。

特殊情况：

（1）资产的公允价值减去处置费用后的净额与资产预计未来现金流量的现值，只要有一项超过了资产的账面价值，就表明资产没有发生减值，不需再估计另一项金额。

（2）没有确凿证据或者理由表明，资产预计未来现金流量现值显著高于其公允价值减去处置费用后的净额的，可以将资产的公允价值减去处置费用后的净额视为资产的可收回金额。

（3）资产的公允价值减去处置费用后的净额如果无法可靠估计，应当以该资产预计未来现金流量的现值作为其可收回金额。

考霸笔记

注意：在计算型题目中，公允价值与处置费用一般会直接给出；在文字型题目中，则可能需要自行判断公允价值与处置费用，所以需要理解记忆。

二、资产的公允价值减去处置费用后的净额的估计

资产的公允价值减去处置费用后的净额，通常反映的是资产如果被出售或者处置时可以收回的净现金收入。

（1）公允价值的确定。

资产的公允价值是指市场参与者在计量日发生的有序交易中，出售一项资产所能收到或者转移一项负债所需支付的价格（见表8-2）。

表8-2　　公允价值的确定顺序知识表

公允价值的确定顺序	（1）销售协议价格 （2）资产的市场价格（买方出价） （3）熟悉情况的交易双方自愿进行公平交易愿意提供的交易价格

（2）处置费用的确定。

处置费用是指可以直接归属于资产处置的增量成本，包括与资产处置有关的法律费用、相关税费、搬运费以及为使资产达到可销售状态所发生的直接费用等，但是，财务费用和所得税费用等不包括在内。

（3）如果企业按照上述要求仍然无法可靠估计资产的公允价值减去处置费用后的净额的，应当以该资产预计未来现金流量的现值作为其可收回金额。

三、资产预计未来现金流量的现值的估计

资产预计未来现金流量的现值，应当按照资产在持续使用过程中和最终处置时所产生的预计未来现金流量，选择恰当的折现率对其进行折现后的金额加以确定。

预计资产未来现金流量为什么不考虑重组、改良、筹资活动、所得税等的影响?

1.影响资产未来现金流量现值的因素

（1）资产的预计未来现金流量；（2）资产的使用寿命；（3）折现率。

2.资产未来现金流量的预计

（1）预计资产未来现金流量的基础。

企业管理层应当在合理和有依据的基础上对资产剩余使用寿命内整个经济状况进行最佳估计，并将资产未来现金流量的预计建立在经企业管理层批准的最近财务预算或者预测数据之上。一般来说，预计涵盖的时间是5年，企业管理层如能证明更长的期间是合理的，可以涵盖更长的期间。

（2）预计资产未来现金流量应当包括的内容。

①资产持续使用过程中预计产生的现金流入。

②为实现资产持续使用过程中产生的现金流入所必需的预计现金流出（包括为使资产达到预定可使用状态所发生的现金流出）。

③资产使用寿命结束时，处置资产所收到或者支付的净现金流量。

（3）预计资产未来现金流量应当考虑的因素。

①以资产的当前状况为基础预计资产未来现金流量。

考霸笔记

注意：已经作出承诺重组的事项是预计未来现金流量的考虑因素。

注意：以资产的当前状况为基础预计资产未来现金流量，应当包括企业未来发生的为了维持资产正常运转或者资产正常产出水平必要的支出或者资产维护支出；不应当包括与将来可能发生的、尚未作出承诺的重组事项或与资产改良有关的预计未来现金流量。

②预计资产未来现金流量不应当包括筹资活动和所得税收付产生的现金流量。

③对通货膨胀因素的考虑应当和折现率相一致。

④涉及内部转移价格的，需要进行调整。

（4）预计资产未来现金流量的方法。

①传统法。

根据资产未来每期最有可能产生的现金流量进行预测，使用单一的未来每期预计现金流量和单一的折现率计算资产未来现金流量的现值。

②期望现金流量法。

资产未来现金流量应当根据每期现金流量期望值进行预计，每期现金流量期望值按照各种可能情况下的现金流量与其发生概率加权计算。

例 8-2 · 2015 年单选题

下列关于固定资产减值的表述中，符合会计准则规定的是（　　）。

A.预计固定资产未来现金流量应当考虑与所得税收付相关的现金流量

B.固定资产的公允价值减除费用后的净额高于其账面价值，但预计未来现金流量现值低于其账面价值的，应计提减值

C.在确定固定资产未来现金流量现值时，应当考虑将来可能发生与改良有关的预计现金流量的影响

D.单项固定资产本身的可收回金额难以有效估计的，应当以其所在的资产组为基础确定可收回金额

【答案】D

【解析】选项A不需要考虑所得税收付；选项B不计提减值准备；选项C不需要考虑与改良有关的预计现金流量。

例 8-3 · 2010 年单选题

企业在计量资产可收回金额时，下列各项中，不属于资产预计未来现金流量的是（　　）。

A.为维持资产正常运转发生的现金流出

B.资产持续使用过程中产生的现金流入

C.未来年度为改良资产发生的现金流出

D.未来年度因实施已承诺重组减少的现金流出

【答案】C

【解析】预计未来现金流量的内容及考虑因素包括：

（1）为维持资产正常运转发生的现金流出；

（2）资产持续使用过程中发生的现金流入；

（3）未来年度因实施已承诺重组减少的现金流出等，未来年度为改良资产发生的现金流出不应当包括在内。

3.折现率的预计

折现率应当是反映当前市场货币时间价值和资产特定风险的税前利率。在实务中，一般以市场利率为依据确定折现率。

估计资产未来现金流量现值，通常应当使用单一的折现率。但是，如果资产未来现金流量的现值对未来不同期间的风险差异或者利率的期间结构反应敏感，企业应当在未来各不同期间采用不同的折现率。

4.资产未来现金流量现值的预计

资产未来现金流量的现值 $PV=\sum$[第t年预计资产未来现金流量 NCF_t /（1＋折现率R）^{t}]

5.外币未来现金流量及其现值的预计　（注意：外币流量现值应该先折现，再折算）

外币 → 折现成外币现值 → 按即期汇率换算成人民币（未来现金流量现值）→ 与公允价值减处置费用进行比较，选出较高者作为可收回金额 → 比较资产的账面价值与可收回金额，确认减值损失。

第三节　资产减值损失的确认与计量

◇ 资产减值损失确认与计量的一般原则

◇ 资产减值损失的账务处理

如何理解资产减值损失确认后，减值资产的折旧或者摊销费用应当在未来期间作相应调整？举例说明。

一、资产减值损失确认与计量的一般原则

（1）如果资产的可收回金额低于其账面价值，应当将资产的账面价值减记至可收回金额，减记的金额确认为资产减值损失，计入当期损益，同时计提相应的资产减值准备。

（2）资产减值损失确认后，减值资产的折旧或者摊销费用应当在未来期间作相应调整。

各类资产减值处理如何区分？

（3）资产减值损失一经确认，在以后会计期间不得转回。以前期间计提的资产减值准备，需要等到资产处置时才可转出。

对各类资产减值的总结具体见表8-3。

表8-3　各类资产减值的总结表

资　产	计提减值比较基础	减值是否可以转回
存货	可变现净值	可以
固定资产	可收回金额	不可以
投资性房地产（成本模式）	可收回金额	不可以
长期股权投资	可收回金额	不可以
无形资产	可收回金额	不可以
商誉	可收回金额	不可以

考霸笔记

流动资产的减值一般能转回，非流动资产的减值一般不能转回。

二、资产减值损失的账务处理

原理：设置“资产减值损失”科目，按照资产类别进行明细核算，反映各类资产在当期确认的资产减值损失金额；同时，应当根据不同的资产类别，分别设置“固定资产减值准备”“在建工程减值准备”“投资性房地产减值准备”“无形资产减值准备”“商誉减值准备”“长期股权投资减值准备”“生产性生物资产减值准备”等科目。

会计分录如下：

借：资产减值损失

　贷：固定资产减值准备

　　　在建工程减值准备

　　　投资性房地产减值准备

　　　无形资产减值准备

　　　商誉减值准备

　　　长期股权投资减值准备

第四节 资产组的认定及减值处理

◇ 资产组的认定

◇ 资产组减值测试

一、资产组的认定（见表8-4）

表8-4 资产组的认定知识表

概　念	资产组是企业可以认定的最小资产组合，其产生的现金流入应当基本上独立于其他资产或者资产组
考虑因素	（1）资产组产生的主要现金流入是否独立于其他资产或者资产组的现金流入（最关键因素） （2）企业管理层对生产经营活动的管理或者监控方式（如是按照生产线、业务种类，还是按照地区或者区域等）和对资产的持续使用或者处置的决策方式等
变　更	资产组一经确定，各个会计期间应当保持一致，不得随意变更。如需变更，企业管理层应当证明该变更是合理的，并在附注中说明

二、资产组减值测试

1.资产组账面价值的确定基础应当与其可收回金额的确定方式相一致（见表8-5）

表8-5 资产组账面价值的确定知识表

可收回金额确定	应当按照该资产组的公允价值减去处置费用后的净额与其预计未来现金流量的现值两者之间较高者确定　（和单项资产减值的原则一致）
账面价值确定	资产组的账面价值包括可直接归属于资产组与可以合理和一致地分摊至资产组的资产账面价值，通常不应当包括已确认负债的账面价值，但如不考虑该负债金额就无法确认资产组可收回金额的除外

考霸笔记

注意：比如存在弃置费用的固定资产，其账面价值中含有预计负债的账面价值。

2.资产组减值的会计处理

减值分摊顺序如下：

（1）抵减分摊至资产组中商誉的账面价值；

（2）根据资产组中除商誉之外的其他各项资产的账面价值所占比重，按比例抵减其他各项资产的账面价值。

以上资产账面价值的抵减，应当作为各单项资产（包括商誉）的减值损失处理，计入当期损益。抵减后的各资产的账面价值不得低于以下三者之中最高者：

①该资产的公允价值减去处置费用后的净额（如可确定的）；

②该资产预计未来现金流量的现值（如可确定的）；

③零。

因此而导致的未能分摊的减值损失金额，应当按照相关资产组中其他各项资产的账面价值所占比重进行分摊。

资产组如何认定及如何进行减值处理?

例 8-4 · 2011 年多选题

下列各项关于资产组认定及减值处理的表述中，正确的有（　　）。

A.主要现金流入是否独立于其他资产或资产组是认定资产组的依据

B.资产组账面价值的确定基础应当与其可收回金额的确定方式一致

C.资产组的认定与企业管理层对生产经营活动的管理或者监控方式密切相关

D.资产组的减值损失应当首先抵减分摊至该资产组中商誉（如果有的话）的账面价值

E.当企业难以估计某单项资产的可收回金额时，应当以其所属资产组为基础确定资产组的可收回金额

【答案】ABCDE

【解析】五个选项均正确。

三、总部资产的减值测试

1.总部资产的概念与特征

企业总部资产包括企业集团或其事业部的办公楼、电子数据处理设备、研发中心等资产。总部资产的显著特征是难以脱离其他资产或者资产组产生独立的现金流入，而且其账面价值难以完全归属于某一资产组。

2.总部资产的减值测试

总部资产通常难以单独进行减值测试，需要结合其他相关资产组或者资产组组合进行。企业应当计算确定该总部资产所归属的资产组或者资产组组合的可收回金额，然后将其与相应的账面价值相比较，据以判断是否需要确认减值损失。

资产组组合：由若干个资产组组成的最小资产组组合，包括资产组或者资产组组合，以及按合理方法分摊的总部资产部分。

3.总部资产减值计算的顺序

（1）总部资产能按照合理和一致的基础分摊至资产组。

①先将总部资产分摊到各个资产组中去，按照账面价值所占比重分摊。如果各资产组使用寿命不同，还要考虑时间权重。

【举例】总部资产账面价值为 1 000 万元，能按照合理和一致的基础分摊至甲、乙、丙三个资产组，账面价值分别为 600 万元、600 万元、300 万元；预计剩余使用年限分别为 10、5、20 年。

甲资产组分摊的总部资产账面价值=1 000×［600×10÷（600×10＋600×5＋300×20）］=400（万元）

②计算各个资产组（含分摊进去的总部资产的账面价值）的减值损失，即按资产组（含分摊进去的总部资产的账面价值）的账面价值与可收回金额进行比较。

③再将各个资产组的资产减值损失在总部资产和各个资产组之间按照账面价值的比例进行分摊。

（2）总部资产不能按照合理和一致的基础分摊至资产组。

①不考虑相关总部资产的情况下，估计和比较资产组的账面价值和可收回金额，并按照前述有关资产组减值测试的顺序和方法处理。

②认定由若干个资产组组成的最小的资产组组合，该资产组组合应当包括所测试的

资产组与可以按照合理和一致的基础将该部分总部资产的账面价值分摊其上的部分。

③比较所认定的资产组组合的账面价值（包括已分摊的总部资产的账面价值部分）和可收回金额，并按照前述有关资产组减值测试的顺序和方法处理。

资产组减值的二次分摊如何处理?

例 8-5 · 2008年计算题

甲股份有限公司（本题下称“甲公司”）系生产家用电器的上市公司，实行事业部制管理，有A、B、C、D四个事业部，分别生产不同的家用电器，每一事业部为一个资产组。甲公司有关总部资产以及A、B、C、D四个事业部的资料如下：

（1）甲公司的总部资产为一级电子数据处理设备，成本为1 500万元，预计使用年限为20年。至20×8年末，电子数据处理设备的账面价值为1 200万元，预计剩余使用年限为16年。电子数据处理设备用于A、B、C三个事业部的行政管理，由于技术已经落后，其存在减值迹象。

（2）A资产组为一生产线，该生产线由X、Y、Z三部机器组成。该三部机器的成本分别为4 000万元、6 000万元、10 000万元，预计使用年限均为8年。至20×8年末，X、Y、Z机器的账面价值分别为2 000万元、3 000万元、5 000万元，预计剩余使用年限均为4年。由于产品技术落后于其他同类产品，产品销量大幅下降，20×8年度比上年下降了45%。

经对A资产组（包括分配的总部资产，下同）未来4年的现金流量进行预测并按适当的折现率折现后，甲公司预计A资产组未来现金流量现值为8 480万元。甲公司无法合理预计A资产组公允价值减去处置费用后的净额，因X、Y、Z机器均无法单独产生现金流量，因此也无法预计X、Y、Z机器各自的未来现金流量现值。甲公司估计X机器公允价值减去处置费用后的净额为1 800万元，但无法估计Y、Z机器公允价值减去处置费用后的净额。

（3）B资产组为一条生产线，成本为1 875万元，预计使用年限为20年。至20×8年末，该生产线的账面价值为1 500万元，预计剩余使用年限为16年。B资产组未出现减值迹象。

经对B资产组（包括分配的总部资产，下同）未来16年的现金流量进行预测并按适当的折现率折现后，甲公司预计B资产组未来现金流量现值为2 600万元。甲公司无法合理预计B资产组公允价值减去处置费用后的净额。

（4）C资产组为一条生产线，成本为3 750万元，预计使用年限为15年。至20×8年末，该生产线的账面价值为2 000万元，预计剩余使用年限为8年。由于实现的营业利润远远低于预期，C资产组出现减值迹象。

经对C资产组（包括分配的总部资产，下同）未来8年的现金流量进行预测并按适当的折现率折现后，甲公司预计C资产组未来现金流量现值为2 016万元。甲公司无法合理预计C资产组公允价值减去处置费用后的净额。

（5）其他资料如下：

①上述总部资产，以及A、B、C各资产组相关资产均采用年限平均法计提折旧，预计净残值均为零。

②电子数据处理设备中资产组的账面价值和剩余使用年限按加权平均计算的账面价值比例进行分配。

③除上述所给资料外，不考虑其他因素。

要求：计算甲公司20×8年12月31日电子数据处理设备和A、B、C资产组及其各组成部分应计提的减值资金积累，并编制相关会计分录；计算甲公司电子数据处理设备和A、B、C资产组及其各组成部分于20×9年度应计提的折旧额。将上述相关数据填列在“甲公司20×8年资产减值准备”内（见表8-6、表8-7）。

表8-6 **各资产组账面价值** 单位：万元

项目	资产组A	资产组B	资产组C	合计
各资产组账面价值				
各资产组剩余使用寿命				
按使用寿命计算的权重				
加权计算后的账面价值				
总部资产分摊比例（各资产组加权计算后的账面价值/各资产组加权平均计算后的账面价值合计）				
总部资产账面价值分摊到各资产组的金额				
包括分摊的总部资产账面价值部分的各资产组账面价值				
包括总部资产在内的各资产组的可收回金额				
各资产组发生的减值损失				
总部资产应该分摊的减值损失				
各资产组应分摊的减值损失				

表8-7 **A资产组减值损失分摊表** 单位：万元

项目	机器X	机器Y	机器Z	整个生产线（资产组）
账面价值				
可收回金额				
减值损失				
减值损失分摊比例				
分摊减值损失				
分摊后账面价值				
尚未分摊的减值损失				
二次分摊比例				
二次分摊减值损失				
二次分摊后应确认减值损失总额				
二次分摊后账面价值				

【答案】见表8-8、表8-9。

表8-8 **各资产组账面价值** 单位：万元

项目	资产组A	资产组B	资产组C	合计
各项资产组账面价值	10 000	1 500	2 000	13 500
各资产组剩余使用寿命	4	16	8	—
按使用寿命计算的权重	1	4	2	—
加权计算后的账面价值	10 000	6 000	4 000	20 000
总部资产分摊比例（各资产组加权计算后的账面价值/各资产组加权平均计算后的账面价值合计）	50%	30%	20%	100%
总部资产账面价值分摊到各资产组的金额	600	360	240	1 200
包括分摊的总部资产账面价值部分的各资产组账面价值	10 600	1 860	2 240	14 700
包括总部资产在内的各资产组的可收回金额	8 480	2 600	2 016	13 096
各资产组发生的减值损失	2 120	0	224	2 344
总部资产应该分摊的减值损失	600÷10 600×2 120=120	0	240÷2 240×224=24	144
各资产组应该分摊的减值损失	2 000	0	200	2 200

表 8-9　　资产组A减值损失分摊表　　单位：万元

项　目	设备X	设备Y	设备Z	整个生产线（资产组）
账面价值	2 000	3 000	5 000	10 000
根据上表计算结果，该资产组应该承担的减值损失	—	—	—	2 000
减值损失分摊比例	20%	30%	50%	100%
分摊减值损失	200（因为该设备最多只能确认200万元的减值损失（2 000–1 800））	600	1 000	1 800
分摊后账面价值	1 800	2 400	4 000	8 200
尚未分摊的减值损失	—	—	—	200
二次分摊比例	—	37.5%	62.5%	100%
二次分摊减值损失	—	75	125	200
二次分摊后应确认减值损失总额	200	675	1 125	2 000
二次分摊后账面价值	1 800	2 325	3 875	8 000

借：资产减值损失——总部资产　　1 440 000
　　　　　　　——设备X　　2 000 000
　　　　　　　——设备Y　　6 750 000
　　　　　　　——设备Z　　11 250 000
　　　　　　　——A资产组　　2 000 000
　贷：固定资产减值准备　　23 440 000

20×9年以下各项目应该计提的折旧金额如下：

总部资产20×9年计提的折旧金额 =（1 200 − 144）÷16 = 66（万元）

设备X20×9年计提的折旧金额 = 1 800÷4 = 450（万元）

设备Y20×9年计提的折旧金额 = 2 325÷4 = 581.25（万元）

设备Z20×9年计提的折旧金额 = 3 875÷4 = 968.75（万元）

B资产组20×9年计提的折旧金额 = 1 500÷16 = 93.75（万元）

C资产组20×9年计提的折旧金额 = 1 800÷8 = 225（万元）

第五节　商誉减值测试与处理

◇ 商誉减值测试的基本要求

◇ 商誉减值测试的方法与会计处理

一、商誉减值测试的基本要求

考霸笔记：商誉的减值主要与长期股权投资结合在一起考核，因此需掌握对长期股权投资账面价值的计算。

1.测试时间

企业合并所形成的商誉，至少应当在每年年度终了进行减值测试。

2.测试的基本方法

商誉应当结合与其相关的资产组或者资产组组合进行减值测试。应当自购买日起按照合理的方法分摊至相关的资产组；难以分摊至相关的资产组的，应当将其分摊至相关的资产组组合。这些相关的资产组或者资产组组合应当是能够从企业合并的协同效应中受益的资产组或者资产组组合，但不应当大于按照《企业会计准则第35号——分部报告》和《企业会计准则解释第3号》所确定的报告控股合并下计算商誉减值时为什么要考虑完全商誉，而分录中确认的商誉减值却要考虑母公司的持股比例?

商誉减值如何按步骤处理?

分部。

二、商誉减值测试的方法与会计处理

（一）商誉减值测试的方法（见表8-10）

表8-10 商誉减值测试的方法表

方法	（1）对不包含商誉的资产组或者资产组组合进行减值测试，计算可收回金额，并与相关账面价值相比较，确认相应的减值损失 （2）再对包含商誉的资产组或者资产组组合进行减值测试，计算可收回金额，并与相关账面价值相比较，确认相应的减值损失 ①减值损失金额应当先抵减分摊至资产组或者资产组组合中商誉的账面价值 ②根据除商誉之外的其他各项资产的账面价值所占比重，按比例抵减其他各项资产的账面价值 抵减后的各资产的账面价值不得低于以下三者之中最高者：该资产的公允价值减去处置费用后的净额（如可确定的）、该资产预计未来现金流量的现值（如可确定的）和零

（二）非同一控制下的控股合并产生的商誉减值计算

（1）在对与商誉相关的资产组（或者资产组组合，下同）进行减值测试时，由于其可收回金额预计包括了归属于少数股东权益的商誉价值部分，为了使减值测试建立在一致的基础上，企业应当调整资产组的账面价值，将归属于少数股东权益的商誉包括在内，然后根据调整后的资产组账面价值与其可收回金额进行比较，以确定资产组（包括商誉）是否发生了减值。

（2）根据上述步骤计算的商誉减值损失包括了应由少数股东权益承担的部分，应当将该减值损失在可归属于母公司和少数股东权益之间按比例进行分摊，以确认归属于母公司的商誉减值损失，并在合并财务报表中予以体现。

在合并报表中，商誉只反映归属于母公司的部分，归属于少数股东的那部分商誉，反映在少数股东权益里。在计算商誉减值时，可收回金额反映的是资产组整体，所以与之进行比较的应是包含整体商誉的可变辨认净资产账面价值

假设，可辨认净资产账面价值=A，可收回金额=B。

第一步：计算整体商誉=合并报表上列示的商誉÷持股比例=C

第二步：计算包含商誉的可辨认净资产账面价值=A+C

第三步：计算减值=（A+C）−B

第四步：减值的金额先冲减商誉，冲完商誉不够的的部分再去抵减可辨认净资产账面价值。

注意：冲减商誉时，须把合并报表上列示的商誉与少数股东权益中的商誉分开冲减。比如计算出商誉的减值为100，投资企业持股比例为80%，那合并报表上的商誉减值80（100×80%）。

（三）商誉减值的会计处理

借：资产减值损失

　贷：商誉减值准备

例8-6·2016年多选题

下列关于商誉的会计处理，正确的有（　　）。

A.商誉应当结合与其相关的资产组或资产组组合进行减值测试

B.商誉于资产负债表日不存在减值迹象的，无须对其进行减值测试

C.有关商誉的资产组或资产组组合存在减值迹象的，应当首先对不包含商誉的资产组或资产组组合进行减值测试

D.与商誉有关的资产组或资产组组合的减值损失应首先抵减分摊至资产组或资产组组合中商誉的账面价值

【答案】ACD

【解析】对于商誉、使用寿命不能确定的无形资产要在每个资产负债表日进行减值测试。

第八章

非同一控制下的控股合并产生的商誉减值如何处理？

例8-7·2008年计算题

甲股份有限公司（本题下称“甲公司”）系生产家用电器的上市公司，实行事业部制管理，有A、B、C、D四个事业部，分别生产不同的家用电器，每一事业部为一个资产组。甲公司有关总部资产以及A、B、C、D四个事业部的资料如下：

D资产组为新购入的生产小家电的丙公司。20×8年2月1日，甲公司与乙公司签订股权转让协议，甲公司以9 100万元的价格购买乙公司持有的丙公司70%的股权。4月15日，上述股权转让协议经甲公司临时股东大会和乙公司股东会批准。4月25日，甲公司支付了上述转让款。5月31日，丙公司改选了董事会，甲公司提名的董事占半数以上，按照公司章程规定，财务和经营决策需董事会半数以上成员表决通过。当日丙公司可辨认净资产的公允价值为12 000万元。甲公司与乙公司在该项交易前不存在关联方关系。D资产组不存在减值迹象。

至20×8年12月31日，丙公司可辨认净资产按照购买日的公允价值持续计算的账面价值为13 000万元。甲公司估计包括商誉在内的D资产组的可收回金额为13 500万元。

要求：计算甲公司20×8年12月31日商誉应计提的减值准备，并编制相关的会计分录。

【答案】

商誉＝9 100－12 000×70%＝700（万元）

合并财务报表中确认的总商誉＝700÷70%＝1 000（万元）

甲公司包含商誉的资产组账面价值＝13 000+1 000＝14 000（万元）

可收回金额为13 500万元，应计提减值500万元。

甲公司20×8年12月31日商誉应计提的减值准备＝500×70%＝350（万元）

借：资产减值损失　　3 500 000

　贷：商誉——商誉减值准备　　3 500 000

智能测评

在线练习	我要提问
扫码在线做题　扫码看答案 本书“本章同步强化训练”均配备二维码，打开微信“扫一扫”即可完成在线测评，查看本章详细的测评反馈报告，了解知识掌握情况，也可扫码直接看答案噢。 快来扫码做题吧！	扫码答疑 本书配备答疑专用二维码，打开微信“扫一扫”，即可完成在线提问，获取专业老师全面个性化解答，让学习问题不再拖延。 快来扫码提问吧！

本章同步强化训练

一、单选题

1. 2012年12月31日，A公司购入一项设备，作为固定资产核算，该设备的初始入账价值为800万元，预计使用年限为10年，预计净残值为40万元。A公司采用平均年限法对该项设备计提折旧。2013年12月31日，经减值测试，该项设备的公允价值减去处置费用后的净额为550万元，预计未来现金流量现值为600万元，预计剩余使用年限为6年。假定该设备计提减值准备后原预计净残值未发生变化。

要求：根据上述资料，不考虑其他因素，回答下列各题。

（1）该设备2013年12月31日的可收回金额为（　　）万元。

A.550　　B.600　　C.724　　D.800

（2）该设备2014年应计提的折旧额是（　　）万元。

A.93.33　　B.76　　C.114　　D.62.22

2. 甲公司拥有其子公司B公司80%的股份，2×13年期初该长期股权投资账面余额为2 000万元，2×13年B公司盈利300万元，2×14年B公司盈利500万元，2×13年和2×14年，B公司没有分配现金股利。其他相关资料如下：根据测算，该长期股权投资2×13年末市场公允价值为1 800万元，处置费用为50万元，预计未来现金流量现值为1 900万元；2×14年末市场公允价值为2 150万元，处置费用为30万元，预计未来现金流量现值为2 500万元。

要求：根据上述资料，不考虑其他因素，回答下列问题。

（1）2×13年末该公司对长期股权投资应提减值准备（　　）。

A.100万元　　B.250万元　　C.340万元　　D.490万元

（2）2×14年末该公司对长期股权投资应提减值准备（　　）。

A.-250万元　　B.-600万元　　C.0万元　　D.-750万元

3. 甲公司为一航空货运公司，经营国内，国际货物运输业务。由于拥有的用于国际运输的飞机出现了减值迹象。甲公司于2×13年12月31日对其进行减值测试，相关资料如下：

（1）甲公司以人民币为记账本位币，国内货物运输采用人民币结算，国际货物运输采用美元结算。

（2）该架飞机采用年限平均法计算折旧，预计使用15年，预计净残值为5%。2×13年12月31日，飞机的账面原价为人民币80 000万元，已计提折旧为人民币60 800万元，账面价值为人民币19 200万元，飞机已使用12年，尚可使用3年，甲公司拟继续经营使用该架飞机直至报废。

（3）由于国际货物运输业务受宏观经济形势的影响较大，甲公司预计该架飞机未来3年产生的净现金流量（假定使用寿命结束时处置该架飞机产生的净现金流量为零，有关现金流量均发生在年末）见表8-10。

表8-10　　净现金流量　　单位：万元

年　份	业务好时（40%的可能性）	业务一般时（40%的可能性）	业务差时（20%的可能性）
第1年	1 200	1 000	500
第2年	1 000	850	400
第3年	850	600	300

（4）由于不存在活跃市场，甲公司无法可靠估计该架飞机的公允价值减去处置费用后的净额。

（5）在考虑了货币时间价值和飞机特定风险后，甲公司确定10%为人民币适用的折现率，确定12%为美元的折现率，相关复利现值系数如下：

（P/F，10%，1）=0.9091；（P/F，12%，1）=0.8929；

（P/F，10%，2）=0.8264；（P/F，12%，2）=0.7972；

（P/F，10%，3）=0.7513；（P/F，12%，3）=0.7118；

（6）2×13年12月31日的汇率为1美元=6.70元人民币。甲公司预测以后各年末的美元汇率如下：第1年末为1美元=6.65元人民币；第2年末为1美元=6.60元人民币；第3年末为1美元=6.55元人民币。

要求：根据上述资料，不考虑其他因素，回答下列问题。

（1）2×13年12月31日，该架飞机的可收回金额为（　　）。

A.13 294.81万元　　B.13 730.98万元　　C.13 195.60万元　　D.12 997.17万元

（2）2×13年12月31日，该架飞机应计提减值金额为（　　）。

A.5 469.02万元　　B.6 004.4万元　　C.5 905.19万元　　D.6 202.83万元

4. 甲企业对其投资性房地产均采用成本模式进行后续计量。2012年12月31日，甲企业对某项存在减值迹象的对外出租的建筑物进行减值测试，减值测试的结果表明该建筑物的可收回金额为2 000万元。该项建筑物系甲企业2009年6月15日购入的，原价为3 000万元，甲企业采用年限平均法计提折旧，预计使用年限为15年，预计净残值为0。2012年12月31日该项建筑物应计提的减值准备的金额为（　　）万元。

A.100　　B.200　　C.300　　D.0

5. 20×8年1月1日，A公司以银行存款1 000万元购入一项无形资产，其预计使用年限为10年，采用直线法按月摊销，20×8年和20×9年末，A公司预计该无形资产的可收回金额分别为720万元和680万元，假定该公司于每年年末对无形资产计提减值准备，计提减值准备后，原预计的使用年限保持不变，不考虑其他因素，2×10年6月30日该无形资产的账面价值是（　　）。

A.600万元　　B.780万元　　C.640万元　　D.637.5万元

6. 下列有关资产组减值的说法中，不正确的是（　　）。

A.在可确定单项资产可收回金额和资产组可收回金额的情况下，应该按照资产组计提减值

B.资产组是指企业可以认定的最小资产组合，其产生的现金流入应当基本上独立于其他资产或资产组产生的现金流入

C.资产组的可收回金额应当按照该资产组的公允价值减去处置费用后的净额与其预计未来现金流量的现值两者之间较高者确定

D.首先抵减分摊至资产组中商誉的账面价值，然后根据资产组中除商誉之外的其他各项资产的账面价值所占比重，按比例抵减其他各项资产的账面价值

二、多选题

1.甲公司于20×6年9月5日对一固定资产（不动产）进行改扩建，改扩建前该固定资产的原价为5 000万元，已提折旧1 000万元，已提减值准备500万元。在改扩建过程中领用工程物资600万元，领用生产用原材料200万元，原材料的进项税额为34万元。发生改扩建人员工资300万元，用银行存款支付其他费用90万元。该固定资产于20×6年12月20日达到预定可使用状态，并投入生产部门使用。该公司对改扩建后的固定资产采用年限平均法计提折旧，预计尚可使用年限为10年，预计净残值为90万元。

20×7年12月31日该固定资产的公允价值减去处置费用后的净额为4 059万元，预计未来现金流量现值为4 100万元。

20×8年12月31日该固定资产的公允价值减去处置费用后的净额为3 680万元，预计未来现金流量现值为3 800万元。

20×9年12月31日该固定资产的公允价值减去处置费用后的净额为3 200万元，预计未来现金流量现值为3 210万元。

假定固定资产计提减值准备不影响固定资产的预计使用年限和预计净残值。

要求：根据上述资料，不考虑其他因素，回答下列问题。

（1）下列关于甲公司改扩建固定资产账务处理的表述中，正确的有（　　）。

A.改扩建过程中领用原材料的增值税进项税额需要做进项税额转出处理

B.改扩建后固定资产达到预定可使用状态的入账价值为4690万元

C.20×7年固定资产应计提折旧额为460万元

D.固定资产转入改扩建应该通过“在建工程”科目核算

E.固定资产改扩建后计提的折旧额计入“制造费用”科目

（2）下列关于甲公司该固定资产账务处理的表述中，正确的有（　　）。

A.20×7年12月31日该固定资产应计提减值准备130万元

B.20×8年12月31日该固定资产的可收回金额为3 680万元

C.由于20×8年12月31日该固定资产的可收回金额大于账面价值，所以应该转回已经计提的减值准备

D.20×9年该固定资产应计提折旧445.56万元

E.20×9年12月31日该固定资产的账面价值为3 208.88万元

2.A公司生产的B产品的主要销售市场在美国，因此与B产品有关的资产产生的预计未来现金流量是以美元为基础计算的。2011年12月31日A公司对主要生产B产品的C设备进行减值测试。C设备系A公司2006年12月13日购入的，该设备的原价为18 000万元人民币，预计使用年限为10年，预计净残值为200万元人民币，采用年限平均法计提折旧。2011年12月31日，该设

备的公允价值减去处置费用后的净额为7 000万元人民币。C设备预计给企业带来的未来现金流量受宏观经济形势的影响较大，A公司预计该项固定资产产生的现金流量见表8-11（假定使用寿命结束时处置C设备产生的净现金流量为0，有关的现金流量均发生在年末）：

表8-11 **现金流量情况** 单位：万美元

年　份	业务好（30%的可能性）	业务一般（60%的可能性）	业务差（10%的可能性）
第1年	500	400	250
第2年	400	300	160
第3年	350	280	120
第4年	250	200	100
第5年	200	100	50

已知A公司的投资者要求的人民币的必要报酬率为10%，美元适用的折现率为12%，相关复利现值系数见表8-12。

表8-12 **复利现值系数**

期数 / 利率	第1期	第2期	第3期	第4期	第5期
12%	0.8929	0.7972	0.7118	0.6355	0.5674
10%	0.9091	0.8264	0.7513	0.6830	0.6209

2011年12月31日的汇率为1美元=6.62元人民币。甲公司预测以后各年末的美元汇率如下：第1年年末为1美元=6.65元人民币，第2年年末为1美元=6.60元人民币，第3年年末为1美元=6.55元人民币，第4年年末为1美元=6.62元人民币，第5年年末为1美元=6.70元人民币。

要求：

（1）采用期望现金流量法计算出未来现金流量，并计算出未来现金流量的现值；

（2）计算该项固定资产的可收回金额；

（3）计算出该项固定资产的减值金额，并编制相关的会计分录。

（答案中的金额单位用万元表示）

3.大合公司在A、B、C三地拥有三家分公司，其中，C分公司是上年吸收合并的公司。这三家分公司的经营活动由一个总部负责运作。由于A、B、C三家分公司均能产生独立于其他分公司的现金流入，所以该公司将这三家分公司确定为三个资产组。2010年12月1日，企业经营所处的技术环境发生了重大不利变化，出现减值迹象，需要进行减值测试。假设总部资产的账面价值为500万元，能够按照合理和一致的方式分摊至所有的资产组，A分公司资产的剩余使用寿命为10年，B、C分公司和总部资产的剩余使用寿命均为15年。减值测试时，A、B、C三个资产组的账面价值分别为800万元、600万元和1 200万元（其中合并商誉为200万元）。该公司计算得出A分公司资产的可收回金额为930万元，B分公司资产的可收回金额为628.57万元，C分公司资产的可收回金额为1 000万元。假定将总部资产分摊到各资产组时，根据各资产组的账面价值和剩余使用寿命加权平均计算的账面价值分摊比例进行分摊。

要求：判断总部资产和各资产组是否应计提减值准备，若计提减值准备，计算减值准备的金额。（答案中的金额单位用万元表示，计算结果保留两位小数）

4. 华东公司为一家高科技生产性企业，拥有一条甲产品生产线，该生产线由A、B和C三个机器设备组成并同时运转可生产出甲产品，该生产线于2007年12月达到预定可以使用状态并交付使用，A、B和C三个机器设备的入账价值分别为1 500万元、2 000万元、1 800万元，预计使用年限为10年，净残值为零，采用年限平均法计提折旧。三个机器设备无法单独使用，不能单独产生现金流量，因此作为一个资产组。2012年末市场上出现替代甲产品的新产品，甲产品市场销量大幅度地减少。2012年末A机器设备的公允价值减去处置费用后净额600万元，B和C机器设备的公允价值减去处置费用后净额以及预计未来现金流量现值无法单独确定，但该资产组的预计未来现金流量现值为2 050万元。

要求：

（1）计算资产组的账面价值。

（2）计算资产组的减值损失。

（3）将减值损失分摊至资产组中A、B和C三个机器设备。

（4）计算将减值损失分摊至资产组后A、B和C三个机器设备的账面价值。

（5）计算将未分摊至资产组A机器设备的减值损失再次在B、C机器设备之间进行分配。

（6）计算两次分摊后A、B和C三个机器设备的减值损失。

（7）编制有关资产减值的会计分录。

第九章

负债

考霸笔记

本章属于不太重要章节，2分左右

本章导学

本章框架图

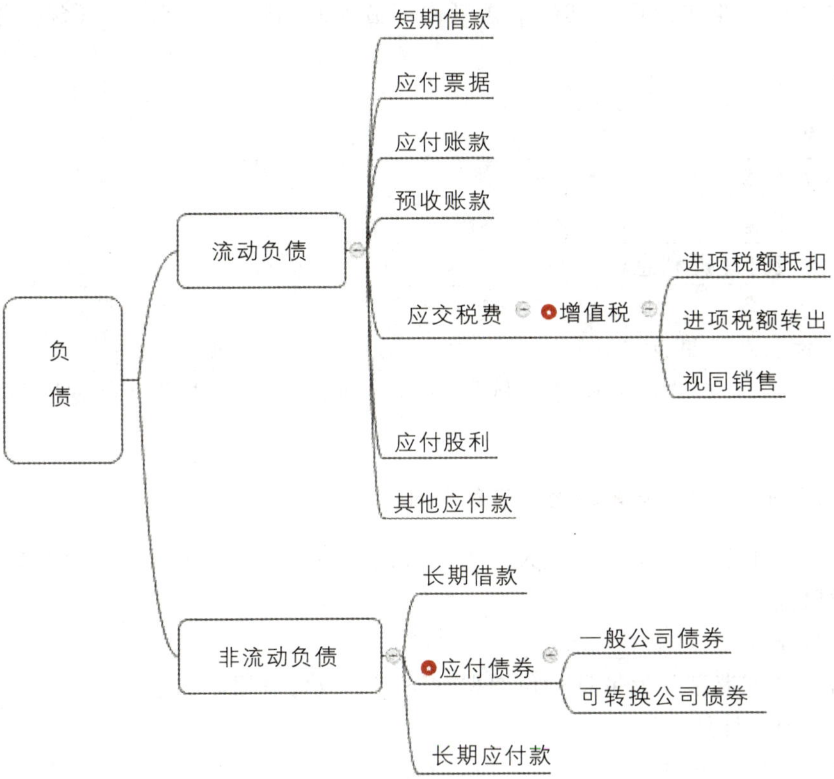

本章考情概述

本章主要阐述流动负债、非流动负债。

本章应当关注的问题：（1）不动产进项税额的二次抵扣、增值税进项税额转出以及增值税视同销售；（2）应付债券账面价值的计算；（3）可转换公司债券的核算。

近三年主要考点：可转换公司债券的核算。

2019年教材主要变化

本章内容无变化。

第一节　流动负债

◇短期借款
◇应付票据
◇应付账款
◇预收账款
◇应交税费
◇应付股利
◇其他应付款

一、短期借款　（✔基础概念，了解即可）

短期借款是指企业向银行或其他金融机构等借入的期限在一年以下（含一年）的各种借款。

会计分录：

1.企业借款

借：银行存款等
　贷：短期借款

2.资产负债表日计提利息

借：财务费用等
　贷：应付利息（银行存款）

注意：利息未付在“应付利息”科目核算，利息已付在“银行存款”科目核算。

二、应付票据　（✔基础概念，了解即可）

应付票据是由出票人出票，付款人在指定日期无条件支付特定的金额给收款人或者持票人的票据。

1.应付票据分类

应付票据按是否带息分为带息应付票据和不带息应付票据。

2.应付票据的会计处理

（1）带息应付票据的处理。

①资产负债表日对尚未支付的应付票据计提利息，计入当期财务费用。

借：财务费用
　贷：应付利息

②票据到期支付票款，尚未计提的利息部分直接计入当期财务费用。

借：应付票据
　　应付利息
　　财务费用
　贷：银行存款

（2）不带息应付票据的处理。

①到期日按照面值偿还。

借：应付票据
　贷：银行存款

②到期日无力偿还。

当票据为商业承兑汇票时，转入“应付账款”科目；当票据为银行承兑汇票时，转入“短期借款”科目。

会计分录：

> 借：应付票据
> 　贷：应付账款（短期借款）

三、应付账款 （✔基础概念，了解即可）

1.应付账款定义

应付账款指因购买材料、商品或接受劳务供应等而发生的债务。这是买卖双方由于取得物资或服务与支付货款在时间上不一致而产生的负债。

如何辨析预收预付，应收应付？

2.应付账款入账时间

一般应以与所购买物资所有权有关的风险和报酬已经转移或劳务已经接受为标志。

3.应付账款入账金额

应付账款一般按应付金额入账，而不按到期应付金额的现值入账。存在现金折扣的，应付账款初始入账金额也不考虑现金折扣，现金折扣在实际发生时计入当期损益（财务费用）。

4.应付账款的会计处理（不考虑相关税费，下同）

> 借：原材料等
> 　贷：应付账款
> 现金折扣实际发生时：
> 借：应付账款
> 　贷：财务费用

四、预收账款

预收账款是买卖双方协议商定，由购货方预先支付一部分货款给供应方而发生的一项负债。

企业预收账款比较多，可以设置“预收账款”科目；预收账款不多的，也可以不设置“预收账款”科目，直接记入“应收账款”科目的贷方。

应交税费如何核算？

五、应交税费

（一）增值税

1.购销业务的会计处理。（✔基础的会计处理应当熟练掌握）

（1）采购等业务进项税额允许抵扣的账务处理。

> 借：库存商品等
> 　　应交税费——应交增值税（进项税额）（当月已认证的可抵扣增值税额）
> 　　　　　　——待认证进项税额（当月未认证的可抵扣增值税额）
> 　贷：银行存款等

负债的增加在贷方，为什么“应交税费——应交增值税（进项税额）”计入借方？

（2）购进不动产或不动产在建工程按规定进项税额分年抵扣的账务处理。

借：固定资产等
　　应交税费——应交增值税（进项税额）（当期可抵扣的增值税额，当月抵扣60%）
　　　　　　——待抵扣进项税额（以后期间可抵扣的增值税额，第13个月抵扣40%）
　贷：银行存款等

考霸笔记

2019年4月1日起，购建不动产的进项税额抵扣改为一次性全额抵扣，不再分两次抵扣。但2019年教材第148页仍然保留了这一考点。

以后期间抵扣时：

借：应交税费——应交增值税（进项税额）
　贷：应交税费——待抵扣进项税额

（3）销售业务的账务处理。

借：应收账款等
　贷：主营业务收入
　　　应交税费——应交增值税（销项税额）
　　　　　　　——简易计税（采用简易计税方法计算的应纳增值税额）

2.小规模纳税企业发生的应税行为适用简易计税方法计税。

考霸笔记

了解即可，会计考试中一般不涉及对小规模纳税人的考查。

小规模纳税人应在“应交税费”科目下，设置三个二级明细科目：“应交增值税”“转让金融商品应交增值税”“代扣代交增值税”。

3.视同销售的会计处理。

企业发生税法上视同销售的行为，应当按照企业会计准则制度的相关规定进行相应的会计处理，并按照现行增值税制度的规定计算销项税额。无论会计上如何处理，只要税法规定需要交纳增值税的，应当计算交纳增值税销项税额，并记入“应交税费——应交增值税（销项税额）”科目。

税法规定了八种视同销售行为：①将货物交付他人代销；②销售代销货物；③设有两个以上机构并实行统一核算的纳税人，将货物从一个机构移送其他机构用于销售，但相关机构设在同一县（市）的除外；④将自产或委托加工的货物用于非应税项目（全面营改增以后自产货物用于不动产建造不再属于视同销售）；⑤将自产、委托加工或购买的货物作为投资，提供给其他单位或个体经营者；⑥将自产、委托加工或购买的货物分配给股东或投资者；⑦将自产、委托加工的货物用于集体福利或个人消费；⑧将自产、委托加工或购买的货物无偿赠送他人。

另外，将存货、固定资产以及无形资产用于非货币性资产交换以及债务重组也是会计考试中常见的视同销售情形。

4.进项税额不予抵扣的情况及抵扣情况发生变化的会计处理。

按照增值税有关规定，一般纳税人购进货物、加工修理修配劳务、服务、无形资产或不动产，用于简易计税方法计税项目、免征增值税项目、集体福利或个人消费等，其进项税额不得从销项税额中抵扣的，应当计入相关成本费用，不通过“应交税费——应交增值税（进项税额）”科目核算。

因发生非正常损失或改变用途等，导致原已计入进项税额但按现行增值税制度的规定不得从销项税额中抵扣的，应当将进项税额转出，记入“待处理财产损溢”“应付职工薪酬”等科目，贷记“应交税费——应交增值税（进项税额转出）”科目。一般纳税人购进时已全额抵扣进项税额的货物或服务等转用于不动产在建工程的，其已抵扣进项税额的40%部分应于转用当期转出，借记“应交税费——待抵扣进项税额”科目，贷记“应交税费——应交增值税（进项税额转出）”科目。原不得抵扣且未抵扣进项税额的固定资产、无形资产等，因改变用途等用于允许抵扣进项税额的应税项目的，应当在用途改变的次月调整相关资产账面价值，按允许抵扣的进项税额，借记“应交税费——应交增值税（进项税额）”科目，贷记“固定资产”“无形资产”等科目，并按调整后的账面价值计提折旧或摊销。

5.差额征税的会计处理。

一般纳税企业提供应税服务，按照营业税改征增值税的有关规定允许从销售额中扣除其支付给其他单位或个人价款的，在收入采用总额法确认的情况下，减少的销项税额应借记“应交税费——应交增值税（销项税额抵减）”科目，同理，小规模纳税企业应借记“应交税费——应交增值税”科目；在收入采用净额法确认的情况下，按照增值税有关规定确定的销售额计算增值税销项税额并记入“应交税费——应交增值税（销项税额）”科目。

6.转出多交增值税和未交增值税的会计处理。

月份终了，企业计算出当月应交未交的增值税，借记“应交税费——应交增值税（转出未交增值税）”科目，贷记“应交税费——未交增值税”科目；当月多交的增值税，借记“应交税费——未交增值税”科目，贷记“应交税费——应交增值税（转出多交增值税）”科目。

7.交纳增值税的会计处理。

企业当月交纳当月的增值税，通过“应交税费——应交增值税（已交税金）”科目核算，借记“应交税费——应交增值税（已交税金）”科目（小规模纳税人应借记“应交税费——应交增值税”科目），贷记“银行存款”科目；当月交纳以前各期未交的增值税，通过“应交税费——未交增值税”科目，借记“应交税费——未交增值税”科目，贷记“银行存款”科目。

企业预交增值税，借记“应交税费——预交增值税”科目，贷记“银行存款”科目。月末，企业应将“预交增值税”明细科目余额转入“未交增值税”明细科目，借记“应交税费——未交增值税”科目，贷记“应交税费——预交增值税”科目。

8.增值税税控系统专用设备和技术维护费用抵减增值税额的会计处理。

按增值税有关规定，初次购买增值税税控系统专用设备支付的费用以及交纳的技术维护费允许在增值税应纳税额中全额抵减。企业购入增值税税控系统专用设备，按实际支付或应付的金额，借记“固定资产”科目，贷记“银行存款”“应付账款”等科目。按规定抵减的增值税应纳税额，借记“应交税费——应交增值税（减免税款）”科目（小规模纳税人借记“应交税费——应交增值税”科目），贷记“管理费用”科目。

企业发生技术维护费，按实际支付或应付的金额，借记“管理费用”等科目，贷记“银行存款”等科目。按规定抵减的增值税应纳税额，借记“应交税费——应交增值税（减免税款）”科目（小规模纳税人借记“应交税费——应交增值税”科目），贷记“管理费用”等科目。

如何计算可转债转换时确认的资本公积?

（二）消费税（了解即可）

1.企业对外销售产品应交纳的消费税，记入“税金及附加”科目。

提示：“营业税金及附加”最新调整：

依据财会〔2016〕22号文规定，全面试行“营业税改征增值税”后，“营业税金及附加”科目名称调整为“税金及附加”科目，该科目核算企业经营活动发生的消费税、城市维护建设税、资源税、教育费附加及房产税、城镇土地使用税、车船税、印花税等相关税费。

利润表中的“营业税金及附加”项目调整为“税金及附加”项目。

需要提醒的是，之前是在“管理费用”科目中列支的“四小税”（房产税、城镇土地使用税、车船税、印花税），本次也同步调整到“税金及附加”科目。相比较而言，“税金及附加”科目比调整前的“营业税金及附加”科目核算范围有所增加。

2.在建工程领用自产产品（应税消费品），应交纳的消费税计入在建工程成本。

3.企业委托加工的应税消费品，委托方收回后以不高于受托方的计税价格出售的，为直接出售，不再交纳消费税；委托方收回后以高于受托方的计税价格出售的，不属于直接出售，需按照规定申报交纳消费税，在计税时准予扣除受托方已代收代交的消费税；委托加工的应税消费品收回后用于连续生产应税消费品，按规定准予抵扣的，记入“应交税费——应交消费税”科目的借方。

（三）其他应交税费（了解即可）

1.资源税。

销售产品交纳的资源税记入“税金及附加”科目。

2.土地增值税。

（1）企业转让国有土地使用权、地上建筑物及其附着物应交的土地增值税，一并在“固定资产”或“在建工程”科目核算的，转让时应交纳的土地增值税，借记“固定资产清理”“在建工程”科目，贷记“应交税费——应交土地增值税”科目。

（2）企业转让的土地使用权在“无形资产”科目核算的，按实际收到的金额，借记“银行存款”科目；按摊销的无形资产金额，借记“累计摊销”科目；按已计提的无形资产减值准备，借记“无形资产减值准备”科目；按无形资产账面余额，贷记“无形资产”科目；按应交的土地增值税，贷记“应交税费——应交土地增值税”科目；按其差额，借记“营业外支出”科目或贷记“营业外收入”科目。

3.房产税、城镇土地使用税、车船税和印花税。

借：税金及附加
　贷：应交税费——应交房产税、城镇土地使用税、车船税

印花税不需通过“应交税费”科目核算。

借：税金及附加
　贷：银行存款（支付的印花税）

4.城市维护建设税。

借：税金及附加
贷：应交税费——应交城市维护建设税

5.教育费附加。

借：税金及附加
贷：应交税费——应交教育费附加

6.耕地占用税。

借：在建工程
贷：银行存款

六、应付股利（基础概念，不会单独考核，会结合金融资产，长期股权投资考核）

应付股利，是指企业经股东大会或类似机构审议批准分配的现金股利或利润。企业董事会或类似机构通过的利润分配方案中拟分配的现金股利或利润，不应确认负债，但应在附注中披露。

1.股东大会或类似机构审议批准的利润分配方案。

借：利润分配
贷：应付股利

2.实际支付现金股利或利润时。

借：应付股利
贷：银行存款等

七、其他应付款（基础概念，了解即可）

其他应付款，是指企业除应付票据、应付账款、预收账款、应付职工薪酬、应付利息、应付股利、应交税费、长期应付款等以外的其他各项应付、暂收的款项。

1.售后回购方式融入资金通过“其他应付款”核算。

具体的会计处理参见“收入、费用和利润”中“售后回购”。

2.企业发生的其他各种应付、暂收款项通过“其他应付款”核算。

举例：高顿公司管理人员报销差旅费10 000元，月末款项未支付。		
借：管理费用	10 000	
贷：其他应付款		10 000

第二节　非流动负债

◇长期借款

◇公司债券

◇长期应付款

一、长期借款　基础概念，了解即可。

长期借款，是指企业从银行或其他金融机构借入的期限在一年以上（不含一年）的借款。

1.企业借入各种长期借款时。

借：银行存款（实际收到的款项）

长期借款——利息调整（差额）

贷：长期借款——本金

2.在资产负债表日，企业应按长期借款的摊余成本和实际利率计算确定长期借款的利息费用。

借：财务费用

在建工程

制造费用等

贷：应付利息（借款本金×合同利率）

长期借款——利息调整

3.企业归还长期借款。

按归还的长期借款本金，借记“长期借款——本金”科目，按转销的利息调整金额，贷记“长期借款——利息调整”科目。

借：长期借款（本金部分）

财务费用、在建工程、制造费用等（差额）

贷：长期借款——利息调整（转销的利息调整金额）

银行存款（实际归还款项）

二、公司债券

（一）一般公司债券（✔重点内容，需准确掌握）

1.公司债券的发行。

发行方式：面值发行、溢价发行、折价发行。

（1）面值发行。

债券的票面利率与同期银行存款利率相同，可按票面价格发行，称为面值发行。

发行债券，为什么手续费要计入利息调整？而不是计入当期损益？

5852

（2）溢价发行。

债券的票面利率高于同期银行存款利率时，可按超过债券票面价值的价格发行，称为溢价发行。溢价是企业以后各期多付利息而事先得到的补偿。

（3）折价发行。

债券的票面利率低于同期银行存款利率，可按低于债券面值的价格发行，称为折价发行。折价是企业以后各期少付利息而预先给投资者的补偿。

2.公司债券的会计处理。

为什么发行债券收到的银行存款与债券的面值的差额要计入利息调整？

5853

（1）债券发行。

原理：无论是按面值发行，还是溢价发行或折价发行，均按债券面值记入“应付债券”科目的“面值”明细科目，实际收到的款项与面值的差额，记入“利息调整”明细科目。发行过程中涉及的手续费、佣金均记入“利息调整”明细科目。

借：银行存款（实际收到的扣掉手续费的金额）

贷：应付债券——面值（债券面值）

——利息调整（倒挤差额，可在借方）

（2）资产负债表日计提利息（见表9-1）。

表9-1　　　　**资产负债表日计提利息知识表**

	分次付息，到期还本	到期一次还本付息
原理	按应付债券的摊余成本和实际利率计算确定的债券利息费用，借记“在建工程”“制造费用”“财务费用”等科目，按票面利率计算确定的应付未付利息，贷记“应付利息”科目，按其差额，借记或贷记“应付债券——利息调整”科目	
会计分录	借：在建工程、制造费用、研发支出、财务费用（摊余成本×实际利率） 应付债券——利息调整 贷：应付利息	借：在建工程、制造费用、研发支出、财务费用（摊余成本×实际利率） 应付债券——利息调整 贷：应付债券——应计利息

（差额，可在贷方）

（面值×票面利率）

（3）分次付息方式下，支付已计提的利息。

借：应付利息

贷：银行存款

（4）到期偿还债券本金（见表9-2）。

表9-2　　　　**到期偿还债券本金知识表**

	分次付息，到期还本	到期一次还本付息
会计分录	借：应付债券——面值 应付利息（最后一次利息） 贷：银行存款	借：应付债券——面值（债券票面金额） ——应计利息（余额） 贷：银行存款

（余额=到期一次还本付息债券的利息）

例9-1

20×0年1月1日，甲公司发行5年期债券，面值1 250万元，票面年利率4.72%，按年支付利息（即每年支付59万元），本金最后一次支付，假定债券发行时市场利率是10%。（假设计算结果保留整数）分录中数字用万元表示。

分次付息，到期还本的应付债券如何处理?

甲公司债券发行价格为：

$59\times(1+10\%)^{-1}+59\times(1+10\%)^{-2}+59\times(1+10\%)^{-3}+59\times(1+10\%)^{-4}+(59+1\ 250)\times(1+10\%)^{-5}=1\ 000$（万元）

甲公司债券摊余成本计算见表9-3。

（1）20×0年1月1日。

借：银行存款　　1 000

应付债券——利息调整　　250

贷：应付债券——面值　　1 250

表9-3　　　　**甲公司债券摊余成本计算表**　　　　单位：万元

年　份	期初摊余成本（a）	实际利息（b）（按10%计算）	名义利息（c）	期末摊余成本（d=a+b-c）
20×0年	1 000	100	59	1 041
20×1年	1 041	104	59	1 086
20×2年	1 086	109	59	1 136
20×3年	1 136	114*	59	1 191
20×4年	1 191	118*	59	1 250

注：*数字尾差调整。

（2）20×0年12月31日。

借：财务费用 100

　贷：应付利息 59

　　应付债券——利息调整 41

实际付息：

借：应付利息 59

　贷：银行存款 59

（3）20×4年12月31日。

借：财务费用 118

　贷：应付利息 59

　　应付债券——利息调整 59

实际还本付息：

借：应付利息 59

　应付债券——面值 1 250

　贷：银行存款 1 309

（二）可转换公司债券（✔重点内容，需准确掌握）

企业发行的可转换公司债券在“应付债券”科目下设置“可转换公司债券”明细科目核算。

1.定义。

可转换公司债券，是一种特殊的债券，它在一定期间内依据约定条件可以转换成普通股。

2.会计处理。

（1）发行债券初始计量。

原理：

①初始确认时将其包含的负债成分和权益成分进行分拆，将负债成分确认为应付债券，将权益成分确认为其他权益工具；

②对负债成分的未来现金流量进行折现确定负债成分的初始确认金额，再按发行价格总额扣除负债成分初始确认金额后的金额确定权益成分的初始确认金额；

③发行可转换公司债券发生的交易费用，应当在负债成分和权益成分之间按照各自的相对公允价值进行分摊。

会计分录：

借：银行存款

　贷：应付债券——可转换公司债券（面值）

　　——可转换公司债券（利息调整）（可在借方）

　　其他权益工具（权益成分的公允价值–手续费）

考霸笔记
=负债成分公允价值–分摊的手续费

（2）资产负债表日计提利息（见表9-4）。

表 9-4　　资产负债表日计提利息知识表

	分次付息，到期还本	到期一次还本付息
原理	按应付债券的摊余成本和实际利率计算确定的债券利息费用，借记“在建工程”“制造费用”“财务费用”等科目，按票面利率计算确定的应付未付利息，贷记“应付利息”科目，按其差额，借记或贷记“应付债券——利息调整”科目	按应付债券的摊余成本和实际利率计算确定的债券利息费用，借记“在建工程”“制造费用”“财务费用”等科目，按票面利率计算确定的应付未付利息，贷记“应付利息”科目，按其差额，借记或贷记“应付债券——利息调整”科目
会计分录	借：在建工程、制造费用、研发支出、财务费用等（摊余成本×实际利率） 应付债券——可转换公司债券（利息调整）（或在贷方） 贷：应付利息——可转换公司债券利息（面值×票面利率）	借：在建工程、制造费用、研发支出、财务费用等（摊余成本×实际利率） 应付债券——可转换公司债券（利息调整）（或在贷方） 贷：应付债券——可转换公司债券应计利息（面值×票面利率）

（3）支付已计提的利息。

借：应付利息
　贷：银行存款

（4）可转换公司债券转换为股票。

转股数的计算方法由债券发行方在债券契约中指定，考试时常见的转股数计算方法为以下两种：

方法一：转股数=（债券面值+未支付的利息）÷转股价

方法二：直接指定每张债券可以转多少股。

原理：债券转换为股票，债券的账面价值转销，转股的权利已使用（即权益成分的公允价值转销），股本增加，差额记入“资本公积——股本溢价”科目。

会计分录：

借：应付债券——可转换公司债券（转换部分面值）
　　应付利息——可转换公司债券利息（转换部分未付利息）
　　其他权益工具（转换部分权益成分的公允价值）
　贷：股本（股票面值×转股数）
　　　应付债券——可转换公司债券（利息调整）（转换部分利息调整）
　　　资本公积——股本溢价（倒挤差额，可在借方）

上述会计分录中，贷方“应付债券——可转换公司债券（利息调整）”的金额为转股当天剩余未摊销完毕的利息调整余额，而“资本公积——股本溢价”的金额则为会计分录倒轧所致。

第九章

可转债计算可转股数时，要考虑应付利息吗?

如何计算可转债转换时确认的资本公积?

例 9-2 · 2013 年单选题

甲公司 20×2 年 1 月 1 日发行 1 000 万份可转换公司债券，每份面值为 100 元、每份发行价格为 100.50 元，可转换公司债券发行 2 年后，每份可转换公司债券可以转换 4 股甲公司普通股（每股面值 1 元）。甲公司发行该可转换公司债券确认的负债初始计量金额为 100 150 万元。20×3 年 12 月 31 日，与该可转换公司债券相关负债的账面价值为 100 050 万元。20×4 年 1 月 2 日，该可转换公司债券全部转换为甲公司股份。甲公司因可转换公司债券的转换应确认的资本公积（股本溢价）是（　　）万元。

考霸笔记

√此例题必须掌握解题原理，学会举一反三。

A.350　　　　B.400

C.96 050　　　　D.96 400

【答案】D

【解析】甲公司因可转换公司债券的转换应确认的资本公积（股本溢价）的金额=100 050+（1 000×100.50-100 150）-1 000×4=96 400（万元）。

三、长期应付款

长期应付款，是指企业除长期借款和应付债券以外的其他各种长期应付款项，包括应付融资租入固定资产的租赁费、以分期付款方式购入固定资产发生的应付款项等。

应付融资租入固定资产的租赁费：参考教材“第二十二章　租赁”的会计处理。

具有融资性质的延期付款购买资产：参考教材“第四　固定资产”的会计处理。

智能测评

在线练习	我要提问
5857　6111 扫码在线做题　扫码看答案 本书“本章同步强化训练”均配备二维码，打开微信“扫一扫”即可完成在线测评，查看本章详细的测评反馈报告，了解知识掌握情况，也可扫码直接看答案噢。 快来扫码做题吧！	6102 扫码答疑 本书配备答疑专用二维码，打开微信“扫一扫”，即可完成在线提问，获取专业老师全面个性化解答，让学习问题不再拖延。 快来扫码提问吧！

本章同步强化训练

一、单选题

1.某增值税一般纳税人月初欠缴增值税20万元，无尚未抵扣的增值税。本月发生进项税额50万元，销项税额65万元，进项税额转出5万元，交纳本月增值税10万元。无其他事项，月末结转后，“应交税费——未交增值税”科目的余额是（　　）。

A.30万元　　B.0万元　　C.5万元　　D.15万元

2.下列关于预收账款在资产负债表中列报金额正确的是（　　）。

A.预收账款所属明细科目借方余额+应收账款所属明细科目借方余额

B.预收账款所属明细科目贷方余额+应收账款所属明细科目贷方余额

C.预收账款所属明细科目借方余额-应收账款所属明细科目贷方余额

D.预收账款所属明细科目贷方余额-应收账款所属明细科目借方余额

3.甲公司于2×17年12月31日发行面值为100 000万元的5年期的可转换公司债券，按面值发行，其中负债成分的公允价值为90 000万元，发行该可转换公司债券时，支付了相关的发行费用500万元。甲公司发行债券时应确认的“应付债券——可转换公司债券（利息调整）”的金额为（ ）。

A.9 550万元 B.10 450万元 C.89 550万元 D.99 950万元

4.甲公司于2×18年1月1日发行面值为10 000万元的8年期的可转换公司债券，发行价为13 500万元，其中负债成分的公允价值为11 000万元，发行该可转换公司债券时，支付了相关的发行费用800万元。甲公司发行债券时应确认的其他权益工具的金额为（ ）。

A.2 500万元 B.148.1481万元 C.651.8519万元 D.2 351.8519万元

5.下列关于应付票据和应付账款的表述中，错误的是（ ）。

A.票据到期支付票款时，尚未计提的利息部分直接计入当期财务费用

B.应付票据都是不带息票据

C.应付账款一般按应付金额入账，而不按到期应付金额的现值入账

D.企业无力支付到期银行承兑汇票，在接到银行转来的有关凭证时，借记“应付票据”科目，贷记“短期借款”科目。

6.甲公司于2×18年1月1日发行5年期一般公司债券100 000万元，利率为4%，借款时的市场利率为5%，已知：（P/A，5%，5）=4.3295，（P/F，5%，5）=0.7835，2×19年该一般公司债券应计入财务费用的金额为（ ）万元。

A.5 000 B.4 783.4 C.4 822.57 D.3 826.72

7.甲公司2×15年1月1日按每份面值100元发行了200万份可转换公司债券，发行价格为20 000万元，无发行费用。该债券期限为3年，票面年利率为5%，利息每年12月31日支付。债券发行一年后可转换为普通股。债券持有人在当期付息前转换股票的，应按照债券面值和应付利息之和除以转股价，计算转股股数。该公司发行债券时，二级市场上与之类似但没有转股权的债券的市场年利率为9%。甲公司发行可转换公司债券初始确认时对所有者权益的影响金额为（ ）万元。（P/A，9%，3）=2.5313，（P/F，9%，3）=0.7722。

A.2 024.7 B.17 975.3 C.20 000 D.0

8.华东公司为一家生产日常用品的企业，为增值税一般纳税人。华东公司有500名员工，其中一线生产员工400人，管理人员100人。2×14年2月，公司以其生产的成本为420元的电视机和外购的每台不含税价格为1 500元的空调作为春节福利发放给一线员工。该型号电视机的售价为每套800元（不含增值税），假设华东公司适用的增值税税率为17%；华东公司购买空调开具了增值税专用发票。

当月华东公司因上述事项导致计入当期损益的金额是（ ）元。

A.1 123 200 B.1 076 400 C.–79 100 D.1 345 500

9.甲股份有限公司于2×13年1月1日发行5年期，每年1月1日付息、到期一次还本的公司债券，债券面值为5 000万元，票面年利率为10%，发行价格为5 500万元；支付发行费用100.65万元。假定甲公司每年年末采用实际利率法摊销债券溢折价。

要求：根据上述资料，不考虑其他因素，回答下面各题。

（1）该债券的期初摊余成本是（ ）万元。

A.5 399.35 B.5 500 C.5 000 D.4 850

（2）该债券2×14年应当确认的利息费用为（ ）万元。

A.500 B.431.95 C.450 D.426.50

第九章

二、多选题

1.“应交税费”科目核算企业按照税法规定计算应交的各种税费，包括（　　）。

A.教育费附加　　B.矿产资源补偿费

C.企业代扣代缴的个人所得税　　D.耕地占用税

2.下列各项中应该通过“其他应付款”科目核算的是（　　）。

A.客户缴纳的保证金　　B.应付租入包装物租金

C.应付子公司的往来款　　D.宣告分配股票股利

3.A公司发行了100万张分期付息，到期还本的一般公司债券，发行价格低于债券面值。公司采用实际利率法摊销折价或者溢价。下列说法正确的是（　　）。

A.两个付息日之间，债券的价值在上升　　B.两个付息日之间，债券的价值在降

C.每次付息之后，债券的价值都会降低　　D.每次付息之后，债券的价值都会升高

4.A公司于2×18年1月1日按照面值发行分期付息，到期一次还本可转换公司债券，面值总额为300 000万元，发行价格为300 000万元，可转换债券在发行后的一年可以以每股10元的价格转换为公司的普通股股票。发行费用为4 000万元，实际收到的价款已经存入银行。可转债的发行期限为3年，第1年至第3年的票面利率依次为1%，2%，3%；支付利息的时间分别为每年的年末。已知二级市场上没有附带转股权的债券市场利率为6%，（P/F，6%，1）=0.9434；（P/F，6%，2）=0.8900；（P/F，6%，3）=0.8396。考虑发行费用后的实际利率为6.5%。

甲公司发行可转换公司债券时，负债成分和权益成分公允价值分别为（　　）。

A.负债成分公允价值为267 606.6万元　　B.负债成分公允价值为268 606.6万元

C.权益成分公允价值为32 393.4万元　　D.权益成分公允价值为33 393.4万元

5.分期付息，一次还本的一般公司债券的摊余成本在债券的存续期内采用实际利率法进行摊销、按照实际利率法摊销的利息调整的金额可以记到下列哪些会计科目中（　　）。

A.在建工程　　B.财务费用　　C.制造费用　　D.生产成本

6.关于可转换公司债券的会计处理，下列说法正确的有（　　）。

A.企业发行的可转换公司债券，应当在初始确认时将其包含的负债成分和权益成分进行分拆，将负债成分确认为应付债券，将权益成分确认为其他权益工具

B.可转换公司债券在进行分拆时，应当对债券的未来现金流量进行折现确定负债成分的初始确认金额

C.发行可转换公司债券发生的交易费用，应当直接计入当期损益

D.可转换公司债券转换股份前负债成分计提的利息费用均应计入当期损益

三、综合题

1.甲股份有限公司（以下简称“甲公司”）为上市公司，甲公司于2×17年到2×18年发生如下交易：

（1）经相关部门批准，甲公司于2×17年1月1日按面值100 000万元的4年期可转换公司债券，票面利率为5%，市场利率为7%，每年年末支付利息，发行费用为300万元，实际募集的资金已存入银行。甲公司可转换公司债券的持有者可以在一年后行使转股权，转股价为每股10元。

（2）2×17年12月31日，用银行存款支付利息；

（3）2×18年12月31日全部的投资者行使了转换权，2×18年的利息尚未支付。

（4）其他相关资料：

①不考虑所得税的影响；

②考虑了发行费用后的实际年利率为7.18%；

③（P/A，7%，4）=3.3872，（P/F，7%，4）=0.7629。

要求：

（1）计算甲公司2×17年1月1日发行的可转换公司债券的债务成分和权益成分的公允价值，并编制发行可转换公司债券的会计分录。（单位：万元）

（2）计算2×17年12月31日可转换公司债券负债成分的摊余成本，并编制2×17年12月31日支付利息的相关会计分录。（单位：万元）

（3）计算2×18年12月31日全部的投资者行使了转换权增加的股本数，并编制相关会计分录。（单位：万元，计算结果保留两位小数）

2.甲股份有限公司（以下简称“甲公司”）为上市公司，甲公司于2×16年到2×18年发生如下交易：

（1）2×16年1月1日发行A一般公司债券1 000万份，每份面值1 000元，票面利率5%，期限为5年，每年年末付息。发行该债券实际收到的银行存款为957 920万元。

（2）2×16年1月1日甲公司按面值发行了B一般公司债券1 000万元，每份面值100元，期限为3年，该一般公司债券的票面年利率为：第1年2%，第2年4%，第3年为6%。每年年末付息。

（2）2×16年年末用银行存款支付A一般公司债券的利息。

（4）2×17年和2×18年年末用银行存款支付A一般公司债券和B一般公司债券的利息。

（5）2×18年年末支付两项一般公司债券的利息和B一般公司债券的本金。

（6）其他有关资料：

①不考虑所得税的影响。

②（P/A，6%，5）=4.2124，（P/F，6%，5）=0.7473，（P/A，7%，5）=4.1002，（P/F，7%，5）=0.7130。

③计算时保留四位小数。

要求：

（1）计算甲公司2×16年1月1日发行的A一般公司债券的实际利率，并编制发行债券的相关会计分录。（单位：万元）

（2）编制2×16年1月1日发行B一般公司债券的相关会计分录。（单位：万元）

（3）计算2×16年至2×18年每年12月31日A一般公司债券的摊余成本，并编制2×16年12月31日至2×17年12月31日甲公司应编制的相关会计分录。（单位：万元）

3.甲上市公司（以下简称“甲公司”）经批准于2×13年1月1日以8 000万元的价格（不考虑相关税费）发行面值总额为8 000万元的可转换公司债券用于安装某机器设备，发行费用为100万元。该可转换公司债券期限为5年，票面年利率为5%。自2×14年起，每年1月1日支付上年利息。自2×14年1月1日起至2×14年12月31日，该可转换公司债券持有人可以申请按债券转换日的账面价值转为甲公司的普通股（每股面值1元），初始转换价格为每股20元，不足转为1万股的部分按每股20元以现金结清。债券发行时二级市场上与之类似的没有附带转换权的债券市场利率为8%。

其他相关资料如下：

（1）2×13年1月1日，甲公司收到发行价款，所筹资金用于机器设备的安装，该机器设备的安装于2×13年12月31日达到预定可使用状态并交付使用。

（2）2×14年1月2日，该可转换公司债券的80%转为甲公司的普通股，相关手续已于当日办妥；未转为甲公司普通股的可转换公司债券持有至到期，其本金及最后一期利息一次结清。

假定：

①甲公司采用实际利率法确认利息费用；

②每年年末计提债券利息和确认利息费用；

③（P/F，8%，5）=0.6806，（P/A，8%，5）=3.9927，（P/F，9%，5）=0.6499，（P/A，9%，5）=3.8897。

要求：

（1）编制甲公司发行该可转换公司债券的会计分录。

（2）编制甲公司2×13年12月31日计提可转换公司债券利息和应确认的利息费用的会计分录。

（3）编制甲公司2×14年1月1日支付可转换公司债券利息的会计分录。

（4）计算2×14年1月2日可转换公司债券转为甲公司普通股的股数。

（5）编制甲公司2×14年1月2日与可转换公司债券转为普通股有关的会计分录。

（6）假设甲公司没有增发股票用于支付债券持有人行权时申请的股票，而是以回购发行在外股票的方式用于完成支付，回购价为22元/股。编写相关会计分录。

（7）编制甲公司2×14年1月2日转换日后至当年年末剩余未转换债券的相关会计分录。

（“应付债券”科目要求写出明细科目；金额单位用万元表示，答案保留两位小数）

第十章 职工薪酬

本章导学

考霸笔记

本章考查2-4分左右，属于比较重要章节。

本章框架图

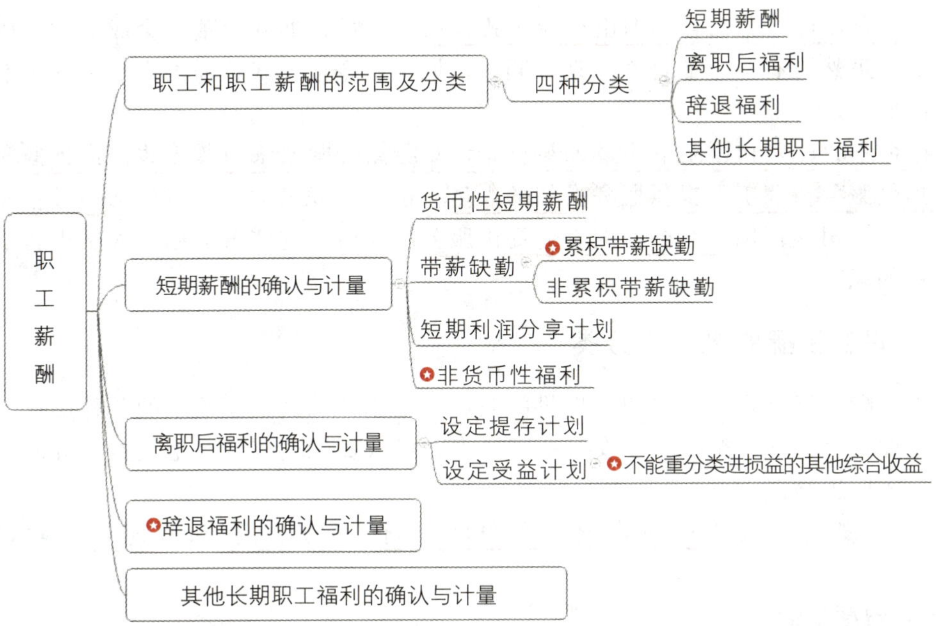

本章考情概述

本章主要阐述短期薪酬、离职后福利、辞退福利等内容。

本章应当关注的问题：不同类别职工薪酬的确认、计量原则以及相关的会计处理方法。

近三年主要考点：（1）累积带薪缺勤的会计处理；（2）利润分享计划；（3）非货币性福利的会计处理；（4）设定受益计划的会计处理。

2019年教材主要变化

本章内容无变化。

第一节 职工和职工薪酬的范围及分类

◇职工的概念

◇职工薪酬的概念及分类

一、职工的概念

考霸笔记：注意企业职工的范围，兼职和临时工都是企业职工的范畴。

职工，是指与企业订立劳动合同的所有人员，含全职、兼职和临时职工，也包括虽未与企业订立劳动合同但由企业正式任命的人员。

职工至少应当包括：

1.与企业订立劳动合同的所有人员，含全职、兼职和临时职工。准则所称的职工包括与企业订立了固定期限、无固定期限或者以完成一定工作作为期限的劳动合同的所有人员。

2.未与企业订立劳动合同但由企业正式任命的人员，如部分董事会成员、监事会成员等。虽然没有与企业订立劳动合同，但属于由企业正式任命的人员，属于准则所称的职工。

3.在企业的计划和控制下，虽未与企业订立劳动合同或未由其正式任命，但向企业所提供服务与职工所提供服务类似的人员，也属于职工的范畴，包括通过企业与劳务中介公司签订用工合同而向企业提供服务的人员，这些劳务用工人员也属于准则所称的职工。

考霸笔记：通过劳务派遣形式为公司服务的人员，比如部分银行的柜员就属此类。

二、职工薪酬的概念及分类

职工薪酬是指企业为获得职工提供的服务或终止劳动关系而给予的各种形式的报酬。企业提供给职工配偶、子女、受赡养人、已故员工遗属及其他受益人等的福利，也属于职工薪酬

职工薪酬主要包括短期薪酬、离职后福利、辞退福利和其他长期职工福利。

考霸笔记：首先明确什么是职工薪酬，然后在此基础上进一步细分，明确该职工薪酬具体属于哪一类。

（一）短期薪酬

短期薪酬，是指企业预期在职工提供相关服务的年度报告期间结束后十二个月内将全部予以支付的职工薪酬，因解除与职工的劳动关系给予的补偿除外。

短期薪酬主要包括：

1.职工工资、奖金、津贴和补贴。企业的短期奖金计划属于短期薪酬，长期奖金计划属于其他长期职工福利。

2.职工福利费，包括发放给职工或为职工支付的以下各项现金补贴和非货币性集体福利：

考霸笔记：因解除与职工的劳动关系给予的补偿属于“辞退福利”的范畴。

①为职工卫生保健、生活等发放或支付的各项现金补贴和非货币性福利。

> 包括职工因公外地就医费用、暂未实行医疗统筹企业职工医疗费用、职工供养直系亲属医疗补贴、职工疗养费用、自办职工食堂经费补贴或未办职工食堂统一供应午餐支出、符合国家有关财务规定的供暖费补贴、防暑降温费等。

②企业尚未分离的内设集体福利部门所发生的设备、设施和人员费用。

> 包括职工食堂、职工浴室、理发室、医务所、托儿所、疗养院、集体宿舍等集体福利部门设备和设施的折旧、维修保养费用以及集体福利部门工作人员的工资薪金、社会保险费、住房公积金、劳务费等人工费用。

③发放给在职职工的生活困难补助以及按规定发生的其他职工福利支出。

> 职工生活困难补贴是指企业对家庭人均生活费收入低于困难补助标准的职工给予补助。

3.医疗保险费、工伤保险费和生育保险费等社会保险费。

考霸笔记 注意：为职工缴纳的养老、失业保险费属于离职后福利，离职后才可享受。

4.住房公积金。

5.工会经费和职工教育经费。

6.短期带薪缺勤，是指企业支付工资或提供补偿的职工缺勤，包括年休假、病假、短期伤残、婚假、产假、丧假、探亲假等。

考霸笔记 注意：长期带薪缺勤属于其他长期职工福利。

7.短期利润分享计划，是指因职工提供服务而与职工达成的基于利润或其他经营成果提供薪酬的协议。长期利润分享计划属于其他长期职工福利。

8.非货币性福利。

> 主要包括企业以自己的产品或外购商品发放给职工作为福利、将企业拥有的资产无偿提供给职工使用、为职工无偿提供医疗保健服务等。

9.其他短期薪酬，是指除上述薪酬以外的其他为获得职工提供的服务而给予的短期薪酬

（二）离职后福利

离职后福利，是指企业为获得职工提供的服务而在职工退休或与企业解除劳动关系后，提供的各种形式的报酬和福利，属于短期薪酬和辞退福利的除外。

按其特征可分为：

1.设定提存计划。

向独立的基金缴存固定费用后，企业不再承担进一步支付义务的离职后福利计划，即养老保险费和失业保险费。

2.设定受益计划。

除设定提存计划以外的离职后福利计划。

（三）辞退福利 就是辞退职工时给予职工的补偿。

辞退福利，是指企业在职工劳动合同到期之前解除与职工的劳动关系，或者为鼓励职工自愿接受裁减而给予职工的补偿。

辞退福利主要包括：

1.在职工劳动关系合同尚未到期前，不论职工本人是否愿意，企业决定解除与职工的劳动关系而给予的补偿。 企业强制职工离职。

2.在职工劳动合同尚未到期前，为鼓励职工自愿接受裁减而给予的补偿，职工有权利选择继续在职或接受补偿离职。 企业接受职工本人意愿。

（四）其他长期职工福利 （只要是不属于前三类的，全部归类到这里面）

其他长期职工福利，是指除短期薪酬、离职后福利、辞退福利之外所有的职工薪酬，包括长期带薪缺勤、长期残疾福利、长期利润分享计划等。

第十章

第二节　短期薪酬的确认与计量

◇货币性短期薪酬
◇带薪缺勤
◇短期利润分享计划
◇非货币性福利

一、货币性短期薪酬

1.货币性短期薪酬的范围　（✔了解即可，考试通常不会涉及）

考霸笔记：即“应付职工薪酬”。

（1）职工工资、奖金、津贴和补贴；
（2）大部分的职工福利费；
（3）医疗保险费、工伤保险费和生育保险费；
（4）住房公积金；
（5）工会经费和职工教育经费等。

2.货币性短期薪酬的会计处理原则

考霸笔记：应付职工薪酬既可以费用化也可以资本化，关键看薪酬的受益对象。

企业应当在职工为其提供服务的会计期间，将实际发生的短期薪酬确认为负债，并计入当期损益，其他会计准则要求或允许计入资产成本的除外。

会计分录如下：

借：生产成本（生产工人）
　　制造费用（车间管理人员）
　　管理费用（行政管理人员）
　　销售费用（销售人员）
　　在建工程（基建人员）
　　研发支出（研发人员）
　贷：应付职工薪酬——工资
　　　　　　　　——职工福利
　　　　　　　　——社会保险费
　　　　　　　　——住房公积金
　　　　　　　　——工会经费
　　　　　　　　——职工教育经费等

考霸笔记：主要关注借方科目，贷方应付职工薪酬二级科目了解即可，考试不作要求。

二、带薪缺勤（可以休息，工资照发，掌握概念性内容，明白账务处理原则即可）

累积带薪缺勤在未来期间是否获得现金补偿的两种情况下如何区分处理？

带薪缺勤应当根据其性质及职工享有的权利，分为累积带薪缺勤和非累积带薪缺勤两类。

（一）累积带薪缺勤　（当年没用完，可累积至下一年，如可累积的年假）

累积带薪缺勤，是指带薪权利可以结转下期的带薪缺勤，本期尚未用完的带薪缺勤权利可以在未来期间使用。

企业应当在职工提供了服务从而增加了其未来享有的带薪缺勤权利时，确认与累积带薪缺勤相关的职工薪酬，并以累积未行使权利而增加的预期支付金额计量。

有些累积带薪缺勤在职工离开企业时，对未行使的权利职工有权获得现金支付。如果职工在离开企业时能够获得现金支付，企业应当确认企业必须支付的、职工全部累积未使用权利的金额。企业应当根据资产负债表日因累积未使用权利而导致的预期支付的追加金额，作为累积带薪缺勤费用进行预计。

例10-1　单选题

甲公司于2015年1月1日起实行行累积带薪缺勤制度。公司共有2 000名职工，在实行累积带薪缺勤制度期间没有职工离职。2015年12月31日，每个职工当年平均未使用带薪年休假为2天。该制度规定，每个职工每年可享受5个工作日带薪年休假，未使用的年休假只能向后结转一个日历年度，超过1年未使用的权利作废，职工离开时不能获得现金支付；职工休年休假时，首先使用当年可享受的权利，不足部分再从上年结转的带薪年休假中扣除。甲公司预计2016年有1 400名职工将享受不超过5天的带薪年休假，剩余600名职工每人将平均享受6天半年休假，该公司平均每名职工每个工作日工资为500元。不考虑其他因素，甲公司2015年应确认的累积带薪缺勤费用是（　　）万元。

A.45　　B.60　　C.405　　D.420

【答案】A

【解析】根据2016年职工使用年休假情况，对于2015年未使用的2天，只有600名职工会使用其中的1.5天，所以甲公司2015年应确认的累积带薪缺勤费用=600×1.5×0.05=45（万元）。

（二）**非累积带薪缺勤**（没有用完，不可累积，如婚假、产假等）

非累积带薪缺勤，是指带薪权利不能结转下期的带薪缺勤，本期尚未用完的带薪缺勤权利将予以取消，并且职工离开企业时也无权获得现金支付。

我国企业职工休婚假、产假、丧假、探亲假、病假期间的工资通常属于非累积带薪缺勤。由于职工提供服务本身不能增加其能够享受的福利金额，企业在职工未缺勤时不应当计提相关费用和负债。

为此，准则规定，企业应当在职工实际发生缺勤的会计期间确认与非累积带薪缺勤相关的职工薪酬。企业确认职工享有的与非累积带薪缺勤权利相关的薪酬，视同职工出勤确认的当期损益或相关资产成本。通常情况下，与非累积带薪缺勤相关的职工薪酬已经包括在企业每期向职工发放的工资等薪酬中，因此，不必额外作相应的账务处理。

非累积带薪缺勤为什么不作会计处理？

三、短期利润分享计划　（✔概念性内容，了解即可）

企业制订短期利润分享计划的，如当职工完成规定业绩指标，或者在企业工作了特定期限后，能够享有按照企业净利润的一定比例计算的薪酬，企业应当按照准则的规定，进行有关会计处理。

短期利润分享计划同时满足下列条件的，企业应当确认相关的应付职工薪酬，并计入当期损益或相关资产成本：

（1）企业因过去事项导致现在具有支付职工薪酬的法定义务。

（2）因利润分享计划所产生的应付职工薪酬义务能够可靠估计。

属于下列三种情形之一的，视为义务金额能够可靠估计：

（1）在财务报告批准报出之前企业已确定应支付的薪酬金额；

（2）该利润分享计划的正式条款中包括确定薪酬金额的方式；

（3）过去的惯例为企业确定推定义务金额提供了明显证据。

企业在计量利润分享计划产生的应付职工薪酬时，应当反映职工因离职而没有得到利润分享计划支付的可能性。

如果企业在职工为其提供相关服务的年度报告期间结束后十二个月内，不需要全部支付利润分享计划产生的应付职工薪酬，该利润分享计划应当适用准则其他长期职工福利的有关规定。

将自产产品和外购商品发放给职工作为福利会计处理的区别？

四、非货币性福利 （需掌握，很重要）

企业向职工提供非货币性福利的，应当按照公允价值计量。公允价值不能可靠取得的，可以采用成本计量。

企业向职工提供的非货币性福利，应当分别按照以下情况处理：

（一）以自产产品或外购商品发放给职工作为福利

（1）以自产产品发放给职工作为福利。

考霸笔记

以自产产品发放给职工作为福利，考查过计算分析题，重点掌握。

企业以自产产品作为非货币性福利发放给职工的，应当根据受益对象，按照该产品的公允价值和相关税费，计入相关资产成本或当期损益，同时确认应付职工薪酬，相关收入、成本的处理与正常商品销售相同。

①决定发放非货币性福利。

借：生产成本（生产工人）
　　制造费用（车间管理人员）
　　管理费用（行政管理人员）
　　销售费用（销售人员）
　　在建工程（基建人员）
　　研发支出（研发人员）
　贷：应付职工薪酬——非货币性福利（以产品的价税合计认定）

②将自产产品实际发放时。

借：应付职工薪酬——非货币性福利
　贷：主营业务收入
　　　应交税费——应交增值税（销项税额）
借：主营业务成本
　贷：库存商品

（2）以外购商品发放给职工作为福利。

①以商品的价税合计认定福利费用。

借：生产成本（生产工人）
　　制造费用（车间管理人员）
　　管理费用（行政管理人员）
　　销售费用（销售人员）
　　在建工程（基建人员）
　　研发支出（研发人员）

贷：应付职工薪酬——非货币性福利（以产品的价税合计认定）

②购买商品时：

借：库存商品——××存货
　　应交税费——应交增值税（进项税额）
　贷：银行存款

③发放时：

借：应付职工薪酬——非货币性福利
　贷：库存商品——××存货
　　　应交税费——应交增值税（进项税额转出）

（二）将拥有的房屋等资产无偿提供给职工使用或租赁住房等资产供职工无偿使用

根据受益对象，将住房每期应计提的折旧计入相关资产成本或当期损益，同时确认应付职工薪酬。租赁住房等资产供职工无偿使用的，应当根据受益对象，将每期应付的租金计入相关资产成本或当期损益，并确认应付职工薪酬。

（1）将企业拥有的房屋等资产无偿提供给职工使用，根据受益对象处理。

借：管理费用等
　贷：应付职工薪酬——非货币性福利
借：应付职工薪酬——非货币性福利
　贷：累计折旧

（2）将租赁住房等资产供职工无偿使用，根据受益对象处理。

借：管理费用等
　贷：应付职工薪酬——非货币性福利
借：应付职工薪酬——非货币性福利
　贷：银行存款或其他应付款

（三）向职工提供企业支付了补贴的商品或服务（以提供包含补贴的住房为例）

考霸笔记

向企业的高管优惠出售住房的内容在2014年综合题中考查过差错更正，应当引起注意，有可能再次考查。

企业有时以低于企业取得资产或服务成本的价格向职工提供资产或服务，比如以低于成本的价格向职工出售住房、以低于企业支付的价格向职工提供医疗保健服务。以提供包含补贴的住房为例，企业在出售住房等资产时，应当将此类资产的公允价值与其内部售价之间的差额分情况处理：

（1）如果出售住房的合同或协议中规定了职工在购得住房后至少应当提供服务的年限，且如果职工提前离开则应退回部分差价，企业应当将该项差额作为长期待摊费用处理，并在合同或协议规定的服务年限内平均摊销，根据受益对象分别计入相关资产成本或当期损益。

①购入住房时：

借：固定资产（以付出的公允价值进行核算）
　贷：银行存款（企业付出的价款）

考霸笔记

企业自有资产以折旧费用作为费用认定标准。有此待遇的通常是企业的高管，因此一般计入管理费用。

考霸笔记

无偿提供给职工使用的资产仍是企业自有资产，需要照常计提折旧。

考霸笔记

企业经营租入的，以租金为认定费用的标准。有此待遇的通常是企业的高管，因此一般计入管理费用。

考霸笔记

企业租入房屋等资产支付或应付的租金。

向职工提供企业支付了补贴的商品或服务的处理?

考霸笔记

摊销金额费用化还是资本化要看受益人员是企业的管理人员还是生产人员。

②出售住房时：

借：银行存款（企业卖房给职工收回的价款）
　　长期待摊费用（资产的公允价值与其内部售价之间的差额）
　贷：固定资产（出售房产时房产的公允价值）

③摊销长期待摊费用时：

借：管理费用等
　贷：应付职工薪酬——非货币性福利
借：应付职工薪酬——非货币性福利
　贷：长期待摊费用

考霸笔记

在这种情况下，该项差额相当于对职工过去提供服务成本的一种补偿，不以职工的未来服务为前提，因此应当立即确认为当期相关资产成本或当期损益。

（2）如果出售住房的合同或协议中未规定职工在购得住房后必须服务的年限，企业应当将该项差额直接计入出售住房当期相关资产成本或当期损益。

考霸笔记

该考点已考查过，有一定的可考性，再次出现在综合题当中的概率很高，应当注意。

向职工提供企业支付了补贴的房屋，该如何处理？

例10-2 · 2014年综合题（部分）

甲公司为上市公司，内审部门在审核公司及下属子公司20×2年度财务报表时，对以下交易或事项的会计处理提出质疑：

……

（3）20×1年12月20日，甲公司与10名公司高级管理人员分别签订商品房销售合同。合同约定，甲公司将自行开发的10套房屋以每套600万元的优惠价格销售给10名高级管理人员；高级管理人员自取得房屋所有权后必须在甲公司工作5年，如果在工作未满5年的情况下离职，需根据服务期限补交款项。20×2年6月25日，甲公司收到10名高级管理人员支付的款项6 000万元。20×2年6月30日，甲公司与10名高级管理人员办理完毕上述房屋产权过户手续。上述房屋成本为每套420万元，市场价格为每套800万元。

甲公司对上述交易或事项的会计处理为：

借：银行存款	6 000	
贷：主营业务收入		6 000
借：主营业务成本	4 200	
贷：开发产品		4 200

要求：判断甲公司的会计处理是否正确，并说明理由。如果甲公司的会计处理不正确，编制更正甲公司20×2年度财务报表的会计分录（编制更正分录时可以使用报表项目）。

【答案】

资料（3）会计处理不正确。

理由：该项业务系向职工提供企业承担了补贴的住房且合同规定了获得住房职工至少应提供服务的年限的业务，应按市场价确认收入，市场价与售价的差额计入长期待摊费用，在职工提供服务年限内平均摊销。

更正分录：

借：长期待摊费用（或预付账款）	2 000	
贷：营业收入（或主营业务收入）		2 000

借：管理费用　400

　贷：应付职工薪酬　400

借：应付职工薪酬　400

　贷：长期待摊费用（或预付账款）　400

第三节　离职后福利的确认和计量

◇设定提存计划

◇设定受益计划

离职后福利，是指企业为获得职工提供的服务而在职工退休或与企业解除劳动关系后，提供的各种形式的报酬和福利，短期薪酬和辞退福利除外。企业应当将离职后福利计划分类为设定提存计划和设定受益计划两种类型。

考霸笔记：设定提存计划对于企业来说比较简单，不需要考虑后续的精算风险和投资风险，因为该风险由职工承担。

一、设定提存计划

设定提存计划，是指企业向单独主体（如基金等）缴存固定费用后，不再承担进一步支付义务的离职后福利计划（如职工缴纳的基本养老、失业保险）。

设定提存计划的会计处理比较简单，因为企业在每一期间的义务取决于该期间将要提存的金额。因此，在计量义务或费用时不需要精算假设，通常也不存在精算利得或损失，因此精算风险（即福利将少于预期）和投资风险（即投资的资产将不足以支付预期的福利）实质上由职工来承担。

对于设定提存计划，企业应在资产负债表日确认为换取职工在会计期间内为企业提供的服务而应向单独主体缴存的提存金，确认为职工薪酬负债，并计入当期损益或相关资产成本。

借：管理费用等

　贷：应付职工薪酬

借：应付职工薪酬

　贷：银行存款

考霸笔记：设定受益计划对于企业来说比较麻烦，需要考虑后续的精算风险和投资风险，因为该风险由企业承担。

二、设定受益计划

考霸笔记：此处可能会考核文字形式的选择题，建议记忆小标题即可，不必深究。

设定受益计划是指除设定提存计划以外的离职后福利计划。在设定受益计划下，企业的义务是为现在及以前的职工提供约定的福利，并且精算风险和投资风险实质上由企业来承担，因此，如果精算或者投资的实际结果比预期差，则企业的义务可能会增加。

当企业通过以下方式负有法定义务时，该计划就是一项设定受益计划：

（1）计划福利公式不仅仅与提存金金额相关，且要求企业在资产不足以满足该公式的福利时提供进一步的提存金；

（2）通过计划间接地或直接地对提存金的特定回报做出担保。

设定受益计划的核算涉及四个步骤：

步骤一：确定设定受益义务现值和当期服务成本

设定受益计划当期服务成本怎么计算？

（1）根据预期累计福利单位法，采用无偏且相互一致的精算假设对有关人口统计变量（如职工离职率和死亡率）和财务变量（如未来薪金和医疗费用的增加）等作出估计，计量设定受益计划所产生的义务，并确定相关义务的归属期间。

（2）根据资产负债表日与设定受益计划义务期限和币种相匹配的国债或活跃市场上的高质量公司债券的市场收益率确定折现率，将设定受益计划所产生的义务予以折现，以确定设定受益计划义务的现值和当期服务成本。

①设定受益计划义务的现值，是指企业在不扣除任何计划资产的情况下，为履行当期和以前期间职工服务产生的义务所需的预期未来支付额的现值。

考霸笔记

设定受益计划需要企业在未来支付给员工议定好的“养老金”，企业为了在未来不至于一下子拿不出很多钱来支付，所以会提前拿出资金去交给专业的基金经理做投资，这个投资就是计划资产。

②企业应当通过预期累计福利单位法确定其设定受益计划义务的现值、当期服务成本和过去服务成本。根据预期累计福利单位法，每一个服务期间会增加一个单位的福利权利，并且对每一单位单独计量，所有单位累计形成最终义务。企业应当将福利归属于离职后福利的义务发生的期间。

③企业在确定设定受益义务的现值、当期服务成本以及过去服务成本时，应当根据预期累计福利单位法确定的公式将设定受益计划产生的福利义务归属于职工提供服务的期间，并计入当期损益或相关资产成本。

④当职工后续年度的服务将导致其享有的设定受益计划福利水平显著高于以前年度时，企业应当按照直线法将累计设定受益计划义务分摊确认于职工提供服务而导致企业第一次产生设定受益计划福利义务至职工提供服务不再导致该福利义务显著增加的期间。

⑤精算假设，是指企业对确定离职后福利最终义务的各种变量的最佳估计。精算假设应当是客观公正和相互可比、无偏且相互一致的。精算假设包括人口统计假设和财务假设。人口统计假设包括死亡率、职工的离职率、伤残率、提前退休率等。财务假设包括折现率、福利水平和未来薪酬等。

设定受益计划的当期服务成本如何核算?

例 10-3 · 计算法分析题

甲企业在 2×14 年 1 月 1 日建立一项福利计划向其未来退休的管理员工提供退休补贴，退休补贴根据工龄有不同的层次，该计划于当日开始实施。该福利计划为一项设定受益计划。假设管理人员退休时企业将每年向其支付退休补贴直至其去世，通常企业应当根据生命周期表对死亡率进行精算（为阐述方便，本例中测算表格中的演算，忽略死亡率），并考虑退休补贴的增长率等因素，将退休后补贴折现到退休时点，然后按照预期累计福利单位法在职工的服务期间进行分配。

假设一位 55 岁管理人员于 2×14 年年初入职，年折现率为 10%，预计该职工将在服务 5 年后即 2×19 年年初退休。表 10-1 列示了企业如何按照预期累计福利单位法确定其设定受益义务现值和当期服务成本，假定精算假设不变。

本例中，假设该职工退休后直至去世前企业将为其支付的累计退休福利在其退休时点的折现额约为 6 550 元，则该管理人员为企业服务的 5 年中每年所赚取的当期福利为这一金额的 1/5，即 1 310 元。当期服务成本即为归属于当年福利的现值。

因此，在 2×14 年，当期服务成本为 $1\ 310/1.1^4$。

其他各年以此类推。

表 10-1 **设定受益义务现值和当期服务成本** 单位：元

年度	2×14年	2×15年	2×16年	2×17年	2×18年
福利归属于以前年度	0	1 310	2 620	3 930	5 240
福利归属于当年	1 310	1 310	1 310	1 310	1 310
当前和以前年度	1 310	2 620	3 930	5 240	6 550
期初义务	0	890	1 960	3 240	4 760
利率为10%的利息	0	89=890×10%	196=1 960×10%	324=3 240×10%	476=4 760×10%
当期服务成本	890=1 310/(1+10%)^4	980=1 310/(1+10%)^3	1 080=1 310/(1+10%)^2	1 190=1 310/(1+10%)	1 310
期末义务	890	1 959=890+89+980	3 236=1 960+196+1 080	4 754=3 240+324+1 190	6 546=4 760+476+1 310

注：

1. 期初义务是归属于以前年度的设定受益义务的现值。
2. 当期服务成本是归属于当年的设定受益义务的现值。
3. 期末义务是归属于当年和以前年度的设定受益义务的现值。

2×14年年末，企业对该管理人员的会计处理如下：

借：管理费用（当期服务成本） 890

　贷：应付职工薪酬 890

同理，2×15年年末，企业对该管理人员的会计处理如下：

借：管理费用（当期服务成本） 980

　贷：应付职工薪酬 980

借：财务费用 89

　贷：应付职工薪酬 89

以后各年，以此类推。

步骤二：确定设定受益计划净负债或净资产

设定受益计划存在资产的，企业应当将设定受益计划义务现值减去设定受益计划资产公允价值所形成的赤字或盈余确认为一项设定受益计划净负债或净资产。设定受益计划存在盈余的，企业应当以设定受益计划的盈余和资产上限两项的孰低者计量设定受益计划净资产。其中，资产上限，是指企业可从设定受益计划退款或减少未来对设定受益计划缴存资金而获得的经济利益的现值。计划资产包括长期职工福利基金持有的资产以及符合条件的保险单，不包括企业应付但未付给基金的提存金以及由企业发行并由基金持有的任何不可转换的金融工具。

步骤三：确定应当计入当期损益的金额

报告期末，企业应当在损益中确认的设定受益计划产生的职工薪酬成本包括：服务成本和设定受益净负债或净资产的利息净额。

服务成本包括当期服务成本、过去服务成本和结算利得或损失。

（1）当期服务成本。当期服务成本，是指因职工当期服务导致的设定受益义务现值的增加额。

（2）过去服务成本。过去服务成本，是指设定受益计划修改所导致的与以前期间职工服务相关的设定受益计划义务现值的增加或减少。

（3）结算利得或损失。企业应当在设定受益计划结算时，确认一项结算利得或损失。设定受益计划结算，是指企业为了消除设定受益计划所产生的部分或所有未来义务进行的交易，而不是根据计划条款和所包含的精算假设向职工支付福利。设定受益计划结算利得或损失是下列两项的差额：

①在结算日确定的设定受益计划义务现值。

②结算价格，包括转移的计划资产的公允价值和企业直接发生的与结算相关的支付。

结算利得或损失应当计入当期损益。

（4）设定受益计划净负债或净资产的利息净额。设定受益计划净负债或净资产的利息净额，是设定受益净负债或净资产在所处期间由于时间流逝产生的变动，包括计划资产的利息收益、设定受益计划义务的利息费用以及资产上限影响的利息。

步骤四：确定应当计入其他综合收益的金额

考霸笔记

注意选择题，以及与“长期股权投资”的结合考查。

设定受益计划净负债或净资产的重新计量应当计入其他综合收益，且在后续期间不应重分类计入损益，但企业可以在权益范围内转移这些在其他综合收益中确认的金额。根据《企业会计准则解释第7号》的规定：重新计量设定受益计划净负债或者净资产的变动计入其他综合收益，在后续会计期间不允许转回至损益，在原设定受益计划终止时应当在权益范围内将原计入其他综合收益的部分全部结转至未分配利润。（✔了解即可）

设定受益计划的精算利得或损失与结算利得或损失的区别?

重新计量设定受益计划净负债或净资产所产生的变动包括下列部分：

（1）精算利得和损失，即由于精算假设和经验调整导致之前所计量的设定受益计划义务现值的增加或减少。企业未预计的过高或过低的职工流动率、提前退休率、死亡率、过高或过低的薪金、福利的增长以及折现率变化等因素，将导致设定受益计划产生精算利得和损失。精算利得和损失不包括因引入、修改或结算设定受益计划所导致的设定受益计划义务现值的变动，或者设定受益计划下应付福利的变动。这些变动产生了过去服务成本或结算利得或损失。

（2）计划资产回报，扣除包括在设定受益净负债或净资产的利息净额中的金额。计划资产的回报，指计划资产产生的利息、股利和其他收入，以及计划资产已实现和未实现的利得或损失。

计划资产回报=（期末计划资产-期初计划资产）-（本期缴存额-本期支付额）

计划资产回报越高，计划资产的公允价值就越高，需要缴存的款项就越少，积累的应付职工薪酬就越少，因此，计划资产回报是权益的一项收益，但是按照会计准则的规定不计入当期损益，而计入其他综合收益，但是需要说明的是计划资产回报中利息部分计入当期损益（财务费用）。

（3）资产上限影响的变动，扣除包括在设定受益计划净负债或净资产的利息净额中的金额。

与计划资产回报类似，资产上限影响的变动也区分为两部分：计划净资产或计划净负债的利息净额，计入损益；其他资产上限影响的变动计入其他综合收益。

> 总结：应当计入当期损益的金额和应当计入其他综合收益的金额
>
> （1）计入当期损益的金额包括：
>
> ①当期服务成本；
>
> ②过去服务成本；
>
> ③结算利得或损失；
>
> ④设定受益计划净负债或净资产的利息净额。
>
> （2）计入其他综合收益的金额包括：
>
> ①精算利得或损失；
>
> ②计划资产回报，扣除包括在设定受益净负债或净资产的利息净额中的金额；
>
> ③资产上限影响的变动，扣除包括在设定受益计划净负债或净资产的利息净额中的金额。

考霸笔记

从备考角度来看，设定提存计划和设定受益计划，没有必要详细地掌握，对其有一个概念性认识即可，重点掌握应当计入当期损益的金额和应当计入其他综合收益的金额，可以考核客观题。

判断与设定受益计划相关的事项计入损益还是其他综合收益？

例10-4·2015年单选题

下列各项有关职工薪酬的会计处理中，正确的是（ ）。

A.与设定受益计划相关的当期服务成本应计入当期损益

B.与设定受益计划负债相关的利息费用应计入其他综合收益

C.与设定受益计划相关的过去服务成本应计入期初留存收益

D.因重新计量设定受益计划净负债产生的精算损失应计入当期损益

【答案】A

【解析】选项B，与设定受益计划负债相关的利息费用应该计入当期损益；选项C，与设定受益计划相关的过去服务成本应该计入当期成本或损益；选项D，因重新计量设定受益计划净负债产生的精算损失应该计入其他综合收益。（不能重分类进损益）

第四节 辞退福利的确认与计量

考霸笔记

掌握辞退福利的范围和相应的会计处理。

◇辞退福利的确认

◇辞退福利的计量

一、辞退福利的确认

辞退福利，是指企业在职工劳动合同到期之前解除与职工的劳动关系，或者为鼓励职工自愿接受裁减而给予职工的补偿。

辞退福利包括两方面：

（1）在职工劳动合同尚未到期前，不论职工本人是否愿意，企业决定解除与职工的劳动关系而给予的补偿；

（2）在职工劳动合同尚未到期前，为鼓励职工自愿接受裁减而给予的补偿，职工有权利选择继续在职或接受补偿离职。

二、辞退福利的计量

（1）企业向职工提供辞退福利的，应当在以下两者孰早日确认辞退福利产生的职工薪酬负债，并计入当期损益：

①企业不能单方面撤回解除劳动关系计划或裁减建议所提供的辞退福利时。

②企业确认涉及支付辞退福利的重组相关的成本或费用时。

由于被辞退的职工不再为企业带来未来经济利益，因此，对于所有辞退福利，均应当于辞退计划满足负债确认条件的当期一次计入费用，不计入资产成本。

（2）企业应当按照辞退计划条款的规定，合理预计并确认辞退福利产生的应付职工薪酬。辞退福利预期在其确认的年度报告期结束后十二个月内完全支付的，应当适用短期薪酬的相关规定；辞退福利预期在年度报告期结束后十二个月内不能完全支付的，应当适用关于其他长期职工福利的有关规定。实质性辞退工作在一年内实施完毕但补偿款项超过一年支付的辞退计划，企业应当选择恰当的折现率，以折现后的金额计量应计入当期损益的辞退福利金额。

考霸笔记

需要折现，了解即可。

（3）辞退福利的会计处理。

借：管理费用 **（直接计入当期损益）**
　贷：应付职工薪酬——辞退福利

第五节　其他长期职工福利的确认与计量

考霸笔记

对相关概念有一个基础的了解即可，考查的概率不大。

其他长期职工福利，是指除短期薪酬、离职后福利和辞退福利以外的其他所有职工福利。其他长期职工福利包括长期带薪缺勤、其他长期服务福利、长期残疾福利、长期利润分享计划和长期奖金计划等。

1.符合设定提存计划条件

企业向职工提供的其他长期职工福利，符合设定提存计划条件的，应当按照设定提存计划的有关规定进行会计处理。

2.符合设定受益计划条件

企业向职工提供的其他长期职工福利，符合设定受益计划条件的，企业应当按照设定受益计划的有关规定，确认和计量其他长期职工福利净负债或净资产。在报告期末，企业应当将其他长期职工福利产生的职工薪酬成本确认为下列组成部分：

（1）服务成本。

（2）其他长期职工福利净负债或净资产的利息净额。

（3）重新计量其他长期职工福利净负债或净资产所产生的变动。

为了简化相关会计处理，上述项目的总净额应计入当期损益或相关资产成本。

3.长期残疾福利

长期残疾福利水平取决于职工提供服务期间长短的，企业应在职工提供服务的期间确认应付长期残疾福利义务，计量时应当考虑长期残疾福利支付的可能性和预期支付的期限；与职工提供服务期间长短无关的，企业应当在导致职工长期残疾的事件发生的当期确认应付长期残疾福利义务。

4.递延酬劳

递延酬劳包括按比例分期支付或者经常性定额支付的递延奖金等。这类福利应当按照奖金计划的福利公式来对费用进行确认，或者按照直线法在相应的服务期间分摊确认。如果一个企业内部为其长期奖金计划或者递延酬劳设立一个账户，则这样的其他长期职工福利不符合设定提存计划的条件。

递延奖金计划如何进行会计处理?

例 10-5 · 计算分析题

2×15年年初甲企业为其管理人员设立了一项递延奖金计划：将当年利润的5%提成作为奖金，但要两年后即2×16年年末才向仍然在职的员工分发。假设2×15年当年利润为1亿元，且该计划条款中明确规定：员工必须在这两年内持续为公司服务，如果提前离开将拿不到奖金。具体会计处理如下：

步骤一：根据预期累计福利单位法，采用无偏且相互一致的精算假设对有关人口统计变量和财务变量等作出估计，计量设定受益计划所产生的义务，并按照同久期同币种的国债收益率将设定受益计划所产生的义务予以折现，以确定设定受益计划义务的现值和当期服务成本。

假设不考虑死亡率和离职率等因素，2×15年年初预计两年后企业为此计划的现金流支出为500万元，按照预期累计福利单位法归属于2×15年的福利为250万元(500/2)，选取同久期同币种的国债收益率作为折现率（5%）进行折现，则2×15年的当期服务成本为2 500 000÷（1+5%）=2 380 952（元）。假定2×15年年末折现率变为3%，则2×15年年末的设定受益义务现值即设定受益计划负债为2 500 000÷（1+3%）=2 427 184（元）。

步骤二：核实设定受益计划有无计划资产，假设在本例中，该项设定受益计划没有计划资产，2×15年年末的设定受益计划净负债即设定受益计划负债（2 427 184元）。

步骤三：确定应当计入当期损益的金额，如步骤一所示，本例中发生利润从而导致负债的当年，即2×15年的当期服务成本为2 380 952元。由于期初负债为0，2×15年年末，设定受益计划净负债的利息费用为0。

步骤四：确定重新计量设定受益计划净负债或净资产所产生的变动，包括精算利得或损失、计划资产回报和资产上限影响的变动三个部分，计入当期损益。由于假设本例中没有计划资产，因此重新计量设定受益计划净负债或净资产所产生的变动仅包括精算利得或损失。

由步骤一可知，2×15年年末的精算损失为46 232元（2 427 184−2 380 952）。

2×15年年末，上述递延奖金计划的会计处理为：

借：管理费用——当期服务成本　　2 380 952
　　　　　　——精算损失　　46 232
　贷：应付职工薪酬——递延奖金计划　　2 427 184

同理，2×16年年末，假设折现率仍为3%，甲企业当期服务成本为250万元，设定受益计划净负债的利息费用=2 427 184×3%=72 816（元）。则甲企业2×16年年末的会计处理为：

借：管理费用　　2 500 000
　　财务费用　　72 816
　贷：应付职工薪酬——递延奖金计划　　2 572 816

实际支付该项递延奖金时，会计处理为：

借：应付职工薪酬——递延奖金计划　　　　5 000 000

　贷：银行存款　　　　5 000 000

智能测评

在线练习	我要提问
扫码在线做题　扫码看答案 本书“本章同步强化训练”均配备二维码，打开微信“扫一扫”即可完成在线测评，查看本章详细的测评反馈报告，了解知识掌握情况，也可扫码直接看答案噢。 快来扫码做题吧！	扫码答疑 本书配备答疑专用二维码，打开微信“扫一扫”，即可完成在线提问，获取专业老师全面个性化解答，让学习问题不再拖延。 快来扫码提问吧！

本章同步强化训练

一、单选题

1. 甲公司为一家生产汽车的企业，一线生产职工共有100名，2×18年10月，公司以其生产成本为10万/辆的汽车作为春节福利发放给公司每名职工。该汽车的售价为20万/辆，甲公司适用的增值税税率为16%，已开具增值税专用发票。甲公司2×18年10月应计入应付职工薪酬的金额为（　　）万元。

A.2 320　　B.2 000　　C.1 000　　D.1 160

2. 甲公司为一家生产汽车的企业，管理人员共有10名，2×18年10月，公司以外购的每部不含税价格为1 000元的手机作为春节福利发放给公司管理层。甲公司以银行存款支付了购买手机的价款和增值税进项税额，已取得增值税专用发票，适用的增值税税率为16%。甲公司2×18年10月应计入应付职工薪酬的金额为（　　）万元。

A.1.16　　B.1　　C.10 000　　D.11 600

3. 企业为鼓励生产部门生产工人自愿接受裁减给予职工的补偿而发生的职工薪酬，应借记（　　）科目。

A.生产成本　　B.管理费用　　C.制造费用　　D.营业外支出

4. 下列职工薪酬中，不应当根据职工提供服务的受益对象计入成本费用的是（　　）。

A.职工福利费　　B.因解除与职工的劳动关系给予的补偿

C.工会经费和职工教育经费　　D.社会保险费

5. 海天公司共有100名职工，其中30名为总部管理人员，70名为直接生产工人。从2×16年1月1日起，该公司实行累积带薪缺勤制度。该制度规定，每名职工每年可享受5个工作日带薪年假，未使用的年假只能向后结转一个日历年度，超过1年未行使的权利作废；职工休年假时，首先使用当年享受的权利，不足部分再从上年结转的带薪年假中扣除；职工离开公司时，对未使用的累积带薪年假无权获得现金支付。2×16年12月31日，每个职工当年平均未使用带薪年假为3天。甲公司预计2×17年有60名职工将享受不超过5天的带薪年假，剩余40名职工（包括30名总部管理人员，10名直接生产工人）每人将平均享受6天年假，该公司平均每名管理人员每个工作日工资为400元，平均每名生产工人每个工作日的工资为30元。海天公司2×16年年末因累积带薪缺勤计入管理费用的金额为（　　）元。

A.12 000　　B.15 000　　C.12 300　　D. 0

6.浩海公司2×16年12月按照工资总额的标准分配工资费用，其中生产工人工资为40万元，生产车间管理人员工资为10万元，管理部门人员工资为20万元；按照工资总额的28%计提“五险一金”、按照工资总额的2%计提工会经费、按照工资总额的2.5%计提职工教育经费。另外，本月根据短期利润分享计划，计入生产成本和管理费用的金额合计为50万元。根据上述资料计算浩海公司2×16年12月“应付职工薪酬”科目贷方发生额是（　　）万元。

A.70　　B.90.25　　C.142.75　　D.120

7.甲公司为增值税一般纳税人，适用的增值税税率为17%。2×17年1月甲公司董事会决定将本公司生产的500件产品作为福利发放给公司管理人员。该批产品的单位成本为1.2万元，市场销售价格为每件2万元（不含增值税税额）。假定不考虑其他相关税费，甲公司在2×17年因该项业务应计入管理费用的金额为（　　）万元。

A.600　　B.770　　C.1 000　　D.1 170

8.甲公司于2015年1月1日起实行累积带薪缺勤制度。公司共有2 000名职工，在实行累积带薪缺勤制度期间没有职工离职。2015年12月31日，每个职工当年平均未使用带薪年假为2天。该制度规定，每个职工每年可享受5个工作日带薪年假，未使用的年假只能向后结转一个日历年度，超过1年未使用的权利作废，职工离开时不能获得现金支付；职工休年假时，首先使用当年可享受的权利，不足部分再从上年结转的带薪年假中扣除。甲公司预计2016年有1 400名职工将享受不超过5天的带薪年假，剩余600名职工每人将平均享受6天半年假，该公司平均每名职工每个工作日工资为500元。不考虑其他因素，甲公司2015年年底应确认的累积带薪缺勤费用是（　　）万元。

A.45　　B.60　　C.405　　D.420

9.下列各项中，不影响设定受益计划净负债或净资产的利息净额的是（　　）。

A.计划资产的利息收益

B.设定受益计划义务的利息费用

C.资产上限影响的利息

D.设定受益计划精算利得和损失

二、多选题

1.下列有关职工和职工薪酬说法正确的有（　　）。

A.与劳务中介公司签订用工合同但向企业提供服务的人员不属于职工

B.董事会成员属于职工

C.离职后的福利属于职工薪酬

D.企业提供给职工配偶的福利不属于职工薪酬

2.下列属于短期薪酬的是（　　）。

A.职工工资、奖金、津贴或补贴

B.职工福利费、工会经费和职工教育经费

C.医疗保险费、工伤保险费和生育保险费

D.养老保险和失业保险

3.下列有关累积带薪缺勤的说法正确的有（　　）。

A.职工离开时能够获得现金支付，企业应确认企业必须支付，职工累积未使用权利的金额

B.职工离开时能够获得现金支付，企业应确认累计未使用权利而预期追加支付的金额

C.职工离开时不能获得现金支付，企业应确认企业必须支付，职工累积未使用权利的金额

D.职工离开时不能获得现金支付，企业应确认累计未使用权利而预期追加支付的金额

4.2×18年甲公司为部门经理提供自建单位宿舍免费使用，该公司共有部门经理20名，假定每间单位宿舍每月计提折旧1 000元，下列会计处理正确的有（　　）。

A.借记“管理费用”20 000，贷记“应付职工薪酬”20 000

B.借记“管理费用”20 000，贷记“累计折旧”20 000

C.借记“应付职工薪酬”20 000，贷记“累计折旧”20 000

D.借记“应付职工薪酬”20 000，贷记“管理费用”20 000

5.2×18年甲公司为高级管理人员每人租赁一套住房。该公司共有高级管理人员10名，公司为其每人租赁一套月租金为10 000元的公寓，下列会计处理正确的有（　　）。

A.借记“管理费用”100 000，贷记“应付职工薪酬”100 000

B.借记“管理费用”100 000，贷记“其他应付款”100 000

C.借记“应付职工薪酬”100 000，贷记“其他应付款”100 000

D.借记“其他应付款”100 000，贷记“银行存款”100 000

6.2×18年9月，甲公司（房地产开发企业）与10名高级管理人员分别签订商品房销售合同。合同约定，甲公司将自行开发的10套房屋以每套100万元的优惠价格销售给10名高级管理人员；高级管理人员自取得房屋所有权后必须在甲公司工作5年，如果在工作未满5年的情况下离职，需根据服务期限补交款项。2×18年10月甲公司收到10名高级管理人员支付的款项1 000万元。2×18年10月30日，甲公司与10名高级管理人员办理完毕上述房屋的产权过户手续。上述房屋成本为每套90万元，市场价格为每套150万元，在2×18年10月的会计处理中，下列说法正确的有（　　）。

A.应确认主营业务收入1 500万元

B.应确认主营业务收入1 000万元

C.应确认长期待摊费用500万元

D.应确认管理费用500万元

7.2×18年9月，甲公司（房地产开发企业）与10名高级管理人员分别签订商品房销售合同。合同约定，甲公司将自行开发的10套房屋以每套100万元的优惠价格销售给10名高级管理人员。合同中未约定职工在购得住房后必须服务的年限。2×18年10月甲公司收到10名高级管理人员支付的款项1 000万元。2×18年10月30日，甲公司与10名高级管理人员办理完毕上述房屋的产权过户手续。上述房屋成本为每套90万元，市场价格为每套150万元，在2×18年10月的会计处理中，下列说法正确的有（　　）。

A.应贷记主营业务收入1 500万元

B.应贷记主营业务收入1 000万元

C.应确认长期待摊费用500万元

D.应确认管理费用500万元

8.下列有关离职后的福利正确的有（　　）。

A.设定提存计划下，企业的义务以向基金缴存额为限

B.设定受益计划下，企业的义务以向基金缴存额为限

C.设定提存计划的精算风险由职工承担
D.设定提存计划的精算风险由企业承担
9.下列各项有关设定受益计划说法正确的有（ ）。
A.设定受益净资产的利息净额应当计入当期损益
B.企业的义务是为现在及以前的职工提供约定的福利
C.精算风险和投资风险实质上由职工来承担
D.结算利得或损失应当计入其他综合收益
10.设定受益计划下，应计入其他综合收益的有（ ）。
A.精算利得或损失
B.计划资产回报，扣除包括在设定受益净资产或净负债的利息净额中的金额
C.资产上限影响的变动，扣除包括在设定受益净资产或净负债的利息净额中的金额
D.结算利得或损失
11.下列有关辞退福利正确的有（ ）。
A.对于分期实施的解除劳动关系计划，应当等全部计划符合条件时确认预计负债
B.对于分期实施的解除劳动关系计划，应当在每期计划符合条件时确认预计负债
C.辞退福利预期在年度报告期间期末后12个月内不能完成支付的，企业应当选择恰当的折现率，以折现后的金额计入当期损益
D.辞退福利预期在年度报告期间期末后12个月内不能完成支付的，企业应当按照预计支付的金额计入当期损益
12.下列有关其他长期职工福利的说法正确的有（ ）。
A.重新计量净负债或净资产所产生的变动应计入其他综合收益
B.重新计量净负债或净资产所产生的变动应计入当期损益
C.净资产或净负债的利息净额应计入当期损益
D.净资产或净负债的利息净额应计入其他综合收益
13.关于设定受益计划，下列项目中应计入其他综合收益的有（ ）。
A.过去服务成本
B.计划资产回报，扣除包括在设定受益净负债或净资产的利息净额中的金额
C.结算利得或损失
D.资产上限影响的变动，扣除包括在设定受益净负债或净资产的利息净额中的金额
14.下列各项有关职工薪酬的会计处理中，不正确的是（ ）。
A.与设定受益计划相关的当期服务成本应计入当期损益
B.与设定受益计划负债相关的利息费用应计入其他综合收益
C.与设定受益计划相关的过去服务成本应计入期初留存收益
D.因重新计量设定受益计划净负债产生的精算损失应计入当期损益
15.下列各项中，不影响设定受益计划净负债或净资产的利息净额的是（ ）。
A.计划资产的利息收益 B.设定受益计划义务的利息费用
C.资产上限影响的利息 D.设定受益计划精算利得和损失
16.下列各项关于应付职工薪酬的表述中，正确的有（ ）。
A.职工薪酬是指企业为获得职工提供的服务而给予各种形式的报酬以及其他相关支出，这里的“职工”仅指全职职工和兼职职工，不包含临时人员

B.企业的职工薪酬，都应当根据职工提供服务的受益对象，计入相关资产成本或者费用

C.生产车间发生的非正常消耗的直接生产人员和直接提供劳务人员的职工薪酬，应当在发生时确认为当期损益

D.企业以其生产的产品作为非货币性福利提供给职工的，应当按照该产品的公允价值和相关税费，计量应计入成本费用的职工薪酬金额

17.企业在劳动合同到期之前解除与部分职工的劳动关系，确认因解除与职工的劳动关系给予补偿而确认的负债应满足的条件有（　　）。

A.企业不能单方面撤销解除劳动关系计划或裁减建议

B.企业可以单方面撤销解除劳动关系计划或裁减建议

C.企业即将制订正式的解除劳动关系计划或提出自愿裁减建议，并即将实施

D.企业已经制订正式的解除劳动关系计划或提出自愿裁减建议，并即将实施

三、综合题

1.GD公司适用的所得税税率为25%。2018年10月，GD公司当月应发管理人员工资2 000万元，其中：销售部门管理人员工资1 200万元，管理部门管理人员工资800万元。根据GD公司所在地政府规定，GD公司应当按照工资总额的8%计提职工教育经费。税法规定，工资薪金和职工教育经费实际列支时在税前扣除，月末GD公司未支付当月的职工薪酬。请编制GD公司2018年10月相关的会计分录。（单位：万元）

2.GD公司总部管理人员共有30名。2016年1月1日GD公司向总部管理人员低价出售住房作为非货币性福利，出售价格每套210万元。该住房系GD公司2015年10月31日自公开市场上购买，购买价为300万元。售房协议规定，职工在取得住房后必须在该公司服务满10年，若提前离职，则将剩余年限对应的差价补回给公司。2018年12月31日，有4名职工离职，按照合同支付了相应的补偿款。不考虑相关税费，针对上述事项，请编制2016年、2017年、2018年GD公司相关的会计分录。（单位：万元）

3.GD公司2018年12月实施了一项关闭A产品生产线的重组义务，重组计划预计发生下列支出：

因辞退员工将支付补偿款300万元；

因撤销厂房租赁合同将支付违约金20万元；

因将用于A产品生产的固定资产等转移至仓库将发生运输费2万元；

因对留用员工进行培训将发生支出1万元；

因推广B产品将发生广告费800万元；

因处置用于A产品生产的固定资产将发生减值损失100万元。

不考虑其他因素。

要求：

根据上述资料，判断哪些事项是与GD公司重组义务有关的直接支出，并计算因重组义务应确认的预计负债金额。

根据上述资料，计算该重组计划影响GD公司2018年12月31日资产负债表中“预计负债”和“应付职工薪酬”项目的金额。

根据上述资料，计算GD公司因重组计划而减少2018年度利润总额的金额。

根据上述资料，编制相关会计分录。

第十一章　借款费用

考霸笔记

重要，平均每年6分左右，选择题和综合题都有可能涉及。

本章导学

本章框架图

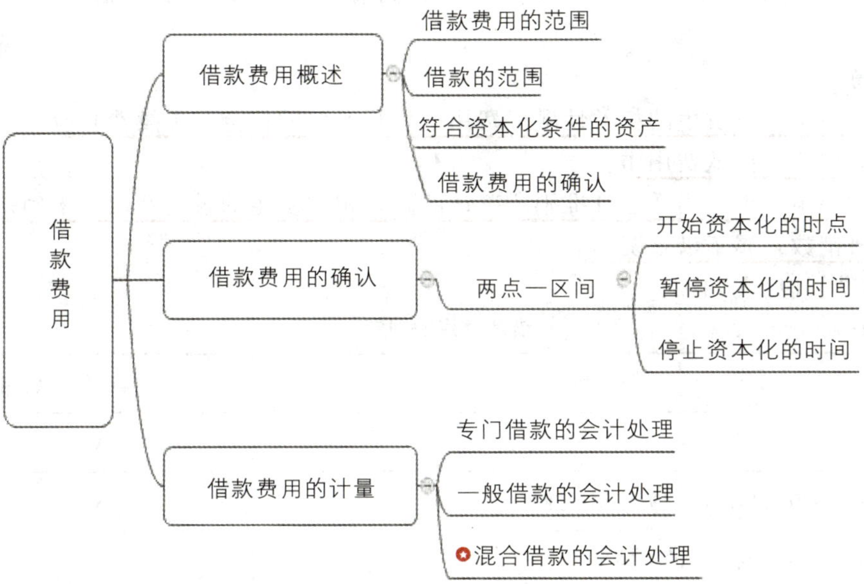

本章考情概述

本章阐述借款费用的确认和计量。借款费用开始资本化时点、中断资本化的条件、停止资本化时点的判断可能在客观题中进行考查，而专门借款利息费用资本化的计算、一般借款利息费用资本化的计算等通常会与固定资产、负债等章节结合出题，以综合题为载体进行考查。

本章应关注的主要问题：（1）借款费用的概念及其范围；（2）借款费用开始资本化、暂停资本化和停止资本化的条件；（3）借款费用资本化金额的计算等。

本章近三年主要考点：借款费用资本化金额的计算。

2019年教材主要变化

本章内容无变化。

第一节　借款费用概述

◇借款费用的范围　　◇符合资本化条件的资产

◇借款的范围　　◇借款费用的确认

借款费用的范围包括什么?

一、借款费用的范围

注意基础要领的辨析，可以考核客观题。

借款费用是企业因借入资金所付出的代价，它包括：

1.借款利息（企业向银行或其他金融机构等借入资金发生的利息、发行公司债券或企业债券发生的利息、购建或生产符合资本化条件的资产而发生的带息债务所承担的利息）。

2.折价或者溢价的摊销额（实质是对债券票面利息的调整）。

考霸笔记

注意是折价或者溢价的摊销额，不是折价和溢价。

3.外币借款而发生的汇兑差额。

4.辅助费用（手续费、佣金）包括发行债券产生的，不包括发行股票产生的。

注意：

（1）对于企业发生的权益性融资费用（发行股票的佣金和手续费）应当冲减溢价，不应包括在借款费用中。

（2）承租人根据租赁会计准则所确认的融资租赁发生的融资费用（未确认融资费用的摊销数）属于借款费用。

【总结】（见表11-1）

表11-1 借款费用的判断

项　目	是否属于借款费用
1.利息费用	√
2.发行债券或取得借款的相关费用的摊销	√
3.发行债券的折价或溢价的摊销	√
4.企业发行股票的相关费用	×
5.发行债券的折价或溢价	×
6.承租人融资租入固定资产发生的“未确认融资费用”的摊销	√
7.分期付款购买固定资产发生的“未确认融资费用”的摊销	√
8.外币借款的汇兑差额	√

例11-1·2014年多选题

甲公司以出包方式建造厂房，建造过程中发生的下列支出中，应计入所建造固定资产成本的有（　　）。

A.支付给第三方监理公司的监理费

B.为取得土地使用权而交纳的土地出让金

C.建造期间进行试生产发生的负荷联合试车费用

D.季节性因素暂停建造期间外币专门借款的汇兑损益

【答案】ACD

【解析】选项B，为取得土地使用权而交纳的土地出让金应当确认为无形资产。

【点拨】此题涉及固定资产入账价值的确认，有一个选项涉及了借款费用这一章的内容，属于区分判断性的内容，这就要求考生准确掌握相关费用的归类，准确区分哪些借款费用应该资本化，哪些借款费用应该费用化。

二、借款的范围（见表11-2）

表11-2　借款的范围

借款费用应予资本化的借款范围既包括专门借款，也包括一般借款	
1.专门借款	为购建或者生产某项符合资本化条件的资产而专门借入的款项，通常应当是标明专门用途的借款合同
2.一般借款	指除专门借款之外的借款，相对于专门借款而言，一般借款在借入时，通常没有特指用于符合资本化条件的资产的购建或者生产

三、符合资本化条件的资产（基础概念，了解即可）

符合资本化条件的资产是指需要经过相当长时间的购建或者生产活动才能达到预定可使用或者可销售状态的固定资产、投资性房地产和存货等资产。

符合资本化条件的存货，主要包括房地产开发企业开发的用于对外出售的房地产开发产品、企业制造的用于对外出售的大型机械设备等。这类存货通常需要经过相当长时间的建造或者生产过程，才能达到预定可销售状态。

"相当长时间"是指资产的购建或者生产所必需的时间，通常为一年以上（含一年）。企业购入即可使用的资产，或者购入后需要安装但所需安装时间较短的资产，或者需要建造或者生产但所需建造或者生产时间较短的资产，均不属于符合资本化条件的资产。

四、借款费用的确认

借款费用确认的基本原则：企业发生的借款费用可直接归属于符合资本化条件的资产的购建或者生产的，应当予以资本化，计入相关资产成本；其他借款费用应当在发生时根据其发生额确认为费用，计入当期损益。

企业只有发生在资本化期间内的有关借款费用，才允许资本化。借款费用资本化期间，是指从借款费用开始资本化的时点到停止资本化时点的期间，但不包括借款费用暂停资本化的期间。

第二节　借款费用的确认

◇借款费用开始资本化的时点
◇借款费用暂停资本化的时间
◇借款费用停止资本化的时点

一、借款费用开始资本化的时点

考霸笔记：需要准确掌握，不会直接考核，但是是准确计算借款费用资本化金额的基础。

借款费用允许开始资本化必须同时满足三个条件，即资产支出已经发生、借款费用已经发生、为使资产达到预定可使用或者可销售状态所必要的购建或者生产活动已经开始（见表11-3）。

表11-3 借款费用开始资本化的时点

（1）资产支出已经发生	①支付现金，是指用货币资金支付符合资本化条件的资产的购建或者生产支出 ②转移非现金资产，是指企业将自己的非现金资产直接用于符合资本化条件的资产的购建或者生产 ③承担带息债务，是指企业为了购建或者生产符合资本化条件的资产所需用物资等而承担的带息应付款项（如带息应付票据）
（2）借款费用已经发生	已经发生了专门借款费用或者占用了一般借款的借款费用
（3）为使资产达到预定可使用或者可销售状态所必要的购建或者生产活动已经开始	相关活动已经开始

怎样理解承担带息债务？

企业只有在上述三个条件同时满足的情况下，有关借款费用才可开始资本化，只要其中的任何一个条件没有满足，借款费用都不能开始资本化。

自然灾害就一定是非正常中断吗？哪些属于正常中断，哪些属于非正常中断？

二、借款费用暂停资本化的时间

符合资本化条件的资产在购建或者生产过程中发生非正常中断，且中断时间连续超过3个月的，应当暂停借款费用的资本化。中断的原因必须是非正常中断，属于正常中断的，相关借款费用仍可资本化。

考霸笔记：必须同时满足两个条件时才能暂停资本化。

在中断期间所发生的借款费用，应当计入当期损益，直至购建或者生产活动重新开始。但是，如果中断是使所购建或者生产的符合资本化条件的资产达到预定可使用或者可销售状态必要的程序，所发生的借款费用应当继续资本化（见表11-4）。

表11-4 借款费用暂停资本化的情况

项　目	概　念	示　例
正常中断	中断是资产达到预定可使用或者可销售状态必要的程序，可预见的不可抗力导致的中断为正常中断	（1）工程达到一定阶段必须暂停下来进行质量检查或安全检查 （2）可预见的冰冻季节或梅雨季节等
非正常中断	是指企业管理决策上的原因或者其他不可预见的原因等所导致的中断	（1）购建过程中由于资金短缺、资金周转困难导致施工中断 （2）由于发生重大安全事故导致施工中断 （3）由于发生劳动纠纷、质量纠纷引起的施工中断 （4）由于缺乏工程物资导致停工等

考霸笔记：需要准确判断正常中断和非正常中断。

三、借款费用停止资本化的时点

考霸笔记：需要准确掌握，一般不会直接考查，但是是准确计算借款费用资本化金额的基础。

购建或者生产符合资本化条件的资产达到预定可使用或者可销售状态时，借款费用应当停止资本化，之后所发生的借款费用，应当在发生时根据其发生额确认为费用，计入当期损益。具体可从以下几个方面进行判断（见表11-5）：

表11-5　　借款费用停止资本化的判断

(1) 实体建造（包括安装）或生产全部完成或实质上已完成
(2) 与设计要求、合同规定或生产要求相符或者基本相符，即使有极个别不相符的地方，也不影响其正常使用或者销售
(3) 继续发生的支出金额很小或者几乎不再发生
(4) 购建或者生产的符合资本化条件的资产的各部分分别完工，每部分在其他部分继续建造或者生产过程中可供使用或者可对外销售，且为使该部分资产达到预定可使用或可销售状态所必要的购建或者生产活动实质上已经完成的，应当停止与该部分资产相关的借款费用的资本化，因为该部分资产已经达到了预定可使用或者可销售状态

第三节　借款费用的计量

考霸笔记：非常重要，必须完全准确掌握，以下内容比较抽象，建议通过做题加深理解。

◇借款利息资本化金额的确定

◇外币专门借款汇兑差额资本化金额的确定

一、借款利息资本化金额的确定

在借款费用资本化期间内，每一会计期间的利息资本化金额，应当按照下列规定确定：

1. 为购建或者生产符合资本化条件的资产而借入专门借款的：

专门借款资本化金额 = 资本化期间实际的利息费用 − 资本化期间的存款利息收入或投资收益

专门借款费用化金额 = 费用化期间实际的利息费用 − 费用化期间的存款利息收入或投资收益

2. 为购建或者生产符合资本化条件的资产而占用一般借款的：

$$\text{一般借款利息费用资本化金额} = \text{累计资产支出超过专门借款部分的资产支出加权平均数} \times \text{所占用一般借款的资本化率}$$

其中：所占用一般借款的资本化率 = 所占用一般借款加权平均利率

= 所占用一般借款当期实际发生的利息之和 ÷ 所占用一般借款本金加权平均数

其中：

$$\text{所占用一般借款本金加权平均数} = \sum\left(\text{所占用每笔一般借款本金} \times \frac{\text{每笔一般借款在当期所占用的天数}}{\text{当期天数}}\right)$$

3. 每一会计期间的利息资本化金额，不应当超过（上限）当期相关借款实际发生的利息金额。

涉及一笔一般借款和一笔专门借款时利息费用如何计算？

例 11-2 · 2013 年单选题

甲公司建造生产线，预计工期为2年，从20×4年7月1日开始，当日预付承包商建设工程款为3 000万元。9月30日，追加支付工程进度款为2 000万元。甲公司生产线建造工程占用的借款包括：

（1）20×4年6月1日借入的3年期专门借款4 000万元，年利率为6%；

（2）20×4年1月1日借入的2年期一般借款3 000万元，年利率为7%。

甲公司将闲置部分专门借款投资于货币市场基金，月收益率为0.6%。不考虑其他因素，20×4年甲公司建造该建设工程应予以资本化的利息费用是（　　）万元。

A.119.5　　B.122.5　　C.139.5　　D.137.5

【答案】A

【解析】专门借款资本化金额 = 4 000×6%×6÷12−1 000×0.6%×3 = 102（万元），一般借款资本化金额 = 1 000×3÷12×7% = 17.5（万元）。故：20×4年甲公司建造该生产线应予以资本化的利息费用 = 102 + 17.5 = 119.5（万元）。

考霸笔记

这两个例题考核的是借款费用资本化金额的计算，属于本章核心考点，必须完全掌握。

例11-3 · 2007年单选题

甲公司20×7年1月1日发行面值总额为10 000万元的债券，取得的款项专门用于建造厂房。该债券系分期付息、到期还本债券，期限为4年，票面年利率为10%，每年12月31日支付当年利息。该债券年实际利率为8%。债券发行价格总额为10 662.10万元，款项已存入银行。厂房于20×7年1月1日开工建造，20×7年度累计发生建造工程支出4 600万元。经批准，当年甲公司将尚未使用的债券资金投资于国债，取得投资收益760万元。20×7年12月31日工程尚未完工，该在建工程的账面余额为（　　）万元。

A.4 692.97　　B.4 906.21　　C.5 452.97　　D.5 600

【答案】A

【解析】专门借款的借款费用资本化金额 = 10 662.10×8%−760 = 92.97（万元），在建工程的账面余额 = 4 600 + 92.97 = 4 692.97（万元）。

外币专门借款的汇兑差额怎么处理？

5875

二、外币专门借款汇兑差额资本化金额的确定

✔基础概念，做到能区分哪些应该费用化，哪些应该资本化即可。

1.外币一般借款发生的汇兑差额

外币一般借款本金及利息的汇兑差额，应当予以费用化。

2.外币专门借款发生的汇兑差额

在资本化期间，外币专门借款本金及利息的汇兑差额，应当予以资本化，计入符合资本化条件的资产的成本。

考霸笔记

2014年的这道综合题完整系统地考查了本章核心内容，对初学者来说难度较大，但也比较基础。从此考题可以看出，考生需掌握本章所有的核心考点，不留死角。该题非常具有代表性，有必要反复练习，全面掌握！

例11-4 · 2014年综合题

甲股份有限公司（以下简称“甲公司”）拟自建一条生产线，与该生产线建造相关的情况如下：

（1）20×2年1月2日，甲公司发行公司债券，专门筹集生产线建设资金。该公司债券为3年期分期付息、到期还本债券，面值为3 000万元，票面年利率为5%，发行价格为3 069.75万元，另在发行过程中支付中介机构佣金150万元，实际募集资金净额为2 919.75万元。

（2）甲公司除上述所发行公司债券外，还存在两笔流动资金借款：一笔于20×1年10月1日借入，本金为2 000万元，年利率为6%，期限2年；另一笔于20×1年12月1日借入，本金为3 000万元，年利率为7%，期限18个月。

（3）生产线建造工程于20×2年1月2日开工，采用外包方式进行，预计工期

涉及两笔一般借款和一笔专门借款时资本化利息如何计算以及如何做出会计处理？

5876

1年。有关建造支出情况如下：

20×2年1月2日，支付建造商1 000万元；

20×2年5月1日，支付建造商1 600万元；

20×2年8月1日，支付建造商1 400万元。

（4）20×2年9月1日，生产线建造工程出现人员伤亡事故，被当地安监部门责令停工整改，至20×2年12月底整改完毕。工程于20×3年1月1日恢复建造，当日向建造商支付工程款1 200万元。建造工程于20×3年3月31日完成，并经有关部门验收，试生产出合格产品。为帮助职工正确操作使用新建生产线，甲公司自20×3年3月31日起对一线员工进行培训，至4月30日结束，共发生培训费用120万元。该生产线自20×3年5月1日起实际投入使用。

（5）甲公司将闲置专门借款资金投资固定收益理财产品，月收益率为0.5%。

其他资料：

本题中不考虑所得税等相关税费以及其他因素。

（P/A，5%，3）=2.7232，（P/A，6%，3）=2.6730，（P/A，7%，3）=2.6243

（P/F，5%，3）=0.8638，（P/F，6%，3）=0.8396，（P/F，7%，3）=0.8163

要求：（1）确定甲公司生产线建造工程借款费用的资本化期间，并说明理由。

（2）计算甲公司发行公司债券的实际利率，并对发行债券进行会计处理。

（3）分别计算甲公司20×2年专门借款、一般借款利息应予资本化的金额，并对生产线建造工程进行会计处理。

（4）分别计算甲公司20×3年专门借款、一般借款利息应予资本化的金额，并对生产线建造工程进行会计处理，编制结转固定资产的会计分录。

【答案】（分录中金额单位为万元）

（1）确定甲公司生产线建造工程借款费用的资本化期间，并说明理由。

甲公司生产线建造工程借款费用的资本化期间为：20×2年1月2日至8月31日（9月1日至12月31日期间暂停）、20×3年1月1日至3月31日。

理由：20×2年1月2日资产支出发生、借款费用发生、有关建造活动开始，符合借款费用开始资本化的条件；9月1日至12月31日期间，因事故停工且超过3个月，应暂停资本化；20×3年3月31日试生产出合格产品，已达到预定可使用状态，应停止借款费用资本化。

（2）计算甲公司发行公司债券的实际利率，并对发行债券进行会计处理。

3 000×5%×（P/A，r，3）+3 000×（P/F，r，3）=2 919.75（万元）

当r=6%时：

3 000×5%×（P/A，6%，3）+3 000×（P/F，6%，3）=3 000×5%×2.6730+3 000×0.8396

=2 919.75（万元）

计算得出实际利率r=6%。

借：银行存款	2 919.75	
应付债券——利息调整	80.25	
贷：应付债券——面值		3 000

（3）20×2年1月2日至8月31日资本化期间为8个月；20×2年1月2日，支付1 000万元；

20×2年5月1日，支付1 600万元；20×2年8月1日，支付1 400万元；甲公司将闲置专门借款投资理财产品，月收益率为0.5%（见表11-6）。

表11-6 **【例11-4·2014年综合题】具体计算** 单位：万元

日期	每期资产支出金额	资产支出累计金额	闲置专门借款利息收入	占用了一般借款的资产支出
20×2年1月2日（借款2 919.75）	1 000	1 000	（2 919.75－1 000）×0.5%×4＝38.395	—
20×2年5月1日	1 600	2 600	（2 919.75－2 600）×0.5%×3＝4.79625	—
20×2年8月1日	1 400	4 000		4 000－2 919.75＝1 080.25
20×3年1月1日	1 200			1 200（一般借款5 000）

20×2年专门借款利息资本化金额＝2 919.75×6%×8÷12－（2 919.75－1 000）×0.5%×4－（2 919.75－1 000－1 600）×0.5%×3＝73.60（万元）

20×2年专门借款利息费用化金额＝2 919.75×6%×4÷12＝58.40（万元）

20×2年一般借款资本化率＝（2 000×6%＋3 000×7%）÷（2 000＋3 000）×100%＝6.6%

20×2年累计资产支出加权平均数＝（1 000＋1 600＋1 400－2 919.75）×1÷12＝90.02（万元）

20×2年一般借款利息资本化金额＝90.02×6.6%＝5.94（万元）

20×2年一般借款利息总额＝2 000×6%＋3 000 ×7%＝330（万元）

20×2年一般借款利息费用化金额＝330－5.94＝324.06（万元）

借：在建工程 4 000
　贷：银行存款 4 000

借：在建工程 73.60
　　财务费用 58.40
　　应收利息 43.19
　贷：应付利息 150
　　　应付债券——利息调整 25.19

借：在建工程 5.94
　　财务费用 324.06
　贷：应付利息（或银行存款） 330

（4）20×3年专门借款利息资本化金额＝2 944.94×6%×3÷12＝44.17（万元）

20×3年专门借款利息费用化金额＝2 944.94×6%×9÷12＝132.52（万元）

20×3年一般借款利息资本化金额＝2 280.25×6.6%×3÷12＝37.62（万元）

20×3年一般借款利息费用化金额＝2 000×6%×9÷12＋3 000×7%×5÷12－37.62＝139.88（万元）

20×3年借款费用资本化金额＝44.17＋37.62＝81.79（万元）

借：在建工程 1 200
　贷：银行存款 1 200

借：在建工程 44.17
　　财务费用 132.52
　贷：应付利息 150
　　　应付债券——利息调整 26.69

借：在建工程 37.62

　　财务费用 139.88

　贷：应付利息 177.50

固定资产 = 4 079.54 + 1 200 + 44.17 + 37.62 = 5 361.33（万元）

借：固定资产 5 361.33

　贷：在建工程 5 361.33

智能测评

在线练习	我要提问
扫码在线做题　扫码看答案 本书“本章同步强化训练”均配备二维码，打开微信“扫一扫”即可完成在线测评，查看本章详细的测评反馈报告，了解知识掌握情况，也可扫码直接看答案噢。 快来扫码做题吧！	扫码答疑 本书配备答疑专用二维码，打开微信“扫一扫”，即可完成在线提问，获取专业老师全面个性化解答，让学习问题不再拖延。 快来扫码提问吧！

本章同步强化训练

一、单选题

1.华东公司采用出包方式交付承建商建设一条生产线，生产线建设工程于2×14年4月1日开工并支付第一笔工程款，至2×14年12月31日尚未完工，预计该项建造工程可于2×15年6月30日完工。华东公司为建设生产线筹集资金的情况如下：

（1）2×14年1月1日，发行分期付息、到期还本的公司债券10万张，该债券每张面值为100元，期限为3年，票面年利率为5%。利息于每年年末支付。在扣除手续费15万元后，发行债券所得资金973.25万元已存入银行。2×14年4月1日支付工程款300万元，2×14年度未使用债券资金的月收益率为0.3%。

（2）2×14年7月1日，以每股12元的价格增发本公司普通股800万股，每股面值1元，在扣除佣金50万元后，增后股票所得资金9 550万元已存入银行。已知：（P/A，6%，3）=2.6730；（P/F，6%，3）=0.8396

要求：根据上述资料，不考虑其他因素，回答下列各题。

（1）华东公司发生的下列有关支出中，不属于借款费用的是（　　）。

A.债券利息费用　　B.债券折价的摊销

C.融资租赁发生的融资费用　　D.发行股票的佣金

（2）华东公司发行债券筹集资金，下列会计处理的表述中不正确的是（　　）。

A.华东公司发行该债券记入“应付债券——面值”科目的金额为1 000万元

B.华东公司该债券的初始入账价值为973.25万元

C.华东公司该债券的初始入账价值为1 000万元

D.华东公司发行债券发生的手续费影响债券的初始入账价值

（3）华东公司2×14年应予资本化的借款费用是（　　）万元。

A.58.4　　B.25.62　　C.43.80　　D.19.56

（4）华东公司2×14年应予费用化的借款费用是（　　）万元。

A.0　　B.14.6　　C.12.5　　D.5.84

2.芳洋公司于2×14年1月1日动工兴建一幢办公楼，工程预计于2×15年9月30日完工，达到预定可使用状态。

芳洋公司建造工程资产支出如下：

（1）2×14年4月1日，支出2 000万元；

（2）2×14年5月1日，支出1 000万元；

（3）2×14年7月1日，支出4 000万元；

（4）2×15年1月1日，支出3 500万元；

（5）2×15年4月1日，支出1 500万元；

（6）2×15年7月1日，支出1 000万元。

芳洋公司为建造办公楼于2×14年1月1日向A银行借入专门借款6 000万元，借款期限为3年，年利率为6%，按年计提并支付利息。除此之外，无其他专门借款。

除上述专门借款外，该项办公楼的建造还占用两笔一般借款：

（1）从B银行取得长期借款4 000万元，期限为2×13年12月1日至2×16年12月1日，年利率为6%，按年计提并支付利息。

（2）发行公司债券2亿元，发行日为2×13年1月1日，期限为5年，年利率为8%，按年计提并支付利息。

闲置专门借款资金用于固定收益债券进行暂时性投资，假定暂时性投资月收益率为0.25%，进行暂时性投资的收益于年末收到，并存入银行。假定全年按360天计算。

2×14年度工程建造期间，因原料供应不及时，工程项目于2×14年8月1日至11月30日发生中断。

2×15年9月30日工程如期完工，所建办公楼达到预定可使用状态。

要求：根据上述资料，不考虑其他因素，回答下列各题。（计算结果保留两位小数）

（1）上述专门借款借款费用开始资本化的时点是（　　）。

A.2×14年1月1日　　B.2×14年4月1日　　C.2×13年12月1日　　D.2×13年1月1日

（2）2×14年上述一般借款的平均资本化率为（　　）。

A.6%　　B.7%　　C.8%　　D.7.67%

（3）2×14年度借款利息应予资本化金额为（　　）万元。

A.144　　B.23.01　　C.167.01　　D.137.78

（4）2×15年度借款费用计入当期损益的金额为（　　）万元。

A.1 594.44　　B.1 104　　C.902.66　　D.956.66

3.A公司为增值税一般纳税人，2×14年1月1日开始建设一幢自用厂房。2×14年及之前未取得专门借款，所发生支出均系占用一般借款。1～3月期间发生以下支出：1月10日，购买工程物资含税价款为117万元；2月1日将企业产品用于建造固定资产，产品成本为25万元，其中材料成本20万元，增值税进项税额为3.4万元，该产品计税价格为30万元，增值税销项税额为5.1万元，其中材料价款和增值税进项税额已支付，另外5万元为折旧等非付现成本；2月20日支付建造资产的职工薪酬3万元；3月10日交纳领用本公司产品所应支付的增值税税额1.7万元；3月20日支付建造资产的职工薪酬12万元。假设A公司按月（假设每月为30天）计算应予资本化的金额。

要求：根据上述资料，不考虑其他因素，回答下列问题。

（1）下列借款费用，在资本化时需要与资产支出额相挂钩的有（　　）。

A.专门借款的溢折价摊销　　B.一般借款的利息资本化金额

C.专门借款汇兑差额　　D.专门借款的利息资本化金额

（2）2×14年3月份的累计支出加权平均数为（　　）万元。

A.13.7　　B.179.78　　C.155.13　　D.148.53

4.甲公司2×14年1月1日发行面值总额为3 000万元的债券，取得的款项专门用于建造厂房。该债券系分期付息、到期还本债券，期限为4年，票面年利率为12%，每年12月31日支付当年利息。该债券年实际利率为8%。债券发行价格总额为3 397.32万元，款项已存入银行。厂房于2×14年1月1日开工建造，2×14年度累计发生建造工程支出1 800万元。经批准，当年甲公司将尚未使用的债券资金投资于国债，取得投资收益160万元。2×14年12月31日工程尚未完工，该在建工程的账面余额为（　　）万元。

A.1 911.79　　B.2 160　　C.2 000　　D.1 800

5.甲公司2×14年1月1日为建造一生产线，向银行借入500万美元的专门借款，期限为3年，年利率为10%，利息按季计算，到期支付。1月1日借入时的市场汇率为1美元＝6.45元人民币，3月31日的市场汇率为1美元＝6.5元人民币。假设2×14年第一季度属于资本化期间，则第一季度外币专门借款汇兑差额的资本化金额为（　　）万元人民币。

A.24.38　　B.25.63　　C.25　　D.0

6.甲公司为建造固定资产于2×14年1月1日借入3年期、年利率为10%的专门借款2 000万元。此外，甲公司在建造固定资产过程中，还占用了11月1日借入的1年期、年利率为8%的一般借款2 500万元。甲公司无其他借款。该工程于当年1月1日开始建造，至10月末累计发生工程支出1 800万元，11月1日发生工程支出1 200万元，12月1日发生工程支出400万元，年末工程尚未完工。甲公司2×14年一般借款利息资本化的金额为（　　）万元。

A.16　　B.17　　C.13.33　　D.2.67

二、多选题

1.关于《企业会计准则第17号——借款费用》，在资本化区间内，每一会计期间的利息资本化金额的确定，下列说法中正确的有（　　）。

A.为购建或者生产符合资本化条件的资产而借入专门借款的，应当以专门借款当期实际发生的利息费用的金额确定

B.企业应当将累计资产支出加权平均数乘以资本化率，计算确定当期应予资本化的利息金额

C.为购建或者生产符合资本化条件的资产而占用了一般借款的，企业应当根据累计资产支出加权平均数超过专门借款的部分乘以所占用一般借款的资本化率，计算确定一般借款利息中应予资本化的金额

D.为购建或者生产符合资本化条件的资产而占用了一般借款的，企业应当根据累计资产支出超过专门借款部分的资产支出加权平均数乘以所占用一般借款的资本化率，计算确定

一般借款应予资本化的利息金额

E.为购建或者生产符合资本化条件的资产而借入专门借款的，应当以专门借款当期实际发生的利息费用，减去将尚未动用的借款资金存入银行取得的利息收入或进行暂时性投资取得的投资收益后的金额确定

2.以下属于建造工程非正常中断的情况有（　　）。

A.因与工程建设有关的劳务纠纷而停工

B.因可预见的冰雪天气停工4个月

C.工程建造到一定阶段暂停下来进行必要的质量或者安全检查

D.因与施工方发生质量纠纷而停工

E.工人因春节返乡集体放假1个月

3.下列关于专门借款费用资本化的暂停或停止的表述中，正确的有（　　）。

A.在所购建固定资产过程中，某部分固定资产已达到预定可使用状态，且该部分固定资产可供独立使用，则应停止该部分固定资产的借款费用资本化

B.在所购建固定资产过程中，某部分固定资产虽已达到预定可使用状态，但必须待整体完工后方可使用，则需待整体完工后停止借款资用资本化

C.在所购建固定资产过程中，某部分固定资产已达到预定可使用状态，即使该部分固定资产可供独立使用，也应在整体完工后停止借款费用资本化

D.购建固定资产过程中发生非正常中断，并且非连续中断时间累计达3个月，应当暂停借款费用资本化

E.购建固定资产过程中发生正常中断，并且中断时间连续超过3个月，应当停止借款费用资本化

三、计算题

1.大海公司于2×14年1月1日动工兴建一幢办公楼，工程采用出包方式，每半年支付一次工程进度款。工程于2×15年6月30日完工，达到预计可使用状态。

大海公司建造工程资产支出如下：

（1）2×14年1月1日，支出1 800万元；

（2）2×14年7月1日，支出3 000万元，累计支出4 800万元；

（3）2×15年1月1日，支出1 800万元，累计支出6 600万元。

大海公司为建造办公楼于2×14年1月1日专门借款2 400万元，借款期限为3年，年利率为8%，按年支付利息。除此之外，无其他专门借款。

办公楼的建造还占用两笔一般借款：

（1）从A银行取得长期借款2 400万元，期限为2×13年12月1日至2×16年12月1日，年利率为6%，按年支付利息。

（2）发行公司债券1.2亿元，发行日为2×13年1月1日，期限为5年，年利率为8%，按年支付利息。

闲置专门借款资金用于固定收益债券暂时性投资，暂时性投资月收益率为0.3%。假定全年按360天计算。

要求：

（1）计算2×14年和2×15年专门借款利息资本化金额。

（2）计算2×14年和2×15年一般借款利息资本化金额。

（3）编写2×14年和2×15年利息费用确认的会计分录。

2. 普华公司为购建新厂房发生如下经济业务：

（1）2×14年1月1日从银行取得专门借款用于建造厂房，专门借款本金6 000万元，借款期限为2年，年利率为8%，每年付息到期还本。

（2）2×14年1月1日从银行取得一般借款9 000万元，借款期限为2年，年利率为6%，每年付息到期还本。

2×14年4月1日从银行取得一般借款3 600万元，借款期限为3年，年利率为5%，每年付息到期还本。

（3）2×14年发生有关业务如下：

①1月1日，工程正式动工兴建；

②2月1日，支付工程进度款8 160万元；

③3月1日，支付工程进度款5 400万元；

④4月1日，因工程发生重大安全事故而停工；

⑤8月1日，工程重新开工；

⑥10月1日，支付工程进度款1 440万元。

（4）2×15年发生有关业务如下：

①1月1日，支付工程进度款960万元；

②3月1日，支付工程进度款1 440万元；

③5月1日，支付工程进度款1 080万元；

④7月1日，支付工程进度款600万元。

（5）2×15年9月30日，工程完工达到预定可使用状态。

（6）公司按年计算应予资本化的利息金额（每年按照360天计算，每月按照30天计算）。闲置专门借款资金均存入银行，假定存款年利率为3.3%，并按月于年末收取利息。计算结果保留两位小数。

要求：

（1）计算2×14年和2×15年专门借款利息资本化金额。

（2）计算2×14年和2×15年一般借款利息资本化金额。

（3）编写2×14年和2×15年利息费用确认的会计分录。

3. 华东公司于2×14年1月1日正式兴建一幢办公楼，工期预计为1年零6个月，工程采用出包方式，每月1日支付工程进度款。华东公司为建造该办公楼于2×14年1月1日借入一笔专门借款本金3 000万元，借款期限为2年，票面年利率为6%，每年1月1日支付上年度的利息，到期时归还本金和最后一次利息，扣除借款费用后实际收到款项2 892.89万元，实际年利率为8%。

华东公司将闲置借款存入银行获取利息，2×14年1月1日至4月30日期间发生的专门借款闲置资金利息收入为15万元；4月30日至8月31日闲置资金利息收入为12万元，9月1日至12月31日闲置资金利息收入为6万元，公司按年计提并支付利息。工程项目于2×15年6月30日达到预定可使用状态。2×15年没有发生专门借款利息收入。2×16年1月1日华东公司偿还上述专门借款并支付最后一期利息。

因质量纠纷，该工程于2×14年4月30日至8月31日中断。

要求：编制从取得专门借款到归还专门借款有关业务的会计分录。

本章导学

第十二章 股份支付

考霸笔记

本章属于比较重要章节，2015年考核了综合题，也可以考核客观题。

本章框架图

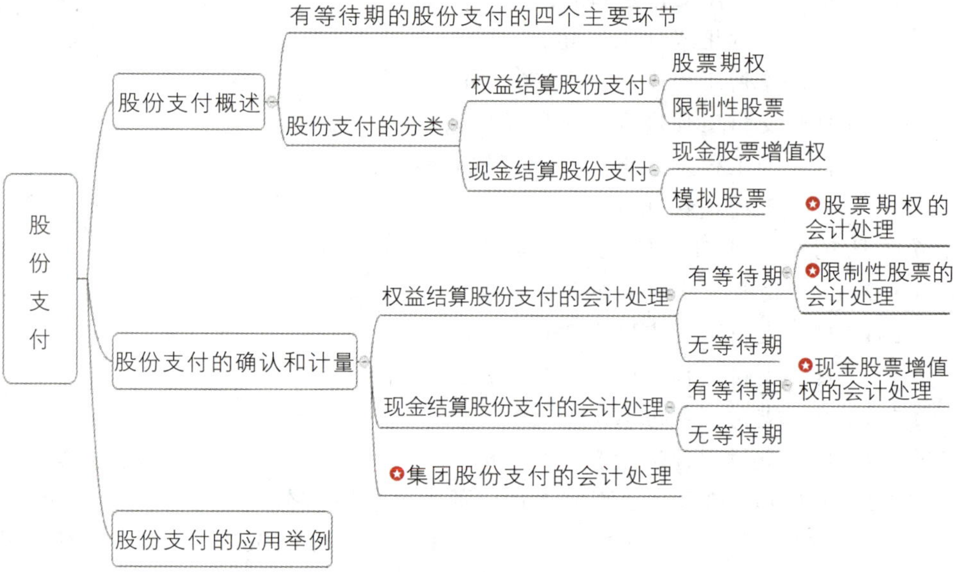

本章考情概述

本章主要阐述权益结算股份支付和现金结算股份支付。

本章应当关注的问题：（1）正确区分以现金结算的股份支付和以权益结算的股份支付的会计处理差别；（2）集团股份支付的会计处理。

近三年主要考点：（1）等待期内的股份支付会计处理；（2）现金结算股份支付的会计处理。

2019年教材主要变化

本章内容无变化。

第一节 股份支付概述

接受其他方服务或是接受其他方资产该如何处理？

◇股份支付的四个环节

◇股份支付工具的主要类型

股份支付是“以股份为基础的支付”的简称，指企业为获取职工和其他方提供服务而授予权益工具或者承担以权益工具为基础确定的负债（应付职工薪酬）的交易。

股份支付的特征：

（1）股份支付是企业与职工或其他方之间发生的交易；

（2）股份支付是以获取职工或其他方服务为目的的交易；

（3）股份支付交易的对价或其定价与企业自身权益工具未来的价值密切相关。

考霸笔记

在股份支付中，企业要么支付自身权益工具，要么支付以自身权益工具为基础确定的现金。

一、股份支付的四个环节

考霸笔记

基础概念，不会直接考核，但是是理解题干的基础，需要掌握。

以薪酬性股票期权为例，典型的股份支付通常涉及四个主要环节：授予、可行权、行权和出售。具体如图 12-1 所示。

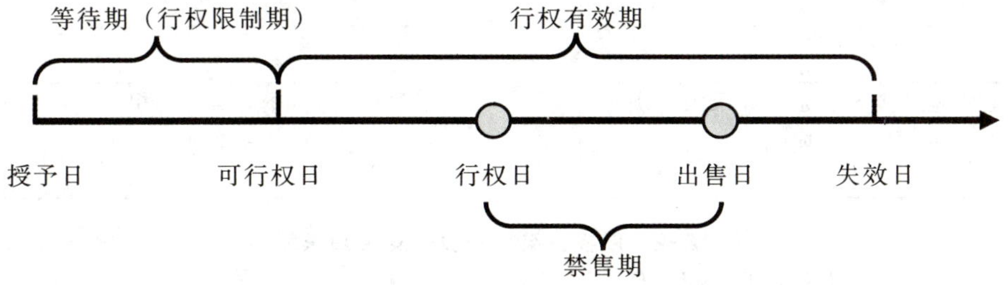

图 12-1　股份支付的特殊日期

（1）授予日。

授予日是指股份支付协议获得股东大会批准的日期。

（2）可行权日。

可行权日是指可行权条件得到满足、职工或其他方具有从企业取得权益工具或现金权利的日期。从授予日至可行权日的时段，是可行权条件得到满足的期间，因此称为“等待期”，又称“行权限制期”。

（3）行权日。

行权日是指职工和其他方行使权利、获取现金或权益工具的日期。

（4）出售日。

出售日是指持有人将行使期权所取得的期权股票出售的日期。

考霸笔记

高频考点，需区分以权益结算的股份支付和以现金结算的股份支付。

权益结算的股份支付，一次授予一次行权和一次授予分次行权的差异？

二、股份支付工具的主要类型

按照股份支付的方式和工具类型，主要可划分为两大类、四小类：

（1）以权益结算的股份支付。

以权益结算的股份支付，是指企业为获取服务而以股份或其他权益工具作为对价进行结算的交易。以权益结算的股份支付最常用的工具有两类：限制性股票和股票期权。

为什么在权益结算的股份支付中，等待期内贷方计入资本公积——其他资本公积，而不是资本公积——股本溢价呢？

会计分录：

借：管理费用（以授予日公允价值为基础确定）

　贷：资本公积——其他资本公积

以权益结算的股份支付知识图如图 12-2 所示。

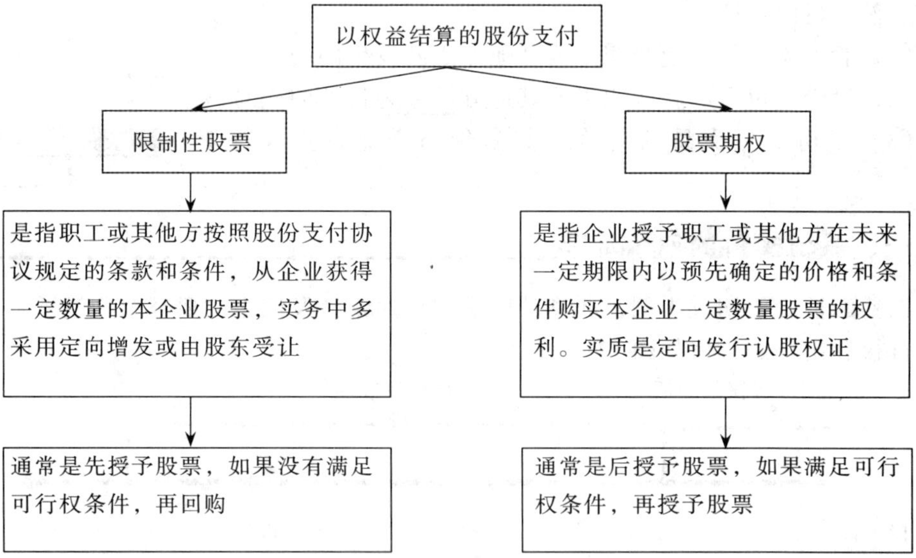

图 12-2　以权益结算的股份支付知识图

（2）以现金结算的股份支付。

以现金结算的股份支付，是指企业为获取服务而承担的以股份或其他权益工具为基础计算的交付现金或其他资产的义务的交易。以现金结算的股份支付最常用的工具有两类：模拟股票和现金股票增值权。

会计分录：
借：管理费用
　贷：应付职工薪酬

以现金结算的股份支付如图 12-3 所示。

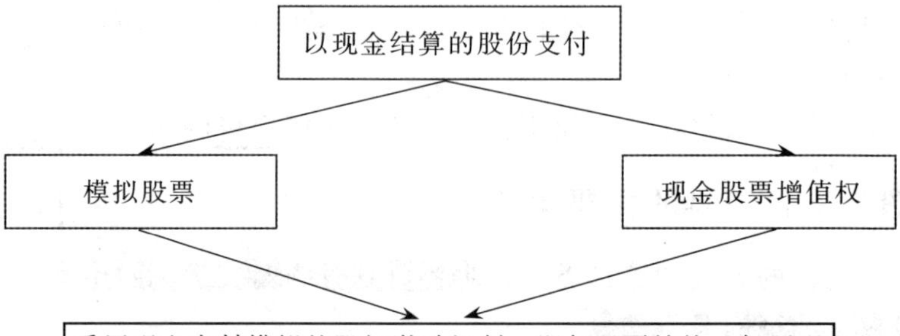

图 12-3　以现金结算的股份支付知识图

例 12-1·2014 年单选题

下列各项中，应当作为以现金结算的股份支付进行会计处理的是（　　）。

A.以低于市价向员工出售限制性股票的计划

B.授予高管人员低于市价购买公司股票的期权计划

C.公司承诺达到业绩条件时向员工无对价定向发行股票的计划

D.授予研发人员以预期股价相对于基准日股价的上涨幅度为基础支付奖励款的计划

【答案】D

【解析】选项A、B和C，是企业为获取职工服务而以股份或其他权益工具作为对价进行结算的交易，属于以权益结算的股份支付；选项D，是企业为获取服务而承担的以股份或其他权益工具为基础计算的交付现金义务的交易，属于以现金结算的股份支付。

例12-2·2013年多选题

甲公司为母公司，其所控制的企业集团内20×3年发生以下与股份支付相关的交易或事项：

（1）甲公司与其子公司（乙公司）高管签订协议，授予乙公司高管100万份股票期权，待满足行权条件时，乙公司高管可以每股4元的价格自甲公司购买乙公司股票；

（2）乙公司授予其研发人员20万份现金股票增值权，这些研发人员在乙公司连续服务2年，即可按照乙公司股价的增值幅度获得现金；

（3）乙公司自市场回购本公司股票100万股，并与销售人员签订协议，如未来3年销售业绩达标，销售人员将无偿取得该部分股票；

（4）乙公司向丁公司发行500万股本公司股票，作为支付丁公司为乙公司提供咨询服务的价款。

不考虑其他因素，下列各项中，乙公司应当作为以权益结算的股份支付的有（　　）。

A.乙公司高管与甲公司签订的股份支付协议

B.乙公司与本公司销售人员签订的股份支付协议

C.乙公司与本公司研发人员签订的股份支付协议

D.乙公司以定向发行本公司股票取得咨询服务的协议

【答案】ABD

【解析】母公司授予子公司激励对象股票期权，乙公司应当作为以权益结算的股份支付处理，选项A正确；乙公司回购本公司股票授予本公司销售人员和以定向发行本公司股票取得咨询服务，属于以权益结算的股份支付，选项B和D正确；授予本公司研发人员的现金股票增值权属于以现金结算的股份支付，选项C错误。

以权益结算的股份支付如何判断？

第二节　股份支付的确认和计量

◇股份支付的确认和计量原则

◇可行权条件的种类、处理和修改

◇权益工具公允价值的确定

◇股份支付的处理

◇集团股份支付的处理

一、股份支付的确认和计量原则

考霸笔记

基础内容，客观题、主观题均可以考核，需全面掌握。

（一）以权益结算的股份支付的确认和计量原则（见表12-1）

表 12-1 **权益结算的股份支付的确认和计量知识表**

1. 换取职工服务的股份支付的确认和计量原则	对于换取职工服务的股份支付，企业应当以股份支付所授予的权益工具的公允价值计量。企业应在等待期内的每个资产负债表日，以对可行权权益工具数量的最佳估计为基础，按照权益工具在授予日的公允价值，将当期取得的服务计入相关资产成本或当期费用，同时计入资本公积中的其他资本公积 对于授予后立即可行权的换取职工提供服务的以权益结算的股份支付（例如授予限制性股票的股份支付），应在授予日按照权益工具的公允价值，将取得的服务计入相关资产成本或当期费用，同时计入资本公积中的股本溢价
2. 换取其他方服务的股份支付的确认和计量原则	对于换取其他方服务的股份支付，企业应当以股份支付所换取的服务的公允价值计量。企业应当按照其他方服务在取得日的公允价值，将取得的服务计入相关资产成本或费用
3. 权益工具的公允价值无法可靠计量时的处理	在极少数情况下，授予权益工具的公允价值无法可靠计量，企业应在获取服务的时点、后续的每个资产负债表日和结算日，以内在价值计量该权益工具，内在价值的变动计入当期损益。同时，企业应当以最终可行权或实际行权的权益工具数量为基础，确认取得服务的金额

这里的公允价值不是指公司自身股票的公允价值，而是指该股票在授予日公允价值与受让价格之间的差额所代表的期权。也就是说，授予的权益工具，并不是指可购买的公司股票本身，而是指授予的以某一固定价格购买公司股票的一项期权。首先应当以授予的该期权的公允价值计量，在无法取得该期权公允价值的情况下，才以可购买的股份本身的公允价值减去应支付的固定价格进行计量。

（二）以现金结算的股份支付的确认和计量原则

企业应当在等待期内的每个资产负债表日，以对可行权情况的最佳估计为基础，按照企业承担负债的公允价值，将当期取得的服务计入相关资产成本或当期费用，同时计入负债，并在结算前的每个资产负债表日和结算日对负债的公允价值重新计量，将其变动计入损益。

对于授予后立即可行权的以现金结算的股份支付（例如授予虚拟股票或业绩股票的股份支付），企业应当在授予日按照企业承担负债的公允价值计入相关资产成本或费用，同时计入负债，并在结算前的每个资产负债表日和结算日对负债的公允价值重新计量，将其变动计入损益。

例 12-3 · 2010 年单选题

下列关于股份支付会计处理的表述中，不正确的是（　　）。

A. 股份支付的确认和计量，应以符合相关法规要求、完整有效的股份支付协议为基础

B. 对以权益结算的股份支付换取职工提供服务的，应按所授予权益工具在授予日的公允价值计量

考霸笔记：一般作为已知条件给出。

考霸笔记：解题通常计入管理费用。

考霸笔记：简单举例：授予日股票的市价为 10 元/股，协议约定行权价为 6 元/股，那么该权益工具授予日公允价值大致可以判断为 4 元/股。（精准计算会计科目并不会考查，此为财管的考点，简单理解原理即可）

考霸笔记：解题通常计入管理费用。

考霸笔记：应付职工薪酬。

考霸笔记：资产负债表日权益工具的公允价值题目会给出。

以权益结算和以现金结算的股份支付在授予日、可行权日之后如何处理?

C.对以现金结算的股份支付，在可行权日之后应将相关权益的公允价值变动计入当期损益

D.对以权益结算的股份支付，在可行权日之后应将相关的所有者权益按公允价值进行调整

【答案】D

【解析】以权益结算的股份支付，应当以该权益工具在授予日的公允价值计量，在可行权日之后不需要将相关的所有者权益按公允价值进行调整。

以现金结算的股份支付会计处理描述是否正确?

例12-4·2009年单选题

下列关于企业以现金结算的股份支付的会计处理中，不正确的是（　　）。

A.初始确认时确认所有者权益

B.初始确认时以企业所承担负债的公允价值计量

C.等待期内按照所确认负债的金额计入成本或费用

D.可行权日后相关负债的公允价值变动计入公允价值变动损益

【答案】A

【解析】企业以现金结算的股份支付初始确认时借记相关的成本费用，贷记“应付职工薪酬”科目。不涉及所有者权益类科目。

考霸笔记

要求准确判断相关的基础概念和相关条件的发生对具体会计处理的影响，综合题可能涉及。必须掌握。

二、可行权条件的种类、处理和修改

可行权条件是指能够确定企业是否得到职工或其他方提供的服务，且该服务使职工或其他方具有获取股份支付协议规定的权益工具或现金等权利的条件。反之，为非可行权条件。

可行权条件的种类、处理和修改知识图如图12-4所示。

（1）可行权条件的种类。

可行权条件包括服务期限条件和业绩条件。

①服务期限条件。

考霸笔记

一般情况下，服务期限都是事先约定的，不需要单独计算服务期限的长短，服务期限条件会影响等待期的长短。

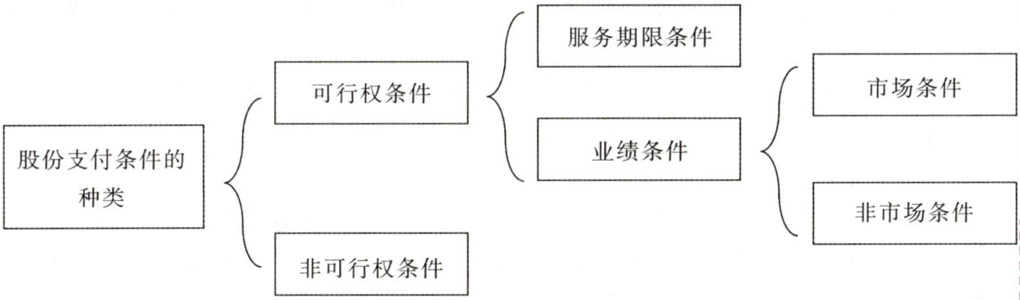

图12-4 可行权条件的种类、处理和修改知识图

服务期限条件是指职工完成规定服务期限才可行权的条件。

②业绩条件。

业绩条件是指职工或其他方完成规定服务期限且企业已达到特定业绩目标才可行权的条件，具体包括市场条件和非市场条件。

市场条件是指行权价格、可行权条件以及行权可能性与权益工具的市场价格相

考霸笔记

常见的市场条件有股价上升到指定水平，市场条件不影响等待期内成本费用的确认，在计算时不需要考虑。

关的业绩条件，如股份支付协议中关于股价上升至何种水平，职工或其他方可相应取得多少股份的规定。

> 提示：
>
> 企业在确定权益工具在授予日的公允价值时，应考虑股份支付协议中规定的市场条件和非可行权条件的影响；市场条件和非可行权条件是否得到满足，不影响企业对预计可行权情况的估计。对于可行权条件为业绩条件的股份支付，在确定权益工具的公允价值时，应考虑市场条件的影响。只要职工满足了其他所有非市场条件，企业就应当确认已取得的服务。
>
> 总结：
>
> 市场条件是否得到满足不影响企业对预计可行权情况的估计。对于可行权条件为市场条件的股份支付，只要职工满足了其他所有非市场条件（如利润增长率、服务期限等），企业就应当确认已取得的服务。

考霸笔记

企业是否满足市场条件会影响等待期中成本费用确认金额，因为会影响对预计可行权情况的估计。

非市场条件是指除市场条件之外的其他业绩条件，如股份支付协议中关于达到最低盈利目标或销售目标才可行权的规定。

> 提示：
>
> 股份支付存在非可行权条件的，只要职工满足了非市场条件（如利润增长率、服务期限等），企业就应当确认已取得的服务，即非市场条件是否得到满足影响企业对预计可行权情况的估计，没有满足非市场条件时，不应确认相关费用。
>
> 企业在确定权益工具在授予日的公允价值时，不考虑非市场条件的影响。但非市场条件是否得到满足，影响企业对预计可行权情况的估计。

考霸笔记

本题考查股份支付的确认和计量原则的基础内容，需准确掌握。

例 12-5 · 2014 年多选题

下列关于附等待期的股份支付会计处理的表述中，正确的有（　　）。

A. 以权益结算的股份支付，相关权益性工具的公允价值在授予日后不再调整

B. 附市场条件的股份支付，应在市场及非市场条件均满足时确认相关成本费用

C. 以现金结算的股份支付在授予日不作会计处理，以权益结算的股份支付应予处理

D. 业绩条件为非市场条件的股份支付，等待期内应根据后续信息调整对可行权情况的估计

【答案】AD

【解析】选项 B，只要满足非市场条件，企业就应当确认相关成本费用；选项 C，除立即可行权的股份支付外，现金结算的股份支付以及权益结算的股份支付在授予日均不做处理。

（2）可行权条件的修改。（可能涉及客观题）

通常情况下，股份支付协议生效后，不应对其条款和条件随意修改。但在某些情况下，可能需要修改授予权益工具的股份支付协议中的条款和条件。例如，股票除权、除息或其他原因需要调整行权价格或股票期权数量。此外，为取得更佳的激励效果，有关法规也允许企业依据股份支付协议的规定，调整行权价格或股票期权

数量，但应当由董事会作出决议并经股东大会审议批准。

在会计核算上，无论已授予的权益工具的条款和条件如何修改，甚至取消权益工具的授予或结算该权益工具，企业都应至少确认按照所授予的权益工具在授予日的公允价值来计量获取的相应服务。

可行权条件的修改见表12-2。

表12-2 可行权条件的修改知识表

1.有利于职工的修改	(1) 增加所授予的权益工具的公允价值	企业应按照权益工具公允价值的增加相应地确认取得服务的增加
	(2) 增加所授予的权益工具的数量	企业应将增加的权益工具的公允价值相应地确认为取得服务的增加
	(3) 修改可行权条件	企业在处理可行权条件时，应当考虑修改后的可行权条件
2.不利于职工的修改	(1) 减少所授予的权益工具的公允价值	企业应当继续以权益工具在授予日的公允价值为基础确认取得服务的金额
	(2) 减少所授予的权益工具的数量	企业应当将减少部分作为已授予的权益工具的取消来进行处理
	(3) 修改可行权条件	企业在处理可行权条件时，不应考虑修改后的可行权条件
3.取消或结算	(1) 将取消或结算作为加速可行权处理，立即确认原本应在剩余等待期内确认的金额	
	(2) 在取消或结算时支付给职工的所有款项均应作为权益的回购处理，回购支付的金额高于该权益工具在回购日公允价值的部分，计入当期费用	
	(3) 如果向职工授予新的权益工具，用于替代原权益工具的，企业应以与处理原权益工具条款和条件修改相同的方式进行处理；未认定为替代权益工具的，作为新授予的股份支付处理	

考霸笔记

实际上是作为加速行权处理的，即把应在以后期间确认的股份支付费用在取消当期一次性全部确认。

考霸笔记

因未满足可行权条件而被取消的除外。

内在原因：

1.以权益结算的股份支付的条款和条件修改的一项基本原则是：不能因为条款和条件的修改而减少在股份支付的整个等待期内累计应确认的费用。因此对修改条件后导致权益工具的减少不予以考虑。

2.以权益结算的股份支付的公允价值在授予日即确定，后续不再调整。且影响授予日公允价值的因素是可行权条件中的市场条件以及非可行权条件，服务期限条件和非市场条件不影响权益工具的公允价值，延长服务期限（即延长等待期）和非市场业绩条件，都不会改变权益工具的公允价值。当然可能会减少最终授予的权益工具的数量，但按照前述“不能因为条款和条件的修改而减少在股份支付的整个等待期内累计应确认的费用”这一原则，此类变化在以权益结算的股份支付修改的会计处理中不予以考虑。

考霸笔记

了解即可，此章涉及的考题不会考查权益工具公允价值的确定，相关公允价值会直接给出。

三、权益工具公允价值的确定

股份支付中权益工具的公允价值的确定，应当以市场价格为基础。一些股份和股票期权并没有一个活跃的交易市场，在这种情况下，应当考虑估值技术。

（1）股份。

对于授予职工的股份，企业应按照其股份的市场价格计量，同时考虑授予股份所依据的条款和条件（不包括市场条件之外的可行权条件）进行调整。如果企业股份未公开交易，则应按估计的市场价格计量，并根据授予股份所依据的条款和条件进行调整。

（2）股票期权。

对于授予职工的股票期权，因其通常受到一些不同于交易期权的条款和条件的限制，因而在许多情况下难以获得其市场价格。如果不存在条款和条件相似的交易期权，就应通过期权定价模型来估计所授予的期权的公允价值。

四、股份支付的处理

考霸笔记

此处所涉及的一系列会计处理属于本章核心内容，有可能考查选择题或者综合题，必须全部准确掌握。

（1）授予日（见表12-3）。

表12-3　　股份支付的处理（授予日）

以权益结算的股份支付	以现金结算的股份支付
立即可行权的股份支付： 借：管理费用等 　贷：资本公积——股本溢价 （按授予日权益工具的公允价值计量）	立即可行权的股份支付： 借：管理费用等 　贷：应付职工薪酬 （按授予日企业承担负债的公允价值计量，并在结算前的每个资产负债表日和结算日对负债的公允价值重新计量，将其变动计入损益）
除立即可行权外，无论是以权益结算的股份支付还是以现金结算的股份支付均不作会计处理	

（2）等待期内每个资产负债表日（见表12-4）。

表12-4　　股份支付的处理（等待期内每个资产负债表日）

以权益结算的股份支付	以现金结算的股份支付
借：管理费用等 　贷：资本公积——其他资本公积 【以授予日公允价值为基础计量】	借：管理费用等 　贷：应付职工薪酬 【以每个资产负债表日公允价值为基础计量】
注意： ①确定等待期长度。（主要是非市场条件涉及等待期长度） ②等待期长度确定后，在等待期内每个资产负债表日，企业应当根据最新取得的可行权职工人数变动等后续信息作出最佳估计，修正预计可行权的权益工具数量。业绩条件为非市场条件的，如果后续信息表明需要调整对可行权情况的估计的，应对前期估计进行修改。在可行权日，最终预计可行权权益工具的数量应当与实际可行权工具的数量一致。 ③计算截至当期累计应确认的成本费用金额，再减去前期累计已确认金额，作为当期应确认的成本费用金额。对于附有市场条件的股份支付，只要职工满足了其他所有非市场条件，企业就应当确认已取得的服务（与建造合同类似）	

负债的期末确认金额

$$\text{负债的期末确认金额}=\text{每人期权数}\times\text{当期期末估计以后期间行权人数}\times\text{资产负债表日期权的公允价值}\times\frac{\text{已过等待期长度}}{\text{整个等待期长度}}$$

考虑以后期间行权人数，主要是因为离职人员预计不满足服务期限条件，其相应的股份支付费用本来就不应确认，因此在可以合理预计未来离职率（人数）的情况下，对这部分预计离职率（人数）范围内的费用从一开始就不确认。

为什么以权益结算的股份支付不确认权益工具后续公允价值变动？

解释：其逻辑是在以权益结算的股份支付中，企业确认的是与费用对应的权益工具。根据《企业会计准则第37号——金融工具列报》第十一条的规定，权益工具的后续公允价值变动不予确认。所以股份支付准则规定“不确认其后续公允价值变动”。

由于公司配股、派息后股价远低于行权价格，不能确定行权期的股价是否高于行权价格，不能确定职工是否还能行权，等待期是否要确认成本费用。

解释：等待期内是否确认成本费用的依据是等待期内是否接受了职工提供的服务，不是看最终是否行权。

为什么以权益结算的股份支付用的是授予日的公允价值，后续公允价值的变动不确认呢？

5885

（3）可行权日之后（见表12-5）。

表12-5　股份支付的处理（可行权日之后）

以权益结算的股份支付	以现金结算的股份支付
对于以权益结算的股份支付，在可行权日之后不再对已确认的成本费用和所有者权益总额进行调整。企业应在行权日根据行权情况，确认股本和股本溢价，同时结转等待期内确认的资本公积（其他资本公积）	对于以现金结算的股份支付，企业在可行权日之后不再确认成本费用，公允价值的变动应当计入当期损益（公允价值变动损益） 借：公允价值变动损益 　贷：应付职工薪酬 【以资产负债表日公允价值为基础计量】

以现金结算的股份支付等待期之后公允价值变动损益的金额如何确认？

5886

（4）回购股份进行职工期权激励。

企业以回购股份形式奖励本企业职工的，属于以权益结算的股份支付。回购股份进行职工期权激励知识表见表12-6。

表12-6　回购股份进行职工期权激励知识表

回购时	企业回购股份时，应按回购股份的全部支出作为库存股处理： 借：库存股 　贷：银行存款
等待期内每个资产负债表日	按照权益工具在授予日的公允价值，将取得的职工服务计入成本费用，同时增加资本公积（其他资本公积）： 借：管理费用 　贷：资本公积——其他资本公积
职工行权时	借：银行存款（职工按承诺的价格交付的款项） 　资本公积——其他资本公积（等待期内累计的资本公积） 　贷：库存股 　　资本公积——股本溢价（倒挤差额）

限制性股票的会计处理：（✔注意准确掌握，选择题和综合题都有可能涉及）

实务中，常见做法是上市公司以非公开发行的方式向激励对象授予一定数量的公司股票，并规定锁定期和解锁期，在锁定期和解锁期内，不得上市流通及转让。达到解锁条件，可以解锁；如果全部或部分股票未被解锁而失效或作废，通常由上市公司按照事先约定的价格立即进行回购。

限制性股票的会计处理知识表见表12-7。

表12-7 **限制性股票的会计处理知识表**

授予限制性股票时	①向职工发行的限制性股票按有关规定履行了注册登记等增资手续的，上市公司应当根据收到职工缴纳的认股款确认股本和资本公积（股本溢价）： 借：银行存款等（职工缴纳的认股款） 贷：股本（股本金额） 资本公积——股本溢价（差额）
	②就回购义务确认负债（作收购库存股处理）： 借：库存股 （按发行限制性股票的数量及相应的回购价格计算确定的金额） 贷：其他应付款——限制性股票回购义务等（包括未满足条件而需立即回购的部分）
未达到限制性股票解锁条件而需回购的股票	①按照应支付的金额： 借：其他应付款——限制性股票回购义务等 贷：银行存款等
	②同时： 借：股本（注销的限制性股票数量相对应的股本金额） 资本公积——股本溢价等 （差额） 贷：库存股（注销的限制性股票数量相对应的库存股的账面价值）
达到限制性股票解锁条件而无须回购的股票	借：其他应付款——限制性股票回购义务等（解锁股票相对应的负债的账面价值） 贷：库存股（解锁股票相对应的库存股的账面价值） 资本公积——股本溢价（差额，借方或贷方）

考霸笔记

预计未来可解锁的这部分职工解锁时就是公司股东，所以按正常向股东分配股利处理。

上市公司应当综合考虑限制性股票锁定期和解锁期等相关条款，按照股份支付准则的相关规定判断等待期，进行与股份支付相关的会计处理。对于因回购产生的义务确认的负债，应当按照金融工具确认和计量准则的相关规定进行会计处理。上市公司在等待期内发放现金股利的会计处理，应视其发放的现金股利是否可撤销采取不同的方法（见表12-8）。

如何理解限制性股票现金股利可撤销、预计未来可解锁的会计分录？

5887

表12-8 **与股利支付相关的会计处理**

1.现金股利可撤销	现金股利可撤销，即一旦未达到解锁条件，被回购限制性股票的持有者将无法获得（或需要退回）其在等待期内应收（或已收）的现金股利。
	①对于预计未来可解锁限制性股票持有者： 借：利润分配——应付现金股利或利润 贷：应付股利——限制性股票股利 借：其他应付款——限制性股票回购义务等 贷：库存股

考霸笔记

因为股利可撤销，冲销回购义务。

续表

1.现金股利可撤销	实际支付时： 借：应付股利——限制性股票股利 　贷：银行存款等 ②对于预计未来不可解锁限制性股票持有者： 借：其他应付款——限制性股票回购义务等 　贷：应付股利——限制性股票股利 实际支付时： 借：应付股利——限制性股票股利 　贷：银行存款等 ③后续信息表明不可解锁限制性股票的数量与以前估计不同的，应当作为会计估计变更处理
2.现金股利不可撤销	现金股利不可撤销，即不论是否达到解锁条件，限制性股票持有者仍有权获得（或不得被要求退回）其在等待期内应收（或已收）的现金股利。 ①对于预计未来可解锁限制性股票持有者： 借：利润分配——应付现金股利或利润 　贷：应付股利——限制性股票股利 实际支付时： 借：应付股利——限制性股票股利 　贷：银行存款等 ②对于预计未来不可解锁限制性股票持有者： 借：管理费用等 　贷：应付股利——应付限制性股票股利 实际支付时： 借：应付股利——限制性股票股利 　贷：银行存款等 ③后续信息表明不可解锁限制性股票的数量与以前估计不同的，应当作为会计估计变更处理

考霸笔记

因为这部分职工预计未来不解锁并且现金股利可撤销，所以此时发放的现金股利会减少回购股票时的回购义务，即冲销“其他应付款”。

考霸笔记

因为这部分职工预计未来不解锁并且现金股利不可撤销，所以此时发放的现金股利只能作为企业承担的费用，计入管理费用。

【小结】

以权益结算的股份支付：

1.每个资产负债表日，都以授予日的公允价值为基础确认成本费用。

2.每个资产负债表日，在考虑人数变动的情况下，当期应确认的费用都用“期末－期初”的方法计算。

3.关注行权条件的变化。

4.行权时，应冲减等待期内累计确认的“资本公积——其他资本公积”。

以现金结算的股份支付：

1.在等待期内，当期费用应以每个资产负债表日的公允价值为基础计算，而不是按授予日的公允价值计算。

2.超过等待期后，负债公允价值的变动不再计入成本费用，而应计入公允价值变动损益。

考霸笔记

属于本章重点内容，既有可能涉及选择题又有可能涉及综合题，必须全部准确掌握。

五、集团股份支付的处理

企业集团（由母公司和其全部子公司构成）内发生的股份支付交易，应当按照以下规定进行会计处理：

（1）结算企业以其本身权益工具结算的，接受服务的企业没有结算义务，结算企业是接受服务企业的投资者。结算企业以其本身权益工具结算的会计处理知识表见表12-9。

集团股份支付中以权益结算的股份支付和以现金结算的股份支付的判断方式是什么？

表12-9 结算企业以其本身权益工具结算的会计处理知识表

结算企业为母公司（权益结算）	接受服务企业为子公司（权益结算）	合并报表
借：长期股权投资 　贷：资本公积	借：管理费用 　贷：资本公积	借：资本公积（子公司） 　贷：长期股权投资（母公司）
注：以权益结算的股份支付进行会计处理		

如果母公司授予子公司职工的是股票期权，在子公司财务报表中，由于子公司没有结算义务，子公司应该作为以权益结算的股份支付进行会计处理，在母公司的合并财务报表中，也应该作为以权益结算的股份支付来处理。

（2）结算企业以接受服务企业的权益工具结算，接受服务企业没有结算义务，结算企业是接受服务企业的投资者。结算企业以接受服务企业的权益工具结算的会计处理知识表见表12-10。

考霸笔记

母公司在编制合并财务报表时，首先应当从合并财务报表的角度重新判断该项股权激励是以权益结算的股份支付，还是以现金结算的股份支付，这一点与普通的合并抵销调整有所不同。

表12-10 结算企业以接受服务企业的权益工具结算的会计处理知识表

结算企业为母公司（现金结算）	接受服务企业为子公司（权益结算）	合并报表
借：长期股权投资 　贷：应付职工薪酬	借：管理费用 　贷：资本公积	抵销母公司长期股权投资和子公司资本公积 借：资本公积（子公司） 　　管理费用（如果有差额） 　贷：长期股权投资（母公司）
注：以现金结算的股份支付进行会计处理	注：以权益结算的股份支付进行会计处理	注：以现金结算的股份支付进行会计处理

如果母公司授予子公司职工的是以现金结算的股份支付，在子公司财务报表中，由于子公司没有结算义务，子公司应该作为以权益结算的股份支付进行会计处理，但在母公司的合并财务报表中，应当按照以现金结算的股份支付处理。

（3）接受服务企业具有结算义务，授予的是集团内其他企业的权益工具，应当将该股份支付交易作为以现金结算的股份支付处理。

（4）接受服务企业具有结算义务，授予本企业职工的是其本身权益工具，应当将该股份支付交易作为以权益结算的股份支付处理。

第三节　股份支付的应用举例

◇以权益结算的股份支付

◇以现金结算的股份支付

一、以权益结算的股份支付

例12-6·2009年综合题

20×6年1月1日，经股东大会批准，甲上市公司（以下简称“甲公司”）与50名高级管理人员签署股份支付协议。协议规定：①甲公司向50名高级管理人员每人授予10万股股票期权，行权条件为这些高级管理人员从授予股票期权之日起连续服务满3年，公司3年平均净利润增长率达到12%；②符合行权条件后，每持有1股股票期权可以自20×9年1月1日起1年内，以每股5元的价格购买甲公司1股普通股股票，在行权期间内未行权的股票期权将失效。甲公司估计授予日每股股票期权的公允价值为15元。20×6年至20×9年，甲公司与股票期权有关的资料如下：

（1）20×6年5月，甲公司自市场回购本公司股票500万股，共支付款项4 025万元，作为库存股待行权时使用。

（2）20×6年，甲公司有1名高级管理人员离开公司，本年净利润增长率为10%。该年末，甲公司预计未来2年将有1名高级管理人员离开公司，预计3年平均净利润增长率将达到12%；每股股票期权的公允价值为16元。

（3）20×7年，甲公司没有高级管理人员离开公司，本年净利润增长率为14%。该年末，甲公司预计未来1年将有2名高级管理人员离开公司，预计3年平均净利润增长率将达到12.5%；每股股票期权的公允价值为18元。

（4）20×8年，甲公司有1名高级管理人员离开公司，本年净利润增长率为15%。该年末，每股股票期权的公允价值为20元。

（5）20×9年3月，48名高级管理人员全部行权，甲公司共收到款项2 400万元，相关股票的变更登记手续已办理完成。

要求：

（1）编制甲公司回购本公司股票时的相关会计分录。

（2）计算甲公司20×6年、20×7年、20×8年因股份支付应确认的费用，并编制相关会计分录。

（3）编制甲公司高级管理人员行权时的相关会计分录。

【答案】（分录中金额单位为万元）

（1）借：库存股　　4 025

　　贷：银行存款　　4 025

（2）①20×6年应确认的费用 =（50−1−1）×10×15×1/3 = 2 400（万元）

借：管理费用　　2 400

　贷：资本公积——其他资本公积　　2 400

②20×7年应确认的费用 =（50−1−2）×10×15×2/3−2 400 = 2 300（万元）

回购股票给员工作激励的以权益结算的股份支付如何处理?

考霸笔记

本题考查了企业回购库存股，并在员工行权时将库存股发放给员工的以权益结算的股份支付。本题是以权益结算的股份支付的基础题，属于不该丢分的题。

第一步先回购形成库存股；第二步，在等待期内按最佳估计数确认管理费用；第三步，在员工行权时，将库存股作为权益结算方式支付给员工。

借：管理费用　　2 300

　贷：资本公积——其他资本公积　　2 300

③20×8年应确认的费用＝（50－1－1）×10×15－2 400－2 300＝2 500（万元）

借：管理费用　　2 500

　贷：资本公积——其他资本公积　　2 500

（3）借：银行存款　　2 400

　　资本公积——其他资本公积　　7 200

　贷：库存股（4 025÷500×（48×10））　　3 864

　　资本公积——股本溢价　　5 736

考霸笔记

除考虑当年离开的1人外，还考虑预计未来2年离开的1人。

考霸笔记

本题的考点在于行权时并非形成股本，而是将库存股支付给员工，库存股每股价格并非面值，是按回购总价除以回购股数确定的。

例12-7·2015年综合题

甲股份有限公司（以下简称甲公司）于2013年开始对高管人员进行股权激励。具体情况如下：

（1）2013年1月2日，甲公司与50名高管人员签订股权激励协议并经股东大会批准。协议约定：甲公司向每名高管授予120 000份股票期权，每份期权于到期日可以8元/股的价格购买甲公司1股普通股。该股票期权自股权激励协议签订之日起3年内分三期平均行权，即该股份支付协议包括等待期分别1年、2年和3年的三项股份支付安排：2013年年末甲公司实现的净利润较上年增长8%（含8%）以上，在职的高管人员持有的股票期权中每人可行权40 000份；2014年年末，如果甲公司2013年、2014年连续两年实现的净利润较上年增长8%（含8%）以上，在职的高管人员持有的股票期权中每人可行权40 000份；2015年年末，如果甲公司连续3年实现的净利润增长达到8%（含8%）以上，则高管人员持有的剩余股票期权可予行权。当日甲公司估计授予高管人员的股票期权公允价值为5元/份。

（2）2013年，甲公司实现净利润12 000万元，较2012年增长9%，预计股份支付剩余等待期内净利润仍能够以同等速度增长，2013年甲公司普通股平均市场价格为12元/股。2013年12月31日，甲公司授予的股票期权的公允价值为4.5元/份。

2013年，与甲公司签订了股权激励协议的高管人员无离职，预计后续期间也不会离职。

（3）2014年3月20日，甲公司50名高管将至2013年年末到期可行权股票期权全部行权。2014年，甲公司实现净利润13 200万元，较2013年增长10%。2014年无高管离职，预计后续期间也不会离职。2014年12月31日，甲公司授予的股票期权的公允价值为3.5元/份。

其他相关资料：甲公司2013年1月1日发行在外普通股为5 000万股，假定各报告期未发生其他影响发行在外普通股变动的事项，且公司不存在除普通股外的其他权益工具。不考虑相关税费及其他因素。

要求：

（1）确定甲公司该项股份支付的授予日，计算甲公司2013年、2014年就该股份支付应确定的费用金额，并编制相关会计分录。

（2）编制甲公司高管人员2014年就该股份支付行权的会计分录。

（3）计算甲公司2013年基本每股收益。

一次授予分期行权如何进行会计处理？

【答案】（分录中金额单位为万元）

（1）授予日：2013年1月2日，因为企业与高管人员在当日签订了股权激励协议并经股东大会批准。

2013年企业应确认的成本费用＝（50×40 000×5×1÷1+50×40 000×5×1÷2+50×40 000×5×1÷3）÷10 000

=1 833.33（万元）

相关会计分录为：

借：管理费用　1 833.33

　贷：资本公积——其他资本公积　1 833.33

2014年企业应确认的成本费用＝（50×40 000×5×1÷1+50×40 000×5×2÷2+50×40 000×5×2÷3）÷10 000−1 833.33=833.34（万元）

相关会计分录为：

借：管理费用　833.34

　贷：资本公积——其他资本公积　833.34

（2）因职工行权增加的股本=50×40 000÷10 000×1=200（万股）

形成的股本溢价=（50×40 000×5×1÷1+50×40 000×8）÷10 000−200=2 400（万元）

借：银行存款　1 600

　　资本公积——其他资本公积　1 000

　贷：股本　200

　　　资本公积——股本溢价　2 400

（3）甲公司2013年的基本每股收益=12 000÷5 000=2.4（元/股）

考霸笔记

本题属于以现金结算的股份支付，授予日不作处理，在等待期内确认费用和成本；在可行权日之后，公允价值的变动计入当期损益。

二、以现金结算的股份支付

例12-8

甲公司有关以现金结算的股份支付的资料如下：

（1）2×13年12月21日，经股东大会批准，甲公司为其100名中层以上管理人员每人授予100份现金股票增值权，这些人员从2×14年1月1日起必须在该公司连续服务2年，即可自2×15年12月31日起根据股价的增长幅度获得现金，该增值权应在2×16年12月31日之前行使完毕。甲公司估计，该增值权在负债结算之前的每个资产负债表日以及结算日的公允价值和可行权后的每份增值权现金支出额见表12-11：

现金结算的股份支付如何进行会计处理?

表12-11　该以现金结算的股份支付相关资料　单位：元

年　份	公允价值	支付现金
2×14	17	—
2×15	20	18
2×16		22

（2）第一年有6名管理人员离开甲公司，甲公司估计还将有4名管理人员离开。

（3）第二年又有8名管理人员离开公司。假定有36人行使股票增值权取得了现金。

（4）2×16年12月31日剩余50人全部行使了股票增值权。

要求：对上述股份支付进行账务处理。

【答案】

相关计算见表12-12。

> **考霸笔记**
> 通过期末负债余额倒算当期增加的费用：期初负债+本期增加的部分−本期支付的部分=期末负债

表12-12 **【例12-8】相关计算** 单位：元

年份	期初负债（1）	当期费用（2）	支付现金（3）	期末负债（4）=（1）+（2）−（3）
2×14	0	76 500	0	（100−6−4）×100×17×1/2=76 500
2×15	76 500	88 300	36×100×18=64 800	（100−14−36）×100×20=100 000
2×16	100 000	10 000	50×100×22=110 000	0

> **考霸笔记**
> 按资产负债表日的公允价值确认应付职工薪酬期末余额。

2×14年1月1日：

不作账务处理。

2×14年12月31日：

借：管理费用 76 500

　贷：应付职工薪酬——股份支付 76 500

> **考霸笔记**
> 等待期内确认费用和应付职工薪酬。

2×15年12月31日：

借：管理费用 88 300

　贷：应付职工薪酬——股份支付 88 300

借：应付职工薪酬——股份支付 64 800

　贷：银行存款 64 800

2×16年12月31日：

借：公允价值变动损益 10 000

　贷：应付职工薪酬——股份支付 10 000

借：应付职工薪酬——股份支付 110 000

　贷：银行存款 110 000

> **考霸笔记**
> 可行权日之后不再确认成本费用，公允价值的变动计入公允价值变动损益。

智能测评

在线练习	我要提问
扫码在线做题　扫码看答案 本书“本章同步强化训练”均配备二维码，打开微信“扫一扫”即可完成在线测评，查看本章详细的测评反馈报告，了解知识掌握情况，也可扫码直接看答案噢。 快来扫码做题吧！	扫码答疑 本书配备答疑专用二维码，打开微信“扫一扫”，即可完成在线提问，获取专业老师全面个性化解答，让学习问题不再拖延。 快来扫码提问吧！

本章同步强化训练

一、单选题

1.甲公司系一上市公司。2×14年1月1日，甲公司向其100名管理人员每人授予100份股票期权。期权合约规定：今后3年中，公司净利润增长率3年平均15%以上，并且从2×14年1月1日起所有管理人员必须在该公司连续服务满3年，服务期满时才能以每股5元购买100股甲公司股票，甲公司股票面值为每股1元。公司估计该期权在授予日2×14年1月1日的公允价值为每份10元。2×14年、2×15年和2×16年年底该期权的公允价值分别为12元、10元和12元。2×14年有5名管理人员离开甲公司，甲公司估计3年中离开的管理人员比例将达到10%；2×15年又有5名管理人员离开公司，公司将管理人员离开比例修正为20%；2×16年又有5名管理人员离开。2×17年12月31日未离开公司的管理人员全部行权，该日市场上股价为每股18元。第1年年末、第2年年末，公司预计都可以实现该业绩目标。

要求：根据上述资料，不考虑其他因素，回答下列3题。

（1）下列时点股份支付一般不作会计处理的是（　　）。

A.行权日　　B.等待期内的每个资产负债表日

C.可行权日　　D.授予日

（2）关于甲公司的会计处理，下列说法中正确的是（　　）。

A.应分别按照2×14年、2×15年、2×16年资产负债表日权益工具的公允价值重新计量

B.应按2×14年1月1日权益工具的公允价值计量，考虑其后续公允价值变动

C.应分别按照2×14年、2×15年、2×16年资产负债表日权益工具的账面价值计量

D.应按2×14年1月1日权益工具的公允价值计量，不考虑其后续公允价值变动

（3）2×17年行权时记入“资本公积——股本溢价”科目的金额为（　　）元。

A.144 500　　B.119 000　　C.34 000　　D.136 000

2.2×14年12月10日，白云公司董事会批准了一项股份支付协议。协议规定，2×15年1月1日，公司为其150名中层以上管理人员每人授予50份现金股票增值权，条件是这些人员必须为公司连续服务3年，即可按照当时股价的增长幅度获得现金，该增值权应在2×19年12月31日之前行使。2×15年、2×16年、2×17年年末现金股票增值权的公允价值分别为10元、12元和14元。2×15年有10名管理人员离开，预计2×16年和2×17年还将有20名管理人员离开；2×16年实际有5名管理人员离开，预计2×17年还将有10名管理人员离开。

要求：根据上述资料，不考虑其他因素，回答下列3题。

（1）股份支付的可行权日是指（　　）。

A.股份支付协议获得批准的日期

B.可行权条件得到满足、职工和其他方具有从企业取得权益工具或现金的权利的日期

C.职工和其他方行使权利、获取现金或权益工具的日期

D.将期权股票出售的日期

（2）企业授予高层管理者以现金结算的股份支付，等待期内每个资产负债表日确认的成本费用应计入（　　）。

A.营业外支出　　B.公允价值变动损益　　C.管理费用　　D.资本公积

（3）白云公司在2×16年12月31日应确认的应付职工薪酬为（　　）元。

A.50 000　　B.20 000　　C.30 000　　D.21 666.67

3.甲公司有关以现金结算的股份支付的资料如下：

年份	公允价值（元）	支付现金（元）
2×14	17	—
2×15	20	18
2×16		22

2×13年12月21日，经股东大会批准，甲公司为其100名中层以上管理人员每人授予100份现金股票增值权，这些人员从2×14年1月1日起必须在该公司连续服务2年，即可自2×15年12月31日起根据股价的增长幅度获得现金，该增值权应在2×16年12月31日之前行使完毕。甲公司估计，该增值权在负债结算之前的每个资产负债表日以及结算日的公允价值和可行权后的每份增值权现金支出额如下：

（1）第一年有6名管理人员离开甲公司，甲公司估计还将有4名管理人员离开。

（2）第二年又有8名管理人员离开公司。假定有36人行使股票增值权取得了现金。

（3）2×16年12月31日剩余50人全部行使了股票增值权。

要求：根据上述资料，不考虑其他因素，回答下列各题。

（1）下列关于等待期内应确认的费用和负债的金额的表述中正确的是（　　）。

A.2×13年12月21日，授予日作处理

B.2×14年12月31日确认资本公积，同时确认应付职工薪酬76 500元

C.2×15年12月31日确认管理费用88 300元

D.2×15年12月31日应付职工薪酬余额为88 300元

（2）该股份支付协议对甲公司2×16年度财务报表的影响表述中正确的是（　　）。

A.公允价值变动收益调减10 000元　　B.应付职工薪酬项目调减110 000元

C.资本公积项目调增10 000元　　D.管理费用调增10 000元

4.甲公司为一上市公司，2×14年12月25日，经股东大会批准，公司向其100名管理人员每人授予100份股票期权，这些职员自2×15年1月1日起在该公司连续服务3年，即可以5元每股购买100股股票，从而获益，公司估计此期权在2×14年12月25日的公允价值为18元，估计此期权在2×15年1月1日的公允价值为20元。第一年有15名职工离开公司，预计离职总人数会达到30%。

要求：根据上述资料，不考虑其他因素，回答下列各题。

（1）关于以权益结算的股份支付的计量，下列说法中正确的是（　　）。

A.应按2×14年12月25日此权益工具的公允价值15元计量，要确认其后续公允价值变动

B.对于换取职工服务的股份支付，企业应当按照权益工具在授予日的公允价值，将当期取得的服务计入相关资产成本或当期费用，同时计入资本公积中的股本溢价

C.对于授予后立即可行权的换取职工提供服务的以权益结算的股份支付，应在授予日按照权益工具的公允价值计量

D.对于换取职工服务的股份支付，企业应当按在等待期内的每个资产负债表日的公允价值计量

（2）甲公司2×15年年末因该股份支付协议应确认的资本公积为（　　）元。

A.42 000　　B.126 000　　C.11 666.67　　D.35 000

5.2×14年1月1日，红玉公司向其200名管理人员每人授予100份股票期权：第一年年末的可行权条件为企业净利润增长率达到18%；第二年年末的可行权条件为企业净利润两年平均增长15%；第三年年末的可行权条件为企业净利润三年平均增长12%。每份期权在2×14年1月1日的公允价值为15元。

2×14年12月31日，公司净利润增长了16%，同时有10名管理人员离开，公司预计2×15年将以同样速度增长，因此预计2×15年12月31日将可行权。另外，预计第二年又有10名管理人员离开企业。每份期权在2×14年12月31日的公允价值为17元。

2×15年12月31日，企业净利润仅增长了10%，但公司预计2×14—2×16年三年净利润平均增长率可达到13%，因此，预计2×16年12月31日将可行权。另外，实际有5名管理人员离开，预计第三年有15名管理人员离开企业。每份期权在2×15年12月31日的公允价值为20元。

2×16年12月31日，企业净利润增长了13%，三年平均增长率为13%，满足了可行权条件（即三年净利润平均增长率达到12%）。当年有25名管理人员离开。每份期权在2×16年12月31日的公允价值为22元。

要求：根据上述资料，不考虑其他因素，回答下列3题。

（1）红玉公司在确定2×16年度与上述股份支付相关的费用时，应当采用的权益性工具的单价是（　　）元。

A.15　　B.17　　C.20　　D.22

（2）关于等待期的确定，下列说法中不正确的是（　　）。

A.2×15年12月31日应将其预计等待期调整为3年

B.2×14年12月31日应将其预计等待期调整为3年

C.此股票期权的等待期是3年

D.2×14年12月31日应将其预计等待期调整为2年

（3）2×16年确认的资本公积是（　　）元。

A.135 000　　B.35 000　　C.170 000　　D.70 000

6.关于企业股份支付的下列表述中，正确的是（　　）。

A.除了立即可行权的股份支付外，无论是以权益结算的股份支付还是以现金结算的股份支付，企业在授予日都要作会计处理

B.股份支付分为以权益结算的股份支付和以现金结算的股份支付

C.授予后立即可行权的换取职工服务的以权益结算的股份支付，应当在授予日按照权益工具的公允价值计入相关成本或费用，并增加应付职工薪酬

D.以现金结算的股份支付，企业在可行权日之后不再确认成本费用，可行权日后结算日之前负债公允价值的变动应计入所有者权益

7.下列关于等待期内每个资产负债表日的处理，正确的是（　　）。

A.企业应当在等待期内的每个资产负债表日，将取得职工或其他方提供的服务计入成本费用，同时确认负债

B.等待期时间长度确定后，业绩条件为非市场条件的，如果后续信息表明需要调整对可行权情况的估计的，不用对前期估计进行修改

C.对于附有市场条件的股份支付，只要职工满足了其他所有非市场条件，企业不应当确认已取得的服务

D.在等待期内的每个资产负债表日，企业应当根据最新取得的可行权职工人数变动等后续信息作出最佳估计，修正预计可行权的权益工具数量。在可行权日，最终预计可行权权益工具的数量应当与实际可行权工具的数量一致

8.有关股份支付的下列说法中错误的是（　　）。

A.企业在等待期内取消了该股份支付，应当作为加速可行权处理

B.在取消或结算时支付给职工的所有款项均应作为权益的回购处理，回购支付的金额高于权益工具的回购日公允价值的部分，计入当期费用。

C.企业授予高层管理者的以现金结算的股份支付，在可行权日之后至结算日前的每个资产负债表日因负债公允价值的变动应计入管理费用

D.企业授予高层管理者的以现金结算的股份支付，在可行权日之后至结算日前的每个资产负债表日因负债公允价值的变动应计入公允价值变动损益

二、多选题

1.经股东大会批准，甲公司2×14年1月1日实施股权激励计划，其主要内容为：甲公司向其子公司乙公司100名管理人员每人授予200份现金股票增值权，行权条件为乙公司2×14年度实现的净利润较前一年增长6%，截至2×15年12月31日两个会计年度平均净利润增长率为7%；从达到上述业绩条件的当年年末起，每持有1份现金股票增值权可以从甲公司获得相当于行权当日甲公司股票每股市场价格的现金，行权期为2年。

乙公司2×14年度实现的净利润较前一年增长5%，本年度没有管理人员离职。该年末，甲公司预计乙公司截至2×15年12月31日两个会计年度平均净利润增长率将达到7%，未来1年将有10名管理人员离职。

每份现金股票增值权公允价值如下：2×14年1月1日为15元；2×14年12月31日为18元；2×15年12月31日为20元。

要求：根据上述资料，不考虑税费和其他因素，回答下列各题。

（1）根据该股份激励计划，下列说法正确的有（　　）。

A.甲公司应作为以权益结算的股份支付进行会计处理

B.甲公司应作为以现金结算的股份支付进行会计处理

C.乙公司应作为以权益结算的股份支付进行会计处理

D.乙公司应作为以现金结算的股份支付进行会计处理

E.乙公司不需要进行会计处理

（2）根据该股份激励计划，下列针对甲乙公司2×14年报表项目的影响额计算正确的有（　　）。

A.甲公司应增加长期股权投资135 000元，同时增加应付职工薪酬135 000元

B.甲公司应增加长期股权投资180 000元，同时增加资本公积180 000元

C.甲公司应增加长期股权投资162 000元，同时增加应付职工薪酬162 000元

D.乙公司应增加管理费用135 000元，同时增加应付职工薪酬135 000元

E.乙公司应增加管理费用135 000元，同时增加资本公积135 000元

2.有关企业集团内发生的股份支付交易，回答下列问题：

（1）结算企业以自身权益工具结算的，应当进行的账务处理错误的是（　　）。

A.借：管理费用
　　贷：应付职工薪酬

B.借：管理费用
　　贷：资本公积

C.借：长期股权投资
　　贷：应付职工薪酬

D.借：长期股权投资
　　贷：资本公积

(2) 结算企业以自身权益工具结算，接受服务企业没有结算义务，下列说法正确的是（　　）。

A.结算企业应当按照以现金结算的股份支付处理

B.结算企业应当按照以权益结算的股份支付处理

C.接受服务企业应当按照以现金结算的股份支付处理

D.接受服务企业应当按照以权益结算的股份支付处理

E.在合并报表中应当冲减管理费用

(3) 结算企业以集团内其他企业权益工具结算，接受服务企业没有结算义务，下列说法正确的是（　　）。

A.结算企业应当按照以现金结算的股份支付处理

B.结算企业应当按照以权益结算的股份支付处理

C.接受服务企业应当按照以现金结算的股份支付处理

D.接受服务企业应当按照以权益结算的股份支付处理

E.在合并报表中的账务处理为：

借：资本公积
　　管理费用（差额也可能在贷方）
　贷：长期股权投资

3.关于以权益结算的股份支付，下列说法中不正确的有（　　）。

A.以权益结算的股份支付换取职工提供服务的，授予日应当进行相应的账务处理

B.以权益结算的股份支付换取职工提供服务的，应当以授予职工权益工具的公允价值计量

C.以权益结算的股份支付换取职工提供服务的，应当根据每个资产负债表日该权益工具的公允价值计量

D.在资产负债表日，后续信息表明可行权权益工具的数量与以前估计不同的，应当进行调整，并在可行权日调整至实际可行权的权益工具数量

E.授予后立即可行权的换取职工服务的以权益结算的股份支付，应当在授予日按照权益工具的账面价值计入相关成本或费用

4.下列关于条款和条件的有利修改的表述中，正确的有（　　）。

A.如果修改增加了所授予的权益工具的公允价值，企业应当继续以权益工具在授予日的公允价值为基础，确认取得服务的金额，而不应考虑权益工具公允价值的增加

B.如果修改增加了所授予的权益工具的公允价值，企业应当继续以权益工具在授予日的公允价值为基础，确认取得服务的金额，应考虑权益工具公允价值的增加

C.如果修改增加了授予的权益工具的数量，企业应当将增加的权益工具的公允价值相应地确认为取得服务的增加

D.如果企业以有利于职工的方式修改了可行权条件，如缩短等待期、取消或变更业绩条件（而非市场条件），企业在处理可行权条件时，不应当考虑修改后的可行权条件

E.如果企业以有利于职工的方式修改了可行权条件，如缩短等待期、取消或变更业绩条件

（而非市场条件），企业在处理可行权条件时，应当考虑修改后的可行权条件

三、计算题

1.甲公司为上市公司，2×14年1月1日，甲公司向其100名管理人员每人授予100份股票期权，这些人员从2×14年1月1日起必须在该公司连续服务3年，服务期满时才能以每股8元购买100股甲公司股票，从而获益。甲公司股票面值为每股1元。甲公司估计该期权在授予日的公允价值为16元。

2×14年有5名管理人员离开甲公司，甲公司估计三年中离开的管理人员比例将达到10%；2×15年又有5名管理人员离开公司，公司将管理人员离开比例修正为15%；2×16年又有10名管理人员离开。2×16年12月31日未离开公司的管理人员全部行权。

要求：

（1）分别计算2×14年至2×16年每年计入当期费用的金额。

（2）编制2×14年至2×16年与股份支付有关的会计分录。（答案中的金额单位用元表示）

2.2×14年1月1日，经股东大会批准，鸿运上市公司（以下简称鸿运公司）与其50名高级管理人员签署股份支付协议。协议规定：

①鸿运公司向50名高级管理人员每人授予1 000份股票期权，行权条件为这些高级管理人员从授予股票期权之日起连续在本公司服务满3年，且鸿运公司3年平均净利润增长率达到10%；

②符合行权条件后，每持有1份股票期权可以自2×17年1月1日起1年内，以每股5元的价格购买鸿运公司1股普通股股票，在行权期间内未行权的股票期权将失效。鸿运公司估计授予日每份股票期权的公允价值为12元。

2×14年至2×17年，鸿运公司与股票期权有关的资料如下：

（1）2×14年5月，鸿运公司自市场回购本公司股票50 000股，共支付款项1 000 000元，作为库存股待行权时使用。

（2）2×14年，鸿运公司有1名高级管理人员离开公司，本年净利润增长率为8%。该年年末，鸿运公司预计未来2年将有1名高级管理人员离开公司，预计3年平均净利润增长率将达到10%；每份股票期权的公允价值为11元。

（3）2×15年，鸿运公司有2名高级管理人员离开公司，本年净利润增长率为12%。该年年末，鸿运公司预计未来1年将有2名高级管理人员离开公司，预计3年平均净利润增长率将达到10%；每股股票期权的公允价值为13元。

（4）2×16年，鸿运公司没有高级管理人员离开公司，本年净利润增长率为15%。该年年末，每份股票期权的公允价值为15元。

（5）2×17年3月，47名高级管理人员全部行权，鸿运公司共收到款项235 000元，相关股票的变更登记手续已办理完成。对剩余库存股进行冲销，假设鸿运公司有足够的资本公积。

要求：

（1）编制鸿运公司回购本公司股票时的相关会计分录。

（2）计算鸿运公司2×14年、2×15年、2×16年因股份支付应确认的费用，并编制相关会计分录。

（3）编制鸿运公司高级管理人员行权时及对剩余库存股冲销的相关会计分录。

3.集团股份支付

白云公司为上市公司，2×14年至2×16年，白云公司及其子公司红玉公司发生的有关交易或事项如下：

经董事会批准，白云公司于2×14年1月1日实施股权激励计划，其主要内容为：白云公司向红玉

公司50名管理人员每人授予1万份现金股票增值权，行权条件为红玉公司2×14年度实现的净利润较前一年增长18%，截至2×15年12月31日2个会计年度平均净利润增长率为15%，截至2×16年12月31日3个会计年度平均净利润增长率为12%；从达到上述业绩条件的当年年末起，每持有1份现金股票增值权可以从白云公司获得相当于行权当日白云公司股票每股市场价格的现金，行权期为3年。

红玉公司2×14年度实现的净利润较前一年增长15%，本年度有1名管理人员离职。该年年末，白云公司预计红玉公司截至2×15年12月31日2个会计年度平均净利润增长率将达到15%，未来一年将有3名管理人员离职。

2×15年度，红玉公司有4名管理人员离职，实现的净利润较前一年增长9%。该年年末，白云公司预计红玉公司截至2×16年12月31日3个会计年度平均净利润增长率将达到12%，未来一年将没有管理人员离职。

2×16年10月20日，白云公司经董事会批准取消原授予红玉公司管理人员的股权激励计划，同时以现金补偿原授予现金股票增值权且尚未离职的红玉公司管理人员1 000万元。2×16年年初至取消股权激励计划前，红玉公司有1名管理人员离职。

每份现金股票增值权的公允价值如下：2×14年1月1日为12元；2×14年12月31日为15元；2×15年12月31日为18元；2×16年10月20日为20元。假定不考虑税费和其他因素的影响。

要求：

（1）计算股权激励计划的实施对白云公司2×14年度和2×15年度合并财务报表的影响，并简述相应的会计处理。

（2）计算股权激励计划的取消对白云公司2×16年度合并财务报表的影响，并简述相应的会计处理。

4.甲公司为上市公司，采用授予职工限制性股票的形式实施股权激励计划。2×14年1月1日，公司以非公开发行方式向50名管理人员每人授予30万股自身股票（每股面值为1元），授予价格为每股5元。当日，50名管理人员全部出资认购，总认购款项为7 500万元，甲公司履行了相关增资手续。甲公司估计该限制性股票股权激励在授予日的公允价值为每股8元。

激励计划规定，这些管理人员须从2×14年1月1日起在甲公司连续服务满3年且公司三年净利润平均增长率达到15%，所授予股票将于2×17年1月1日全部解锁；期间离职的，甲公司将按照原授予价格加合理利息补偿回购，利息补偿标准为按照公司占用员工资金时间长短计算，年化补偿率为1%，单利计算。2×14年1月1日至2×16年12月31日期间，所授予股票不得上市流通或转让，没有投票权，但是可以享受股利分配；激励对象因获授限制性股票而取得的现金股利由公司代管，作为应付股利在解锁时向激励对象支付；

2×14年度，甲公司有5名管理人员离职，甲公司估计3年中离职的管理人员合计为12名，当年宣告发放现金股利为每股1元；

2×15年度，甲公司有3名管理人员离职，甲公司将3年离职人员合计数调整为11人，当年宣告发放现金股利为每股1.5元；

2×16年度，甲公司有2名管理人员离职，当年宣告发放现金股利为每股2元。

假设根据2×16年年末统计的数据显示，甲公司3年净利润平均增长率为16%。

假定甲公司管理人员离职均发生在年末，甲公司现金股利发放则在当年年中，不考虑其他因素。

要求：分别以下两种情形编制甲公司在授予日、等待期内以及解锁日的相关会计分录

（1）对于未能解锁的限制性股票，甲公司在回购股票时将扣除激励对象已享有的该部分现金股利。

（2）对于未能解锁的限制性股票，甲公司在回购股票时不会扣除激励对象已享有的该部分现金股利。

第十二章

本章导学

第十三章

或有事项

考霸笔记

属于不太重要章节，主要以选择题形式考查，2分左右。

本章框架图

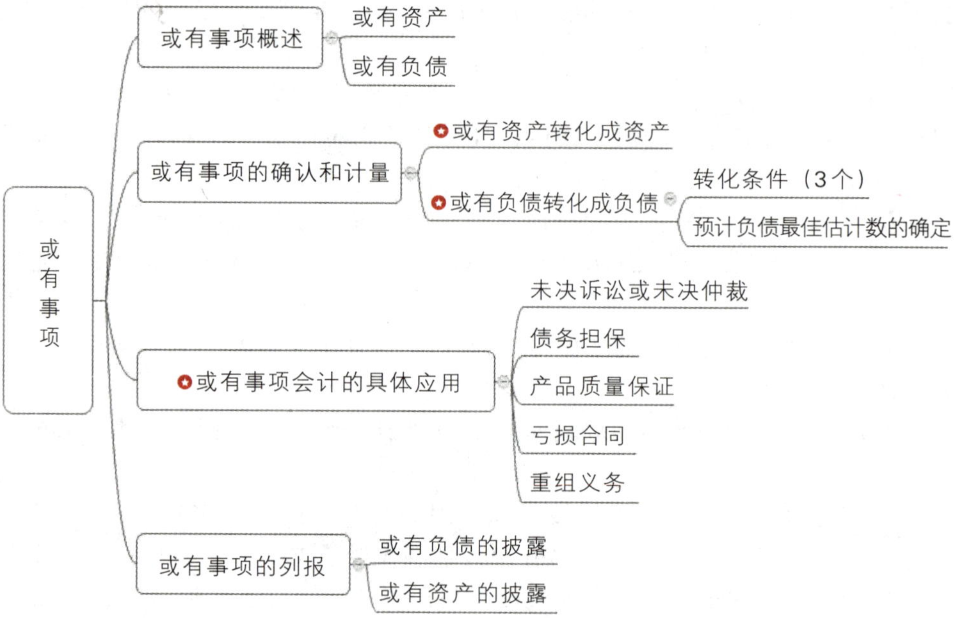

本章考情概述

本章主要阐述或有事项的概念、确认与计量、具体应用等内容。

本章应当关注的问题：（1）或有事项确认负债、资产的条件及计量；（2）亏损合同的会计处理；（3）重组义务的会计处理。

近三年主要考点：或有事项的会计处理。

2019年教材主要变化

本章内容无变化。

第一节　或有事项概述

◇或有事项的概念和特征

◇或有负债和或有资产

一、或有事项的概念和特征

> 考霸笔记
> 常见的或有事项有：未决诉讼或未决仲裁、债务担保、产品质量保证（含产品安全保证）、环境污染整治、承诺、亏损合同、重组义务等。注意结合常见的或有事项来深化理解或有事项的概念和特征。

或有事项，是指过去的交易或者事项形成的，其结果须由某些未来事项的发生或不发生才能决定的不确定事项。

或有事项具有以下特征：

1.因过去的交易或者事项形成的

因过去的交易或者事项形成，是指或有事项的现存状况是过去交易或者事项引起的客观存在。未来可能发生的自然灾害、交通事故、经营亏损等事项，都不属于或有事项。

> 考霸笔记
> 重在“过去”而不是“未来”，也就是相关事项已经客观发生。

2.结果具有不确定性

（1）或有事项的结果是否发生具有不确定性；

（2）或有事项的结果预计将会发生，但发生的具体时间或金额具有不确定性。

> 考霸笔记
> 体现在结果、时间或金额上的不确定性。

3.由未来事项决定

或有事项的结果只能由未来不确定事项的发生或不发生才能决定。企业为其他单位提供债务担保，该担保事项最终是否会要求企业履行偿还债务的连带责任，一般只能看被担保方的未来经营情况和偿债能力。

二、或有负债和或有资产

1.或有负债（✔基础概念，了解即可）

或有负债，是指过去的交易或事项形成的潜在义务，其存在须通过未来不确定事项的发生或不发生予以证实；或过去的交易或事项形成的现时义务，履行该义务不是很可能导致经济利益流出企业或该义务的金额不能可靠计量。

> 考霸笔记
> 不能完全符合负债的定义，但相关定义又接近于负债，或有负债满足负债条件时确认为预计负债。

> 考霸笔记
> 大于50%，小于等于95%。

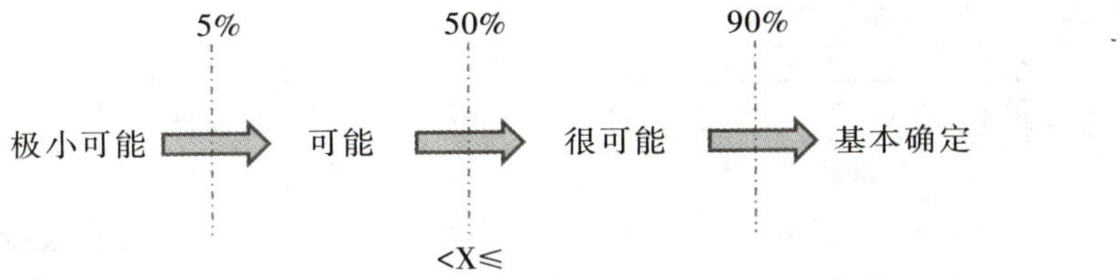

> 什么是潜在义务？什么是现时义务？
>
> 潜在义务是指结果取决于不确定未来事项的可能义务。比如企业的运输司机，将货车开到路上行驶，就有可能发生交通事故，就有可能赔偿，这种义务取决于未来不确定事项的发生与否，这就是一种潜在义务。
>
> 现时义务是相对于潜在义务而言的，是指企业在现行条件下已经承担的义务。比如还是这位货车司机，在运输途中发生交通事故，该事件发生后，企业立即承诺承担赔偿义务，但事态还在发展中，尚无法预计将要发生的赔偿费用，这种情况下，承担的就是一种现时义务。又如，某公司只要为外部某单位提供了担保，无论未来是否需要代为赔偿，它所承担的都是“现时义务”，而不是“潜在义务”。
>
> 或有负债无论是现时义务还是潜在义务，均不符合负债的确认条件，因而不能确认，只能在附注中披露。

2.或有资产

或有资产，是指过去的交易或者事项形成的潜在资产，其存在须通过未来不确定事项的发生或不发生予以证实。

或有资产，作为一种潜在资产，不符合资产的确认条件，因而不能确认，只有在很可能导致经济利益流入企业时才能在附注中披露。

什么是潜在资产？

例如，A公司向法院起诉B公司侵犯了其专利权。法院尚未对该案件进行公开审理，A公司是否胜诉尚难判断。对于A公司而言，将来可能胜诉而获得的赔偿属于一项或有资产，但这项或有资产是否会转化为真正的资产，要由法院的判决结果确定。如果终审判决结果是A公司胜诉，那么这项或有资产就转化为A公司的一项资产。如果终审判决结果是A公司败诉，那么或有资产就消失了。更不可能形成A公司的资产。

3.或有负债和或有资产转化为负债（预计负债）和资产

（1）或有负债转化为预计负债。

随着时间推移和事态的进展，或有负债对应的潜在义务可能转化为现时义务，原本不是很可能导致经济利益流出的现时义务也可能被证实将很可能导致企业经济利益流出，并且现时义务的金额也能够可靠计量。在这种情况下，或有负债就转化为企业的预计负债，应当予以确认。

（2）或有资产形成企业真正的资产。

或有资产也是一样，其对应的潜在资产最终是否能够流入企业会逐渐变得明确，如果某一时点企业基本确定能够收到这项潜在资产并且其金额能够可靠计量，应当将其确认为企业的资产。

考霸笔记

大于95%，小于100%。

或有负债和预计负债的区别：

根据负债的定义，某个项目是否为负债，应具备两个基本条件：一是因过去事项而形成的现时义务；二是结算该义务时预期会有经济资源流出企业。对照这两项基本条件，或有负债中的第一种义务（潜在义务）不符合负债定义，因而不是负债；或有负债中的第二种义务则符合负债义务，因为虽然结算该现时义务不是很可能导致包含经济利益的资源流出企业，但由于有一项现时义务存在，预期会有经济利益流出企业。此外，仅因为该义务的金额不能可靠地予以计量才没有在财务报表上确认，本身可以说明该义务符合负债定义。但无论是哪种情况，或有负债均是不能在财务报表上得以确认的项目。

而预计负债的定义就完全满足负债的两个基本条件：一是因过去事项而形成的现时义务；二是结算该义务时预期会有经济资源流出企业，是真正意义上的负债。尽管预计负债在金额上不确定，但可以进行合理的估计。因此，预计负债能够在财务报表中得以确认。由此可以看出，预计负债与或有负债的主要区别在于：第一，预计负债是一类负债，但或有负债所指的义务中，只有现时义务符合负债定义；第二，预计负债可以在报表中得以确认，但或有负债则因不符合负债定义或确认条件而不能在报表上予以确认。

第二节　或有事项的确认和计量

◇或有事项的确认
◇预计负债的计量
◇对预计负债账面价值的复核

一、或有事项的确认

根据企业会计准则的规定，与或有事项相关的义务同时满足下列条件的，应当确认为预计负债：

（1）该义务是企业承担的现时义务，即与或有事项相关的义务是在企业当前条件下已承担的义务。

这里所指的义务包括法定义务和推定义务。

什么是法定义务？什么是推定义务？

法定义务：是指法定合同义务，是直接依据法律的规定产生而非由当事人约定的义务。

推定义务：是指根据企业多年来的习惯做法、公开的承诺或者公开宣布的政策而导致企业将承担的责任，这些责任也使有关各方形成了企业将履行义务解脱责任的合理预期。

如何区分现时义务、推定义务、潜在义务？

考霸笔记

比如汽车主动召回属于推定义务，被动召回（因法律诉讼等）属于法定义务。

（2）履行该义务很可能导致经济利益流出企业。

（3）该义务的金额能够可靠地计量。即与或有事项相关的现时义务的金额能够合理地估计。

①在确认负债时。

借：销售费用（常见的产品质量保证费用）
　　管理费用（一般是诉讼费或各项杂费）
　　营业外支出（通常是罚款或赔偿额）
　贷：预计负债

②当该负债转化为事实时。　（结果已经明确）

借：预计负债
　贷：其他应付款
借：其他应付款
　贷：银行存款

③对于预期可获补偿的认定。

借：其他应收款
　贷：营业外支出

确认预计负债会涉及哪些会计科目？

二、预计负债的计量（非常重要！选择题高频考点，结合相关实例全面掌握）

如何确定预计负债的最佳估计数？

或有事项的计量主要涉及两个问题：一是最佳估计数的确定；二是预期可获得补偿的处理。

（1）最佳估计数的确定。

第一，所需支出存在一个连续范围，且该范围内各种结果发生的可能性相同，则最佳估计数应当按照该范围内的中间值，即上下限金额的平均数确定。

例 13-1

20×7 年 12 月 15 日，A 公司因合同违约而涉及一桩诉讼案。根据企业的法律顾问判断，最终的判决很可能对 A 公司不利。20×7 年 12 月 31 日，A 公司尚未接到法院的判决，因诉讼须承担的赔偿金额也无法准确地确定。不过，据专业人士估计，赔偿金额可能是 100 万元至 200 万元的某一金额，而且这个区间内每个金额的可能性都大致相同。

考霸笔记 确认为预计负债。

根据企业会计准则的规定，A 公司应在 20×7 年 12 月 31 日的资产负债表中确认一项金额为 150 万元（（100+200）÷2）的负债。账务处理是：

借：营业外支出　　1 500 000

　贷：预计负债　　1 500 000

第二，所需支出不存在一个连续范围，或者虽然存在一个连续范围，但该范围内各种结果发生的可能性不相同。

在这种情况下，最佳估计数按照如下方法确定：

①如果或有事项涉及单个项目，最佳估计数按照最可能发生金额确定；

例 13-2

A 公司涉及一起诉讼。根据类似案件的经验以及公司所聘律师的意见判断，A 公司在该起诉讼中胜诉的可能性为 30%，败诉的可能性为 70%。如果败诉，将要赔偿 300 万元。在上述情况下，A 公司应确认的负债金额（最佳估计数）应为最可能发生金额 300 万元。

考霸笔记 大于 50%，确认为预计负债。

借：营业外支出　　3 000 000

　贷：预计负债　　3 000 000

②如果或有事项涉及多个项目，最佳估计数按照各种可能结果及相关概率计算确定（加权平均数）。

例 13-3

20×7 年，A 公司销售产品 3 万件，销售额 1.2 亿元。A 公司的产品质量保证条款规定：产品售出后一年内，如发生正常质量问题，A 公司将免费负责修理。根据以往的经验，如果出现较小的质量问题，则修理费为销售额的 1%；而如果出现较大的质量问题，则修理费为销售额的 2%。据预测，本年度已售产品中，有 80% 不会发生质量问题，有 15% 将发生较小质量问题，有 5% 将发生较大质量问题。根据上述资料，20×7 年年末 A 公司应确认的负债金额（最佳估计数）=120 000 000×1%×15%+120 000 000×2%×5%=1 200 000×15%+2 400 000×5%=180 000+120 000=300 000（元）。

考霸笔记 计入销售费用。

借：销售费用　　300 000

　贷：预计负债　　300 000

（2）预期可获得补偿的处理。

预期可能获得补偿的情况通常有：发生交通事故等情况时，企业通常可从保险公司获得合理的赔偿；在某些索赔诉讼中，企业可对索赔人或第三方另行提出赔偿要求；在债务担保业务中，企业在履行担保义务的同时，通常可向被担保企业提出追偿要求。

企业清偿预计负债所需支出全部或部分预期由第三方补偿的：

①补偿金额只有在基本确定能够收到时才能作为资产单独确认；

②确认的补偿金额不应超过预计负债的账面价值。

此处的重点是三个：

a. 只有在基本确定能收到时，才能作为资产认定。

b. 资产的金额不能超过其所匹配的负债的账面价值。

c. 资产的入账要单独设账反映，即记入“其他应收款”科目，而不能与“预计负债”科目对冲。

注意：或有事项确认为资产的前提条件是或有事项已经确认为负债。

考霸笔记

大于95%，小于100%。

考霸笔记

本题涉及对相关基础概念的考查，学习时注意对相关概念的辨析。

例13-4·2012年单选题

下列各项关于预计负债的表述中，正确的是（　　）。

A. 预计负债是企业承担的潜在义务

B. 与预计负债相关支出的时间或金额具有一定的不确定性

C. 预计负债计量应考虑未来期间相关资产预期处置利得的影响

D. 预计负债应按相关支出的最佳估计数减去基本确定能够收到的补偿后的净额计量

【答案】B

【解析】选项A，预计负债是企业承担的现时义务；选项C，预计负债计量不应考虑未来期间相关资产的处置利得；选项D，预计负债应按相关支出的最佳估计数计量，基本确定能够收到的补偿应单独确认为资产。

考霸笔记

此选项是常考点，注意预计负债与资产应当分别确定，且分别列报！

三、对预计负债账面价值的复核

企业应当在资产负债表日对预计负债的账面价值进行复核，有确凿证据表明账面价值不能真实反映当前最佳估计数的，应进行相应调整。

> 例如，某化工企业对环境造成了污染，按照当时的法律规定，只需要对污染进行清理。随着国家对环境保护越来越重视，按照现在的法律规定，该企业不但需要对污染进行清理，还很可能要对居民进行赔偿。这种法律要求的变化，会对企业预计负债的计量产生影响。企业应当在资产负债表日对为此确认的预计负债金额进行复核，相关因素发生变化表明预计负债金额不再能反映真实情况时，需要按照当前情况下企业清理和赔偿支出的最佳估计数对预计负债的账面价值进行相应的调整。

例13-5·2015年单选题

下列关于或有事项的表述中，正确的是（　　）。

A. 或有事项形成的预计负债是企业承担的现时义务

B. 或有事项形成的或有资产应当在很可能收到时予以确认

C. 预计负债计量应考虑与其相关的或有资产预期处置产生的损益

D. 预计负债应当与其相关的或有资产相抵后在资产负债表中以净额列报

【答案】A

【解析】选项B，基本确定收到时才能确认为资产；选项C，预计负债计量不应考虑与其相关的或有资产预期处置产生的损益；选项D，预计负债与或有资产不能相互抵销。

考霸笔记

涉及的几种情形需准确掌握。

第三节 或有事项会计的具体应用

◇未决诉讼或未决仲裁

◇债务担保

◇产品质量保证

◇待执行合同变为亏损合同

◇重组义务

一、未决诉讼或未决仲裁

对于未决诉讼实际发生的情况与预计负债的差额处理方法（见表13-1）：

表13-1 对于未决诉讼实际发生的情况与预计负债的差额处理方法

相关预计负债	与当期实际发生的诉讼损失金额之间差额的处理
前期已合理计提	直接计入或冲减当期营业外支出
前期未合理计提（金额重大）	按照重大差错更正的方法进行会计处理
前期无法合理预计，未计提	在该损失实际发生的当期，直接计入当期营业外支出
资产负债表日后至财务报告批准报出日之间发生的需要调整或说明的未决诉讼	按照资产负债表日后事项的有关规定进行会计处理

二、债务担保

企业对外提供债务担保，属于或有事项，涉及未决诉讼时，满足预计负债三个确认条件的，应该确认为预计负债。

企业对外提供债务担保常常会涉及未决诉讼，这时可以分别以下情况进行处理：

（1）企业已被判决败诉，则应当按照人民法院判决的应承担的损失金额，确认为负债，并计入当期营业外支出。

（2）已判决败诉，但企业正在上诉，或者经上一级人民法院裁定暂缓执行，或者由上一级人民法院发回重审等，企业应当在资产负债表日，根据已有判决结果合理估计可能发生的损失金额，确认为预计负债，并计入当期营业外支出。

（3）人民法院尚未判决的，企业应向其律师或法律顾问等咨询，估计败诉的可能性，以及败诉后可能发生的损失金额，并取得有关书面意见。如果败诉的可能性大于胜诉的可能性，并且损失金额能够合理估计的，应当在资产负债表日将预计担保损失金额，确认为预计负债，并计入当期营业外支出。

诉讼相关支出如何列报？

5897

例13-6·2015年多选题

20×4年1月1日，甲公司为乙公司的800万元债务提供50%担保。20×4年6月1日，乙公司因无力偿还到期债务被债权人起诉。至20×4年12月31日，法院尚未判决，但经咨询律师，甲公司认为有55%的可能性需要承担全部保证责任，赔偿400万元，并预计承担诉讼费用4万元；有45%的可能无须承担保证责任。20×5年2月10日，法院作出判决，甲公司需承担全部担保责任和诉讼费用。甲公司表示服从法院判决，于当日履行了担保责任，并支付了4万元的诉讼费。20×5年2月20日，20×4年度财务报告经董事会批准报出。不考虑其他因素，下列关于甲公司对该事件的处理正确的有（　　）。

A. 在20×5年实际支付担保款项时才需进行会计处理

B. 在20×4年的利润表中将预计的诉讼费用4万元确认为管理费用

C. 在20×4年的利润表中确认营业外支出400万元

D. 在20×4年的财务报表附注中披露或有负债400万元

【答案】BC

【解析】选项A，应在20×4年年末确认为预计负债；选项D，应披露预计负债404万元。

考霸笔记

计提时：

借：销售费用

　贷：预计负债

三、产品质量保证

产品质量保证，通常指销售商或制造商在销售产品或提供劳务后，对客户提供服务的一种承诺。在约定期内（或终身保修），若产品或劳务在正常使用过程中出现质量或与之相关的其他属于正常范围的问题，企业负有更换产品、免费或只收成本价进行修理等责任。按照权责发生制原则的要求，上述相关支出符合确认条件就应在收入实现时确认相关预计负债。

如果企业针对特定批次产品确认预计负债，则在保修期结束时，应将“预计负债——产品质量保证”余额冲销，不留余额。

借：预计负债

　贷：销售费用

已对其确认预计负债的产品，如企业不再生产了，那么应在相应的产品质量保证期满后，将“预计负债——产品质量保证”科目余额冲销，不留余额。

借：预计负债

　贷：销售费用

亏损合同为什么还要计提资产减值损失?

四、待执行合同变为亏损合同

（1）待执行合同的概念。

待执行合同，是指合同各方尚未履行任何合同义务，或部分履行了同等义务的合同。

（2）亏损合同的概念。

亏损合同，是指履行合同义务不可避免发生的成本超过预期经济利益的合同。

（3）待执行合同形成的或有事项的确认原则。

待执行合同变成亏损合同的，该亏损合同产生的义务满足预计负债确认条件的，应当确认为预计负债。企业不应当就未来经营亏损确认预计负债。

（4）待执行合同形成的预计负债的计量。

考霸笔记

有标的资产的要先考虑标的资产的减值。

待执行合同变成亏损合同时，企业拥有合同标的资产的，应当先对标的资产进行减值测试并按规定确认减值损失，如预计亏损超过该减值损失，应将超过部分确认为预计负债。企业没有合同标的资产的，亏损合同相关义务满足规定条件时，应当确认为预计负债。

考霸笔记

本题涉及对资产减值损失和预计负债的综合性内容的考查，注意准确掌握相关的账务处理和金额的计算。

亏损合同如何计算预计负债?

例 13-7 · 2012 年单选题

20×2 年 12 月 1 日，甲公司与乙公司签订一项不可撤销的产品销售合同，合同规定：甲公司于 3 个月后提交乙公司一批产品，合同价格（不含增值税税额）为 500 万元，如甲公司违约，将支付违约金 100 万元。至 20×2 年年末，甲公司为生产该产品已发生成本 20 万元，因原材料价格上涨，甲公司预计生产该产品的总成本为 580 万元。不考虑其他因素，20×2 年 12 月 31 日，甲公司因该合同确认的预计负债为（　　）万元。

A.20　　B.60　　C.80　　D.100

【答案】B

【解析】执行合同的损失 = 580−500 = 80（万元），不执行合同的损失 = 100 万元，故选择执行合同。20×2 年 12 月 31 日，甲公司因该合同确认的预计负债 = 80−20 = 60（万元）。

考霸笔记

总损失 80 万元，但并非全为预计负债，有 20 万元标的，计提资产减值损失，剩余 60 万元作为预计负债。

借：资产减值损失　20

　贷：存货跌价准备　20

借：营业外支出　60

　贷：预计负债　60

五、重组义务

考霸笔记

重点掌握应该计入预计负债的项目，选择题高频考点。

重组是指企业制定和控制的，将显著改变企业组织形式、经营范围或经营方式的计划实施行为。

属于重组的事项主要包括：因经营不善或战略调整，需要重组。

（1）出售或终止企业的部分业务；

（2）对企业的组织结构进行较大调整；

（3）关闭企业的部分营业场所，或将营业活动由一个国家或地区迁移到其他国家或地区。

企业因重组而承担了重组义务，并且同时满足或有事项的三个确认条件时，才能确认为预计负债。

首先，同时存在下列情况的，表明企业承担了重组义务：

①有详细、正式的重组计划，包括重组涉及的业务、主要地点、需要补偿的职工人数及其岗位性质、预计重组支出、计划实施时间等；

②该重组计划已对外公告。

其次，需要判断重组义务是否同时满足预计负债的三个确认条件：判断其承担的重组义务是否是现时义务、履行重组义务是否很可能导致经济利益流出企业、重组义务的金额是否能够可靠计量。只有同时满足这三个确认条件，才能将重组义务确认为预计负债。

企业应当按照与重组有关的直接支出确定预计负债金额，计入当期损益。其中，直接支出是企业重组必须承担的直接支出，不包括留用职工岗前培训、市场推广、新系统和营销网络投入等支出。

与重组有关支出的判断表（表13-2）：（✔非常重要，全面掌握）

表13-2　与重组有关支出的判断表

支出项目	包括	不包括	不包括的原因
自愿遣散	√		
强制遣散（如果自愿遣散目标未满足）	√		
不再使用的厂房的租赁撤销费	√		
职工和设备从拟关闭的工厂转移到继续使用的工厂		√	支出与继续进行的活动相关
剩余职工的再培训		√	支出与继续进行的活动相关
新经理的招聘成本		√	支出与继续进行的活动相关
推广公司新形象的营销成本		√	支出与继续进行的活动相关
对新营销网络的投资		√	支出与继续进行的活动相关
重组的未来可辨认经营损失（最新预计值）		√	支出与继续进行的活动相关
特定不动产、厂场和设备的减值损失		√	资产减值准备应当按照《企业会计准则第8号——资产减值》进行评估，并作为资产的抵减项

考霸笔记

本题涉及企业重组过程中重组支出的判断和金额的计算，需准确掌握。

例13-8 · 2012年单选题

20×2年12月，经董事会批准，甲公司自20×3年1月1日起撤销某营销网点，该业务重组计划已对外公告。为实施该业务重组计划，甲公司预计发生以下支出或损失：因辞退职工将支付补偿款100万元，因撤销门店租赁合同将支付违约金20万元，因处置门店内设备将发生损失65万元，因将门店内库存存货运回公司本部将发生运输费5万元。该业务重组计划对甲公司20×2年度利润总额的影响金额为（　　）万元。

A.-120　　B.-165　　C.-185　　D.-190

【答案】C

【解析】该业务重组计划对甲公司20×2年度利润总额的影响金额=-100-20-65=-185（万元），将门店内库存存货运回公司本部将发生的运输费5万元与存货继续进行的活动相关，不属于与重组有关的支出，不应予以确认。

考霸笔记

因为这些支出与未来经营活动相关，在资产负债表日不属于重组义务。

考霸笔记

辞退员工借方记入“管理费用”科目，贷方通过“应付职工薪酬”科目核算（辞退员工相关的支出属于辞退福利），注意：员工遣散费属于预计负债但不通过“预计负债”科目核算。

考霸笔记

培训完重新在本公司就业，记入新部门对应科目。

考霸笔记

减值损失不属于预计负债，但是会影响重组当期利润。

考霸笔记

这些存货以后还可以出售，是以后的活动，不属于债务重组。

业务重组计划计算预计负债和影响利润总额的金额为什么不同？

【拓展】甲公司有关的直接支出有：

①因辞退职工将支付补偿款100万元；

②因撤销门店租赁合同将支付违约金20万元。

因重组义务确认的预计负债 = 100 + 20 = 120（万元）

借：管理费用　100

　贷：应付职工薪酬　100

借：营业外支出　20

　贷：预计负债　20

借：资产减值损失　65

　贷：固定资产减值准备　65

第四节　或有事项的列报

◇预计负债的列报

◇或有负债的披露

◇或有资产的披露

考霸笔记

注意各种情况下预计负债对应的科目。

一、预计负债的列报

借：管理费用　（诉讼费用、业务重组）

　销售费用　（质量保证）

　营业外支出　（担保损失、未决诉讼、未决仲裁）

　其他应收款　（预期可获得的补偿）

　固定资产　（弃置费用）

　财务费用　（弃置费用的摊销）

　应付账款　（债务重组或有应付金额）

　主营业务收入（同时贷记主营业务成本）　（销售退回能够估计退货率）

　贷：预计负债

二、或有负债的披露　（✔概念性内容，了解即可。）

对于或有负债，企业无须进行会计处理，应当在附注中披露下列信息：

（1）或有负债的种类及其形成原因，包括未决诉讼、未决仲裁、对外提供担保等形成的或有负债。

（2）经济利益流出不确定性的说明。

考霸笔记

发生概率为5%~95%，不包括极小可能导致经济利益流出企业的或有负债。

（3）或有负债预计产生的财务影响，以及获得补偿的可能性；无法预计的，应当说明原因。

在涉及未决诉讼、未决仲裁的情况下，按相关规定披露全部或部分信息预期对企业会造成重大不利影响的，企业无须披露这些信息，但应当披露该未决诉讼、未决仲裁的性质，以及没有披露这些信息的事实和原因。

三、或有资产的披露　（✔有可能作为选择题的一个选项出现，应当掌握）

或有资产作为一种潜在资产，不符合资产确认的条件，因而不予确认。企业通常不应当披露或有资产。但或有资产很可能会给企业带来经济利益的，应当披露其形成的原因、预计产生的财务影响等。

智能测评

在线练习	我要提问
扫码在线做题　扫码看答案 本书“本章同步强化训练”均配备二维码，打开微信“扫一扫”即可完成在线测评，查看本章详细的测评反馈报告，了解知识掌握情况，也可扫码直接看答案噢。 快来扫码做题吧！	扫码答疑 本书配备答疑专用二维码，打开微信“扫一扫”，即可完成在线提问，获取专业老师全面个性化解答，让学习问题不再拖延。 快来扫码提问吧！

本章同步强化训练

一、单选题

1.集英公司于2×14年6月12日收到法院通知，被告知白云公司状告其侵犯专利权，要求其赔偿300万元。集英公司认为其核心技术是委托A公司研究开发的，A公司应承担连带责任对白云公司进行赔偿。集英公司在2×14年年末编制财务报表时，根据法律诉讼的进展情况以及专业人士的意见，认为对白云公司进行赔偿的可能性在60%以上，可能发生的赔偿金额在240万元至260万元之间，而且这个区间内每个金额的可能性都大致相同，另需承担诉讼费用5万元。集英公司基本确定能够从A公司得到补偿。

要求：根据上述资料，不考虑其他因素，回答下列题目。

（1）假定基本确定可从A公司获得的补偿金额为120万元。下列关于集英公司在2×14年的会计处理中，不正确的是（　　）。

A.应确认管理费用5万元　　B.应确认营业外支出130万元

C.应确认其他应收款120万元　　D.应确认预计负债135万元

（2）假定基本确定可从A公司获得的补偿金额为200万元。下列关于集英公司2×14年的会计处理正确的是（　　）。

A.应确认营业外支出为55万元　　B.应确认其他应收款200万元

C.应确认应收账款200万元　　D.应确认预计负债55万元

2.甲企业是一家大型机床制造企业，2×14年12月1日与乙公司签订了一项不可撤销的销售合同，约定于2×15年4月1日以800万元的价格向乙公司销售大型机床一台。若不能按期交货，甲企业需按照总价款的20%支付违约金。至2×14年12月31日，甲企业尚未开始生产该机床；由于原料上涨等因素，甲企业预计生产该机床的成本不可避免地升至900万元。

要求：根据上述资料，不考虑其他因素，回答下列问题。

（1）下列关于亏损合同处理的说法中，不正确的是（　　）。

A.待执行合同变为亏损合同时，合同存在标的资产的，应当对标的资产进行减值测试并按规定确认减值损失

B.待执行合同属于或有事项

C.企业与其他单位签订的商品销售合同、劳务合同、租赁合同等，均可能变为亏损合同

D.待执行合同变为亏损合同时，合同不存在标的资产的，亏损合同相关义务满足预计负债确认条件时，应当确认预计负债

（2）2×14年12月31日，甲企业的会计处理正确的是（　　）。

A.确认预计负债100万元　　B.确认预计负债160万元

C.确认存货跌价准备100万元　　D.确认存货跌价准备160万元

3.红玉公司为电脑生产和销售企业，2×14年12月31日“预计负债——产品质量保证”科目年末余额为100万元。2×15年第一季度、第二季度、第三季度、第四季度分别销售电脑2 000台、5 000台、3 000台和2 000台，每台售价为1万元。对购买其产品的消费者，红玉公司作出如下承诺：电脑售出后三年内如出现非意外事件造成的电脑故障和质量问题，红玉公司免费负责保修（含零部件更换）。根据以往的经验，发生的保修费一般为销售额的2%～4%。假定红玉公司2×15年四个季度实际发生的维修费用分别为110万元、0、150万元和80万元。

要求：根据上述资料，不考虑其他因素，回答下列问题。

（1）2×15年12月31日“预计负债——产品质量保证”科目的余额为（　　）万元。

A.120　　B.140　　C.200　　D.20

（2）因上述交易或事项影响2×15年度营业利润的金额为（　　）万元。

A.120　　B.360　　C.80　　D.20

4.甲公司中止企业的某项经营业务，由此需要辞退50名员工，由于是否接受辞退职工可以作出选择，预计发生800万元辞退费用的可能性为70%，发生500万元辞退费用的可能性为30%，发生转岗职工上岗前培训费50万元。

要求：根据上述资料，不考虑其他因素，回答下列问题。

（1）以下关于重组义务应确认为预计负债的表述中，不正确的是（　　）。

A.有详细、正式的重组计划，包括预计重组支出和计划实施时间且该计划已对外公告

B.只有与重组有关的直接支出才可以确定为重组负债义务

C.应当将留用职工岗前培训支出确认为重组负债义务

D.辞退职工的补偿确认为重组负债义务

（2）企业本期应确认的应付职工薪酬是（　　）万元。

A.800　　B.710　　C.850　　D.760

5.对于资产负债表日的诉讼事项，下列说法中不正确的是（　　）。

A.如果企业已被判决败诉，且企业不再上诉，则应当冲回原已确认的预计负债的金额

B.如果法院已判决败诉，但企业正在上诉，或者经上一级法院裁定暂缓执行等，企业应当在资产负债表日，根据已有判决结果合理估计很可能产生的损失金额，确认为预计负债

C.如果法院已判决败诉，但企业正在上诉，或者经上一级法院裁定暂缓执行等，企业应当在资产负债表日，根据已有判决结果确认为预计负债

D.如果法院尚未判决，企业应估计败诉的可能性，如果企业很可能败诉，并且损失金额能够合理估计的，应当在资产负债表日将预计损失金额，确认为预计负债

6.集英公司管理层于2×14年11月制订了一项业务重组计划，拟从2×15年1月1日起关闭C产品生产线。集英公司预计发生以下支出或损失：

（1）因辞退员工将支付补偿款2 000万元；

（2）因撤销厂房租赁合同将支付违约金100万元；

（3）因将用于C产品生产的固定资产等转移至另一生产车间将发生运输费10万元；

（4）因对留用员工进行培训将发生支出20万元；

（5）因推广新款A产品将发生广告费用1 000万元；

（6）因处置用于C产品生产的固定资产将发生减值损失500万元。

要求：根据上述资料，不考虑其他因素，回答下列问题。

（1）2×14年12月31日，集英公司因重组计划而确认的负债金额为（　　）万元。

A.2 100　　B.2 600　　C.3 130　　D.3 630

（2）2×14年12月31日，因该项重组计划减少2×14年度利润总额的金额为（　　）万元。

A.2 100　　B.2 600　　C.3 130　　D.3 630

7.下列关于亏损合同的会计处理，错误的是（　　）。

A.如果与亏损合同相关的义务不需支付任何补偿即可撤销，企业通常就不存在现时义务，不应确认预计负债

B.预计负债的计量应当反映退出该合同的最低净成本

C.预计负债的计量应当反映退出该合同的最高净成本

D.亏损合同存在标的资产的，应当对标的资产进行减值测试并按规定确认减值损失，如果预计亏损超过标的资产减值损失，应将超过部分确认为预计负债；合同不存在标的资产的，亏损合同相关义务满足预计负债确认条件时，应当确认为预计负债

8.M企业因提供债务担保而确认了金额为100万元的一项负债，同时基本确定可以从第三方获得金额为60万元的补偿。在这种情况下，M企业应在利润表中反映（　　）。

A.管理费用100万元　　B.营业外支出100万元

C.管理费用40万元　　D.营业外支出40万元

二、多选题

1.集英股份有限公司（以下简称集英公司）适用的所得税税率为25%，采用资产负债表债务法核算所得税。集英公司按净利润的10%提取法定盈余公积。集英公司原材料按实际成本核算，其2×14年度的财务报告于2×15年4月20日批准对外报出，实际对外公布日为4月22日。集英公司于2×14年至2×15年4月20日发生如下交易或事项：

（1）2×14年12月5日，集英公司认为本公司应享受一项税收优惠，获得税收返还，但税务部门迟迟不予落实执行。集英公司遂将税务部门告上法庭。律师认为，本诉讼很可能获胜，如果获胜，将获得返还税款200万元。

（2）集英公司于2×14年12月10日收到法院通知，被告知乙银行已提起诉讼，要求集英公司清偿到期借款本息5 200万元，另支付逾期借款罚息500万元。至2×14年12月31日，法院尚未作出判决。对于此项诉讼，集英公司预计除需偿还到期借款本息外，很可能还需支付逾期借款罚息，在450万元至480万元之间，并且这个区间每个金额的可能性均相同；另需承担诉讼费用35万元。

（3）集英公司于2×14年12月15日收到法院通知，被告知甲公司状告集英公司侵犯其专利技术。甲公司认为，集英公司未经其同意，在试销的新产品中采用了甲公司的专利技术，要求集英公司停止该项新产品的生产和销售，并一次性支付专利使用费650万元。集英公司认为其研制、生产和销售该项新产品并未侵犯甲公司的专利技术，遂于2×14年12月20日向法院提交答辩状，反诉甲公司侵犯集英公司的知识产权，要求甲公司赔偿其损失费800万元。至2×14年12月31日，法院尚未作出判决，集英公司无法可靠估计可能得到的赔偿金或可能支付的赔偿金。

（4）集英公司与白云公司签订一项销售合同，合同约定集英公司应在2×14年10月销售给白云公司一批物资。由于集英公司未能按照合同发货，致使白云公司遭受重大损失。2×14年12月10日，白云公司将集英公司告上法庭，要求集英公司赔偿损失200万元。2×14年12月31日法院尚未作出判决，集英公司预计很可能向对方支付的赔偿金额为180万元。2×15年1月15日，经法院判决，集英公司赔偿白云公司200万元。集英公司、白云公司均服从判决。判决当日，集英公司向白云公司支付赔款200万元。

要求：根据上述资料，不考虑其他因素，回答下列题目。

（1）根据资料（1），集英公司下列处理中正确的有（　　）。

A.应确认或有资产200万元

B.应确认其他应收款200万元

C.不应确认或有资产

D.不应在财务报表附注中披露该或有资产

E.不确认该或有资产，需在附注中披露该或有资产

（2）根据资料（2），集英公司下列处理中正确的有（　　）。

A.应确认预计负债465万元　　B.应确认预计负债500万元

C.应确认营业外支出148万元　　D.应确认管理费用35万元

E.应确认营业外支出465万元

（3）根据资料（3），集英公司下列处理中错误的有（　　）。

A.应确认预计负债650万元　　B.应确认或有资产800万元

C.应确认或有资产150万元　　D.不应确认或有资产

E.不应确认预计负债

（4）根据资料（4），集英公司下列处理中正确的有（　　）。

A.应作为资产负债表日后调整事项处理

B.资产负债表日应确认预计负债180万元

C.资产负债表日应确认递延所得税资产45万元

D.资产负债表日不应确认递延所得税资产

E.资产负债表日应确认预计负债50万元

2.下列关于或有事项的说法中正确的有（　　）。

A.因清偿或有事项而预期可获得补偿的金额只有在基本确定能收到时，才能作为资产单独确认

B.待执行合同变成亏损合同的，该亏损合同满足预计负债确认条件的，产生的义务应当确认为预计负债

C.企业应当在资产负债表日按照产品销售收入计提的产品质量保证，确认预计负债

D.企业确认的补偿金额可以超过所确认负债的账面价值

E.企业预期可获得的补偿在基本确定能够收到时应当确认为一项资产，应当作为预计负债金额的扣减

3.2×14年12月1日，因交通银行未按合同的规定及时向集英公司提供贷款，给集英公司造成损失300万元。集英公司要求交通银行赔偿损失100万元，但交通银行未予同意，集英公司遂于2×14年12月15日向法院提起诉讼，要求交通银行赔偿损失100万元。至2×14年12月31日，法院尚未对该案件作出判决。集英公司预计将很可能获得胜诉，预计获得90万元赔偿金的可能性为60%，获得30万元赔偿金的可能性为40%。则下列说法中正确的有（　　）。

A.或有资产是一种潜在资产，它的结果具有较大的不确定性

B.集英公司应确认或有资产90万元

C.集英公司不应确认或有资产，而应在财务报表附注中披露该或有资产

D.集英公司既不能确认该或有资产，也无需披露该或有资产

E.集英公司应确认或有资产66万元

4.2×14年8月1日，长城公司因产品质量不合格而被东方公司起诉。至2×14年12月31日，该起诉讼尚未判决，长城公司估计很可能承担违约赔偿责任，赔偿500万元的可能性为80%，赔偿100万元的可能性为20%。长城公司基本确定能够从直接责任人处追回300万元。2×14年12月31日长城公司会计处理中正确的有（　　）。

A.营业外支出200万元

B.其他应收款300万元

C.管理费用200万元

D.预计负债500万元

E.影响营业利润的金额为200万元

三、计算题

1.集英公司于2×14年11月10日与白云公司签订了一项产品销售合同，约定在2×15年1月10日以每件8元的价格向白云公司提供甲产品2 000万件，如果不能按期交货，将向白云公司支付总价款15%的违约金。2×14年12月31日，集英公司尚未开始甲产品的生产，由于生产甲产品所用材料的价格突然上涨，集英公司预计生产甲产品的单位成本将超过合同单价。假定不考虑其他因素。

要求：

（1）若生产甲产品的单位成本为12元，编制集英公司与上述经济业务相关的会计分录。

（2）若生产甲产品的单位成本为9元，编制集英公司与上述经济业务相关的会计分录。

（答案中的金额单位用万元表示）

2.甲公司2×14年12月31日涉及一项担保诉讼案件，甲公司估计败诉的可能性为60%，如败诉，赔偿金额估计为500万元。甲公司实际确认预计负债500万元。2×15年7月3日，法院作出判决甲公司支付赔偿550万元，甲公司不再上诉，并承诺立即支付赔偿款。假定税法规定因担保诉讼而确认的预计损失不得税前扣除，在实际发生损失时也不允许税前扣除。甲公司所得税税率为25%。假定甲公司各年税前会计利润为10 000万元。

要求：编制甲公司2×14年和2×15年有关会计分录。

本章导学

第十四章 金融工具

本章框架图

本章考情概述

本章论述了金融资产范围、分类、金融资产的确认和不同分类下的金融资产的初始与后续计量问题以及套期会计。

本章应当关注的问题：（1）金融资产分类和重分类；（2）各类金融资产的初始和后续计量的会计处理及其区别。

本章按照2017年修订后的《企业会计准则第22号——金融工具确认和计量》《企业会计准则第23号——金融资产转移》对相关内容重新编写，并新增了《企业会计准则第24号——套期会计》的部分内容。但主要考点还是集中在金融资产的分类和会计处理这块。

2019年教材主要变化

今年教材主要对金融工具重分类和金融资产减值两部分进行了较大修订，并在本章第三节新增了永续债的会计处理规定。

金融资产就是金融工具吗?

第一节　金融工具概述

◇金融资产

◇衍生工具

金融工具是指形成一方的金融资产并形成其他方的金融负债或权益工具的合同。金融工具包括金融资产、金融负债和权益工具。

考霸笔记

不管是哪种金融工具，必然存在两方：一方是金融工具的发行方，一方是金融工具的买方，发行方发行金融工具的主要目的就是融资，会形成一项权益，即股东权益（权益工具）或债权人权益（金融负债），而买方购买金融工具应当确认为金融资产。

一、金融资产

金融资产，是指企业持有的现金、其他方的权益工具以及符合下列条件之一的资产：

1.从其他方收取现金或其他金融资产的合同权利。

2.在潜在有利条件下，与其他方交换金融资产或金融负债的合同权利。例如，企业持有的看涨期权或看跌期权等。

3.将来须用或可用企业自身权益工具进行结算的非衍生工具合同，且企业根据该合同将收到可变数量的自身权益工具。

4.将来须用或可用企业自身权益工具进行结算的衍生工具合同，但以固定数量的自身权益工具交换固定金额的现金或其他金融资产的衍生工具合同除外。其中，企业自身权益工具不包括应当按照《企业会计准则第37号——金融工具列报》分类为权益工具的可回售工具或发行方仅在清算时才有义务向另一方按比例交付其净资产的金融工具，也不包括本身就要求在未来收取或交付企业自身权益工具的合同。

本章不涉及以下金融资产的会计处理：（1）长期股权投资（即企业对外能够形成控制、共同控制或重大影响的股权投资）；（2）货币资金（即库存现金、银行存款、其他货币资金）。

考霸笔记

如企业的银行存款、应收账款、应收票据和贷款，但预付账款不是金融资产，它产生收取商品或服务的权利，无收取现金或其他金融资产的权利。

二、衍生工具

金融工具还可以分为基础金融工具和衍生工具。衍生工具，是指属于金融工具准则范围并同时具备下列特征的金融工具或其他合同：

1.其价值随特定利率、金融工具价格、商品价格、汇率、价格指数、费率指数、信用等级、信用指数或其他变量的变动而变动，变量为非金融变量（比如特定区域的地震损失指数、特定城市的气温指数等）的，该变量不应与合同的任何一方存在特定关系。

2.不要求初始净投资，或者与对市场因素变化预期有类似反应的其他合同相比，要求较少的初始净投资。

3.在未来某一日期结算。

第二节 金融资产和金融负债的分类和重分类

◇金融资产的分类
◇金融负债的分类
◇金融工具的重分类

金融资产一般划分为以下三类：

（1）以摊余成本计量的金融资产；

（2）以公允价值计量且其变动计入其他综合收益的金融资产；

（3）以公允价值计量且其变动计入当期损益的金融资产。

企业在对金融资产进行分类时主要考虑以下两个因素：（1）企业管理金融资产的业务模式；（2）金融资产的合同现金流量特征。

同时，企业应当结合自身业务特点和风险管理要求，对金融负债进行合理的分类。对金融资产和金融负债的分类一经确定，不得随意变更。

一、金融资产的分类

考霸笔记：有些情况下，企业可能将金融资产组合分拆为更小的组合，以合理反映企业管理该金融资产的层次。

（一）金融资产分类的两大影响因素

1.企业管理金融资产的业务模式

企业管理金融资产的业务模式，是指企业如何管理其金融资产以产生现金流量。业务模式决定企业所管理金融资产现金流量的来源是收取合同现金流量、出售金融资产，还是两者兼有。对于多个业务模式管理，可以分别分类为不同的金融资产类型。

一个企业可能会采用多个业务模式管理其金融资产。

企业确定其管理金融资产的业务模式时，应当注意以下方面：

①企业应当在金融资产组合的层次上确定管理金融资产的业务模式，而不必按照单个金融资产逐项确定业务模式；

考霸笔记：企业持有一组以收取合同现金流量为目标的投资组合，同时还持有另一组既以收取合同现金流量为目标，又以出售该金融资产为目标的投资组合。

②企业应当以企业关键管理人员决定的对金融资产进行管理的特定业务目标为基础，确定管理金融资产的业务模式；

③企业应当以客观事实为依据，确定管理金融资产的业务模式，不得以按照合理预期不会发生的情形为基础确定。企业的业务模式并非企业自愿指定的，而是一种客观事实。

此外，如果金融资产实际现金流量的实现方式不同于评估业务模式时的预期（如企业出售的金融资产数量超出或少于在对资产作出分类时的预期），只要企业在评估业务模式时已经考虑了当时所有可获得的相关信息，这一差异不构成企业财务报表的前期差错，也不改变企业在该业务模式下持有的剩余金融资产的分类。但是，企业在评估新的金融资产的业务模式时，应当考虑这些信息。

如何根据企业管理金融资产的业务模式对金融资产分类？

企业管理金融资产的业务模式主要分为以下三种：

（1）第一种：以收取合同现金流量为目标的业务模式。

考霸笔记：如持有金融资产的目的是持有期间收取利息、到期收取本金的业务模式。

此业务模式下，企业管理金融资产旨在通过在金融资产存续期内收取合同付款来实现现金流量，而不是通过持有并出售金融资产产生整体回报。

该业务模式下管理的金融资产倾向于分类为“以摊余成本计量的金融资产”。

（2）第二种：以收取合同现金流量和出售金融资产为目标的业务模式。

考霸笔记

如持有金融资产的目的是收取本息且出售金融资产的双重目标。

此业务模式下，企业的关键管理人员认为收取合同现金流量和出售金融资产对于实现其管理目标而言都是不可或缺的。

该业务模式下管理的金融资产倾向于分类为“以公允价值计量且其变动计入其他综合收益的金融资产”。

与第一种业务模式相比，此业务模式涉及的出售通常频率更高、价值更大。因为出售金融资产是此业务模式的目标之一，在该业务模式下不存在出售金融资产的频率或者价值的明确界限。

（3）第三种：其他业务模式。

考霸笔记

如持有金融资产的目的是交易性的，此时管理金融资产的目标是通过出售以实现现金流量。

如持有金融资产的目的是交易性的，此时管理金融资产的目标是通过出售以实现现金的流量。

这是指除上述第一、二种模式以外的其他逐利模式。此时，金融资产应当分类为“以公允价值计量且其变动计入当期损益的金融资产”。

2.金融资产的合同现金流量特征

金融资产的合同现金流量特征，是指金融工具合同约定的、反映相关金融资产经济特征的现金流量属性。企业分类为以摊余成本计量的金融资产和以公允价值计量且其变动计入其他综合收益的金融资产，其合同现金流量特征应当与基本借贷安排相一致，即相关金融资产在特定日期产生的合同现金流量仅为对本金和以未偿付本金金额为基础的利息的支付。

什么是合同现金流量测试？

考霸笔记

即以摊余成本计量的金融资产和分类为以公允价值计量且其变动计入其他综合收益的金融资产不能核算股票投资。

（二）金融资产的具体分类

1.以摊余成本计量的金融资产

金融资产同时符合下列条件的，应当分类为以摊余成本计量的金融资产：

（1）企业管理该金融资产的业务模式是以收取合同现金流量为目标。

（2）该金融资产的合同条款规定，在特定日期产生的现金流量，仅为对本金和以未偿付本金金额为基础的利息的支付。

企业一般应当设置“贷款”“应收账款”“债权投资”等科目核算分类为以摊余成本计量的金融资产。

2.以公允价值计量且其变动计入其他综合收益的金融资产

金融资产同时符合下列条件的，应当分类为以公允价值计量且其变动计入其他综合收益的金融资产：

（1）企业管理该金融资产的业务模式既以收取合同现金流量为目标又以出售该金融资产为目标。

（2）该金融资产的合同条款规定，在特定日期产生的现金流量，仅为对本金和以未偿付本金金额为基础的利息的支付。

企业应当设置“其他债权投资”科目核算分类为以公允价值计量且其变动计入其他综合收益的金融资产。

3. 以公允价值计量且其变动计入当期损益的金融资产

对于上述两种分类以外的金融资产，企业应当将其分类为以公允价值计量且其变动计入当期损益的金融资产。

考霸笔记
存在两种类型：①企业管理该金融资产的业务模式为以出售该金融资产为目标；②产生的现金流量，并非对本金和以未偿付本金金额为基础的利息的支付。

例如：企业持有的债券类投资，如果企业管理金融资产的目标是通过出售金融资产以实现现金流量，即使企业在持有金融资产的过程中会收取合同现金流量，对实现该业务模式目标来说只是附带性质的活动。那么该金融资产就应该划分为以公允价值计量且其变动计入当期损益的金融资产。企业以下三种情况下均不符合对本金和以未偿付本金金额为基础的利息的支付的特征，可分类为以公允价值计量且其变动计入当期损益的金融资产。

（1）股票。股票的合同现金流量不符合本章关于本金加利息的合同现金流量特征。

（2）基金。常见的基金包括股票型基金、债券型基金、货币基金或混合基金。基金一般不符合本金加利息的合同现金流量特征。

（3）可转换债券。此类债券嵌入了一项转股权，导致其他因素变动的不确定性。可转换债券以整体而言也不符合本金加利息的合同现金流量特征。

企业应当设置“交易性金融资产”科目核算以公允价值计量且其变动计入当期损益的金融资产。企业持有的“直接指定为以公允价值计量且其变动计入当期损益的金融资产”也在本科目核算。

以下两点是关于权益工具投资的特殊规定：

（1）权益工具投资的合同现金流量评估一般不符合基本借贷安排，因此只能分类为以公允价值计量且其变动计入当期损益的金融资产。然而在初始确认时，企业可以将非交易性权益工具投资指定为以公允价值计量且其变动计入其他综合收益的金融资产，并按规定确认股利收入。该指定一经作出，不得撤销。企业投资其他上市公司股票或者非上市公司股权的，都可能属于这种情形。

为此，企业应当设置“其他权益工具投资”科目核算。

（2）企业在非同一控制下的企业合并中确认的或有对价构成金融资产的，该金融资产应当分类为以公允价值计量且其变动计入当期损益的金融资产，不得指定为以公允价值计量且其变动计入其他综合收益的金融资产。

二、金融负债的分类

（一）以公允价值计量且其变动计入当期损益的金融负债

此类负债包括交易性金融负债（含属于金融负债的衍生工具）和指定为以公允价值计量且其变动计入当期损益的金融负债。

金融资产或金融负债满足下列条件之一的，表明企业持有该金融资产或承担该金融负债的目的是交易性的：

1. 取得相关金融资产或承担相关金融负债的目的，主要是近期出售或回购。例如，企业以赚取差价为目的从二级市场购入的股票、债券和基金等或者发行人根据债务工具的公允价值变动计划在近期回购的有公开市场报价的债务工具。

2. 相关金融资产或金融负债在初始确认时属于集中管理的可辨认金融工具组合的一部分，且有客观证据表明近期实际存在短期获利模式。在这种情况下，即使组合中有某个组成项目持有的期限稍长也不受影响。其中，“金融工具组合”指金融资产组合或金融负债组合。

3.相关金融资产或金融负债属于衍生工具。但符合财务担保合同定义的衍生工具以及被指定为有效套期工具的衍生工具除外。例如，未作为套期工具且公允价值为负的利率互换，或者未作为套期工具的签出外汇期权。

（二）金融资产转移不符合终止确认条件或继续涉入被转移金融资产所形成的金融负债

对此类金融负债，企业应当按照本章第五节的相关规定进行计量。

（三）部分财务担保合同，以及不属于以公允价值计量且其变动计入当期损益的金融负债的以低于市场利率贷款的贷款承诺

企业作为此类金融负债发行方的，应当在初始确认后按照损失准备金额以及初始确认金额扣除依据《企业会计准则第14号——收入》相关规定所确定的累计摊销额后的余额孰高进行计量。

（四）以摊余成本计量的金融负债

除上述各项外，企业应当将金融负债分类为以摊余成本计量的金融负债。

三、金融工具的重分类

考霸笔记

除了指定为以公允价值计量且其变动计入其他综合收益的金融资产不能重分类以外，剩下的三类金融资产可以相互重分类。

（一）金融工具重分类的原则

1.企业应当在改变管理金融资产的业务模式时，按照规定对所有受影响的相关金融资产进行重分类。

2.企业对所有金融负债均不得进行重分类。

企业管理金融资产业务模式的变更是一种极其少见的情形。该变更源自外部或内部的变化，必须由企业的高级管理层进行决策，且其必须对企业的经营非常重要，并能够向外部各方证实。

哪些金融资产之间可以重分类？

3.企业管理金融资产业务模式的变更是种极其少见的情形，所以这种判断要极其慎重。

考霸笔记

不属于业务模式变更的情形：

1.企业持有特定金融资产的意图改变。企业即使在市场状况发生重大变化的情况下改变对特定资产的持有意图，也不属于业务模式变更。

2.金融资产特定市场暂时性消失从而暂时影响金融资产出售。

3.金融资产在企业具有不同业务模式的各部门之间转移。

需要注意的是，如果企业管理金融资产的业务模式没有发生变更，而金融资产的条款发生变更但未导致终止确认时，不允许重分类。如果金融资产条款发生变更导致金融资产终止确认的，不属于重分类，企业应当终止确认原金融资产，同时按照变更后的条款确认一项新金融资产。

4.金融资产重分类日，是指导致企业对金融资产进行重分类的业务模式发生变更后的首个报告期间的第一天，不是指模式变更当天。以期初确认为重分类日。

5.企业对金融资产进行重分类，应当自重分类日起采用未来适用法进行相关会计处理，不得对以前已经确认的利得、损失（包括减值损失或利得）或利息进行追溯调整。金融资产重分类要求采用未来适用法，无需对以前的金融资产进行追溯调整。

金融工具的重分类如何进行会计处理?

(二)金融资产重分类的计量

1.以摊余成本计量的金融资产的重分类

(1)企业将一项以摊余成本计量的金融资产重分类为以公允价值计量且其变动计入当期损益的金融资产的，应当按照该资产在重分类日的公允价值进行计量。原账面价值与公允价值之间的差额计入当期损益（公允价值变动损益）。

考霸笔记

借：交易性金融资产【公允价值】
　贷：债权投资　【账面价值】
　　公允价值变动损益（差额，或借方）

例如：2×16年10月15日，甲银行以公允价值500 000元购入一项债权投资，并按规定将其分类为以摊余成本计量的金融资产，该债券的账面余额为500 000元。2×17年10月15日，甲银行变更了其管理债权投资组合的业务模式，其变更符合重分类的要求，因此，甲银行于2×18年1月1日将该债券从以摊余成本计量重分类为以公允价值计量且其变动计入当期损益。2×18年1月1日，该债券的公允价值为490 000元，已确认的减值准备为6 000元。假设不考虑该债券的利息收入。甲银行的会计处理如下：

借：交易性金融资产　490 000
　债权投资减值准备　6 000
　公允价值变动损益　4 000
　贷：债权投资　500 000

(2)企业将一项以摊余成本计量的金融资产重分类为以公允价值计量且其变动计入其他综合收益的金融资产的，应当按照该金融资产在重分类日的公允价值进行计量。原账面价值与公允价值之间的差额计入其他综合收益。该金融资产重分类不影响其实际利率和预期信用损失的计量。

考霸笔记

借：其他债权投资【公允价值】
　贷：债权投资【账面价值】
　　其他综合收益（差额，或借方）

2.以公允价值计量且其变动计入其他综合收益的金融资产的重分类

(1)企业将一项以公允价值计量且其变动计入其他综合收益的金融资产重分类为以摊余成本计量的金融资产的，应当将之前计入其他综合收益的累计利得或损失转出，调整该金融资产在重分类日的公允价值，并以调整后的金额作为新的账面价值，即视同该金融资产一直以摊余成本计量。该金融资产重分类不影响其实际利率和预期信用损失的计量。

考霸笔记

①原计入其他综合收益的累计利得或损失转出，以调整金融资产在重分类日的公允价值：
借：其他综合收益
　贷：债权投资
或相反分录。
②按重分类日公允价值确认债权投资：
借：债权投资
　贷：其他债权投资

(2)企业将一项以公允价值计量且其变动计入其他综合收益的金融资产重分类为以公允价值计量且其变动计入当期损益的金融资产的，应当继续以公允价值计量该金融资产。同时，企业应当将之前计入其他综合收益的累计利得或损失从其他综合收益转入当期损益。

考霸笔记

①按重分类日公允价值计入交易性金融资产：
借：交易性金融资产【重分类日公允价值】
　贷：其他债权投资【账面价值】
重分类日其他债权投资账面价值=公允价值
②原计入其他综合收益的累计利得或损失转出：
借：其他综合收益
　贷：公允价值变动损益
或相反分录。

3.以公允价值计量且其变动计入当期损益的金融资产的重分类

（1）企业将一项以公允价值计量且其变动计入当期损益的金融资产重分类为以摊余成本计量的金融资产的，应当以其在重分类日的公允价值作为新的账面余额。

考霸笔记

借：债权投资　【账面价值】

　贷：交易性金融资产　【账面价值】

重分类日交易性金融资产账面价值=公允价值

（2）企业将一项以公允价值计量且其变动计入当期损益的金融资产重分类为以公允价值计量且其变动计入其他综合收益的金融资产的，应当继续以公允价值计量该金融资产。

考霸笔记

借：其他债权投资【账面价值】

　贷：交易性金融资产【账面价值】

重分类日交易性金融资产账面价值=公允价值

对以公允价值计量且其变动计入当期损益的金融资产进行重分类的，企业应当根据该金融资产在重分类日的公允价值确定其实际利率。同时，企业应当自重分类日起对该金融资产（指重分类后的金融资产）适用金融资产减值的相关规定，并将重分类日视为初始确认日。

第三节　金融负债和权益工具的区分

◇金融负债和权益工具的区分

◇复合金融工具

◇永续债的会计处理

一、金融负债和权益工具的区分

（一）金融负债和权益工具区分的总体要求

按照《企业会计准则第37号——金融工具列报》的要求，企业发行金融工具，应当按照该金融工具的合同条款及其所反映的经济实质而非法律形式，结合金融资产、金融负债和权益工具的定义，在初始确认时将该金融工具或其组成部分分类为金融资产、金融负债或权益工具。

金融资产和金融负债划分的问题能否举例说明？

1.金融负债和权益工具的定义（见表14-1）

表14-1　　金融负债和权益工具的定义

金融负债：满足下列条件之一
（1）向其他方交付现金或其他金融资产的合同义务
（2）在潜在不利条件下，与其他方交换金融资产或金融负债的合同义务
（3）将来须用或可用企业自身权益工具进行结算的非衍生工具合同，且企业根据该合同将交付可变数量的自身权益工具
（4）将来须用或可用企业自身权益工具进行结算的衍生工具合同，但以固定数量的自身权益工具交换固定金额的现金或其他金融资产的衍生工具合同除外
权益工具：同时满足下列条件
（1）该金融工具应当不包括交付现金或其他金融资产给其他方，或在潜在不利条件下与其他方交换金融资产或金融负债的合同义务
（2）将来须用或可用企业自身权益工具结算该金融工具。如为非衍生工具（如甲公司发行的一项无固定期限、能够自主决定所支付本息的可转换优先股等），该金融工具应当不包括交付可变数量的自身权益工具进行结算的合同义务；如为衍生工具（如认股权证等），企业只能通过以固定数量的自身权益工具交换固定金额的现金或其他金融资产结算该金融工具

2.区分金融负债和权益工具需考虑的因素

考霸笔记

金融负债与权益工具都是站在发行金融工具的角度，那么需要通过未来结算的方式来判定。

（1）合同所反映的经济实质。对金融工具合同所反映经济实质的评估应基于合同的具体条款，合同条款以外的因素一般不予考虑。

（2）工具的特征。有些金融工具可能既有权益工具的特征，又有金融负债的特征。企业应当全面细致地分析此类金融工具各组成部分的合同条款，以确定其显示的是金融负债还是权益工具的特征，并进行整体评估，以判定整个工具应划分为金融负债、权益工具，还是既包括金融负债成分又包括权益工具成分的复合金融工具。

（二）金融负债和权益工具区分的基本原则

1.是否存在无条件地避免交付现金或其他金融资产的合同义务

（1）如果企业不能无条件地避免以交付现金或其他金融资产来履行一项合同义务，则该合同义务符合金融负债的定义。常见的该类合同义务情形包括：

①不能无条件地避免赎回，即金融工具发行方不能无条件地避免赎回此金融工具。

②强制付息，即金融工具发行方被要求强制支付利息。

（2）如果企业能够无条件地避免交付现金或其他金融资产，例如，能够根据相应的议事机制自主决定是否支付股息（即无支付股息的义务），同时所发行的金融工具没有到期日且持有方没有回售权，或虽有固定期限但发行方有权无限期递延（即无支付本金的义务），则此类交付现金或其他金融资产的结算条款不构成金融负债。如果发放股利由发行方根据相应的议事机制自主决定，则股利是累积股利还是非累积股利本身均不会影响该金融工具被分类为权益工具。

实务中，优先股等金融工具发行时还可能会附有与普通股股利支付相联结的合同条款。这类工具常见的联结条款包括“股利制动机制”“股利推动机制”等。如果优先股等金融工具所联结的是诸如普通股的股利，发行方根据相应的议事机制能够自主决定普通股股利的支付，则“股利制动机制”及“股利推动机制”本身均不会导致相关金融工具被分类为一项金融负债。

“股利制动机制”：要求企业如果不宣派或支付优先股等金融工具的股利，则其也不能宣派或支付普通股股利。

“股利推动机制”：要求企业如果宣派或支付普通股股利，则其也需宣派或支付优先股等金融工具的股利。

（3）有些金融工具虽然没有明确地包含交付现金或其他金融资产义务的条款或条件，但有可能通过其他条款和条件间接地形成合同义务。

（4）判断一项金融工具是划分为权益工具还是金融负债，不受下列因素的影响：

①以前实施分配的情况；

②未来实施分配的意向；

③相关金融工具如果没有发放股利对发行方普通股的价格可能产生的负面影响；

④发行方各种储备（即未分配利润等可供分配的权益）的金额；

⑤发行方对一段期间内的损益的预期；

⑥发行方是否有能力影响其当期损益。

2.是否通过交付固定数量的自身权益工具结算

如果一项金融工具须用或可用企业自身权益工具进行结算，企业需要考虑用于结算该工具的自身权益工具，是作为现金或其他金融资产的替代品，还是为了使该工具持有方享有在发行方扣除所有负债后的资产中的剩余权益。如果是前者，该工具是发行方的金融负债；如果是后者，该工具是发行方的权益工具。

对于将来须用或可用企业自身权益工具结算的金融工具的分类，应当区分衍生工具还是非衍生工具。

（1）基于自身权益工具的非衍生工具。

对于非衍生工具，如果发行方未来有义务交付可变数量的自身权益工具进行结算，则该非衍生工具是金融负债；否则，该非衍生工具是权益工具。

（2）基于自身权益工具的衍生工具。

何为自身权益工具？

对于衍生工具，如果发行方只能通过以固定数量的自身权益工具交换固定金额的现金或其他金融资产进行结算（即“固定换固定”），则该衍生工具是权益工具；如果发行方以固定数量自身权益工具交换可变金额现金或其他金融资产，或以可变数量自身权益工具交换固定金额现金或其他金融资产，或以可变数量自身权益工具交换可变金额现金或其他金融资产，则该衍生工具应当确认为衍生金融负债或衍生金融资产。

小结（见表14-2）：

表14-2　　小结

类型	数量	分类
衍生工具	以固定数量的自身权益工具交换固定金额的现金或其他金融资产（固定换固定）	权益工具
	以固定数量自身权益工具交换可变金额现金或其他金融资产，或以可变数量自身权益工具交换固定金额现金或其他金融资产，或以可变数量自身权益工具交换可变金额现金或其他金融资产（除了固定换固定）	衍生金融负债或衍生金融资产
非衍生工具	以固定数量的自身权益工具进行结算	权益工具
	以可变数量的自身权益工具进行结算	金融负债

衍生工具和非衍生工具中金融负债和权益工具如何区分？

期权以现金净额结算、普通股净额结算和普通股结算的区别。

（三）以外币计价的配股权、期权或认股权证

如果企业的某项合同是通过固定金额的外币（即企业记账本位币以外的其他货币）交换固定数量的自身权益工具进行结算的，由于固定金额的外币代表的是以企业记账本位币计价的可变金额，因此不符合“固定换固定”原则。

特例：企业对全部现有同类别非衍生自身权益工具的持有方同比例发行配股权、期权或认股权证，使之有权按比例以固定金额的任何货币交换固定数量的该企

业自身权益工具的，该类配股权、期权或认股权证应当分类为权益工具。

（四）或有结算条款

附有或有结算条款的金融工具，指是否通过交付现金或其他金融资产进行结算，或者是否以其他导致该金融工具成为金融负债的方式进行结算，需要由发行方和持有方均不能控制的未来不确定事项（如股价指数、消费价格指数变动，利率或税法变动，发行方未来收入、净收益或债务权益比率等）的发生或不发生（或发行方和持有方均不能控制的未来不确定事项的结果）来确定的金融工具。或有结算条款知识表见表14-3。

如何判断附有或有结算条款的金融工具分类为金融负债还是权益工具?

表14-3 **或有结算条款知识表**

金融负债	发行方不能无条件地避免交付现金、其他金融资产或以其他导致该工具成为金融负债的方式进行结算的，应当分类为金融负债
权益工具	满足下列条件之一的，发行方应当将其分类为权益工具： （1）要求以现金、其他金融资产或以其他导致该工具成为金融负债的方式进行结算的或有结算条款几乎不具有可能性，即相关情形极其罕见、显著异常或几乎不可能发生 （2）只有在发行方清算时，才需以现金、其他金融资产或以其他导致该工具成为金融负债的方式进行结算 （3）特殊金融工具中分类为权益工具的可回售工具

（五）结算选择权

考霸笔记

存在结算选择权时，发行方通常将金融工具确认为金融负债，除非所有结算方式表明应当确认为权益工具。

常见的结算选择权：为防止附有转股权的金融工具的持有方行使转股权时导致发行方的普通股股东的股权被稀释，发行方会在衍生工具合同中要求加入一项现金结算选择权：发行方有权以等值于所应交付的股票数量乘以股票市价的现金金额支付给工具持有方，而不再发行新股。

对于存在结算选择权的衍生工具（例如，合同规定发行方或持有方能选择以现金净额或以发行股份交换现金等方式进行结算的衍生工具），发行方应当将其确认为金融资产或金融负债，但所有可供选择的结算方式均表明该衍生工具应当确认为权益工具的除外。

（六）合并财务报表中金融负债和权益工具的区分

在合并财务报表中对金融工具（或其组成部分）进行分类时，企业应考虑集团成员和金融工具的持有方之间达成的所有条款和条件，以确定集团作为一个整体是否由于该工具而承担了交付现金或其他金融资产的义务，或者承担了以其他导致该工具分类为金融负债的方式进行结算的义务。

（七）特殊金融工具的区分

1.可回售工具

可回售工具，是指根据合同的约定，持有方有权将该工具回售给发行方以获取现金或其他金融资产的权利，或者在未来某一不确定事项发生或者持有方死亡或退休时，自动回售给发行方的金融工具。具体见表14-4。

表 14-4　　可回售工具知识表

符合金融负债定义，同时具有下列特征的可回售工具，应当分类为权益工具：
（1）赋予持有方在企业清算时按比例份额获得该企业净资产的权利 （2）该工具所属的类别次于其他所有工具类别，即该工具在归属于该类别前无须转换为另一种工具，且在清算时对企业资产没有优先于其他工具的要求权 （3）该类别的所有工具具有相同的特征（例如，它们必须都具有可回售特征，并且用于计算回购或赎回价格的公式或其他方法都相同） （4）除了发行方应当以现金或其他金融资产回购或赎回该工具的合同义务外，该工具不满足金融负债定义中的任何其他特征 （5）该工具在存续期内的预计现金流量总额，应当实质上基于该工具存续期内企业的损益、已确认净资产的变动、已确认和未确认净资产的公允价值变动（不包括该工具的任何影响）

2.发行方仅在清算时才有义务向另一方按比例交付其净资产的金融工具（见表 14-5）

表 14-5　发行方仅在清算时才有义务向另一方按比例交付其净资产的金融工具

符合金融负债定义，但同时具有下列特征的发行方仅在清算时才有义务向另一方按比例交付其净资产的金融工具，应当分类为权益工具：
（1）赋予持有方在企业清算时按比例份额获得该企业净资产的权利 （2）该工具所属的类别次于其他所有工具类别 （3）在次于其他所有类别的工具类别中，发行方对该类别中所有工具都应当在清算时承担按比例份额交付其净资产的同等合同义务。产生上述合同义务的清算确定将会发生并且不受发行方的控制（如发行方本身是有限寿命主体），或者发生与否取决于该工具的持有方

3.特殊金融工具分类为权益工具的其他条件

分类为权益工具的可回售工具，或发行方仅在清算时才有义务向另一方按比例交付其净资产的金融工具，除应当具有的特征外，其发行方应当没有同时具备下列特征的其他金融工具或合同：

（1）现金流量总额实质上基于企业的损益、已确认净资产的变动、已确认和未确认净资产的公允价值变动（不包括该工具或合同的任何影响）；

（2）实质上限制或固定了工具持有方所获得的剩余回报。

4.特殊金融工具在母公司合并财务报表中的处理

子公司在个别财务报表中作为权益工具列报的特殊金融工具，在其母公司合并财务报表中对应的少数股东权益部分，应当分类为金融负债。

（八）发行金融工具的重分类

由于发行的金融工具原合同条款约定的条件或事项随着时间的推移或经济环境的改变而发生变化，可能会导致已发行金融工具（含特殊金融工具）的重分类。

发行方原分类为权益工具的金融工具，自不再被分类为权益工具之日起，发行方应当将其重分类为金融负债，以重分类日该工具的公允价值计量，重分类日权益工具的账面价值和金融负债的公允价值之间的差额确认为权益。

发行方原分类为金融负债的金融工具，自不再被分类为金融负债之日起，发行方应当将其重分类为权益工具，以重分类日金融负债的账面价值计量。

权益工具和金融负债之间的重分类如何处理？

5913

（九）收益和库存股

1.利息、股利、利得或损失的处理

将金融工具或其组成部分划分为金融负债还是权益工具，决定了与该工具或其组成部分相关的利息、股利（或股息，下同）、利得或损失的会计处理方法。利息、股利、利得或损失的处理知识表见表14-6。

表14-6 利息、股利、利得或损失的处理知识表

金融负债	相关利息、股利、利得或损失，以及赎回或再融资产生的利得或损失等，应当计入当期损益
权益工具	发行（含再融资）、回购、出售或注销时，发行方应当作为权益的变动处理；发行方不应当确认权益工具的公允价值变动；发行方对权益工具持有方的分配应作利润分配处理，发放的股票股利不影响所有者权益总额

与权益性交易相关的交易费用应当从权益中扣减。交易费用是指可直接归属于购买、发行或处置金融工具的增量费用。只有那些可直接归属于发行新的权益工具或者购买此前已经发行在外的权益工具的增量费用才是与权益交易相关的费用。

利息、股利、利得或损失的会计处理原则同样也适用于复合金融工具，任何与负债成分相关的利息、股利、利得或损失应计入损益，任何与权益成分相关的利息、股利、利得或损失应计入权益。发行复合金融工具发生的交易费用，也应当在负债成分和权益成分之间按照各自占总发行价款的比例进行分摊。

2.库存股

回购自身权益工具（库存股）支付的对价和交易费用，应当减少所有者权益，不得确认金融资产。

库存股可由企业自身购回和持有，也可由集团合并范围内的其他成员购回和持有。其他成员包括子公司，但是不包括集团的联营或合营企业。此外，如果企业是替他人持有自身的权益工具，例如，金融机构作为代理人代其客户持有该金融机构自身的股票，那么所持有的这些股票不是金融机构自身的资产，也不属于库存股。

如果企业持有库存股之后又将其重新出售，反映的是不同所有者之间的转让，而非企业本身的利得或损失，因此，无论这些库存股的公允价值如何波动，企业应直接将支付或收取的任何对价在权益中确认，而不产生任何损益影响。

3.对每股收益计算的影响

（1）基本每股收益的计算。分子不应包含其他权益工具的股利或利息。对于同普通股股东一起参加剩余利润分配的其他权益工具，在计算普通股每股收益时，归属于普通股股东的净利润不应包含根据可参加机制计算的应归属于其他权益工具持有者的净利润。

（2）稀释每股收益的计算。企业发行的金融工具中包含转股条款的，即存在潜在稀释性的，在计算稀释每股收益时考虑的因素与企业发行可转换公司债券、认股权证相同。

考霸笔记

发行复合金融工具，应当划分金融负债和权益工具的成分，分别计量，并且需要划分交易费用。

二、复合金融工具

复合金融工具是指企业所发行的非衍生工具同时包含金融负债成分和权益工具

成分。发行方应于初始确认时将各组成部分分别分类为金融负债、金融资产或权益工具，并于初始计量时先确定金融负债成分的公允价值（包括其中可能包含的非权益性嵌入衍生工具的公允价值），再从复合金融工具公允价值中扣除负债成分的公允价值，作为权益工具成分的价值。

可转换公司债券等可转换工具可能被分类为复合金融工具。发行方对该类可转换工具进行会计处理时，应当注意以下方面：

如何对可转换公司债券进行会计处理?

（1）在可转换工具转换时，应终止确认负债成分，并将其确认为权益。原来的权益成分仍旧保留为权益（从权益的一个项目结转到另一个项目，如从“其他权益工具”转入“资本公积——资本或股本溢价”）。可转换工具转换时不产生损益。

（2）企业通过在到期日前赎回或回购而终止一项仍旧具有转换权的可转换工具时，应在交易日将赎回或回购所支付的价款以及发生的交易费用分配至该工具的权益成分和债务成分。分配价款和交易费用的方法应与该工具发行时采用的分配方法一致。价款和交易费用分配后，所产生的利得或损失应分别根据权益成分和债务成分所适用的会计原则进行处理，分配至权益成分的款项计入权益，分配至债务成分的款项计入损益。

（3）企业可能修订可转换工具的条款以促成持有方提前转换，例如，提供更有利的转换比率或在特定日期前转换则支付额外的对价。在条款修订日，对于持有方根据修订后的条款进行转换所能获得的对价的公允价值与根据原有条款进行转换所能获得的对价的公允价值之间的差额，企业应将其确认为一项损失。

第十四章

（4）企业发行认股权和债权分离交易的可转换公司债券，所发行的认股权符合有关权益工具定义的，应当确认为一项权益工具（其他权益工具），并以发行价格减去不附认股权且其他条件相同的公司债券公允价值后的净额进行计量。如果认股权持有方到期没有行权的，应当在到期时将原计入其他权益工具的部分转入资本公积（股本溢价）。

三、永续债的会计处理

（一）关于永续债发行方会计分类应当考虑的因素

永续债发行方在确定永续债的会计分类是权益工具还是金融负债（以下简称会计分类）时，应当根据《企业会计准则第37号——金融工具列报》的规定同时考虑下列因素：

1.关于到期日

永续债发行方在确定永续债会计分类时，应当以合同到期日等条款内含的经济实质为基础，谨慎判断是否能无条件地避免交付现金或其他金融资产的合同义务。当永续债合同其他条款未导致发行方承担交付现金或其他金融资产的合同义务时，发行方应当区分下列情况处理：

（1）永续债合同明确规定无固定到期日且持有方在任何情况下均无权要求发行方赎回该永续债或清算的，通常表明发行方没有交付现金或其他金融资产的合同义务。

（2）永续债合同未规定固定到期日且同时规定了未来赎回时间（即“初始期

限”）的：

①当该初始期限仅约定为发行方清算日时，通常表明发行方没有交付现金或其他金融资产的合同义务。但清算确定将会发生且不受发行方控制，或者清算发生与否取决于该永续债持有方的，发行方仍具有交付现金或其他金融资产的合同义务。

②当该初始期限不是发行方清算日且发行方能自主决定是否赎回永续债时，发行方应当谨慎分析自身是否能无条件地自主决定不行使赎回权。如不能，通常表明发行方有交付现金或其他金融资产的合同义务。

2.关于清偿顺序

永续债发行方在确定永续债会计分类时，应当考虑合同中关于清偿顺序的条款。当永续债合同其他条款未导致发行方承担交付现金或其他金融资产的合同义务时，发行方应当区分下列情况处理：

（1）合同规定发行方清算时永续债劣后于发行方发行的普通债券和其他债务的，通常表明发行方没有交付现金或其他金融资产的合同义务。

（2）合同规定发行方清算时永续债与发行方发行的普通债券和其他债务处于相同清偿顺序的，应当审慎考虑此清偿顺序是否会导致持有方对发行方承担交付现金或其他金融资产合同义务的预期，并据此确定其会计分类。

3.关于利率跳升和间接义务

永续债发行方在确定永续债会计分类时，应当考虑第37号准则第十条规定的“间接义务”。永续债合同规定没有固定到期日、同时规定了未来赎回时间、发行方有权自主决定未来是否赎回且如果发行方决定不赎回则永续债票息率上浮（即“利率跳升”或“票息递增”）的，发行方应当结合所处实际环境考虑该利率跳升条款是否构成交付现金或其他金融资产的合同义务。如果跳升次数有限、有最高票息限制（即“封顶”）且封顶利率未超过同期同行业同类型工具平均的利率水平，或者跳升总幅度较小且封顶利率未超过同期同行业同类型工具平均的利率水平，可能不构成间接义务；如果永续债合同条款虽然规定了票息封顶，但该封顶票息水平超过同期同行业同类型工具平均的利率水平，通常构成间接义务。

（二）关于永续债持有方会计分类的要求

除符合《企业会计准则第2号——长期股权投资》的规定适用该准则外，永续债持有方应当区分下列情况对永续债进行会计处理：

持有方在判断持有的永续债是否属于权益工具投资时，应当遵循《企业会计准则第22号——金融工具确认和计量》和《企业会计准则第37号——金融工具列报》的相关规定。

（1）对于属于权益工具投资的永续债，持有方应当按照第22号准则的规定将其分类为以公允价值计量且其变动计入当期损益的金融资产，或在符合条件时对非交易性权益工具投资初始指定为以公允价值计量且其变动计入其他综合收益。

（2）对于不属于权益工具投资的永续债，持有方应当按照该准则的规定将其分类为以摊余成本计量的金融资产、以公允价值计量且其变动计入其他综合收益的金融资产，或以公允价值计量且其变动计入当期损益的金融资产。

在判断永续债的合同现金流量特征时，持有方必须严格遵循第22号准则第十六条至第十九条的规定，谨慎考虑永续债中包含的选择权。

第四节 金融工具的计量

◇金融资产和金融负债的初始计量
◇金融资产的后续计量
◇金融负债的后续计量
◇金融工具的减值

一、金融资产和金融负债的初始计量

（一）交易价格的处理

企业初始确认金融资产或金融负债，应当按照公允价值计量。公允价值通常为相关金融资产或金融负债的交易价格。金融资产或金融负债公允价值与交易价格存在差异的，企业应当区别下列情况进行处理：

1.在初始确认时，金融资产或金融负债的公允价值依据相同资产或负债在活跃市场上的报价或者以仅使用可观察市场数据的估值技术确定的，企业应当将该公允价值与交易价格之间的差额确认为一项利得或损失。

2.在初始确认时，金融资产或金融负债的公允价值以其他方式确定的，企业应当将该公允价值与交易价格之间的差额递延。初始确认后，企业应当根据某一因素在相应会计期间的变动程度将该递延差额确认为相应会计期间的利得或损失。该因素应当仅限于市场参与者对该金融工具定价时将予考虑的因素，包括时间等。

但是，企业初始确认的应收账款未包含《企业会计准则第14号——收入》所定义的重大融资成分或根据《企业会计准则第14号——收入》的规定不考虑不超过一年的合同中的融资成分的，应当按照该准则定义的交易价格进行初始计量。

（二）交易费用的处理

交易费用，是指可直接归属于购买、发行或处置金融工具的增量费用。增量费用是指企业没有发生购买、发行或处置相关金融工具的情形就不会发生的费用，包括支付给代理机构、咨询公司、券商、证券交易所、政府有关部门等的手续费、佣金、相关税费以及其他必要支出，不包括债券溢价、折价、融资费用、内部管理成本和持有成本等与交易不直接相关的费用。

1.以公允价值计量且其变动计入当期损益的金融资产和金融负债

相关交易费用应当直接计入当期损益（投资收益）。

2.其他类别的金融资产和金融负债

相关交易费用应当计入初始确认金额，股票投资时计入成本，债券投资时计入利息调整。

> **考霸笔记**
> ①以公允价值计量且其变动计入当期损益的金融资产和金融负债→交易费用计入投资收益；
> ②其他类别的金融资产或金融负债→交易费用计入金融资产或金融负债的账面价值。

（三）已宣告股利或利息的处理

企业取得金融资产所支付的价款中包含的已宣告但尚未发放的债券利息或现金股利，应当单独确认为应收项目进行处理。

二、金融资产的后续计量

企业在对金融资产进行后续计量时，需要注意的是：如果一项金融工具以前被确认为一项金融资产并以公允价值计量，而现在它的公允价值低于零，企业应将其确认为一项负债。

考霸笔记

账户设置：
债权投资——成本
——利息调整
——应计利息 【一次付息】
应收利息【分期付息】
投资收益
资产减值损失
债权投资减值准备

（一）以摊余成本计量的金融资产的会计处理

企业应当采用实际利率法，按摊余成本对此类金融资产进行后续计量。按照摊余成本和实际利率计算确认利息收入，计入投资收益。

1.实际利率（见表14-7）

表14-7 实际利率知识表

概念	（1）实际利率，是指将金融资产或金融负债在预计存续期的估计未来现金流量，折现为该金融资产账面余额或该金融负债摊余成本所使用的利率 （2）经信用调整的实际利率，是指将购入或源生的已发生信用减值的金融资产在预计存续期的估计未来现金流量，折现为该金融资产摊余成本的利率。在确定经信用调整的实际利率时，应当在考虑金融资产的所有合同条款（例如，提前还款、展期、看涨期权或其他类似期权等）以及初始预期信用损失的基础上估计预期现金流量
计算	详见下面例题

实际利率的计算考虑：

①在确定实际利率时，应当在考虑金融资产或金融负债所有合同条款（如提前还款、展期、看涨期权或其他类似期权等）的基础上估计预期现金流量，但不应当考虑预期信用损失。

②企业通常能够可靠估计金融工具（或一组类似金融工具）的现金流量和预计存续期。在极少数情况下，金融工具（或一组金融工具）的估计未来现金流量或预计存续期无法可靠估计的，企业在计算确定其实际利率（或经信用调整的实际利率）时，应当基于该金融工具在整个合同期内的合同现金流量。

③合同各方之间支付或收取的、属于实际利率或经信用调整的实际利率组成部分的各项费用、交易费用及溢价或折价等，应当在确定实际利率或经信用调整的实际利率时予以考虑。

例14-1

2015年1月1日，甲公司从活跃市场上购入3年期债券，面值1 000元，票面利率5%。实际支付款项950元，按年支付利息，本金最后一次支付，甲公司将该债券划分为以摊余成本计量的金融资产。

【答案】实际利率为r，则 $50\div(1+r)+50\div(1+r)^2+1\ 050\div(1+r)^3=950$，计算r。

假设r=7%，现值=947.515；

r=X，现值=950；

r=6%，现值=972.55。

插值法：

（7%-X）÷（7%-6%）

=（947.515-950）÷（947.515-972.55）

计算X。

X=6.9%，即r=6.9%。

什么是摊余成本？计算金融资产的摊余成本需要考虑信用损失准备吗？

2. 摊余成本（见表14-8）

表14-8　摊余成本知识表

概念	金融资产或金融负债的摊余成本，应当以该金融资产或金融负债的初始确认金额经下列调整后的结果确定： （1）扣除已偿还的本金 （2）加上或减去采用实际利率法将该初始确认金额与到期日金额之间的差额进行摊销形成的累计摊销额 （3）扣除累计计提的损失准备（仅适用于金融资产）
计算	期末摊余成本 =期初摊余成本+本期计提的利息-本期收回的利息和本金-本期计提的减值准备
第一期期初摊余成本：金融资产的初始入账价值	
本期计提的利息：按照摊余成本和实际利率计算出的投资收益 本期收回的利息：按照票面金额和票面利率计算出的实际收到的利息 本期收回的本金：按照面值收回的部分金额，一般来说债券到期前不会收回本金 本期计提的减值准备：具体内容在本节后面讲解 会计分录为： 借：应收利息/债权投资——应计利息（面值×票面利率） 　贷：投资收益（摊余成本×实际利率） 　　债权投资——利息调整（差额，可在借方）	

考霸笔记

计算金融资产的摊余成本时，需要扣除累计计提的损失准备。

例14-2·2012年单选题

20×1年1月1日，甲公司购入乙公司当日发行的4年期分期付息（于次年年初支付上年度利息）、到期还本债券，面值为1 000万元，票面年利率为5%，实际支付价款为1 050万元，另发生交易费用2万元。甲公司将该债券划分为债权投资，每年年末确认投资收益，20×1年12月31日确认投资收益35万元。20×1年12月31日，甲公司该债券的摊余成本为（　　）万元。

A.1 035　　B.1 037　　C.1 065　　D.1 067

【答案】B

【解析】20×1年12月31日，甲公司该债券的摊余成本=1 050+2-1 000×5%+35=1 037（万元）。

如何计算以摊余成本计量的金融资产的利息收入？

3. 利息收入

企业应当按照实际利率法确认利息收入。利息收入应当根据金融资产账面余额乘以实际利率计算确定，但下列情况除外：

（1）对于购入或源生的已发生信用减值的金融资产，企业应当自初始确认起，按照该金融资产的摊余成本和经信用调整的实际利率计算确定其利息收入。

（2）对于购入或源生的未发生信用减值，但在后续期间成为已发生信用减值的金融资产，企业应当在后续期间，按照该金融资产的摊余成本和实际利率计算确定其利息收入。企业按照上述规定对金融资产的摊余成本运用实际利率法计算利息收入的，若该金融工具在后续期间因其信用风险有所改善而不再存在信用减值，并且这一改善在客观上可与应用上述规定之后发生的某一事件相联系（如债务人的信用评级被上调），企业应当转按实际利率乘以该金融资产账面余额来计算确定利息收入。

例 14-3 · 计算题

平时付息到期还本债券

考霸笔记

名义利息→应收利息；实际利息→投资收益。

2×16 年 1 月 1 日甲公司以 101 万元购入某公司当日发行的 3 年期公司债券，该公司债券的面值为 100 万元，票面年利率 5%，利息每年年末支付，本金到期支付。另支付手续费 1 万元。甲公司将该公司债券划分为以摊余成本计量的金融资产。

要求：编制相关会计分录。

【解析】本题将债券初始分类为以摊余成本计量的金融资产。

1.2×16 年 1 月 1 日：

借：债权投资——成本　　100

　　　　　　——利息调整　　2

　贷：银行存款　　102

计算实际利率：

100×5%×（P/A，i，3）+100×（P/F，i，3）=102

采用插值法计算得到：

i=4.28%

相关债券利息调整计算见表 14-9。

表 14-9　　**相关债券利息调整计算**　　单位：万元

年份	期初摊余成本 (a)	实际利息收入 (b) 期初摊余成本×实际利率	现金流入 (c) 票面金额×票面利率	期末摊余成本 (d=a+b−c)
2×16	102	4.37	5	101.37
2×17	101.37	4.34	5	100.71
2×18	100.71	4.29	105	0

考霸笔记

最后一期的实际利息需要进行尾差调整，因而是倒推而来的。

2.2×16 年 12 月 31 日：

（1）确认利息收入并摊销“利息调整”。

借：应收利息　　5

　贷：投资收益　　4.37

　　　债权投资——利息调整　　0.63

本题付息方式为“平时付息到期还本”，2×16年期末摊余成本=期初摊余成本+实际利息−名义利息（票面利息）=102+4.37−5=101.37（万元）。

（2）收到利息时：

借：银行存款　5

　贷：应收利息　5

3.2×17年12月31日：

（1）确认利息收入并摊销“利息调整”。

借：应收利息（100×5%）　5

　贷：投资收益（101.37×4.28%）　4.34

　　债权投资——利息调整（差额）　0.66

2×17年期末摊余成本=期初摊余成本+实际利息−名义利息（票面利息）=101.37+4.34−5=100.71（万元）。

（2）收到利息时：

借：银行存款　5

　贷：应收利息　5

4.2×18年12月31日：

（1）确认利息收入并摊销“利息调整”。

借：应收利息（100×5%）　5

　贷：投资收益（差额）　4.29

　　债权投资——利息调整（2−0.63−0.66）　0.71

注意1：此处会计分录中的“投资收益”金额按理来说应该采用与2×16年和2×17年相同的计算方法，即100.71×4.28%=4.31（万元），但是这样一来摊销的最后一期利息调整金额=5−4.31=0.69（万元）。在3年期债券到期后“利息调整”科目的余额=2−0.63−0.66−0.69=0.02（万元）≠0。为确保“利息调整”科目余额在债券到期时摊销完毕，上述会计分录中摊销的最后一期利息调整金额必须为2−0.63−0.66=0.71（万元），投资收益金额为5−0.71=4.29（万元）。

注意2：上述会计分录编制完毕后，债券的摊余成本=期初摊余成本+实际利息−名义利息（票面利息）=100.71+4.29−5=100（万元）（债券面值），符合“平时付息到期还本”方式下债券到期账面价值应等于面值的事实。

（2）收回本金和最后一期利息时：

借：银行存款（100+5）　105

　贷：应收利息　5

　　债权投资——成本　100

例14-4·计算题

平时不付息到期一次还本付息债券　名义利息→债权投资——应计利息

实际利息→投资收益

2×16年1月1日甲公司以101万元购入某公司当日发行的3年期公司债券，该公司债券的面值为100万元，票面年利率5%，到期一次还本付息。另支付手续费1万元。甲公司将该公司债券划分为以摊余成本计量的金融资产。

要求：编制相关会计分录。

【解析】

1.2×16年1月1日：

借：债权投资——成本　100

——利息调整　2

贷：银行存款（101+1）　102

计算实际利率：

115×（P/F，i，3）=102

计算得出：

i=4.08%

2.2×16年12月31日：

确认利息收入并摊销“利息调整”：

借：债权投资——应计利息（100×5%）　5

贷：投资收益（102×4.08%）　4.16

债权投资——利息调整（差额）　0.84

本题付息方式为“平时不付息到期一次还本付息”，2×16年期末摊余成本=期初摊余成本+实际利息=102+4.16=106.16（万元）。

3.2×17年12月31日：

确认利息收入并摊销“利息调整”：

借：债权投资——应计利息（100×5%）　5

贷：投资收益（106.16×4.08%）　4.33

债权投资——利息调整（差额）　0.67

2×17年期末摊余成本=期初摊余成本+实际利息=106.16+4.33=110.49（万元）。

4.2×18年12月31日：

（1）确认利息收入并摊销“利息调整”：

借：债权投资——应计利息（100×5%）　5

贷：投资收益（110.49×4.08%）　4.51

债权投资——利息调整（2-0.84-0.47）只能用倒挤！　0.49

注意，上述会计分录编制完毕后：

①此时“利息调整”科目的余额=2-0.84-0.67-0.49=0，历经三年摊销完毕。

②债券的摊余成本=期初摊余成本+实际利息=110.49+4.51=115（万元），符合“平时不付息到期一次还本付息”方式下，债券到期账面价值应为本息合计115万元的事实。

（2）收回本金和最后一期利息时：

借：银行存款（100+5×3）　115

贷：债权投资——成本　100

——应计利息（5×3）　15

（二）以公允价值计量且其变动计入其他综合收益的金融资产

1.分类为以公允价值计量且其变动计入其他综合收益的金融资产所产生的所有利得或损失，除减值损失或利得和汇兑损益之外，均应当计入其他综合收益，直至该金融资产终止确认或被重分类。但是，采用实际利率法计算的该金融资产的利息应当计入当期损益。该金融资产计入各期损益的金额应当与视同其一直按摊余成本计量而计入各期损益的金额相等。

该金融资产终止确认时，之前计入其他综合收益的累计利得或损失应当从其他综合收益中转出，计入当期损益（投资收益）。

考霸笔记

1.账户设置：

其他债权投资——成本

——公允价值变动

——利息调整

——应计利息

应收利息

其他综合收益

投资收益

信用减值损失

2.会计处理：

①减值损失计提或转回→信用减值损失

②汇兑损益→财务费用

③实际利息→投资收益

非减值价格涨跌→其他综合收益

2.指定为以公允价值计量且其变动计入其他综合收益的非交易性权益工具投资，除了获得的股利（明确代表投资成本部分收回的股利除外）计入当期损益外，其他相关的利得和损失（包括汇兑损益）均应当计入其他综合收益，且后续不得转入当期损益。当其终止确认时，之前计入其他综合收益的累计利得或损失应当从其他综合收益中转出，计入留存收益。

考霸笔记

1.账户设置：

其他权益工具投资——成本

——公允价值变动

应收股利

其他综合收益

投资收益

2.会计处理：

①股利收益→投资收益

③汇兑损益→其他综合收益

④价格涨跌→其他综合收益

表14-10列示了以公允价值计量且其变动计入其他综合收益的金融资产后续计量会计分录。

表14-10　以公允价值计量且其变动计入其他综合收益的金融资产后续计量会计分录表

股　票	债　券
（1）资产负债表日公允价值正常变动： 借：其他权益工具投资——公允价值变动 　贷：其他综合收益 （若下跌，则做相反分录） （2）持有期间宣告分派现金股利： 借：应收股利 　贷：投资收益 （3）收到分派的现金股利： 借：银行存款 　贷：应收股利	（1）确认利息收入： 借：应收利息/其他债权投资——应计利息 　贷：投资收益 　　其他债权投资——利息调整（或借记） （2）资产负债表日公允价值正常变动： 借：其他债权投资——公允价值变动 　贷：其他综合收益 （若下跌，则做相反分录） （3）资产负债表日后收到利息： 借：银行存款 　贷：应收利息

期末公允价值变动不改变其摊余成本。

其他债权投资和其他权益工具投资会计处理的异同？

与处置金融资产相关的会计分录见表14-11。

表14-11 与处置金融资产相关的会计分录表

股票	债券
借：银行存款等 贷：其他权益工具投资——成本 ——公允价值变动 盈余公积（差额，可在借方） 利润分配（差额，可在借方） 同时： 借：其他综合收益（可在贷方） 贷：盈余公积（差额，可在借方） 利润分配（差额，可在借方）	借：银行存款等 贷：其他债权投资——成本 ——利息调整 投资收益（差额，可在借方） 同时： 借：其他综合收益（可在贷方） 贷：投资收益

3.企业只有在同时符合下列条件时，才能确认股利收入并计入当期损益（投资收益）：

（1）企业收取股利的权利已经确立；

（2）与股利相关的经济利益很可能流入企业；

（3）股利的金额能够可靠计量。

例14-5·计算题

2×16年1月1日，甲公司支付价款62.2万元从二级市场购入乙公司发行的股票10万股，内含已宣告但尚未发放的现金股利0.12元/股以及交易费用1万元。甲公司将持有的乙公司股票指定为以公允价值计量且其变动计入其他综合收益的非交易性权益工具投资。假设甲公司按净利润的10%提取盈余公积。

其他相关资料如下：

（1）1月10日，收到乙公司发放的现金股利；

（2）1月31日，乙公司股票价格涨到每股10元；

（3）2月29日，乙公司股票价格跌到每股9元；

（4）3月8日，将持有的乙公司股票全部售出，每股售价7元。

要求：编制相关会计分录。

【解析】

1.2×16年1月1日：

借：其他权益工具投资——成本（差额：62.2-1.2）　61

应收股利　1.2

贷：银行存款　62.2

2.2×16年1月10日：

借：银行存款　1.2

贷：应收股利　1.2

3.2×16年1月31日：

借：其他权益工具投资——公允价值变动（（10-6.1）×10）　39

贷：其他综合收益　39

4.2×16年2月29日：

借：其他综合收益（（10-9）×10）　　10
　贷：其他权益工具投资——公允价值变动　　10

5.2×16年3月8日：（出售分录也可以两笔并一笔）

借：银行存款　　70
　　盈余公积　　2
　　利润分配——未分配利润　　18
　贷：其他权益工具投资——成本　　61
　　　　　　　　　　　——公允价值变动　　29

借：其他综合收益　　29
　贷：盈余公积　　2.9
　　　利润分配——未分配利润　　26.1

注意：考试时，上述两笔分录可以合并编写，也可以分拆编写。

平时付息、到期还本债券如何进行会计处理?

例14-6·计算题

平时付息，到期还本债券

2×16年1月1日甲公司以101万元购入某公司当日发行的3年期公司债券，该公司债券的面值为100万元，票面年利率5%，利息每年年末支付，本金到期支付。另支付手续费1万元。甲公司根据其管理该债券的业务模式和该债券的合同现金流量特征，将该公司债券划分为以公允价值计量且其变动计入其他综合收益的金融资产。2×16年12月31日，该债券的市场价格为102.37万元（不含利息）。2×17年12月31日，该债券的市场价格为102.21万元（不含利息）。2×18年2月10日甲公司将该债券以101万元对外出售。

要求：编制相关会计分录。

【解析】

1.2×16年1月1日：

借：其他债权投资——成本　　100
　　　　　　　　——利息调整　　2
　贷：银行存款含交易费用1万元（101+1）　　102

计算实际利率：

100×5%×（P/A，i，3）+100×（P/F，i，3）=102

采用插值法计算得到i=4.28%。

2.2×16年12月31日：

（1）确认利息收入并摊销“利息调整”。

借：应收利息（100×5%）　　5
　贷：投资收益（102×4.28%）　　4.37
　　　其他债权投资——利息调整（差额）　　0.63

本题付息方式为“平时付息到期还本”，2×16年期末摊余成本=期初摊余成本+实际利息-名义利息（票面利息）=102+4.37-5=101.37（万元）。收到利息时：

借：银行存款　　5
　贷：应收利息　　5

考霸笔记

先按照债权投资确认实际利息，然后再将账面价值调为期末公允价值。

（2）确认当期涨跌。

此时其他债权投资各明细科目的余额："成本"100万元，"利息调整"1.37万元（2-0.63），因此其他债权投资账面余额合计=100+1.37=101.37（万元）＜102.37万元（公允价值），说明该债券在2×16年实现公允价值上涨。

借：其他债权投资——公允价值变动（102.37-101.37）　　1

　贷：其他综合收益　　1

3.2×17年12月31日：

（1）确认利息收入并摊销"利息调整"。

借：应收利息（100×5%）　　5

　贷：投资收益（101.37×4.28%）　　4.34

　　　其他债权投资——利息调整　　0.66

收到利息时：

借：银行存款　　5

　贷：应收利息　　5

（2）确认当期涨跌。

此时其他债权投资各明细科目的余额："成本"100万元，"公允价值变动"1万元，"利息调整"0.71万元（2-0.63-0.66），因此其他债权投资账面余额合计=100+1+0.71=101.71（万元）＜102.21万元（公允价值），说明该债券在2×17年实现公允价值上涨。

借：其他债权投资——公允价值变动（102.21-101.71）　　0.5

　贷：其他综合收益　　0.5

4.2×18年2月10日：

（1）确认处置损益。

借：银行存款　　101

　　投资收益（差额）　　1.21

　贷：其他债权投资——成本　　100

　　　　——公允价值变动（1+0.5）　　1.5

　　　　——利息调整（2-0.63-0.66）　　0.71

（2）将其他综合收益转入投资收益。

借：其他综合收益（1+0.5）　　1.5

　贷：投资收益　　1.5

例14-7·计算题

考霸笔记：先按照债权投资确认实际利息，然后再将账面价值调整为期末公允价值。

平时不付息，到期一次还本付息债券

2×16年1月1日，甲公司以101万元购入某公司当日发行的3年期公司债券，该公司债券的面值为100万元，票面年利率5%，到期一次还本付息。另支付手续费1万元。甲公司根据其管理该债券的业务模式和该债券的合同现金流量特征，将该公司债券划分为以公允价值计量且其变动计入其他综合收益的金融资产。2×16年12月31日，该债券的市场价格为107.16万元。2×17年12月31日，该债券的市场价格为111.99万元。2×18年2月10日，甲公司将该债券以111万元对外出售。

要求：编制相关会计分录。

【解析】

1.2×16年1月1日：

借：其他债权投资——成本　100

——利息调整　2

贷：银行存款（101+1）　102

计算实际利率：

115×（P/F，i，3）=102

计算得出：

i=4.08%

2.2×16年12月31日：

（1）确认利息收入并摊销“利息调整”。

借：其他债权投资——应计利息（100×5%）　5

贷：投资收益（102×4.08%）　4.16

其他债权投资——利息调整（差额）　0.84

本题付息方式为“平时不付息到期一次还本付息”，2×16年期末摊余成本=期初摊余成本+实际利息=102+4.16=106.16（万元）。

（2）确认当期涨跌。

此时其他债权投资各明细科目的余额：“成本”100万元，“应计利息”5万元，“利息调整”1.16万元（2−0.84），因此其他债权投资账面余额合计=100+5+1.16=106.16万元＜107.16万元（公允价值），说明该债券在2×16年实现公允价值上涨。

借：其他债权投资——公允价值变动（107.16−106.16）　1

贷：其他综合收益　1

3.2×17年12月31日：

（1）确认利息收入并摊销“利息调整”。

借：其他债权投资——应计利息（100×5%）　5

贷：投资收益（106.16×4.08%）　4.33

其他债权投资——利息调整　0.67

（2）确认当期涨跌。

此时其他债权投资各明细科目的余额：“成本”100万元，“公允价值变动”1万元，“应计利息”5+5=10（万元），“利息调整”0.49万元（2−0.84−0.67），因此其他债权投资账面余额合计=100+1+10+0.49=111.49（万元）＜111.99万元（公允价值），说明该债券在2×17年实现公允价值上涨。

借：其他债权投资——公允价值变动（111.99−111.49）　0.5

贷：其他综合收益　0.5

4.2×18年2月10日：

（1）确认处置损益。

借：银行存款　111

　投资收益（差额）　0.99

　贷：其他债权投资——成本　100

　　　　　　　　——公允价值变动（1+0.5）　1.5

　　　　　　　　——应计利息　10

　　　　　　　　——利息调整（2-0.84-0.67）　0.49

（2）将其他综合收益转入投资收益。（★勿忘）

借：其他综合收益（1+0.5）　1.5

　贷：投资收益　1.5

（三）以公允价值计量且其变动计入当期损益的金融资产

1.以公允价值计量且其变动计入当期损益的金融资产的利得或损失，应当计入当期损益（公允价值变动损益）。

考霸笔记

账户设置：

交易性金融资产——成本

　　　　　　　——公允价值变动

应收利息/应收股利

公允价值变动损益

投资收益

资产负债表日公允价值变动：

①公允价值上升：

借：交易性金融资产——公允价值变动

　贷：公允价值变动损益

②公允价值下降：

借：公允价值变动损益

　贷：交易性金融资产——公允价值变动

2.企业只有在同时符合下列条件时，才能确认股利收入并计入当期损益（投资收益）：

（1）企业收取股利的权利已经确立；

（2）与股利相关的经济利益很可能流入企业；

（3）股利的金额能够可靠计量。

持有期间的股利或利息：

借：应收股利（被投资单位宣告发放的现金股利×投资持股比例）

　应收利息（资产负债表日计算的应收利息）

　贷：投资收益

3.处置。

原理：处置交易性金融资产时，其公允价值与初始入账金额之间的差额应确认为投资收益，同时将公允价值变动损益转为投资收益。

投资收益的计算总结

交易性金融资产从取得到出售会影响到投资收益的时点：①取得时支付的交易费用；②持有期间确认的股利或利息收入；③出售时确认的投资收益。

（1）出售时的投资收益=出售净价-取得时的成本

（2）出售时处置损益（影响利润总额或营业利润的金额）=出售净价-出售时的账面价值

（3）购买至处置期间累计确认的投资收益=现金总流入-现金总流出

相关会计分录为：

借：银行存款

贷：交易性金融资产——成本

　　　　　　　　　——公允价值变动

　　投资收益

借：公允价值变动损益（持有期间该金融资产累计确认的公允价值变动）

　贷：投资收益

如何辨析交易性金融资产处置时投资收益、处置时投资损益、持有到处置时的投资收益?

例 14-8 · 计算题

2×16年1月1日，甲公司支付价款62.2万元，从二级市场购入乙公司发行的股票10万股，内含已宣告但尚未发放的现金股利0.12元/股，以及交易费用1万元。甲公司将持有的乙公司股票划分为交易性金融资产。

其他相关资料如下：

（1）1月10日，收到乙公司发放的现金股利；

（2）1月31日，乙公司股票价格涨到每股10元；

（3）2月29日，乙公司股票价格跌到每股9元；

（4）3月8日，将持有的乙公司股票全部售出，每股售价7元。

要求：编制相关会计分录。

【答案】

2×16年1月1日：

借：交易性金融资产——成本	60	
应收股利	1.2	
投资收益	1	
贷：银行存款		62.2

2×16年1月10日：

借：银行存款	1.2	
贷：应收股利		1.2

2×16年1月31日：

借：交易性金融资产——公允价值变动	40	
贷：公允价值变动损益		40

2×16年2月29日：

借：公允价值变动损益	10	
贷：交易性金融资产——公允价值变动		10

2×16年3月8日：

借：银行存款	70	
投资收益	20	
贷：交易性金融资产——成本		60
——公允价值变动		30
借：公允价值变动损益	30	
贷：投资收益		30

注意：考试时上述两笔分录可以合并编写，也可以分拆编写。

为了理解“公允价值变动损益”在上述交易性金融资产投资过程中所起的作

用，我们整理了如下表格（见表14-12）。

表14-12 **损益作用表** 单位：万元

日期	损益	现金流量
1月1日	-1	-62.2
1月10日	0	+1.2
1月31日	+40	0
2月29日	-10	0
3月8日	-20	+70
合 计	9	9

三、金融负债的后续计量（主要分公允价值计量与摊余成本计量两类金融负债）

企业应当按照以下原则对金融负债后续计量：

（一）以公允价值计量且其变动计入当期损益的金融负债

对以公允价值计量且其变动计入当期损益的金融负债，应当按照公允价值后续计量，相关利得或损失应当计入当期损益。

（二）金融资产转移不符合终止确认条件或继续涉入被转移金融资产所形成的金融负债

对此类金融负债，企业应当按照《企业会计准则第23号——金融资产转移》的相关规定进行计量。

（三）部分财务担保合同，以及不属于以公允价值计量且其变动计入当期损益的金融负债以低于市场利率贷款的贷款承诺

企业作为此类金融负债发行方的，应当在初始确认后按照损失准备金额以及初始确认金额扣除依据《企业会计准则第14号——收入》的相关规定所确定的累计摊销额后的余额孰高进行计量。

（四）以摊余成本计量的金融负债

对以摊余成本计量的金融负债，应当按摊余成本进行后续计量。

四、金融工具的减值

（一）金融工具减值概述

1.可能涉及资产减值的金融资产

企业应当以预期信用损失为基础，对下列项目进行减值会计处理并确认损失准备：

（1）分类为以摊余成本计量的金融资产和以公允价值计量且其变动计入其他综合收益的金融资产。**（特别注意：其他权益工具投资与交易性金融资产无减值问题）**

（2）租赁应收款。

（3）合同资产。合同资产是指《企业会计准则第14号——收入》定义的合同资产。

（4）部分贷款承诺和财务担保合同。

损失准备，是指针对按照以摊余成本计量的金融资产、租赁应收款和合同资产的预期信用损失计提的准备，按照以公允价值计量且其变动计入其他综合收益的金融资产的累计减值金额以及针对贷款承诺和财务担保合同的预期信用损失计提的准备。

2.金融资产减值的证据

当对金融资产预期未来现金流量具有不利影响的一项或多项事件发生时，该金融资产成为已发生信用减值的金融资产。金融资产已发生信用减值的证据包括下列可观察信息：

（1）发行方或债务人发生重大财务困难；

（2）债务人违反合同，如偿付利息或本金违约或逾期等；

（3）债权人出于对与债务人财务困难有关的经济或合同考虑，给予债务人在任何其他情况下都不会作出的让步；

（4）债务人很可能破产或进行其他财务重组；

（5）发行方或债务人财务困难导致该金融资产的活跃市场消失；

（6）以大幅折扣购买或源生一项金融资产，该折扣反映了发生信用损失的事实。

金融资产发生信用减值，有可能是多个事件的共同作用所致，未必是可单独识别的事件所致。

3.信用损失（预期未来现金流量现值与合同应收未来现金流量现值的差额）

信用损失，是指企业按照原实际利率折现的、根据合同应收的所有合同现金流量与预期收取的所有现金流量之间的差额，即全部现金短缺的现值。其中，对于企业购买或源生的已发生信用减值的金融资产，应按照该金融资产经信用调整的实际利率折现。由于预期信用损失考虑付款的金额和时间分布，因此即使企业预计可以全额收款但收款时间晚于合同规定的到期期限，也会产生信用损失。

（二）对风险显著增加的判断

1.一般情形

一般情况下，企业应当在每个资产负债表日评估相关金融工具的信用风险自初始确认后是否已显著增加，以计量其损失准备、确认预期信用损失及其变动。

企业在评估金融工具的信用风险自初始确认后是否已显著增加时，应当考虑金融工具预计存续期内发生违约风险的变化，而不是预期信用损失金额的变化。

企业通常应当在金融工具逾期前确认该工具整个存续期预期信用损失。企业在确定信用风险自初始确认后是否显著增加时：（1）企业无须付出不必要的额外成本或努力即可获得合理且有依据的前瞻性信息的，不得仅依赖逾期信息来确定信用风险自初始确认后是否显著增加；（2）企业必须付出不必要的额外成本或努力才可获得合理且有依据的逾期信息以外的单独或汇总的前瞻性信息的，可以采用逾期信息来确定信用风险自初始确认后是否显著增加。

无论企业采用何种方式评估信用风险是否显著增加：（1）通常情况下，如果逾期超过30日，则表明金融工具的信用风险已经显著增加。除非企业在无须付出不必要的额外成本或努力的情况下即可获得合理且有依据的信息，证明即使逾期超过30日，信用风险自初始确认后仍未显著增加。（2）如果企业在合同付款逾期超过30日前已确定信用风险显著增加，则应当按照整个存续期的预期信用损失确认损失准备。如果交易对手方未按合同规定时间支付约定的款项，则表明该金融资产发生逾期。

企业在评估金融工具的信用风险自初始确认后是否已显著增加时，应当考虑违约风险的相对变化，而非违约风险变动的绝对值。在同一后续资产负债表日，对于违约风险变动的绝对值相同的两项金融资产，初始确认时违约风险较低的金融工具比初始确认时违约风险较高的金融工具的信用风险变化更为显著。

2.特殊情形

出于简化会计处理、兼顾现行实务的考虑，在以下两类情形下，企业无需就金融工具初始确认时的信用风险与资产负债表日的信用风险进行比较分析。

（1）较低信用风险

如果企业确定金融工具的违约风险较低，借款人在短期内履行其支付合同现金流量义务的能力很强，并且即使较长时期内经济形势和经营环境存在不利变化，也不一定会降低借款人履行其支付合同现金流量义务的能力，那么该金融工具可被视为具有较低的信用风险。例如，企业在具有较高信用评级的商业银行的定期存款可能被视为具有较低的信用风险。

对于在资产负债表日具有较低信用风险的金融工具，企业可以不用与其初始确认时的信用风险进行比较，而直接作出该工具的信用风险自初始确认后未显著增加的假定（企业对这种简化处理有选择权）。

（2）应收款项、租赁应收款和合同资产

企业对于《企业会计准则第14号——收入》所规定的、不含重大融资成分（包括根据该准则不考虑不超过一年的合同中融资成分的情况）的应收款项和合同资产，应当始终按照整个存续期内预期信用损失的金额计量其损失准备（企业对这种简化处理没有选择权）。

除此之外，本准则还允许企业作出会计政策选择，对包含重大融资成分的应收款项、合同资产和《企业会计准则第21号——租赁》规范的租赁应收款（可分别对应收款项、合同资产和应收租赁款作出不同的会计政策选择），始终按照相当于整个存续期内预期信用损失的金额计量其损失准备。

（三）金融工具减值的三阶段

一般情况下，企业应当在每个资产负债表日评估相关金融工具的信用风险自初始确认后是否已显著增加，可以将金融工具发生信用减值的过程分为三个阶段：

1.第一阶段：信用风险自初始确认后未显著增加

对于处于该阶段的金融工具，企业应当按照未来12个月的预期信用损失计量损失准备，并按其账面余额（即未扣除减值准备）和实际利率计算利息收入（若该工具为金融资产，下同）。

2.第二阶段：信用风险自初始确认后已显著增加但尚未发生信用减值

对于处于该阶段的金融工具，企业应当按照该工具整个存续期的预期信用损失计量损失准备，并按其账面余额和实际利率计算利息收入。

3.第三阶段：初始确认后发生信用减值

对于处于该阶段的金融工具，企业应当按照该工具整个存续期的预期信用损失计量损失准备，但对利息收入的计算不同于处于前两阶段的金融资产。对于已发生信用减值的金融资产，企业应当按其摊余成本（账面余额减去已计提的减值准备，也即账面价值）和实际利率计算利息收入。

上述三阶段的划分，适用于购买或源生的未发生信用减值的金融工具。对于购买或源生的已发生信用减值的金融资产，企业应当仅将初始确认后整个存续期内预期信用损失的变动确认为损失准备，并按其摊余成本和经信用调整的实际利率计算利息收入。

（四）预期信用损失的计量

考霸笔记

预期信用损失，是指以发生违约的风险为权重的金融工具信用损失的加权平均值。

企业应当按照下列方法确定有关金融工具的信用损失：

1.对于金融资产，信用损失应为企业应收取的合同现金流量与预期收取的现金流量之间差额的现值。

2.对于租赁应收款项，信用损失应为企业应收取的合同现金流量与预期收取的现金流量之间差额的现值。其中，用于确定预期信用损失的现金流量，应与按照《企业会计准则第21号——租赁》用于计量租赁应收款项的现金流量保持一致。

3.对于未提用的贷款承诺，信用损失应为在贷款承诺持有人提用相应贷款的情况下，企业应收取的合同现金流量与预期收取的现金流量之间差额的现值。企业对贷款承诺预期信用损失的估计，应当与其对该贷款承诺提用情况的预期保持一致。

4.对于财务担保合同，信用损失应为企业就该合同持有人发生的信用损失向其作出赔付的预计付款额，减去企业预期向该合同持有人、债务人或任何其他方收取的金额之间差额的现值。

5.对于资产负债表日已发生信用减值但并非购买或源生已发生信用减值的金融资产，信用损失应为该金融资产账面余额与按原实际利率折现的估计未来现金流量的现值之间的差额。

（五）金融工具减值的账务处理

1.对于购买或源生的已发生信用减值的金融资产，企业应当在资产负债表日仅将自初始确认后整个存续期内预期信用损失的累计变动确认为损失准备。在每个资产负债表日，企业应当将整个存续期内预期信用损失的变动金额作为减值损失或利得计入当期损益。即使该资产负债表日确定的整个存续期内预期信用损失小于初始确认时估计现金流量所反映的预期信用损失的金额，企业也应当将预期信用损失的有利变动确认为减值利得。

2.企业在前一会计期间已经按照相当于金融工具整个存续期内预期信用损失的金额计量了损失准备，但在当期资产负债表日，该金融工具已不再属于自初始确认其他债权投资减值为何贷记其他综合收益，使所有者权益反而增加了？

后信用风险显著增加的情形的，企业应当在当期资产负债表日按照相当于未来12个月内预期信用损失的金额计量该金融工具的损失准备，由此形成的损失准备的转回金额应当作为减值利得计入当期损益。

3.对于分类为以公允价值计量且其变动计入其他综合收益的金融资产，企业应当在其他综合收益中确认其损失准备，并将减值损失或利得计入当期损益，且不应减少该金融资产在资产负债表中列示的账面价值。

借：资产减值损失

贷：其他综合收益

第五节 金融资产转移

◇金融资产转移概述

◇金融资产转移的确认和计量

一、金融资产转移概述

1.定义

金融资产（含单项或一组类似金融资产）转移，是指企业（转出方）将金融资产让与或交付给该金融资产发行方以外的另一方（转入方）。

2.转移的情形分类

（1）将收取金融资产现金流量的权利转移给另一方，比如将未到期票据向银行贴现。

（2）将金融资产转移给另一方，但保留收取金融资产现金流量的权利，并承担将收取的现金流量支付给最终收款方的义务，同时还应满足以下条件：

①从该金融资产收到对等的现金流量时，才有义务将其支付给最终收款方。企业发生短期垫付款，但有权全额收回该垫付款并按照市场利率计收利息的，视同满足本条件。

②根据合同的约定，不能出售该金融资产或作为担保物，但可以将其作为对最终收款方支付现金流量的保证。

③有义务将收取的现金流量及时支付给最终收款方。企业无权将该现金流量进行再投资，但按照合同的约定在相邻两次支付间隔期内将所收到的现金流量进行现金或现金等价物投资的除外。企业按照合同的约定进行再投资的，应当将投资收益按照合同约定支付给最终收款方。

金融资产转移的各种情形如何确认？

二、金融资产转移的确认和计量

（一）金融资产终止确认的一般原则

鉴于金融资产转移交易的复杂性，企业有必要在分析判断金融资产转移是否符合金融资产终止条件前，着重关注以下两个方面：

1.金融资产转移的转出方能否对转入方实施控制。

2.终止确认适用于金融资产一部分还是金融资产整体。

（二）符合终止确认条件的情形

1.符合终止确认条件的判断。

（1）企业收取金融资产现金流量的合同权利终止的，应当终止确认该金融资产；

（2）企业已将金融资产所有权上几乎所有的风险和报酬转移给转入方的，也应终止确认该金融资产。

以上判断条件满足一条即可。

2.应终止确认金融资产的情形。

（1）企业无条件出售金融资产；

（2）企业将金融资产出售，同时与买入方签订协议，在约定期限结束时按当日该金融资产的公允价值回购；

（3）企业将金融资产出售，同时与买入方签订看跌期权合约（即买入方有权将该金融资产返售给企业），但从合约条款判断，该看跌期权是一项重大价外期权。

3.符合终止确认条件时的计量。

（1）金融资产整体转移损益计算。

金融资产整体转移损益=因转移收到的对价+原直接计入所有者权益的公允价值变动累计利得（如为累计损失，应为减项）-所转移金融资产的账面价值

（2）金融资产部分转移损益计算。

将所转移金融资产整体的账面价值，在终止确认部分和未终止确认部分（在此种情况下，所保留的服务资产应当视同未终止确认金融资产的一部分）之间，按照各自的相对公允价值进行分摊，并将终止确认部分的对价，与原直接计入其他综合收益的公允价值变动累计额中对应终止确认部分的金额（涉及转移的金融资产为可供出售金融资产的情形）之和，扣除终止确认部分的账面价值后的差额，确认为金融资产转移损益。

（三）不符合终止确认条件的情形

1.不符合终止确认条件的判断。

金融资产转移后，企业（转出方）仍保留了该金融资产所有权上几乎所有的风险和报酬的，不应当终止确认该金融资产。

2.不应终止确认金融资产的情形。

（1）企业出售金融资产并与转入方签订回购协议，协议规定企业将回购原被转移金融资产，或者将予回购的金融资产与售出的金融资产相同或实质上相同、回购价格固定或原售价加上回报；

（2）企业融出证券或进行证券出借；

（3）企业出售金融资产并附有将市场风险敞口转回给企业的总回报互换；

（4）企业出售短期应收款项或信贷资产，并且全额补偿转入方可能因被转移金融资产发生的信用损失；

（5）企业出售金融资产，同时与转入方签订看跌期权合同或看涨期权合同，且根据合同条款判断，该看跌期权或看涨期权为一项重大的价内期权。

3.不符合终止确认时的计量。

企业仍保留与所转移金融资产所有权上几乎所有的风险和报酬的，应当继续确认所转移金融资产整体，并将收到的对价确认为一项金融负债。

该金融资产与确认的相关金融负债不得相互抵销。在随后的会计期间，企业应当继续确认该金融资产产生的收入和该金融负债产生的费用。所转移的金融资产以摊余成本计量的，确认的相关负债不得指定为以公允价值计量且其变动计入当期损益的金融负债。

考霸笔记

金融资产售后回购，按照公允价值回购，公允价值涨跌的风险与报酬已经转移给买入方。

考霸笔记

重大价外期权，即期权合约的条款设计使得金融资产的买方到期行权的可能性极小。

考霸笔记

重大价外期权，即期权合约的条款设计，使得金融资产的转入方或转出方很可能会行权。

（四）继续涉入的情形银行贷款证券化就是一种继续涉入的情形。

1.继续涉入的判断。

企业既没有转移也没有保留金融资产所有权上几乎所有的风险和报酬的，应当分别下列情况处理：

（1）企业未保留对该金融资产控制的，应当终止确认该金融资产。

（2）企业保留对该金融资产控制的，应当按照其继续涉入所转移金融资产的程度确认有关金融资产，并相应确认有关金融负债。继续涉入所转移金融资产的程度，是指该金融资产价值变动使企业面临的风险水平。

判断是否已放弃对所转移金融资产的控制，应当重点关注转入方出售该金融资产的实际能力。如果转入方能够单独将转入的金融资产整体出售给与其不存在关联方关系的第三方，且企业（转出方）没有额外条件对此项出售加以限制，则说明转入方有出售该金融资产的实际能力，同时表明企业（转出方）已放弃对该金融资产的控制，从而应终止确认所转移的金融资产。

继续涉入的分录如何理解?

2.继续涉入的计量。

应当按照其继续涉入所转移金融资产的程度，在充分反映保留的权利和承担的义务的基础上，确认有关金融资产，并相应确认有关负债。

通过对所转移金融资产提供财务担保方式继续涉入的，应当在转移日按照金融资产的账面价值和财务担保金额两者之中的较低者，确认继续涉入形成的资产，同时按照财务担保金额和财务担保合同的公允价值（提供担保的取费）之和确认继续涉入形成的负债。财务担保金额，是指企业所收到的对价中，将被要求偿还的最高金额。

在随后的会计期间，财务担保合同的初始确认金额应当在该财务担保合同期间内按照时间比例摊销，确认为各期收入。因担保形成的资产的账面价值，应当在资产负债表日进行减值测试。

企业应当对因继续涉入所转移金融资产形成的有关资产确认相关收入，对继续涉入形成的有关负债确认相关费用。继续涉入所形成的相关资产和负债不应当相互抵销。

考霸笔记

套期是指投资者为预防不利的价格变动等而采取抵销性金融操作。通常是在现货市场和期货市场上进行两组相反方向的买卖。

第六节 套期会计

◇套期的分类

◇套期工具和被套期项目

◇套期关系评估

◇确认和计量

一、套期的分类

什么是风险敞口?

企业在经营活动中会面临各类风险，其中涉及外汇风险、利率风险、价格风险、信用风险等。对于此类风险敞口，企业可能会选择通过利用金融工具产生反向的风险敞口（即开展套期业务）来进行风险管理活动。套期会计的目标是在财务报表中反映企业采用金融工具管理因特定风险引起的风险敞口的风险管理活动的影响。

套期，是指企业为管理外汇风险、利率风险、价格风险、信用风险等特定风险引起的风险敞口，指定金融工具为套期工具，以使套期工具的公允价值或现金流量变动，预期抵销被套期项目全部或部分公允价值或现金流量变动的风险管理活动。

在套期会计中，套期可划分为公允价值套期、现金流量套期和境外经营净投资套期。

（一）公允价值套期

公允价值套期，是指对已确认资产或负债、尚未确认的确定承诺，或上述项目组成部分的公允价值变动风险敞口进行的套期。该公允价值变动源于特定风险，且将影响企业的损益或其他综合收益。其中，影响其他综合收益的情形，仅限于企业对指定为以公允价值计量且其变动计入其他综合收益的非交易性权益工具投资的公允价值变动风险敞口进行的套期。

（二）现金流量套期

现金流量套期，是指对现金流量变动风险敞口进行的套期。该现金流量变动源于与已确认资产或负债、极可能发生的预期交易，或与上述项目组成部分有关的特定风险，且将影响企业的损益。

如何区分现金流量套期和公允价值套期？

5924

（三）境外经营净投资套期

境外经营净投资套期，是指对境外经营净投资外汇风险敞口进行的套期。境外经营净投资，是指企业在境外经营净资产中的权益份额。

企业对确定承诺的外汇风险进行套期的，可以将其作为现金流量套期或公允价值套期处理。

二、套期工具和被套期项目

考霸笔记

对于满足一定条件的套期，企业可运用套期会计方法进行处理。套期会计方法，是指企业将套期工具和被套期项目产生的利得或损失在相同会计期间计入当期损益（或其他综合收益）以反映风险管理活动影响的方法。

（一）套期工具

1.符合条件的套期工具

套期工具，是指企业为进行套期而指定的、其公允价值或现金流量变动预期可抵销被套期项目的公允价值或现金流量变动的金融工具。企业可以作为套期工具的金融工具包括：

（1）以公允价值计量且其变动计入当期损益的衍生工具，但签出期权除外。

考霸笔记

因为该期权的潜在损失可能大大超过被套期项目的潜在利得，从而不能有效地对冲被套期项目的风险。

（2）以公允价值计量且其变动计入当期损益的非衍生金融资产或非衍生金融负债，但指定为以公允价值计量且其变动计入当期损益，且其自身信用风险变动引起的公允价值变动计入其他综合收益的金融负债除外。

（3）对于外汇风险套期，企业可以将非衍生金融资产（选择以公允价值计量且其变动计入其他综合收益的非交易性权益工具投资除外）或非衍生金融负债的外汇风险成分指定为套期工具。

在企业集团内各企业的个别财务报表中，只有与该企业之外的对手方签订的合同才能被指定为套期工具。在合并财务报表层面，只有与企业集团之外的对手方签订的合同才能被指定为套期工具。

2.对套期工具的指定

（1）企业在确立套期关系时，应当将前述符合条件的金融工具整体指定为套期工具，因为企业对套期工具进行计量时，通常以该金融工具整体为对象，采用单一的公允价值基础对其进行计量。但是，由于期权的时间价值、远期合同的远期要素和金融工具的外汇基差通常可以单独计量，为便于提高某些套期关系的有效性，允许企业在对套期工具进行指定时，作出以下例外处理：

①对于期权，企业可以将期权的内在价值和时间价值分开，只将期权的内在价值变动指定为套期工具。

②对于远期合同，企业可以将远期合同的远期要素和即期要素分开，只将即期要素的价值变动指定为套期工具。

③对于金融工具，企业可以将金融工具的外汇基差单独分拆，只将排除外汇基差后的金融工具指定为套期工具。

（2）企业可以将套期工具的一定比例指定为套期工具，但不可以将套期工具剩余期限内某一时段的公允价值变动部分指定为套期工具。

（3）企业可以将两项或两项以上金融工具（或其一定比例）的组合指定为套期工具（包括组合内的金融工具形成风险头寸相互抵销的情形）。

3.使用单一套期工具对多种风险进行套期

企业通常将单项套期工具指定为对一种风险进行套期。但是，如果套期工具与被套期项目的不同风险敞口之间有具体指定关系，则一项套期工具可以被指定为对一种以上的风险进行套期。

（二）被套期项目

1.符合条件的被套期项目

被套期项目，是指使企业面临公允价值或现金流量变动风险，且被指定为被套期对象的、能够可靠计量的项目。企业可以将下列单个项目、项目组合或其组成部分指定为被套期项目：

（1）已确认资产或负债。

（2）尚未确认的确定承诺。其中，确定承诺，是指在未来某特定日期或期间，以约定价格交换特定数量资源、具有法律约束力的协议；尚未确认，是指尚未在资产负债表中确认。

（3）极可能发生的预期交易。

（4）境外经营净投资。

（5）项目组成部分。

2.被套期项目的组合

当企业出于风险管理目的对一组项目进行组合管理、且组合中的每一个项目（包括其组成部分）单独都属于符合条件的被套期项目时，可以将该项目组合指定为被套期项目。

运用套期会计时，在合并财务报表层面，只有与企业集团之外的对手方之间交易形成的资产、负债、尚未确认的确定承诺或极可能发生的预期交易才能指定为被套期项目；在合并财务报表层面，只有与企业集团之外的对手方签订的合同才能指定为套期工具。对于同一企业集团内的企业之间的交易，在企业个别财务报表层面可以运用套期会计，在企业集团合并财务报表层面不得运用套期会计，但下列情形除外：**（在集团层面考虑内部套期交易的抵销）**

（1）在合并财务报表层面，符合《企业会计准则第33号——合并财务报表》

规定的投资性主体与其以公允价值计量且其变动计入当期损益的子公司之间的交易，可以运用套期会计。

（2）企业集团内部交易形成的货币性项目的汇兑收益或损失，不能在合并财务报表中全额抵销的，企业可以在合并财务报表层面将该货币性项目的外汇风险指定为被套期项目。

（3）企业集团内部极可能发生的预期交易，按照进行此项交易的主体的记账本位币以外的货币标价，且相关的外汇风险将影响合并损益的，企业可以在合并财务报表层面将该外汇风险指定为被套期项目。

三、套期关系评估

（一）运用套期会计的条件

公允价值套期、现金流量套期或境外经营净投资套期同时满足下列条件的，才能运用套期会计方法进行处理：

1.套期关系仅由符合条件的套期工具和被套期项目组成。

2.在套期开始时，企业正式指定了套期工具和被套期项目，并准备了关于套期关系和企业从事套期的风险管理策略和风险管理目标的书面文件。

3.套期关系符合套期有效性要求。

（二）套期关系再平衡

套期关系由于套期比率的原因而不再符合套期有效性要求，但指定该套期关系的风险管理目标没有改变的，企业应当进行套期关系再平衡。

企业在进行套期关系再平衡时，应当首先确认套期关系调整前的套期无效部分，并更新在套期剩余期限内预期将影响套期关系的套期无效部分产生原因的分析，同时相应更新套期关系的书面文件。

（三）套期关系的终止

企业发生下列情形之一的，应当终止运用套期会计：

1.因风险管理目标发生变化，导致套期关系不再满足风险管理目标。

2.套期工具已到期、被出售、合同终止或已行使。

3.被套期项目与套期工具之间不再存在经济关系，或者在被套期项目和套期工具经济关系产生的价值变动中，信用风险的影响开始占主导地位。

4.套期关系不再满足运用套期会计方法的其他条件。在适用套期关系再平衡的情况下，企业应当首先考虑套期关系再平衡，然后评估套期关系是否满足运用套期会计方法的条件。

终止套期会计可能会影响套期关系的整体或其中一部分，在仅影响其中一部分时剩余未受影响的部分仍适用套期会计。

考霸笔记

账户设置：被套期项目、套期工具、套期损益、其他综合收益。

四、确认和计量

套期工具和被套期项目的利得和损失如何处理?

（一）公允价值套期

公允价值套期满足运用套期会计方法条件的，应当按照下列规定处理：

1.套期工具产生的利得或损失应当计入当期损益。如果套期工具是对选择以公允价值计量且其变动计入其他综合收益的非交易性权益工具投资（或其组成部分）进行套期的，套期工具产生的利得或损失应当计入其他综合收益。

2.被套期项目因被套期风险敞口形成的利得或损失应当计入当期损益，同时调整未以公允价值计量的已确认被套期项目的账面价值。被套期项目为分类为以公允价值计量且其变动计入其他综合收益的金融资产（或其组成部分）的，其因被套期风险敞口形成的利得或损失应当计入当期损益，其账面价值已经按公允价值计量，不需要调整；被套期项目为企业选择以公允价值计量且其变动计入其他综合收益的非交易性权益工具投资（或其组成部分）的，其因被套期风险敞口形成的利得或损失应当计入其他综合收益，其账面价值已经按公允价值计量，不需要调整。

被套期项目为尚未确认的确定承诺（或其组成部分）的，其在套期关系指定后因被套期风险引起的公允价值累计变动额应当确认为一项资产或负债，相关的利得或损失应当计入各相关期间损益。当履行确定承诺而取得资产或承担负债时，应当调整该资产或负债的初始确认金额，以包括已确认的被套期项目的公允价值累计变动额。

（二）现金流量套期

现金流量套期满足运用套期会计方法条件的，应当按照下列规定处理：

1.套期工具产生的利得或损失中属于套期有效的部分，作为现金流量套期储备应当计入其他综合收益。现金流量套期储备的金额，应当按照下列两项的绝对额中较低者确定：

（1）套期工具自套期开始的累计利得或损失。

（2）被套期项目自套期开始的预计未来现金流量现值的累计变动额。每期计入其他综合收益的现金流量套期储备的金额应当为当期现金流量套期储备的变动额。

2.套期工具产生的利得或损失中属于套期无效的部分（即扣除计入其他综合收益后的其他利得或损失），应当计入当期损益。

（三）境外经营净投资套期

对境外经营净投资的套期，包括对作为净投资的一部分进行会计处理的货币性项目的套期，应当按照类似于现金流量套期会计的规定处理：

1.套期工具形成的利得或损失中属于有效套期的部分，应当计入其他综合收益。

全部或部分处置境外经营时，上述计入其他综合收益的套期工具利得或损失应当相应转出，计入当期损益。

2.套期工具形成的利得或损失中属于无效套期的部分，应当计入当期损益。

智能测评

在线练习	我要提问
扫码在线做题　扫码看答案 本书“本章同步强化训练”均配备二维码，打开微信“扫一扫”即可完成在线测评，查看本章详细的测评反馈报告，了解知识掌握情况，也可扫码直接看答案噢。 快来扫码做题吧！	扫码答疑 本书配备答疑专用二维码，打开微信“扫一扫”，即可完成在线提问，获取专业老师全面个性化解答，让学习问题不再拖延。 快来扫码提问吧！

本章同步强化训练

一、单选题

1.2013年10月12日，甲公司以每股8元的价格从二级市场购入乙公司股票10万股，支付价款80万元，另支付相关交易费用2万元。甲公司将购入的乙公司股票作为交易性金融资产核算。2013年12月31日，乙公司股票市场价格为每股16元。2014年3月15日，甲公司收到乙公司分派的现金股利6万元。2014年4月4日，甲公司将所持有的乙公司股票以每股14元的价格全部出售，处置价款140万元，另支付相关税费2.5万元。

要求：根据上述资料，不考虑其他因素，回答下列各题。

（1）甲公司持有的乙公司股票2013年12月31日的账面价值是（　　）万元。

A.80　　B.82　　C.160　　D.162

（2）甲公司2014年度因投资乙公司股票确认的投资收益是（　　）万元。

A.63.50　　B.57.50　　C.66.00　　D.60.00

2.甲公司对外提供中期财务会计报告，2014年5月1日以每股5元的价格购进某股票100万股作为以公允价值计量且其变动计入其他综合收益的金融资产，其中包含已宣告但尚未发放的现金股利每股0.1元，另付相关交易费用1万元，于6月5日收到现金股利，6月30日该股票收盘价格为每股4.8元，7月12日以每股3.50元的价格将股票全部售出。假设甲公司盈余公积提取比例为10%。

要求：根据上述资料，不考虑其他因素，回答下列问题。

（1）2014年6月30日确认的其他综合收益为（　　）万元。

A.11　　B.−11　　C.−21　　D.−10

（2）出售该金融资产影响2014年7月营业利润的金额为（　　）万元。

A.0　　B.130　　C.−130　　D.−141

3.2014年1月1日，甲公司从二级市场购入乙公司分期付息、到期还本的债券10万张，以银行存款支付价款9 000万元，另支付相关交易费用15万元。该债券系乙公司于2012年1月1日发行，每张债券面值为1 000元，期限为5年，票面年利率为5%，每年年末支付当年利息。甲公司根据管理该债券的业务模式和该债券的合同现金流量特征，将该债券划分为以摊余成本计量的金融资产。

要求：根据上述资料，不考虑其他因素，回答下列各题。

（1）甲公司购入乙公司债券的入账价值是（　　）万元。

A.9 015　　B.9 000　　C.10 000　　D.10 015

（2）甲公司持有乙公司债券至到期累计应确认的投资收益是（　　）万元。

A.3 485　　B.2 485　　C.2 985　　D.1 500

4.2012年1月1日甲银行向A公司发放一批贷款5 000万元，合同利率和实际利率均为8%，期限为5年，利息按年收取，借款人到期偿还本金，2012年12月31日甲银行如期确认，并收到贷款利息。2013年12月31日，因A公司发生财务困难，甲银行未能如期收到利息，并重新预计该笔贷款的未来现金流量现值为2 500万元，且经评估认为该债券自初始确认后发生信用减值。2014年12月31日，甲银行预期原先的现金流量估计不会改变，但当期实际收到现金1 000万元。

要求：根据上述资料，不考虑其他因素，回答下列各题。

（1）2013年甲银行应计提的贷款损失准备是（　　）万元。

A.2 500　　B.2 900　　C.2 400　　D.3 000

（2）2014年12月31日该笔贷款的摊余成本为（　　）万元。

A.1 500　　B.1 700　　C.2 700　　D.2 500

5.M公司于2014年1月1日从证券市场购入N公司发行在外的股票20 000股作为以公允价值计量且其变动计入其他综合收益的金融资产，每股支付价款10元，另支付相关费用3 000元。2014年12月31日，这部分股票的公允价值为250 000元，M公司2014年12月31日影响所有者权益的金额为（　　）元。

A.0　　B.47 000　　C.50 000　　D.-47 000

6. 大华公司2014年7月1日处置其持有的以摊余成本计量的金融资产，转让价款1050万元已收存银行。该债券系2012年7月1日购进，面值为1 000万元，票面年利率8%，到期一次还本付息，期限3年。转让该项债券时，应计利息明细科目的余额为160万元，尚未摊销的利息调整贷方余额为50万元；该项债券已计提的减值准备余额为22.5万元。该公司转让该项债权投资实现的投资收益为（　　）万元。

A.-37.5　　B.122.5　　C.-60　　D.37.5

7.明法公司将应收账款出售给甲银行。该应收账款有关的账面余额为300万元，已计提坏账准备25万元，售价为220万元，双方协议规定不附追索权。明法公司根据以往经验，预计与该应收账款有关的商品将发生部分销售退回23.4万元（货款20万元，增值税销项税额3.4万元），实际发生的销售退回由明法公司负担。明法公司将此应收账款出售给甲银行时应确认的营业外支出金额为（　　）万元。

A.55　　B.15.6　　C.31.6　　D.-39.5

8.下列不属于金融资产部分转移的情形有（　　）。

A.将金融资产所产生现金流量中特定、可辨认部分转移，如企业将一组类似贷款的应收利息转移等

B.将金融资产所产生全部现金流量的一定比例转移，如企业将一组类似贷款的本金和应收利息合计的一定比例转移等

C.将金融资产所产生现金流量中特定、可辨认部分的一定比例转移，如企业将一组类似贷款

的应收利息的一定比例转移等

D.已经收到价款的80%以上

9.甲公司2013年3月25日购入乙公司股票20万股，支付价款总额为165.63万元，其中包括支付的证券交易印花税0.25万元，支付的手续费0.38万元，甲公司将其划分为交易性金融资产。4月10日，甲公司收到乙公司3月19日宣告派发的2012年度现金股利5万元。2013年12月31日，乙公司股票收盘价为每股5元。2014年1月10日，甲公司将乙公司股票全部对外出售，价格为每股9.36元，支付证券交易印花税0.24万元，支付手续费0.18万元。

要求：根据上述资料，不考虑其他因素，回答下列第（1）题至第（2）题。

（1）甲公司从购入股票至出售股票累计应确认的投资收益为（　　）万元。

A.26.15　　B.26.57　　C.26.64　　D.31.15

（2）甲公司2014年1月10日出售乙公司股票时影响2014年利润总额的金额为（　　）万元。

A. 26.78　　B. 86.78　　C. −26.78　　D.87.2

10.2×12年5月8日，甲公司以每股8元的价格自二级市场购入乙公司股票120万股，支付价款960万元，另支付相关交易费用3万元。甲公司将其购入的乙公司股票分类为以公允价值计量且其变动计入其他综合收益的金融资产。2×12年12月31日，乙公司股票的市场价格为每股9元。2×13年12月31日，乙公司股票的市场价格为每股5元，甲公司预计乙公司股票的市场价格将持续下跌。

2×14年12月31日，乙公司股票的市场价格为每股6元。

要求：根据上述资料，不考虑其他因素，回答下列第（1）题至第（2）题。

（1）甲公司2×13年度利润表因乙公司股票市场价格下跌应当确认的减值损失是（　　）万元。

A.0　　B.360　　C.363　　D.480

（2）甲公司2×14年度利润表因乙公司股票市场价格回升应当确认的收益是（　　）万元。

A.0　　B.120　　C.363　　D.480

11.2013年1月1日，A公司按面值从债券二级市场购入B公司公开发行的债券100万元，剩余期限3年，票面年利率3%，每年末付息一次，到期还本，发生交易费用2万元；公司将其划分为以公允价值计量且其变动计入其他综合收益的金融资产。2013年12月31日，该债券的市场价格为110万元。2014年，B公司因投资决策失误，发生严重财务困难，但仍可支付该债券当年的票面利息。2014年12月31日，该债券的公允价值下降为90万元。A公司经评估认定B公司的债券自初始确认后信用风险显著增加，根据该债券剩余存续期内确认的预期信用损失为8万元。假定A公司初始确认该债券时计算确定的债券实际利率为2.5%，且不考虑其他因素。A公司于2014年12月31日就该债券应确认的减值损失为（　　）万元。

A.12　　B.8　　C.9.539　　D.7.989

12.2014年8月1日，企业将某债券资产从以摊余成本计量的金融资产重分类为以公允价值计量且其变动计入其他综合收益的金融资产，重分类日公允价值为1 200万元，账面价值为1 050万元；2014年8月20日，企业将该金融资产出售，所得价款为1 350万元，则出售时确认的投资收益为（　　）万元。

A.150　　B.0　　C.300　　D.200

二、多选题

1.甲公司于2012年1月1日从股票二级市场以公允价值每股20元购入乙公司股票150万股划分为以公允价值计量且其变动计入其他综合收益的金融资产，另支付相关费用15万元。2012年5月10日乙公司按照每股0.5元支付现金股利，2012年12月31日，该股票的市场价格为每股15元；甲公司预计该股票的价格下跌是暂时性的。2013年，受金融危机影响，乙公司业绩大幅下降。至2013年12月31日，该股票的市场价格下跌至每股10元；甲公司预计该股票的价格下跌为非暂时性的。2014年经济状况好转，乙公司业绩有所回升，至12月31日，该股票的市场价格为13元。

要求：根据上述资料，不考虑其他因素，回答下列各题。

（1）以下表述不正确的有（　　）。

A.该项股票投资的初始入账价值为3 000万元

B.资产负债表日，该项股票投资收到现金股利应当计入其他综合收益

C.2012年12月31日因该项投资计入当期损益的金额为-765万元

D.2012年该项股票投资对利润总额的影响金额为75万元

E.2012年该项股票投资对利润总额的影响金额为-690万元

（2）以下关于该项金融资产表述正确的有（　　）。

A.2012年12月31日确认其减值损失为765万元

B.2013年12月31日确认其减值损失为1 515万元

C.2013年12月31日确认公允价值下降750万元

D.2014年确认减值转回450万元计入其他综合收益

E.2014年12月31日该项股票投资账面价值为1 950万元

2.2014年1月1日，甲公司自证券市场购入面值总额为300万元的债券。购入时实际支付价款295万元，另外支付交易费用5万元。该债券发行日为2014年1月1日，系分期付息、到期还本债券，期限为5年，票面年利率为8%，甲公司计算确定的实际年利率也为8%，每年12月31日支付当年利息。甲公司根据管理该债券的业务模式和合同现金流量特征，将该债券作为以公允价值计量且其变动计入其他综合收益的金融资产核算。2014年年末该项债权投资的公允价值下降为265万元，甲公司经评估认定该项债券自初始确认后信用风险显著增加，根据该债券剩余存续期内确认的预期信用损失为12万元。不考虑其他因素，则下列说法错误的是（　　）。

A.甲公司应于2014年年末借记其他综合收益35万元

B.甲公司应于2014年年末确认信用减值损失35万元

C.2014年年末该项金融资产的账面价值为265万元

D.2015年年末该项金融资产应确认的投资收益为21.2万元

3.以公允价值计量且其变动计入其他综合收益的金融资产在发生减值时，可能涉及的会计科目有（　　）。

A.“信用减值损失”

B.“其他综合收益”

C.“其他债权投资——公允价值变动”

D.“其他债权投资减值准备”

E.“其他权益工具投资——公允价值变动”

4.下列各项中，不会引起以公允价值计量且其变动计入其他综合收益的金融资产（投资对象

为债券）账面发生增减变动的有（　　）。

A.计提减值准备

B.资产负债表日金融资产公允价值波动

C.确认到期一次还本付息方式下的利息

D.宣告发放一次还本分期付息债券的利息（票面利率不等于实际利率）

E.收到一次还本分期付息的利息

5.大兴银行持有一组住房抵押贷款，借款方可提前偿付。2014年1月1日，该组贷款的本金和摊余成本均为10 000万元，票面利率和实际利率均为10%。经批准，大兴银行拟将该组贷款转移给中叶信托机构（以下简称受让方）进行证券化。有关资料如下：

2014年1月1日，大兴银行与受让方签订协议，将该组贷款转移给受让方，并办理有关手续。大兴银行收到款项8 200万元，同时保留以下权利：（1）收取本金2 000万元以及这部分本金按10%的利率所计算确定利息的权利；（2）收取以8 000万元为本金、以0.5%为利率所计算的利息（超额利差）的权利。受让人取得收取该组贷款本金中的8 000万元以及这部分本金按9.5%的利率收取利息的权利。根据双方签订的协议，如果该组贷款被提前偿付，则偿付金额按1∶4的比例在大兴银行和受让人之间进行分配；但是，如该组贷款发生违约，则违约金额从大兴银行拥有的2 000万元贷款本金中扣除，直到扣完为止。

2014年1月1日，该组贷款的公允价值为10 200万元，0.5%的超额利差的公允价值为50万元。

要求：根据上述资料，不考虑其他因素，回答下列第（1）题至第（2）题。

（1）关于金融资产转移，下列符合终止确认的是（　　）。

A.企业以不附追索权方式出售金融资产

B.企业将金融资产出售，同时与买方签订协议，在约定日期以固定价格回购

C.企业将金融资产出售，同时与买方签订协议，在约定日期以当日公允价格回购

D.企业将金融资产出售，同时与买方签订看跌期权合约，从合约条款判断，该看跌期权是一项重大的价外期权。

E.企业以附追索权方式出售金融资产

（2）大兴银行下列会计处理中，正确的有（　　）。

A.该项金融资产转移形成的利得160万元

B.在金融资产转移日应确认的继续涉入资产为2 050万元

C.在金融资产转移日应确认的继续涉入负债为2 050万元

D.在金融资产转移日应确认的继续涉入负债为2 090万元

E.大兴银行仍保留贷款部分的账面价值为2 000万元

三、计算题

1.华中公司有关金融资产的资料如下：

（1）2013年1月1日，购入面值为500万元，年利率为8%的A债券。取得时，支付价款540万元（含已宣告尚未发放的利息40万元），另支付交易费用1.5万元。华中公司将该项金融资产划分为交易性金融资产。

（2）2013年1月5日，收到购买时支付价款中所含的利息40万元。

（3）2013年12月31日，A债券的公允价值为540万元。

（4）2014年1月5日，收到A债券2013年度的利息40万元。

（5）2014年4月20日，华中公司出售A债券，售价为515万元。

要求：

（1）分析华中公司持有该债券对企业损益的影响金额。

（2）编制华中公司处置A债券的账务处理。

2.2012年1月1日，甲公司从活跃市场购买于当日发行的一项乙公司债券，年限5年，划分为持有至到期投资，债券的面值1 000万元，公允价值为1 169.74万元（含交易费用为9.74万元），次年1月5日按票面利率10%支付利息。该债券在第五年兑付本金及最后一期利息。合同约定债券发行方乙公司在遇到特定情况下可以将债券赎回，且不需要为赎回支付额外款项。甲公司在购买时预计发行方不会提前赎回。假定2014年1月1日甲公司预计本金的60%将于2014年12月31日赎回，共计600万元。乙公司2014年12月31日实际赎回600万元的本金。（（P/A，5%，5）=4.3295，（P/F，5%，5）=0.7835；（P/A，7%，5）=4.1002，（P/F，7%，5）=0.7130）

要求：

（1）计算甲公司初始确认该项债券投资时的实际利率。（取整数即可）

（2）计算2014年年初应调整的摊余成本的金额，并编制相关会计分录。（保留两位小数）

（3）计算2014年年末摊销利息调整的金额，并编制确认利息以及收回一半本金的会计分录。

3.甲企业销售一批商品给乙企业，货已发出。增值税专用发票上注明的商品价款为5 000 000元，增值税销项税额为850 000元。当日收到乙企业签发的不带息商业承兑汇票一张，该票据的期限为4个月。相关销售商品收入符合收入确认条件。

要求：

（1）编制销售实现时的会计分录；

（2）假定4个月后，应收票据到期，甲企业收回款项5 850 000元，存入银行，编制相关的会计分录；

（3）如果甲企业在该票据到期前向银行贴现，且银行拥有追索权，假定甲企业贴现获得现金净额5 500 000元，编制相关的会计分录。

4.A公司于2011年1月1日从证券市场上购入B公司于2010年1月1日发行的债券，该债券5年期、票面年利率为6%，每年1月5日支付上年度的利息，到期日为2015年1月1日，到期日一次归还本金和最后一次利息。A公司购入债券的面值为500万元，实际支付价款为460万元，另支付相关费用6.6万元。A公司购入后将其划分为以摊余成本计量的金融资产。购入债券实际利率为10%。假定按年计提利息。2011年12月31日B公司发生财务困难，A公司经评估认定B公司的债券自初始确认后发生信用减值，根据该债券剩余存续期内确认的预期信用损失为30.26万元。2012年1月2日，A公司将该金融资产重分类为以公允价值计量且其变动计入其他综合收益的金融资产，其公允价值为417万元。

要求：编制A公司2011年和2012年上述有关业务的会计分录。

第十五章 所有者权益

本章导学

考霸笔记

本章经常与其他章节结合考查，以客观题出现。

本章框架图

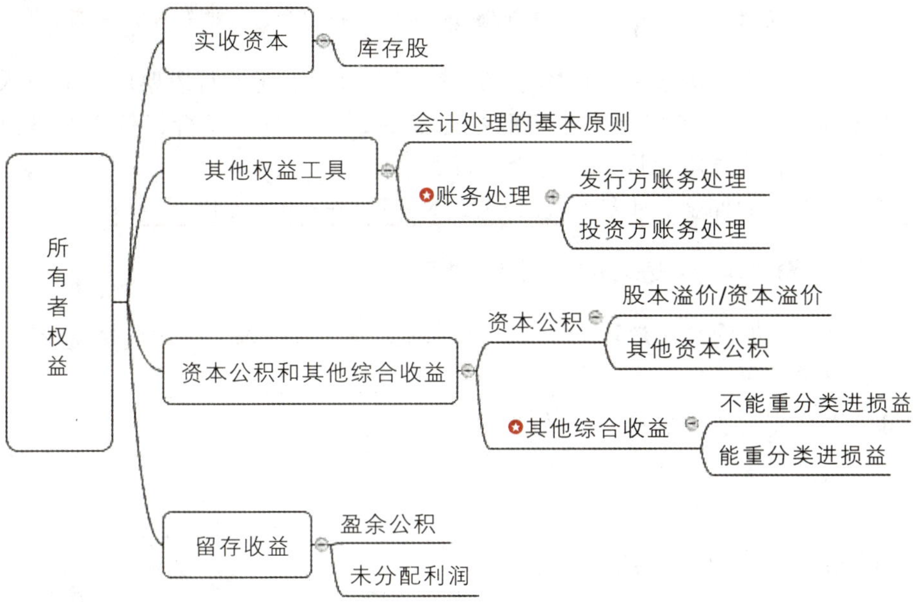

本章考情概述

本章主要阐述实收资本（股本）、其他权益工具、资本公积、其他综合收益、盈余公积和未分配利润等内容。

本章应当关注的问题：其他权益工具、资本公积和其他综合收益核算的内容及会计处理等。

近三年主要考点：所有者权益资本性项目。

2019年教材主要变化

本章内容无变化。

第一节　实收资本

◇实收资本确认和计量的基本要求

◇实收资本增减变动的会计处理

一、实收资本确认和计量的基本要求

投资者可以用现金投资，也可以用现金以外的其他有形资产投资，符合国家规

第十五章

定比例的，还可以用无形资产投资。

考霸笔记
"实收资本"对应"资本公积——资本溢价"；"股本"对应"资本公积——股本溢价"。

1.科目设置

股份有限公司："股本"

有限责任公司："实收资本"

2.会计处理

借：银行存款
　　无形资产等
　贷：实收资本/股本（面值）
　　　资本公积——资本溢价/资本公积——股本溢价（倒挤差额）

企业发行股票取得的收入与股本总额往往不一致，公司发行股票取得的收入大于股本总额的，称为溢价发行；小于股本总额的，称为折价发行；等于股本总额的，为面值发行。我国不允许企业折价发行股票。

发行股票支付的佣金、手续费记入"资本公积——股本溢价"科目。

二、实收资本增减变动的会计处理

1.实收资本增加的会计处理　（✔掌握，注意选择题）

（1）企业增加资本的一般途径。

考霸笔记
所有者权益内部变动，所有者权益总额不变。

①将资本公积转为实收资本（或股本）。

借：资本公积——资本溢价/资本公积——股本溢价
　贷：实收资本/股本

考霸笔记
所有者权益内部变动，所有者权益总额不变。

②将盈余公积转为实收资本（或股本）。

借：盈余公积
　贷：实收资本/股本

公司以法定盈余公积转增注册资本的，验资证明应当载明留存的该项公积金不少于转增前公司注册资本的25%。

③所有者投入（包括原企业所有者和新投资者）。（所有者权益总额增加）

借：银行存款
　　固定资产
　　无形资产
　　长期股权投资等
　贷：实收资本/股本等

（2）股份有限公司发放股票股利。（所有者权益总额不变）

借：利润分配——转作股本的股利
　贷：股本

考霸笔记
结合第九章负债中"可转换公司债券"的会计处理。

（3）可转换公司债券持有人行使转换权利。

可转换公司债券持有人行使转换权利，将其持有的债券转换为股票，按可转换公司债券的余额，借记"应付债券——可转换公司债券（面值、利息调整）"科目，按其权益成分的金额，借记"其他权益工具"科目，按股票面值和转换的股数计算的股票面值总额，贷记“股本”科目，按其差额，贷记“资本公积——股本溢价”科目。

借：应付债券——可转换公司债券（面值，利息调整）（账面余额） 　　其他权益工具　　（权益成分的金额） 　贷：股本　　（转换的股份面值总额） 　　　资本公积——股本溢价　　（差额） 　　　库存现金（按约定不足转换1股的部分用现金支付等）

（4）企业将重组债务转为资本。

考霸笔记：详细内容在“债务重组”中讲解，此处了解即可。

企业将重组债务转为资本的，应按重组债务的账面余额，借记“应付账款”等科目，按债权人因放弃债权而享有本企业股份的面值总额，贷记“实收资本”或“股本”科目，按股份的公允价值总额与相应的实收资本或股本之间的差额，贷记或借记“资本公积——资本溢价”或“资本公积——股本溢价”科目，按其差额，贷记“营业外收入——债务重组利得”科目。

借：应付账款等　　（重组债务的账面余额） 　贷：实收资本/股本 　　　资本公积——资本溢价/资本公积——股本溢价 　　　营业外收入——债务重组利得

（5）以权益结算的股份支付的行权。

考霸笔记：详细内容在“股份支付”中讲解，此处了解即可。

以权益结算的股份支付换取职工或其他方提供服务的，应在行权日，按根据实际行权情况确定的金额，借记“资本公积——其他资本公积”科目，按应计入实收资本或股本的金额，贷记“实收资本”或“股本”科目。

借：银行存款 　　资本公积——其他资本公积 　贷：实收资本/股本 　　　资本公积——资本溢价/资本公积——股本溢价

2.实收资本减少的会计处理

企业实收资本减少的原因大体有两种：一是资本过剩；二是企业发生重大亏损而需要减少实收资本。

（1）有限责任公司和一般企业减资。

借：实收资本 　贷：银行存款等

（2）股份有限公司采用回购本企业股票减资。

①回购本公司股票时：

借：库存股　　（实际支付的金额） 　贷：银行存款

②注销库存股时（见表15-1）：

表 15-1　注销库存股时的会计处理知识表　（✔重点内容，必须掌握）

考霸笔记

重点内容，必须掌握。

怎么理解库存股?

回购价>回购股份对应的股本	回购价<回购股份对应的股本
借：股本（面值） 资本公积——股本溢价　（差额） 盈余公积（股本溢价不足，冲减盈余公积） 利润分配——未分配利润（股本溢价和盈余公积仍不足部分） 贷：库存股（注销库存股的账面余额）	借：股本　（面值） 贷：库存股（注销库存股的账面余额） 资本公积——股本溢价（差额）

注意冲减的顺序：资本公积——股本溢价 → 盈余公积 → 未分配利润

第二节　其他权益工具

◇其他权益工具会计处理的基本原则

◇科目设置

◇主要账务处理

企业发行的除普通股（作为实收资本或股本）以外，按照金融负债和权益工具区分原则分类为权益工具的其他权益工具，按照以下原则进行会计处理：

一、其他权益工具会计处理的基本原则

企业发行的金融工具应当按照金融工具准则进行初始确认和计量；其后，于每个资产负债表日计提利息或分派股利，按照相关具体企业会计准则进行处理。其他权益工具会计处理的基本原则知识见表 15-2。

表 15-2　其他权益工具会计处理的基本原则知识表

分类	利息支出、股利分配	手续费、佣金等交易费用
权益工具	无论其名称中是否包含“债”，其利息支出或股利分配都应当作为发行企业的利润分配，其回购、注销等作为权益的变动处理	应当从权益（其他权益工具）中扣除
债务工具	无论其名称中是否包含“股”，其利息支出或股利分配原则上按照借款费用进行处理，其回购或赎回产生的利得或损失等计入当期损益	如分类为债务工具且以摊余成本计量的，应当计入所发行工具的初始计量金额

二、科目设置　（✔基础概念，了解即可）

1.金融负债

在“应付债券”科目核算。“应付债券”科目应当按照发行的金融工具种类进行明细核算，并在各类工具中按“面值”“利息调整”“应计利息”设置明细账，进行明细核算。

对于需要拆分且形成衍生金融负债或衍生金融资产的，应将拆分的衍生金融负债或衍生金融资产按照其公允价值在“衍生工具”科目核算。对于发行的且嵌入了非紧密相关的衍生金融资产或衍生金融负债的金融工具，如果发行方选择将其整体指定为以公允价值计量且其变动计入当期损益的金融工具，则应将发行的金融工具的整体在“交易性金融负债”等科目核算。

2.权益工具

在“其他权益工具”科目核算。“其他权益工具”科目应按发行金融工具的种类等进行明细核算。

三、主要账务处理　（✔重点内容，必须掌握）

1.发行方的账务处理

（1）债务工具并以摊余成本计量（见表15-3）。

表15-3　**债务工具并以摊余成本计量知识表**（与“应付债券”的核算相同）

初始计量	应按实际收到的金额，借记“银行存款”等科目，按债务工具的面值，贷记“应付债券——优先股、永续债（面值）”等科目，按其差额，贷记或借记“应付债券——优先股、永续债（利息调整）”等科目
后续计量	计提利息并对账面的利息调整进行调整（按照金融工具确认和计量准则中有关金融负债按摊余成本后续计量的规定进行会计处理）

（2）权益工具（见表15-4）。

表15-4　**权益工具知识表**

初始计量	应按实际收到的金额，借记“银行存款”等科目，贷记“其他权益工具——优先股、永续债”等科目。
后续计量	分派股利（含分类为权益工具的工具所产生的利息，下同）的，作为利润分配处理。根据经批准的股利分配方案，按应分配给金融工具持有者的股利金额，借记“利润分配——应付优先股股利、应付永续债利息”等科目，贷记“应付股利——优先股股利、永续债利息”等科目

（3）复合金融工具（见表15-5）。　（✔参照“可转换公司债券”的会计处理）

表15-5　**复合金融工具知识表**

初始计量	应按实际收到的金额，借记“银行存款”等科目，按金融工具的面值，贷记“应付债券——优先股、永续债（面值）”等科目，按负债成分的公允价值与金融工具面值之间的差额，借记或贷记“应付债券——优先股、永续债（利息调整）”等科目，按实际收到的金额扣除负债成分的公允价值后的金额，贷记“其他权益工具——优先股、永续债”等科目

发行复合金融工具发生的交易费用，应当在负债成分和权益成分之间按照各自占总发行价款的比例进行分摊。

（4）衍生金融负债或衍生金融资产或者内嵌了衍生金融负债或衍生金融资产。

按照金融工具确认和计量准则中有关衍生工具的规定进行处理。

（5）原归类为权益工具的金融工具重分类为金融负债（见表15-6）。

表15-6　**原归类为权益工具的金融工具重分类为金融负债知识表**

初始计量	应于重分类日： 借：其他权益工具——优先股、永续债等（账面价值） 　贷：应付债券——优先股、永续债等（面值） 　　　　——优先股、永续债等（利息调整）（或在借方） 　　资本公积——资本溢价（或股本溢价） 如资本公积不够冲减的，依次冲减盈余公积和未分配利润
后续计量	实际利率法

什么是优先股？优先股和永续债有什么区别？

（6）原归类为金融负债的金融工具重分类为权益工具（见表15-7）。

表15-7　　原归类为金融负债的金融工具重分类为权益工具知识表

初始计量	应于重分类日： 借：应付债券——优先股、永续债等（面值） ——优先股、永续债等（利息调整）（或在贷方） 贷：其他权益工具——优先股、永续债等（账面价值）

（7）赎回发行的除普通股以外的分类为权益工具（见表15-8）。

考霸笔记：参照"回购和注销库存股"的会计处理。

表15-8　　赎回发行的除普通股以外的分类为权益工具知识表

初始计量	①赎回	借：库存股——其他权益工具 贷：银行存款
	②注销	借：其他权益工具 贷：库存股——其他权益工具 资本公积——资本溢价（或股本溢价）（或在借方） 如资本公积不够冲减的，依次冲减盈余公积和未分配利润

（8）赎回所发行的分类为金融负债的金融工具（见表15-9）。

表15-9　　赎回所发行的分类为金融负债的金融工具知识表

初始计量	按该工具赎回日的账面价值，借记"应付债券"等科目，按赎回价格，贷记"银行存款"等科目，按其差额，借记或贷记"财务费用"科目

（9）金融工具转换为普通股（见表15-10）。

表15-10　　金融工具转换为普通股知识表

初始计量	按该工具对应的金融负债或其他权益工具的账面价值，借记"应付债券""其他权益工具"等科目，按普通股的面值，贷记"实收资本（或股本）"科目，按其差额，贷记"资本公积——资本溢价（或股本溢价）"科目

转股时金融工具的账面价值不足转换为1股普通股而以现金或其他金融资产支付的，还需按支付的现金或其他金融资产的金额，贷记"银行存款"等科目。

2.投资方的账务处理

金融工具投资方（持有人）考虑持有的金融工具或其组成部分是权益工具还是债务工具投资时，应当遵循金融工具确认和计量准则的相关要求，通常应当与发行方对金融工具的权益或负债属性的分类保持一致。

第三节　资本公积和其他综合收益

考霸笔记：历年重点考查区域，必须准确掌握。

◇资本公积的确认与计量

◇其他综合收益的确认与计量及会计处理

一、资本公积的确认与计量

资本公积是企业收到投资者的超出其在企业注册资本（或股本）中所占份额的投资，以及直接计入所有者权益的利得和损失等。

资本公积包括资本溢价（或股本溢价）和其他资本公积。资本公积一般应当设置"资本（或股本）溢价""其他资本公积"明细科目核算。

1.资本溢价或股本溢价的会计处理

资本溢价（或股本溢价）是企业收到投资者的超出其在企业注册资本（或股

本）中所占份额的投资。形成资本溢价（或股本溢价）的原因有溢价发行股票、投资者超额缴入资本等。

①资本溢价。

投资者投入的资本按其投资比例计算的出资额部分，应记入“实收资本”科目，大于部分应记入“资本公积——资本溢价”科目。

②股本溢价。

采用与股票面值相同的价格发行股票的情况下，企业发行股票取得的收入，应全部记入“股本”科目；在采用溢价发行股票的情况下，企业发行股票取得的收入，相当于股票面值的部分记入“股本”科目，超出股票面值的溢价收入记入“资本公积——股本溢价”科目。

委托证券商代理发行股票而支付的手续费、佣金等，应从溢价发行收入中扣除，记入“资本公积——股本溢价”科目。

2.其他资本公积的会计处理　（✔具体在“股份支付”中讲解）

其他资本公积，是指除资本溢价（或股本溢价）项目以外所形成的资本公积。

（1）以权益结算的股份支付。

以权益结算的股份支付换取职工或其他方提供服务的，应按照确定的金额，记入“管理费用”等科目，同时增加资本公积（其他资本公积）。在行权日，应按实际行权的权益工具数量计算确定的金额，借记“资本公积——其他资本公积”科目，按计入实收资本或股本的金额，贷记“实收资本”或“股本”科目，并将其差额记入“资本公积——资本溢价”或“资本公积——股本溢价”科目。

（2）采用权益法核算的长期股权投资。

长期股权投资采用权益法核算的，被投资单位除净损益、其他综合收益和利润分配以外的所有者权益的其他变动，投资企业按持股比例计算应享有的份额，应当增加或减少长期股权投资的账面价值，同时增加或减少资本公积（其他资本公积）。当处置采用权益法核算的长期股权投资时，应当将原计入资本公积（其他资本公积）的相关金额转入投资收益（除不能转入损益的项目外）。

①被投资单位除净损益、其他综合收益和利润分配以外的所有者权益的其他变动，投资方按持股比例计算应享有的份额。

借：长期股权投资——其他权益变动
　贷：资本公积——其他资本公积　（或作相反会计分录）

②处置采用权益法核算的长期股权投资时。

借：资本公积——其他资本公积
　贷：投资收益　（或作相反会计分录）

二、其他综合收益的确认与计量及会计处理（★★★非常重要！必须掌握）

其他综合收益，是指企业根据其他会计准则规定未在当期损益中确认的各项利得和损失，包括以后会计期间不能重分类进损益的其他综合收益和以后会计期间满

什么是权益性交易？常见的权益性交易有哪些？

其他资本公积和其他综合收益有什么区别？

第十五章

足规定条件时将重分类进损益的其他综合收益两类。其他综合收益的确认与计量及会计处理知识表见表15-11。

表15-11　　**其他综合收益的确认与计量及会计处理知识表**

分类	具体项目
不能重分类进损益 （✔容易出选择题）	①重新计量设定受益计划净负债或净资产导致的变动 ②将非交易性权益工具指定为以公允价值计量且其变动计入其他综合收益的金融资产，其涨跌变动 ③企业自身信用风险公允价值变动 ④权益法下投资企业因被投资单位上述①~③变动而确认的其他综合收益
能重分类进损益	①以公允价值计量且其变动计入其他综合收益的金融资产（债券） ②金融资产重分类按规定可转入当期损益的其他综合收益 ③存货或自用房地产转换为投资性房地产 ④现金流量套期工具产生的利得或损失中属于有效套期的部分 ⑤外币财务报表折算差额 ⑥其他债权投资信用减值准备 ⑦权益法下投资企业因被投资单位上述①~⑥变动而确认的其他综合收益

1.以公允价值计量且其变动计入其他综合收益的金融资产

金融工具准则规定，同时符合两个条件的金融资产应当分类为以公允价值计量且其变动计入其他综合收益的金融资产：①企业管理该金融资产的业务模式既以收取合同现金流量为目标又以出售该金融资产为目标；②该金融资产的合同条款规定，在特定日期产生的现金流量，仅为本金和以未偿付本金金额为基础的利息的支付。该类金融资产在终止确认时，之前计入其他综合收益的累计利得或累计损失转出到当期损益。

2.金融资产重分类按规定可转入当期损益的其他综合收益

按金融工具准则规定，对金融资产重分类可以将原计入其他综合收益的利得或损失转入当期损益的部分。

3.采用权益法核算的长期股权投资

考霸笔记　投资收益。

采用权益法核算的长期股权投资，按照被投资单位实现其他综合收益以及持股比例计算应享有或分担的金额，调整长期股权投资的账面价值，同时增加或减少其他综合收益；待该项股权投资处置时，将原计入其他综合收益的金额转入当期损益。

借：长期股权投资——其他综合收益
　贷：其他综合收益（或作相反会计分录）

4.存货或自用房地产转换为投资性房地产

适用条件：公允价值模式下的转换。

①自用房地产转换为投资性房地产。

借：投资性房地产——成本（公允价值）
　　累计折旧　（或累计摊销）

借：固定资产减值准备　　　（或无形资产减值准备）
　　公允价值变动损益（借差）
　贷：固定资产（或无形资产）（原值）
　　　其他综合收益（贷差）

②存货转换为投资性房地产。

借：投资性房地产——成本　　　（公允价值）
　　存货跌价准备　　　（已计提存货跌价准备）
　　公允价值变动损益（借差）
　贷：开发产品（账面余额）
　　　其他综合收益（贷差）

待该项投资性房地产处置时，因转换计入其他综合收益的部分应转入当期损益。

考霸笔记
其他业务成本。

5.现金流量套期工具产生的利得或损失中属于有效套期的部分

6.外币财务报表折算差额

按照外币折算的要求，企业在处置境外经营的当期，将已列入合并财务报表所有者权益的外币报表折算差额中与该境外经营相关的部分，自其他综合收益项目转入处置当期损益。如果是部分处置境外经营，应当按处置的比例计算处置部分的外币报表折算差额，转入处置当期损益。

考霸笔记
财务费用。

第十五章

例15-1·2015年多选题

下列各项中，会产生直接计入所有者权益的利得或损失的有（　　）。

A.现金流量套期工具产生的利得或损失中属于有效套期工具的部分

B.因联营企业增资导致持股比例下降但仍具有重大影响，投资方享有被投资单位增资后净资产份额的增加额

C.作为可供出售类别核算的外币非货币性项目所产生的汇兑差额

D.以权益结算的股份支付在等待期内确认计算所有者权益的余额

【答案】AC

【解析】选项B计入资本公积——股本溢价；选项D计入资本公积——其他资本公积。

直接计入所有者权益的利得或损失指的是什么?

例15-2·2013年单选题

企业发生的下列交易或事项中，不会引起当期资本公积（资本溢价）发生变动的是（　　）。

A.以资本公积转增股本

B.根据董事会决议，每2股缩为1股

C.授予员工股票期权在等待期内确认相关费用

D.同一控制下企业合并中取得被合并方净资产份额小于所支付对价账面价值

【答案】C

【解析】选项C，股份支付在等待期内借记相关费用，同时贷方记入“资本公积（其他资本公积）”科目。

考霸笔记
注意选择题。

第四节 留存收益

◇盈余公积
◇未分配利润

一、盈余公积

1.定义与分类

盈余公积是指企业按照规定从净利润中提取的各种积累资金。公司制企业的盈余公积分为法定盈余公积和任意盈余公积。两者的区别就在于其各自计提的依据不同。前者以国家的法律或行政规章为依据提取，后者则由企业自行决定提取。

根据《公司法》等有关法律、法规的规定，企业当年实现的净利润，一般应当按照如下顺序进行分配：

（1）提取法定盈余公积。

计提比例：公司制企业税后利润（不包括年初未分配利润）的10%（非公司制企业可超过10%）。

计提规定：①法定盈余公积累计额为公司注册资本的50%以上时，可以不再提取法定盈余公积；②公司的法定盈余公积不足以弥补以前年度亏损的，在提取法定盈余公积之前，应当先用当年利润弥补亏损。

（2）提取任意盈余公积。

经股东会或者股东大会决议，公司还可以从税后利润中提取任意盈余公积。

（3）向投资者分配利润或股利。

2.盈余公积的用途

（1）弥补亏损。

企业以提取的盈余公积弥补亏损时，应当由公司董事会提议，并经股东大会批准。弥补亏损的渠道主要有三条：

①用以后年度税前利润弥补。按照现行制度规定，企业发生亏损时，可以用以后五年内实现的税前利润弥补，即税前利润弥补亏损的期间为五年。

②用以后年度税后利润弥补。企业发生的亏损经过五年期间未弥补足额的，尚未弥补的亏损应用所得税后的利润弥补。

③以盈余公积弥补亏损。

（2）转增资本。

企业将盈余公积转增资本时，必须经股东大会决议批准。

（3）扩大企业生产经营。

3.盈余公积的确认和计量

企业应设置“盈余公积”科目，分别“法定盈余公积”“任意盈余公积”进行明细核算。外商投资企业还应分别“储备基金”“企业发展基金”进行明细核算。

（1）提取盈余公积（所有者权益总额不变）

借：利润分配——提取法定盈余公积
　　　　　　——提取任意盈余公积
　贷：盈余公积——法定盈余公积
　　　　　　　——任意盈余公积

考霸笔记

企业在计算提取法定盈余公积的基数时，不应包括年初未分配利润。提取的累计金额超过公司注册资本的50%时，可以不再提取。

（2）盈余公积弥补亏损（所有者权益总额不变）

借：盈余公积
　贷：利润分配——盈余公积补亏

（3）盈余公积转增资本（所有者权益总额不变）

借：盈余公积
　贷：实收资本（或股本）

（4）盈余公积派送新股（经股东大会决议）（所有者权益总额不变）

借：盈余公积
　贷：股本

二、未分配利润

未分配利润是企业留待以后年度进行分配的结存利润，也是企业所有者权益的组成部分。未分配利润通过“利润分配”科目进行核算的，“利润分配”科目应当分别“提取法定盈余公积”、“提取任意盈余公积”、“应付现金股利或利润”、“转作股本的股利”、“盈余公积补亏”和“未分配利润”等进行明细核算。

资产负债表和利润表之间的勾稽关系是怎样的?

第十五章

未分配利润=期初未分配利润+本期实现的净利润-提取的各种盈余公积-分出的利润

1.期末结转的会计处理

（1）期末结转损益类账户。

企业期末结转利润时，应将各损益类科目的余额转入“本年利润”科目，结平各损益类科目。

考霸笔记

期末余额为0。

借：本年利润
　贷：主营业务成本
　　　其他业务成本
　　　管理费用
　　　财务费用等
借：主营业务收入
　　其他业务收入
　　公允价值变动损益等
　贷：本年利润

结转后“本年利润”的贷方余额为当期实现的净利润，借方余额为当期发生的净亏损。

（2）年度终了。

应将本年收入和支出相抵后结出的本年实现的净利润或净亏损，转入“利润分

考霸笔记
所有者权益总额不变。

配——未分配利润”科目。同时，将“利润分配”科目所属的其他明细科目的余额，转入“未分配利润”明细科目，“利润分配”科目所属的其他明细科目应无余额。

借：本年利润
　贷：利润分配——未分配利润
借：利润分配——未分配利润
　贷：利润分配——提取法定盈余公积
　　　　　　——提取任意盈余公积等

考霸笔记
所有者权益总额不变。

结转后，“未分配利润”明细科目为贷方余额，就是未分配利润的金额；如出现借方余额，则表示未弥补亏损的金额。

2.弥补亏损的会计处理

企业在当年发生亏损的情况下，与实现利润的情况相同，“利润分配”科目的借方余额，即为未弥补亏损的数额。

由于未弥补亏损形成的时间长短不同等原因，以前年度未弥补亏损有的可以以当年实现的税前利润弥补，有的则须用税后利润弥补。弥补亏损的会计处理知识见表15-12。

表15-12　**弥补亏损的会计处理知识表**

弥补亏损的方式	会计处理	所得税影响
税前利润	不需要进行专门的账务处理	其弥补的数额可以抵减当期企业应纳税所得额
税后利润		不能作为纳税所得扣除

3.分配股利或利润的会计处理（见表15-13）

表15-13　**分配股利或利润的会计处理知识表**

项目	前提条件	会计处理
现金股利或利润	经股东大会或类似机构决议	借：利润分配——应付现金股利或利润 　贷：应付股利
股票股利		借：利润分配——转作股本的股利 　贷：股本

上述两种股利分配方式下，现金股利分配会导致被投资单位所有者权益变动，而股票股利不会。所以权益法下投资方确认对被投资单位投资收益时需要考虑被投资单位的现金股利分配，但对于股票股利分配，投资方则不作账务处理。

【例15-3·2014年多选题】

下列交易事项中，能够引起资产和所有者权益同时发生增减变动的有（　　）。

A.分配股票股利

B.接受现金捐赠

C.财产清查中固定资产盘盈

D.以银行存款支付原材料采购价款

【答案】BC

【解析】选项A，属于所有者权益内部项目结转，不影响资产；选项D，属于资产内部项目的增减变动；选项B、C，会同时增加企业的资产和所有者权益。

智能测评

在线练习	我要提问
扫码在线做题　扫码看答案 本书“本章同步强化训练”均配备二维码，打开微信“扫一扫”即可完成在线测评，查看本章详细的测评反馈报告，了解知识掌握情况，也可扫码直接看答案噢。 快来扫码做题吧！	扫码答疑 本书配备答疑专用二维码，打开微信“扫一扫”，即可完成在线提问，获取专业老师全面个性化解答，让学习问题不再拖延。 快来扫码提问吧！

本章同步强化训练

一、单选题

1.下列关于股份有限公司增加资本的会计处理不正确的是（　　）。

A.将盈余公积转增股本的，会计上应该借记“盈余公积”科目，贷记“股本”科目

B.接受投资者投入资本的，会计上应该借记“银行存款”等科目资产，贷记“股本”科目

C.将资本公积转增为股本的，会计上应该借记“资本公积——股本溢价”科目，贷记“股本”等科目

D.将资本公积转增股本的，会计上应该借记“资本公积——其他资本公积”科目，贷记“股本”等科目

2.企业发行的下列金融工具中，不会导致所有者权益总额发生变化的是（　　）。

A.发行一般公司债券

B.发行普通股

C.发行分离交易的可转换公司债券

D.以自身权益结算的股份支付

3.A公司2018年度发生如下交易或事项：（1）向股东宣告分配股票股利300万元并于当年实际发放；（2）因前期差错更正调增期初留存收益50万元；（3）收到所得税返还50万元；（4）提取安全生产费40万元（期末产品均已对外出售）。上述交易或事项对A公司2018年12月31日所有者权益总额的影响是（　　）万元。

A. 0　　　B. 50　　　C. 100　　　D. 300

4.2013年年初所有者权益金额为1 000万元，2013年亏损200万元，2014年亏损400万元，2015年到2017年的税前利润每年均为0，2018年实现税前利润1 000万元，公司适用的所得税税率为25%，假定不考虑其他因素，则2018年公司的期末所有者权益金额为（　　）万元。

A. 1 200　　B. 1 300　　C. 1 400　　D. 1 500

5.甲公司为股份有限公司，2018年年初甲公司发行在外的普通股股票为250万股，面值为1元/股，甲公司期初资本公积余额为110万元（其中：其他资本公积70万元，股本溢价40万元），盈余公积为30万元，未分配利润为40万元。2018年7月31日，经股东大会批准，甲公司以现金回购本公司普通股股票100万股并注销，回购价格为2.5元/股。该项回购及注销业务，对“利润分配——未分配利润”科目的影响金额为（　　）万元。

A. 0　　B.-10　　C.-40　　D.-80

二、多选题

1.下列各项中，能同时引起资产和所有者权益发生增减变化的有（　　）。

A.分配股票股利　　B.接受现金捐赠　　C.盈余公积补亏　　D.投资者投入资本

2.关于企业会计利润期末的会计处理，下列说法中正确的有（　　）。

A.宣告分配现金股利，借记“利润分配——应付现金股利”科目，贷记“应付股利”科目

B.分配股票股利，不做账务处理，只在备查账簿中登记

C.结转本年发生的亏损，借记“利润分配——未分配利润”科目，贷记“本年利润”科目

D.年度终了时，“利润分配”科目除“未分配利润”明细科目外的其他明细科目余额应转入“未分配利润”明细科目

3.下列有关盈余公积的表述不正确的有（　　）。

A.企业计提法定盈余公积的基数包括年初未分配利润

B.企业在提取盈余公积之前可以向投资者分配利润

C.企业提取的盈余公积可以用于弥补亏损、转增资本和扩大生产经营

D.企业发生亏损时，可以用以后五年内实现的税前利润弥补，不得用税后利润弥补

4.A公司发生的下列事项不会影响2018年资产负债表中期末所有者权益的有（　　）。

A. 归属于2017年的主营业务收入计入了2018年的利润表中

B. 发行可转换公司债券

C. 提取盈余公积金

D. 符合税法即征即退政策，收到税费返还100万元

5.下列交易或事项中，可能引起期初留存收益发生变化的有（　　）。

A. 固定资产的盘盈

B. 存货的盘盈

C. 因减资导致对长期股权投资的核算由成本法变为权益法

D. 对利润表中的项目进行跨期调整

6.下列可以用于弥补公司亏损的有（　　）。

A. 用以后年度税前利润弥补

B. 用以后年度税后利润弥补

C. 用法定盈余公积弥补

D. 用资本公积弥补

7.下列关于资本公积的说法不正确的有（　　）。

A. 授予员工股票期权在等待期内确认相关费用影响资本公积股本溢价的数额

B. 将每2股缩为1股影响资本公积（其他资本公积）的数额

C. 同一控制下企业合并中取得被合并方净资产份额小于所支付对价的账面价值影响资本公积股本溢价的金额

D. 资本公积转增股本影响资本公积（其他资本公积）的数额

8. 下列事项影响其他综合收益的有（　　）。

A. 现金流量套期工具产生的利得或损失中属于无效套期的部分

B. 存货或自用房地产转换为投资性房地产。企业将作为存货的房地产转换为采用公允价值模式计量的投资性房地产时，转换日的公允价值小于账面价值的部分

C. 外币报表折算差额

D. 重新计量设定受益计划净负债或净资产所产生的变动

9. 下列各项中，可能通过“盈余公积”科目核算的有（　　）。

A. 外商投资企业按规定提取的储备基金、企业发展基金

B. 投资性房地产后续计量由成本模式转为公允价值模式

C. 外商投资企业按规定提取的职工奖励及福利基金

D. 注销库存股

本章导学

第十六章 收入、费用和利润

本章框架图

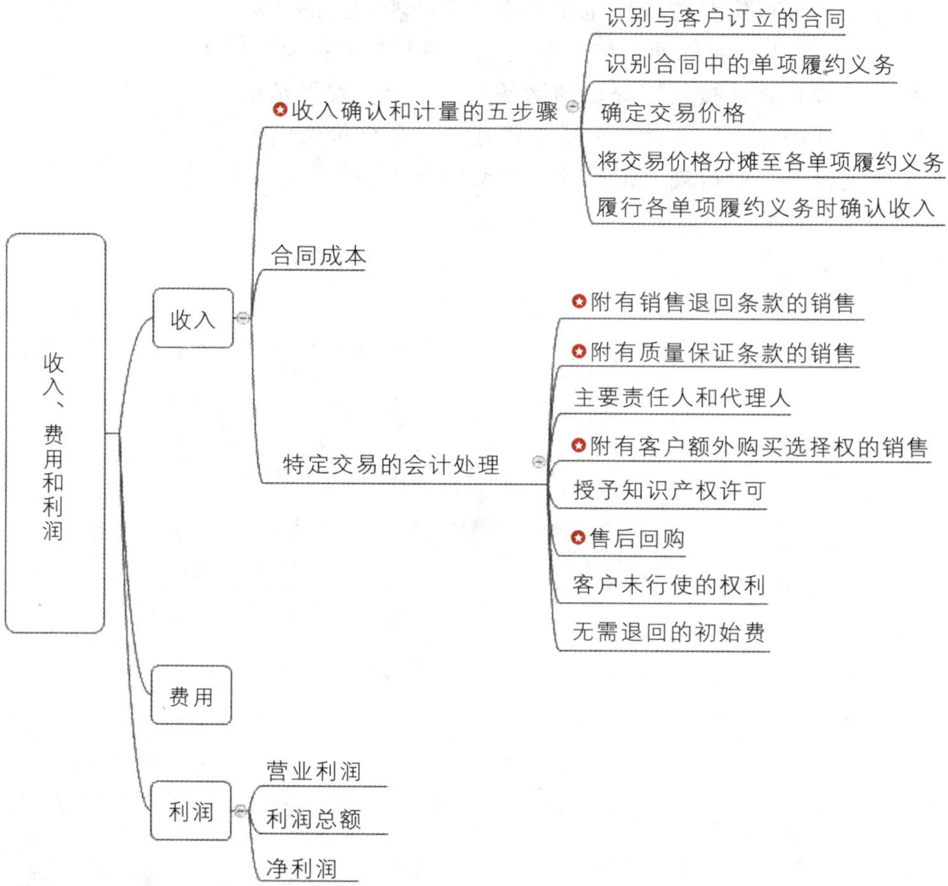

本章考情概述

本章阐述了收入、费用、利润的会计处理。

学习本章应当关注的问题：（1）2017年修订后收入准则所规定的与收入确认和计量相关的五个步骤；（2）特定交易的会计处理；（3）费用的分类；（4）利润的构成。

本章按照2017年修订后的收入准则重新编写，虽然没有真题可供参考，但主要考点还是集中在以下两个方面：（1）与收入确认和计量相关的五个步骤涉及的基本理论；（2）特定交易的会计处理。

2019年教材主要变化

本章内容基本无变化，只是对第三节利润的计算公式做了调整，但是遗漏了“信用减值损失”一项。

第一节　收入

◇收入的定义及分类
◇收入的确认和计量
◇合同成本
◇特定交易的会计处理

一、收入的定义及分类

1.定义

收入是指企业在日常活动中形成的、会导致所有者权益增加的、与所有者投入资本无关的经济利益的总流入。其中，日常活动是指企业为完成其经营目标所从事的经常性活动以及与之相关的其他活动。

注意：区分利得。

考霸笔记

收入：日常，总流入。利得：非日常，净流入。

2.分类

按重要性分：主营业务收入、其他业务收入等。

二、收入的确认和计量

2017年修订后的《企业会计准则第14号——收入》将收入确认和计量分为以下五个基本步骤：第一步，识别与客户订立的合同；第二步，识别合同中的单项履约义务；第三步，确定交易价格；第四步，将交易价格分摊至各单项履约义务；第五步，履行各单项履约义务时确认收入。

（一）识别与客户订立的合同

考霸笔记

合同包括书面形式、口头形式以及其他可验证的形式，如隐含于商业惯例或企业以往的习惯做法中。

企业应当在履行了合同中的履约义务，即在客户取得相关商品控制权时确认收入。取得相关商品控制权，是指能够主导该商品的使用并从中获得几乎全部的经济利益，也包括有能力阻止其他方主导该商品的使用并从中获得经济利益。

1.收入确认条件

企业与客户之间的合同同时满足下列条件的，企业应当在客户取得相关商品控制权时确认收入：

（1）合同各方已批准该合同并承诺将履行各自义务；

（2）该合同明确了合同各方与所转让的商品（或提供的服务，以下简称转让的商品）相关的权利和义务；

（3）该合同有明确的与所转让的商品相关的支付条款；

（4）该合同具有商业实质，即履行该合同将改变企业未来现金流量的风险、时间分布或金额；

（5）企业因向客户转让商品而有权取得的对价很可能收回。

如何区分合同变更的三种情形?

对于不能同时满足上述收入确认的五个条件的合同，企业只有在不再负有向客户转让商品的剩余义务（例如，合同已完成或取消），且已向客户收取的对价（包括全部或部分对价）无需退回时，才能将已收取的对价确认为收入；否则，应当将已收取的对价作为负债进行会计处理。

2.合同变更

合同变更，是指经合同各方同意对原合同范围或价格（或两者）作出的变更。企业应当区分下列三种情形对合同变更分别进行会计处理：

（1）情形1：合同变更部分作为单独合同。

此类变更方式下，合同的变更部分与原有合同彼此独立，应当作为一份单独的合同进行会计处理。

> 考霸笔记
> 情形1：合同变更增加了可明确区分的商品及合同价款，且新增合同价款反映了新增商品单独售价的，应当将该合同变更作为一份单独的合同进行会计处理。
> 结论：两个合同。

（2）情形2：合同变更作为原合同终止及新合同订立。

> 考霸笔记
> 情形2：合同变更不属于上述情形1，且在合同变更日已转让商品与未转让商品之间可明确区分的，应当视为原合同终止，同时，将原合同未履约部分与合同变更部分合并为新合同进行会计处理。
> 结论：两个合同。

此类变更方式下，合同的变更部分与原有合同彼此并不独立，但企业至少能够明确区分原有合同中已履约部分（例如，商品已交付）与剩余未履约部分（例如，商品未交付），而未履约部分与合同的变更部分之间存在密切联系。因此企业应该将原有合同中已履约部分归为原有合同终止，未履约部分不再按照原有合同执行，而是将其与合同变更部分合并为新合同进行会计处理。

（3）情形3：合同变更部分作为原合同的组成部分。

> 考霸笔记
> 情形3：合同变更不属于上述情形1，且在合同变更日已转让商品与未转让商品之间不可明确区分的。
> 结论：单个合同。

与情形2相似，此类变更方式下，合同的变更部分与原有合同彼此并不独立，但是与情形2不同的是，企业甚至无法区分原有合同中已履约部分（例如，商品已交付）与剩余未履约部分（例如，商品未交付），因此企业应该将该合同变更部分作为原合同的组成部分，在合同变更日重新计算履约进度，并调整当期收入和相应成本等。

如果在合同变更日原有合同未履约部分为上述情形2和3的组合，企业应当按照上述两种情形中更为恰当的一种方式对合同变更后未履约部分进行会计处理。

（二）识别合同中的单项履约义务

履约义务，是指合同中企业向客户转让可明确区分商品的承诺。

> 考霸笔记
> 履约义务，理解为企业履行约定的义务。

合同开始日，企业应当对合同进行评估，识别该合同所包含的各单项履约义务，并确定各单项履约义务是在某一时段内履行，还是在某一时点履行，然后，在履行了各单项履约义务时分别确认收入。

企业应当将下列向客户转让商品的承诺作为单项履约义务：

> 考霸笔记
> 单项履约义务的判断关系到收入确认的金额和时间。

1.企业向客户转让可明确区分商品（或者商品或服务的组合）的承诺。

企业向客户承诺的商品同时满足下列条件的，应当作为可明确区分商品：

（1）客户能够从该商品本身或者从该商品与其他易于获得的资源一起使用中受益，即该商品能够明确区分；

（2）企业向客户转让该商品的承诺与合同中其他承诺可单独区分，即转让该商品的承诺在合同中是可明确区分的。

> 考霸笔记
> 商品层面判断，单纯看客户从商品本身的受益情况。

企业确定了商品本身能够明确区分后，还应当在合同层面继续评估转让该商品（或提供该服务）的承诺是否与合同中其他承诺彼此之间可明确区分。

> 考霸笔记
> 合同层面判断，因为合同的存在，导致商品之间有牵连而变为一个单项履约义务。

2.企业向客户转让一系列实质相同且转让模式相同的、可明确区分商品的承诺。（例如，定期提供保洁服务）

（三）确定交易价格

交易价格，是指企业因向客户转让商品而预期有权收取的对价金额。合同标价并不一定代表交易价格，企业应当根据合同条款，并结合以往的习惯做法等确定交易价格。

> 考霸笔记
> 预期有权收取的对价金额，而不是实际收到商品对价的金额，例如：附有销售退回条件的商品销售，实际收到商品对价金额中部分是会退还的，不应当作为预期有权收取的对价金额。

1.可变对价

可变对价是指，虽然在合同中确定了交易价格，但是该价格在未来期间随着某一事件的发生可能发生改变（包括是否发生以及金额的变动）。常见的可变对价包括现金折扣、价格折让、返利退款、奖励积分、激励措施、业绩奖金、索赔等。

关于可变对价，有以下两点需要关注：

（1）可变对价最佳估计数的确定。

企业应当按照期望值或最可能发生金额确定可变对价的最佳估计数。

> 考霸笔记
> 期望值是按照各种可能发生的对价金额及相关概率计算确定的金额。
> 最可能发生金额是一系列可能发生的对价金额中最可能发生的单一金额，即合同最可能产生的单一结果。
> 结论：当合同仅有两个可能结果时，通常按照最可能发生金额估计可变对价金额，如果有多个可能结果时，通常按照期望值估计可变对价金额。

（2）计入交易价格的可变对价金额的限制。

企业在估计可变对价时还应该满足限制条件，即包含可变对价的交易价格，应当不超过在相关不确定性消除时，累计已确认的收入极可能不会发生重大转回的金额。

2.合同中存在的重大融资成分

当合同各方以在合同中（或者以隐含的方式）约定的付款时间为客户或企业就该交易提供了重大融资利益时，合同中即包含了重大融资成分。

> 考霸笔记
> 合同中存在重大融资成分的，企业应当按照假定客户在取得商品控制权时即以现金支付的应付金额（即现销价格）确定交易价格。

在评估合同中是否存在融资成分以及该融资成分对于该合同而言是否重大时，企业应当考虑所有相关的事实和情况，包括：

（1）已承诺的对价金额与已承诺商品的现销价格之间的差额。

合同中存在重大融资成分的，企业应当按照现销价格（本金）确定交易价格。该交易价格与合同对价（本息合计）之间的差额（利息）应当在合同期间内采用实际利率法摊销。

（2）下列两项的共同影响：一是企业将承诺的商品转让给客户与客户支付相关款项之间的预计时间间隔，二是相关市场的现行利率。

为简化实务操作，如果在合同开始日，企业预计客户取得商品控制权与客户支付价款间隔不超过一年的，可以不考虑合同中存在的重大融资成分。反之如果间隔期超过一年的，一般就要考虑融资因素。

3.非现金对价

非现金对价是指客户在支付对价时并不以货币资金的形式，而是采用转让非货币性资产（例如，存货、固定资产、无形资产等）以及提供广告服务等的方式。

对于收取的非现金对价，通常情况下，企业应当按照非现金对价在合同开始日的公允价值确定交易价格。非现金对价公允价值不能合理估计的，企业应当参照其承诺向客户转让商品的单独售价间接确定交易价格。

> 考霸笔记
> 非现金对价确认交易价格时，盯住合同开始日的公允价值，如后续非现金资产本身发生变动，不可变动交易价格，此为形式变动。如为形式以外的变动，则作为可变对价，进一步判断是否计入交易价格。

合同开始日后，非现金对价的公允价值因对价形式以外的原因而发生变动的，应当作为可变对价，按照与计入交易价格的可变对价金额的限制条件相关的规定进行处理。

4.应付客户对价

企业应付客户（或向客户购买本企业商品的第三方）对价的，应当将该应付对价冲减交易价格，并在确认相关收入与支付（或承诺支付）客户对价二者孰晚的时点减当期收入，但应付客户对价是为了向客户取得其他可明确区分商品的除外。

> 如何理解非现金对价和应付客户对价的区别?

企业应付客户对价超过向客户取得可明确区分商品公允价值的，超过金额应当冲减交易价格。

（四）将交易价格分摊至各单项履约义务

收入确认的第一、二步已明确企业应当在履行了合同中的单项履约义务后确认收入。因此当同一交易价格下存在两项或两项履约义务时我们就需要将交易价格在不同履约义务间进行分配。企业应当在合同开始日，按照各单项履约义务所承诺商品的单独售价的相对比例，将交易价格分摊至各单项履约义务。

> 考霸笔记
> 企业履约收钱是正常流程，如遇企业支付客户对价（应付客户对价），则需要进一步判断，企业是否向客户取得可明确区分的商品，相对应的价格是否公允且与支付的对价匹配。

1.单独售价的确定

企业应以在类似环境下向类似客户单独销售商品的价格作为确定某商品单独售价的最佳证据。但当单独售价不可直接观察时，企业应当综合考虑其能够合理取得的全部相关信息，采用市场调整法、成本加成法、余值法等方法合理估计单独售价。在估计单独售价时，企业应当最大限度地采用可观察的输入值，并对类似的情况采用一致的估计方法。

（1）市场调整法。

市场调整法，是指企业根据某商品或类似商品的市场售价考虑本企业的成本和毛利等进行适当调整后，确定其单独售价的方法。

（2）成本加成法。

成本加成法，是指企业根据某商品的预计成本加上其合理毛利后的价格，确定其单独售价的方法。

（3）余值法。

余值法，是指企业根据合同交易价格减去合同中其他商品可观察的单独售价后的余值，确定某商品单独售价的方法。余值法适用于企业所售商品近期售价波动幅度巨大或者因未定价且未曾单独销售而使售价无法可靠确定的情形。

2.合同资产　合同资产：资产类科目，借增贷减。

当合同中存在多项履约义务时，可能根据合同的约定，企业需要在完成全部履约义务时才能获得收款的权利。对于先期完成的履约义务，企业不能将其对应的合同对价记入“应收账款”科目，而应单独记入“合同资产”科目。

合同资产，是指企业已向客户转让商品而有权收取对价的权利，但该权利的兑现并不仅取决于时间因素，还要考虑其他因素（例如，要等待合同中其他履约义务的完成）。应收款项是企业无条件收取合同对价的权利，只受时间因素的影响。

如何区分合同资产与应收账款？

在资产负债表上，应收账款和合同资产是两个不同的报表项目。合同资产的减值的计量、列报和披露应当按照《企业会计准则第22号——金融工具确认和计量》和《企业会计准则第37号——金融工具列报》的要求进行会计处理。

例16-1

2×18年1月1日，甲公司与乙公司签订一份销售合同，合同涉及A、B两种商品，A商品的单独售价为10 000元，B商品的单独售价为20 000元，双方签订的合同总金额为27 000元（不含税）。合同约定，A商品于2×18年3月底之前交付，B商品在2×18年6月底之前交付，只有当两项商品全部交付之后，甲公司才有权收取27 000元的货款。假定根据合同的条款，甲公司可以判定A商品和B商品分别构成单项履约义务，其控制权在交付时转移给客户。假设不考虑相关税费影响且甲公司均按时交货完成A商品和B商品的交付。

【答案】本题中，A商品和B商品的单独售价之比为1∶2。甲公司的账务处理如下：

（1）甲公司交付A商品时：

借：合同资产（27 000×1/3）	9 000	
贷：主营业务收入		9 000

（2）甲公司交付B商品时：

借：应收账款	27 000	
贷：合同资产		9 000
主营业务收入（27 000×2/3或（27 000−9 000））		18 000

考霸笔记

合同折扣如果属于整个合同，折扣在各单项履约义务之间分摊；合同折扣如果属于某单项履约义务，那么由此项单项履约义务来分摊。

3.分摊合同折扣

合同折扣，是指合同中各单项履约义务所承诺商品的单独售价之和高于合同交易价格的金额。

对于合同折扣，企业应当在各单项履约义务之间按比例分摊。有确凿证据表明合同折扣仅与合同中一项或多项（而非全部）履约义务相关的，企业应当将该合同折扣分摊至相关一项或多项履约义务。

合同折扣如何分摊？

例16-2

甲公司与乙公司签订合同，向其销售A商品10件、B商品20件和C商品30件，合同总价款为90万元，这三种商品分别构成三个单项履约义务。甲公司经常单独出售A、B和C商品，其可直接观察的单独售价分别为3万元/件、2万元/件和1万元/件。合同约定甲公司必须在全部交付三类商品后才能提出货款结算要求。假设甲公司最终依次完成A、B和C三类商品的交付且本题不考虑税收因素。

【答案】本题中，三类商品的单独售价合计数=10×3+20×2+30×1=100（万元），与合同总价款90万元的差额10万元属于合同折扣。该项折扣应该在三类商品所对应的三项履约义务之间按照单独售价比例（3∶4∶3）进行分摊。甲公司的账务处理如下：

（1）甲公司交付A商品时（此时B和C商品尚未交付）：

借：合同资产（900 000×3/10）　　270 000

　贷：主营业务收入　　270 000

（2）甲公司交付B商品时（此时C商品尚未交付）：

借：合同资产（900 000×4/10）　　360 000

　贷：主营业务收入　　360 000

（3）甲公司交付C商品时（假设货款尚未收到）：

借：应收账款　　900 000

　贷：合同资产　　630 000

　　主营业务收入（900 000×3/10或900 000−630 000）　　270 000

4.分摊可变对价

合同中包含可变对价的，该可变对价可能与整个合同相关，也可能仅与合同中的某一特定组成部分有关，后者包括两种情形：一是可变对价可能与合同中的一项或多项（而非全部）履约义务有关；二是可变对价可能与企业向客户转让的构成单项履约义务的一系列可明确区分商品中的一项或多项（而非全部）商品有关。

对于可变对价及可变对价的后续变动额，企业应当将其分摊至与之相关的一项或多项履约义务，或者分摊至构成单项履约义务的一系列可明确区分商品中的一项或多项商品。

5.交易价格的后续变动

（1）交易价格发生后续变动。

交易价格发生后续变动的，企业应当按照在合同开始日所采用的基础将该后续变动金额分摊至合同中的履约义务。对于合同变更导致的交易价格后续变动，应当按照之前有关合同变更的要求进行会计处理。

考霸笔记：注意是合同开始日采用的基础，不受合同开始日之后单独售价的变动影响而重新分摊交易价格。

（2）单独售价发生后续变动。

企业不得因合同开始日之后单独售价的变动而重新分摊交易价格。

（3）可变对价后续变动

合同变更之后发生可变对价后续变动的，企业应当区分下列三种情形分别进行会计处理：

情形1：属于合同变更情形1的，企业应当判断可变对价后续变动与哪一项合同相关，并按照分摊可变对价的相关规定进行会计处理。

情形2：属于合同变更情形2的，且可变对价后续变动与合同变更前已承诺可变对价相关的，企业应当首先将该可变对价后续变动额以原合同开始日确定的单独售价为基础进行分摊，然后再将分摊至合同变更日尚未履行履约义务的该可变对价后续变动额以新合同开始日确定的基础进行二次分摊。

情形3：属于合同变更情形3的，企业应当将该可变对价后续变动额分摊至合同变更日尚未履行（或部分未履行）的履约义务。

例 16-3

2×17年10月1日，甲公司与乙公司签订合同，向其销售A商品10件和B商品20件，这两种商品分别构成两个单项履约义务且均属于在某一时点履行的履约义务。甲公司经常单独出售A商品和B商品，其可直接观察的单独售价分别为3万元/件和2万元/件。合同约定，A商品和B商品应分别于2×17年12月1日和2×18年5月1日交付给乙公司。合同对价包括70万元的固定对价和估计金额为21万元的可变对价。假设甲公司经过研判决定将21万元的可变对价计入交易价格。因此，该合同的交易价格为91万元。

2×17年12月2日，双方对合同范围进行了变更，乙公司向甲公司额外采购C商品30件，单价为0.8万元/件，新增采购的C商品与A、B两种商品之间可明确区分，但在定价时新增采购的C商品作为原先合同的绑定延续，所以合同价格不反映C商品的单独售价。C商品的单独售价为1万元/件。C产品将于2×18年7月1日交付给乙公司。

2×17年12月31日，企业预计有权收取的可变对价的估计金额由先前的21万元增加至35万元，该金额符合计入交易价格的条件。因此，合同的交易价格增加了14万元，且甲公司认为该增加额与合同变更前已承诺的可变对价相关。

假设上述三种商品的控制权均随商品交付而转移给乙公司且甲公司均按时交货没有拖延。假设不考虑税收因素。

【答案】分析：本例中，在合同开始日（2×17年10月1日），该合同包含两个单项履约义务（A商品和B商品），甲公司应当将估计的交易价格分摊至这两项履约义务。由于两类商品的单独售价比例为3∶4，且可变对价不符合分摊至其中一项履约义务的条件，因此，甲公司将交易价格91万元按比例分摊至A商品和B商品，即A商品和B商品各自分摊的交易价格分别为39万元和52万元。

2×17年12月1日，甲公司将A商品交付给乙公司时，应相应确认收入39万元。

2×17年12月2日，双方进行了合同变更，此时A商品的履约义务已完成（即已完成交货），B商品的履约尚未开始（即尚未开始交货），在这种背景下引发的合同变更应当归属于合同变更的第2类情形，因此该合同变更应当作为原合同终止，并将原合同的未履约部分与合同变更部分合并为新合同进行会计处理。在该新合同下，合同的交易价格为76万元（91×4/7+30×0.8），由于B商品和C商品的单独售价比例为4∶3（20×2∶30×1），因此甲公司应按照这一比例对76万元的新合同交易价格（尚未包含后续的可变对价变动）进行分配。

2×17年12月31日，甲公司重新估计可变对价，增加了交易价格14万元。由于该增加额与合同变更前已承诺的可变对价相关，因此应首先将该增加额分摊给A商品和B商品，之后再将分摊给B商品的部分在B商品和C商品形成的新合同中进行二次分摊。在本例中，A、B和C商品的单独售价比例为3∶4∶3，在将14万元的可变对价后续变动分摊至A商品和B商品时，各自分摊的金额分别为6万元和8万元。由于合同变更时甲公司已经完成了A商品相关单项履约义务，因此甲公司应将分摊给A商品的6万元可变对价变动直接确认为2×17年12月当期的收入。

交易价格的后续变动如何处理？

考霸笔记

新增采购的C商品与A、B两种商品之间可明确区分，但在定价时新增采购的C商品作为原先合同的绑定延续，所以合同价格不反映C商品的单独售价，因而不属于合同变更的第1类情形而属于第2类情形。

之后，甲公司将分摊至B商品的8万元可变对价变动再次按照4∶3的比例分摊至B商品和C商品。因此，在2×17年12月31日甲公司根据合同变更后条款确定的B商品和C商品的交易价格总额为84万元（76+8），在B商品和C商品之间的分配金额分别为48万元（84×4/7）和36万元（84×3/7）。

综上所述，甲公司对于A、B和C三类商品的收入确认进程分别为：

对于A商品，甲公司先在2×17年12月1日交付A商品当天确认了39万元收入，然后在2×17年12月31日追加确认了6万元收入，合计确认45万元收入。

对于B商品，甲公司应在2×18年5月1日交货当天确认48万元收入。

对于C商品，甲公司应在2×18年7月1日交货当天确认36万元收入。

如何判定“某一时段内履行的”履约义务？

（五）履行各单项履约义务时确认收入

根据前述收入确认的第一步的规定，企业应当在履行了合同中的履约义务，即在客户取得相关商品控制权时确认收入。对于履约义务的完成，会计上分为两类情形：一是在某一时段内履行；二是在某一时点履行。

1.“某一时段内履行的”履约义务的判定。

满足下列条件之一的，属于在某一时段内履行履约义务；否则，属于在某一时点履行履约义务：

考霸笔记

并且在确定履约进度时，应当扣除那些控制权尚未转移给客户的商品和服务。

（1）客户在企业履约的同时即取得并消耗企业履约所带来的经济利益。

（2）客户能够控制企业履约过程中在建的商品。

（3）企业在履约过程中所产出的商品具有不可替代用途，且该企业在整个合同期间内有权就累计至今已完成的履约部分收取款项。

所谓“具有不可替代用途”，是指因合同限制或实际可行性限制，企业不能轻易地将商品用于其他用途。

考霸笔记

产出法是直接计量已完成的产出，一般能够客观地反映履约进度。当产出法所需要的信息可能无法直接通过观察获得，或者为获得这些信息需要花费很高的成本时，可采用投入法。

所谓“有权就累计至今已完成的履约部分收取款项”，是指在由于客户或其他方原因终止合同的情况下，企业有权就累计至今已完成的履约部分收取能够补偿其已发生成本和合理利润的款项，并且该权利具有法律约束力。

企业应当根据实际情况，首先判断合同履约义务是否满足在“某一时段内履行的”条件，如不满足，则该履约义务属于在“某一时点履行的”履约义务。对于在某一时段内履行的履约义务，企业应当选取恰当的方法来确定履约进度；对于在某一时点履行的履约义务，企业应当综合分析控制权转移的迹象，判断其转移时点。

2.“某一时段内履行的”履约义务的收入确认。

对于在某一时段内履行的履约义务，企业应当在该段时间内按照履约进度确认收入，但是，履约进度不能合理确定的除外。企业应当考虑商品的性质，采用产出法或投入法确定恰当的履约进度。

（1）产出法

产出法是根据已转移给客户的商品对于客户的价值确定履约进度。

投入法如何确定履约进度？

（2）投入法

投入法是根据企业为履行履约义务的投入确定履约进度。

对于类似情况下的类似履约义务，企业应当采用相同的方法确定履约进度。

当履约进度不能合理确定时，企业已经发生的成本预计能够得到补偿的，应当按照已经发生的成本金额确认收入，直到履约进度能够合理确定为止。

3.“某一时点履行的”履约义务的收入确认。

对于在某一时点履行的履约义务，企业应当在客户取得相关商品控制权时点确认收入。在判断客户是否已取得商品控制权时，企业应当考虑下列迹象：

（1）企业就该商品享有现时收款权利，即客户就该商品负有现时付款义务。

（2）企业已将该商品的法定所有权转移给客户，即客户已拥有该商品的法定所有权。

（3）企业已将该商品实物转移给客户，即客户已实物占有该商品。

考霸笔记

客户占有了某项商品的实物并不意味着其就一定取得了该商品的控制权，反之亦然。例如，采用支付手续费方式的委托代销安排下，虽然企业作为委托方已将商品发送给受托方，但是受托方并未取得该商品的控制权。因此，企业不应在向受托方发货时确认销售商品的收入，而仍然应当根据控制权是否转移来判断何时确认收入，通常应当在受托方售出商品时确认销售商品收入。受托方应当在商品销售后，按合同或协议约定的方法计算确定的手续费确认收入。

（4）企业已将该商品所有权上的主要风险和报酬转移给客户，即客户已取得该商品所有权上的主要风险和报酬。

（5）客户已接受该商品。

（6）其他表明客户已取得商品控制权的迹象。

三、关于合同成本

（一）合同履约成本

考霸笔记

合同履约成本是资产类科目，借增贷减；合同履约成本减值准备是备抵科目。

1.确认为资产的合同履约成本。

企业为履行合同发生的成本，不属于其他企业会计准则规范范围且同时满足下列条件的，应当作为合同履约成本确认为一项资产：

合同履约成本如何核算?

（1）该成本与一份当前或预期取得的合同直接相关，包括直接人工、直接材料、制造费用（或类似费用）、明确由客户承担的成本以及仅因该合同而发生的其他成本。

（2）该成本增加了企业未来用于履行履约义务的资源。

（3）该成本预期能够收回。

2.计入当期损益的合同履约成本。

企业应当在下列支出发生时，将其计入当期损益：

（1）管理费用。

（2）非正常消耗的直接材料、直接人工和制造费用（或类似费用），这些支出为履行合同发生，但未反映在合同价格中。

（3）与履约义务中已履行部分相关的支出。

（4）无法在尚未履行的与已履行的履约义务之间区分的相关支出。

考霸笔记

合同取得成本是资产类科目，借增贷减；合同取得成本减值准备是备抵科目。

（二）合同取得成本

1.增量成本

增量成本，是指企业不取得合同就不会发生的成本（如销售佣金等）。

（1）确认为资产的增量成本。

合同取得成本如何核算?

企业为取得合同发生的增量成本预期能够收回的，应当作为合同取得成本确认

第十六章

为一项资产。

（2）计入当期损益的增量成本。

但是，该资产摊销期限不超过一年的，可以在发生时计入当期损益。

2.其他支出

企业为取得合同发生的、除预期能够收回的增量成本之外的其他支出（如无论是否取得合同均会发生的差旅费等），应当在发生时计入当期损益，但是，明确由客户承担的除外。

考霸笔记

合同履约成本，根据初始确认时摊销期限是否超过一年或一个营业周期，在“存货”或“其他非流动资产”中填列；

合同取得成本，根据初始确认时摊销期限是否超过一年或一个营业周期，在“其他流动资产”或“其他非流动资产”中填列。

（三）“确认为资产的合同履约成本和合同取得成本”的摊销和减值

1.摊销

对于确认为资产的合同履约成本和合同取得成本，企业应当采用与该资产相关的商品收入确认相同的基础（即在履约义务履行的时点或按照履约义务的履约进度）进行摊销，计入当期损益。

2.减值

（1）减值的计提。

与合同成本有关的资产，其账面价值高于下列两项的差额（即“①-②”）的，超出部分应当计提减值准备，并确认为资产减值损失：①企业因转让与该资产相关的商品预期能够取得的剩余对价；②为转让该相关商品估计将要发生的成本。

（2）减值的转回。

以前期间减值的因素之后发生变化，使得上述“①-②”高于该资产账面价值的，应当转回原已计提的资产减值准备，并计入当期损益，但转回后的资产账面价值不应超过假定不计提减值准备情况下该资产在转回日的账面价值。

四、特定交易的会计处理

五个收入准则应用案例分析。

重点关注：2018年12月财政部会计司在其官方网站上公布了五个收入准则应用案例，具体如下：

收入准则应用案例——亏损合同案例

收入准则应用案例——合同负债（涉及不同增值税税率的储值卡）

收入准则应用案例——合同负债（电商平台预售购物卡）

收入准则应用案例——合同履约成本（酒店等服务行业的合同成本）

收入准则应用案例——运输服务

以下内容则是对教材特定交易业务的讲解。

（一）附有销售退回条款的销售

1.销售收入的确认

对于附有销售退回条款的销售，企业应当在客户取得相关商品控制权时，按照以下方法确认转让商品的合同价款（不含税价）：

（1）预期有权收取的对价金额（不包含预期因销售退回将退还的金额）确认为收入；

（2）预期因销售退回将退还的金额则确认为负债（预计负债）；

2.销售成本的确认

同时，按照以下方法处理转让商品的账面价值：

（1）按照预期退回商品的账面价值，扣除收回该商品过程中预计发生的成本（包括退回商品的价值减损）后的余额，确认为一项资产（应收退货成本）；

考霸笔记

应收退货成本是资产类科目，借增贷减，专门反映估计退回货物的账面价值。

（2）按照所转让商品转让时的账面价值扣除了上述资产成本后的余额确认为销售成本。

例 16-4

甲公司是一家健身器材销售公司。2×17年10月1日，甲公司向乙公司销售10 000件健身器材，单位销售价格为100元，单位成本为80元，开出的增值税专用发票上注明的销售价格为100万元，增值税额为17万元。健身器材已经发出，但款项尚未收到。根据协议约定，乙公司应于2×17年10月31日之前支付货款，退货期自10月1日起为期半年。甲公司根据过去的经验，估计该批健身器材的退货率约为20%。甲公司为增值税一般纳税人，健身器材发出时纳税义务已经发生，实际发生退回时取得税务机关开具的红字增值税专用发票。本题附带以下几个假设：

附有销售退回条款的销售如何进行会计处理？

（1）假设健身器材发出时控制权转移给乙公司。

（2）在2×17年12月31日，甲公司对退货率进行了重新评估，将退货率更新为15%。

（3）假设甲公司2×17年年报批准报出日期为2×18年3月15日（即退货期满之前完成年报的公布）。

（4）出于简化，假设所有的退货都集中在2×18年3月31日（退货期满）这一天，在此之前未发生退货。

【答案】甲公司的账务处理如下：

（1）2×17年10月1日发出健身器材时。

借：应收账款　　1 170 000

　贷：主营业务收入（1 000 000×（1-20%））　　800 000

　　　预计负债——应付退货款（1 000 000×20%）　　200 000

　　　应交税费——应交增值税（销项税额）　　117 000

借：主营业务成本（800 000×（1-20%））　　640 000

　　应收退货成本（800 000×20%）　　160 000

　贷：库存商品　　800 000

（2）2×17年10月31日前收到货款时。

借：银行存款　　1 170 000

　贷：应收账款　　1 170 000

（3）2×17年12月31日，甲公司对退货率进行重新评估。

借：预计负债——应付退货款（1 000 000×（20%-15%））　　50 000

　贷：主营业务收入　　50 000

借：主营业务成本（800 000×（20%-15%））　　40 000

　贷：应收退货成本　　40 000

（4）2×18年3月31日发生销售退回时由于2×17年年报已对外公布，因此只能调整2×18年收入和成本。所以本题不属于资产负债表日后事项知识点。

情形1：假设实际退货量为1 500件，退货款项已经支付。

考霸笔记

不管多退少退，当退货期满时，事情已经了结，应当冲减预计负债与应收退货成本的账户余额。

借：库存商品 120 000
　　应交税费——应交增值税（销项税额） 25 500
　　预计负债——应付退货款 150 000
　贷：应收退货成本 120 000
　　　银行存款 175 500

情形2：假设实际退货量为1 600件，退货款项已经支付。

借：库存商品 128 000
　　应交税费——应交增值税（销项税额） 27 200
　　预计负债——应付退货款 150 000
　　主营业务收入 10 000
　贷：应收退货成本 128 000
　　　银行存款 187 200

借：应收退货成本 8 000
　贷：主营业务成本 8 000

情形3：假设实际退货量为1 400件，退货款项已经支付。

借：库存商品 112 000
　　应交税费——应交增值税（销项税额） 23 800
　　预计负债——应付退货款 150 000
　贷：应收退货成本 112 000
　　　主营业务收入 10 000
　　　银行存款 163 800

借：主营业务成本 8 000
　贷：应收退货成本 8 000

情形4：假设截至退货期满都未发生退货。

借：预计负债——应付退货款（1 000 000×15%） 1 500 00
　贷：主营业务收入 1 500 00

借：主营业务成本（800 000×15%） 1 200 00
　贷：应收退货成本 1 200 00

（二）附有质量保证条款的销售

对于附有质量保证条款的销售，企业应当评估该质量保证是否在向客户保证所销售商品符合既定标准之外提供了一项单独的服务。

1. 企业提供额外服务的，应当作为单项履约义务，按照收入准则进行会计处理；

考霸笔记

借：银行存款/应收账款
　贷：主营业务收入
　　　合同负债（额外服务作为单项履约义务暂计入合同负债，待履行该义务时确认收入）

2. 企业未提供额外服务的，质量保证责任应当按照或有事项的要求进行会计处理。

在评估质量保证是否在向客户保证所销售商品符合既定标准之外提供了一项单独的服务时，企业应当考虑该质量保证是否为法定要求、质量保证期限以及企业承诺履行任务的性质等因素：（1）客户能够选择单独购买质量保证的，该质量保证构成单项履约义务；（2）法定要求通常是为了保护客户避免其购买瑕疵或缺陷商品的风险，而并非为客户提供一项单独的质量保证服务；（3）质量保证期限越长，越有可能是单项履约义务；（4）如果企业必需履行某些特定的任务以保证所转让的商品符合既定标准（例如企业负责运输被客户退回的瑕疵商品），则这些特定的任务可能不构成单项履约义务。

企业提供的质量保证同时包含上述两类的，应当分别对其进行会计处理，无法合理区分的，应当将这两类质量保证一起作为单项履约义务进行会计处理。

（三）主要责任人和代理人

企业应当根据其在向客户转让商品前是否拥有对该商品的控制权，来判断其从事交易时的身份是主要责任人还是代理人。

> 考霸笔记：其在向客户转让商品前拥有对该商品的控制权，则属于主要责任人，无控制权则属于代理人。

1.主要责任人和代理人收入的不同处理。

> 为何要区分主要责任人和代理人？

（1）企业在向客户转让商品前能够控制该商品的，该企业为主要责任人，应当按照已收或应收对价总额确认收入；

（2）否则，该企业为代理人，应当按照预期有权收取的佣金或手续费的金额确认收入，该金额应当按照已收或应收对价总额扣除应支付给其他相关方的价款后的净额，或者按照既定的佣金金额或比例等确定。

2.转让商品前即对其实施控制的情形。

企业向客户转让商品前能够控制该商品的情形包括：

（1）企业自第三方取得商品或其他资产控制权后，再转让给客户；

（2）企业能够主导第三方代表本企业向客户提供服务；

（3）企业自第三方取得商品控制权后，通过提供重大的服务将该商品与其他商品整合成某组合产出转让给客户。

在具体判断向客户转让商品前是否拥有对该商品的控制权时，企业不应仅局限于合同的法律形式，而应当综合考虑所有相关事实和情况，这些事实和情况包括：

> 重大权利及附有额外购买选择权的销售如何确认收入？

（1）企业承担向客户转让商品的主要责任；

（2）企业在转让商品之前或之后承担了该商品的存货风险；

（3）企业有权自主决定所交易商品的价格；

（4）其他相关事实和情况。

（四）附有客户额外购买选择权的销售

对于附有客户额外购买选择权的销售，企业应当评估该选择权是否向客户提供了一项重大权利。企业提供重大权利的，应当作为单项履约义务，将交易价格分摊至该履约义务作为负债确认（客户负债），在客户未来行使购买选择权取得相关商品控制权时，或者该选择权失效时，确认相应的收入。

> 考霸笔记：额外购买选择权的情况包括销售激励、客户奖励积分、未来购买商品的折扣券以及合同续约选择权等。

客户额外购买选择权的单独售价无法直接观察的，企业应当综合考虑客户行使和不行使该选择权所能获得的折扣的差异、客户行使该选择权的可能性等全部相关信息后，予以合理估计。

客户虽然有额外购买商品选择权，但客户行使该选择权购买商品时的价格反映了这些商品单独售价的，不应被视为企业向该客户提供了一项重大权利。

附有客户额外购买选择权的销售如何进行会计处理?

例16-5·2010年综合题改编

20×8年1月1日，甲公司董事会批准了管理层提出的客户忠诚度计划。该客户忠诚度计划为：办理积分卡的客户在甲公司消费一定金额时，甲公司向其授予奖励积分，客户可以使用奖励积分（每一奖励积分的公允价值为0.01元）购买甲公司经营的任何一种商品；奖励积分自授予之日起3年内有效，过期作废；甲公司采用先进先出法确定客户购买商品时使用的奖励积分。

20×8年度，甲公司销售各类商品共计70 000万元（不包括客户使用奖励积分购买的商品，下同），授予客户奖励积分共计70 000万分，客户使用奖励积分共计36 000万分。20×8年年末，甲公司估计20×8年度授予的奖励积分将有60%使用。

20×9年度，甲公司销售各类商品共计100 000万元（不包括代理乙公司销售的A商品），授予客户奖励积分共计100 000万分，客户使用奖励积分40 000万分。20×9年年末，甲公司估计20×9年度授予的奖励积分将有70%使用，先前预估的20×8年度授予奖励积分的使用率不变。

出于简化，假设甲公司每年只在年末评估各年授予奖励积分的使用率。

【答案】分析：以下答案为按照2017年修订后的收入准则编写的（假设会计分录金额单位为万元）。

本例中，甲公司认为其授予客户的积分为客户提供了一项重大权利，应当作为一项单独的履约义务。

（1）20×8年：

客户当年购买商品的单独售价合计为70 000万元，考虑积分的兑换率，甲公司估计积分的单独售价为420万元（0.01元/分×70 000万分×60%）。甲公司按照商品和积分单独售价的相对比例对交易价格进行分摊，具体如下：

分摊至商品的交易价格=［70 000÷（70 000+420）］×70 000=69 582.50（万元）

分摊至积分的交易价格=［420÷（70 000+420）］×70 000=417.50（万元）

因此，甲公司应当在商品的控制权转移时确认收入69 582.50万元，同时确认合同负债417.50万元。

借：银行存款　　70 000

　贷：主营业务收入　　69 582.50

　　　合同负债　　417.50

截至20×8年12月31日，客户共兑换了积分36 000万分。因此，甲公司以客户兑换的积分数占预期将兑换的积分总数的比例为基础确认收入。

积分应当确认的收入=36 000÷（70 000×60%）×417.50=357.86万元；剩余未兑换的积分417.50-357.86=59.64万元，仍然作为合同负债。

借：合同负债　　357.86

　贷：主营业务收入　　357.86

（2）20×9年：

客户当年购买商品的单独售价合计为100 000万元，考虑积分的兑换率，甲公司估计积分的单独售价为700万元（0.01元/分×100 000万分×70%）。甲公司按照商品和积分单独售价的相对比例对交易价格进行分摊，具体如下：

分摊至商品的交易价格=[100 000÷（100 000+700）]×100 000=99 304.87（万元）

分摊至积分的交易价格=[700÷（100 000+700）]×100 000=695.13（万元）

因此，甲公司应当在商品的控制权转移时确认收入99 304.87万元，同时确认合同负债695.13万元。

借：银行存款　　100 000

　贷：主营业务收入　　99 304.87

　　　合同负债　　695.13

截至20×9年12月31日，客户共兑换了积分40 000万分，其中有6 000万分来自20×8年奖励积分的授予，其余34 000万分来自20×9年奖励积分的授予。因此，甲公司以客户兑换的积分数占预期将兑换的积分总数的比例为基础确认收入。

积分应当确认的收入=（417.50−357.86）+34 000÷（100 000×70%）×695.13=397.27万元；剩余未兑换的积分（417.50+695.13）−（357.86+397.27）=357.50万元，仍然作为合同负债。

借：合同负债　　397.27

　贷：主营业务收入　　397.27

合同负债，是指企业已收或应收客户对价而应向客户转让商品的义务。如企业在转让承诺的商品之前已收取的款项。合同资产和合同负债应当在资产负债表中单独列示，并按流动性分别列示为“合同资产”或“其他非流动资产”以及“合同负债”或“其他非流动负债”。同一合同下的合同资产和合同负债应当以净额列示，不同合同下的合同资产和合同负债不能互相抵销。

（五）授予知识产权许可

企业向客户授予知识产权许可的，应当评估该知识产权许可是否构成单项履约义务，构成单项履约义务的，应当进一步确定其是在某一时段内履行还是在某一时点履行。

1.两种履约义务的识别

企业向客户授予知识产权许可，同时满足下列条件时，应当作为在某一时段内履行的履约义务确认相关收入；否则，应当作为在某一时点履行的履约义务确认相关收入：

（1）合同要求或客户能够合理预期企业将从事对该项知识产权有重大影响的活动；

（2）该活动对客户将产生有利或不利影响；

（3）该活动不会导致向客户转让某项商品。

如何判断授予知识产权许可属于某一时点下的履约义务还是某一时段下的履约义务?

2.特许权使用费收入的确认

企业向客户授予知识产权许可，并约定按客户实际销售或使用情况收取特许权使用费的，应当在下列两项孰晚的时点确认收入：

（1）客户后续销售或使用行为实际发生；

（2）企业履行相关履约义务。

考霸笔记

最终根据性质不同认定为：(1)租赁交易；(2)融资交易；(3)附有销售退回条款的销售。

（六）售后回购

售后回购，是指企业销售商品的同时承诺或有权选择日后再将该商品（包括相同或几乎相同的商品，或以该商品作为组成部分的商品）购回的销售方式。对于不同类型的售后回购交易，企业应当区分下列两种情形分别进行会计处理：

1.第一种情形：销售企业有回购义务或权利。

企业因存在与客户的远期安排而负有回购义务或企业享有回购权利的，表明客户在销售时点并未取得相关商品控制权，企业应当作为租赁交易或融资交易进行相应的会计处理。

（1）回购价格低于原售价的，应当视为租赁交易，按照《企业会计准则第21号——租赁》的相关规定进行会计处理；

（2）回购价格不低于原售价的，应当视为融资交易，在收到客户款项时确认金融负债，并将该款项和回购价格的差额在回购期间内确认为利息费用等。企业到期未行使回购权利的，应当在该回购权利到期时终止确认金融负债，同时确认收入。

2.第二种情形：发生回购的主动权在客户。

企业负有应客户要求回购商品义务的，应当在合同开始日评估客户是否具有行使该要求权的重大经济动因。

发生回购的主动权在客户的售后回购该如何处理？

（1）客户具有行使该要求权重大经济动因的，企业应当将售后回购作为租赁交易或融资交易，按照上述第一种情形的规定进行会计处理；

（2）客户不具有行使该要求权重大经济动因的，企业应当将其作为附有销售退回条款的销售交易进行会计处理。

（七）客户未行使的权利

企业向客户预收销售商品款项的，应当首先将该款项确认为负债，待履行了相关履约义务时再转为收入。当企业预收款项无需退回，且客户可能会放弃其全部或部分合同权利时，企业预期将有权获得与客户所放弃的合同权利相关的金额的，应当按照客户行使合同权利的模式按比例将上述金额确认为收入；否则，企业只有在客户要求其履行剩余履约义务的可能性极低时，才能将上述负债的相关余额转为收入。

考霸笔记

如果有相关法律规定，企业所收取的与客户未行使权利相关的款项须转交给其他方的（例如，法律规定无人认领的财产需上交政府），企业不应将其确认为收入。

（八）无需退回的初始费

企业在合同开始（或接近合同开始）日向客户收取的无需退回的初始费（如俱乐部的入会费等）应当计入交易价格。企业应当评估该初始费是否与向客户转让已承诺的商品相关。

1.该初始费与向客户转让已承诺的商品相关，并且该商品构成单项履约义务的，企业应当在转让该商品时，按照分摊至该商品的交易价格确认收入；

2.该初始费与向客户转让已承诺的商品相关，但该商品不构成单项履约义务的，企业应当在包含该商品的单项履约义务履行时，按照分摊至该单项履约义务的交易价格确认收入；

3.该初始费与向客户转让已承诺的商品不相关的，该初始费应当作为未来将转让商品的预收款，在未来转让该商品时确认为收入。

企业收取了无需退回的初始费且为履行合同应开展初始活动，但这些活动本身并没有向客户转让已承诺的商品的，该初始费与未来将转让的已承诺商品相关，应当在未来转让该商品时确认为收入，企业在确定履约进度时不应考虑这些初始活动；企业为该初始活动发生的支出应当按照先前合同成本的相关规定确认为一项资产或计入当期损益。

第二节　费用

◇费用的确认

◇期间费用

一、费用的确认

费用是指企业在日常活动中发生的、会导致所有者权益减少的、与向所有者分配利润无关的经济利益的总流出（见表16-1）。

表16-1　费用的定义

分类	定义
广义	企业各种日常活动所发生的所有耗费
狭义	与本期营业收入相配比的耗费

期间费用的核算内容有哪些?

二、期间费用

期间费用是指本期发生的、不能直接或间接归入某种产品成本的、直接计入损益的各项费用，包括管理费用、销售费用和财务费用。

（一）管理费用

管理费用是指企业为组织和管理企业生产经营所发生的管理费用。

核算：在“管理费用”科目核算，按费用项目设置明细账。期末，“管理费用”科目的余额结转至“本年利润”科目后无余额。

（二）销售费用

销售费用是指企业在销售商品和材料、提供劳务的过程中发生的各种费用。

核算：在“销售费用”科目核算，按费用项目设置明细账。期末，“销售费用”科目的余额结转至“本年利润”科目后无余额。

（三）财务费用

财务费用是指企业为筹集生产经营所需资金等而发生的筹资费用。

考霸笔记

财务费用是指企业为筹集生产经营所需资金等而发生的筹资费用，包括利息支出（减利息收入）、汇兑损益以及相关的手续费等。

核算：在“财务费用”科目核算，按费用项目设置明细账。期末，“财务费用”科目的余额结转至“本年利润”科目后无余额。

第三节　利润

◇利润的构成

◇营业外收支的会计处理

◇本年利润的会计处理

◇综合收益总额

一、利润的构成

利润是指企业在一定会计期间的经营成果。利润包括收入减去费用后的净额、直接计入当期利润的利得和损失等。

考霸笔记
影响营业利润的项目共有14项。结合利润表进行记忆，或者倒着记忆，通常损益类科目除了营业外收支和所得税费用都应当计入营业利润。

直接计入当期的利得和损失，是指应当计入当期损益、会导致所有者权益发生增减变动的、与所有者投入资本或者向所有者分配利润无关的利得或者损失（见表16-2）。

表16-2　利润的构成

利润的层次	计算公式
营业利润	营业利润=营业收入-营业成本-税金及附加-销售费用-管理费用-研发费用-财务费用-资产减值损失-信用减值损失+其他收益+投资收益（-投资损失）+净敞口套期收益（净敞口套期损失）+公允价值变动收益（-公允价值变动损失）+资产处置收益（-资产处置损失）
利润总额	利润总额=营业利润+营业外收入-营业外支出
净利润	净利润=利润总额-所得税费用

其中，营业收入是指企业经营业务所实现的收入总额，包括主营业务收入和其他业务收入。

营业成本是指企业经营业务所发生的实际成本总额，包括主营业务成本和其他业务成本。

考霸笔记
政府补助中与企业日常经营活动无关、从政府无偿取得货币性或非货币性资产形成的利得计入营业外收入。

营业外收入（或支出）是指企业发生的与日常活动无直接关系的各项利得（或损失）。

所得税费用是指企业确认的应从当期利润总额中扣除的所得税费用。

二、营业外收支的会计处理

营业外收支是指企业发生的与日常活动无直接关系的各项收支。

（一）营业外收入

营业外收入是指企业发生的与日常活动无直接关系的各项利得。

主要包括：非流动资产毁损报废利得、债务重组利得、政府补助、盘盈利得、捐赠利得等。

考霸笔记
企业接受捐赠利得是否计入营业外收入要区分不同情形：
1. 正常的捐赠利得计入营业外收入；
2. 企业接受控股股东（或控制股东的子公司）或非控股股东（或非控股股东的子公司）直接或间接代为偿债、债务豁免或捐赠，经济实质表明属于控股股东或非控股股东对企业的资本性投入，应当将相关利得计入所有者权益中的资本公积（股本溢价或资本溢价）。

【提示】企业接受捐赠利得是否计入营业外收入要区分不同情形：（1）正常的捐赠利得计入营业外收入；（2）企业接受控股股东（或控制股东的子公司）或非控

股股东（或非控股股东的子公司）直接或间接代为偿债、债务豁免或捐赠，经济实质表明属于控股股东或非控股股东对企业的资本性投入，应当将相关利得计入所有者权益中的资本公积（股本溢价或资本溢价）。

（二）营业外支出

营业外支出是指企业发生的与日常活动无直接关系的各项损失。

主要包括：非流动资产毁损报废损失、债务重组损失、公益性捐赠支出、非常损失、盘亏损失等。

"CPA会计考试"常见营业外收支业务类型（见表16-3）：

表16-3　　**"CPA会计考试"常见营业外收支业务类型**

营业外收支	业务类型
营业外收入	非流动资产毁损、报废利得 债务重组利得 盘盈利得 政府补助利得 捐赠利得
营业外支出	非流动资产毁损、报废损失 债务重组损失 盘亏损失 非常损失 赔偿支出 合同损失

营业外收支核算内容有哪些?

【提示】根据《关于修订印发一般企业财务报表格式的通知》（财会〔2017〕30号）的规定，固定资产和无形资产因为正常对外出售、对外投资、非货币性资产交换（按公允价值计量）以及债务重组所产生的损益不再计入营业外收支，而是改记入"资产处置损益"科目。

三、本年利润的会计处理

企业应设置"本年利润"科目，核算企业当期实现的净利润（或发生的净亏损）。

企业期（月）末结转利润时，应将各损益类科目的金额转入本科目，结平各损益类科目。结转后本科目的贷方余额为当期实现的净利润；借方余额为当期发生的净亏损。

年度终了，应将本年收入利得和费用、损失相抵后结出的本年实现的净利润，转入"利润分配"科目，借记本科目，贷记"利润分配——未分配利润"科目；如为净亏损，做相反的会计分录。结转后，本科目应无余额。

四、综合收益总额

综合收益总额=净利润+其他综合收益扣除所得税影响后的净额

例 16-6 · 2014年单选题

企业因下列交易事项产生的损益中，不影响发生当期营业利润的是（　　）。

A.固定资产处置损失

B.投资于银行理财产品取得的收益

C.预计与当期产品销售相关的保修义务

D.因授予高管人员股票期权在当期确认的费用

【答案】A

【解析】选项A，计入营业外支出，不影响营业利润；选项B，计入投资收益，影响营业利润；选项C，计入销售费用，影响营业利润；选项D，计入管理费用，影响营业利润。以上答案为2014年考试答案，但是从2018年教材开始“固定资产处置损失”不一定再计入营业外支出，要区分以下两种情形：(1) 因丧失使用功能或发生自然灾害引起毁损等原因导致的处置损失继续计入营业外支出；(2) 因正常对外出售、对外投资、非货币性资产交换（按公允价值计量）以及债务重组等原因导致的处置损失应该计入资产处置损益。前者不影响营业利润，但是后者影响营业利润。所以本题无答案。

影响当期营业利润的事项有哪些?

例 16-7 · 2013年单选题

企业发生的下列交易或事项中，会引起当年度营业利润发生变动的是（　　）。

A.对持有存货计提跌价准备

B.出售自有专利技术产生收益

C.持有的交易性金融资产公允价值上升

D.处置某项联营企业投资产生投资损失

【答案】ACD

【解析】选项A，将存货计提跌价准备计入资产减值损失；选项C，交易性金融资产公允价值变动计入公允价值变动损益；选项D，处置联营企业投资损失计入投资收益，上述3项均影响营业利润。选项B，出售无形资产净收益计入资产处置损益，不影响营业利润。

智能测评

在线练习	我要提问
扫码在线做题　　扫码看答案 本书“本章同步强化训练”均配备二维码，打开微信“扫一扫”即可完成在线测评，查看本章详细的测评反馈报告，了解知识掌握情况，也可扫码直接看答案噢。 快来扫码做题吧！	扫码答疑 本书配备答疑专用二维码，打开微信“扫一扫”，即可完成在线提问，获取专业老师全面个性化解答，让学习问题不再拖延。 快来扫码提问吧！

本章同步强化训练

一、单选题

1.2018年6月12日，腾辉软件开发公司与B财富管理公司签订一个信息管理系统整合合同，期限为一年，合同对价600万元，款项分期中和期末两次付清。合同规定，腾辉软件开发公司按照B公司的需求提供财务信息管理系统，在重新整合的过程中需要利用到B公司现有的管理系统，提供的整合服务包括：购买硬件系统和提供软件系统，提供的软件系统包括属于第三方的软件、B财富公司已有的软件、B财富公司委托腾辉公司开发的软件。合同中包括哪些单项履约义务（　　）。

A.销售硬件系统　　B.开发软件系统

C.整合硬件和软件系统　　D.上述合同中仅有一项履约义务

2.2018年6月12日，腾辉软件开发公司与B财富管理公司签订一个信息管理系统整合合同，期限为一年，合同对价600万元，款项分期中和期末两次付清。合同规定，腾辉软件开发公司按照B公司的需求提供财务信息管理系统，在重新整合的过程中需要利用到B公司现有的管理系统，提供的整合服务包括：购买硬件系统和提供软件系统，提供的软件系统包括属于第三方的软件、B财富公司已有的软件、B财富公司委托腾辉公司开发的软件。B财富管理公司有子公司A（房地产企业），在合同履行期间，B财富管理公司又要求腾辉软件开发公司同时为A公司开发售楼系统软件，预计两项业务同时完成并验收。合同约定，B财富管理公司在合同修改后10日内预付售楼系统软件开发价款20万元，反映单独售价，剩余款项在财务信息系统和售楼系统软件验收后统一支付，修改后的合同对价为620万元。关于合同变更，上述说法中正确的是（　　）。

A.新增合同价款反映了商品和服务的单独售价，应视为单独的合同进行会计处理

B.上述已转让商品或者提供服务部分的与未转让商品或者提供服务部分的合同标的可明确区分，视为原合同终止，原合同未履约部分与变更部分共同视为新合同

C.上述已转让商品或者提供服务部分的与未转让商品或者提供服务部分的合同标的不可明确区分，应当将该合同变更部分作为原合同的组成部分进行会计处理，由此产生的对已确认收入的影响，应当在合同变更日调整当期收入

D.以上处理都不正确

二、多选题

1.新收入准则适用于与客户的所有合同，除了（　　）。

A.保险合同

B.金融工具合同

C.租赁合同

D.为促进向某一方的销售而进行的非货币性资产交换（在同一业务范围中的主体之间）

2.国内某软件开发公司与客户甲签订授权许可协议，允许客户甲将其开发的客户关系管理软件用于公司管理，5天后该软件公司与客户甲签订了另外一份合同，该合同规定软件开发公司需要根据客户甲的IT运行环境，对甲公司的客户关系管理软件进行重大的修改或者定制，并且在定制服务完成之前甲客户无法使用该软件。下列选项正确的有（　　）。

A.上述两个合同应该合并处理。

B.上述合同中仅仅只有一项履约义务

C.上述合同中应该区分软件授权许可履约义务和定制软件义务

D.上述履约义务是在某一时段内履行的义务

3.某软件开发商主体与客户订立一项合同，约定转让软件许可证，实施安装服务并在两年期间提供未明确规定的软件更新和技术支持（通过在线和电话方式）。主体单独出售许可证，安装服务和技术支持。安装服务包括为各类用户（例如，市场营销，库存管理和信息技术）更改网页屏幕。安装服务通常由其主体执行，并且不会对软件作出重大修订，该软件在没有更新和技术支持的情况下仍可正常运行。此外合同明确规定，作为安装的一部分，软件将作重大定制以增添重要的新功能，从而使得软件能够与客户的其他定制软件应用程序相对接。基于上述资料，合同中包括哪几项单项履约义务（　　）。

A.软件许可证　　B.软件定制　　C.软件更新　　D.技术支持

4.合同中如果存在重大的融资成分，那么在估计合同的交易价格时，企业需要调整承诺的对价金额，以反映货币的时间价值。下列合同条款中不存在重大融资因素的情形有（　　）。

A.客户A从电信企业购买预付费电话卡，自行决定何时使用预付话费通话

B.客户自行决定何时兑换由企业提供的奖励积分的客户忠诚度计划

C.建筑及建造合同中存在保留条款，约定合同价格的一部分要保留到履约义务完成后或者到某一商定时点才支付

D.所承诺的可变对价，并且付款金额及其时间不受企业或客户控制的因素而变动

5.腾辉软件开发公司（软件企业）2018年6月与B财富管理企业签订一份软件开发合同，预计10个月内完成并验收，合同价款350万元；合同签订后，按照公司的规定，支付了业务员业务提成10万元。但2018年11月，市场上其他竞争对手宣布研发出具备类似功能的产品，B财富公司财务出现困难，腾辉公司预计合同履约完成后仅能收回合同价款335万元。至20×5年年底，A公司为履行合同已发生直接材料、直接人工等成本共计300万元，预计还将发生履约成本34万元，均为与该合同有关的预计未来直接人工成本。下列说法正确的有（　　）。

A.合同的交易价格应该为335万元

B.支付给业务员的提成10万元应当作为合同资产核算

C.由于预计合同履约完成后能收回的金额减去预计将发生的履约成本大于A公司为履行合同已经发生的成本，合同没有发生减值

D.合同已经发生减值，减值金额为9万元

6.国内某钻戒零售商近期将在全球售出限量版精美钻戒一批，根据规定，客户需要提前15个月预定，每位旅客在预定时需要支付定金，并且在规定的时间内可以退款。每颗钻戒是800 000元，预定时支付80 000元，其余款项最迟需要在截止日前100天支付完毕。当然每位旅客也可以在刚开始预定时，全额支付相关款项。截止到预订系统关闭时，有50位客户预定，根据该钻石零售商的经验表明，新产品推出后大约会有5%的客户退货。根据上述资料，下列选项正确的有（　　）。

A.定金的提前支付表明合同中存在重大融资因素，交易价格应该考虑这一因素的影响

B.收取定金的目的不是为了取得融资，而是为了客户预留位置，因此没有融资因素存在

C.将50颗钻戒售出时，确认的收入为3 800万元

D.截止到资产负债表日前，如果预计将有4%的客户退货，不再调整此前收入确认的数值

7.国内某航空公司推出了一项客户忠诚度计划，公司的飞行常客每一公里的里程将获得一个积分。旅客A购买了一张票价为990元的机票，获得了200个积分，按照航空公司的规定，20个积分可以兑换1元人民币，并且所获得里程积分只能用于本航空公司。根据以上资料，下列选项正确的有（　　）。

A.机票应该分配的交易价格980.1元人民币

B.里程积分应该分配的交易价格9.9元人民币

C.里程积分的收入应该递延至积分被兑换的时候确认

D.里程积分过期如果未被兑换不确认收入

8.国内某航空公司推出了一项客户忠诚度计划，公司的飞行常客每一公里的里程将获得一个积分。旅客A购买了一张票价为990元的机票，获得了200个积分，按照航空公司的规定，20个积分可以兑换1元人民币，并且所获得里程积分只能用于本航空公司。该航空公司根据历史数据预测上述积分只有80%会被兑换。根据以上资料，下列选项正确的有（　　）。

A.机票应该分配的价值982.06元人民币

B.里程积分应该分配的价值7.94元人民币

C.里程积分的收入应该递延至积分被兑换的时候确认

D.里程积分过期如果未被兑换相应数额不确认收入

9.2017年12月1日国内某航空公司推出了一项客户忠诚度计划，公司的飞行常客每一公里的里程将获得一个积分。旅客A购买了一张票价为990元的机票，获得了200个积分，按照航空公司的规定，20个积分可以兑换1元人民币，并且所获得里程积分只能用于本航空公司。该航空公司根据历史数据预测上述积分只有80%会被兑换，亦即预计160个积分将被兑换；2018年有80个积分被兑换，继续预计总共有160个积分会被兑换；2019年实际有80个积分被兑换，且预计总共有180个积分会被兑换；根据以上资料，下列选项正确的有（　　）。

A.2017年应该确认的收入为982.06元人民币

B.2018年因里程积分被兑换应确认的收入3.97元人民币

C.2019年因里程积分被兑换应确认的收入3.09元人民币

D.里程积分过期如果未被兑换相应数额不确认收入

10.某房地产企业M公司与客户N签订了一项以房换地的合同，合同约定客户N向该房地产企业M公司交付一块土地。作为对价，M房地产开发公司向客户N交付一套郊区现房。下列表述正确的有（　　）。

A.应该以郊区现房的公允价值确定交易价格

B.应该以土地的公允价值确定交易价格

C.应该以合同签订日的公允价值对非现金对价进行计量

D.应该以履约义务完成日作为非现金对价公允价值的计量

11.瑞方仕达是一家猎头公司，主要为国内的大中型企业空缺职位提供优秀的应聘者，对应聘者进行能力资格核查，合同规定客户有权获得访问外部第三方的招聘信息的数据库的许可。由瑞方仕达安排外部第三方提供该许可，但客户直接与外部第三方签订许可证合同。瑞方仕达代为收取款项，并向客户开具发票。许可证合同中约定外部第三方自行决定许可证的价格，且独自向

客户提供后续技术支持以及承担未来可能因服务故障或技术问题给客户造成的损失。下列表述中正确的有（　　）。

A.对于招聘服务，瑞方仕达是主要负责人，按照全额法确认收入

B.对于招聘服务，瑞方仕达是代理人，按照净额法确认收入

C.对于提供第三方数据库的访问服务，瑞方仕达是代理人，按照净额法确认收入

D.对于提供第三方数据库的访问服务，瑞方仕达是主要负责人，按照全额法确认收入

第十七章 政府补助

本章导学

考霸笔记

分数3分左右，2017年根据新准则全面重新编写，是经常考核的章节，但本章内容相对简单，应当全面掌握。

本章框架图

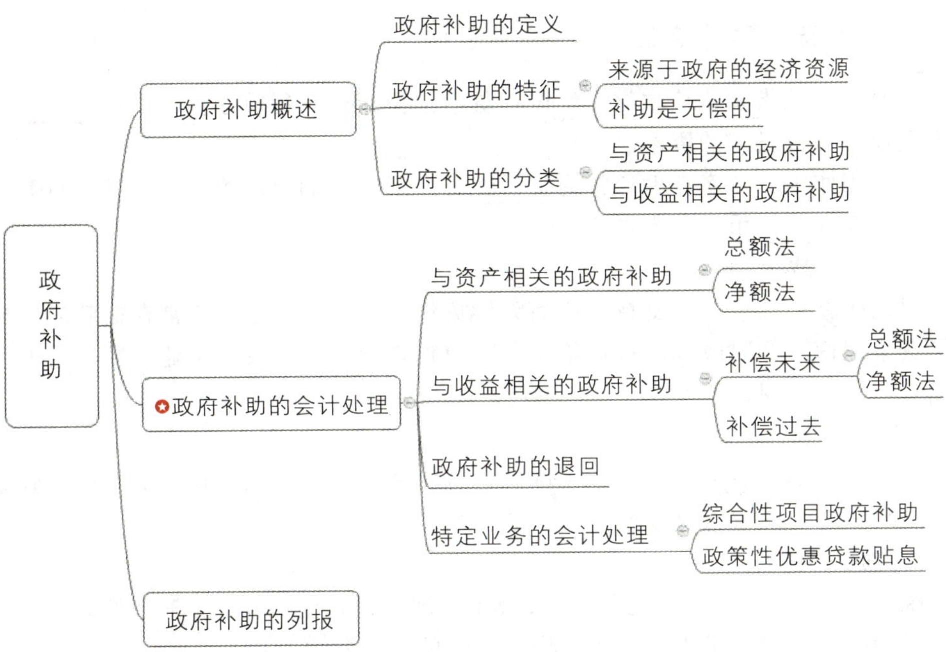

本章考情概述

本章主要阐述政府补助的会计处理，一般以客观题形式出现,但自2014年以来，也与前期差错更正等知识点结合出过综合题。

本章应关注的主要问题：

（1）与收益相关的政府补助不一定全部计入当期损益；

（2）与收益相关的政府补助和与资产相关的政府补助会计处理的相关规定；

（3）企业与政府发生交易所取得的收入，执行收入准则还是政府补助准则。

本章近三年主要考点：

（1）政府补助的确认；

（2）与收益相关的政府补助的会计处理；

（3）与资产相关的政府补助的会计处理。

2019年教材主要变化

本章内容无变化。

第一节　政府补助概述

◇政府补助的定义

◇政府补助的特征

◇政府补助的分类

一、政府补助的定义

考霸笔记：基础概念，应当掌握政府补助和非政府补助的区别，可以考查客观题。

政府补助是指企业从政府无偿取得货币性资产或非货币性资产，但不包括政府作为企业所有者投入的资本。

实际工作中，政府补助通常为货币性资产形式，如财政拨款、财政贴息和税收返还，也存在非货币性资产形式的情况。

1.财政拨款

财政拨款是政府为了支持企业而无偿拨付给企业的资金，通常在拨款时明确规定了资金用途。如财政部门拨付给企业的粮食定额补贴、鼓励企业安置职工就业的奖励款等均属于财政拨款。

2.财政贴息

财政贴息是政府为支持特定领域或区域发展、根据国家宏观经济形势和政策目标，对承贷企业的银行贷款利息给予的补贴。

3.税收返还

税收返还是指政府按照国家有关规定采取先征后返（退）、即征即退等办法向企业返还的税款，属于以税收优惠形式给予的一种政府补助。

4.无偿划拨非货币性资产

属于无偿划拨非货币性资产情况的主要有无偿划拨土地使用权、天然起源的天然林等。

提示：

不涉及资产直接转移的经济支持不属于政府补助准则规范的政府补助，如债务豁免、直接减征、免征、增加计税抵扣额及抵免部分税额等。

考霸笔记：实际上退的是之前缴纳的进项税额。

增值税出口退税实质上是政府归还企业事先垫付的资金，不属于政府补助。

除税收返还外，税收优惠还包括直接减征、免征、增加计税抵扣额、抵免部分税额等形式，其均不是政府补助准则规范的内容。

政府补助的无偿性和附加条件相矛盾吗？

5957

二、政府补助的特征

1.政府补助是来源于政府的经济资源。

2.无偿性。无偿性是政府补助的基本特征。

注意：

政府资本性投入及政府采购属政府与企业间的双向互惠活动，不属于无偿。

政府补助通常附有一定的条件，这与政府补助的无偿性并无矛盾，并不表明这项补助有偿，而是企业经法定程序申请取得政府补助后，应当按照政府规定的用途使用这项补助。

例 17-1 · 2013 年单选题

企业享受的下列税收优惠中，属于企业会计准则规定的政府补助的是（　　）。

A. 增值税出口退税

B. 免征的企业所得税

C. 减征的企业所得税

D. 先征后返的企业所得税

【答案】D

【解析】选项 A，增值税出口退税是企业原支付增值税的退回，不属于政府补助；选项 B 和 C，企业会计准则规定的政府补助是企业直接从政府得到资产，免征和减征企业所得税不是直接得到资产，不属于政府补助。

政府补助范围的判断。

三、政府补助的分类

政府补助应当划分为与资产相关的政府补助和与收益相关的政府补助。

（1）与资产相关的政府补助

与资产相关的政府补助，是指企业取得的、用于购建或以其他方式形成长期资产的政府补助。

（2）与收益相关的政府补助

与收益相关的政府补助，是指除与资产相关的政府补助之外的政府补助。

第二节　政府补助的会计处理

◇与资产相关的政府补助

◇与收益相关的政府补助

◇政府补助的退回

◇特定业务的会计处理

考霸笔记

属于核心内容之一，需要全面掌握会计处理，可以考核客观题及差错更正。

一、与资产相关的政府补助

实务中，企业通常先收到补助资金，再按照政府要求将补助资金用于购建固定资产或无形资产等长期资产。企业在收到补助资金时，有两种会计处理方法可供选择：

与资产相关的政府补助总结。

1. 总额法

（1）取得政府补助时：

借：××资产

　　贷：递延收益

（2）按资产的使用寿命平均分摊递延收益：

借：递延收益

　　贷：其他收益

什么是其他收益?

相关资产在使用寿命结束时或结束前被处置（出售、转让、报废等），尚未分摊的递延收益余额应当一次性转入资产处置当期的资产处置收益，不再予以递延。

2.净额法

将补助冲减相关资产账面价值。企业对某项经济业务选择总额法或净额法后，应当对该项业务一贯地运用该方法，不得随意变更。

与收益相关的政府补助总结。

若政府补助是以向企业无偿划拨长期非货币性资产的方式出现的，应当以资产的公允价值确认其入账成本，分录如下：

借：××长期非货币性资产

　贷：递延收益

再按该资产的使用寿命进行分摊：

借：递延收益

　贷：其他收益

如果公允价值不可取得，应按照名义金额（1元）计量资产价值，并同时计入当期损益。

考霸笔记

属于核心内容之一，需要全面掌握会计处理，可以考核客观题及差错更正。

二、与收益相关的政府补助

与资产相关的政府补助退回如何进行账务处理？

对于与收益相关的政府补助，企业应当选择采用总额法或净额法进行会计处理。选择总额法的，应当计入其他收益或营业外收入。选择净额法的，应当冲减相关成本费用或营业外支出。

1.用于补偿企业以后期间的相关成本费用或损失的，在收到时应当先判断企业能否满足政府补助所附条件。

如收到时暂时无法确定，则应当先作为预收款项记入“其他应付款”科目，待客观情况表明企业能够满足政府补助所附条件后，再确认递延收益；

如收到补助时，客观情况表明企业能够满足政府补助所附条件，则应当确认递延收益，并在确认相关费用或损失的期间，计入当期损益或冲减相关成本。

2.用于补偿企业已发生的相关成本费用或损失的，直接计入当期损益或冲减相关成本。

考霸笔记

本小部分属于2018年新增内容，更贴合实务处理。政府补助退回原则是，根据原补助对象进行原路退回。

三、政府补助的退回

已计入损益的政府补助需要退回的，应当在需要退回的当期分情况按照以下规定进行会计处理：

（1）初始确认时冲减相关资产账面价值的，调整资产账面价值。

（2）存在相关递延收益的，冲减相关递延收益账面余额，超出部分计入当期损益。

（3）属于其他情况的，直接计入当期损益。此外，对于属于前期差错的政府补助退回，应当按照前期差错更正进行追溯调整。

考霸笔记

基础概念，可以作为概念性选择题的一个选项出现。

四、特定业务的会计处理

（一）综合性项目政府补助

企业取得针对综合性项目的政府补助，需要将其分解为与资产相关的部分和与收益相关的部分，分别进行会计处理；

难以区分的，将政府补助整体归类为与收益相关的政府补助，视情况不同计入当期损益，或者在项目期内分期确认为当期收益。

（二）财政贴息

政策性优惠贷款贴息如何理解记忆其会计处理？

财政贴息是指政府为支持特定领域或区域发展，根据国家宏观经济形势和政策目标，对承贷企业的银行贷款利息给予的补贴。

财政贴息主要有两种方式：

1.财政将贴息资金直接拨付贷款银行，由贷款银行以政策性优惠利率向企业提供贷款。这种方式下，受益企业按照优惠利率向贷款银行支付利息，没有直接从政府取得利息补助，企业可选择下列方法之一进行会计处理：一是以实际收到的金额作为借款的入账价值，按照借款本金和该政策性优惠利率计算借款费用；二是以借款的公允价值作为借款的入账价值并按照实际利率法计算借款费用，实际收到的金额与借款公允价值之间的差额确认为递延收益，递延收益在借款存续期内采用实际利率法摊销，冲减相关借款费用。

2.财政将贴息资金直接支付给受益企业，企业先按照同类贷款市场利率向银行支付利息，财政部门定期与企业结算贴息。在这种方式下，由于企业先按照同类贷款市场利率向银行支付利息，所以实际收到的借款金额通常就是借款的公允价值，企业应当将对应的贴息冲减相关借款费用。

考霸笔记

基础概念，了解即可。

第三节　政府补助的列报

◇政府补助在利润表上的列示

◇政府补助的附注披露

一、政府补助在利润表上的列示

企业应当在利润表中的“营业利润”项目下单独列报“其他收益”项目，计入其他收益的政府补助在该项目中反映。冲减相关成本费用的政府补助，在相关成本费用项目中反映。与企业日常经营活动无关的政府补助，在利润表的营业外收支项目中列报。

二、政府补助的附注披露

企业应当在附注中披露与政府补助有关的下列信息：政府补助的种类、金额和列报项目；计入当期损益的政府补助金额；本期退回的政府补助金额及原因。

因政府补助涉及递延收益、其他收入、营业外收入以及成本费用等多个报表项目，为了全面反映政府补助情况，企业应当在附注中单设项目披露政府补助的相关信息。

例17-2·2013年多选题

甲公司20×3年自财政部门取得以下款项：

（1）2月20日，收到拨来的以前年度已完成重点科研项目的经费补贴260万元；

（2）6月20日，取得国家对公司进行扶改项目的支持资金3 000万元，用于购置固定资产，相关资产于当年12月28日达到预定可使用状态，预计使用20年，采用年限平均法计提折旧；

（3）12月30日，收到战略性新兴产业研究补贴4 000万元，该项目至取得补贴款时已发生研究支出1 600万元，预计项目结项前仍将发生研究支出2 400万元。

假定上述政府补助在20×3年以前均未确认，不考虑其他因素，下列关于甲公司20×3年与政府补助相关的会计处理中，正确的有（　　）。

A.当期应计入损益的政府补助是1 860万元

B.当期取得与收益相关的政府补助是260万元

C.当期取得与资产相关的政府补助是3 000万元

D.当期应计入资本公积的政府补助是4 000万元

【答案】AC

【解析】当期应计入损益的政府补助=260+1 600=1 860（万元），选项A正确；当期取得与收益相关的政府补助=260+4 000=4 260（万元），选项B错误；当期取得与资产相关的政府补助为3 000万元，选项C正确；政府补助不计入资本公积，选项D错误。

例17-3·2012年单选题

20×6年4月，甲公司拟为处于研究阶段的项目购置一台实验设备。根据国家政策，甲公司向有关部门提出补助500万元的申请。20×6年6月，政府批准了甲公司的申请并拨付500万元，该款项于20×6年6月30日到账。20×6年6月5日，甲公司购入该实验设备并投入使用，实际支付价款900万元（不含增值税税额）。甲公司采用年限平均法按5年计提折旧，预计净残值为零。不考虑其他因素，甲公司因购入和使用该台实验设备对20×6年度损益的影响金额为（　　）万元。

A.-40　　B.-80　　C.410　　D.460

【答案】A

【解析】甲公司取得的与资产相关的政府补助，应当确认为递延收益，自相关资产达到预定可使用状态起，在该资产使用期间按照系统合理的方法分期计入损益。甲公司因购入和使用该台实验设备对20×6年度损益的影响金额=（-900÷5+500÷5）×1÷2=-40（万元）。

例17-4·2012年多选题

甲公司为境内上市公司，20×6年发生的有关交易或事项包括：（1）因增资取得母公司投入资金1 000万元；（2）享有联营企业持有的其他债权投资当年公允价值增加额140万元；（3）收到税务部门返还的增值税税款100万元；（4）收到政府对公司前期已发生亏损的补贴500万元。甲公司20×6年对上述交易或事项的会计处理正确的有（　　）。

A.收到返还的增值税税款100万元，确认为资本公积

B.收到政府亏损补贴500万元，确认为当期损益或冲减相关成本

C.取得其母公司1 000万元投入资金，确认为股本及资本公积

D.应享有联营企业140万元的公允价值增加额，确认为其他综合收益

【答案】BCD

【解析】收到返还的增值税税款属于与收益相关的政府补助，应当于收到时确认为当期损益或冲减相关成本，选项A错误。

例 17-5 · 2011 年单选题

20×1 年度，甲公司发生的相关交易或事项如下：

（1）4月1日，甲公司收到先征后返的增值税税款600万元。

（2）6月30日，甲公司以8 000万元的拍卖价格取得一栋已达到预定可使用状态的房屋，该房屋的预计使用年限为50年。当地政府为鼓励甲公司在当地投资，于同日拨付甲公司2 000万元，作为对甲公司取得房屋的补偿。

（3）8月1日，甲公司收到政府拨付的300万元款项，用于正在建造的新型设备。至12月31日，该设备仍处于建造过程中。

（4）10月10日，甲公司收到当地政府追加的投资500万元。甲公司按年限平均法对固定资产计提折旧。

要求：根据上述资料，不考虑其他因素，回答下列两个小题。

1. 下列各项关于甲公司上述交易或事项会计处理的表述，正确的是（　　）。

A. 收到政府拨付的房屋补助款应冲减所取得房屋的成本

B. 收到先征后返的增值税应确认为与收益相关的政府补助

C. 收到政府追加的投资应确认为递延收益并分期计入损益

D. 收到政府拨付用于新型设备的款项应冲减设备的建造成本

【答案】B

【解析】收到的先征后返的增值税确认为与收益相关的政府补助。

2. 甲公司20×1年度因政府补助应确认的收益金额是（　　）万元。

A.600　　B.620　　C.900　　D.3 400

【答案】B

【解析】20×1年度因政府补助确认的收益金额=600+2 000÷50×6÷12=620（万元）。

智能测评

在线练习	我要提问
5964 扫码在线做题　6119 扫码看答案 本书“本章同步强化训练”均配备二维码，打开微信“扫一扫”即可完成在线测评，查看本章详细的测评反馈报告，了解知识掌握情况，也可扫码直接看答案噢。 快来扫码做题吧！	6102 扫码答疑 本书配备答疑专用二维码，打开微信“扫一扫”，即可完成在线提问，获取专业老师全面个性化解答，让学习问题不再拖延。 快来扫码提问吧！

本章同步强化训练

一、单选题

1. 甲公司2×14年12月申请某国家级研发补贴。申请报告书中的有关内容如下：本公司于2×14年1月启动数字印刷技术开发项目，预计总投资600万元、为期3年，已投入资金200万元。项目还需新增投资400万（其中，购置固定资产100万元、场地租赁费50万元；人员费150万元、市场营销100万元），计划自筹资金300万元、申请财政拨款100万元。2×15年1月1日，主管部门批准了甲公司的申请，签订的补贴协议规定：批准甲公司补贴申请，共补贴款项100万元，分两次拨付。合同签订日拨付50万元，结项验收时支付50万元（如果不能通过验收，则不支付第二笔款项）。

要求：根据上述资料，不考虑其他因素，回答下列题目。

（1）该项财政拨款应确认为（　　）。

A. 与综合收益相关的政府补助　　B. 与资产相关的政府补助

C. 与收益相关的政府补助　　D. 与权益相关的政府补助

（2）甲公司2×15年应确认的损益为（　　）万元。

A.0　　B.25　　C.50　　D.100

2. 某市公交公司因票价受到政府限制，2×14年末收到当地市政府给予的500万元财政拨款，其中300万元用于补偿2×14年企业的经营亏损，剩余的200万元用于2×15年度的补贴。企业已收到款项，并存入银行。

根据以上资料，回答下列问题。

（1）下列关于与收益相关的政府补助的说法中，正确的是（　　）。

A. 应当在其补偿的相关费用或损失发生的期间计入当期损益

B. 用于补偿企业以后期间费用或损失的，在取得时先确认为递延收益，以后期间计入资本公积

C. 用于补偿企业已发生费用或损失的，取得时计入递延收益，然后结转至营业外收入

D. 用于补偿企业已发生费用或损失的，取得时追述调整以前年度损益

（2）下列有关公交公司的处理中，说法正确的是（　　）。

A. 确认其他收益500万元

B. 确认营业外收入500万元

C. 确认递延收益200万元和其他收益300万元

D. 确认递延收益200万元和营业外收入300万元

3. 大华企业为一家粮食储备企业，2×14年发生有关政府补助业务如下：

（1）大华企业粮食储备量为30 000万斤。根据国家有关规定，财政部门按照企业实际储量给予每斤0.039元的粮食保管费补贴，于每个季度初支付，2×14年1月收到补贴存入银行。

（2）按照相关规定，粮食储备企业需要根据有关主管部门每个季度下达的轮换计划出售陈粮，同时购入新粮。为弥补粮食储备企业发生轮换费用，财政部门按照轮换计划中规定的轮换量支付给企业每斤0.02元的轮换费用。按照轮换计划，大华企业需要在2×14年第一季度轮换储备粮25 500万斤，2×14年1月初款项尚未收到。

（3）2×14年3月，大华企业为购买新储备粮从国家农业发展银行贷款5 000万元，贷款利率

为6%。自2×14年4月开始财政部门于每个季度初，按照大华企业的实际贷款额和贷款利率拨付大华企业贷款利息。大华企业4月初收到财政部门划拨的当季度实际财政贴息。

要求：根据上述资料，不考虑其他因素，回答下列问题。

（1）2×14年第一季度大华企业实现了粮食轮换计划，并于3月底收到轮换费用补贴，则下列说法正确的是（　　）。

A.2×14年1月初轮换费用补贴定额尚未收到，大华企业不应当做账务处理

B.2×14年1月大华企业应该确认的当期损益是560万元

C.2×14年3月收到款项时应该计入当期损益510万元

D.2×14年大华企业第一季度收到的粮食轮换费用补贴应该最后一个月一次性摊销摊销

（2）下列关于大华企业2×14年4月的会计处理正确的是（　　）。

A.2×14年4月初，大华企业收到第二季度的财政贴息应该冲减财务费用

B.2×14年4月大华企业应该确认的当期损益是75万元

C.2×14年4月大华企业收到第二季度的财政贴息时应该全部计入营业外收入

D.2×14年4月大华企业第二季度收到的财政贴息应该计入递延收益并按月摊销计入其他收益

4.下列与资产相关的政府补助表述错误的是（　　）。

A.企业取得的与资产相关的政府补助应当先确认为递延收益，然后自相关资产可供使用时起，在该项资产的使用寿命内按照合理、系统的方法计入损益

B.企业取得的与资产相关的政府补助应当先确认为递延收益，然后自相关资产可供使用时起，在该项资产的使用寿命内平均分配计入损益

C.企业取得的与资产相关的政府补助通常为货币性资产形式

D.在很少情况下，企业取得的与资产相关的政府补助也表现为政府向企业无偿划拨长期非货币性资产

5.下列关于政府补助的说法，正确的是（　　）。

A.企业取得的与收益相关的政府补助，用于补偿以后期间费用或损失的，在取得时直接全额计入当期损益

B.与收益相关的政府补助应在其取得时直接计入当期损益

C.与资产相关的政府补助在相关资产使用寿命结束或结束前被处置时，尚未分摊的递延收益余额应一次性转入当期损益

D.企业取得的针对综合性项目的政府补助，直接作为与收益相关的政府补助处理

二、多选题

1.下列项目中，属于政府补助的主要形式的有（　　）。

A.政府豁免企业债务　　B.增值税出口退税　　C.财政贴息

D.财政拨款　　E.税收返还

2.关于与收益相关的政府补助的确认，下列说法不正确的有（　　）。

A.与收益相关的政府补助应当在其补偿的相关费用或损失发生的期间计入其他业务收入

B.用于补偿企业以后期间费用或损失的，在取得时调整留存收益

C.用于补偿企业以后期间费用或损失的，在取得时先确认为递延收益，然后在确认相关费用的期间计入当期损益或冲减相关成本

D.用于补偿企业已发生费用或损失的取得时直接计入当期其他权益变动。

E.用于补偿企业已发生费用或损失的取得时先确认为递延收益，然后在确认相关费用的期间计入当期营业外收入

3.关于与资产相关的政府补助的确认，下列说法正确的有（　　）。

A.企业取得与资产相关的政府补助，应当先确认为递延收益，自相关资产可供使用时起，在其预计的使用寿命内将递延收益按照合理、系统的方法分摊计入当期损益

B.企业取得与资产相关的政府补助，确认为递延收益以后，相关资产在使用寿命结束时或结束前被处置的，尚未分摊的递延收益余额应当一次性转入资产处置当期的损益，不再予以递延

C.企业取得与资产相关的政府补助，应当直接确认为当期损益

D.企业取得与资产相关的政府补助，用于补偿企业以后的成本或费用的，应当直接确认为递延收益

E.企业取得与资产相关的政府补助，用于补偿企业以后期间发生的成本或费用的，应当先确认为递延收益，然后在确认相关费用的期间计入当期营业外收入

三、计算题

1.2×14年1年1月，天天公司需要购置一台环保设备，预计价款为2 000万元，因资金不足，按相关规定向相关部门提出补助600万元的申请，2×14年2月1日，政府批准了天天公司的申请并拨付天天公司600万元财政补贴（同日到账）。2×14年3月31日，购入该不需要安装的环保设备，实际成本为1 800万元，使用寿命为10年，采用年限平均法计提折旧，预计净残值为0，2×15年5月1日，天天公司出售该环保设备，取得价款1 500万元，假定不考虑其他因素。

要求：分别采用总额法和净额法进行会计处理：

（1）编制天天公司2×14年2月1日实际收到财政拨款的会计分录；

（2）编制天天公司2×14年3月31日购入设备的会计分录；

（3）编制该环保设备2×14年计提折旧与分配递延收益（按月摊销）的会计分录；

（4）计算天天公司2×15年5月1日累计折旧额和递延收益累计摊销额；

（5）编制天天公司2×15年5月1日出售设备的会计分录。

2.2×18年1月1日，大华公司向银行贷款2 000万元，期限为2年，年利率为9%，当日，大华公司向当地政府提出财政贴息申请。经审核，当地政府批准按照实际贷款额给予大华公司年利率为6%的财政贴息，并于当月开始发放。（答案单位以万元表示）

要求：分别以下两种情形编制相关会计分录。

情形1：财政将贴息资金拨付给银行；

情形2：财政将贴息资金拨付给大华公司。

第十八章

非货币性资产交换

考霸笔记
每年考查2分左右，多以客观题形式考查非货币性资产交换的概念辨析及会计处理。

本章导学

本章框架图

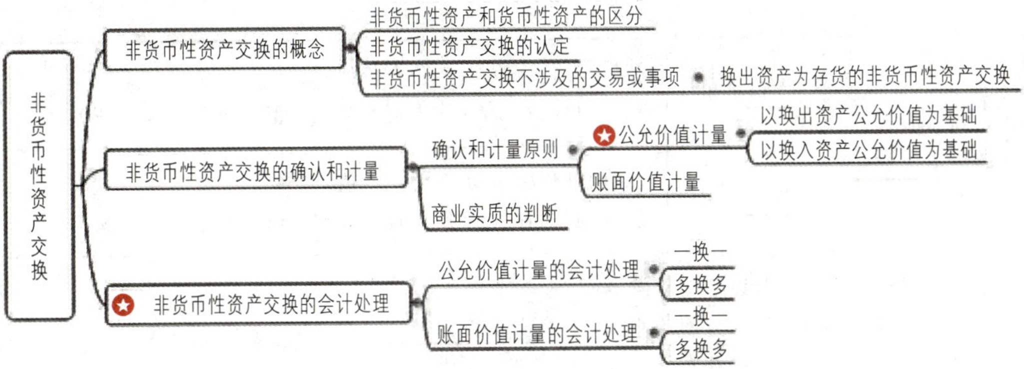

本章考情概述

本章阐述非货币性资产交换的确认、计量和记录问题。

本章应关注的主要问题：（1）非货币性资产交换的认定；（2）公允价值计量模式下取得的非货币性资产入账价值的确定及损益的确认；（3）账面价值计量模式下取得的非货币性资产入账价值的确定。

本章近三年主要考点：（1）有补价的非货币性资产交换的认定；（2）公允价值计量模式与账面价值计量模式的适用条件；（3）公允价值计量模式下非货币性资产交换的会计处理；（4）账面价值计量模式下非货币性资产交换的会计处理。

2019年教材主要变化

本章内容无变化。

第一节　非货币性资产交换的概念

◇非货币性资产交换的相关概念

◇非货币性资产交换不涉及的交易和事项

一、非货币性资产交换的相关概念

考霸笔记
基础概念，近几年均考核选择题，非常重要，必须掌握。通俗来讲，非货币性资产交换就是以物易物。

非货币性资产交换是指交易双方主要以非货币性资产进行的交换，该交换一般不涉及或只涉及少量的货币性资产（补价）。

第十八章

预付账款为什么不是货币性资产？

1.货币性资产

货币性资产，是指货币资金及将来对应一笔固定的或可确定的货币资金量的资产，包括：货币资金、应收账款、应收票据、其他应收款以及准备持有至到期的债券投资等。

2.非货币性资产

非货币性资产，是指在将来不对应一笔固定的货币资金量的资产，如：固定资产、存货、无形资产以及不准备持有至到期的债券投资、股权投资等。

3.非货币性资产交换的认定（见表18-1）

考霸笔记
必须熟练掌握哪些是货币性资产，哪些是非货币性资产，可能考查客观题。

表18-1　　非货币性资产交换的认定知识表

判断标准 （注意不含25%）	支付补价	支付的补价/换入资产公允价值＜25% 或者支付的补价/（换出资产公允价值＋补价）＜25%
	收到补价	收到的补价/换出资产公允价值＜25% 或者收到的补价/（换入资产公允价值＋补价）＜25%
非货币性资产交换不涉及以下交易或事项： （1）与所有者或所有者以外方面的非货币性资产非互惠转让 （2）在企业合并、债务重组和发行股票中取得非货币性资产		

存货交换固定资产、无形资产等非现金资产如何处理？

例18-1·2016年单选题

下列交易或事项，甲公司应按非货币性资产交换的原则进行会计处理的是（　　）。

A.以持有的应收账款换取乙公司的产品

B.以持有的应收票据换取乙公司的电子设备

C.以持有的商品换取乙公司的产品作为固定资产使用

D.以持有至到期日的债权投资换取乙公司25%的股权投资

【答案】C

【解析】货币性资产，指持有的现金及将以固定或可确定金额的货币收取的资产，包括现金、应收账款和应收票据以及准备以摊余成本计量的金融资产等。所以选项C是正确的。

考霸笔记
非常重要，可以直接考查客观题，也可以作为主观题的一个小问加以考查。注意25%这个临界点。

例18-2·2015年单选题

在不涉及补价的情况下，下列各项交易事项中，属于非货币性资产交换的是（　　）。

A.开出商业承兑汇票购买原材料

B.以拥有的股权投资换入专利技术

C.以应收账款换入对联营企业投资

D.以作为持有至到期投资核算的债券投资换入机器设备

【答案】B

【解析】选项ACD中应收票据、持有至到期投资、应收账款均是货币性资产。

非货币性资产交换涉及补价时，怎么计算补价的比例？

二、非货币性资产交换不涉及的交易和事项（✔注意事项，了解即可）

本章所述的非货币性资产交换是企业之间主要以非货币性资产形式的互惠转让，即企业取得一项非货币性资产，必须以付出自己拥有的非货币性资产作为代价，而不是单方向的非互惠转让。

第二节　非货币性资产交换的确认和计量

◇确认和计量原则

◇商业实质的判断

一、确认和计量原则

（一）公允价值

以公允价值计量时，应当以公允价值和应支付的相关税费作为换入资产的成本，公允价值与换出资产账面价值的差额计入当期损益。

［提示］此处的处置损益有两种可能：

（1）换出资产公允价值减去换出资产账面价值；

（2）换入资产公允价值减去换出资产账面价值。

（二）账面价值

以账面价值计量时，应当按照换出资产的账面价值和应支付的相关税费作为换入资产的成本，不确认损益。

二、商业实质的判断

考霸笔记
了解即可，从往年考题来看，是否具有商业实质，在考题中会直接给出，不需要考生判断。

（一）判断条件

满足下列条件之一的非货币性资产交换具有商业实质：

1.换入资产的未来现金流量在风险、时间和金额方面与换出资产显著不同。

主要包括但不仅限于以下几种情形：

（1）未来现金流量的风险、金额相同，时间不同。此种情形是指换入资产和换出资产产生的未来现金流量总额相同，获得这些现金流量的风险相同，但现金流量流入企业的时间不同。

（2）未来现金流量的时间、金额相同，风险不同。此种情形是指换入资产和换出资产产生的未来现金流量时间和金额相同，但企业获得现金流量的风险或不确定性程度存在明显差异。

（3）未来现金流量的风险、时间相同，金额不同。此种情形是指换入资产和换出资产的现金流量总额相同，预计为企业带来现金流量的时间跨度相同，风险也相同，但各年产生的现金流量金额存在明显差异。

2.换入资产与换出资产的预计未来现金流量现值不同，且其差额与换入资产和换出资产的公允价值相比是重大的。

（二）关联方之间资产交换与商业实质的关系

在确定非货币性资产交换是否具有商业实质时，企业应当关注交易各方之间是否存在关联方关系。关联方关系的存在可能导致发生的非货币性资产交换不具有商业实质。

第三节　非货币性资产交换的会计处理

◇以公允价值计量的会计处理

◇以换出资产账面价值计量的会计处理

◇涉及多项非货币性资产交换的会计处理

考霸笔记

以公允价值为基础进行处理的，应正常确认换出资产的损益。

一、以公允价值计量的会计处理

非货币性资产交换同时满足下列条件的，应当以换出资产的公允价值和应支付的相关税费作为换入资产的成本，公允价值与换出资产账面价值的差额计入当期损益：

1. 该项交换具有商业实质。

2. 换入资产或换出资产的公允价值能够可靠地计量。

考霸笔记

了解即可，这两项条件都不需要考生自己判断，题目条件会给出。

符合下列情形之一的，表明换入资产或换出资产的公允价值能够可靠地计量：

（1）换入资产或换出资产存在活跃市场；

（2）换入资产或换出资产不存在活跃市场，但同类或类似资产存在活跃市场；

（3）换入资产或换出资产不存在同类或类似资产的可比市场交易，应当采用估值技术确定其公允价值。该公允价值估计数的变动区间很小，或者在公允价值估计数变动区间内，各种用于确定公允价值估计数的概率能够合理确定的，视为公允价值能够可靠计量。

在公允价值计量下，如何简单记忆换入资产账面价值?

5969

（一）换入资产入账价值的确定（见表18-2）

表18-2　换入资产入账价值的确定知识表

1. 不涉及补价的情况		换入资产成本 =换出资产公允价值+换出资产增值税销项税额-换入资产可抵扣的增值税进项税额+支付的应计入换入资产成本的相关税费
2. 涉及补价的情况	（1）支付补价	换入资产成本 =换出资产公允价值+换出资产增值税销项税额-换入资产可抵扣的增值税进项税额+支付的应计入换入资产成本的相关税费+支付的补价
	（2）收到补价	换入资产成本 =换出资产公允价值+换出资产增值税销项税额-换入资产可抵扣的增值税进项税额+支付的应计入换入资产成本的相关税费-收到的补价

考霸笔记

除存货参考收入准则外，其他资产视为正常的资产处置处理，确认相应的损益。

（二）换出资产公允价值与其账面价值的差额的会计处理

考霸笔记

以下总结仅供参考，注意做这样的题目，最好不要强行记忆公式，而是通过具体题目的练习来加强理解和记忆。

换出资产公允价值与其账面价值的差额，应当分别不同情况处理：

（1）换出资产为存货的，应当作为销售处理，以其公允价值确认收入，同时结转相应的成本。

（2）换出资产为固定资产、无形资产的，换出资产公允价值与其账面价值的差额，计入资产处置损益。

（3）换出资产为长期股权投资、其他债权投资的，换出资产公允价值与其账面价值的差额，记入“投资收益”科目，并将长期股权投资和其他债权投资持有期间形成的“其他综合收益”转入“投资收益”。

（4）换出资产为投资性房地产的，以其公允价值确认其他业务收入，同时结转其他业务成本。

（三）相关税费的处理

与换入资产有关的相关税费和购入资产相关税费的会计处理相同，如换入资产的运费和保险费计入换入资产的成本等。

与换出资产有关的相关税费和出售资产相关税费的会计处理相同。

例 18-3 · 2013年多选题

甲公司与丙公司签订一项资产置换合同，甲公司以其持有的联营企业30%的股权作为对价，另以银行存款支付补价100万元换取丙公司生产的一台大型设备，该设备的总价款为3 900万元。该联营企业30%的股权的取得成本为2 200万元，取得该股权时该联营企业可辨认净资产公允价值为7 500万元（可辨认资产、负债的公允价值与账面价值相等）。甲公司取得该股权后至置换大型设备时，该联营企业累计实现净利润3 500万元，分配现金股利400万元，其他综合收益增加650万元。交换日，甲公司持有的该联营企业30%的股权的公允价值为3 800万元，不考虑相关税费及其他因素，下列各项对上述交易的会计处理中，正确的有（ ）。

如何计算换出资产的损益?

A. 甲公司处置该联营企业股权确认投资收益620万元

B. 丙公司确认换入该联营企业股权入账价值为3 800万元

C. 丙公司确认换出大型专用设备的营业收入为3 900万元

D. 甲公司确认换入大型专用设备的入账价值为3 900万元

【答案】ABCD

【解析】甲公司持有的该股权投资在处置日的账面价值=2 200+（7 500×30%−2 200）+（3 500−400+650）×30%=3 375（万元）

会计处理为（单位：万元）：

借：固定资产	3 900	
贷：长期股权投资		3 375
投资收益		425
银行存款		100
借：其他综合收益	195	
贷：投资收益		195

丙公司针对该项交易的会计处理为：

借：长期股权投资	3 800	
银行存款	100	
贷：主营业务收入		3 900

例 18-4 · 2012年单选题

甲公司为增值税一般纳税人，20×2年1月25日，以其拥有的一项非专利技术与乙公司生产的一批商品进行交换。交换日，甲公司换出非专利技术的成本为80万元，累计摊销为15万元，未计提减值准备，公允价值无法可靠计量；换入商品的账面成本为72万元，未计提跌价准备，公允价值为100万元，增值税税额为17万元，甲公司将其作为存货；甲公司另收到乙公司支付的30万元现金。不考虑其他因素，甲公司对该交易应确认的收益为（ ）。

A.0　　B.22万元
C.65万元　　D.82万元

【答案】D

【解析】该非货币性资产交换具有商业实质，但换出资产的公允价值不能可靠计量，应以换入资产的公允价值与收到的补价为基础确定换出资产的损益，甲公司对该交易应确认的收益=（100+30+17）-（80-15）=82（万元）。

甲公司会计处理如下（单位：万元）：

借：库存商品　　100
　　应交税费——应交增值税（进项税额）　　17
　　银行存款　　30
　　累计摊销　　15
　贷：无形资产　　80
　　　资产处置损益　　82

考霸笔记
相对于具有商业实质的以公允价值为基础的交易，不具有商业实质的交易考查的可能性很小，在理解相关概念的基础上掌握即可。

二、以换出资产账面价值计量的会计处理

未同时满足准则规定的两个条件的非货币性资产交换，即该项交换具有商业实质或换入资产或换出资产的公允价值能够可靠地计量，应当以换出资产的账面价值和为换入资产应支付的相关税费作为换入资产的成本，不确认损益。

（一）换入资产入账价值的确定（见表18-3）

考霸笔记
因为不具有商业实质，或者换入与换出资产公允价值无法可靠计量，所以以账面价值为基础进行核算，不能确认损益。

表18-3　换入资产入账价值的确定知识表

1. 不涉及补价的情况		换入资产成本 =换出资产账面价值+换出资产增值税销项税额-换入资产可抵扣的增值税进项税额+支付的应计入换入资产成本的相关税费
2. 涉及补价的情况	（1）支付补价	换入资产成本 =换出资产账面价值+换出资产增值税销项税额-换入资产可抵扣的增值税进项税额+支付的应计入换入资产成本的相关税费+支付的补价
	（2）收到补价	换入资产成本 =换出资产账面价值+换出资产增值税销项税额-换入资产可抵扣的增值税进项税额+支付的应计入换入资产成本的相关税费-收到的补价

考霸笔记
以下总结仅供参考，注意通过具体题目的练习来加深理解，加强记忆。

（二）相关税费的处理

与换入资产有关的相关税费和购入资产相关税费的会计处理相同，如换入资产的运费和保险费计入换入资产的成本等。

增值税进项税额若可抵扣，则不计入换入资产的成本；增值税的销项税额计入换入资产的成本。

除增值税的销项税额以外，为换入资产而发生的相关税费，计入换入资产的成本；为换出资产而发生的相关税费，计入换出资产的处置损益。

例18-5·单选题

甲、乙公司均为一般纳税人，增值税税率为17%。甲公司本期以自产A产品交换乙公司的B产品，甲公司的A产品成本为600万元，公允价值和计税价格均为540万元，已计提存货跌价准备60万元。乙公司的B产品成本为460万元，公允价值和计税价格均为560万元，消费税税率为5%，交换过程中甲公司向乙公司支付补价20万元。该交换不具有商业实质，且假定不考虑其他税费。甲公司换入B产品和入账价值是（　　）。

A.556.6万元　　B.560万元　　C.553.6万元　　D.498.62万元

【答案】A

【解析】甲公司换入B产品的入账价值=540+20+540×17%−560×17%=556.6（万元）。

相关分录（单位：万元）：借：库存商品　556.6
应交税费——应交增值税（进项税额）　95.2
存货跌价准备　60
贷：库存商品——A　600
应交税费——应交增值税（销项税额）　91.8
银行存款　20

【提示】虽然该交换不具有商业实质，但增值税上是视同销售的，要按市价计算销项税额，入账价值仍然也按账面价值核算。

不具有商业实质，换入资产的入账价值如何计算?

三、涉及多项非货币性资产交换的会计处理

（一）非货币性资产交换具有商业实质，且换入资产的公允价值能够可靠计量

考霸笔记：注意两个条件需同时满足。

1.一般情况

在这种情况下，换入资产的总成本应当按照换出资产的公允价值总额为基础确定。

2.特殊情况

所谓的特殊情况，是指尽管换入和换出资产的公允价值均能够可靠计量，但有确凿证据证明换入资产的公允价值总额更可靠。在这种情况下，换入资产的总成本应当按照换入资产的公允价值总额为基础确定。

上述两种情况下，各项换入资产的成本，应当按照换入各项资产的公允价值占换入资产公允价值总额的比重，对换入资产的成本总额进行分配，确定各项换入资产的成本。

每项换入资产成本=换入资产的成本总额×该项资产的公允价值÷换入资产公允价值总额

（二）非货币性资产交换不具有商业实质，或者虽具有商业实质但换入资产的公允价值不能可靠计量

在这种情况下，换入资产的总成本应当按照换出资产的公允价值总额为基础确定，各项换入资产的成本，应当按照换入各项资产的原账面价值占换入资产原账面价值总额的比重，对换入资产的成本总额进行分配，确定各项换入资产的成本。

每项换入资产成本=换入资产的成本总额×该项资产的原账面价值÷换入资产原账面价值总额

考霸笔记

对比以上两个公式可以发现，每项换入资产成本的计算基础都是“换入资产的成本总额”，再按该项资产的公允价值（或账面价值）占换入资产公允价值总额（或原账面价值总额）的比重进行换入资产入账价值的确认。

（三）非货币性资产交换具有商业实质，且换入资产的公允价值能够可靠计量，但换出资产的公允价值不能可靠计量

在这种情况下，换入资产的总成本应当按照换入资产的公允价值总额为基础确定，各项换入资产的成本，应当按照各项换入资产的公允价值占换入资产公允价值总额的比重，对换入资产总成本进行分配，确定各项换入资产的成本。

每项换入资产成本=换入资产的成本总额×该项资产的公允价值÷换入资产公允价值总额

（四）非货币性资产交换不具有商业实质或换入和换出资产的公允价值均不能可靠计量

在这种情况下，换入资产的总成本应当按照换出资产的账面价值总额为基础确定，各项换入资产的成本，应当按照各项换入资产的原账面价值占换入资产的账面价值总额的比重，对换入资产总成本进行分配，确定各项换入资产的成本。

每项换入资产成本=换入资产的成本总额×该项资产的原账面价值÷换入资产原账面价值总额

考霸笔记

注意根据公式理解其实质内涵，做到对公式的熟练掌握与应用。考查“具有商业实质的非货币性资产交换”的概率更大，在学习中应有所侧重。

智能测评

在线练习	我要提问
扫码在线做题　扫码看答案 本书“本章同步强化训练”均配备二维码，打开微信“扫一扫”即可完成在线测评，查看本章详细的测评反馈报告，了解知识掌握情况，也可扫码直接看答案噢。 快来扫码做题吧！	扫码答疑 本书配备答疑专用二维码，打开微信“扫一扫”，即可完成在线提问，获取专业老师全面个性化解答，让学习问题不再拖延。 快来扫码提问吧！

本章同步强化训练

一、单选题

1. 集英公司以一项以公允价值计量且其变动计入其他综合收益的金融资产（投资对象为股票）换入蓝天公司的一项固定资产，该项金融资产的账面价值为150万元，其公允价值为180万元。蓝天公司该项固定资产的账面原价为200万元，已计提折旧的金额为30万元，计提减值准备的金额为15万元，公允价值为170万元。蓝天公司支付给集英公司补价8万元，并为换入该项金融资产支付相关交易费用5万元。换入的金融资产作为交易性金融资产核算。假设两公司资产交换不具有商业实质，且不考虑相关税费。

要求：根据上述资料，不考虑其他因素，回答下列各题：

（1）蓝天公司换入该交易性金融资产的入账价值为（ ）万元。

A.178　　B. 163　　C. 155　　D. 180

（2）蓝天公司因该项非货币性资产交换影响利润总额的金额为（ ）万元。

A. 0　　B. 5　　C. 15　　D. 10

2. 集英公司和蓝天公司均为增值税一般纳税人，适用的增值税税率均为17%。2×14年2月1日，集英公司以一批库存商品和一台机器设备与蓝天公司持有的长期股权投资进行交换，集英公司该批库存商品的账面价值为500万元，公允价值为600万元；机器设备原价为1 000万元，已计提折旧200万元，计提减值准备50万元，该项机器设备的公允价值为650万元，交换中发生固定资产清理费用5万元。蓝天公司持有的长期股权投资的账面价值为1 280万元，公允价值为1 400万元，蓝天公司另向集英公司支付补价款62.5万元。假设该项非货币性资产交换具有商业实质。

要求：根据上述资料，不考虑其他因素，回答下列各题：

（1）集英公司换入长期股权投资的入账价值为（ ）万元。

A.1 400　　B.1 250　　C.1 187.5　　D.1 462.5

（2）蓝天公司取得的机器设备的入账价值为（ ）万元。

A.750　　B.760.5　　C. 650　　D.745

（3）集英公司该项交易计入损益的金额为（ ）万元。

A. 0　　B. −90　　C.−5　　D. 100

3. 2×14年2月，甲公司以其持有的丙公司股票交换乙公司的一栋自用办公楼，并将换入的办公楼直接对外出租。

甲公司所持有丙公司股票作为交易性金融资产核算，其成本为1 200万元，累计确认公允价值变动收益为150万元，在交换日的公允价值为1 480万元。甲公司另向乙公司支付银行存款20万元。

乙公司用于交换的办公楼的账面价值为1 180万元，未计提减值准备，在交换日的公允价值为1 500万元。乙公司换入丙公司股票后对丙公司不具有控制、共同控制或重大影响，拟随时处置丙公司股票以获取差价。甲公司和乙公司不存在任何关联方关系。

要求：根据上述资料，不考虑其因素，回答下列各题：

（1）甲公司换入办公楼的入账价值是（ ）。

A.1 480万元　　B.1 180万元　　C.1 500万元　　D.1 350万元

（2）下列各项关于乙公司上述交易会计处理的表述中，不正确的是（ ）。

A.换出办公楼按照账面价值确认销售收入并结转销售成本

B.换入丙公司股票确认为交易性金融资产

C.换入丙公司股票以换出办公楼的公允价值为基础计量

D.换出办公楼的处置净收益为320万元

4.甲公司决定以库存商品和交易性金融资产（购买B公司的股票）与乙公司交换其持有的长期股权投资和固定资产设备一台。

（1）甲公司库存商品账面余额为100万元，公允价值（计税价格）为180万元；交易性金融资产的账面余额为350万元（其中：成本为300万元，公允价值变动为50万元），公允价值为420万元。

（2）乙公司的长期股权投资的账面余额为400万元，公允价值为453万元；该长期股权投资并没有形成合并，固定资产设备的账面原值为300万元，已计提折旧150万元，公允价值为117万元（含增值税），另外乙公司向甲公司支付银行存款60.6万元。

（3）甲、乙公司换入的资产均不改变其用途。甲公司为换入长期股权投资支付相关税费7万元，为换入固定资产支付运费15万元。乙公司为换入库存商品支付保险费2万元，为换入B公司的股票支付相关税费5万元。

（4）假设两公司都没有为资产计提减值准备，整个交易过程中没有发生除增值税以外的其他相关税费，甲公司和乙公司的增值税税率均为17%。

（5）非货币性资产交换具有商业实质，且公允价值能够可靠计量。

要求：根据上述资料，不考虑其他因素，回答下列问题（计算结果保留两位小数）：

（1）甲公司收到的补价款占换出资产公允价值的比重为（　　）。

A.10.1%　　B.7.45%　　C.7.83%　　D.9.61%

（2）甲公司换入长期股权投资和固定资产的入账价值分别为（　　）。

A.508.16万元和137.97万元　　B.453万元和117万元

C.500万元和132万元　　D.460万元和115万元

（3）甲公司换出B公司的股票时应确认的投资收益为（　　）。

A.120万元　　B.70万元　　C.50万元　　D.0万元

（4）乙公司换入库存商品和交易性金融资产的入账价值分别为（　　）。

A.182万元和420万元　　B.180万元和420万元

C.212.6万元和425万元　　D.210.6万元和420万元

（5）乙公司换出长期股权投资和固定资产时确认的损益合计为（　　）。

A.53万元　　B.-50万元　　C.3元　　D.7万元

5.下列项目中，属于货币性资产的是（　　）。

A.作为交易性金融资产的股票投资　　B.不准备持有至到期的债券投资

C.可转换公司债券　　D.准备持有至到期的债券投资

二、多选题

1.集英公司与蓝天公司均为增值税一般纳税人，适用的增值税税率均为17%。集英公司以一项交易性金融资产（投资对象为股票）换入蓝天公司生产的一批A产品。该项交易性金融资产的账面价值为2 000万元，其中成本为1 800万元，公允价值变动为200万元，当日的公允价值为2 100万元；蓝天公司用于交换的A产品的成本为1 600万元，不含税公允价值（等于计税基础）为2 000万元，集英公司另支付补价240万元。蓝天公司为换入该项金融资产另支付手续费等60万元。集英公司将换入的A产品作为库存商品核算，蓝天公司将换入的金融资产分类为以公允价值计量且其变动计入其他综合收益的金融资产核算。假定该项交易具有商业实质。

要求：根据上述资料，不考虑其他因素，回答下列各题：

（1）在按照公允价值和应支付的相关税费作为换入资产成本的情况下，发生补价的，下列说法中正确的有（　　）。

A.支付补价的，应当以换出资产的公允价值加上支付的补价和应支付的相关税费，作换入资产的成本

B.支付补价的，换入资产成本与换出资产账面价值加支付的补价、应支付的相关税费之和的差额，应当计入当期损益

C.收到补价的，应当以换入资产的公允价值（或换出资产的公允价值减去补价）和应支付的相关税费，作为换入资产的成本

D.收到补价的，换入资产成本加收到的补价之和与换出资产账面价值加应支付的相关税费之和的差额，应当计入当期损益

E.收到补价的，换入资产成本加收到的补价之和与换出资产账面价值加应支付的相关税费之和的差额，应当计入资本公积

（2）下列说法中正确的有（　　）。

A.集英公司换入存货的入账价值为2 000万元

B.蓝天公司换入金融资产的入账价值为54万元

C.集英公司应确认的投资收益为300万元

D.集英公司应确认的投资收益为100万元

E.蓝天公司应确认的损益为400万元

2.甲公司以库存原材料交换乙公司的一项专利权，原材料的账面成本为500万元，不含税售价为600万元，增值税税率为17%，已计提的存货跌价准备为20万元。专利权在乙公司的账面价值为500万元，公允价值为650万元，甲公司收到银行存款52万元。

要求：根据上述资料，不考虑其他因素，回答下列问题：

（1）有关甲公司的会计处理中，正确的有（　　）。

A.专利权的入账价值为650万元　　B.专利权的入账价值为500万元

C.专利权的入账价值为480万元　　D.存货账面余额减少500万元

E.甲公司因该项交换影响损益的金额是120万元

（2）有关乙公司的会计处理中，不正确的有（　　）。

A.原材料的入账价值为600万元　　B.原材料的入账价值为702万元

C.换出的专利权应按公允价值确认收入，按账面价值结转成本

D.换出的专利权公允价值与账面价值之差应计入营业外收入

E.该项交换对乙公司当期损益的影响为150万元

3.甲公司和乙公司签订一项合同。甲公司以一栋办公楼和生产用A设备与乙公司的生产用B设备、专利权进行交换，交换后资产的用途不变。假设所有涉及的非货币性资产公允价值均不能可靠计量。其他资料如下：

（1）甲公司换出：

①办公楼：成本为600万元，已计提折旧50万元；

②A设备：原值为200万元，已计提折旧40万元。

上述两样资产，税务部门核定应交增值税为40万元。

（2）乙公司换出：

①B设备：原值为800万元，折旧为200万元；

②专利权：初始成本300万元，累计摊销额80万元；

上述两样资产，税务部门核定应交增值税为15万元。

要求：根据上述资料，不考虑其他因素，回答下列问题（保留两位小数）：

（1）下列项目中，属于非货币性资产的有（　　）。

A. 不准备持有至到期的债券投资

B. 长期股权投资

C. 应收票据

D. 委托加工物资

E. 固定资产

（2）乙公司有关非货币性资产交换的会计处理，表述不正确的有（　　）。

A.换入资产成本=换出资产公允价值+支付的补价（-收到的补价）+应支付的相关税费

B.应当按照换入各项资产的原公允价值占换入资产原公允价值总额的比重，对换入资产的成本总额进行分配，确定各项换入资产的成本

C.换入办公楼的成本为615.85万元

D.换入A设备的成本为179.15万元

E.换出资产应交税费15万元计入营业外支出

（3）下列有关甲公司非货币性资产交换的处理中，表述不正确的有（　　）。

A.换入B设备的成本为537.80万元

B.换入专利权的成本为197.20万元

C.应确认营业外支出40万元

D.应确认换出办公楼公允价值与账面价值的差额，并计入损益

E.应确认换出A设备公允价值与账面价值的差额，并计入损益

三、计算题

2×16年4月15日，集英公司决定以一批库存商品和一项交易性金融资产——A股票与蓝天公司交换其持有的一项对丙公司的长期股权投资和一台机器设备。

集英公司库存商品的账面余额为800万元，公允价值为1 000万元，计税价格等于公允价值；A股票的账面余额为1 500万元（其中：成本为1 200万元，公允价值变动为300万元），公允价值为1 600万元。

蓝天公司持有的对丙公司的长期股权投资占丙公司有表决权股份的25%，其账面余额为2 200万元（其中“长期股权投资——投资成本”的余额为2 000万元，“长期股权投资——损益调整”的借方余额为100万元，“长期股权投资——其他权益变动”的借方余额为100万元），公允价值为2 250万元；机器设备的账面原值为400万元，已计提折旧60万元，公允价值为300万元，另外蓝天公司向集英公司支付银行存款169万元作为补价。

集英公司和蓝天公司换入的资产均不改变其用途。另外，集英公司为换入的长期股权投资支付税费35万元，蓝天公司为该项交易性金融资产支付相关税费15万元。假设两公司都没有为资产计提减值准备，集英公司和蓝天公司的增值税税率均为17%。假设该非货币性资产交换具有商业实质。

要求：

（1）计算集英公司换入各项资产的成本，并编制集英公司有关的会计分录；

（2）计算蓝天公司换入各项资产的成本，并编制蓝天公司有关的会计分录。

（答案中的金额单位以万元表示，有小数的，保留两位小数，两位小数后四舍五入）

第十九章
债务重组

本章导学

本章框架图

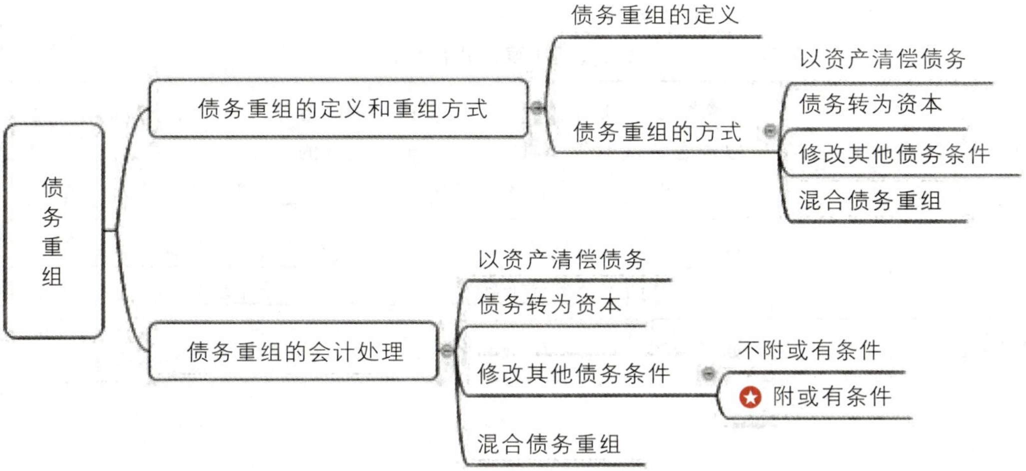

本章考情概述

本章阐述债务重组的会计处理。常常采用客观题的形式考查，但有时也会作为单独的案例在主观题中考查，或者与会计差错、资产负债表日后事项结合出现在主观题中。

本章应关注的主要问题：（1）债务重组的概念；（2）各种重组业务债权人的会计处理；（3）各种重组业务债务人的会计处理。

本章近三年主要考点：（1）债务重组业务对利润总额的影响；（2）债务重组业务的会计处理。

考霸笔记

通俗地说，债务重组实际上就是欠钱的人没钱还，而使收钱人让步，同意其少还或者以其他方式抵债的做法。

2019年教材主要变化

本章内容无变化。

第一节　债务重组的定义和重组方式

◇债务重组的定义

◇债务重组的方式

一、债务重组的定义　（✔基础概念，了解即可）

债务重组，是指在债务人发生财务困难的情况下，债权人按照其与债务人达成的协议或者法院的裁定做出让步的事项。

考霸笔记

让步最常见的做法就是：欠100万元的债，还80万元即可。对于债务人来说是占便宜，少还钱了，而对于债权人来说却遭受了损失。

债务人发生财务困难，是指债务人出现资金周转困难、经营陷入困境或者其他方面的原因，导致其无法或者没有能力按原定条件偿还债务。

债权人做出让步，是指债权人同意发生财务困难的债务人现在或者将来以低于重组债务账面价值的金额或者价值偿还债务。“债权人做出让步”的情形主要包括：债权人减免债务人部分债务本金或者利息、降低债务人应还债务的利率等。

二、债务重组的方式

债务重组主要有以下几种方式（见表19-1）：

表19-1　债务重组主要的几种方式

1. 以资产清偿债务	以资产（货币资金、非现金资产）清偿债务。在债务重组的情况下，以现金清偿债务，通常是指以低于债务的账面价值的现金清偿债务，如果以等量的现金偿还所欠债务，则不属于本章所指的债务重组
2. 债务转为资本	注意：债务人根据转换协议，将应付可转换公司债券转为资本的，则属于正常情况下的债务转资本，不能作为债务重组处理
3. 修改其他债务条件	如减少债务本金、降低利率、免去应付未付的利息等
4. 以上三种方式的组合（混合重组）	采用以上三种方法共同清偿债务的债务重组形式

考霸笔记：属于本章核心知识点，精准掌握相关金额的计算和具体的会计处理。

第二节　债务重组的会计处理

◇以资产清偿债务

◇债务转为资本

◇修改其他债务条件

◇以上三种方式的组合方式

考霸笔记：债务人和债权人的会计处理不同，对比学习有利于理解。

一、以资产清偿债务

（一）以现金清偿债务

1.债务人

以现金清偿债务的，债务人应当将重组债务的账面价值与支付的现金之间的差额确认为债务重组利得，计入当期损益（营业外收入）。

考霸笔记：以现金偿还债务，债务人少还债，即债务人有利得，计入营业外收入。

借：应付账款等（账面余额）
　贷：银行存款等
　　营业外收入——债务重组利得（差额）

2.债权人

考霸笔记：债务重组发生时，如果债权人此前没有计提减值准备，那么差额一定计入营业外支出的借方，也就是债权人一定有损失；如果债权人此前计提了减值准备，那么有可能债权人此前的减值准备多提了，在进行账务处理时，发生贷方差额，冲减多计提的信用减值损失，而不是营业外收入，因为债权人在债务重组中不会有利得。

以现金清偿债务的，债权人应当将重组债权的账面余额与收到的现金之间的差额确认为债务重组损失，计入当期损益（营业外支出）；债权人已对债权计提减值准备的，应当先将该差额冲减减值准备，减值准备不足以冲减的部分，计入“营业外支出”；坏账准备的多提额抵减当期信用减值损失。

（1）如果所收款额小于债权的账面价值：

借：银行存款（实收款额）
　　坏账准备（已提准备）
　　营业外支出——债务重组损失（差额，倒挤得出）
　贷：应收账款

（2）如果所收款额大于债权的账面价值但小于账面余额：

借：银行存款（实收款额）
　　坏账准备（已提准备）
　贷：应收账款（账面余额）
　　　信用减值损失（非现金资产偿还债务的会计处理和处置资产一致）

考霸笔记

在债务重组的过程中，债权人进行会计处理时，如果发生贷方差额，为什么要到计入信用减值损失？那是因为应收账款在发生坏账准备时，相关分录如下：

借：信用减值损失
　贷：坏账准备

如果收到的现金大于债权的账面价值，表明债权人多确认了信用减值损失，要冲减。

（二）以非现金资产清偿债务

1.债务人

以非现金资产清偿债务的，①债务人应当将重组债务的账面价值与转让的非现金资产的公允价值之间的差额确认为债务重组利得，计入当期损益（营业外收入）。②转让的非现金资产的公允价值与其账面价值的差额作为转让资产损益，计入当期损益。

抵债资产公允价值与账面价值的差额，应当分别以下情况处理（如图19-1所示）：

抵债资产为存货	按公允价值确认销售收入，同时结转销售成本
抵债资产为固定资产、无形资产	其公允价值和账面价值的差额，计入资产处置损益
长期股权投资	其公允价值和账面价值的差额，计入投资收益
抵债资产为投资性房地产	按公允价值确认其他业务收入，同时结转其他业务成本

图19-1 抵债资产公允价值与账面价值的差额会计处理知识图

例19-1·2014年单选题

20×4年3月1日，甲公司因发生财务困难，无力偿还所欠乙公司800万元款项。经双方协商同意，甲公司以自有的一栋办公楼和一批存货抵偿所欠债务。用于抵债的办公楼原值为700万元，已提折旧为200万元，公允价值为600万元；用于抵债的存货账面价值为90万元，公允价值为120万元。不考虑税费等其他因素，下列有关甲公司对该项债务重组的会计处理中，正确的是（　　）。

考霸笔记

本题涉及以非现金资产清偿债务时，债务人重组利得的计算，属于基础内容，需要重点关注。还要注意此类题目有可能涉及债务人重组过程中损益的计算，此时损益不仅包括重组利得，还包含债务人处置资产发生的损益。2012—2014年考试中连续考查，对两种损益的识别和计算都要做到精准掌握。

A.确认债务重组收益80万元

B.确认商品销售收入90万元

C.确认其他综合收益100万元

D.确认资产处置利得130万元

【答案】A

【解析】选项A，确认债务重组收益=800-600-120=80（万元），A正确；选项B，确认商品销售收入120万元，B错误；选项C，不确认其他综合收益，C错误；选项D，确认资产处置利得=600-（700-200）=100（万元），存货对外出售时影响损益，但不属于利得，D错误。

债务重组利得与对债务人利润总额的影响，这两种说法有什么区别？

例19-2·2012年单选题

甲公司为增值税一般纳税人，适用的增值税税率为17%。20×6年7月10日，甲公司就其所欠乙公司购货款600万元与乙公司进行债务重组。根据协议，甲公司以其产品抵偿全部债务。当日，甲公司抵债产品的账面价值为400万元，已计提存货跌价准备50万元，市场价格（不含增值税税额）为500万元，产品已发出并开具增值税专用发票。甲公司应确认的债务重组利得为（　　）。

A.15万元

B.100万元

C.150万元

D.200万元

【答案】A

【解析】甲公司应确认的债务重组利得=债务重组日重组债务的账面价值-付出非现金资产的公允价值和增值税销项税额=600-500×1.17=15（万元）。

考霸笔记

注意计算债务人债务重组利得或债权人债务重组损失时，使用的是重组资产的含税价格。

例19-3·2012年单选题

甲公司与乙公司均为增值税一般纳税人。因甲公司无法偿还到期债务，经协商，乙公司同意甲公司以库存商品偿还其所欠全部债务。债务重组日，重组债务的账面价值为1 000万元；用于偿债商品的账面价值为600万元，公允价值为700万元，增值税税额为119万元。不考虑其他因素，该债务重组对甲公司利润总额的影响金额为（　　）。

A.100万元　　B.181万元　　C.281万元　　D.300万元

【答案】C

【解析】该债务重组对甲公司利润总额的影响金额=1 000-（700+119）+（700-600）=281（万元）。视同销售存货产生的收益。债务重组利得。

考霸笔记

此时债权人的会计处理与债务人以现金偿还债务基本一致，获得的资产公允价值与债权的账面价值之间的差额，要么计入营业外支出，要么冲减资产减值损失。无论如何，债权人通过债务重组不可能获得利得，不会产生营业外收入。

2.债权人

债务人以非现金资产清偿债务，债权人在债务重组日，按照非现金资产的公允价值作为受让资产的入账价值，重组债权的账面余额与受让的非现金资产的公允价值之间的差额，确认为债务重组损失；重组债权已计提减值准备的，应当先将该差额冲减坏账准备，冲减后，差额在借方记入“营业外支出”科目，差额在贷方冲减当期信用减值损失。相关处理知识如图19-2所示。

债权账面价值（已扣除坏账准备）（减去）受让的非现金资产的含税公允价值

借方差额：营业外支出
贷方差额：信用减值损失

图 19-2 相关处理知识图

借：××资产（取得资产的公允价值+取得资产的相关税费）
　　应交税费——应交增值税（进项税额）
　　营业外支出——债务重组损失（借方差额）
　　坏账准备
　贷：应收账款等
　　　银行存款（支付取得资产的相关税费）
　　　信用减值损失（贷方差额）

［提示］债权人为受让资产发生的运杂费、保险费等，应计入相关受让资产的价值。

考霸笔记 此处几题涉及以非现金资产清偿债务时，债权人重组损失的计算，属于基本内容，必须掌握。

例 19-4 · 2014 年单选题

甲公司应收乙公司货款 2 000 万元，因乙公司财务困难到期未予偿付，甲公司就该项债权计提了 400 万元的坏账准备。20×3 年 6 月 10 日，双方签订协议，约定以乙公司生产的 100 件 A 产品抵偿该债务。乙公司 A 产品售价为 13 万元/件（不含增值税），成本为 10 万元/件；6 月 20 日，乙公司将抵债产品运抵甲公司并向甲公司开具了增值税专用发票。甲、乙公司均为增值税一般纳税人，适用的增值税税率均为 17%。不考虑其他因素，甲公司应确认的债务重组损失是（　　）。

A.79 万元　　B.279 万元　　C.300 万元　　D.600 万元

【答案】A

【解析】甲公司应确认的债务重组损失=（2 000−400）−100×13×（1+17%）=79（万元）。（债权人的债务重组损失=重组日重组前债务的账面价值−重组资产的公允价值）

债务重组中，债权人、债务人如何进行会计处理？

例 19-5 · 2013 年单选题

甲公司应付乙公司的购货款 2 000 万元于 20×4 年 6 月 20 日到期，甲公司无力按期支付，经与乙公司协商进行债务重组，甲公司以其生产的 200 件 A 产品抵偿该债务，甲公司将抵债产品运抵乙公司并开具增值税专用发票后，原 2 000 万元债务结清。甲公司 A 产品市场价格为 7 万元/件（不含增值税），成本为 4 万元/件。6 月 30 日，甲公司将 A 产品运抵乙公司，并开具增值税专用发票。甲、乙公司均为增值税一般纳税人，适用的增值税税率均为 17%，乙公司在该项交易前已就该债权计提 500 万元坏账准备，不考虑其他因素，下列关于该交易或事项的会计处理中，正确的是（　　）。

A. 甲公司应确认营业收入 1 400 万元

B. 乙公司应确认债务重组损失 600 万元

C. 甲公司应确认债务重组收益1 200万元

D. 乙公司取得A商品成本1 500万元

【答案】A

【解析】甲公司针对该事项的会计处理为（单位：万元）：

借：应付账款 2 000
　贷：主营业务收入 1 400
　　应交税费——应交增值税（销项税额） 238
　　营业外收入 362

借：主营业务成本 800
　贷：库存商品 800

乙公司针对该事项的会计处理为：

借：库存商品 1 400
　应交税费——应交增值税（进项税额） 238
　坏账准备 500
　贷：应收账款 2 000
　　信用减值损失 138

考霸笔记：（倒挤）甲应确认债务重组收益362万元，C选项错误。

考霸笔记：乙取得A商品的成本为1 400万元，D选项错误。

考霸笔记：（倒挤）乙应确认债务重组损失138万元，B选项错误。

二、债务转为资本

（一）债务人的会计处理

将债务转为资本的，债务人应当将债权人因放弃债权而享有股份的面值总额确认为股本（或者实收资本），股份的公允价值总额①与股本（或者实收资本）之间的差额确认为资本公积。重组债务的账面价值②与股份的公允价值总额之间的差额，计入当期损益（营业外收入）。

借：应付账款
　贷：股本或实收资本
　　资本公积——股本溢价或资本溢价（按股票公允价值减去股本额）
　　营业外收入——债务重组利得（按抵债额减去股票公允价值）→倒挤

考霸笔记：什么时候用股本，什么时候用实收资本？股本：用于股份制企业投入资本。实收资本：用于有限责任公司、合伙企业、个人独资企业等投入资本。

（二）债权人的会计处理

将债务转为资本的，债权人应当将享有股份的公允价值确认为对债务人的投资，重组债权的账面余额与股份的公允价值之间的差额，比照以非现金资产清偿债务的债务重组会计处理规定进行处理。债权人已对债权计提减值准备的，应当先将该差额冲减减值准备，减值准备不足以冲减的部分，计入“营业外支出”；坏账准备的多提额抵减当期信用减值损失。

借：长期股权投资（公允价值）
　坏账准备
　营业外支出——债务重组损失（借方差额）
　贷：应收账款等
　　信用减值损失（贷方差额）

考霸笔记：注意在债务重组中，债权人是不可能产生重组利得的，债权与获得的相关资产的差额，要么计入“营业外支出”，要么冲减“资产减值损失”，无论如何，都不可能计入“营业外收入”。

三、修改其他债务条件

（一）不附或有条件的债务重组

1. 债务人

> 考霸笔记：发生债务重组，债务人一定会获得好处，即产生营业外收入，导致利润增加。

债务人应将重组债务的账面余额减记至重组后债务的公允价值，减记的金额作为债务重组利得，计入当期损益。

2. 债权人

> 考霸笔记：债权人要么计入“营业外支出”，要么冲减“资产减值损失”，不会有营业外收入。

债权人在重组日，应当将修改其他债务条件后的债权公允价值作为重组后债权的账面价值，重组债权的账面余额与重组后债权账面价值之间的差额确认为债务重组损失，计入当期损益。如果债权人已对该项债权计提了坏账准备，应当首先冲减已计提的坏账准备。

（二）附或有条件的债务重组　（了解即可）

> 修改其他债务条件涉及或有应付金额时怎么处理？

1. 债务人

附或有条件的债务重组，对于债务人而言，修改后的债务条款如涉及或有应付金额，且该或有应付金额符合或有事项中有关预计负债确认条件的，债务人应当将该或有应付金额确认为预计负债。重组债务的账面价值与重组后债务的入账价值和预计负债金额之和的差额，作为债务重组利得，计入营业外收入。

或有应付金额在以后会计期间没有发生的，企业应当冲销已确认的预计负债，同时确认营业外收入。

> 2017年甲公司应收乙公司货款125万元，由于乙公司发生财务困难，遂于2016年12月31日进行债务重组，甲公司同意延长2年，免除债务25万元，利息按年支付，利率为5%。但附有一个条件：债务重组后，如乙公司自第二年起有盈利，则利率上升至7%，若无盈利，利率仍维持5%。

2. 债权人

对债权人而言，修改后的债务条款中涉及或有应收金额的，不应当确认，不得将其计入重组后债权的账面价值。在或有应收金额实际发生时，计入当期损益（先冲减债务重组日确认的营业外支出）。

四、以上三种方式的组合方式

> 考霸笔记：此部分内容涉及以多种方式进行债务重组的综合介绍，看似比较困难，但掌握了前面的基础知识，这部分内容也并不困难，就是将多种方式综合在一起而已。

（一）债务人的会计处理

债务重组以现金清偿债务、非现金资产清偿债务、债务转为资本、修改其他债务条件等方式的组合方式进行的，债务人应当依次以支付的现金、转让的非现金资产公允价值、债权人享有股份的公允价值冲减重组债务的账面价值，再按照修改其他债务条件的债务重组会计处理规定进行处理。

（二）债权人的会计处理

> 考霸笔记：注意准确掌握重组利得和处置损益的区分和计算，有可能考查选择题。

债务重组采用以现金清偿债务、非现金资产清偿债务、债务转为资本、修改其他债务条件等方式的组合方式进行的，债权人应当依次以收到的现金、接受的非现金资产公允价值、债权人享有股份的公允价值冲减重组债权的账面余额，再按照修改其他债务条件的债务重组会计处理规定进行处理。相关会计处理见表19-2。

债务人确认的重组利得与债权人确认的债务重组损失一定相等吗?

表 19-2 **相关会计处理知识表**

混合方式	债务人会计处理	债权人会计处理
现金资产+非现金资产+债务转为资本+修改其他债务条件进行债务重组	重组利得=重组债务账面价值-现金资产-非现金资产公允价值-债权人享有股份的公允价值-重组后应付债务公允价值-预计负债 处置损益（非现金资产）=公允价值-账面价值；资本公积（债权转股权）=股权的公允价值-股本（或实收资本）账面价值	重组损失=重组债权账面余额-收到的现金-非现金资产公允价值-债权人享有股份的公允价值-重组后应收债权公允价值-坏账准备（如果已经计提坏账准备）

例 19-6

甲、乙公司均为增值税一般纳税人，适用的增值税税率为 17%，2×14 年 7 月 1 日，甲公司向乙公司销售商品一批，售价为 800 万元，约定 3 个月后偿还，2×14 年 9 月 30 日，乙公司由于财务困难无法归还该项到期债务，2×14 年 12 月 31 日进行债务重组。经协商，甲公司同意乙公司在两年后支付本金 500 万元，延期期间利息按 5% 计算。同时规定，如果 2×15 年乙公司有盈利，从 2×16 年起，则按 7% 计算计息。

根据 2×14 年年末债务重组时乙公司的生产经营情况判断，2×15 年，乙公司很可能实现盈利；2×15 年年末乙公司编制的利润表表明企业盈利。假设利息按年支付。甲公司已计提坏账准备的金额为 60 万元，不考虑其他因素的影响。

要求：

（1）编制甲公司的会计分录；

（2）编制乙公司的会计分录。

【答案】

（1）甲公司会计分录（单位：万元）：

2×14 年 12 月 31 日：

借：应收账款——债务重组　　500

　　坏账准备　　60

　　营业外支出——债务重组损失　　376

　贷：应收账款　　936（800×（1+17%））

2×15 年 12 月 31 日：

借：银行存款　　25（500×5%）

　贷：财务费用　　25

2×16 年 12 月 31 日：

借：银行存款　　535

　贷：应收账款——债务重组　　500

　　　财务费用　　35（500×7%）

（2）乙公司会计分录（单位：万元）：

2×14 年 12 月 31 日：

借：应付账款　　936

　贷：应付账款——债务重组　　500

　　预计负债　　10（500×（7%-5%））

　　营业外收入——债务重组利得　　426

考霸笔记

注意本章题目主要以选择题形式考查债权人或债务人重组损益的计算，也有可能在综合题中具体考查相关分录的书写，这就要求考生准确掌握金额的计算以及分录的书写。

例19-7·2015年综合题（部分）

甲股份有限公司（以下简称"甲公司"）20×4年发生了以下交易事项：

6月24日，甲公司与包括其控股股东P公司及债权银行在内的债权人签订债务重组协议，约定对甲公司欠该部分债权人的债务按照相同比例予以豁免，其中甲公司应付银行短期借款本金余额为3 000万元，应付控股股东款项为1 200万元，对于上述债务，协议约定甲公司应于20×4年6月30日前按照余额的80%偿付，余款予以豁免。6月28日，甲公司偿付了上述有关债务。9月20日，为帮助甲公司度过现金流危机，甲公司控股股东P公司代其支付了600万元的原料采购款，并签订协议约定P公司对所承担债务将不以任何方式要求偿还或增加持股比例。

要求：编制甲公司20×4年有关交易事项的会计分录（单位：万元）。

【答案】

借：短期借款　　3 000

　　应付账款　　1 200

　贷：银行存款　　3 360

　　营业外收入　　600

　　资本公积——资本溢价　　240

借：应付账款　　600

　贷：资本公积——资本溢价　　600

［提示］企业接受控股股东（或控股股东的子公司）或非控股股东（或非控股股东的子公司）直接或间接代为偿债、债务豁免或捐赠，经济实质表明属于控股股东或非控股股东对企业的资本性投入，应当将相关利得计入资本公积（股本溢价或资本溢价）。

债务转为资本的会计处理。

5978

智能测评

在线练习	我要提问
5979 扫码在线做题　6121 扫码看答案 本书"本章同步强化训练"均配备二维码，打开微信"扫一扫"即可完成在线测评，查看本章详细的测评反馈报告，了解知识掌握情况，也可扫码直接看答案噢。 快来扫码做题吧！	6102 扫码答疑 本书配备答疑专用二维码，打开微信"扫一扫"，即可完成在线提问，获取专业老师全面个性化解答，让学习问题不再拖延。 快来扫码提问吧！

本章同步强化训练

一、单选题

1.甲公司与乙公司均为增值税一般纳税人，适用的增值税税率为17%。2×14年1月26日，甲公司应收乙公司货款1 500万元。由于乙公司资金周转发生困难，2×14年2月1日，双方协商进行债务重组，协议如下：

（1）乙公司以一批商品清偿部分债务。商品的市场价格为200万元，成本为150万元，增值税为34万元。

（2）乙公司以其发行的普通股抵偿部分债务，用于抵债的普通股为500万股，股票市价为每股1.5元。股票面值为1元。

（3）扣除上述抵债资产再豁免200万元之后的剩余债务，延长1年后支付，并加收利率为5%的利息，相当于同期银行贷款利率。同时规定，如果乙公司2×14年实现净利润超过100万元，应归还豁免债务的16万元。

甲公司已计提坏账准备100万元。假定乙公司2×14年很可能实现净利润100万元。不考虑除增值税以外的其他税费，并且甲公司没有向乙公司另行支付增值税。

要求：根据上述资料回答下列各题：

（1）该项债务重组的方式为（　　）。

A.将债务转为资本　　B.以资产清偿债务

C.修改其他债务条件　　D.以上三种方式的组合

（2）对于协议规定如果乙公司2×14年实现净利润超过100万元归还豁免债务16万元的条款，下列说法中正确的是（　　）

A.对于债权人来说，该事项应当确认或有应收金额16万元

B.对于债务人来说，该事项应当确认预计负债16万元

C.对于债务人来说，该事项不属于或有事项

D.对于债务人来说，该事项属于或有事项，但不确认预计负债

（3）债权人在债务重组中应确认的债务重组损失为（　　）万元。

A.100　　B.200　　C.116　　D.216

（4）债务人在债务重组中应确认的债务重组利得为（　　）万元。

A.316　　B.350　　C.184　　D.366

2. A公司为增值税一般纳税人，适用的增值税税率为17%，因A公司发生财务困难，无法支付丁公司货款2 500万元，A公司2×14年11月1日与丁公司达成债务重组协议。协议约定内容如下：

（1）以银行存款清偿货款800万元，并于当日支付；

（2）用囤积的生产用原材料抵偿部分债务，原材料的成本为500万元，市场售价600万元；

（3）用持有的一项价值600万元的乙公司股权抵偿部分债务；

（4）扣除上述抵债资产再豁免150万元之后的剩余债务，并约定剩余债务在1年后支付，并按5%加收利息。

要求：根据上述资料，不考虑其他因素，回答下列各题：

（1）在A公司以现金、非现金资产和修改其他债务条件混合重组方式清偿债务的情况下，以

下处理的先后顺序正确的是（ ）。

A.非现金资产方式、现金资产方式、修改其他债务条件

B.修改其他债务条件、非现金资产方式、现金资产方式

C.现金资产方式、修改其他债务条件、非现金资产方式

D.现金资产方式、非现金资产方式、修改其他债务条件

（2）A公司因该债务重组，应确认的债务重组利得为（ ）。

A.150万元　B.398万元　C.162.4万元　D.410.4万元

3. 2×14年10月8日，甲公司因无力偿还乙公司的3 000万元货款进行债务重组。按债务重组协议规定，甲公司用普通股1 000万股偿还债务。假设普通股每股面值1元；该股份的公允价值为2 200万元（不考虑相关税费）。乙公司对应收账款计提了320万元的坏账准备。甲公司于12月5日办妥了增资批准手续。

要求：根据上述资料，不考虑其他因素，回答下面各题：

（1）下列关于甲、乙公司以债务转为资本的方式进行债务重组的处理中，不正确的是（ ）。

A.债权人乙公司已对债权计提减值准备，不应确认债务重组损失

B.债务人甲公司应将股份公允价值总额与股本之间的差额确认为资本公积

C.债权人乙公司应当将享有股份的公允价值确认为对债务人甲公司的投资

D.债务人甲公司应将债权人乙公司因放弃债权而享有的股份的面值总额确认为股本

（2）关于该项债务重组的下列表述中，不正确的是（ ）。

A.债务重组日为2×14年10月8日

B.乙公司因放弃债权而享有股份的入账价值为2 200万元

C.甲公司计入资本公积——股本溢价的金额为1 200万元

D.乙公司计提的相应的坏账准备320万元必须随债务重组一起结转

4.以修改其他债务条件进行债务重组的，如果债务重组协议中附有或有应付金额，该或有应付金额最终没有发生，应做的处理是（ ）

A.冲减已确认的预计负债，同时确认营业外收入

B.冲减财务费用

C.不做账务处理

D.应当计入资本公积当中

5. 2×14年6月11日，M公司就应收B公司货款5 850 000元（已计提坏账准备500 000元）与其进行债务重组。经协商，M公司同意豁免B公司债务850 000元，延长债务偿还期限6个月，每月按2%收取利息，如果从7月份起公司盈利则每月再加收1%的利息，12月11日，B公司应将本金和利息一起偿还。债务重组日M公司应确认的重组损失为（ ）。

A.50 000元　B.500 000元　C.850 000元　D.350 000元

6.一般情况下，债务人以现金清偿债务的，债权人应确认重组债权的账面价值与实际收到现金之间的差额，如果该差额在借方和在贷方分别记入的科目是（ ）。

A.管理费用，营业外收入　B.营业外支出，营业外收入

C.营业外支出，资产减值损失　D.资本公积，资产减值损失

二、多选题

1.以非货币性资产偿还债务的的方式进行的债务重组中，下列说法中正确的有（ ）。

A.债务人以库存材料、商品抵偿债务，应视同销售进行核算

B.债务人以固定资产抵偿债务的，应将固定资产的公允价值与该固定资产账面价值和清偿费用的差额作为转让固定资产的损益处理

C.债务人以股票、债券等金融资产清偿债务的，应将相关金融资产的公允价值与重组债务的账面价值的差额，作为债务重组利得

D.债务人以固定资产抵偿债务的，应将固定资产的公允价值与应付债务的账面价值的差额，作为债务重组利得

E.债务人以库存商品抵偿债务的，应按商品的成本金额与应付债务的账面价值的差额作为债务重组利得

2.某股份有限公司清偿债务的下列方式中，属于债务重组的有（　　）。

A.债权人做出让步时，延长债务偿还期限并收取比原利率小的利息

B.将债务转为资本（转换股权的公允价值小于重组债权的账面余额）

C.债权人做出让步，减除本金的30%

D.根据转换协议将应付可转换公司债券转为资本

E.以公允价值等于债务金额的非现金资产清偿

3.以下关于修改其他债务条件会计处理的表述，正确的有（　　）。

A.不附或有条件的债务重组，债务人应将修改其他债务条件后债务的公允价值作为重组后债务的入账价值

B.附或有条件的债务重组，债务人应将重组债务的账面价值与重组后债务的入账价值和预计负债之间的差额，作为债务重组利得

C.不附或有条件的债务重组中，债务人应将重组债务的账面价值与重组后债务的入账价值之间的差额，计入当期损益

D.已经确认的或有应付金额在随后会计期间没有发生的，企业应当冲销已确认的预计负债，同时计入资本公积

E.修改后的债务条款中涉及或有应收金额的，债权人应当将该项或有应收金额计入其他应收款

三、计算题

1.甲、乙公司均为增值税一般纳税人，适用的增值税税率为17%，2×14年7月1日，甲公司向乙公司销售商品一批，售价为800万元，约定3个月后偿还，2×14年9月30日，乙公司由于财务困难无法归还该项到期债务，2×14年12月31日，进行债务重组。经协商，甲公司同意乙公司在两年后支付本金500万元，延期期间利息按5%计算；同时规定，如果2×15年乙公司有盈利，从2×16年起则按7%计提计息。

根据2×14年年末债务重组时乙公司的生产经营情况判断，2×15年乙公司很可能实现盈利；2×15年年末乙公司编制的利润表表明企业盈利。假设利息按年支付。甲公司已计提坏账准备的金额为60万元，不考虑其他因素的影响。

要求：（1）编制甲公司的会计分录；（2）编制乙公司的会计分录。

2.甲公司属于增值税一般纳税人，适用的增值税税率为17%，于2×14年7月1日销售给乙公司一批原材料，含增值税的价款为5 000万元。乙公司到2×14年12月31日尚未支付货款。经查明得知，由于乙公司财务发生困难，短期内不能支付货款。2×15年3月1日，经协商，甲、乙公

司签订了债务重组协议，协议中规定：

（1）乙公司以其所拥有的某公司股票偿还债务，乙公司将该股票分类为以公允价值计量且其变动计入其他综合收益的金融资产核算，该股票的账面价值为2 000万元，其明细科目成本为2 500万元，公允价值变动为贷方500万元，债务重组日该股票的公允价值为2 000万元。

（2）乙公司用其生产的库存产品一批抵偿债务，用以抵债的产品的成本为1 500万元，未计提存货跌价准备，公允价值和计税价格均为2 200万元。

甲公司将取得的金融资产作为交易性金融资产核算，取得的产品作为原材料处理。

假定甲公司为该项应收债权计提了500万元的坏账准备。于2×15年3月2日办理了相关资产转让手续，并于当日办理了相关债务解除手续。

甲、乙公司盈余公积计提比例为10%。

要求：（1）编制甲公司的会计分录；（2）编制乙公司的会计分录。

本章导学

第二十章 所得税

本章框架图

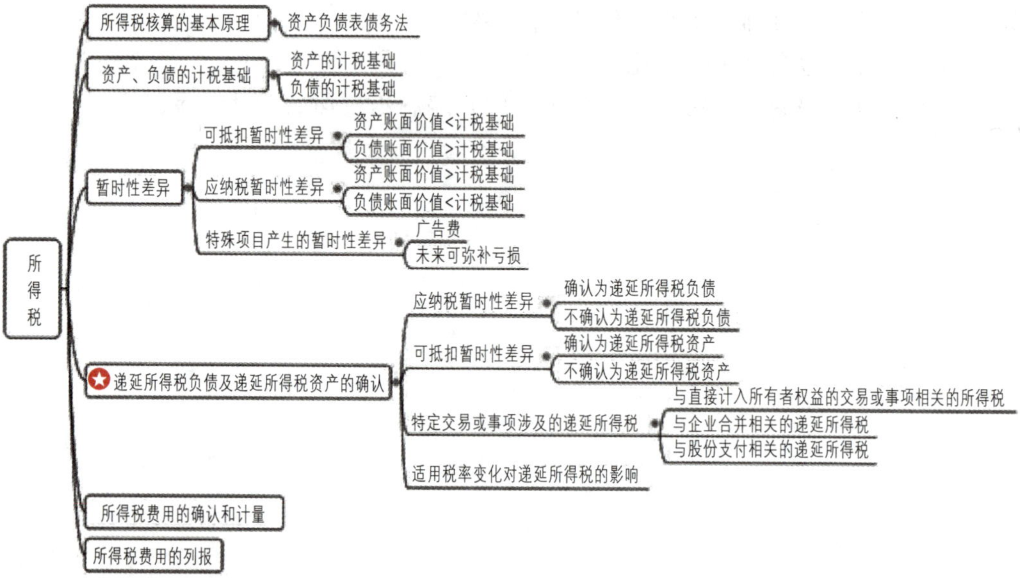

本章考情概述

本章阐述所得税会计的确认、计量和记录问题。历年考试侧重考核暂时性差异的确定、递延所得税的确认和计量、应交所得税和所得税费用的计算等，本章内容可以和其他很多章节的内容结合出题。

本章应关注的主要问题：（1）应纳税暂时性差异和可抵扣暂时性差异的确定；（2）递延所得税资产和递延所得税负债的确认；（3）所得税费用的确认和计量。

本章近三年主要考点：（1）确认暂时性差异和计算递延所得税费用；（2）计算资产、负债的账面价值、计税基础、暂时性差异、应交所得税和所得税费用，编制与所得税有关的会计分录等。

2019年教材主要变化

本章内容无变化。

第一节　所得税核算的基本原理

◇资产负债表债务法的理论基础

◇所得税会计的一般程序

一、资产负债表债务法的理论基础

所得税准则规范的是资产负债表中递延所得税资产和递延所得税负债的确认和计量。减少未来期间应交所得税的暂时性差异会形成递延所得税资产，即未来由税前会计利润计算应纳税所得额时，会纳税调整减少的暂时性差异，确认递延所得税资产；增加未来期间应交所得税的暂时性差异会形成递延所得税负债，即未来由税前会计利润计算应纳税所得额时，会纳税调整增加的暂时性差异，确认递延所得税负债。

> 通过以下两个小故事理解什么是递延所得税资产，什么是递延所得税负债。
>
> 财务和税务人员对话1：
>
> 财务：我今年股票从1 500万元涨到2 000万元了，这赚的500万元要交税吗？
>
> 税务人员：赚了这么多钱，当然要交啊！
>
> 财务：可是2 000万元是市场价，我还没卖呢，没钱给你！
>
> 税务人员：嗯，也是，那你现在不交，等把股票卖了再交吧。
>
> 以后将股票卖了有了收益，这个之前没有交过税的收益是要交税的，这就是递延所得税负债。
>
> 财务和税务人员对话2：
>
> 财务：我今年股票从1 500万元跌到1 000万元了，这亏损的500万元可以抵税吗？
>
> 税务人员：不能！到你真正卖的时候是亏是赚还不一定呢，如果真亏损了，到时候再抵吧，今年该交的税还是得交。
>
> 以后将股票卖了，发生了实质的亏损，这个之前没有抵税的损失就可以抵税了，这就是递延所得税资产。

二、所得税会计的一般程序

企业一般应于每一资产负债表日进行所得税的核算。企业合并等特殊交易或事项发生时，在确认因交易或事项取得的资产、负债时，即应确认相关的所得税影响。

企业进行所得税核算一般应遵循以下程序：

1.确定资产负债表中除递延所得税资产和递延所得税负债以外的其他资产和负债项目的账面价值。

2.按照资产和负债计税基础的确定方法，以适用的税收法规为基础，确定资产负债表中有关资产、负债项目的计税基础。

3.比较资产、负债的账面价值与计税基础，两者之间存在差异的，分析其性质，除企业会计准则中规定的特殊情况外，分别按应纳税暂时性差异与可抵扣暂时性差异，确定该资产负债表日递延所得税负债和递延所得税资产的应有金额，

> **考霸笔记**
> 本期确认的递延所得税=期末余额−期初余额，差额若为负数，作递延所得税转销处理。

并与期初递延所得税负债和递延所得税资产的余额相比，确定当期应予进一步确认的递延所得税资产和递延所得税负债金额或应予转销的金额，作为递延所得税。

4.按照适用的税法规定计算确定当期应纳税所得额，将应纳税所得额与适用的所得税税率计算的结果确认为当期应交所得税，即当期所得税。

5.确定利润表中的所得税费用。

考霸笔记
应交所得税=应纳税所得额×当期适用税率。

企业计算确定了当期所得税和递延所得税后，两者之和（或之差）作为利润表中应予确认的所得税费用。

第二节 资产、负债的计税基础

◇资产的计税基础

◇负债的计税基础

◇特殊交易或事项中产生的资产、负债计税基础的确定

一、资产的计税基础

资产的计税基础是指企业收回资产账面价值过程中，计算应纳税所得额时按照税法规定可以自应税经济利益中抵扣的金额。资产的计税基础本质上就是税收口径的资产价值标准。

通常情况下，资产在取得时其入账价值与计税基础是相同的，后续计量过程中因企业会计准则规定与税法规定不同，可能造成账面价值与计税基础的差异。

> 资产的计税基础=未来可税前列支的金额
> 某一资产负债表日的计税基础=成本-以前期间已税前列支的金额

（一）固定资产

账面价值=实际成本-会计累计折旧-固定资产减值准备

计税基础=实际成本-税法累计折旧

（1）折旧方法、折旧年限不同产生的差异

会计准则规定，企业既可以按直线法计提折旧，也可以按照双倍余额递减法、年数总和法等方法计提折旧，前提是有关的方法能够反映相关固定资产所包含经济利益的实现方式。税法规定，除某些按照规定可以加速折旧的情况外（例如由于技术进步、产品更新换代较快等），基本上可以税前扣除的是按照直线法计提的折旧。折旧方法的不同，会导致产生固定资产账面价值与计税基础之间的差异。

企业会计准则规定，折旧年限是由企业按照固定资产能够为企业带来经济利益的期限估计确定的。但税法规定了每一类固定资产的最低折旧年限，而因折旧年限的不同，也会产生固定资产账面价值与计税基础之间的差异。

（2）因计提固定资产减值准备产生的差异

持有固定资产的期间内，在对固定资产计提了减值准备以后，因所计提的减值准备不允许税前扣除，其账面价值下降，但计税基础不会随资产减值准备的提取而

发生变化，这也会造成其账面价值与计税基础的差异。

（二）无形资产

除内部研发外，取得的无形资产初始确认时，其入账价值与税法规定的成本之间一般不存在差异。

（1）内部研究开发形成的无形资产

会计准则规定，研究阶段的支出应当费用化计入当期损益，开发阶段符合资本化条件以后至达到预定用途前发生的支出应当资本化作为无形资产的成本。

税法中规定，企业为开发新技术、新产品、新工艺发生的研究开发费用，未形成无形资产计入当期损益的，在按照规定据实扣除的基础上，按照研究开发费用的50%加计扣除；形成无形资产的，按照无形资产成本的150%计算每期摊销额。（此税法规定是为了鼓励企业的研发行为）

（2）无形资产在后续计量时，会计与税收的差异主要产生于无形资产是否需要摊销及对无形资产减值准备的提取。

①企业会计准则规定，对于使用寿命不确定的无形资产，不要求摊销，在会计期末应进行减值测试。税法规定，企业取得的无形资产成本，应在一定期限内摊销，即税法中使用寿命不确定的无形资产。对于使用寿命不确定的无形资产在持有期间，因摊销规定的不同，会造成其账面价值与计税基础的差异。

②在对无形资产计提减值准备的情况下，因所计提的减值准备不允许税前扣除，也会造成其账面价值与计税基础的差异。

对于使用寿命有限的无形资产：

账面价值=实际成本-会计累计摊销-无形资产减值准备

计税基础=实际成本-税法累计摊销

对于使用寿命不确定的无形资产：

账面价值=实际成本-无形资产减值准备

计税基础=实际成本-税法累计摊销

（三）以公允价值计量的金融资产

1.对于以公允价值计量且其变动计入当期损益的金融资产，其于某一会计期末的账面价值为该时点的公允价值。税法规定，企业以公允价值计量的金融资产、金融负债以及投资性房地产等，持有期间公允价值的变动不计入应纳税所得额。在实际处置或结算时，处置取得的价款扣除其历史成本或以历史成本为基础确定的处置成本后的差额应计入处置或结算期间的应纳税所得额。按照该规定，以公允价值计量的金融资产等在持有期间公允价值的波动在计税时不予考虑，因此账面价值与计税基础之间会存在差异。

账面价值：期末按公允价值计量，公允价值变动计入当期损益（公允价值变动损益）。

计税基础：取得时的成本。

2.企业持有的以公允价值计量且其变动计入其他综合收益的金融资产，其计税基础与以公允价值计量且其变动计入当期损益的金融资产类似，可比照处理。

内部研发的无形资产账面价值与计税基础的差异为什么不属于永久性差异?

考霸笔记

内部研发的无形资产：

账面价值=原值-累计摊销-无形资产减值准备；

计税基础=原值×150%-累计摊销×150%。

考霸笔记

交易性金融资产：

账面价值=资产负债表日的公允价值；

计税基础=取得时的实际成本。

其他权益工具投资：

账面价值=资产负债表日的公允价值；

计税基础=取得时的实际成本。

其他债权投资：

账面价值=资产负债表日的公允价值；

计税基础=按实际利率法计算的账面余额。

考霸笔记
投资性房地产（以公允价值进行后续计量）：
账面价值=资产负债表日的公允价值；
计税基础=取得时的实际成本−累计折旧/摊销。
投资性房地产（以成本模式进行后续计量）：
账面价值=取得时的实际成本−累计折旧/摊销（会计）−投资性房地产减值准备；
计税基础=取得时的实际成本−累计折旧/摊销（税法）。
存货：
账面价值=取得时的实际成本−存货跌价准备；
计税基础=取得时的实际成本。

投资性房地产的计税基础如何确认？

（四）**其他资产**

因企业会计准则规定与税收法规规定不同，企业持有的其他资产，可能造成其账面价值与计税基础之间存在差异。

1.采用公允价值模式进行后续计量的投资性房地产

账面价值：期末按公允价值计量。

计税基础：以历史成本为基础确定（与固定资产或无形资产相同）。

2.采用成本模式进行后续计量的投资性房地产

3.其他计提资产减值准备的各项资产

有关资产计提了减值准备以后，其账面价值会随之下降，而按照税法规定，资产的减值在转化为实质性损失之前，不允许税前扣除，从而造成资产的账面价值与计税基础之间的差异。

> **如：存货**
> 账面价值=成本−存货跌价准备
> 计税基础=成本
> **长期股权投资**
> 账面价值=账面余额−长期股权投资减值准备（成本法、权益法）
> 计税基础=初始投资成本

二、负债的计税基础

负债的计税基础，是指负债的账面价值减去未来期间计算应纳税所得额时按照税法规定可予抵扣的金额。

负债的计税基础=负债的账面价值−将来负债在兑付时允许扣税的金额

（一）预计负债

按照《企业会计准则第13号——或有事项》的规定，企业应将预计提供售后服务发生的支出满足有关确认条件时，在销售当期确认为费用，同时确认预计负债。但税法规定，与销售产品有关的支出可于实际发生时税前扣除。由于该类事项产生的预计负债在期末的计税基础为其账面价值与未来期间可税前扣除的金额之间的差额，因此其计税基础为0。

考霸笔记
计提预计负债期间，计算应纳税所得额时，应在会计利润的基础上调增。实际支付期间，借记预计负债，贷记银行存款，计算出的会计利润不包含实际发生的支出，在计算应纳税所得额时，在会计利润基础上调减，因此支出实际发生时，会使企业少交税。

考霸笔记
借记销售费用，贷记预计负债，在计算会计利润时扣除了这部分销售费用。

（1）因计提产品保修确认的预计负债

按照或有事项准则的规定，企业应将预计提供售后服务发生的支出在销售当期确认为费用，同时确认预计负债。如果税法规定，有关的支出应于发生时税前扣除，则会产生可抵扣暂时性差异。

（2）未决诉讼

因或有事项确认的预计负债，应按照税法规定的计税原则确定其计税基础。某些情况下，因有些事项确认的预计负债，如果税法规定其支出无论是否实际发生均不允许税前扣除，即未来期间按照税法规定可予抵扣的金额为零，其账面价值与计税基础相同。

（3）附有销售退回条件的商品销售，企业根据以往经验能够合理估计退货可能性并确认与退货相关的负债（预计负债）

【预计负债小结】
1.实际发生时允许税前扣除：计税基础=0（产品质量保证、亏损合同、重组义务等）
2.实际发生时不允许税前扣除：计税基础=账面价值（债务担保等）

（二）预收账款

企业在收到客户预付的款项时，因不符合收入确认条件，会计上将其确认为负债。

借：银行存款
　贷：预收账款

（1）税法中对于收入的确认原则一般与会计规定相同，即会计上未确认收入时，计税时一般亦不计入应纳税所得额，该部分经济利益在未来期间计税时可予税前扣除的金额为零，计税基础等于账面价值。 无暂时性差异。

（2）某些情况下，因不符合会计准则规定的收入确认条件，未确认为收入的预收款项，按照税法规定应计入当期应纳税所得额时，有关预收账款的计税基础为零，即因其产生时已经计算缴纳所得税，未来期间可全额税前扣除。有暂时性差异。

【预收账款小结】
1.税法规定的收入确认时点与会计规定相同：计税基础=账面价值
2.税法规定的收入确认时点与会计规定不同：计税基础=0

（三）应付职工薪酬

会计准则规定，企业为获得职工提供的服务给予的各种形式的报酬以及其他相关支出均应作为企业的成本费用，在未支付之前确认为负债。税法中对于合理的职工薪酬基本允许税前扣除，但税法中规定了税前扣除标准的，按照会计准则规定计入成本费用支出的金额超过规定标准的部分，应进行纳税调整（永久性差异，当期调整）。因超过部分在发生当期不允许税前扣除，在以后期间也不允许税前扣除，即该部分差额对未来期间计税不产生影响，所产生应付职工薪酬负债的账面价值等于计税基础。

（四）其他负债

其他负债，如企业应交的罚款和滞纳金等，在尚未支付之前按照会计规定确认为费用（损失更加合理一些），同时作为负债反映。

借：营业外支出
　贷：其他应付款

税法规定，罚款和滞纳金不能税前扣除，即该部分费用无论是在发生当期还是在以后期间均不允许税前扣除，其计税基础为账面价值减去未来期间计税时可予税前扣除的金额零之间的差额，即计税基础等于账面价值。

考霸笔记
税法上的吸收合并有应税合并与免税合并之分（判断条件会计上不需要掌握）。
会计考试应掌握的是：
应税吸收合并下，企业取得资产、负债的计税基础=公允价值；
免税吸收合并下，企业取得资产、负债的计税基础=原持有该资产、负债企业的账面价值。

三、特殊交易或事项中产生的资产、负债计税基础的确定

除企业在正常生产经营活动过程中取得的资产和负债以外，对于某些特殊交易中产生的资产、负债，其计税基础的确定应遵从税法规定，如企业合并过程中取得资产、负债计税基础的确定。

由于会计与税法法规对企业合并的划分标准不同，处理原则不同，某些情况下，会造成企业合并中取得的有关资产、负债的入账价值与其计税基础的差异。

第三节 暂时性差异

◇应纳税暂时性差异

◇可抵扣暂时性差异

◇特殊项目产生的暂时性差异

暂时性差异，是指资产或负债的账面价值与其计税基础之间的差额。

根据暂时性差异对未来期间应纳税所得额影响的不同，分为应纳税暂时性差异和可抵扣暂时性差异。

一、应纳税暂时性差异

应纳税暂时性差异，是指在确定未来收回资产或清偿负债期间的应纳税所得额时，将导致产生应税金额的暂时性差异。

应纳税暂时性差异通常产生于以下情况：

1.资产的账面价值大于其计税基础

2.负债的账面价值小于其计税基础

二、可抵扣暂时性差异

可抵扣暂时性差异，是指在确定未来收回资产或清偿负债期间的应纳税所得额时，将导致产生可抵扣金额的暂时性差异。

可抵扣暂时性差异一般产生于以下情况：

1.资产的账面价值小于其计税基础

2.负债的账面价值大于其计税基础

三、特殊项目产生的暂时性差异

1.某些交易或事项发生以后，因为不符合资产、负债确认条件而未体现为资产负债表中的资产或负债，按照税法规定能够确定其计税基础的，其账面价值零与计税基础之间的差异也构成暂时性差异。

2.按照税法规定可以结转以后年度的未弥补亏损及税款抵减，虽不是因资产、负债的账面价值与计税基础不同产生的，但与可抵扣暂时性差异具有同样的作用，均能够减少未来期间的应纳税所得额，进而减少未来期间的应交所得税，会计处理上视同可抵扣暂时性差异，符合条件的情况下，应确认与其相关的递延所得税资产。

考霸笔记
企业发生亏损时，可以用未来5年内的税前利润弥补亏损。这意味着本年度的亏损，可以在未来盈利期间计算应纳税所得额时扣除，产生可抵扣暂时性差异，因此，应确认相关的递延所得税资产。在计量递延所得税资产的金额时，需要遵循谨慎性原则，预估未来5年可实现的税前利润，并以此为基础计量应确认的递延所得税资产。

第四节　递延所得税负债及递延所得税资产的确认

◇递延所得税负债的确认和计量

◇递延所得税资产的确认和计量

◇特殊交易或事项中涉及递延所得税的确认

◇适用税率变化对已确认递延所得税资产和递延所得税负债的影响

一、递延所得税负债的确认和计量

（一）一般原则

除企业会计准则中明确规定可不确认递延所得税负债的情况以外，企业对所有的应纳税暂时性差异均应确认相关的递延所得税负债。除直接计入所有者权益的交易或事项以及企业合并外，在确认递延所得税负债的同时，应增加利润表中的所得税费用。

对于递延所得税负债，按照预期清偿该负债期间的适用税率计量。即递延所得税负债应以相关应纳税暂时性差异转回期间的所得税税率计量。

（二）不确认递延所得税负债的情况

有些情况下，虽然资产、负债的账面价值与其计税基础不同，产生了应纳税暂时性差异，但出于各方面考虑，所得税准则中规定不确认相应的递延所得税负债，主要包括：

1.商誉的初始确认（吸收免税合并下）

商誉=合并成本−被购买方可辨认净资产公允价值的份额

若确认递延所得税负债，则减少被购买方可辨认净资产公允价值，增加商誉，由此进入不断循环状态。

2.除企业合并以外的其他交易或事项中，如果该项交易或事项发生时既不影响会计利润，也不影响应纳税所得额，则所产生的资产、负债的初始确认金额与其计税基础不同，形成应纳税暂时性差异的，交易或事项发生时不确认相应的递延所得税负债。

3.与子公司、联营企业、合营企业投资等相关的应纳税暂时性差异，一般应确认相应的递延所得税负债，但同时满足以下两个条件的除外：一是投资企业能够控制暂时性差异转回的时间；二是该暂时性差异在可预见的未来很可能不会转回，从而无须确认相应的递延所得税负债。

对于采用权益法核算的长期股权投资，其账面价值与计税基础产生的有关暂时性差异是否应确认相关的所得税影响，应当考虑该项投资的持有意图：

（1）对于采用权益法核算的长期股权投资，在准备长期持有的情况下，对于采用权益法核算的长期股权投资账面价值与计税基础之间的差异，投资企业一般不确认相关的所得税影响。

（2）对于采用权益法核算的长期股权投资，在持有意图由长期持有转变为拟近期出售的情况下，因长期股权投资账面价值与计税基础不同产生的有关暂时性差异，均应确认相关的所得税影响。

考霸笔记

直接计入所有者权益的交易或事项如下：固定资产（未计提过减值准备）转为公允价值计量的投资性房地产，转换日，公允价值>账面价值，应贷记其他综合收益，该投资性房地产账面价值=转换日的公允价值。该投资性房地产计税基础=转换日的账面价值。该投资性房地产账面价值>计税基础，相关递延所得税分录：

借：其他综合收益

　贷：递延所得税负债。

考霸笔记

会使未来多缴税，那要多缴多少税呢？应纳税暂时性差异×未来期间的税率=多缴的税额。

如何理解与长期股权投资相关的应纳税暂时性差异不确认为递延所得税负债的两个条件？

考霸笔记
合理预估递延所得税负债在各个期间转回的金额比较困难，为简化处理，无须折现。

（三）递延所得税负债的计量

递延所得税负债应以相关应纳税暂时性差异转回期间适用的所得税税率计量。无论应纳税暂时性差异的转回期间如何，准则中规定递延所得税负债不要求折现。

总结：

①当资产的账面价值大于计税基础时，会产生应纳税暂时性差异；

②新增应纳税暂时性差异会调减应税所得，转回应纳税暂时性差异时会追加应税所得；

③应纳税暂时性差异匹配“递延所得税负债”科目，新增应纳税暂时性差异时列入贷方，转回应纳税暂时性差异时列入借方；

④“递延所得税负债”的本期发生额（登账额）=当期应纳税暂时性差异的变动额×所得税税率；

⑤“递延所得税负债”的余额=该时点应纳税暂时性差异×所得税税率。

如何理解递延所得税资产的发生额和余额?

二、递延所得税资产的确认和计量

（一）一般原则

借：递延所得税资产 　贷：所得税费用

递延所得税资产产生于可抵扣暂时性差异。确认因可抵扣暂时性差异产生的递延所得税资产应以未来期间可能取得的应纳税所得额为限。

对与子公司、联营公司、合营企业的投资相关的可抵扣暂时性差异，同时满足下列条件的，应当确认相关的递延所得税资产：一是暂时性差异在可预见的未来很可能转回；二是未来很可能获得用来抵扣可抵扣暂时性差异的应纳税所得额。

考霸笔记
其他可能会产生可抵扣暂时性差异的情况如下：
被投资单位持有的其他权益工具投资公允价值下降；
被投资单位投资性房地产从成本模式计量转为公允价值模式计量，变更日，账面价值>公允价值等。

对联营企业和合营企业等的投资产生的可抵扣暂时性差异，主要产生于权益法下被投资单位发生亏损时，投资企业按照持股比例确认应予承担的部分相应减少长期股权投资的账面价值，但税法规定长期股权投资的成本在持有期间不发生变化，造成长期股权投资的账面价值小于其计税基础，产生可抵扣暂时性差异。

投资企业对有关投资计提减值准备的情况下，也会产生可抵扣暂时性差异。

（二）不确认递延所得税资产的特殊情况

企业发生的某项交易或事项不属于企业合并，交易发生时既不影响会计利润也不影响应纳税所得额，且该项交易中产生的资产、负债的初始确认金额与其计税基础不同，产生可抵扣暂时性差异的，所得税准则中规定在交易或事项发生时不确认相应的递延所得税资产。

考霸笔记
补充内容。

无形资产（初始）确认不是产生于企业合并交易，同时在（初始）确认时既不影响会计利润也不影响应纳税所得额，则按照所得税准则的规定，不确认有关暂时性差异的所得税影响。

“既不影响会计利润也不影响应纳税所得额”的理解：

理解1：“既不影响会计利润也不影响应纳税所得额”是指：确认无形资产时

的分录是：借：无形资产，贷：研发支出——资本化支出，此分录既不影响会计利润，也不影响应纳税所得额；而不是说在无形资产使用过程中既不影响会计利润，也不影响应纳税所得额，在使用过程中由于摊销、减值等原因必定会影响会计利润和应纳税所得额。

理解2：之所以不确认递延所得税资产，是因为：由于无形资产确认时不影响利润和应交所得税，所以如果确认递延所得税资产，则对应科目就不应当是所得税费用。由于它不是合并业务，对应科目不能是商誉；又由于它不对所有者权益产生影响，所以对应科目也不能是资本公积；那么对应科目只能是无形资产本身，分录：借：递延所得税资产，贷：无形资产。

由于这一分录中减少了无形资产的账面价值，从而违背了历史成本计量原则；同时这一分录中贷方的无形资产使无形资产的账面价值减少了，又产生了新的暂时性差异，这又导致确认递延所得税资产，这将进入一种无限循环，所以，这种情况下准则规定不确认递延所得税资产。

例：假设企业内部研发新技术，发生开发支出1 000万元，符合资本化条件，计入了无形资产，按照税法的规定，这项无形资产可以按照1 500万元（1 000×150%）来摊销（该项无形资产在未来期间税法允许税前扣除的金额为1 500万元）。所以无形资产的账面价值为1 000万元，而计税基础为1 500万元。账面价值小于计税基础，形成可抵扣暂时性差异。

但对于这项差异，按规定不能确认递延所得税资产。因为该无形资产的确认不是产生于企业合并交易，同时在确认时既不影响会计利润也不影响应纳税所得额（分录借记“无形资产”科目1 000万元，贷记“研发支出”科目1 000万元，这个处理既不影响会计利润也不影响应纳税所得额），按照所得税会计准则的规定，不应确认有关暂时性差异的所得税影响。

（三）递延所得税资产的计量

同递延所得税负债的计量原则相一致，确认递延所得税资产时，应当以预期收回该资产期间的适用所得税税率为基础计算确定。无论相关的可抵扣暂时性差异转回期间如何，递延所得税资产均不予折现。

1. 如果未来期间很可能无法取得足够的应纳税所得额用以利用可抵扣暂时性差异带来的利益，应当减记递延所得税资产的账面价值（金额减少，做相反的会计分录）。

> 考霸笔记
> 递延所得税资产是资产类，计量时应遵循谨慎性原则。

2. 因无法取得足够的应纳税所得额利用可抵扣暂时性差异减记递延所得税资产账面价值的，以后期间根据新的环境和情况判断能够产生足够的应纳税所得额利用可抵扣暂时性差异，使得递延所得税资产包含的经济利益能够实现的，应相应恢复递延所得税资产的账面价值。

总结：

（1）当资产的账面价值小于计税基础时，会产生可抵扣暂时性差异；

（2）新增可抵扣暂时性差异会追加应税所得，转回可抵扣暂时性差异会冲减应税所得；

（3）可抵扣暂时性差异匹配“递延所得税资产”科目，新增可抵扣暂时性差异递延所得税和所得税费用如何快速计算?

时列入借方，转回可抵扣暂时性差异时列入贷方；

（4）“递延所得税资产”的本期发生额（登账额）=当期可抵扣暂时性差异的变动额×所得税税率；

（5）“递延所得税资产”的余额=该时点可抵扣暂时性差异×所得税税率。

例20-1·2012年单选题改编

甲公司适用所得税税率为25%，其20×9年发生的交易或事项中，会计与税收处理存在差异的事项如下：①企业持有的以公允价值计量且其变动计入其他综合收益的金融资产，当期公允价值大于历史成本160万元；②收到与资产相关政府补助1 600万元，相关资产至年末尚未开始计提折旧。甲公司20×9年利润总额为5 200万元，假定递延所得税资产、负债年初余额为零，未来期间能够取得足够应纳税所得额利用可抵扣暂时性差异。下列关于甲公司20×9年所得税的处理中，正确的有（　　）。

A.所得税费用为900万元　　B.应交所得税为1 300万元

C.递延所得税负债为40万元　　D.递延所得税资产为400万元

【答案】CD

【解析】20×9年年末以公允价值计量且其变动计入其他综合收益的金融资产的账面价值大于取得成本160万元，形成应纳税暂时性差异，应确认递延所得税负债的金额=160×25%=40（万元），选项C正确；与资产相关的政府补助，税法规定在取得的当年全部计入应纳税所得额，会计处理为分期确认营业外收入，所以在收到当期应确认递延所得税资产时，确认递延所得税资产的金额=1 600×25%=400（万元），选项D正确；甲公司20×9年应交所得税=（5 200+1 600）×25%=1 700（万元），选项B错误；所得税费用的金额=1 700−400=1 300（万元），选项A错误。

考霸笔记

与资产相关的政府补助，按总额法确认的递延收益，计税基础如何确认？

递延收益是一个负债类的科目；

递延收益计税基础=账面价值−未来期间按照税法的规定可予以税前扣除的金额；

政府补助在收到的时候（借：银行存款，贷：递延收益），会计上没有影响损益，但是按照税法的规定这部分收益应当纳税；

在以后各期摊销时，借：递延收益，贷：其他收益，计算应纳税所得额时，会计上计入其他收益的金额是可以税前扣除的；

未来可以税前扣除的是未摊销的递延收益=递延收益初始金额−已摊销的递延收益=递延收益账面价值；

即递延收益的计税基础=0。

三、特殊交易或事项中涉及递延所得税的确认

（一）与直接计入所有者权益的交易或事项相关的所得税

与当期及以前期间直接计入所有者权益的交易或事项相关的当期所得税及递延所得税应当计入所有者权益。直接计入所有者权益的交易或事项主要有：

1.会计政策变更采用追溯调整法或对前期差错更正采用追溯重述法调整期初留存收益。

2.以公允价值计量且其变动计入其他综合收益的金融资产公允价值的变动计入所有者权益。

3.同时包含负债及权益成份的金融工具在初始确认时计入所有者权益等。

（二）与企业合并相关的递延所得税

在企业合并中，购买方取得的可抵扣暂时性差异，比如，购买日取得的被购买方在以前期间发生的未弥补亏损等可抵扣暂时性差异，按照税法规定可以用于抵减以后年度应纳税所得额，但在购买日不符合递延所得税资产确认条件而不予以确认。购买日后12个月内，如取得新的或进一步的信息表明购买日的相关情况已经存在，预期被购买方在购买日可抵扣暂时性差异带来的经济利益能够实现的，应当确认相关的递延所得税资产，同时减少商誉，商誉不足冲减的，差额部分确认为当期损益；

除上述情况以外，确认与企业合并相关的递延所得税资产，应当计入当期损益。

(三）与股份支付相关的当期及递延所得税

与股份支付相关的支出在按照会计准则规定确认为成本费用时，其相关的所得税影响应区别于税法的规定进行处理：如果税法规定与股份支付相关的支出不允许税前扣除，则不形成暂时性差异；如果税法规定与股份支付相关的支出允许税前扣除，在按照会计准则规定确认成本费用的期间内，企业应当根据会计期末取得的信息估计可税前扣除的金额，计算确定其计税基础及由此产生的暂时性差异，在符合确认条件的情况下，应当确认相关递延所得税。其中，预计未来期间可税前扣除的金额超过按照会计准则规定确认的与股份支付相关的成本费用，超过部分的所得税影响应直接计入所有者权益。

四、适用税率变化对已确认递延所得税资产和递延所得税负债的影响

因适用税收法规的变化，导致企业在某一会计期间适用的所得税税率发生变化的，企业应对已确认的递延所得税资产和递延所得税负债按照新的税率进行重新计量。应对原已确认的递延所得税资产及递延所得税负债的金额进行调整，反映税率变化带来的影响。

除直接计入所有者权益的交易或事项产生的递延所得税资产及递延所得税负债，相关的调整金额应计入所有者权益以外，其他情况下因税率变化产生的递延所得税资产及递延所得税负债的调整金额应确认为变化当期的所得税费用（或收益）。

考霸笔记

当期应交所得税=应纳税所得额×当期适用的所得税税率（［当期］要给，交给税务局）。

递延所得税资产=可抵扣暂时性差异×未来适用的所得税税率（会使得［未来］少交税）。

递延所得税负债=应纳税暂时性差异×未来适用的所得税税率（会使得［未来］多交税）。

> 具体分录：
> 借：递延所得税资产（或贷方）
> 　　所得税费用（可能在贷方）
> 　　资本公积——其他资本公积、其他综合收益（与计入所有者权益项目相关的发生额或贷方）
> 　贷：递延所得税负债（或借方）

第五节　所得税费用的确认和计量

◇当期所得税

◇递延所得税

◇所得税费用

采用资产负债表债务法核算所得税的情况下，利润表中的所得税费用由两个部分组成：当期所得税和递延所得税费用。

一、当期所得税

当期所得税，是指企业按照税法规定计算确定的针对当期发生的交易和事项，应缴纳给税务部门的所得税金额，即应交所得税，应以适用的税收法规为基础计算确定。即：

当期所得税=当期应交所得税

企业在确定当期所得税时，对于当期发生的交易或事项，会计处理与税收处

理不同的，应在会计利润的基础上，按照适用税收法规的要求进行调整，计算出当期应纳税所得额，按照应纳税所得额与适用所得税税率计算确定当期应交所得税。

应纳税所得额=会计利润±纳税调整项目

（一）纳税调整增加额

1.按会计准则的规定核算时不作为收益计入财务报表，但在计算应纳税所得额时作为收益，需要缴纳所得税。

考霸笔记
如与资产相关的政府补助，企业在收到政府补助时，就应当纳税，但在资产未达到预定可使用状态前，会计上并未确认相关收益。

2.按会计准则规定核算时确认为费用或损失计入财务报表，但在计算应纳税所得额时则不允许扣减。

考霸笔记
如与产品质量保证相关的预计负债，在计提时，确认了销售费用，但是税法规定在实际支出时才能扣除。

（二）纳税调整减少额

1.按会计准则规定核算时作为收益计入财务报表，但在计算应纳税所得额时不确认为收益。

考霸笔记
如国债利息收入，会计上确认了投资收益，但是税法规定这部分收益免税。

2.按会计准则规定核算时不确认为费用或损失，但在计算应纳税所得额时则允许扣减。

考霸笔记
如内部研发无形资产的费用化支出，税法规定可以加计50%扣除，加计扣除50%的部分，会计上没有确认，但是税法上可以扣除。

二、递延所得税

递延所得税，是指按照企业会计准则规定应予确认的递延所得税资产和递延所得税负债在期末应有的金额相对于原已确认金额之间的差额，即递延所得税资产及递延所得税负债的当期发生额，但不包括直接计入所有者权益的交易或事项及企业合并的所得税影响。其用公式表示即为：

除直接计入所有者权益的交易或事项及企业合并的所得税影响。
确认递延所得税负债时的分录为：
借：所得税费用
　贷：递延所得税负债
递延所得税负债的增加，会增加所得税费用。
确认递延所得税资产时的分录为：
借：递延所得税资产
　贷：所得税费用
递延所得税资产的增加，会减少所得税费用。

递延所得税=（递延所得税负债的期末余额－递延所得税负债的期初余额）－（递延所得税资产的期末余额－递延所得税资产的期初余额）

企业因确认递延所得税资产和递延所得税负债产生的递延所得税，一般应当计入所得税费用，但以下两种情况除外：

1.某项交易或事项按照会计准则规定应计入所有者权益的，由该交易或事项产生的递延所得税资产或递延所得税负债及其变化亦应计入所有者权益，不构成利润表中的递延所得税费用（或收益）。

2.企业合并中取得的资产、负债，其账面价值与计税基础不同，应确认相关递延所得税的，该递延所得税的确认影响合并中产生的商誉或是记入当期损益（营业外收入）的金额，不影响所得税费用。

考霸笔记
免税吸收合并中：
获得被合并方可辨认净资产公允价值＜合并成本时，该差额应确认为商誉，那么取得资产、负债，相关递延所得税的确认影响商誉；
获得被合并方可辨认净资产公允价值＞合并成本时，该差额应确认为营业外收入，那么取得资产、负债，相关递延所得税的确认影响营业外收入。

【注意】

确认递延所得税资产或递延所得税负债，其对应科目是什么？

①所得税费用：除下列两种情况外，均计入所得税费用；

②其他综合收益：直接计入所有者权益的交易；

③商誉：企业合并中取得的资产、负债，其账面价值与计税基础不同，应确认相关递延所得税的，递延所得税的确认影响合并中产生的商誉或是计入当期损益的金额，不影响所得税费用。

三、所得税费用

利润表中的所得税费用由两个部分组成：当期所得税和递延所得税。即：

所得税费用=当期所得税+递延所得税

计入当期损益的所得税费用或收益不包括企业合并和直接在所有者权益中确认的交易或事项产生的所得税影响。与直接计入所有者权益的交易或者事项相关的当期所得税和递延所得税，应当计入所有者权益。

考霸笔记

本期递延所得税负债增加5万元，表明企业未来要多交税5万元，本期可以少交税5万元，所以应交所得税=（210 － 10 ＋20） × 25% －（25－20） =50（万元）。

例20-2·2014年单选题

20×3年，甲公司实现利润总额210万元，包括：20×3年收到的国债利息收入10万元，因违反环保法规被环保部门处以罚款20万元。甲公司20×3年年初递延所得税负债余额为20万元，年末余额为25万元，上述递延所得税负债均产生于固定资产账面价值与计税基础的差异。甲公司适用的所得税税率为25%。不考虑其他因素，甲公司20×3年的所得税费用是（　　）。

A.52.5万元　　B.55万元　　C.57.5万元　　D.60万元

【答案】B

【解析】甲公司20×3年应交所得税=（210−10+20）×25%−（25−20）=50（万元），确认所得税费用50万元；确认递延所得税费用=25−20=5（万元），甲公司20×3年确认的所得税费用=50+5=55（万元）。

第六节　所得税费用的列报

客观题考点。

（一）当期所得税资产及当期所得税负债以抵销后的净额列示

同时满足以下条件的，企业应当将当期所得税资产及当期所得税负债以抵销后的净额列示：

1.企业拥有以净额结算的法定权利；

2.意图以净额结算或取得资产、清偿负债同时进行。

对于当期所得税资产及当期所得税负债以净额列示是指，当企业实际缴纳的所得税税款大于按照税法规定计算的应交所得税时，超过部分在资产负债表中应当列示为“其他流动资产”；当企业实际缴纳的所得税税款小于按照税法规定确定的应交所得税时，差额部分应当作为资产负债表中的“应交税费”项目列示。

（二）递延所得税资产及递延所得税负债以抵销后的净额列示

同时满足以下条件的，企业应当将递延所得税资产及递延所得税负债以抵销后的净额列示：

1.企业拥有以净额结算当期所得税资产及当期所得税负债的法定权利；

2.递延所得税资产及递延所得税负债与同一税收征管部门对同一纳税主体征收的所得税相关或者与不同的纳税主体相关，但在未来每一具有重要性的递延所得税资产及负债转回的期间内，涉及的纳税主体意图以净额结算当期所得税资产和负债，或是同时取得资产、清偿负债。

（三）合并财务报表

一方的当期所得税资产或递延所得税资产与另一方的当期所得税负债或递延所得税负债一般不能予以抵销，除非所涉及的企业具有以净额结算的法定权利，并且意图以净额结算。

例20-3·2015年综合题

20×4年1月1日，甲公司递延所得税资产的账面价值为100万元，递延所得税负债的账面价值为零。20×4年12月31日，甲公司有关资产、负债的账面价值和计税基础见表20-1：

表20-1 **甲公司有关资产、负债的账面价值和计税基础** 单位：万元

项目名称	账面价值	计税基础
固定资产	12 000	15 000
无形资产	900	1 350
其他权益工具投资	5 000	3 000
预计负债	600	0

表20-1中，固定资产在初始计量时，入账价值与计税基础相同，无形资产的账面价值是当年末新增的符合资本化条件的开发支出形成的，按照税法的规定对于企业自行研发形成无形资产的，按照形成无形资产成本的150%作为计税基础。假定在确定无形资产账面价值及计税基础时均不考虑当年度摊销因素。

20×4年度，甲公司实现净利润8 000万元，发生广告费用1 500万元，按照税法的规定准予从当年应纳税所得额中扣除的金额为1 000万元，其余可结转以后年度扣除。

甲公司适用的所得税税率为25%，在有关可抵扣暂时性差异转回期间内，甲公司预计能够产生足够的应纳税所得额用于抵扣可抵扣暂时性差异的所得税影响，除所得税外，不考虑其他税费及其他因素影响。

要求：

（1）对上述事项或项目产生的暂时性差异，分别确定是否应确认递延所得税负债或递延所得税资产，并说明理由。

（2）说明哪些暂时性差异的所得税影响应计入所有者权益。

（3）计算甲公司20×4年度应确认的递延所得税费用。

【答案】（1）①固定资产：需要确认递延所得税资产；因为该固定资产的账面价值小于计税基础，形成可抵扣暂时性差异，需要确认递延所得税资产。

②无形资产：不需要确认递延所得税资产；因为该无形资产是企业内部研究开发形成的，其不属于企业合并，且初始确认时既不影响会计利润，也不影响应纳税所得额，故产生的可抵扣暂时性差异不需要确认递延所得税资产。

③其他权益工具投资：需要确认递延所得税负债；因为该资产的账面价值大于计税基础，形成应纳税暂时性差异，需要确认递延所得税负债。

④预计负债：需要确认递延所得税资产；因为该负债的账面价值大于计税基础，形成可抵扣暂时性差异，需要确认递延所得税资产。

⑤发生的广告费：需要确认递延所得税资产；因为该广告费实际发生的金额为1 500万元，其可以在当期进行税前扣除的金额为1 000万元，税法规定允许未来税前扣除的金额为500万元，故形成可抵扣暂时性差异，需要确认递延所得税资产。

（2）其他权益工具投资的暂时性差异产生的所得税影响应该计入所有者权益。因为其他权益工具投资产生的暂时性差异通过“其他综合收益”科目核算，故其确认的递延所得税负债也对应“其他综合收益”科目，其他综合收益属于所有者权益。

（3）固定资产形成可抵扣暂时性差异的期末余额=15 000−12 000=3 000（万元）；

固定资产对应的递延所得税资产的期末余额=3 000×25%=750（万元）；

预计负债形成的递延所得税资产期末余额=600×25%=150（万元）；

广告费形成的递延所得税资产本期发生额=500×25%=125（万元）；

因此，20×4年甲公司应确认的递延所得税资产的本期发生额=（750+150+125）−100=925（万元）；

因其他权益投资确认的递延所得税负债500万元（2 000×25%）对应科目为“其他综合收益”，不影响所得税费用的金额。因此，甲公司20×4年度应确认的递延所得税费用为−925万元。

智能测评

在线练习	我要提问
扫码在线做题　扫码看答案 本书“本章同步强化训练”均配备二维码，打开微信“扫一扫”即可完成在线测评，查看本章详细的测评反馈报告，了解知识掌握情况，也可扫码直接看答案噢。 快来扫码做题吧！	扫码答疑 本书配备答疑专用二维码，打开微信“扫一扫”，即可完成在线提问，获取专业老师全面个性化解答，让学习问题不再拖延。 快来扫码提问吧！

本章同步强化训练

一、单选题

1.甲公司2013年12月31日购入某生产用机器设备，取得的增值税专用发票上注明的价款为300万元，增值税税额为51万元，没有发生其他相关税费，购入当日即达到预定可使用状态。会计处理时预计使用年限为6年，预计净残值为10万元，采用年数总和法计提折旧。税法确定的预计使用年限为5年，预计净残值为0，按照年限平均法计提折旧。

2014年12月31日，该固定资产形成的暂时性差异为（　　）万元。

A.41.67　　B.22.86　　C. 27.86　　D.30.71

2.甲公司自2014年2月1日开始自行研发某项专利技术，共发生研究阶段支出300万元，开发阶段支出500万元，其中开发阶段不符合资本化条件的支出100万元。至2014年7月1日，专利技术达到预定用途。甲公司预计该资产预计使用年限为5年，税法的预计使用年限为8年，会计和税法确定的预计净残值为0，均按直线法摊销计入当期管理费用，该公司2014年利润总额为2 000万元，企业所得税税率为25%,除上述事项外会计和税法认定一致。

要求：根据上述资料，不考虑其他因素，回答下列各题：

（1）2014年12月31日，该无形资产的计税基础为（　　）万元。

A.360　　B.562.5　　C.366.67　　D.579.17

（2）2014年12月31日，该无形资产形成的递延所得税为（　　）万元。

A.递延所得税资产50.63　　B.递延所得税资产100

C.递延所得税负债50.63　　D.0

（3）2014年的应交所得税为（　　）万元

A.500　　B.450　　C.450.63　　D.462.5

3.2014年1月1日，甲公司将采用成本法计量的投资性房地产，转换为以公允价值模式后续计量。该投资性房地产原价2 500万元，累计折旧500万元，未计提减值准备，税法计提折旧年限、方法和会计相同，转换日该投资性房地产的公允价值为2 800万元。

要求：根据上述资料，不考虑其他因素，回答下列各题：

（1）2014年1月1日，甲公司该项投资性房地产的计税基础为（　　）万元。

A.2 800　　B.2 000　　C.2 500　　D.2 600

（2）下列说法正确的是（　　）。

A.该后续计量模式转换属于会计政策变更

B.该后续计量模式转换属于会计估计变更

C.甲公司可以根据需求在以后年度将公允价值模式转换为成本法进行后续计量

D.该转换不形成递延所得税

4.甲公司于2014年4月自公开市场以每股20元的价格取得A公司普通股80万股，作为其他权益工具投资核算，另发生交易费用20万元。2014年12月31日，甲公司该股票投资尚未出售，当日市价为每股25元，按照税法的规定，资产在持有期间公允价值的变动不计入应纳税所得额，待处理时一并计算应计入应纳税所得额的金额。甲公司适用的所得税税率为25%。假定在未来期间不会发生变化。

要求：根据上述资料，不考虑其他因素，回答下列各题：

（1）甲公司2014年年末因该资产的形成的递延所得税为（　　）。

A.递延所得税资产95万元　　B.递延所得税负债95万元

C.递延所得税负债100万元　　D.0

（2）甲公司因该其他权益工具投资形成的递延所得税费用为（　　）万元。

A.95　　B.-95　　C.0　　D.100

5.甲公司2014年发生5 000万元广告费支出，发生时已作为销售费用计入当期损益，税法规定，该类支出不超过当年销售收入15%的部分允许当期税前扣除，超过部分允许向以后纳税年度结转税前扣除。甲公司2014年实现销售收入25 000万元。

该公司2014年因该事项确认的暂时性差异为（　　）。

A.0　　B.可抵扣暂时性差异3 750万元

C.应纳税暂时性差异1 250万元　　D.可抵扣暂时性差异1 250万元

6.甲公司在2013年度的会计利润为-1 000万元，按照税法的规定允许用以后5年税前利润弥补亏损。甲公司预计未来5年应税收益一共为800万元，假设适用的所得税税率始终为25%，假设无其他暂时性差异。

要求：根据上述资料，不考虑其他因素，回答下列各题：

（1）甲公司因该事项于2013年确认的递延所得税的金额为（　　）。

A.递延所得税资产250万元　　B.递延所得税资产200万元

C.递延所得税负债250万元　　D.递延所得税负债200万元

（2）假设甲公司2014年度会计利润500万元，则2014年度递延所得税的发生额是（　　）。

A.递延所得税资产借方发生额为125万元

B.递延所得税资产贷方发生额125万元

C.递延所得税资产贷方发生额75万元

D.递延所得税负债贷方发生额125万元

7.甲公司2×14年年初递延所得税负债的余额为165万元，递延所得税资产的余额为660万元，假设年初的这些暂时性差异当年不转回。2×14年，当期另发生两项新的暂时性差异，分别为：

（1）交易性金融资产账面价值小于计税基础300万元；

（2）预计负债账面价值小于计税基础200万元。

假设已知该公司截至2014年所得税税率始终为33%，从2×15年起，该公司不再享受所得税优惠政策，所得税税率将调整为25%，不考虑其他因素。

该公司2×14年的递延所得税费用为（　　）万元。

A.-25　　B.25　　C.-95　　D.95

8.甲公司有关业务如下：

（1）2014年1月1日，甲公司自证券市场购入面值总额为1 000万元的国债。购入时实际支付价款1 175.61万元，另外支付交易费用10万元。该债券发行日为2013年1月1日，系分期付息、到期还本债券，期限为5年，票面年利率为10%，年实际利率为8%，每年12月31日支付当年利息。甲公司将该债券作为持有至到期投资核算。税法规定，国债利息收入免交所得税。

（2）2014年7月20日，从二级市场购入M公司股票500万股，每股市价10元，没有发生相关税费，甲公司将其作为其他权益工具投资核算。2014年、2015年12月31日该股票的公允价值分别为每股15元、13元。至2015年末，该股票尚未对外卖出。税法规定，资产在持有期间公允价值的变动不计税，在处置时一并计算应计入应纳税所得额的金额。

（3）2014年8月2日，甲公司自公开市场取得一项权益性投资，支付价款100万元，作为交易性金融资产核算。2014年12月31日，该投资的市价为120万元。2015年1月初，出售该权益性投资，收到价款130万元。假定税法规定，交易性金融资产持有期间公允价值变动金额不计入应纳税所得额，待出售时一并计入应纳税所得额。

（4）2014年、2015年12月31日税前会计利润分别为2 000万元、2 600万元，假定无其他纳税调整事项，甲公司适用的所得税税率为25%。2014年年初，甲公司递延所得税资产、递延所得税负债的期初余额均为0。

要求：不考虑其他因素，根据上述资料，回答下列各题。（涉及计算的，保留小数点后两位）

（1）甲公司2014年应确认递延所得税负债的金额是（　　）万元。

A.676.40　　B.625　　C.630　　D.675.11

（2）甲公司2014年应纳税所得额为（　　）万元。

A.1 885.15　　B.2 000　　C.1 980　　D.-614.85

（3）甲公司2015年应纳税所得额为（　　）万元。

A.2 600　　B.1 525.56　　C.2 525.56　　D.3 525.56

（4）甲公司2015年应确认的所得税费用为（　　）万元。

A.626.39　　B.631.39　　C.881.39　　D.876.39

二、多选题

1. A公司为2×13年新成立的公司，2×13年发生经营亏损1 000万元，按照税法的规定，该亏损可用于抵减以后5个年度的应纳税所得额，预计未来5年内能产生足够的应纳税所得额弥补该亏损。2×14年实现税前利润200万元，未发生其他纳税调整事项，预计未来4年内能产生足够的应纳税所得额弥补剩余亏损。2×14年适用的所得税税率为33%，假设根据2×14年颁布的新所得税法的规定，自2×15年1月1日起，该公司适用的所得税税率变更为25%。2×15年实现税前利润600万元，2×15年未发生其他纳税调整事项，预计未来3年内能产生足够的应纳税所得额弥补剩余亏损。

根据上述资料，不考虑其他因素，回答下列问题：

（1）下列项目中，不会产生应纳税暂时性差异的有（　　）。

A.企业发生的可用于抵减以后年度应纳税所得额的亏损额

B.计提固定资产减值准备

C.会计计提的摊销大于税法规定的摊销

D.会计计提的摊销小于税法规定的摊销

E.其他权益工具投资公允价值上升

（2）下列说法正确的有（　　）。

A.2×13年末应确认的递延所得税资产330万元

B.2×14年末利润表的所得税费用为0

C.2×14年转回递延所得税资产66万元

D.2×14年末的递延所得税资产余额为200万元

E.2×15年末当期应交所得税为0万元

2. B公司有关业务如下：

（1）2×14年1月1日，B公司为其100名中层以上管理人员每人授予100份现金股票增值权，这些人员从2×14年1月1日起必须在该公司连续服务满3年，即可自2×16年12月31日起根据股价的增长幅度获得现金，该增值权应在2×17年12月31日之前行使完毕。2×14年12月31日，“应付职工薪酬”科目期末余额为28 000元。2×15年12月31日，每份现金股票增值权公允价值为12元，至2×15年年末，有10名管理人员离开B公司，B公司估计一年中还将有5名管理人员离开。税法规定，该股份支付在实际发生时允许从应纳税所得额中扣除。

（2）2×14年，B公司发生研究开发支出1 000万元，在2×14年7月10日达到预定可使用状态，其中800万元予以资本化；预计使用年限为10年，采用直线法摊销，无残值。税法规定，企业费用化的研究开发支出按150%税前扣除，资本化的研究开发支出按资本化金额的150%予以摊销。

（3）B公司适用的所得税税率为25%，2014年期初无递延所得税资产、递延所得税负债。2×14年、2×15年实现的会计利润均为800万元，不考虑其他纳税调整事项。

根据上述资料，不考虑其他因素影响，回答下列各题：

（1）B公司下列有关2×14年的会计处理中，正确的有（　　）。

A.2×14年确认递延所得税资产0.7万元

B.2×14年确认递延所得税资产10.2万元

C.2×14年应纳税所得额为682.8万元

D.2×14年应纳税所得额为1 000万元

E.2×14年所得税费用为170万元

（2）B公司下列有关2×15年的会计处理中，正确的有（　　）。

A.2×15年增加递延所得税资产1万元

B.2×15年增加递延所得税资产86万元

C.2×15年应纳税所得额为764万元

D.2×15年所得税费用为190万元

E.2×15年所得税费用为764万元

3.按照准则规定，在确认递延所得税资产时，可能记入的项目有（　　）。

A.所得税费用　　B.其他综合收益　　C.商誉

D.应交税费　　E.资本公积——股本溢价

三、计算题

1.甲公司采用资产负债表债务法进行所得税的核算，所得税税率为25%，2×14年年初递延所得税资产、递延所得税负债余额均为0，每年税前会计利润均为3 000万元。2×14年、2×15年发生以下事项：

（1）每年计入投资收益的国债利息收入80万元。

（2）2×14年3月份发生违反法律、行政法规而交付的罚款50万元。

（3）2×14年6月30日购入某办公设备，买价100万元，增值税税额为17万元，无其他相关税费发生。甲公司对该固定资产采用年限平均法计提折旧，预计使用年限为5年，无残值。税法允许加速折旧，采用双倍余额递减法计提折旧，预计使用年限和净残值和会计规定相同。2×15年年末，该设备账面价值高于可收回金额，计提20万元减值准备。确认减值后，资产的预计使用年限和净残值不变。

（4）2×14年3月，从二级市场上购入某股票作为以公允价值计量且其变动计入其他综合收益的金融资产核算。年末，其他权益工具投资账面价值500万元，包括成本450万元和公允价值变动50万元，2×15年年末，其他权益工具投资账面价值520万元，包括成本450万元和公允价值变动70万元。

（5）2×14年年初，存货跌价准备为0，2×14年末存货账面价值1 000万元，计提存货跌价准备150万元，2×15年末存货账面价值900万元，销售结转存货跌价准备120万元，2×15年年末计提存货跌价准备160万元。

（6）本期没有发生其他纳税调整事项。

要求：计算2×14年和2×15年递延所得税资产和负债、应交所得税和所得税费用的发生额，并作出相关会计分录。（答案中的金额单位用万元表示）

2. 甲上市公司于2×14年1月设立，采用资产负债表债务法核算所得税费用，适用的所得税税率为33%，该公司2×14年利润总额为5 000万元，当年发生的交易或事项中，会计与税法规定存在差异的项目如下：

（1）2×14年12月31日，甲公司应收账款余额为3 000万元，对该应收账款计提了600万元坏账准备。税法规定，企业计提的坏账准备不得税前扣除，应收款项发生实质性损失时允许税前扣除。

（2）按照销售合同的规定，甲公司承诺对销售的A产品提供3年免费售后服务。甲公司2×14年销售的A产品预计在售后服务期间将发生的费用为200万元，已计入当期损益。税法规定，与产品售后服务相关的支出在实际发生时允许税前扣除。甲公司2×14年没有发生售后服务支出。

（3）甲公司2×14年以1 000万元取得一项到期还本付息的国债投资，作为持有至到期投资核算，该投资实际利率与票面利率相差较小，甲公司采用票面利率计算确定利息收入，当年确认国债利息收入50万元，计入持有至到期投资账面价值，该国债投资在持有期间未发生减值。税法规定，国债利息收入免征所得税。

（4）2×14年12月31日，甲公司的Y产品的账面余额为2 200万元，根据市场情况对Y产品计提跌价准备350万元，计入当期损益。税法规定，该类资产在发生实质性损失时允许税前扣除。

（5）2×14年8月，甲公司自公开市场购入基金，作为交易性金融资产核算，取得成本为2 000万元，2×14年12月31日，该基金的公允价值为2 800万元，公允价值相对账面价值的变动已计入当期损益，持有期间基金未进行分配，税法规定，该类资产在持有期间公允价值变动不计入应纳税所得额，待处置时一并计算应计入应纳税所得额的金额。

其他相关资料：

（1）假定预期未来期间甲公司适用的所得税税率为25%。

（2）甲公司预计未来期间能够产生足够的应纳税所得额用以抵扣可抵扣暂时性差异。

要求：

（1）确定甲公司上述交易或事项中资产、负债在2×14年12月31日的计税基础，同时比较其账面价值与计税基础，计算所产生的应纳税暂时性差异或可抵扣暂时性差异的金额。

（2）计算甲公司2×14年应纳税所得额、应交所得税、递延所得税费用（或收益）和所得税费用。

（3）编制甲公司2×14年确认所得税费用的会计分录。（答案中的金额单位用万元表示）

第二十一章

外币折算

本章导学

本章框架图

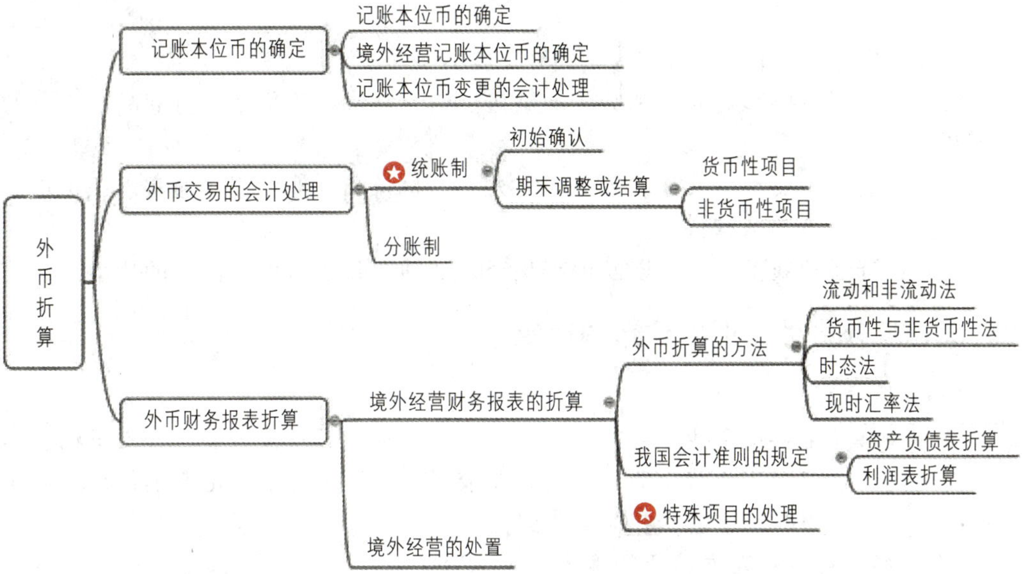

本章考情概述

本章阐述了外币业务会计处理和外币报表折算。

本章应关注的主要问题：(1) 接受外币资本投资的会计处理；(2) 资产负债表日货币性项目的折算和非货币性项目的折算；(3) 外币财务报表折算；(4) 本章内容可与借款费用等章节结合出主观题。

本章近三年主要考点：(1) 外币货币性项目的判断；(2) 期末汇兑损益的计算；(3) 外币财务报表折算等。

2019年教材主要变化

本章内容无实质性变化。

第一节　记账本位币的确定

◇记账本位币的定义
◇企业记账本位币的确定
◇境外经营记账本位币的确定
◇记账本位币变更的会计处理

一、记账本位币的定义

企业的记账本位币，是指企业经营所处的主要经济环境中的货币（也就是企业记账所使用的货币）。主要经济环境通常是其主要产生和支出现金的经济环境。

二、企业记账本位币的确定

企业通常应选择人民币作为记账本位币。业务收支以人民币以外的货币为主的企业，可以按规定选定其中一种货币作为记账本位币。但是，编报的财务报表应当折算为人民币。

企业选定记账本位币，应当考虑下列因素：

（1）该货币主要影响商品和劳务的销售价格，通常以该货币进行商品和劳务的计价和结算；

（2）该货币主要影响商品和劳务所需人工、材料和其他费用，通常以该货币进行上述费用的计价和结算；

（3）融资活动获得的货币以及保存从经营活动中收取款项所使用的货币。

考霸笔记
判断某实体是否为境外经营，主要看两点：
①该实体与企业的关系：是否为企业的子公司、合营企业、联营企业、分支机构。
②该实体的记账本位币是否与企业记账本位币相同？

三、境外经营记账本位币的确定

（一）境外经营的含义

境外经营通常是指企业在境外的子公司、合营企业、联营企业、分支机构。当企业在境内的子公司、联营企业、合营企业或者分支机构选定的记账本位币不同于企业的记账本位币时，也应当视同境外经营。

（二）境外经营记账本位币的确定

在确定其记账本位币时也应当考虑企业选择确定记账本位币需要考虑的上述因素（三个），境外经营记账本位币的选择还应当考虑该境外经营与企业的关系，境外经营相应处理见表21-1。

什么是境外经营?

表21-1　**境外经营相应处理知识表**

应考虑的因素	应采取的措施
（1）境外经营对其所从事的活动是否拥有很强的自主性	没有自主性的，则选择与境内企业相同的记账本位币 有自主性的，则选择不同的货币作为记账本位币
（2）境外经营活动中与企业的交易是否在境外经营活动中占有较大比重	占较大比重的，选择与境内企业相同的记账本位币 不占较大比重的，则选择不同的货币作为记账本位币
（3）境外经营活动产生的现金流量是否直接影响企业的现金流量，是否可以随时汇回	直接影响且可随时汇回的，应选择与境内企业相同的记账本位币 否则，选择不同的记账本位币
（4）境外经营活动产生的现金流量是否足以偿还其现有债务和可预期的债务	不足以偿还的，应选择与境内企业相同的记账本位币 反之，应选择其他货币

例21-1·2007年多选题

境外经营的子公司在选择确定记账本位币时，应当考虑的因素有（　　）。

A.境外经营所在地货币管制状况

B.与母公司交易占其交易总量的比重

C.境外经营所产生的现金流量是否直接影响母公司的现金流量

D.境外经营所产生的现金流量是否足以偿付现有及可预期的债务

E.相对于境内母公司，其经营活动是否具有很强的自主性

【答案】ABCDE

【解析】上述选项均正确。

考霸笔记 本题考查相关基础概念，涉及境外经营记账本位币确定的相关因素，在理解基础上记忆。

四、记账本位币变更的会计处理

企业选择的记账本位币一经确定，不得随意改变，除非与确定记账本位币相关的企业经营所处的主要经济环境发生了重大变化。

企业因经营所处的主要经济环境发生重大变化，确需变更记账本位币的，应当采用变更当日的即期汇率将所有项目折算为变更后的记账本位币，折算后的金额作为以新的记账本位币计量的历史成本。由于采用同一即期汇率进行折算，不会产生汇兑差额。

第二节　外币交易的会计处理

◇外币交易的核算程序

◇即期汇率和即期汇率的近似汇率

◇外币交易的会计处理

一、外币交易的核算程序

（一）外币交易的概念

外币交易，是指企业发生以外币计价或者结算的交易，包括买入或者卖出以外币计价的商品或者劳务、借入或者借出外币资金和其他以外币计价或者结算的交易。

（二）外币核算的基本程序

企业发生外币交易时，其会计核算的基本程序为：

1.将外币金额按照交易日的即期汇率或即期汇率的近似汇率折算为记账本位币金额，按照折算后的记账本位币金额登记有关账户。

2.期末，将所有外币货币性项目的外币余额，按照期末即期汇率折算为记账本位币金额，并与原记账本位币金额相比较，其差额记入“财务费用——汇兑差额”科目。

考霸笔记 在资本化期间，外币专门借款本金及其利息的汇兑差额，应当予以资本化。

3.结算外币货币性项目时，将其外币结算金额按照当日即期汇率折算为记账本位币金额，并与原记账本位币金额相比较，其差额记入“财务费用——汇兑差额”科目。

【提示】期末调整汇兑差额的计算步骤：

（1）外币账户的期末外币余额 = 期初外币余额 + 本期增加的外币发生额 − 本期减少的外币发生额

（2）调整后记账本位币余额=期末外币余额×期末即期汇率

（3）汇兑差额=调整后记账本位币余额−调整前记账本位币余额

货币性外币项目如何计算汇兑差额?

例21-2·2012年单选题

甲公司以人民币为记账本位币，发生的外币交易采用交易日的即期汇率折算。甲公司12月20日进口一批原材料并验收入库，货款尚未支付；原材料成本为80万美元，当日即期汇率为1美元=6.8元人民币。12月31日，美元户银行存款余额为1 000万美元，按年末汇率调整前的人民币账面余额为7 020万元，当日即期汇率为1美元=6.5元人民币。上述交易或事项对甲公司12月份营业利润的影响金额为（ ）万元。

A.−220

B.−496

C.−520

D.−544

【答案】B

【解析】上述交易或事项对甲公司12月份营业利润的影响金额=（80×6.8−80×6.5）+（1 000×6.5−7 020）=−496（万元）。

考霸笔记

相关分录如下：（单位：万元）

12月20日，采购原材料时

借：原材料 544

　贷：应付账款——美元 544

12月31日

借：应付账款——美元 24

　贷：财务费用 24

借：财务费用 520

　贷：银行存款——美元 520

例21-3·2010年单选题改编

甲公司持有在境外注册的乙公司100%的股权，能够对乙公司的财务和经营政策实施控制。甲公司以人民币为记账本位币，乙公司以港币为记账本位币，发生外币交易时甲公司和乙公司均采用交易日的即期汇率进行折算。

（1）20×9年10月20日，甲公司以每股2美元的价格购入丙公司B股股票20万股，支付价款40万美元，另支付交易费用0.5万美元。甲公司将购入的上述股票作为交易性金融资产核算，当日即期汇率为1美元=6.84元人民币。20×9年12月31日，丙公司B股股票的市价为每股2.5美元。

（2）20×9年12月31日，除上述交易性金融资产外，甲公司其他有关资产、负债项目的期末余额如下：

项目外币金额按照20×9年12月31日年末汇率调整前的人民币账面余额折算：

①银行存款600万美元折合人民币4 102万元；

②应收账款300万美元折合人民币2 051万元；

③预付款项100万美元折合人民币683万元；

④长期应收款1 500万港元折合人民币1 323万元；

⑤持有至到期投资50万美元折合人民币342万元；

⑥债权投资450万美元折合人民币3 075万元；

⑦应付账款256万美元折合人民币1 753万元；

⑧预收款项82万美元折合人民币560万元。

上述长期应收款实质上构成了甲公司对乙公司境外经营的净投资，除长期应收款外，其他资产、负债均与关联方无关。20×9年12月31日，即期汇率为1美元=6.82元人民币，1港元=0.88元人民币。

要求：根据上述资料，不考虑其他因素，回答下列第1小题至第3小题。

1.下列各项中，不属于外币货币性项目的是（　　）。

A.应付账款　　B.预收款项

C.长期应收款　　D.债权投资

2.甲公司在20×9年度个别财务报表中因外币货币性项目期末汇率调整应当确认的汇兑损失是（　　）。

A.5.92万元　　B.6.16万元　　C.6.72万元　　D.6.96万元

3.上述交易或事项对甲公司20×9年度合并营业利润的影响是（　　）。

A.57.82万元　　B.58.06万元　　C.61.06万元　　D.63.98万元

【答案及解析】

1.B

解析：货币性项目是企业持有的货币和将以固定或可确定金额的货币收取的资产或者偿付的负债。所以，预收款项不属于货币性项目，故选项B错误。

2.A

解析：（1）资产的汇兑损益=银行存款（600×6.82−4 102）+应收账款（300×6.82−2 051）+长期应收款（1 500×0.88−1 323）+债权投资（50×6.82−342）=−19（万元）汇兑损失。

（2）负债的汇兑损益=短期借款（450×6.82−3 075）+应付账款（256×6.82−1 753）=−13.08（万元）汇兑收益。

（3）汇兑损失=19−13.08=5.92（万元）。

3.C

解析：上述交易或事项对甲公司20×9年度合并营业利润的影响=−3.42①+67.4②−5.92③+3④=61.06（万元）。

20×9年10月20日，购买股票

借：交易性金融资产　　273.6

　　投资收益　　3.42

　贷：银行存款——美元　　276.82

20×9年12月31日，确认股票公允价值的变动

借：交易性金融资产　　67.4

　贷：公允价值变动损益　　67.4

有关长期应付款的分录

甲公司记账本位币为人民币，乙公司记账本位币为港币。甲公司对乙公司的长期应收款为1 500万港币。

期末，甲公司分录

借：财务费用　　3

　贷：长期应收款　　3

期末，乙公司的账上反映的长期应付款为1 500万港币。

编制合并报表时，乙公司财务报表上各项目首先按照相应的汇率进行折算。

合并工作底稿上的分录为：

借：长期应付款——港币　　1 323

　贷：长期应收款——港币　　1 323

借：其他综合收益　　3

　贷：财务费用　　3

注意①：交易性金融资产交易费用=0.5×6.84=3.42（万元），减少利润。

注意②：交易性金融资产公允价值变动损益=2.5×20×6.82-40×6.84=67.4（万元），增加利润。

注意③：汇兑损失=19-13.08=5.92（万元），减少利润。

注意④：长期应收款=1 500×0.88-1 323=-3（万元）。

借：财务费用　　3

　贷：长期应收款　　3

借：其他综合收益　　3

　贷：财务费用　　3

二、即期汇率和即期汇率的近似汇率

即期汇率，通常是指中国人民银行公布的当日人民币外汇牌价的中间价。但是，在企业发生单纯的货币兑换交易或涉及货币兑换的交易时，仅用中间价不能反映货币买卖的损益，需要使用买入价或卖出价折算。

即期汇率的近似汇率，是指按照系统合理的方法确定的、与交易发生日即期汇率近似的汇率，通常采用当期平均汇率或加权平均汇率等。

企业通常应当采用即期汇率进行折算。汇率变动不大的，也可以采用即期汇率的近似汇率进行折算。

三、外币交易的会计处理

（一）初始确认

企业发生外币交易的，应在初始确认时采用交易日的即期汇率或即期汇率的近似汇率将外币金额折算为记账本位币金额。

考霸笔记
选择题考点。

注意：企业收到投资者以外币投入的资本，无论是否有合同约定汇率，均不得采用合同约定汇率和即期汇率的近似汇率折算，而是采用交易日即期汇率折算。这样，外币投入资本与相应的货币性项目的记账本位币金额相等，不产生外币资本折算差额。

考霸笔记
货币性资产包括现金、银行存款、应收账款、其他应收款等。

（二）期末调整或结算

期末，企业应当分别对外币货币性项目和外币非货币性项目进行处理。

1.货币性项目

货币性项目是企业持有的货币和将以固定或可确定金额的货币收取的资产或者偿付的负债。货币性项目分别为货币性资产和货币性负债。

外币交易期末调整或结算的汇兑差额记入什么科目?

期末或结算货币性项目时，应以当日即期汇率折算外币货币性项目，该项目因当日即期汇率不同于该项目初始入账时或前一期末即期汇率而产生的汇率差额，计入当期损益。

2.非货币性项目

非货币性项目是货币性项目以外的项目，如预付账款、预收账款、存货、长期股权投资、交易性金融资产（股票、基金）、固定资产、无形资产等。

（1）对于以历史成本计量的外币非货币性项目，已在交易发生日按当日即期汇率折算，资产负债表日不应改变其原记账本位币金额，不产生汇兑差额。

（2）对于以成本与可变现净值孰低计量的存货，如果其可变现净值以外币确定，则在确定存货的期末价值时，应先将可变现净值折算为记账本位币，再与以记账本位币反映的存货成本进行比较。

（3）对于以公允价值计量的股票、基金等非货币性项目，如果期末的公允价值以外币反映，则应当先将该外币按照公允价值确定当日的即期汇率折算为记账本位币金额，再与原记账本位币金额进行比较，其差额作为公允价值变动损益，计入当期损益。

（4）以公允价值计量且其变动计入其他综合收益的外币货币性金融资产形成的汇兑差额，应当计入当期损益；外币非货币性金融资产形成的汇兑差额，与其公允价值变动一并计入其他综合收益。但是，采用实际利率法计算的金融资产的外币利息产生的汇兑差额应当计入当期损益，非交易性权益工具投资的外币现金股利产生的汇兑差额，应当计入当期损益。

考霸笔记

1.交易性金融资产折算后记账本位币金额与原记账本位币金额之间的差额计入公允价值变动损益；
2.其他权益工具投资：折算后记账本位币金额与原记账本位币金额之间的差额计入其他综合收益；
3.其他债权投资：因公允价值的变动产生的差额计入其他综合收益，因汇率变动而产生的差额计入当期损益。

【总结1】如图21-1所示。

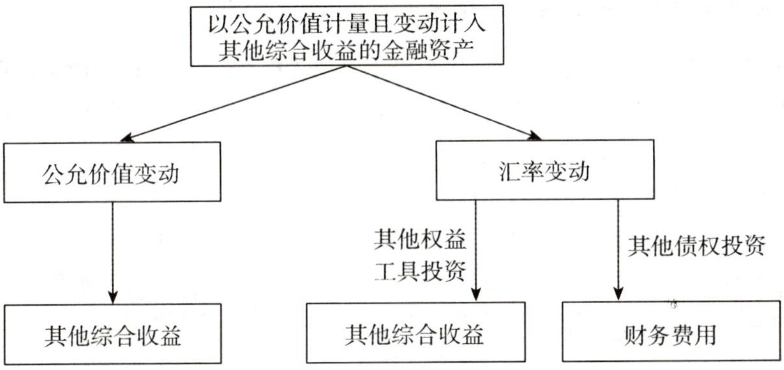

图21-1　总结图1

【总结2】如图21-2所示。

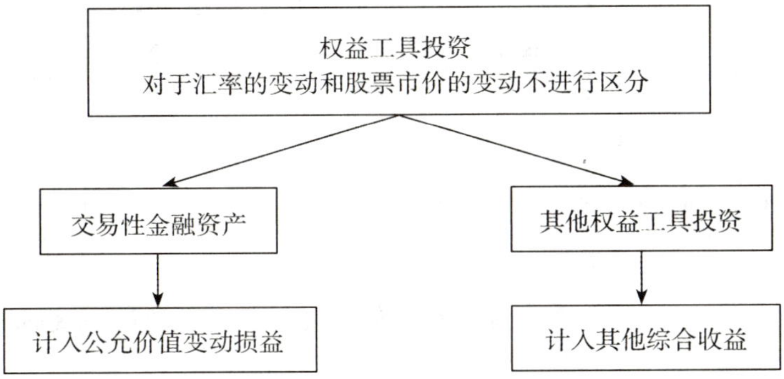

图21-2　总结图2

【总结3】如图21-3所示。

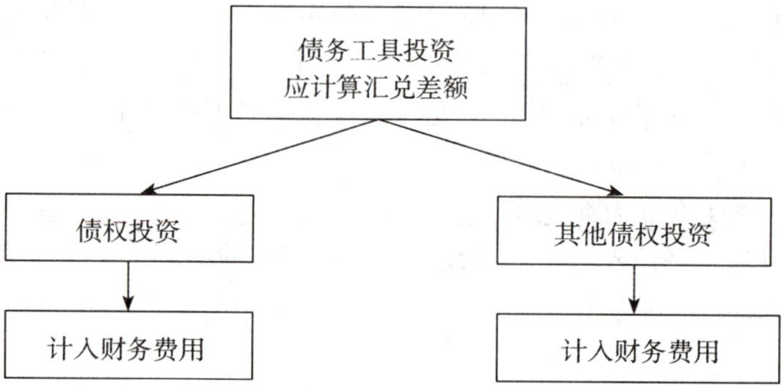

图 21-3 总结图 3

第三节 外币财务报表折算

◇境外经营财务报表的折算
◇境外经营的处置

外币报表折算未分配利润为什么不可以用近似汇率，应如何计算?

一、境外经营财务报表的折算

如果企业境外经营的记账本位币不同于企业的记账本位币，在将企业的境外经营通过合并报表、权益法核算等纳入到企业的财务报表中时，需要将企业境外经营的财务报表折算为以企业记账本位币反映。

（一）折算方法

为什么有的时候期末不用对非货币性项目进行外币调整，有的时候要用资产负债表日的即期汇率进行调整?

按照以下方法对境外经营财务报表进行折算（见图 21-4）：

1. 资产负债表中的资产和负债项目，采用资产负债表日的即期汇率折算，所有者权益项目除“未分配利润”项目外，其他项目采用发生时的即期汇率折算。

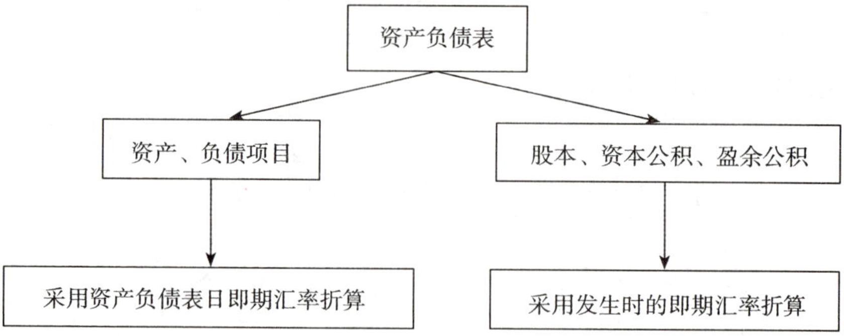

图 21-4 境外经营财务报表折算图

考霸笔记

由于收入和费用的交易经常且大量发生，故通常采用会计年度内的平均汇率折算。

2. 利润表中的收入和费用项目，采用交易发生日的即期汇率或即期汇率的近似汇率折算。

汇兑损益和外币折算差额应如何理解?

3. 外币财务报表折算差额。根据《企业会计准则第 19 号——外币折算》，企业对境外经营的财务报表进行折算时，应当将外币财务报表折算差额在资产负债表中的所有者权益项目下单独列示（其他综合收益）；企业在处置境外经营时，应当将资产负债表中所有者权益项目下列示的、与该境外经营相关的外币报表折算差额，自所有者权益项目转入处置当期损益；处置部分境外经营的，应当按处置的比例计算处置部分的外币财务报表折算差额，转入处置当期损益。

外币报表折算差额=以记账本位币反映的净资产-以记账本位币反映的（实收资本+资本公积+累计盈余公积+累计未分配利润）

考霸笔记　系选择题常考点。外币报表折算和外币交易不同，前者涉及境外经营，后者可能只是采购了一台以外币计价的固定资产，所以前者的固定资产要用资产负债表日的即期汇率折算，后者采用历史成本计量，不产生汇兑差额。

【总结】外币财务报表折算时，下列项目采用何种汇率折算：

（1）应付账款和应收账款——按资产负债表日即期汇率折算；

（2）固定资产——按资产负债表日即期汇率折算；

（3）营业收入——按交易发生日的即期汇率折算或交易发生日的即期汇率的近似汇率折算；

（4）盈余公积——按发生时的即期汇率折算；

（5）提取盈余公积——按交易发生日的即期汇率折算或交易发生日的即期汇率的近似汇率折算；

（6）短期借款——按资产负债表日即期汇率折算；

（7）所得税费用——按交易发生日的即期汇率折算或交易发生日的即期汇率的近似汇率折算。

考霸笔记　应采用当期平均汇率折算。

例21-4·2015年多选题

下列各项在对境外经营财务报表进行折算时选用的有关汇率，符合会计准则的有（　　）。

A.股本采用股东出资日的即期汇率折算

B.其他权益工具投资采用资产负债表日即期汇率折算

C.未分配利润项目采用报告期平均汇率折算

D.当期提取的盈余公积采用当期平均汇率折算

【答案】ABD

【解析】选项C，所有者权益项目除“未分配利润”项目外，其他项目采用发生时的即期汇率折算。

境外经营财务报表进行折算时，汇率如何选择?

例21-5·2014年多选题

对外币财务报表进行折算时，下列项目中，应当采用期末资产负债表日的即期汇率进行折算的有（　　）。

考霸笔记　掌握进行外币报表折算时，各个项目应采用何种汇率折算。

A.盈余公积

B.未分配利润

C.长期股权投资

D.交易性金融资产

【答案】CD

【解析】在对外币报表进行折算时，资产和负债项目应按照期末资产负债表日的即期汇率进行折算，所有者权益项目中除“未分配利润”项目外，其他项目采用发生时的即期汇率折算。

例21-6·2012年多选题

下列关于外币资产负债表折算的表述中，不符合企业会计准则规定的有（　　）。

A.实收资本项目按交易发生日的即期汇率折算

B.未分配利润项目按交易发生日的即期汇率折算

C.资产项目按交易发生日即期汇率的近似汇率折算

D.负债项目按资产负债表日即期汇率的近似汇率折算

【答案】BCD

【解析】选项B，未分配利润项目的金额是倒挤出来的，不是直接按交易发生日的即期汇率折算的；选项C，资产项目按资产负债表日的即期汇率折算；选项D，负债项目按资产负债表日的即期汇率折算。

（二）包含境外经营的合并财务报表编制的特别处理

1.少数股东应分担的外币报表折算差额。在企业境外经营为其子公司的情况下，企业在编制合并财务报表时，应按少数股东在境外经营所有者权益中所享有的份额计算少数股东应分担的外币报表折算差额，并入少数股东权益列示于合并资产负债表。相关会计分录为：

借：其他综合收益
　贷：少数股东权益

2.企业存在实质上构成对境外经营净投资的外币货币性项目产生的汇兑差额，在编制合并财务报表时，应根据该项目采用的货币分情况编制抵销分录。相关处理见表21-2。

表21-2　**抵销分录编制原则表**

货币选择	处理原则	会计分录
以母公司或子公司的记账本位币反映	将个别报表上确认的汇兑差额转入合并报表“其他综合收益”	借：财务费用 　贷：其他综合收益（或做相反处理）
以母、子公司的记账本位币以外的货币反映	将母、子公司此项外币货币性项目产生的汇兑差额相互抵销，差额转入“其他综合收益”	

考霸笔记
详见【例21-3·2010年单选题改编】长期应收款合并报表的会计处理。

外币报表折算差额应如何处理?

例21-7·2016年单选题

关于外币财务报表价值的会计处理正确的是（　　）。

A.合并报表中各子公司之间实质上构成对另一子公司净投资的外币货币性项目，产生的汇兑差额应由少数股东承担

B.在合并报表中，企业对境外经营的子公司产生的外币报表折算差额应在归属于母公司所有者权益项目中单列外币报表折算差额予以反映

C.实质上构成对子公司净投资的外币货币性项目，以母、子公司的记账本位币以外的货币反映的构成对子公司净投资的外币货币性项目，应将该差额计入财务费用

D.以母公司记账本位币反映实质上构成对境外经营子公司净资产的外币货币性项目，其产生的汇兑差额在合并财务报表中应转入其他综合收益

【答案】D

【解析】选项A，这里不需要少数股东承担，所以不正确；选项B，合并财务报表中对境外经营子公司产生的外币报表折算差额应归属于母公司的部分在其他综合收益项目中反映，因此选项中说单列到“外币报表折算差额”中是不正确的；选项C，这里转入其他综合收益，而不是财务费用，所以不正确。

例21-8·2012年多选题

下列各项关于对境外经营财务报表进行折算的表述中，正确的有（　　）。

A. 对境外经营财务报表折算产生的差额应在合并资产负债表中单独列示

B. 合并报表中对境外子公司财务报表折算产生的差额应由控股股东享有或分担

C. 对境外经营财务报表中实收资本项目的折算应按业务发生时的即期汇率折算

D. 处置境外子公司时应按处置比例计算处置部分的外币报表折算差额并计入当期损益

【答案】ACD

【解析】合并报表中对境外子公司财务报表折算产生的差额中，少数股东应分担的外币财务报表折算差额，应并入少数股东权益，列示于合并资产负债表。

有关境外经营处置的规定有哪些？

二、境外经营的处置

企业在处置境外经营时，应当将资产负债表中所有者权益项目下列示的、与该境外经营相关的外币报表折算差额，自所有者权益项目转入处置当期损益；部分处置境外经营的，应当按处置的比例计算处置部分的外币报表折算差额，转入处置当期损益。

考霸笔记
系选择题考点。

智能测评

在线练习	我要提问
扫码在线做题　扫码看答案 本书“本章同步强化训练”均配备二维码，打开微信“扫一扫”即可完成在线测评，查看本章详细的测评反馈报告，了解知识掌握情况，也可扫码直接看答案噢。 快来扫码做题吧！	扫码答疑 本书配备答疑专用二维码，打开微信“扫一扫”，即可完成在线提问，获取专业老师全面个性化解答，让学习问题不再拖延。 快来扫码提问吧！

本章同步强化训练

一、单选题

1.甲股份有限公司（以下简称“甲公司”）的记账本位币是人民币。2×14年，根据其与外商签订的协议，外商将投入资本3 000万美元，合同中约定的汇率是1美元=6.7元人民币。甲公司实际收到当日的即期汇率是1美元=6.6元人民币。甲公司2×14年对外币交易采用的即期汇率的近似汇率为1美元=6.8元人民币。

要求：根据上述资料，不考虑其他因素，回答下列各题：

（1）甲公司应当采用（　　）折算实际收到的款项。

A.合同约定利率　　B.即期汇率的近似汇率

C.资产负债表日的即期汇率　　D.实际收到当日的即期汇率

（2）甲公司实际收到款项时应当进行的账务处理是（　　）。

A.借：银行存款——美元户　20 400
　贷：股本　20 400

B.借：银行存款——美元户　19 800
　贷：股本　19 800

C.借：银行存款——美元户　20 100
　贷：股本　20 100

D.借：银行存款——美元户　19 800
　　资本公积——股本溢价　300
　贷：股本　20 100

2. A公司的记账本位币为人民币，对外币交易采用交易发生时的即期汇率折算。2×14年2月28日，银行存款（美元户）的期末余额为1 600万美元，应收账款（美元户）的期末余额为2 500万美元，应付账款（美元户）的期末余额为0，当日的即期汇率为1美元=6.6元人民币。2×14年3月，A公司发生如下外币相关业务：

（1）2×14年3月1日，从银行借入一笔本金为800万美元的短期周转资金借款，期限为6个月，借款年利率为8%，利息每月计提，到期一次还本付息。交易发生时的市场汇率是1美元=6.5元人民币，借入的美元暂存银行。

（2）2×14年3月2日，购入一台生产用的设备，原价为1 500万美元，以银行存款支付进口关税530万元人民币，增值税1 768万元人民币。购入当日的市场汇率是1美元=6.58元人民币，至2×14年3月31日该设备的购买价款尚未支付。

（3）2×14年3月10日，将200万美元到银行兑换成人民币，当日的市场汇率是1美元=6.58元人民币，银行的买入价为1美元=6.42元人民币。

（4）2×14年3月20日，收回上期期末应收账款1 500万美元，并存入银行，当日的市场汇率是1美元=6.45元人民币。

（5）2×14年3月31日，当日的即期汇率为1美元=6.55元人民币。假定不考虑其他因素。

要求：根据上述资料，不考虑其他因素，回答下列各题：

（1）下列说法中正确的是（　　）。

A.短期借款的初始入账金额是5 200万元人民币

B.固定资产的初始入账金额是9 870万元人民币

C.收回上期期末应收账款时，应收账款的贷方发生额是9 675万元人民币

D.货币兑换业务不产生汇兑差额

(2) 下列关于期末汇兑差额的说法中，不正确的是（　　）。

A.期末短期借款本金产生汇兑损失40万元

B.应付利息期末产生的汇兑损益是3.2万元

C.应付账款期末产生汇兑收益45万元

D.应收账款期末产生汇兑损失50万元

(3) 本期应当计入“财务费用”的汇兑损益的金额是（　　）万元人民币。

A.302　　B.218　　C.186　　D.225

3.甲公司2×14年发生的与外币兑换有关的业务如下：

(1) 1月1日持有25 000美元，1月15日将其中的5 000美元出售给中国银行，当日中国银行美元买入价为1美元=6.5元人民币，卖出价为1美元=6.8元人民币，当日市场汇率为1美元=6.6元人民币。假设2月28日市场汇率为1美元=6.46元人民币。

(2) 为筹集进口原材料货款，3月20日自银行购入1 200万美元，银行当日的美元卖出价为1美元=6.75元人民币，当日市场汇率为1美元=6.55元人民币。3月31日的市场汇率为1美元=6.40元人民币。

要求：根据上述资料，不考虑其他因素，回答以下问题：

(1) 甲公司售出该笔美元时应确认的汇兑损失为（　　）万元人民币。

A.1 000　　B.500　　C.−1 000　　D.1 500

(2) 甲公司购入美元时应确认的汇兑损失为（　　）万元人民币。

A.240　　B.0　　C.120　　D.−240

(3) 3月31日，甲公司应确认的汇兑损失为（　　）万元人民币。

A.180.12　　B.0.12　　C.180　　D.−179.88

4.甲公司为增值税一般纳税企业，采用交易发生日的即期汇率折算外币业务。2×14年，其外购商品有关的资料如下：

(1) 8月10日，进口甲产品20件，价款共计1 500万美元，交易发生日的即期汇率为1美元=6.58元人民币，另用人民币支付进口关税为530万元人民币，支付进口增值税1 768万元人民币，货款尚未支付。

(2) 国内市场仍无甲产品供应，12月31日，甲产品在国际市场的价格已降至53美元／台。至年末累计售出甲产品12件，假设12月31日的即期汇率是1美元=6.34元人民币。

要求：根据上述资料，不考虑其他因素，回答以下问题：

(1) 甲产品的入账价值为（　　）。

A.10 400万元　　B.9 870万元　　C.12168万元　　D.11 638万元

(2) 2×14年12月31日，甲产品应计提的存货跌价准备为（　　）。

A.0万元　　B.1 158.08万元　　C.1 471.84万元　　D.3 679.6万元

5.关于归属于子公司少数股东的外币报表折算差额在合并财务报表中的列示，下列说法中正确的是（　　）。

A.在外币报表折算差额项目中反映

B.单独设置少数股东外币报表折算差额

C.应当纳入资本公积——其他资本公积项目中

D.将其并入少数股东权益列示于合并资产负债表

6.关于外币报表折算差额，下列说法中不正确的有（　　）。

A.实质上构成对子公司净投资的外币货币性项目以母公司或子公司的记账本位币反映，则应在抵销长期应收应付项目的同时，将其产生的汇兑差额从“财务费用”转入资本公积当中

B.处置境外经营时，应将已列入所有者权益的外币报表折算差额中与境外经营有关的部分，自所有者权益项目转入处置当期损益

C.企业发生的外币报表折算差额，在资产负债表中所有者权益项目下单独列示

D.在企业境外经营为其子公司的情况下，企业在编制合并财务报表时，应按少数股东在境外经营所有者权益中所享有的份额计算少数股东应分担的外币报表折算差额，并入少数股东权益列示于合并资产负债表中

7.甲公司的记账本位币为人民币。2×14年12月6日，甲公司以每股15美元的价格购入乙公司B股50万股作为交易性金融资产，当日即期汇率为1美元=8.0元人民币。2×14年12月31日，乙公司股票市价为每股18美元，当日即期汇率为1美元=7.6元人民币。假定不考虑相关税费。2×14年12月31日，甲公司应确认的公允价值变动损益金额为（　　）。

A.-840万元　　B.840万元　　C.-1 200万元　　D.1 200万元

8.甲上市公司以人民币为记账本位币，持股80%的子公司乙公司确定的记账本位币为美元。2×14年7月1日，为补充乙公司经营所需资金的需要，甲公司以长期应收款形式借给乙公司500万美元，除此之外，甲、乙公司之间未发生任何交易。7月1日的即期汇率为1美元=6.8元人民币，12月31日的即期汇率为1美元=6.6元人民币。则因抵销而在合并报表中应确认的外币报表折算差额为（　　）。

A.-100万元　　B.100万元　　C.-3 300万元　　D.3 300万元

二、多选题

1.企业对境外经营的财务报表进行折算时，可以采用交易发生日的即期汇率折算的是（　　）。

A.无形资产　　B.短期借款　　C.长期应付款

D.管理费用　　E.实收资本

2.下列关于境外经营记账本位币的说法中正确的有（　　）。

A.如果境外经营所从事的活动具有很强的自主性，那么该境外经就应当自主选择记账本位币

B.如果境外经营与企业的交易在境外经营活动中所占的比例很低，那么境外经营就可以自主选择记账本位币

C.境外经营在自主选择记账本位币时仍然需要考虑母公司的记账本位币

D.如果境外经营所从事的活动是企业经营活动的延伸，那么该境外经营就应当自主选择记账本位币

E.如果境外经营与企业的交易在境外经营活动中所占的比例较高，那么境外经营也可以自主选择记账本位币

3.下列项目中属于货币性项目的有（　　）。

A.银行存款　　B.应收账款　　C.存货

D.交易性金融资产　　E.应付债券

4.下列有关外币交易的会计处理，正确的处理方法有（　　）。

A.企业对于发生的外币交易，应当将外币金额折算为记账本位币金额

B.外币交易应当在初始确认时，采用交易发生日的即期汇率或近似汇率将外币金额折算为记账本位币金额

C.企业在资产负债表日，应当对外币货币性项目，采用资产负债表日即期汇率折算。因资产负债表日即期汇率与初始确认时或者前一资产负债表日即期汇率不同而产生的汇兑差额，计入当期损益

D.企业在资产负债表日，应当对以历史成本计量的外币非货币性项目，仍采用交易发生日的即期汇率折算，不改变其记账本位币金额

E.对于成本与可变现净值孰低计量的存货，可变现净值以外币确定，应先将可变现净值折算为记账本位币，再与存货的成本比较。

5.下列项目中，企业应当计入当期损益的有（　　）。

A.外币银行存款账户发生的汇兑差额

B.外币会计报表折算差额

C.期末公允价值以外币反映的股票，原记账本位币金额与按公允价值确定当日的即期汇率折算的记账本位币金额之差

D.以外币计价的存货，期末以外币计量的可变现净值低于存货成本的差额

E.兑换外币时发生的折算差额

三、计算题

1.华东股份有限公司（以下简称“华东公司”）对外币业务采用交易发生日的即期汇率折算，按月计算汇兑损益。2×14年6月30日市场汇率为1美元=6.25元人民币。2×14年6月30日有关外币账户期末余额如下：

项目	外币（美元）金额	折算汇率	折合人民币（元）金额
银行存款	450 000	6.25	2 812 500
应收账款	600 000	6.25	3 750 000
应付账款	150 000	6.25	937 500

华东公司2×14年7月份发生以下外币业务（不考虑增值税等相关税费）：

（1）7月15日，收到某外商投入的外币资本2 000 000美元，当日的市场汇率为1美元=6.24元人民币，投资合同约定的汇率为1美元=6.30元人民币，款项已由银行收存。

（2）7月18日，进口一台机器设备，设备价款300 000美元，尚未支付，当日的市场汇率为1美元=6.23元人民币。该机器设备正处在安装调试过程中，预计将于2×14年11月完工交付使用。

（3）7月20日，对外销售产品一批，价款共计80 000美元，当日的市场汇率为1美元=6.22元人民币，款项尚未收到。

（4）7月28日，以外币存款偿还6月份发生的应付账款150 000美元，当日的市场汇率为1美元=6.21元人民币。

（5）7月31日，收到6月份发生的应收账款250 000美元，当日的市场汇率为1美元=6.20

元人民币。

要求：编制7月份发生的外币业务的会计分录。

2. A公司于2×14年1月1日，为建造某项工程专门从银行借入1 500万欧元的专门借款，借款年利率为10%，期限为3年，假定不考虑借款过程中发生的相关费用、未支出专门借款的利息收入或投资收益。合同约定，每年1月1日支付上年度利息，到期还本。

工程于2×14年1月1日开始实体建造，预计于2×15年6月30日完工，达到预定可使用状态，期间发生的资产支出如下：

2×14年1月1日，支出300万欧元；

2×14年7月1日，支出400万欧元；

2×15年1月1日，支出600万欧元；

2×15年3月1日，支出200万欧元。

A公司的记账本位币为人民币，外币业务采用交易发生时的市场汇率折算。相关汇率如下：

2×14年1月1日，市场汇率为1欧元=8.74元人民币；

2×14年6月30日，市场汇率为1欧元=8.90元人民币；

2×14年7月1日，市场汇率为1欧元=8.79元人民币；

2×14年12月31日，市场汇率为1欧元=8.90元人民币；

2×15年1月1日，市场汇率为1欧元=9.01元人民币；

2×15年3月1日，市场汇率为1欧元=8.92元人民币；

2×15年6月30日，市场汇率为1欧元=8.80元人民币。

假定A公司每半年计提一次利息和计算汇兑损益。

要求：

（1）计算2×14年专门借款利息的资本化金额、专门借款汇兑差额资本化金额并编制相关会计分录。

（2）计算2×15年1月1日实际支付利息时产生的汇兑差额并编制会计分录。

（3）计算2×15年6月30日专门借款利息资本化金额、专门借款汇兑差额资本化金额并编制会计分录。

（答案中的金额单位用万元表示，计算结果保留两位小数）

第二十二章
租赁

本章导学

考霸笔记
本章与2018年相比，无实质性变化，不太重要，每年出题2分左右。

本章框架图

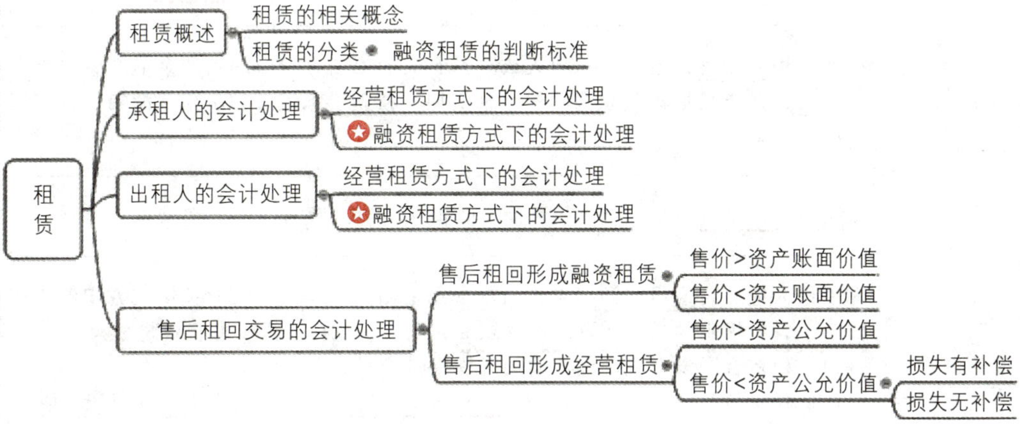

本章考情概述

本章对租赁的概念、租赁的分类原则和具体标准、承租人融资租赁和经营租赁业务的会计处理、出租人融资租赁和经营租赁业务的会计处理、售后租回交易的会计处理做了系统的解析。

本章应关注的主要问题：(1) 经营租赁中租赁双方损益额的计算；(2) 最低租赁付款额和最低租赁收款额的计算；(3) 长期应付款入账价值的确认及未确认融资费用的分摊；(4) 承租人融资租赁业务的会计处理；(5) 融资租入固定资产折旧政策；(6) 售后租回交易的会计处理。

本章近三年主要考点：(1) 承租人经营租赁的会计处理；(2) 承租人融资租赁的会计处理等。

2019年教材主要变化

本章内容无变化。

第一节　租赁概述

◇与租赁相关的定义

◇租赁的分类

一、与租赁相关的定义

与租赁相关的定义见表22-1。

表 22-1 **与租赁相关的定义**

租赁	在约定的期间内，出租人将资产使用权让与承租人，以获取租金的协议
租赁期	租赁协议规定的不可撤销的租赁期间
租赁开始日	租赁协议日与租赁各方就主要条款作出承诺日中的**较早者**
租赁期开始日	承租人有权行使其使用租赁资产权利的日期，表明租赁行为的开始
担保余值	就承租人而言，是指由承租人或与其有关的第三方担保的资产余值；就出租人而言，是指就承租人而言的担保余值加上独立于承租人和出租人的第三方担保的资产余值
未担保余值	租赁资产余值中扣除就出租人而言的担保余值以后的资产余值
最低租赁付款额	承租人应支付或可能被要求支付款项加上由承租人或与其有关第三方担保资产余值，有优惠购买租赁资产选择权的，购买价款应计入**最低租赁付款额** （1）租赁合同没有规定优惠购买选择权时： 最低租赁付款额=各期租金之和+承租人或与其有关的第三方担保的资产余值 （2）租赁合同规定有优惠购买选择权时： 最低租赁付款额=各期租金之和+承租人行使优惠购买选择权而支付的任何款项
最低租赁收款额	最低租赁收款额=最低租赁付款额+无关第三方对出租人担保的资产余值
或有租金	金额不固定、以时间长短以外的其他因素（如销售量、使用量、物价指数等）为依据计算的租金
履约成本	租赁期内为租赁资产支付的各种使用费用（如技术咨询和服务费、人员培训费、维修费、保险费等）
初始直接费用	在租赁谈判和签订租赁合同的过程中发生的可直接归属于租赁项目的费用

考霸笔记：在租赁开始日，承租人和出租人应当将租赁认定为融资租赁或经营租赁，并确定在租赁期开始日应确认的金额。

考霸笔记：两者择其一，不会同时存在。

什么是优惠购买选择权？

优惠购买选择权是出租人给现有承租人的。一般是指在租赁期满时，出租人以优惠的价格将出租的资产卖给承租人，而承租人可以选择购买也可以选择不购买，这就是“优惠购买选择权”。

在租赁开始时，承租企业在做账时对于将来企业是否会选择购买资产要预先判断并确定，否则算不出整个租赁合同中承租人会支付多少钱。怎么判断呢？那就要看出租人给的购买价格是否够低。如果“所订立的购价预计**远低于**行使选择权时的公允价值”那就判定企业是会选择购买的。

考霸笔记：融资租赁的认定标准之一。

怎样通俗地理解担保余值和未担保余值？

为了维护出租方的经济利益，如防止承租方过度使用资产等，出租方在出租资产时要求承租方对融资租入资产到期时的资产余值提供担保，因此产生了担保余值和未担保余值两个概念。

担保余值，就承租人而言，是指由承租人或与其有关的第三方担保的资产余值；就出租人而言，是指就承租人而言的担保余值加上与承租人和出租人均无关、但在财务上有能力担保的第三方担保的资产余值。其中，资产余值是指在租赁开始日估计的租赁期届满时租赁资产的公允价值。

未担保余值，是指租赁资产余值中扣除就出租人而言的担保余值以后的资产余值。

例：一台融资租赁设备，价值500万元，租期为8年，租赁开始日估计租赁期满时它的公允价值为13万元。租赁合同规定，承租方担保8万元，承租人的第三方担保2万元，出租人的第三方担保1万元，则：

（1）承租人担保余值=8+2=10（万元）

（2）出租人担保余值=8+2+1=11（万元）

（3）未担保余值=13-11=2（万元）

未担保余值如何理解？

二、租赁的分类

考霸笔记：在判断某项资产是否属于企业资产时，应遵循实质重于形式的原则。

承租人和出租人应当在租赁开始日将租赁分为融资租赁和经营租赁。

满足下列标准之一的，即应认定为融资租赁；除融资租赁以外的租赁为经营租赁。

（一）租赁期届满时，资产的所有权转移给承租人。

（二）承租人有购买租赁资产的选择权，所订立的购买价款预计远低于行使选择权时租赁资产的公允价值，因而在租赁开始日就可合理地确定承租人将会行使这种选择权。

融资租赁与经营租赁如何区分？

（三）租赁期占租赁资产使用寿命的大部分。这里的“大部分”，通常指在租赁期占租赁开始日租赁资产使用寿命的75%以上（含75%，下同）。如果租赁资产是旧资产，在租赁前已使用年限超过资产自全新时起可使用年限的75%以上，则不能使用这条标准确定租赁的分类。

（四）承租人在租赁开始日的最低租赁付款额的现值，几乎相当于租赁开始日租赁资产的公允价值。这里的“几乎相当于”，通常指在90%（含90%）以上。

（五）租赁资产性质特殊，如果不做较大改造，只有承租人才能使用。

怎样通俗地理解融资租赁？为什么会出现融资租赁这样的现象？

融资即借钱的意思。融资租赁与我们生活中常见的贷款买房类似，贷款买房是以房子作抵押，向银行借钱，银行把钱付给开发商，购房者拿到房子，这个就是向银行融资。

融资租赁就是设备使用者与这类专业公司（融资租赁公司）签合同，由这些公司出钱购买你要买的设备，然后以设备为抵押，还款期间你享有设备使用权。

因为企业一下子拿不出许多资金购买设备，通过分期支付租金的方式可获得使用权，同时可能由于信用、宏观政策的原因，向银行贷款又比较困难，因此会考虑用这个方法。

第二节　承租人的会计处理

◇承租人对经营租赁的会计处理

◇承租人对融资租赁的会计处理

一、承租人对经营租赁的会计处理

（一）租金的处理

承租人在经营租赁下发生的租金应当在租赁期内的各个期间按直线法确认为费用；其他方法更为系统合理的，也可以采用其他方法。

考霸笔记

权责发生制。例如，某企业租赁房屋，租期是1年，租金为13万元。出租方给予一定的优惠，即租期满1年可额外免费租用1个月。整个租赁期为13个月，租金总额为13万元。13万元的租金需要在13个月内进行分摊，而不是12个月内进行分摊。

在出租人提供了免租期的情况下，应将租金总额在整个租赁期内，而不是在租赁期扣除免租期后的期间内按直线法或其他合理的方法进行分摊，免租期内应确认租金费用；

在出租人承担了承租人的某些费用的情况下，应将该费用从租金总额中扣除，并将租金余额在租赁期内进行分摊。

（二）初始直接费用的处理

对于承租人在经营租赁中发生的初始直接费用，应当计入当期损益（管理费用）。

会计分录：
借：管理费用
　贷：银行存款

（三）或有租金的处理

在实际发生时计入当期损益。

会计分录：
借：财务费用
　　销售费用
　贷：银行存款等

根据租赁准则，不论是经营租赁还是融资租赁，也不论是承租人还是出租人，或有租金均应在实际发生时计入当期损益。

对于经营租赁及融资租赁的出租人：或有租金计入“租赁收入”科目。

对于经营租赁及融资租赁的承租人：或有租金计入“财务费用”等科目，具体为：

①以销售量、使用量为基础计算的或有租金计入销售费用；

②以物价指数为基础计算的或有租金计入财务费用。

例22-1·2014年单选题

甲公司向乙公司租入临街商铺，租期自20×6年1月1日至20×8年12月31日。租期内第一个半年为免租期，之后每半年租金为30万元，于每年年末支付。除租金外，如果租赁期内租赁商铺销售额累计达到3 000万元或以上，乙公司将获得额外90万元的经营分享收入。20×6年度商铺实现的销售额为1 000万元。甲公司20×6年应确认的租赁费用是（　　）。

A.30万元 B.50万元 C.60万元 D.80万元

【答案】B

【解析】甲公司20×6年应确认的租赁费用=（30×5）÷3=50（万元）。

例22-2·2009年多选题

20×7年1月1日，甲公司与租赁公司签订一项经营租赁合同，向租赁公司租入一台设备。租赁合同约定：租赁期为3年，租赁期开始日为合同签订当日，月租金为6万元，每年年末支付当年租金；前3个月免交租金；如果市场平均月租金水平较上月上涨的幅度超过10%，自次月起每月增加租金0.5万元。甲公司为签订上述经营租赁合同于20×7年1月5日支付律师费3万元。已知租赁开始日租赁设备的公允价值为980万元。下列各项关于甲公司经营租赁会计处理的表述中，正确的有（ ）。

A.或有租金在实际发生时计入当期损益

B.为签订租赁合同发生的律师费用计入当期损益

C.经营租赁设备按照租赁开始日的公允价值确认为固定资产

D.经营租赁设备按照与自有资产相同的折旧方法计提折旧

E.免租期内按照租金总额在整个租赁期内采用合理方法分摊的金额确认租金费用

【答案】ABE

【解析】或有租金在实际发生时记入"财务费用"或"管理费用"科目，选项A正确；为签订租赁合同发生的律师费用属于初始直接费用，记入"管理费用"科目，选项B正确；对于经营租赁设备，承租人甲公司并不承担租赁资产的主要风险，所以不能将租入资产视为企业的固定资产，也不能视同自有固定资产计提折旧，选项C和D错误；存在免租期的，免租期应确认租金费用，即在整个租赁期内分摊，选项E正确。

二、承租人对融资租赁的会计处理

（一）租赁期开始日的会计处理

在租赁期开始日，承租人应当将租赁开始日租赁资产公允价值与最低租赁付款额现值两者中较低者作为租入资产的入账价值，将最低租赁付款额作为长期应付款的入账价值，其差额作为未确认融资费用。

具体步骤：

1.计算最低租赁付款额

2.计算最低租赁付款额的现值，确定租赁资产入账价值

根据孰低原则，租赁资产的入账价值应为租赁开始日租赁资产公允价值与最低租赁付款额现值两者中较低者，加上初始直接费用。

初始直接费用是指在租赁谈判和签订租赁合同的过程中发生的可直接归属于租赁项目的费用。承租人发生的初始直接费用通常有印花税、佣金、律师费、差旅费、谈判费等。承租人发生的初始直接费用，应当计入租入资产价值。

3.计算未确认融资费用=最低租赁付款额+初始直接费用-租赁资产的入账价值

4.租赁期开始日会计处理

考霸笔记
税法按购买价款总额确认其入账价值，如果该固定资产账面价值小于计税基础，会产生可抵扣暂时性差异，但不确认递延所得税资产。

借：固定资产、在建工程
　　未确认融资费用
　贷：长期应付款
　　　银行存款

5.折现利率的选择顺序

（1）出租人的内含利率，即在租赁开始日，使最低租赁收款额的现值与未担保余值的现值之和等于租赁资产公允价值与出租人的初始直接费用之和的折现率。

（2）合同约定利率。

（3）同期银行贷款利率。

［提示］承租人对融资租入的资产采用公允价值作为入账价值的，应重新计算融资费用分摊率，所采用的分摊率是使最低租赁付款额的现值与租赁资产公允价值相等的折现率。

考霸笔记
承租人计算最低租赁付款额的现值时，需要考虑折现率的选用问题。系客观题考查点。

例22-3・2014年多选题

下列各项关于承租人与融资租赁会计处理的表述中，正确的有（　　）。

A.或有租金应于发生时计入当期损益

B.预计将发生的履约成本应计入租入资产成本

C.租赁期满时行使优惠购买选择权支付的价款应直接冲减相关负债

D.知悉出租人的租赁内含利率时，应以租赁内含利率对最低租赁付款额折现

【答案】ACD

【解析】选项B，预计发生的履约成本应计入当期损益。

例22-4・2013年多选题

下列各项中，应当计入相关资产初始确认金额的有（　　）。

A.采购原材料过程中发生的装卸费

B.取得持有至到期投资时发生的交易费用

C.通过非同一控制下企业合并取得子公司过程中支付的印花税

D.融资租赁承租人签订租赁合同过程中发生的可归属于租赁项目的初始直接费用

【答案】ABD

【解析】选项C应计入管理费用。

（二）未确认融资费用的分摊

未确认融资费用应当在租赁期内各个期间进行分摊。承租人应当采用实际利率法计算确认当期的融资费用。在采用实际利率法的情况下，由于租赁开始日租赁资产和负债的入账价值基础不同，融资费用分摊率的选择也不同。未确认融资费用的分摊率的确定如图22-1所示。

会计分录：
借：财务费用
　　在建工程等
　贷：未确认融资费用

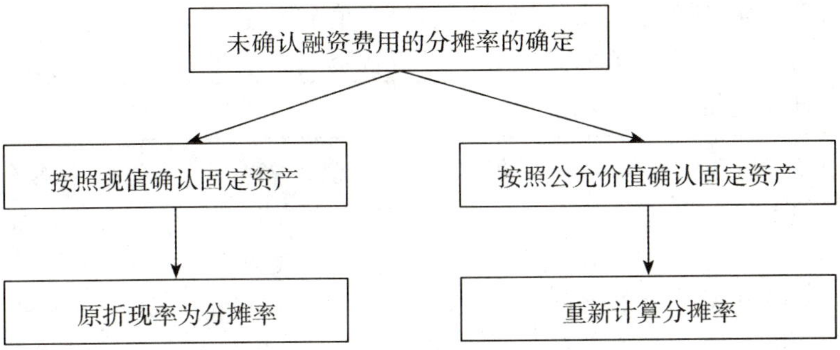

图22-1 未确认融资费用的分摊率的确定

未确认融资费用，是因融资租入资产和长期借款等，在租赁各期内分摊的未实现的融资费用，也可以说是由于融资而应承担的利息支出在租赁期内的分摊。它是长期应付款的备抵科目。

在计算各期摊销的未确认融资费用的时候，采用的计算公式是：

期初应付本金余额×实际利率=（期初长期应付款余额-期初未确认融资费用余额）×实际利率

处理：

企业融资租入的固定资产，在租赁期开始日，按应计入固定资产成本的金额（租赁开始日租赁资产公允价值与最低租赁付款额现值两者中较低者，加上初始直接费用）进行如下处理：

借：在建工程（或固定资产）
　　未确认融资费用（**差额**）
　贷：长期应付款（**最低租赁付款额**）
　　　银行存款（**初始直接费用**）

未确认融资费用在各个租赁期进行分摊，按照实际利率法做如下会计处理：

借：财务费用
　　在建工程等
　贷：未确认融资费用

考霸笔记
与分期购买固定资产和无形资产的会计处理相同。

例22-5·2007年单选题

承租人对融资租入的资产采用公允价值作为入账价值的，分摊未确认融资费用所采用的分摊率是（　　）。

A.银行同期贷款利率

B.租赁合同中规定的利率

C.出租人出租资产的无风险利率

D.使最低租赁付款额的现值与租赁资产公允价值相等的折现率

【答案】D

【解析】以租赁资产公允价值为入账价值的，应重新计算融资费用分摊率，所采用的分摊率是使最低租赁付款额的现值与租赁资产公允价值相等的折现率。

融资租赁固定资产折旧如何计提?

6001

（三）租赁资产折旧的计提

1.折旧政策

如果承租人或与其有关的第三方对租赁资产余值提供了担保，则应计折旧总额

考霸笔记
应计提的折旧总额=融资租入固定资产的入账价值-承租人担保余值。

为租赁开始日固定资产的入账价值扣除担保余值后的余额；

如果承租人或与其有关的第三方未对租赁资产余值提供担保，则应计折旧总额为租赁开始日固定资产的入账价值。

例：A公司以融资租赁方式租入一台大型设备，该设备的入账价值为120万元，租赁期为10年，与承租人相关的第三方提供的租赁资产担保余值为20万元。该设备的预计使用年限为10年，预计净残值为12万元。A公司采用年限平均法对该租入设备计提折旧。A公司每年对该租入设备计提的折旧额为多少？

该租入设备计提的折旧额=（120-20）÷10=10（万元）

计算时为什么不减净残值而是减去担保余值？这里的担保余值才是租赁到期时资产的余值，所以减去担保余值，而不是净残值。

2.折旧期间

如果能够合理确定租赁期届满时承租人将会取得租赁资产所有权，应以租赁开始日租赁资产的使用寿命（尚可使用）作为折旧期间；

如果无法合理确定租赁期届满后承租人是否能够取得租赁资产的所有权，则应以租赁期与租赁资产寿命两者中较短者作为折旧期间。

（四）履约成本的会计处理

履约成本是指租赁期内为租赁资产支付的各种使用费用，如技术咨询和服务费、人员培训费、维修费、保险费等。承租人发生的履约成本通常应计入当期损益（管理费用）。

（五）或有租金的会计处理

或有租金是指金额不固定，以时间长短以外的其他因素（如销售量、使用量、物价指数等）为依据计算的租金。由于或有租金的金额不固定，无法采用系统合理的方法对其进行分摊，因此，或有租金在实际发生时计入当期损益。

（六）租赁期届满时的会计处理

1.返还租赁资产

如果存在承租人担保余值：

借：长期应付款（担保余值）
　　累计折旧
　贷：固定资产——融资租入固定资产

如果不存在承租人担保余值：

借：累计折旧
　贷：固定资产——融资租入固定资产

2.优惠续租租赁资产

如果承租人行使优惠续租选择权，则应视同该项租赁一直存在而作出相应的会计处理，如继续支付租金等。如果租赁期届满时承租人没有续租，承租人向出租人返还租赁资产时，其会计处理同上述返还租赁资产的会计处理，按租赁协议规定向出租人支付违约金时，借记“营业外支出”科目，贷记“银行存款”等科目。

3. 留购租赁资产

借：长期应付款（购买价款）
　贷：银行存款
借：固定资产——生产用固定资产等
　贷：固定资产——融资租入固定资产

总结：经营租赁的会计处理见表22-2。

小结：经营租赁的会计处理。

表22-2　经营租赁的会计处理

项目		承租人的会计处理	出租人的会计处理
租赁资产的所有权		无	有
租赁固定资产的折旧		无	属正常固定资产的折旧处理
租金处理	分摊方法	按直线法或其他合理方法分摊入租期	
	如果存在免租期和出租人的代垫费用	应以扣除了代垫费用后的租金余额在包括免租期在内的整个租期内分摊各期费用（或收入）	
分录	1. 承租人预付租金	借：长期待摊费用 　贷：银行存款	借：银行存款 　贷：应收账款
	2. 每期认定租金费用或收益	借：制造费用 　　管理费用 　　销售费用 　贷：长期待摊费用 　　　银行存款	借：应收账款 　　银行存款 　贷：租赁收入
	3. 初始直接费用的会计处理	借：管理费用 　贷：银行存款	
	4. 或有租金的会计处理	借：财务费用 　贷：银行存款	借：银行存款 　贷：租赁收入

第三节　出租人的会计处理

◇出租人对经营租赁的会计处理
◇出租人对融资租赁的会计处理

一、出租人对经营租赁的会计处理

（一）租金的处理

出租人在经营租赁下收取的租金应当在租赁期内的各个期间按直线法确认为收入，如果其他方法更合理，也可以采用其他方法。

（二）初始直接费用的处理

经营租赁中出租人发生的初始直接费用，是指在租赁谈判和签订租赁合同过程中发生的可归属于租赁项目的手续费、律师费、差旅费、印花税等，应当计入当期

考霸笔记
如果是租赁企业，租赁是该企业主要的经营活动，那么在确认租赁收入时，用“租金收入”科目核算；
如果不是租赁企业，在确认租赁收入时，用“其他业务收入”科目核算。

损益；金额较大的应当资本化，在整个经营租赁期间内按照与确认租金收入相同的基础分期计入当期损益。

（三）租赁资产折旧的计提

出租人应按自有资产的处理方法将租赁资产反映在资产负债表上。对于经营租赁资产中的固定资产，应当采用出租人对类似应计提折旧资产通常所采用的折旧政策计提折旧。

（四）或有租金的处理

在经营租赁下，出租人对或有租金的处理与在融资租赁下相同，即在实际发生时计入当期损益。

（五）出租人对经营租赁提供激励措施的处理

在出租人提供了免租期的情况下，应将租金总额在不扣除免租期的整个租赁期内，按直线法或其他合理的方法进行分配，免租期内应确认租赁收入；在出租人承担了承租人的某些费用的情况下，应将该费用从租金总额中扣除，并将租金收入余额在租赁期内进行分配。

在提供免租期的情况下，为什么要将租金在整个期间内分配？

在出租人提供了免租期的情况下，应将租金总额在整个租赁期内，而不是在租赁期扣除免租期后的期间内按直线法或其他合理的方法进行分摊，免租期内应确认租金费用，这主要是配比原则的要求。

例22-6·2013年单选题

甲公司将一闲置设备以经营租赁方式出租给乙公司使用。租赁合同约定：租赁期开始日为20×3年7月1日，租赁期为4年，年租金为120万元，租金于每年7月1日支付，租赁期开始日起前3个月免租金。20×3年7月1日，甲公司收到乙公司支付的扣除免租期后的租金90万元。不考虑其他因素，甲公司20×3年确认的租金收入为（　　）。

A.56.25万元

B.60.00万元

C.90.00万元

D.120.00万元

【答案】A

【解析】甲公司应收取的租金总额=90+120×3=450（万元），甲公司20×3年应确认的租金收入=450÷（4×12）×6=56.25（万元）。

【拓展】乙公司确认租金费用。

应付的租金费用总额＝90＋120×3＝450（万元）

应确认的租金费用＝450÷48×6＝56.25（万元）

借：管理费用等	56.25	
长期待摊费用	33.75	
贷：银行存款		90

二、出租人对融资租赁的会计处理

（一）租赁债权的确认

借：长期应收款——应收融资租赁款
　　未担保余值
　贷：融资租赁资产
　　　资产处置损益（或借记该科目）
　　　银行存款
　　　未实现融资收益

考霸笔记
长期应收款的备抵类科目。

在计算内含报酬率时已考虑了初始直接费用的因素，为了避免高估未实现融资收益，在初始确认时应对未实现融资收益进行调整：

借：未实现融资收益
　贷：长期应收款——应收融资租赁款

上述会计处理的结果：在租赁期开始日，出租人应当将租赁开始日最低租赁收款额作为长期应收款的入账价值，同时记录未担保余值；将最低租赁收款额及未担保余值之和与融资租赁资产的公允价值和初始直接费用之和的差额确认为未实现融资收益。租赁资产公允价值与账面价值的差额，计入当期损益（资产处置损益）。

【注意】出租人发生的初始直接费用应通过收取租金的方式收回，最低租赁收款额中应含有租出资产价值的本金和利息及初始直接费用的本金和利息，因此长期应收款反映的金额应是最低租赁收款额，而不是最低租赁收款额加上初始直接费用。准则和教材中的表述值得商榷。但在考试计算长期应收款金额时，仍按教材处理，即长期应收款=最低租赁收款额+初始直接费用。

例22-7·2012年单选题

20×7年1月2日，甲公司采用融资租赁方式出租一条生产线。租赁合同规定：（1）租赁期为10年，每年收取固定租金20万元；（2）除固定租金外，甲公司每年按该生产线所生产的产品销售额的1%提成，据测算平均每年提成约2万元；（3）承租人提供的租赁资产担保余值为10万元；（4）与承租人和甲公司均无关联关系的第三方提供的租赁资产担保余值为5万元。甲公司为该项租赁另支付谈判费、律师费等相关费用1万元。甲公司在租赁期开始日应确认的应收融资租赁款为（　　）。

A.200万元

B.206万元

C.216万元

D.236万元

【答案】C

【解析】甲公司在租赁期开始日应确认的应收融资租赁款=20×10+10+5+1=216（万元），资料（2）中涉及的是或有租金，甲公司应在实际发生时确认为当期收入。

例22-8·2010年多选题

下列各项中，应当计入当期损益的有（　　）。

A.经营租赁中出租人发生的金额较大的初始直接费用

B.经营租赁中承租人发生的金额较大的初始直接费用

C.融资租赁中出租人发生的金额较大的初始直接费用

D.融资租赁中承租人发生的金额较大的初始直接费用

E.融资租入不需要安装即可投入使用的设备发生的融资费用

【答案】BE

【解析】经营租赁中出租人发生的初始直接费用应当计入当期损益，金额较大的应当资本化，选项A错误；经营租赁中承租人发生的金额的初始直接费用应计入管理费用，选项B正确；融资租赁中出租人发生的初始直接费用应记入“长期应收款”科目，选项C错误；融资租赁中承租人发生的初始直接费用应记入“固定资产——融资租入固定资产”科目，选项D错误；融资租入不需要安装即可投入使用的设备发生的融资费用应记入“财务费用”科目（未确认融资费用摊销），选项E正确。

经营租赁、融资租赁中出租人和承租人发生的初始直接费用如何处理?

针对本题对经营租赁、融资租赁中出租人和承租人发生的初始直接费用，小结见表22-3：

表22-3　**经营租赁、融资租赁初始直接费用的会计处理**

项目	出租人	承租人
经营租赁	当期损益（金额较小） 资本化（金额较大）	管理费用
融资租赁	长期应收款	固定资产——融资租入固定资产

（二）未实现融资收益分配的会计处理

未实现融资收益应当在租赁期内各个期间进行分配。出租人应当采用实际利率法计算当期应确认的融资收入。

借：银行存款

　贷：长期应收款——应收融资租赁款

借：未实现融资收益

　贷：租赁收入

（三）应收融资租赁款坏账准备的计提

出租人应对应收融资租赁款减去未实现融资收益的差额部分（在金额上等于本金的部分）合理计提坏账准备，而不是对应收融资租赁款全额计提坏账准备。

（四）未担保余值发生变动的会计处理

出租人至少应当于每年年度终了，对未担保余值进行复核。

未担保余值增加的，不作调整。

有证据表明未担保余值已经减少的，应当重新计算租赁内含利率，将由此引起的租赁投资净额（最低租赁收款额及未担保余值之和与未实现融资收益之间的差额）的减少，计入当期损失；以后各期根据修正后的租赁投资净额和重新计算的租赁内含利率确认租赁收入。

已确认损失的未担保余值得以恢复，应当在原已确认的损失金额内转回，并重新计算租赁内含利率，以后各期根据修正后的租赁投资净额和重新计算的租赁内含利率确认融资收入。

（五）或有租金的会计处理

或有租金应当在实际发生时确认为当期收入。

借：应收账款或银行存款
　贷：租赁收入——融资收入

（六）租赁期届满时的会计处理

具体会计处理见表22-4。

表22-4　**租赁期届满时的会计处理**

情况	会计处理
1. 收回租赁资产	（1）存在担保余值，不存在未担保余值 借：融资租赁资产 　贷：长期应收款（担保余值） 如果收回租赁资产的价值低于担保余值，则应向承租人收取价值损失的补偿金 借：其他应收款 　贷：营业外收入
	（2）存在担保余值，同时存在未担保余值 借：融资租赁资产 　贷：长期应收款（担保余值） 　　　未担保余值（未担保余值） 如果收回租赁资产的价值扣除未担保余值后的余额低于担保余值，则应向承租人收取价值损失补偿金 借：其他应收款 　贷：营业外收入
	（3）存在未担保余值，不存在担保余值 借：融资租赁资产 　贷：未担保余值（未担保余值）
	（4）担保余值和未担保余值均不存在 无须作会计处理，只需作相应的备查登记
2. 优惠续租租赁资产	（1）如果承租人行使优惠续租选择权，则出租人应视同该项租赁一直存在而作相应的会计处理 （2）如果租赁期届满承租人没有续租，承租人向出租人返还租赁资产时，其会计处理同收回租赁资产的会计处理
3. 留购租赁资产	（1）租赁期届满时，承租人行使了优惠购买选择权 借：银行存款 　贷：长期应收款（优惠购买价） （2）如果存在未担保余值 借：营业外支出 　贷：未担保余值

第四节　售后租回交易的会计处理

◇售后租回交易形成融资租赁

◇售后租回交易形成经营租赁

一、售后租回交易形成融资租赁

如果售后租回交易被认定为融资租赁，售价与资产账面价值之间的差额予以递延，并按该项租赁资产的折旧进度进行分摊，作为折旧费用的调整。

> 在融资租赁中，售价与资产账面价值之间的差额为什么要予以递延？
>
> 如果售后租回交易属于融资租赁，这种交易实质上转移了出租人所保留的与该项资产的所有权有关的风险和报酬，所以，是出租人提供资金给承租人并以该项资产作为担保。基于此，售价与资产账面价值之间的差额在会计上均未实现，其实质是，售价高于资产账面价值是在出售时高估了资产价值，售价低于资产账面价值是在出售时低估了资产价值。所以，承租人应将售价与资产账面价值之间的差额予以递延，并按该项租赁资产的折旧进度进行分摊，作为折旧费用的调整。

二、售后租回交易形成经营租赁

售后租回交易认定为经营租赁的，应当分情况处理：

1.售价高于公允价值的，其高出公允价值的部分应予递延，并在租赁期内摊销。

> 例：某项固定资产账面价值为1 000万元，公允价值为2 000万元。如果售价是2 500万元，则（2 000–1 000）万元计入资产处置损益，（2 500–2 000）万元计入递延收益。

2.如有确凿证据表明售后租回交易是按照公允价值达成的，售价与资产账面价值的差额应当计入当期损益。

> 例：某项固定资产账面价值是100万元，如果该固定资产的公允价值是110万元，售价也是110万元，那么10万元的差额就应贷记“资产处置损益”科目；如果该固定资产的公允价值是90万元，售价也是90万元，那么10万元的差额就应借记“资产处置损益”科目。

2018年教材中，固定资产等非流动资产的正常出售、转让记入“资产处置损益”科目中，影响营业利润，不再计入营业收支。

3.如果售后租回交易不是按照公允价值达成的，售价低于公允价值的差额应计入当期损益；但若该损失将由低于市价的未来租赁付款补偿，应将其递延，并按与确认租金费用相一致的方法将其分摊于租赁期。

总结见表22–5。

表 22-5　**售后租回交易形成经营租赁的会计处理**

类型	二级分类	有关差额及会计处理
售后租回形成融资租赁	不考虑售价与公允价值的关系	承租人应将售价与资产账面价值的差额予以递延，并按该项租赁资产的折旧进度进行分摊，作为折旧费用的调整
售后租回形成经营租赁	售价 > 公允价值	售价与公允价值之差确认为递延收益，公允价值与账面价值之差计入当期损益
	售价=公允价值	售价与资产账面价值之间的差额应当计入当期损益
	售价 < 公允价值	未来租赁付款额高于按市价计算的租金（无补偿）时，售价与账面价值之差确认为当期损益，不确认递延收益
		未来租赁付款额低于按市价计算的租金（损失由低于市价的未来租赁付款额补偿）时，售价与账面价值之差确认为递延收益

售后租回交易形成经营租赁的会计处理

例 22-9 · 2012 年单选题

20×7 年 1 月 1 日，甲公司将公允价值为 4 400 万元的办公楼以 3 600 万元的价格出售给乙公司，同时签订一份甲公司租回该办公楼的租赁合同，租期为 5 年，年租金为 240 万元，于每年年末支付，期满后乙公司收回办公楼。当日，该办公楼账面价值为 4 200 万元，预计尚可使用 30 年；市场上租用同等办公楼的年租金为 400 万元。不考虑其他因素，上述业务对甲公司 20×7 年度利润总额的影响金额为（　　）。

A.-240 万元

B.-360 万元

C.-600 万元

D.-840 万元

【答案】B

【解析】上述业务对甲公司 20×7 年度利润总额的影响金额 =-240-（4 200-3 600）÷5=-360（万元）

账务处理：

20×7 年 1 月 1 日

借：银行存款　　3 600

　　递延收益　　600

　贷：固定资产清理　　4 200

20×7 年 12 月 31 日

借：管理费用　　240

　贷：银行存款　　240

借：管理费用　　（4 200-3 600）÷5=120

　贷：递延收益　　120

智能测评

在线练习	我要提问
扫码在线做题　扫码看答案 本书“本章同步强化训练”均配备二维码，打开微信“扫一扫”即可完成在线测评，查看本章详细的测评反馈报告，了解知识掌握情况，也可扫码直接看答案噢。 快来扫码做题吧！	扫码答疑 本书配备答疑专用二维码，打开微信“扫一扫”，即可完成在线提问，获取专业老师全面个性化解答，让学习问题不再拖延。 快来扫码提问吧！

本章同步强化训练

一、单选题

1.A租赁公司将一台大型设备以融资租赁方式租给B企业。租赁合同规定，设备租赁期为5年，期满后设备归还A公司。从租赁期开始日起算，每6个月支付一次租金，支付时间为每第6个月月末，每期租金为600万元。估计租赁期届满时该资产余值为1 500万元，B企业担保的资产余值为500万元，B企业的投资方担保的资产余值为300万元，独立担保公司担保金额为500万元。B企业发生初始直接费用10万元。

要求：根据上述资料，不考虑其他因素，回答下列问题：

（1）对于A公司而言，该项租赁业务中资产的“未担保余值”为（　　）。

A.500万元　　B.300万元　　C.1 300万元　　D.200万元

（2）该租赁业务中，最低租赁付款额为（　　）。

A.6 000万元　　B.6 800万元　　C.6 500万元　　D.6 810万元

（3）该租赁业务中，最低租赁收款额为（　　）。

A.7 300万元　　B.6 800万元　　C.7 500万元　　D.7 310万元

2.甲公司2×14年1月1日与租赁公司达成租赁协议，从当日起以融资租赁方式租入固定资产一台，租期5年。2×14年1月1日，租赁资产公允价值为1 800万元，最低租赁付款额的现值为1 850万元，最低租赁付款额为1 900万元。租赁期满，租赁资产转移给承租人。甲公司另以银行存款支付租赁佣金25万元，租赁业务人员差旅费10万元，固定资产运杂费12万元，安装调试费用68万元。租赁期开始日预计该固定资产尚可使用年限为6年，预计净残值为0，租赁设备于2×14年2月10日安装完毕达到预定可使用状态，采用直线法计提折旧。

要求：根据上述资料，不考虑其他因素，回答下列问题：

（1）甲公司租入固定资产的入账价值是（　　）。

A.1 915万元　　B.1 965万元　　C.2 015万元　　D.1 800万元

（2）甲公司该项租入设备2×14年应计提的折旧额是（　　）。

A.319.17万元　　B.280.71万元　　C.287.86万元　　D.273.57万元

3. 2×14年12月31日，汇贤公司将账面价值为3 500万元的一项管理设备以4 000万元出售给租赁公司，并立即以融资租赁方式向该租赁公司租入该设备。此时，该设备尚可使用年限为12

年，租赁协议规定租期为10年，期满后归还设备。假定汇贤公司租回时确定的该固定资产入账价值为3 600万元，并按直线法计提折旧。

要求：根据上述资料，不考虑其他因素，回答下列问题：

(1) 2×14年12月31日汇贤公司确认的递延收益为（　　）。

A.500万元　B.400万元　C.3 500万元　D.4 000万元

(2) 该管理设备对汇贤公司当年损益的影响金额为（　　）。

A.360万元　B.310万元　C.860万元　D.50万元

4.关于初始直接费用，下列说法中不正确的有（　　）。

A.承租人融资租赁业务发生的初始直接费用，应计入租入资产的价值

B.出租人融资租赁业务发生的初始直接费用，应计入管理费用

C.承租人经营租赁业务发生的初始直接费用，应当计入当期损益

D.出租人经营租赁业务发生的初始直接费用，应当计入当期损益

二、多选题

1.2×14年1月1日，甲公司从乙公司租入一台全新设备，设备的可使用年限为10年，原账面价值为560万元。租赁合同规定，租期8年，甲公司每年年末支付租金80万元；租赁期满时，预计设备的公允价值为20万元，甲公司担保的资产余值为20万元；合同约定的利率为8%，到期时，设备归还给乙公司。

要求：根据上述资料，不考虑其他因素，回答下列问题：

(1) 下列关于上述租赁业务的表述中，正确的有（　　）。

A.该租赁属于融资租赁

B.应由乙公司对该设备计提折旧

C.应由甲公司对该设备计提折旧

D.应计的折旧总额为租赁开始日固定资产的入账价值扣除担保余值后余额

E.如甲公司无法获得乙公司该项租赁业务的内含利率，则应以8%的合同利率分摊未确认融资费用

(2) 下列关于上述租赁业务账务处理的表述中，不正确的有（　　）。

A.租赁期满资产余值为20万元

B.该项租赁业务中，乙公司的未担保余值为20万元

C.该项租赁业务中，甲公司最低租赁付款额为640万元

D.乙公司应对该设备以10年的使用寿命为基础计提折旧

E.甲公司应对该设备以8年的租赁期为基础计提折旧

2.2×14年1月1日，甲公司与丙租赁公司签订一项经营租赁合同，租入一台设备。租赁合同约定：租赁期为2年，租赁期开始日为合同签订当日，月租金为10万元，每年年末支付当年度租金；前2个月免交租金；如果市场平均月租金水平较上月上涨的幅度超过10%，自次月起每月增加租金1万元。甲公司为签订上述经营租赁合同于2×14年1月10日支付律师费5万元。已知租赁开始日租赁设备的公允价值为1 200万元。

要求：根据上述资料，不考虑其他因素，回答下列各题：

(1) 下列有关甲公司的会计处理中，说法正确的有（　　）。

A.或有租金应在实际发生时计入当期损益

B.为签订租赁合同发生的律师费用计入成本

C.经营租入设备按照租赁开始日的公允价值确认为固定资产

D.经营租入设备，应设置“经营租赁资产备查簿”作备查登记

E.免租期内应按照租金总额在整个租赁期内采用合理方法分摊的金额确认租金费用

（2）下列有关丙租赁公司的会计处理中，说法正确的有（　　）。

A.前2个月应确认的租金收入为0

B.免租期内应按照租金总额在整个租赁期内采用合理方法分摊的金额确认租金收入

C.经营租出的设备应按自有资产的处理方法，反映在资产负债表中

D.经营租入的设备不作为资产列示在其资产负债表中

E.丙公司应在财务报告中披露租出设备在资产负债表日的账面价值

三、计算题

1. 2×13年12月1日，甲公司与乙租赁公司签订了一份租赁合同。主要条款及有关资料如下：

（1）租赁标的物：某大型机器生产设备。

（2）租赁期开始日：2×13年12月31日。

（3）租赁期：2×13年12月31日～2×16年12月31日，共计36个月。

（4）租金支付方式：自承租日起每6个月于月末支付租金100万元。

（5）该设备的保险、维护等费用均由甲公司负担，估计每年约18万元。

（6）该设备在租赁开始日的公允价值与账面价值均为495.26万元。

（7）租赁合同规定年利率为10%。

（8）该设备的估计使用年限为9年，已使用4年，使用寿命期满无残值，承租人采用年限平均法计提折旧。

（9）租赁期满时，甲公司享有优惠购买选择权，购买价5万元。估计期满时的公允价值为150万元。

（10）2×15年、2×16两年中，甲公司每年按该设备生产产品年销售收入的5%向乙租赁公司支付经营分享收入。甲公司2×15年和2×16年销售收入分别为1 800万元和2 000万元。此外，该设备不需安装。

（11）承租人在租赁谈判和签订租赁合同过程中发生的，可归属于租赁项目的手续费、律师费、差旅费、印花税等初始直接费用共计15.74万元，以银行存款支付。出租人在租赁谈判和签订租赁合同过程中发生直接费用共计1.5万元，以银行存款支付。[（P/A，5%，6）＝5.0757；（P/F，5%，6）＝0.7462；（P/A，6%，6）=4.9173；5×（P/F，6%，6）＝0.7050]（单位以万元表示，保留两位小数）

要求：

（1）判断租赁类型。

（2）编制甲公司租赁期间的会计分录。

（3）编制乙公司租赁期间的会计分录。

2. 2×14年12月31日，A公司将某大型机器设备以5 000元的价格销售给B租赁公司，该设备2×14年12月31日在A公司的账面原值为4 500元，已计提折旧300元；同时又签订了一份租赁合同将该设备融资租回。该设备以5年的期限按年限平均法计提折旧，同时分摊未实现售后租回损益。

要求：编制A公司的会计分录。

第二十三章

财务报告

本章导学

考霸笔记：每年主要考查客观题，难度适中，属于比较重要的章节。

本章框架图

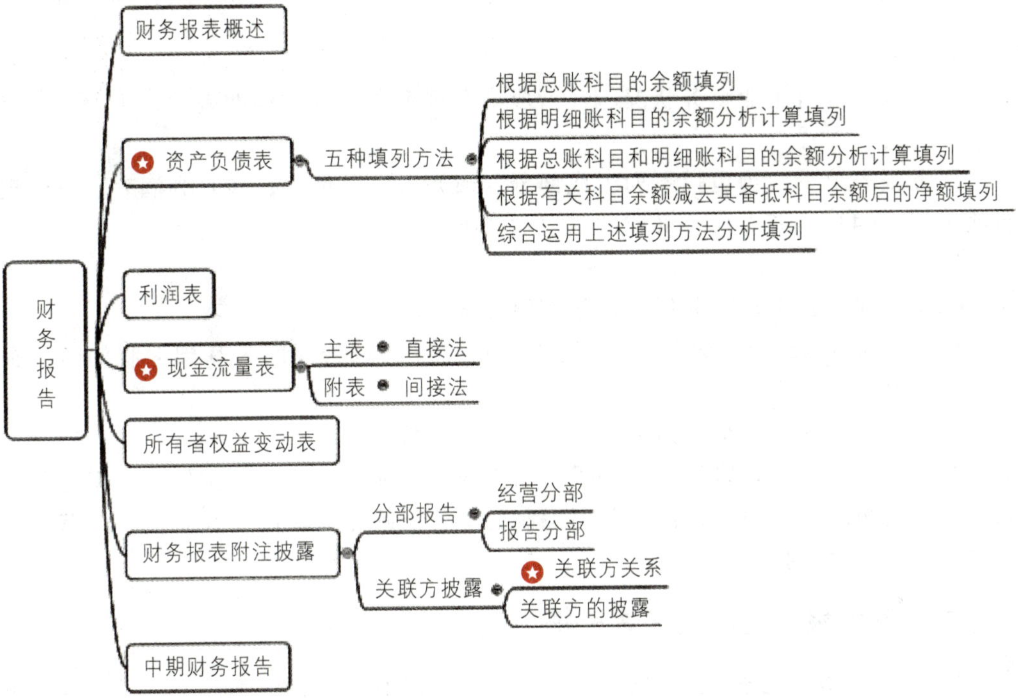

本章考情概述

本章阐述了财务报告的基本内容、财务报表的编制和填列方法、附注的主要内容、中期财务报告的编制要求。

学习本章应当关注的问题：（1）资产负债表各项目的填列；（2）现金流量表三大活动的区分；（3）关联方的判断；（4）中期财务报告及其附注的编制要求。

近三年主要考点：（1）中期财务报告附注的编制要求；（2）中期财务报告的编制要求；（3）经营活动、投资活动、筹资活动现金流量的计算；（4）关联方的判断；（5）报告分部的判断；（6）现金流量中经营活动的判断；（7）资产负债表流动性项目的列报。

2019年教材主要变化

根据财务报告最新格式修订了相关内容，包括部分报表项目的填列。

考霸笔记
资产负债表反映的是时点信息：某一特定日期的财务状况；
利润表和现金流量表反映的是时期信息：某一会计期间的经营成果和现金流量。

第一节 财务报表概述

◇财务报表的定义和构成
◇财务报表列报的基本要求

财务报告，是指企业对外提供的反映企业某一特定日期的财务状况和某一会计期间的经营成果、现金流量等会计信息的文件。财务报告包括财务报表和其他应当在财务报告中披露的相关信息和资料。

一、财务报表的定义和构成

1.定义

财务报表是对企业财务状况、经营成果和现金流量的结构性表述。

2.构成

财务报表至少应当包括下列组成部分：(1) 资产负债表；(2) 利润表；(3) 现金流量表；(4) 所有者权益（或股东权益，下同）变动表；(5) 附注。

3.分类

①按期间分：中期财务报表、年度财务报表。

中期财务报表，是以短于一个完整会计年度的报告期间为基础编制的财务报表，包括月报、季报和半年报等。

②按编报主体分：个别财务报表、合并财务报表。

合并财务报表，是以母公司和子公司组成的企业集团为会计主体，根据母公司和所属子公司的财务报表，由母公司编制的综合反映企业集团财务状况、经营成果及现金流量的财务报表。

二、财务报表列报的基本要求

（一）依据各项会计准则确认和计量的结果编制财务报表

（二）列报基础——持续经营

（三）权责发生制

除现金流量表按照收付实现制编制外，企业应当按照权责发生制编制其他财务报表。

（四）列报的一致性

财务报表项目的列报应当在各个会计期间保持一致，不得随意变更。

（五）依据重要性原则单独或汇总列报项目

总的原则是，如果某项目单个看不具有重要性，则可将其与其他项目汇总列报；如具有重要性，则应当单独列报。

（六）财务报表项目金额间的相互抵销

财务报表项目应当以总额列报，资产和负债、收入和费用、直接计入当期利润的利得和损失项目的金额不能相互抵销，即不得以净额列报。下列三种情况可以净额列示：

(1) 一组类似交易形成的利得和损失以净额列示

如：汇兑损益应当以净额列示；出于交易目的而持有的金融工具形成的利得和

损失应当以净额列示。

（2）资产或负债项目以扣除备抵项目后的净额列示

如：资产计提的减值准备。

（3）非日常活动产生的利得和损失，以同一交易形成的收益扣减相关费用后的净额列示更能反映交易实质

如：非流动资产处置形成的利得或损失，应当以处置收入扣除该资产的账面金额和相关销售费用后的净额列示。

考霸笔记：资产按账面价值列报金额=资产账面余额-所有的备抵科目。

考霸笔记：资产处置损益在报表项目“资产处置收益”中列报。

（七）比较信息的列报

（八）财务报表表首的列报要求

（九）报告期间

企业至少应当编制年度财务报表。根据《中华人民共和国会计法》的规定，会计年度自公历1月1日起至12月31日止。

第二节　资产负债表

◇资产负债表的内容及结构

◇资产和负债按流动性列报

◇资产负债表的填列方法

◇资产负债表编制示例

一、资产负债表的内容及结构

（一）资产负债表的内容

资产负债表是指反映企业在某一特定日期财务状况的财务报表。它反映企业在某一特定日期所拥有或控制的经济资源、所承担的现时义务和所有者对净资产的要求权。

（二）资产负债表的结构

资产负债表为账户式结构。

二、资产和负债按流动性列报

根据财务报表列报准则的规定，资产负债表上的资产和负债应当依据流动性分别按流动资产和非流动资产、流动负债和非流动负债列示。

（一）按资产的流动性划分

资产满足下列条件之一的，应当归类为流动资产：

1.预计在一个正常营业周期中变现、出售或耗用。

2.主要以交易为目的而持有。

3.预计在资产负债表日起一年内（含一年，下同）变现。

考霸笔记：此处含一年。

4.自资产负债表日起一年内，交换其他资产或清偿负债的能力不受限制的现金或现金等价物。

正常营业周期是指企业从购买用于加工的资产起至实现现金或现金等价物的期间。正常营业周期通常短于一年，在一年内有几个营业周期。但是，因生产周期较长等导致正常营业周期长于一年的，尽管相关资产往往超过一年才变现、出售或耗

考霸笔记
如飞机、船的制造需要一年多的时间。

考霸笔记
选择题考点。

考霸笔记
展期的协议安排需要在资产负债表日或之前完成。

如何判断资产、负债的流动性?

用，仍应当将其划分为流动资产。当正常营业周期不能确定时，企业应当将一年（12个月）作为正常营业周期。

（二）**按负债的流动性划分**

1.负债满足下列条件之一的，应当归类为流动负债：

（1）预计在一个正常营业周期中清偿。

（2）主要以交易为目的而持有。

（3）自资产负债表日起一年内到期应予以清偿。

（4）企业无权自主地将清偿推迟至资产负债表日后一年以上。

2.资产负债表日后事项对流动负债与非流动负债划分的影响：

（1）资产负债表日起一年内到期的负债

①企业有意图且有能力自主地将清偿义务展期至资产负债表日后一年以上的，应当归类为非流动负债；

②企业不能自主地将清偿义务展期的，即使在资产负债表日后、财务报告批准报出日前签订了重新安排清偿计划协议，此项负债仍应当归类为流动负债。

（2）资产负债表日或之前违反了长期借款协议

①贷款人可随时要求清偿的负债，应当归类为流动负债；

②贷款人在资产负债表日或之前同意提供在资产负债表日后一年以上的宽限期，企业能够在此期限内改正违约行为，且贷款人不能要求随时清偿时，应当归类为非流动负债。

例23-1·2013年多选题

甲公司20×6年12月31日持有的下列资产、负债中，应当作为20×6年资产负债表中流动性项目列报的有（　　）。

A.将于20×7年7月出售的账面价值为800万元的可供出售的金融资产

B.预付固定资产购买价款1 000万元，该设备将于20×7年6月取得

C.因计提固定资产减值准备确认递延所得税资产500万元，相关固定资产没有明确的处置计划

D.到期日为20×7年6月30日的负债2 000万元，该负债在20×6年资产负债表日后事项期间已签订展期为一年的协议

【答案】ABD

【解析】选项D，对于在资产负债表日起一年内到期的负债，企业预计能够自主地将清偿义务展期至资产负债表日后一年以上，并且在资产负债表日已决定展期的，应当归类为非流动负债；不能自主地将清偿义务展期的，即使在资产负债表日后、财务报告批准报出日前签订了重新安排清偿计划协议，从资产负债表日来看，此项负债仍应归类为流动负债。

三、资产负债表的填列方法

（一）资产负债表“期末余额”栏的填列方法

资产负债表“期末余额”栏一般应根据资产、负债和所有者权益类科目的期末余额填列，见表23-1。

表23-1 资产负债表填列方法

方法	示例
根据总账科目的余额填列	(1)"其他权益工具投资""递延所得税资产""长期待摊费用""短期借款""持有待售负债""交易性金融负债""递延收益""递延所得税负债""实收资本（或股本）""其他权益工具""库存股""资本公积""其他综合收益""专项储备""盈余公积"等项目根据其对应的总账科目的余额填列。其中"长期待摊费用"摊销年限（或期限）只剩一年或不足一年，或者预计在一年内（含一年）进行摊销的部分仍在"长期待摊费用"项目中列示，不转入"一年内到期的非流动资产"项目 (2)根据几个总账科目的期末余额计算填列： 货币资金=库存现金+银行存款+其他货币资金 此外，修订后的资产负债表中取消了"应付利息"和"应付股利"两个项目，"其他应付款"项目应根据"其他应付款""应付利息""应付股利"三个总账科目余额的合计数填列
根据明细科目的余额计算填列	(1)"开发支出"项目，应根据"研发支出"科目中所属的"资本化支出"明细科目期末余额填列 (2)"预收款项"项目应根据"应收账款"和"预收账款"所属明细科目贷方余额合计数填列 (3)"交易性金融资产"项目应根据其科目的明细科目期末余额分析填列，自资产负债表起超过一年到期且预期持有超过一年的以公允价值计量且其变动计入当期损益的非流动金融资产，在"其他非流动金融资产"项目中填列 (4)"其他债权投资"项目应根据该科目的明细科目余额分析填列 ①自资产负债表日起一年内到期的长期债权投资，在"一年内到期的非流动资产"项目中填列 ②购入的以公允价值计量且其变动计入其他综合收益的一年内到期的债权投资，在"其他流动资产"项目中填列 (5)"应交税费"项目应根据"应交税费"科目的明细科目期末余额分析填列，其中的借方余额应当根据其流动性在"其他流动资产"或"其他非流动资产"项目中填列 (6)"一年内到期的非流动资产""一年内到期的非流动负债"项目，应根据有关非流动资产或负债项目的明细科目余额分析填列 (7)"应付职工薪酬"项目，应根据"应付职工薪酬"科目的明细科目期末余额分析填列 (8)"预计负债"项目应根据"预计负债"科目的明细科目期末余额填列 (9)"未分配利润"项目，应根据"利润分配"科目中所属的"未分配利润"明细科目期末余额填列
根据总账科目和明细科目的余额分析计算填列	(1)应付票据及应付账款="应付票据"总账科目余额+"应付账款"所属明细科目贷方余额+"预付账款"所属明细科目贷方余额 (2)"长期借款""应付债券"项目，应根据"长期借款""应付债券"总账科目余额扣除"长期借款""应付债券"科目所属的明细科目中将在资产负债表日起一年内到期且企业不能自主地将清偿义务展期的部分后的金额计算填列 (3)"其他非流动资产"项目，应根据有关科目的期末余额减去将于一年内（含一年）收回数后的金额填列；"其他非流动负债"项目，应根据有关科目的期末余额减去将于一年内（含一年）到期偿还数后的金额填列

考霸笔记
付找付，收找收，资产为借方，负债为贷方。这个考点了解即可，一般为初、中级职称的考点。

考霸笔记
扣减的金额应列示在流动负债项目"一年内到期的非流动项目"中。掌握长期应收款、长期应付款财务报表的列报。

续表

方法	示例
根据有关科目余额减去其备抵科目余额后的净额填列	（1）“持有待售资产”“长期股权投资”“商誉”项目，应根据相关科目的期末余额填列，已计提减值准备的，还应扣减相应的减值准备 （2）“在建工程”项目应根据“在建工程”和“工程物资”科目的期末余额扣减“在建工程减值准备”和“工程物资减值准备”科目的期末余额后的金额填列 （3）“固定资产”项目应根据“固定资产”和“固定资产清理”科目的期末余额减去“累计折旧”和“固定资产减值准备”科目的期末余额后的金额填列 （4）“无形资产”“投资性房地产”“生产性生物资产”“油气资产”项目，应根据相关科目的期末余额扣减相关的累计折旧（或摊销、折耗）填列，已计提减值准备的，还应扣减相应的减值准备，采用公允价值计量的上述资产，应根据相关科目的期末余额填列 （5）“长期应收款”项目，应根据“长期应收款”科目的期末余额，减去相应的“未实现融资收益”科目和“坏账准备”科目所属相关明细科目期末余额后的金额填列；“长期应付款”项目，应根据“长期应付款”科目的期末余额，减去相应的“未确认融资费用”科目期末余额后的金额填列
综合运用上述填列方法分析填列	（1）修订后的资产负债表中取消了“应收利息”和“应收股利”两个项目，“其他应收款”项目应根据“其他应收款”“应收利息”“应收股利”三个总账科目余额的合计数，减去“坏账准备”科目中有关坏账准备期末余额后的金额填列 （2）“应收票据及应收账款”项目[1]，应根据“应收票据”科目的期末余额及“应收账款”和“预收账款”科目所属各明细科目的期末借方余额合计数，减去“坏账准备”科目中有关应收账款计提的坏账准备期末余额后的金额填列 （3）“预付款项”项目，应根据“预付账款”和“应付账款”科目所属各明细科目的期末借方余额合计数，减去“坏账准备”科目中有关预付款项计提的坏账准备期末余额后的金额填列 （4）“债权投资”项目应根据“债权投资”科目有关明细科目的期末余额减去“债权投资减值准备”科目中相关减值准备的期末余额后的金额分析填列 ①自资产负债表日起一年内到期的长期债权投资在“一年内到期的非流动资产”项目中填列 ②购入的以摊余成本计量的一年内到期的债权投资在“其他流动资产”项目中填列 （5）“合同资产”和“合同负债”项目，应根据“合同资产”科目和“合同负债”科目的明细科目期末余额分析填列，同一合同下的合同资产和合同负债应当以净额列示 ①其中净额为借方余额的，应当根据其流动性在“合同资产”或“其他非流动资产”项目中填列，已计提减值准备的，还应按减去“合同资产减值准备”科目中相应的期末余额后的金额填列 ②其中净额为贷方余额的，应当根据其流动性在“合同负债”或“其他非流动负债”项目中填列 （6）“存货”项目，应根据“材料采购”“原材料”“发出商品”“库存商品”“周转材料”“委托加工物资”“生产成本”“受托代销商品”等科目的期末余额及“合同履约成本”科目的明细科目中初始确认时摊销期限不超过一年或一个正常营业周期的期末余额合计，减去“受托代销商品款”“存货跌价准备”科目期末余额及“合同履约成本减值准备”科目中相应的期末余额后的金额填列

长期待摊费用的金额怎么列报?

考霸笔记

注意合同履约成本（收入章节）不超过一年或一个营业周期的，应在“存货”项目中列报。

①2019年4月20日，财政部颁布《关于修订印发2019年度一般企业财务报表格式的通知》（财会〔2019〕6号），在该文件中“应收票据及应收账款”项目又还原成“应收票据”和“应收账款”两个独立的报表项目，“应付票据和应付账款”项目还原成“应付票据”和“应付账款”两个独立的报表项目。

（二）资产负债表“年初余额”栏的填列方法

本表中的“年初余额”栏通常根据上年末有关项目的期末余额填列，且与上年末资产负债表“期末余额”栏相一致。

如果企业发生了会计政策变更、前期差错更正，应当对“年初余额”栏中的有关项目进行相应调整。如果企业上年度资产负债表规定的项目名称和内容与本年度不一致，应当对上年年末资产负债表相关项目的名称和数字按照本年度的规定进行调整，并将其填入“年初余额”栏。

四、资产负债表编制示例

企业发行优先股等其他权益工具：

（1）分类为权益工具的，应当在资产负债表“实收资本”项目和“资本公积”项目之间增设“其他权益工具”项目进行列报，并在“其他权益工具”项目下增设“优先股”和“永续债”两个项目，以分别反映企业发行的分类为权益工具的优先股和永续债的账面价值。

考霸笔记
关联考点：
(1) 实质重于形式；
(2) 可转换公司债券的账务处理。

（2）分类为债务工具的，则在“应付债券”项目下增设“优先股”和“永续债”两个项目，以分别反映企业发行的分类为金融负债的优先股和永续债的账面价值。如属流动负债，则应当比照上述原则在流动负债类相关项目进行列报。

例23-2·2017年单选题

甲公司主营业务为自供电方购买电力后向实际用电方销售，其与供电方和实际用电方分别签订合同，价款分别结算，从供电方购入电力后，向实际用电方销售电力的价格由甲公司自行决定，并由其承担相关收费风险。2×16年12月，因实际用电方拖欠甲公司用电款，甲公司资金周转出现困难，其相应地拖欠了供电方部分款项。为此，工程方提出仲裁，经裁决，甲公司需支付垫款2 600万元，该款项至2×16年12月31日尚未支付。同时，甲公司起诉实际用电方，要求用电方支付垫款3 200万元。法院终审判决支持甲公司的主张，甲公司在按照会计政策计提坏账准备后，该笔债权的账面价值为2 400万元。不考虑其他因素，下列各项关于甲公司针对上述交易会计处理的表述中，正确的是（　　）。

A.资产负债表中列报应收债权3 200万元和应付债务2 600万元

B.资产负债表中列报对供电方的负债2 600万元，但不列报应收债权2 400万元

C.资产负债表中列报应收债权2 400万元和应付债务2 600万元

D.资产负债表中应收和应付项目以抵销后的净额列报，为2 600万元负债

【答案】C

【解析】甲公司对用电方的债权和对供电方的负债不可合并后按净额列示。

第三节 利润表

◇利润表的内容及结构

◇利润表的填列方法

一、利润表的内容及结构

（一）利润表的内容

利润表是反映企业在一定会计期间经营成果的报表。

（二）利润表的结构

常见的利润表结构主要有单步式和多步式两种。在我国，企业利润表多采用多步式结构。

考霸笔记
常考点，明确影响营业利润的具体项目有哪些。

（1）营业收入

=主营业务收入+其他业务收入

（2）营业利润

=营业收入-营业成本-税金及附加-销售费用-管理费用-研发费用-财务费用-资产减值损失-信用减值损失+其他收益±投资收益（损失）±净敞口套期收益（损失）±公允价值变动收益（损失）±资产处置收益（损失）

（3）利润总额

=营业利润+营业外收入-营业外支出

（4）净利润

=利润总额-所得税费用

（5）其他综合收益

=反映企业根据《企业会计准则》的规定未在损益中确认的各项利得和损失扣除所得税影响后的净额

（6）综合收益总额

=净利润+其他综合收益税后净额

（7）每股收益，包括基本每股收益和稀释每股收益

例23-3·2016年单选题

甲公司为增值税一般纳税人，2×15年发生的有关交易或事项如下：（1）销售产品确认收入12 000万元，结转成本8 000万元，当期应缴纳的增值税为1 060万元，有关税金及附加为100万元；（2）持有的交易性金融资产当期市价上涨320万元，可供出售金融资产当期市价上涨260万元；（3）出售一项专利技术产生收益600万元；（4）计提无形资产减值准备820万元。甲公司交易性金融资产及可供出售金融资产在2×15年末未对外出售，不考虑其他因素，甲公司2×15年的营业利润是（　　）。

A. 3 400万元　　B. 3 420万元　　C. 3 760万元　　D. 4 000万元

【答案】D

【解析】上述4项业务中，业务（2）中的可供出售金融资产当期市价上涨260万元计入其他综合收益，不影响营业利润。业务（1）中的增值税属于价外税，不影响损益。

二、利润表的填列方法

（一）利润表“本期金额”栏的填列方法

利润表“本期金额”栏一般应根据损益类科目和所有者权益类有关科目的发生额填列。

（二）利润表“上期金额”栏的填列方法

利润表“上期金额”栏应根据上年该期利润表“本期金额”栏内所列数字填列。

如果上年该期利润表规定的各个项目的名称和内容与本期不一致，应对上年该期利润表各项目的名称和数字按照本期的规定进行调整，并将其填入“上期金额”栏。

第四节　现金流量表

◇现金流量表的内容及结构

◇现金流量表的填列方法

◇现金流量表的编制方法及程序

一、现金流量表的内容及结构

（一）现金流量表的内容（见表23-2）

表23-2　现金流量表的内容

定义	反映企业在一定会计期间现金和现金等价物流入和流出的报表
编制原则	收付实现制
分类	经营活动、投资活动、筹资活动（企业的现金活动就是这三类）

注意：现金及现金等价物被视为一个整体，企业现金形式的转换不会产生现金的流入和流出。

现金等价物，是指企业持有的期限短、流动性强、易于转换为已知金额现金、价值变动风险很小的投资。其中，“期限短”一般是指从购买日起3个月内到期，如可在证券市场上流通的3个月内到期的短期债券等。

考霸笔记

现金流量表的会计基础是现金收付实现制，见钱眼开。

例23-4·2014年单选题

下列各项中，能够引起现金流量净额发生变动的是（　　）。

A.以存货抵偿债务

B.以银行存款支付采购款

C.将现金存为银行活期存款

D.以银行存款购买2个月内到期的债券投资

【答案】B

【解析】选项A，不涉及现金流量变动；选项B，使现金流量减少，能够引起现金流量表净额发生变动；选项C，银行活期存款属于银行存款，不涉及现金流量变动；选项D，2个月内到期的债券投资属于现金等价物，以银行存款换取现金等价物不涉及现金流量的变动。

如何判断现金流量净额变动？

（二）现金流量表的结构

结构上分为三类：

1.经营活动产生的现金流量

2.投资活动产生的现金流量

3.筹资活动产生的现金流量

二、现金流量表的填列方法

（一）经营活动产生的现金流量

经营活动，是指企业投资活动和筹资活动以外的所有交易和事项。对于工商企业而言，经营活动包括销售商品或提供劳务、购买商品或接受劳务、收到返还的税费、经营性租赁、支付工资、支付广告费用、交纳各项税款等。

填列方法：直接法。

具体项目的填列见表23-3。

表23-3 **现金流量表部分示例** 会企03表

编制单位：某公司 20×7年度 单位：元

项目	本期金额	上期金额
一、经营活动产生的现金流量		
销售商品、提供劳务收到的现金		
收到的税费返还		
收到其他与经营活动有关的现金		
经营活动现金流入小计		
购买商品、接受劳务支付的现金		
支付给职工以及为职工支付的现金		
支付的各项税费		
支付其他与经营活动有关的现金		
经营活动现金流出小计		
经营活动产生的现金流量净额		

考霸笔记

应收项目：期初余额＞期末余额，则收回现金，增加现金流入；期初余额＜期末余额，产生应收项目，减少了现金流入。

1.“销售商品、提供劳务收到的现金”项目

销售商品、提供劳务收到的现金=营业收入+应交税费（应交增值税——销项税额）+（应收票据年初余额-应收票据期末余额）+（应收账款年初余额-应收账款期末余额）+（预收款项期末余额-预收款项年初余额）± 特殊调整业务收入（支出）

特殊事项调整原则见表23-4。

表23-4 **特殊事项调整原则**

特殊事项	方向
借：非现金类账户 贷：应收账款/应收票据/预收账款	-
借：应收账款/应收票据/预收账款 贷：非收入与增值税销项税项目	+

推导：销售商品、提供劳务收到的现金=收入和增值税销项税额+应收账款本期减少额（期初余额-期末余额）

期初余额+本期借方发生额-本期贷方发生额=期末余额

期初余额-期末余额=本期贷方发生额-本期借方发生额

公式变形为：销售商品、提供劳务收到的现金=收入和增值税销项税额+本期贷方发生额-本期借方发生额

应收账款本期贷方发生额不一定全部由银行收到（如计提坏账准备），所以会

导致贷方发生变化，但没有收到钱的情况。因此当有这类特殊业务的时候，需将其金额减去。

应收账款本期借方发生额不一定全部由销售商品所产生（如将非现金资产转入应收账款），而这会导致多减的情况，所以当有这类特殊业务的时候，需将其金额加回。

2.“收到的税费返还”项目

本项目反映企业收到返还的各种税费，如收到的增值税、所得税等返还款。

3.“收到其他与经营活动有关的现金”项目

本项目反映罚款收入、经营租赁固定资产收到的现金、投资性房地产收到的租金收入、流动资产损失中由个人赔偿的现金收入、除税收返还外的其他政府补贴收入等。

4.“购买商品、接受劳务支付的现金”项目

购买商品、接受劳务支付的现金=营业成本+应交税费（应交增值税——进项税额）+（存货期末余额-存货年初余额）+（应付账款年初余额-应付账款期末余额）+（应付票据年初余额-应付票据期末余额）+（预付款项期末余额-预付款项年初余额）±特殊调整业务收入（支出）

理解：

①找到当期买了多少货

=营业成本+应交税费（应交增值税——进项税额）+（存货期末余额-存货年初余额）

②看有多少款项没有付

=（应付账款年初余额-应付账款期末余额）+（应付票据年初余额-应付票据期末余额）

③总的购货金额-赊购金额=现付金额

=营业成本+应交税费（应交增值税——进项税额）+（存货期末余额-存货年初余额）+（应付账款年初余额-应付账款期末余额）+（应付票据年初余额-应付票据期末余额）

④计算预付的现金

=（预付款项期末余额-预付款项年初余额）

⑤=③+④，即为当期“购买商品、接受劳务支付的现金”。

特殊事项调整原则见表23-5。

考霸笔记

存货期初余额+本期采购-本期销售=期末余额；

本期采购=本期销售+期末余额-期初余额；

本期采购=营业成本+期末余额-期初余额。

表23-5　**特殊事项调整原则**

特殊事项	方向
借：非销售成本和增值税进项税额类 贷：应付账款/应付票据/预付账款/存货	+
借：应付账款/应付票据/预付账款/存货 贷：非现金类账户	-

特殊调整业务作为加项或减项的处理原则是：应付账款、应付票据、预付款项和“存货类”等账户（不含四个账户内部转账业务）借方对应的账户不是购买商品、接受劳务产生的“现金类”账户，则作为减项处理，如“分配的工资费用”等；应付账款、应付票据、预付款项和“存货类”等账户（不含四个账户内部转账业务）贷方对应的账户不是“销售成本和增值税进项税额类”账户，则作为加项处理，如“工程项目领用本企业商品”等。

5.“支付给职工以及为职工支付的现金”项目

支付给职工以及为职工支付的现金包括现金结算的股份支付，不包括支付给离退休人员的工资和在建工程人员的工资。

应付职工薪酬的减少数=期初余额+本期增加数-期末余额

=（应付职工薪酬年初余额+生产成本、制造费用、管理费用中的职工薪酬-应付职工薪酬期末余额）-［应付职工薪酬（在建工程）年初余额-应付职工薪酬（在建工程）期末余额］

6.“支付的各项税费”项目

支付的各项税费，是指企业本期发生并支付的税费，以及本期支付的以前各期发生的税费和本期预交的税费，包括所得税、增值税、消费税、印花税、房产税、土地增值税、车船税、教育费附加、矿产资源补偿费等。

不包括：计入固定资产价值、实际支付的耕地占用税，本期退回的增值税、所得税，递延所得税费用。

支付的各项税费=（应交所得税期初余额+当期所得税费用-应交所得税期末余额）+支付的税金及附加+支付的增值税税额

支付的增值税税额即“应交税费——应交增值税”（已交税金）。

7.“支付其他与经营活动有关的现金”项目

经营租赁支付的租金，支付给离退休人员的工资，支付的罚款、差旅费、业务招待费、保险费，支付的销售费用，支付的制造费用。

（二）投资活动产生的现金流量（✔重点内容，必须掌握）

投资活动，是指企业长期资产的购建和不包括在现金等价物范围内的投资及其处置活动。长期资产是指固定资产、无形资产、在建工程、其他资产等持有期限在一个或一个营业周期以上的资产。投资活动产生的现金流量见表23-6。

表23-6　**现金流量表部分示例**　会企03表

编制单位：某公司　20×7年　单位：元

项目	本期金额	上期金额
一、经营活动产生的现金流量		
（略）		
二、投资活动产生的现金流量		
收回投资收到的现金		
取得投资收益收到的现金		
处置固定资产、无形资产和其他长期资产而收回的现金净额		
处置子公司及其他营业单位收到的现金净额		
收到其他与投资活动有关的现金		
投资活动现金流入小计		
购建固定资产、无形资产和其他长期资产支付的现金		
投资支付的现金		
取得子公司及其他营业单位支付的现金净额		
支付其他与投资活动有关的现金		
投资活动现金流出小计		
投资活动产生的现金流量净额		

1. 收回投资收到的现金

本项目反映企业出售、转让或到期收回除现金等价物以外的对其他企业的交易性金融资产、以摊余成本计量的金融资产、以公允价值计量且其变动计入其他综合收益的金融资产、长期股权投资（不包括处置子公司）收到的现金。

2. 取得投资收益收到的现金

本项目反映企业从交易性金融资产、其他权益工具投资分得的现金股利，从子公司、联营企业或合营企业分回利润、现金股利而收到的现金（收到的现金股利），因债权性投资而取得的现金利息收入。

取得投资收益收到的现金=现金股利+利息收入

3. 处置固定资产、无形资产和其他长期资产而收回的现金净额

本项目反映企业出售固定资产、无形资产和其他长期资产（如投资性房地产）所取得的现金，减去为处置这些资产而支付的有关税费后的净额。由于自然灾害等原因所造成的固定资产等长期资产报废、毁损而收到的保险赔偿收入，也在本项目中反映。

如本项目为负数，则在“支付其他与投资活动有关的现金”项目中反映。

考霸笔记
处置或购入固定资产、无形资产和其他长期资产，付出或收回的现金均属于投资活动现金流；但为购建固定资产等发生的借款费用利息支出属于筹资活动现金流。

4. 处置子公司及其他营业单位收到的现金净额

本项目反映企业处置子公司及其他营业单位所取得的现金减去子公司或其他营业单位持有的现金和现金等价物以及相关处置费用后的净额。

如本项目为负数，则在“支付其他与投资活动有关的现金”项目中反映。

5. 收到其他与投资活动有关的现金

收回购买股票和债券时，实际支付价款中包含的已宣告但尚未领取的现金股利或已到付息期但尚未领取的债券利息。

6. 购建固定资产、无形资产和其他长期资产支付的现金

本项目反映企业本期购买、建造固定资产，取得无形资产和其他长期资产（如投资性房地产）实际支付的现金，包括购买固定资产、无形资产等支付的价款及相关税费，以及用现金支付的应由在建工程和无形资产负担的职工薪酬。

7. 投资支付的现金

本项目反映企业进行权益性投资和债权性投资所支付的现金，包括企业为取得的除现金等价物以外的交易性金融资产、债权投资、其他债权投资而支付的现金，以及支付的佣金、手续费等交易费用。

8. “取得子公司及其他营业单位支付的现金净额”项目

本项目反映企业取得的子公司及其他营业单位的购买出价中以现金支付的部分，减去子公司或其他营业单位持有的现金和现金等价物后的净额。

如本项目为负数，应在“收到其他与投资活动有关的现金”项目中反映。

9. 支付其他与投资活动有关的现金

购买股票和债券时，实际支付的价款中包含的已宣告但尚未发放的现金股利或已到付息期但尚未领取的债券利息。

（三）筹资活动产生的现金流量（✔重点内容，必须掌握）

筹资活动，是指导致企业资本及债务规模和构成发生变化的活动。这里所说的资本，既包括实收资本（股本），也包括资本溢价（股本溢价）；这里所说的债务，

是指对外举债，包括向银行借款、发行债券以及偿还债务等。通常情况下，应付账款、应付票据等商业应付款属于经营活动，不属于筹资活动。筹资活动产生的现金流量见表23-7。

表23-7 **现金流量表部分示例** 会企03表

编制单位：某公司 20×7年 单位：元

项目	本期金额	上期金额
一、经营活动产生的现金流量		（略）
⋮		
二、投资活动产生的现金流量		
⋮		
三、筹资活动产生的现金流量		
吸收投资收到的现金	反映企业以发行股票等方式筹集资金实际收到的款项净额（发行收入减去支付的佣金等发行费用后的净额）	
取得借款收到的现金	反映企业举借各种短期、长期借款而收到的现金，以及发行债券实际收到的款项净额（发行收入减去直接支付的佣金等发行费用后的净额）	
收到其他与筹资活动有关的现金	反映企业除上述各项目外，收到的其他与筹资活动有关的现金；如果价值较大，应单列项目反映	
筹资活动现金流入小计		
偿还债务支付的现金	反映企业以现金偿还债务的本金，包括归还金融企业的借款本金、偿付企业到期的债券本金等	
分配股利、利润或偿付利息支付的现金	反映企业实际支付的现金股利、支付给其他投资单位的利润或用现金支付的借款利息、债券利息等	
支付其他与筹资活动有关的现金	反映企业除上述各项目外，支付的其他与筹资活动有关的现金，如以发行股票、债券等方式筹集资金而由企业直接支付的审计、咨询等费用，融资租赁各期支付的现金，以分期付款方式构建固定资产、无形资产等各期支付的现金等；如果价值较大，应单列项目反映	
筹资活动现金流出小计		
筹资活动产生的现金流量净额		

注意：对于企业日常活动之外的、不经常发生的特殊项目，如自然灾害损失、保险赔款、捐赠等，应将其归并到相关类别中，并单独反映。比如，对于自然灾害

损失和保险赔款，如果能够确认属于流动资产损失，应当将其列入经营活动产生的现金流量；如果能够确认属于固定资产损失，应将其列入投资活动产生的现金流量。

（四）汇率变动对现金及现金等价物的影响（✔基础概念，了解即可）

企业外币现金流量及境外子公司的现金流量折算成记账本位币时，所采用的是现金流量发生日的即期汇率或按照系统合理的方法确定的、与现金流量发生日即期汇率近似的汇率；而现金流量表的“现金及现金等价物净增加额”项目中外币现金净增加额是按资产负债表日的即期汇率折算的。这两者的差额即为汇率变动对现金的影响，应在现金流量表中单独列报。

例23-5·2017年单选题

甲公司为制造业企业，2×16年产生下列现金流量：（1）收到客户定购商品的预付款3 000万元；（2）税务部门返还上年度增值税税款600万元；（3）支付购入作为以公允价值计量且其变动计入当期损益的金融资产核算的股票投资款1 200万元；（4）为补充营运资金的不足，自股东取得经营性资金借款6 000万元；（5）因存货非正常毁损取得保险赔偿款2 800万元。不考虑其他因素，甲公司2×16年经营活动现金流量净额是（　　）。

A.5 200万元　　B.124 000万元　　C.6 400万元　　D.9 600万元

【答案】C

【解析】上述5项业务中，业务（3）为投资活动；业务（5）为筹资活动；只有业务（1）、（2）和（4）为经营活动。

例23-6·2016年单选题

甲公司2×15年发生以下有关现金流量：（1）当期销售产品收回现金36 000万元，以前期间销售产品本期收回现金20 000万元；（2）购买原材料支付现金16 000万元；（3）取得以前期间已交增值税返还款2 400万元；（4）将当期销售产品收到的工商银行承兑汇票贴现，取得现金8 000万元；（5）购买国债支付2 000万元。不考虑其他因素，甲公司2×15年经营活动产生的现金流量净额是（　　）。

A. 40 000万元　　B. 42 400万元　　C. 48 400万元　　D. 50 400万元

【答案】D

【解析】上述5项业务中，业务（1）～（4）均属于经营活动，仅有业务（5）属于投资活动。需要强调的是，银行承兑汇票无收款风险，因此业务（4）不属于抵押借款，符合终止确认条件。

如何判断现金流量净额变动?

第二十三章

例23-7·2014年多选题

在编制现金流量表时，下列现金流量中属于经营活动现金流量的有（　　）。

A.当期缴纳的所得税

B.收到的活期存款利息

C.发行债券过程中支付的交易费用

D.支付的基于股份支付方案给予高管人员的现金增值额

【答案】ABD

【解析】选项C，发行债券过程中支付的交易费用属于筹资活动现金流量。

考霸笔记

掌握经营活动、投资活动和筹资活动产生现金流量的区别。

如何区分经营活动、投资活动和筹资活动?

例23-8·2015年单选题改编

甲公司为制造企业，2016年发现一些现金流量：(1) 对销售产生的应收账款申请保理，取得现金1 200万元，银行对于标的债券具有追索权；(2) 购入作为以公允价值计量且其变动计入当期损益的金融资产核算的股票，支付现金200万元；(3) 收到保险公司对存货损毁的赔偿款120万元；(4) 收到所得税返还款260万元；(5) 向其他方提供劳务，收取现金400万。不考虑其他因素，甲公司2016年经营活动产生的现金流量净额是（　　）。

A.780万元　　B.2 180万元　　C.980万元　　D.1 980万元

【答案】A

【解析】事项(1)属于筹资活动；事项(2)属于投资活动；其他属于经营活动，产生的现金流量净额=120+260+400=780（万元）。

考霸笔记

实质重于形式原则。

例23-9·2014年单选题

下列各项中，能够引起现金流量净额发生变动的是（　　）。

A.以存货抵偿债务

B.以银行存款支付采购款

C.将现金存为银行活期存款

D.以银行存款购买2个月内到期的债券投资

【答案】B

【解析】选项A，不涉及现金流量净额的变动；选项C，银行活期存款属于现金，不涉及现金流量净额的变动；选项D，2个月内到期的债券投资属于现金等价物，不涉及现金流量净额的变动。

例23-10·2013年多选题

甲公司20×6年发生的与现金流量相关的交易或事项包括：(1) 以现金支付管理人员的现金股票增值权500万元；(2) 在以办公楼换取股权的交易中，以现金支付补价240万元；(3) 销售A产品收到现金5 900万元；(4) 支付经营租入固定资产租金300万元；(5) 支付管理人员报销差旅费2万元；(6) 发行权益性证券收到现金5 000万元。下列各项与甲公司20×6年现金流量相关的表述中，正确的有（　　）。

A.经营活动现金流出802万元　　B.经营活动现金流入5 900万元

C.投资活动现金流出540万元　　D.筹资活动现金流入10 900万元

【答案】AB

【解析】经营活动现金流出=500+300+2=802（万元），选项A正确；经营活动现金流入为5 900万元，选项B正确；投资活动现金流出为240万元，选项C错误；筹资活动现金流入为5 000万元，选项D错误。

投资活动产生的现金流量的判断。

例23-11·2012年多选题

制造企业的下列各项交易或事项所产生的现金流量中，属于现金流量表中“投资活动产生的现金流量”的有（　　）。

A.出售债券收到的现金

B.收到股权投资的现金股利

C. 支付的为购建固定资产发生的专门借款利息

D. 收到因自然灾害而报废固定资产的保险赔偿款

【答案】ABD

【解析】"支付的为购建固定资产发生的专门借款利息"属于现金流量表中"筹资活动产生的现金流量"，选项C错误。

（五）现金流量表补充资料

除现金流量表反映的信息外，企业还应在附注中披露将净利润调节为经营活动现金流量、不涉及现金收支的重大投资和筹资活动、现金及现金等价物净变动情况等信息。

将净利润调节为经营活动现金流量的步骤。

1. 将净利润调节为经营活动现金流量

在我国，现金流量表补充资料应采用间接法反映经营活动产生的现金流量情况。

间接法：以本期净利润为起点，通过调整不涉及现金的收入、费用、营业外收支以及经营性应收、应付等项目的增减变动，调整不属于经营活动的现金收支项目，据此计算并列报经营活动产生的现金流量。

间接法调整的项目：

（1）实际没有支付现金的费用；

（2）实际没有收到现金的收益；

（3）不属于经营活动的损益；

（4）经营性应收、应付项目的增减变动。

现金流量表的附表，从净利润调整到经营活动现金净流量涉及一些经营性资产的增加或减少怎么理解？

经营活动产生的现金流量净额=净利润+不影响经营活动现金流量但减少净利润的项目−不影响经营活动现金流量但增加净利润的项目+与净利润无关但增加经营活动现金流量的项目−与净利润无关但减少经营活动现金流量的项目。具体调整见表23-8。

2. 不涉及现金收支的重大投资和筹资活动

企业应当在附注中披露不涉及当期现金收支，但影响企业财务状况或在未来可能影响企业现金流量的重大投资和筹资活动，主要包括：

（1）债务转为资本，反映企业本期转为资本的债务金额；

（2）一年内到期的可转换公司债券，反映企业一年内到期的可转换公司债券的本息；

（3）融资租入固定资产，反映企业本期融资租入的固定资产。

3. 现金和现金等价物的构成

企业应当在附注中披露与现金和现金等价物有关的下列信息：

（1）现金和现金等价物的构成及其在资产负债表中的相应金额。

（2）企业持有但不能由母公司或集团内其他子公司使用的大额现金和现金等价物金额。

三、现金流量表的编制方法及程序

（一）直接法和间接法

适用条件：经营活动现金流量列报，具体见表23-9。

表 23-8 **将净利润调节为经营活动现金流量**

项目	一般调整	特殊调整
资产减值准备	+	
固定资产折旧	+	不调记入“在建工程”或“研发支出——资本化支出”的固定资产折旧
无形资产摊销	+	不调记入“在建工程”或“研发支出——资本化支出”的固定资产折旧
长期待摊费用摊销	+	
处置固定资产、无形资产和其他长期资产的损失（收益）	+（-）	
固定资产报废损失（收益）	+（-）	
公允价值变动损失（收益）	+（-）	
财务费用（收益）	+（-）	不含与经营活动有关的财务费用
投资损失（收益）	+（-）	
递延所得税资产减少（增加）	+（-）	只考虑对应所得税费用部分
递延所得税负债增加（减少）	+（-）	只考虑对应所得税费用部分
存货减少（增加）	+（-）	不含计入投资活动和筹资活动的部分
经营性应收项目减少（增加）	+（-）	包括应收票据、应收账款、预付账款、长期应收款和其他应收款中与经营活动有关的部分，以及应收的增值税销项税额等
经营性应付项目增加（减少）	+（-）	包括应付票据、应付账款、预收账款、应付职工薪酬、应交税费、应付利息、长期应付款、其他应付款中与经营活动有关的部分，以及应付的增值税进项税额等

现金流量表附表，从净利润调到经营活动现金流量净额，如何理解减去递延所得税资产的增加、递延所得税负债的减少？

表 23-9 **直接法和间接法编制现金流量表**

项目	直接法	间接法
定义	以利润表中的营业收入为起算点，调节与经营活动有关的项目的增减变动，然后计算出经营活动产生的现金流量	将按权责发生制原则确定的净利润调整为现金净流入，并剔除投资活动和筹资活动对现金流量的影响
优点	便于分析企业经营活动产生的现金流量的来源和用途，预测企业现金流量的前景	便于将净利润与经营活动产生的现金流量净额进行比较，了解净利润与经营活动产生的现金流量差异的原因，从现金流量的角度分析净利润的质量

我国《企业会计准则》规定企业应当采用直接法编报现金流量表，同时要求在附注中提供以净利润为基础调节经营活动现金流量的信息。

（二）工作底稿法、T型账户法和分析填列法

在具体编制现金流量表时，可以采用工作底稿法或T型账户法，也可以根据有关科目记录分析填列。

第五节 所有者权益变动表

◇所有者权益变动表的内容及结构

◇所有者权益变动表的填列方法

一、所有者权益变动表的内容及结构

（一）所有者权益变动表的内容

1.所有者权益变动表应当反映构成所有者权益的各组成部分当期的增减变动情况。

2.综合收益和与所有者（或股东）的资本交易导致的所有者权益的变动，应当分别列示。企业至少应当单独列示反映下列信息的项目：

（1）综合收益总额；

（2）会计政策变更和差错更正的累积影响金额；

（3）所有者投入的资本和向所有者分配的利润等；

（4）提取的盈余公积；

（5）所有者权益各组成部分的期初和期末余额及其调节情况。

（二）所有者权益变动表的结构——矩阵形式

一方面列示导致所有者权益变动的交易或事项，按所有者权益变动的来源对一定时期所有者权益变动情况进行全面反映。

另一方面按照所有者权益各组成部分（包括实收资本、资本公积、其他综合收益、盈余公积、未分配利润、库存股等）及其总额列示相关交易或事项对所有者权益的影响。

二、所有者权益变动表的填列方法

根据《企业会计准则》的规定，企业需要提供比较所有者权益变动表，所有者权益变动表还将各项目分为“本年金额”和“上年金额”两栏分别填列。

第六节 财务报表附注披露

◇附注的主要内容

◇分部报告

◇关联方披露

一、附注的主要内容

附注是对资产负债表、利润表、现金流量表和所有者权益变动表等报表中列示项目的文字描述或明细资料，以及对未能在这些报表中列示项目的说明等。

附注应当按照如下顺序披露有关内容：

（1）企业的基本情况；

（2）财务报表的编制基础；

（3）遵循企业会计准则的声明；

（4）重要会计政策和会计估计；

（5）会计政策和会计估计变更以及差错更正的说明；

（6）重要报表项目的说明；

（7）其他需要说明的重要事项；

（8）有助于财务报表使用者评价企业管理资本的目标、政策及程序的信息。

二、分部报告

（一）经营分部的认定

1.单个经营分部的认定标准（同时满足）：

（1）该组成部分能够在日常活动中产生收入、发生费用；

（2）企业管理层能够定期评价该组成部分的经营成果，以决定如何向其配置资源，并评价其业绩；

（3）企业能够取得该组成部分的财务状况、经营成果和现金流量等有关会计信息。

2.多个经营分部合并为一个经营分部的标准（同时满足）：

（1）各单项产品或劳务的性质相同或相似，如产品或劳务的规格、型号、最终用途等；

（2）生产过程的性质相同或相似，如采用劳动密集或资本密集方式组织生产、使用相同或者相似设备和原材料、采用委托生产或加工方式等；

（3）产品或劳务的客户类型相同或相似，客户类型包括大宗客户、零散客户等；

（4）销售产品或提供劳务的方式相同或相似，销售产品或提供劳务的方式包括批发、零售、自产自销、委托销售、承包等；

（5）生产产品或提供劳务受法律、行政法规的影响相同或相似，如经营范围或交易定价机制等。

考霸笔记
系选择题考点，注意与10%、75%相关内容的记忆。

（二）报告分部的确定

1.重要性标准的判断

企业应当以经营分部为基础确定报告分部。经营分部满足下列条件之一的，应当确定为报告分部：

（1）该分部的分部收入占所有分部收入合计的10%或者以上，通常为营业收入。

（2）该分部的分部利润（亏损）的绝对额，占所有盈利分部利润合计额或所有亏损分部亏损合计额的绝对额两者中较大者的10%或者以上，通常包括营业成本、税金及附加、销售费用等。

（3）该分部的分部资产占所有分部资产合计额的10%或者以上，不包括递延所得税资产。

2.低于10%重要性标准的选择

经营分部未满足上述10%重要性标准的，企业管理层认为披露该经营分部信息对会计信息使用者有用的，可以将其确定为报告分部。

3.报告分部75%的标准

报告分部的对外交易收入合计额占合并总收入或企业总收入的比重未达到75%的，将其他的分部确定为报告分部（即使它们未满足规定的条件），直到该比重达到75%。

4.报告分部的数量

报告分部的数量通常不应超过10个。如果报告分部的数量超过10个，企业应考虑对具有相似经济特征、满足经营分部合并条件的报告分部进行合并。

（三）分部信息的披露

企业应当在附注中披露报告分部的下列信息：

1.描述性信息

（1）确定报告分部考虑的因素通常包括企业管理层是否按照产品和服务、地理区域、监管环境差异或综合各种因素进行组织管理。

（2）报告分部的产品和劳务的类型。

2.每一报告分部的利润（亏损）总额相关信息

3.每一报告分部的资产总额、负债总额相关信息

4.除上述已经作为报告分部信息组成部分的披露内容外，企业还应当披露下列信息：

（1）每一产品和劳务或每一类似产品和劳务的对外交易收入。

（2）企业取得的来自于本国的对外交易收入总额，以及企业从其他国家取得的对外交易收入总额。

（3）企业取得的位于本国的非流动资产（不包括金融资产、独立账户资产、递延所得税资产）总额，以及企业位于其他国家的非流动资产（不包括金融资产、独立账户资产、递延所得税资产）总额。

（4）企业对主要客户的依赖程度。

5.报告分部信息总额与企业信息总额的衔接

报告分部收入总额应当与企业收入总额相衔接；报告分部利润（亏损）总额应当与企业利润（亏损）总额相衔接；报告分部资产总额应当与企业资产总额相衔接；报告分部负债总额应当与企业负债总额相衔接。

6.比较信息

企业在披露分部信息时，为可比起见，应当提供前期的比较数据。

三、关联方披露

（一）关联方关系的认定

考霸笔记 重要考点。

关联方关系的存在是以控制、共同控制或重大影响为前提条件的。在判断是否存在关联方关系时，应当遵循实质重于形式的原则。从一个企业的角度出发，与其存在关联方关系的各方包括：

1.该企业的母公司，不仅包括直接或间接地控制该企业的其他企业，也包括能

够对该企业实施直接或间接控制的单位等。

2.该企业的子公司，包括直接或间接地被该企业控制的其他企业，也包括直接或间接地被该企业控制的企业、单位、基金等特殊目的实体。

3.与该企业受同一母公司控制的其他企业。例如，A公司和B公司同受C公司控制，从而A公司和B公司之间构成关联方关系。

4.对该企业实施共同控制的投资方。

5.对该企业施加重大影响的投资方。

6.该企业的合营企业。

7.该企业的联营企业。

8.该企业的主要投资者个人及与其关系密切的家庭成员。主要投资者个人，是指能够控制、共同控制一个企业或者对一个企业施加重大影响的个人投资者。

9.该企业或其母公司的关键管理人员及与其关系密切的家庭成员。关键管理人员主要包括董事长、董事、董事会秘书、总经理、总会计师、财务总监、主管各项事务的副总经理以及行使类似决策职能的人员等。

不构成关联方关系的情形有哪些?

10.该企业主要投资者个人、关键管理人员或与其关系密切的家庭成员控制、共同控制或施加重大影响的其他企业。

（二）不构成关联方关系的情况

1.与该企业发生日常往来的资金提供者、公用事业部门、政府部门和机构，以及因与该企业发生大量交易而存在经济依存关系的单个客户、供应商、特许商、经销商和代理商之间，不构成关联方关系。

2.与该企业共同控制合营企业的合营者之间，通常不构成关联方关系。

3.仅仅同受国家控制而不存在控制、共同控制或重大影响关系的企业，不构成关联方关系。

4.受同一方重大影响的企业之间不构成关联方关系。

（三）关联方交易的类型

1.购买或销售商品（关联方交易较常见的交易事项）。

2.购买或销售除商品以外的其他资产。

3.提供或接受劳务。

4.担保。

5.提供资金（贷款或股权投资）。

6.租赁。

7.代理。

8.研究与开发项目的转移。

9.许可协议。

10.代表企业或由企业代表另一方进行债务结算。

11.关键管理人员薪酬。

（四）关联方的披露

1.企业无论是否发生关联方交易，均应当在附注中披露与该企业之间存在直接控制关系的母公司和子公司的有关信息。

2.企业与关联方发生关联方交易的，应当在附注中披露该关联方关系的性质、交易类型及交易要素。

3.对外提供合并财务报表的，对于已经包括在合并范围内各企业之间的交易不予披露。

例23-12·2016年单选题

下列各方之间，不构成江海公司关联方关系的是(　　)。

A.江海公司外聘的财务顾问甲公司

B.由江海公司总经理之子控制的乙公司

C.与江海公司同受集团公司(红光公司)控制的丙公司

D.江海公司拥有15%股权并派出一名董事的被投资单位丁公司

【答案】A

【解析】选项B中，乙公司是由江海公司关键管理人员的家庭成员控制的企业；选项C中，丙公司和江海公司受同一母公司控制；选项D中，丁公司是江海公司的联营企业。

例23-13·2015年单选题

不考虑其他因素，下列各项之间，构成甲公司关联方关系的是（　　）。

A.与甲公司同受乙公司重大影响的长江公司

B.与甲公司存在长期业务往来，为甲公司供应40%原材料的黄河公司

C.与甲公司共同出资设立合营企业的合营方长城公司

D.由对甲公司具有重大影响的个人投资者丙全额出资设立的黄山公司

【答案】D

【解析】不构成关联方关系的情况有：(1）与该企业发生日常往来的资金提供者、公用事业部门、政府部门和机构，以及因与该企业发生大量交易而存在经济依存关系的单个客户、供应商、特许商、经销商和代理商之间不构成关联方关系；(2）与该企业共同控制合营企业的合营者之间不构成关联方关系；(3）仅仅同受国家控制而不存在其他关联方关系的企业之间不构成关联方关系；(4）受同一方重大影响的企业之间不构成关联方关系。

对构成关联方的判断

6019

例23-14·2014年多选题

不考虑其他因素，下列单位和个人之间存在甲公司关联方关系的有（　　）。

A.甲公司的联营企业

B.甲公司控股股东的财务总监

C.甲公司合营企业的另一合营方

D.持有甲公司5%的股权且向甲公司派有一名董事的股东

【答案】ABD

【解析】与该企业共同控制合营企业的合营者之间通常不构成关联方关系，选项C错误。

例23-15·2013年单选题

在不考虑其他因素的情况下，下列各方之间，不存在甲公司关联方关系的是（ ）。

A.甲公司母公司的财务总监

B.由甲公司的总经理的儿子控制的乙公司

C.与甲公司共同投资设立合营企业的合营方丙公司

D.甲公司通过控股子公司间接拥有30%的股权并能施加重大影响的丁公司

【答案】C

【解析】与该企业共同控制合营企业的合营者之间通常不构成关联方关系。

例23-16·2012年单选题

不属于关联方的判断

下列各项之间，不存在甲公司关联方关系的是（ ）。

A.甲公司的母公司的关键管理人员

B.与甲公司控股股东关系密切的家庭成员

C.与甲公司受同一母公司控制的其他公司

D.与甲公司常年发生交易而存在经济依存关系的代销商

【答案】D

【解析】与该企业发生日常往来的资金提供者、公用事业部门、政府部门和机构，以及与该企业发生大量交易而存在经济依存关系的单个客户、供应商、特许商、经销商和代理商之间，不构成关联方关系。

第七节 中期财务报告

◇中期财务报告及其构成

◇中期财务报告的编制要求

◇中期财务报告附注的编制要求

一、中期财务报告及其构成

（一）中期财务报告的定义

中期财务报告，是指以中期为基础编制的财务报告，包括月度财务报告、季度财务报告、半年度财务报告，也包括年初至本中期末的财务报告。

"中期"——短于一个完整的会计年度的报告期间。

（二）中期财务报告的构成

中期财务报告至少应当包括以下部分：

（1）资产负债表；

（2）利润表；

（3）现金流量表；

（4）附注。

中期财务报告编制应遵循哪些原则？

二、中期财务报告的编制要求

（一）中期财务报告编制应遵循的原则

1.与年度财务报告相一致的会计政策

2.重要性原则

（1）重要性程度的判断应当以中期财务数据为基础，而不得以预计的年度财务数据为基础。这里所指的“中期财务数据”既包括本中期的财务数据，也包括年初至本中期末的财务数据。

考霸笔记
了解即可。

（2）重要性原则的运用应当保证中期财务报告包括了与理解企业中期末财务状况和中期经营成果及其现金流量相关的信息。

（3）重要性程度需要根据具体情况作具体分析和职业判断。

3.及时性原则

（二）中期合并财务报表和母公司财务报表编报要求

1.上年度中编报合并财务报表的企业，其中期财务报告中也应当包括合并财务报表。

2.上年度财务报告包括了合并财务报表，但报告中期内处置了所有应纳入合并范围的子公司的，中期财务报告应包括当年子公司处置前的相关财务信息。

3.企业在报告中期内新增子公司的，在中期末就应当将该子公司财务报表纳入合并财务报表的合并范围。

4.应当编制合并财务报表的企业，如果在上年度财务报告中除了提供合并财务报表之外，还提供了母公司的财务报表，那么在其中期财务报告中除了应当提供合并财务报表之外，也应当提供母公司的财务报表。

（三）比较财务报表编制要求

中期财务报告中，比较财务报表的编制有哪些要求？

中期财务报告应当按照下列规定提供比较财务报表：

1.本中期末的资产负债表和上年度末的资产负债表。

2.本中期的利润表、年初至本中期末的利润表以及上年度可比期间的利润表。其中，上年度可比期间的利润表包括：上年度可比中期的利润表和上年度年初至上年可比中期末的利润表。

3.年初至本中期末的现金流量表和上年度年初至上年可比本期末的现金流量表。

（四）中期财务报告的确认与计量

1.中期财务报告确认与计量的基本原则

（1）中期财务报告中各会计要素的确认和计量原则应当与年度财务报表所采用的原则相一致。

（2）中期财务报表的计量应当以年初至本中期末为基础，即企业在中期应当以年初至本中期末作为中期会计计量的期间基础，而不应当以本中期作为会计计量的期间基础。

（3）企业在中期不得随意变更会计政策，应当采用与年度财务报表相一致的会计政策。

2.季节性、周期性或者偶然性取得的收入的确认和计量

企业取得季节性、周期性或者偶然性收入，应当在发生时予以确认和计量，不应当在中期财务报表中预计或者递延，但会计年度末允许预计或者递延的除外。

3.会计年度中不均匀发生的费用的确认与计量

企业在会计年度中不均匀发生的费用，应当在发生时予以确认和计量，不应在中期财务报表中预提或者待摊，但会计年度末允许预提或者待摊的除外。

（五）中期会计政策变更的处理

企业在中期发生了会计政策变更的，应当按照《企业会计准则第28号——会计政策、会计估计变更和差错更正》的规定处理，并在财务报表附注中作相应披露。

中期财务报告的编制要求。

例23-17·2015年单选题

下列有关编制中期财务报告的表述中，符合会计准则规定的是（　　）。

A.中期财务报告会计计量以本报告期期末为基础

B.在报告中期内新增子公司的中期末不应将新增子公司纳入合并范围

C.中期财务报告会计要素确认和计量原则应与本年度财务报告相一致

D.中期财务报告的重要性判断应以预计的年度财务报告数据为基础

【答案】C

【解析】选项A，中期财务报告会计计量应以年初至本中期末数据为基础编制；选项B，在报告中期内新增子公司的，在中期末应将新增子公司纳入合并范围；选项D，中期财务报告的重要性判断应当以中期财务数据为基础。

例23-18·2012年多选题

下列各项有关中期财务报告的表述中，正确的有（　　）。

A.中期财务报告的会计计量应当以年初至本中期末为基础

B.中期资产负债表应当提供本中期末和上年度末的资产负债表

C.中期财务报告重要性程度的判断应当以中期财务数据为基础

D.中期财务报告的编制应当遵循与年度财务报告相一致的会计政策

【答案】ABCD

三、中期财务报告附注的编制要求

（✓重点内容，准确掌握！与年度财务报告附注的编制对比记忆）

（一）中期财务报告附注编制的基本要求

1.中期财务报告附注应当以年初至本中期末为基础披露。

2.中期财务报告附注应当对自上年度资产负债表日之后发生的重要的交易或者事项进行披露。

（二）中期财务报告附注至少应当包括的内容

1.中期财务报告所采用的会计政策与上年度财务报告相一致的声明。

2.会计估计变更的内容、原因及其影响数；影响数不能确定的，应当说明原因。

3.前期差错的性质及其更正金额；无法进行追溯重述的，应当说明原因。

4.企业经营的季节性或者周期性特征。

5.存在控制关系的关联方发生变化的情况；关联方之间发生交易的，应当披露关联方关系的性质、交易类型和交易要素。

6.合并财务报表的合并范围发生变化的情况。

7.对性质特别或者金额异常的财务报表项目的说明。

8.证券发行、回购和偿还情况。

9.向所有者分配利润的情况，包括在中期内实施的利润分配和已提出或者已批准但尚未实施的利润分配情况。

10.根据《企业会计准则第35号——分部报告》的规定披露分部报告信息的，应当披露主要的报告形式的分部收入与分部利润（亏损）。

11.中期资产负债表日至中期财务报告批准报出日之间发生的非调整事项。

12.上年度资产负债表日以后所发生的或有负债和或有资产的变化情况。

13.企业结构变化情况，如企业合并，对被投资单位具有重大影响、共同控制或者控制关系的长期股权投资的购买或者处置，终止经营等。

14.其他重大交易或者事项，包括重大的长期资产转让及其出售情况、重大的固定资产和无形资产取得情况、重大的研究和开发支出、重大的资产减值损失、或有负债等。

智能测评

在线练习	我要提问
6022　6125 扫码在线做题　扫码看答案 本书“本章同步强化训练”均配备二维码，打开微信“扫一扫”即可完成在线测评，查看本章详细的测评反馈报告，了解知识掌握情况，也可扫码直接看答案噢。 快来扫码做题吧！	6102 扫码答疑 本书配备答疑专用二维码，打开微信“扫一扫”，即可完成在线提问，获取专业老师全面个性化解答，让学习问题不再拖延。 快来扫码提问吧！

本章同步强化训练

一、单选题

1.高顿公司2013年12月31日购入大型设备一台，设备已经运达高顿公司，支付运杂费100万元，不需要安装，当日投入使用。购货合同约定，设备的总价款为4 500万元，分3年等额支付，每年12月31日支付款项。该项设备的预计使用年限为10年，预计净残值为0，采用年限平均法提取折旧。

假定高顿公司以3年期银行借款年利率8%为折现率，不考虑增值税等其他因素。（计算结果保留两位小数）

要求：根据上述资料，不考虑其他因素，回答下列各题：

（1）2013年12月31日，高顿公司购入设备的入账价值为（　　）万元。

A.4 600　　B.4 500　　C.3 865.65　　D.3 965.65

（2）该项设备2014年度应计提的折旧额为（　　）万元。

A.396.57　　B.460　　C.450　　D.386.57

（3）该设备对2014年12月31日资产负债表中“固定资产”项目的影响金额为（　　）万元。

A.3 965.65　　B.3 569.08　　C.4 600　　D.4 140

（4）该事项对2014年12月31日资产负债表中“长期应付款”项目的影响金额为（　　）万元。

A.3 000　　B.2 674.90　　C.2 782.90　　D.1 388.89

2.高顿公司2014年12月31日相关科目的余额如下表所示：

科目余额表　　单位：万元

	借方余额	贷方余额
应收账款	2 000	
其中：A公司	1 000	
B公司	1 500	
C公司		500
预付账款	300	
其中：甲公司	800	
乙公司		500
坏账准备——A公司		250
应付账款		1 400
其中：丙公司		1 600
丁公司	200	
预收账款		600
其中：D公司		780
F公司	180	

要求：根据上述资料，不考虑其他因素，回答下列各题：

（1）高顿公司2014年12月31日资产负债表中“应收账款”项目期末余额应填列的金额为（　　）万元。

A.2 430　　B.2 680　　C.1 400　　D.1 150

（2）高顿公司2014年12月31日资产负债表中“应付账款”项目期末余额应填列的金额为（　　）万元。

A.1 600　　B.2 100　　C.1 400　　D.1 900

（3）高顿公司2014年12月31日资产负债表中“预收款项”项目期末余额应填列的金额为（　　）万元。

A.1 280　　B.780　　C.600　　D.1 100

（4）高顿公司2014年12月31日资产负债表中“预付款项”项目期末余额应填列的金额为（　　）万元。

A.300　　B.1 000　　C.500　　D.600

3.甲公司2014年度有关资料如下：

（1）应付账款项目年初数为25万元，年末数为30万元；

（2）应付票据项目年初数为10万元，年末数为5万元；

（3）预付款项项目年初数为20万元，年末数为30万元；

（4）存货项目年初数为25万元，年末数为20万元；

（5）主营业务成本项目本年数为1 000万元；

（6）应交税费——应交增值税（进项税额）为150万元；

（7）其他相关资料：用固定资产偿还应付账款3万元；生产成本中直接工资项目含有本期发生的生产工人工资费用25万元；本期制造费用发生额30万元（其中，消耗性的物料为5万元）；工程项目领用本企业的产品5万元。

要求：根据上述资料，不考虑其他因素，回答下列问题：

（1）下列交易或事项中，影响企业经营活动现金流出量的是（　　）。

A.向供应商赊购生产用材料一批

B.支付融资租入固定资产的租金

C.支付之前赊购材料的货款

D.计提生产用固定资产折旧

（2）甲公司当年现金流量表中“购买商品、接受劳务支付的现金”项目的金额是（　　）。

A.1 122万元　　B.827万元　　C.1 107万元　　D.1 102万元

4.甲公司2014年发生下列各项交易或事项：

（1）为购建固定资产支付专门借款利息120万元；

（2）取得长期股权投资的现金股利500万元；

（3）购买可供出售金融资产支付价款1 600万元；

（4）因固定资产毁损收取保险公司赔偿120万元；

（5）以银行存款向税务部门缴纳税费350万元；

（6）以银行存款支付生产车间的制造费用580万元；

（7）收到投资性房地产的租金收入450万元；

（8）收到除税费返还外的其他政府补助收入1 500万元。

要求：根据上述资料，不考虑其他因素，回答下列问题：

（1）下列各项现金流量中，不属于投资活动产生的现金流量的是（　　）。

A.为购建固定资产支付的专门借款利息120万元

B.长期股权投资取得的现金股利500万元

C.购买可供出售金融资产支付的价款1 600万元

D.因固定资产毁损收取的保险公司赔偿120万元

（2）有关现金流量表填列的项目，下列各项表述中正确的是（　　）。

A.以银行存款向税务部门缴纳税费350万元填列“支付的各项税费”项目

B.以银行存款支付生产车间的制造费用580万元填列“购买商品、接受劳务支付的现金”项目

C.投资性房地产收到的租金收入450万元填列“取得投资收益收到的现金”项目

D.除税费返还外的其他政府补助收入1500万元填列“收到其他与筹资活动有关的现金”项目

5.下列事项中，使得企业的现金流量净额发生增减变动的是（　　）。

A.收到被投资企业的现金股利

B.用现金购买三个月到期的国库券

C.向投资者分配股票股利

D.以固定资产换入某企业的投资性房地产

6.将净利润调节为经营活动现金流量时，需要调减的项目是（　　）。

A.坏账准备

B.长期待摊费用摊销

C.公允价值变动收益

D.经营性应收项目的减少

7.甲公司对存货的核算采用实际成本法，2014年12月31日，“生产成本”科目的余额为150万元，“原材料”科目的余额为380万元，“库存商品”科目余额为450万元，“委托加工物资”科目余额为120万元，“发出商品”科目余额为60万元，“工程物资”科目余额为30万元，“存货跌价准备”科目余额为50万元，则2014年12月31日资产负债表中存货项目应填列的金额为（　　）万元。

A.1 140　　B.1 110　　C.1 050　　D.1 080

8.A、B、C、D、E五家公司之间的关系如下：A公司持有C公司60%的股份，持有B公司10%的股份；C公司持有B公司15%的股份；A公司和D公司共同出资设立了E公司。则下列各项之间，不具有关联方关系的是（　　）。

A.A公司和C公司　　B.A公司和E公司

C.A公司和B公司　　D.A公司和D公司

9.甲公司为增值税一般纳税人。2014年度，甲公司主营业务收入为2 000万元，增值税销项税额为340万元；应收账款期初余额为400万元，期末余额为500万元；预收账款期初余额为80万元，期末余额为100万元。另外，本期计提坏账准备25万元，收到客户用18.72万元的商品（货款16万元，增值税税额2.72万元）抵偿前欠账款20万元。则甲公司2014年度现金流量表中“销售商品、提供劳务收到的现金”项目的金额为（　　）万元。

A.2 240　　B.2 215　　C.2 216.28　　D.2 241.28

10.华东公司2014年度实现净利润1 500万元，长期待摊费用本期摊销额为120万元，销售商品发生现金折扣计入财务费用的金额为8万元，实现投资收益60万元，递延所得税资产增加20万元，经营性应付项目增加45万元，固定资产折旧为50万元，无形资产摊销为37万元。假设没有其他影响经营活动现金流量的项目，该企业当期经营活动产生的现金流量净额为（　　）万元。

A.1 680　　B.1 692　　C.1 732　　D.1 672

二、计算题

1.甲上市公司（简称“甲公司”）为增值税一般纳税人，适用的增值税税率为17%；除特别说明外，不考虑除增值税以外的其他相关税费；所售资产未发生减值；销售商品为正常的生产经营活动，销售价格为不含增值税的公允价格；商品销售成本在确认销售收入时逐笔结转。

（1）2014年12月甲公司发生下列经济业务：

①12月1日，甲公司与A公司签订委托代销商品协议。协议规定，甲公司以支付手续费方式委托A公司代销W商品500件，A公司对外销售价格为每件14万元，未出售的商品A公司可以退还甲公司；甲公司按A公司对外销售价格的1%向A公司支付手续费，在收取A公司代销商品款

时扣除。该W商品单位成本为10万元。

12月31日，甲公司收到A公司开来的供销清单，已对外销售W商品300件；甲公司开具的增值税专用发票上注明：销售价格为4 200万元，增值税税额为714万元；同日，甲公司收到A公司交来的代销商品款4 872万元并存入银行，应支付A公司的手续费42万元已扣除。

②12月5日，收到B公司退回的X商品一批以及税务机关开具的进货退回相关证明，销售价格为150万元，销售成本为120万元；该批商品已于11月份确认收入，但款项尚未收到，且未计提坏账准备。

③12月10日，与C公司签订一项为期5个月的非工业性劳务合同，合同总收入为500万元，当天预收劳务款80万元。12月31日，经专业测量师对已提供的劳务进行测量，确定该项劳务的完工程度为45%。至12月31日，实际发生劳务成本200万元（假定均为职工薪酬），估计为完成合同还将发生劳务成本240万元（假定均为职工薪酬）。该项劳务应交增值税（不考虑其他流转税费），税率为5%。假定该项劳务交易的结果能够可靠地计量。

（2）2014年，甲公司除上述业务以外的业务的损益资料如下：

项　目	金　额
一、营业收入	1 500
减：营业成本	900
税金及附加	21
销售费用	28
管理费用	224
财务费用	56
资产减值损失	0
加：公允价值变动收益	20
投资收益	40
二、营业利润	331
加：营业外收入	120
减：营业外支出	15
三、利润总额	436

要求：计算甲公司2014年利润表中营业收入和营业成本项目金额。（答案中的金额单位用万元表示）

2.白云公司为增值税一般纳税人工业企业，适用的增值税税率为17%，其有关资料如下：

（1）白云公司销售的产品、材料均为应纳增值税货物，增值税税率为17%，产品、材料销售价格中均不含增值税。

（2）白云公司材料和产品均按实际成本核算，其销售成本随着销售同时结转。

（3）白云公司2014年12月1日有关科目余额如下：

科目名称	借方余额	科目名称	贷方余额
库存现金	1 000	短期借款	360 000
银行存款	460 000	应付票据	30 000
应收票据	40 000	应付账款	162 000
应收账款	350 000	应付职工薪酬	3 000
坏账准备	-6 000	应交税费	12 900
其他应收款	12 000	长期借款	1 000 000
原材料	45 000	实收资本	2 000 000
周转材料	50 000	盈余公积	100 000
库存商品	60 000	利润分配（未分配利润）	1 224 100
长期股权投资	700 000		
固定资产	3 860 000		
累计折旧	-760 000		
无形资产	80 000		
合　计	4 892 000	合　计	4 892 000

（4）白云公司2014年12月发生如下经济业务：

①12月1日，销售给甲公司一批产品，销售价格为100 000元，产品成本为70 000元。产品已经发出，开出增值税专用发票，款项尚未收到（除增值税以外，不考虑其他税费）。为了及早收回货款，双方约定的现金折扣条件为：2/10，1/20，n/30（假定计算现金折扣时，不考虑增值税）。12月16日白云公司收到甲公司的货款。

②12月5日，白云公司购入原材料一批，增值税专用发票上注明的金额为600 000元，增值税税率为17%。材料已经到达，并验收入库。企业开出不带息商业承兑汇票。

③12月15日，对外销售一批原材料，销售价格为180 000元，材料实际成本为150 000元。销售材料已经发出，开出增值税专用发票。款项已经收到，并存入银行（除增值税以外，不考虑其他税费）。

④12月20日，白云公司采用以旧换新的方式销售给乙公司一批商品，售价为350 000元，成本为300 000元，同时收回旧产品作为原材料核算，旧产品的回收价为40 000元（不考虑增值税），实际收到现金369 500元。

⑤12月25日，出售一台不需用设备，设备账面原价为500 000元，已提折旧250 000元，已提减值准备50 000元，出售价格为280 000元。出售设备价款已经收到，并存入银行。（假设此处不考虑固定资产转让涉及的增值税）

⑥12月31日，计提存货跌价准备1 500元，计提无形资产减值准备500元。

⑦摊销管理用无形资产价值4 000元，计提管理用固定资产折旧6 000元。

⑧本年度所得税费用和应交所得税为26 000元；实现净利润78 000元；计提盈余公积7 800元。

要求：根据上述业务计算白云公司2014年资产负债表中下列项目的金额：

（1）存货；

（2）固定资产；

（3）应付票据；

（4）应交税费；

（5）盈余公积；

（6）未分配利润。

本章导学

6023

第二十四章
资产负债表日后事项

本章框架图

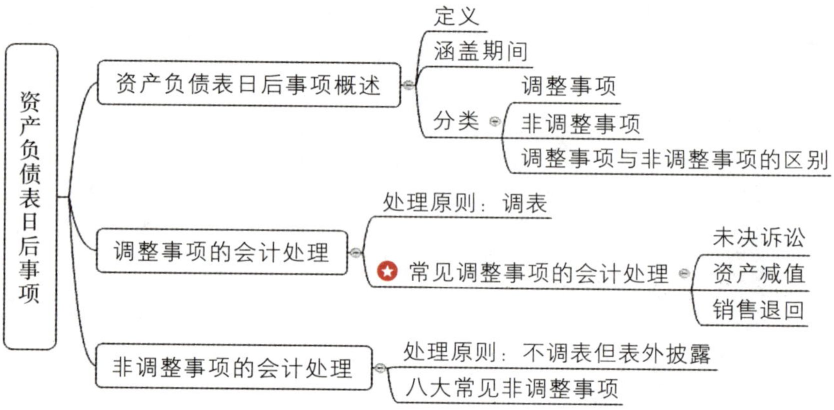

本章考情概述

本章主要阐述了资产负债表日后调整事项和非调整事项的会计处理，属于比较重要的章节，难度相对较大。

本章应关注的主要问题：（1）正确区分调整事项和非调整事项；（2）调整事项的会计处理；（3）本章内容可以与收入、前期差错更正等很多章节内容结合出题。

本章近三年主要考点：（1）调整事项与非调整事项判断；（2）调整事项影响利润总额的计算等。

2019年教材主要变化

本章内容无变化。

第一节　资产负债表日后事项概述

◇ 资产负债表日后事项的定义
◇ 资产负债表日后事项涵盖的期间
◇ 资产负债表日后事项的内容

一、资产负债表日后事项的定义

资产负债表日后事项是指资产负债表日至财务报表批准报出日之间发生的事项，既包括有利的事项，也包括不利的事项。

二、资产负债表日后事项涵盖的期间

> 考霸笔记
> 选择题考点。

资产负债表日后事项涵盖的期间是自资产负债表日次日起至财务报告批准报出日止的一段时间。财务报告批准报出以后、实际报出之前又发生了与资产负债表日后事项有关的事项，并由此影响财务报告对外公布日期的，应以董事会或类似机构再次批准财务报告对外公布的日期为截止日期。相关期间如图 24-1 所示。

> 考霸笔记
> 一般为1月1日。

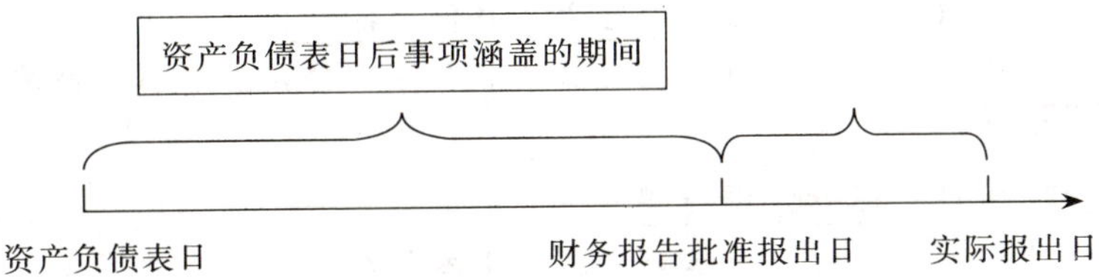

图 24-1　期间示意图

三、资产负债表日后事项的内容

资产负债表日后事项包括资产负债表日后调整事项和资产负债表日后非调整事项。

（一）调整事项

资产负债表日后调整事项，是指对资产负债表日已经存在的情况提供了新的或进一步证据的事项。

> 考霸笔记
> 资产负债表日后调整事项：①该事项在资产负债表日或以前就已经存在；②资产负债表日后得以证实的事项。

以下是资产负债表日后调整事项：

1. 资产负债表日后诉讼案件结案，法院判决证实了企业在资产负债表日已经存在现时义务，需要调整原先确认的与该诉讼案件相关的预计负债，或确认一项新负债。

2. 资产负债表日后取得确凿证据，表明某项资产在资产负债表日发生了减值或者需要调整该项资产原先确认的减值金额。

3. 资产负债表日后进一步确定了资产负债表日前购入资产的成本或售出资产的收入。

4. 资产负债表日后发现了财务报表舞弊或差错。

> 考霸笔记
> 财务报表舞弊：为了欺骗报告使用者而对财务报告中列报的金额或财务报表附注进行有意识的错报或忽略。
> 资产负债表日后事项涵盖期间发现的报告年度的差错，属于资产负债表日后事项。

（二）非调整事项

非调整事项，是指表明资产负债表日后发生情况的事项。非调整事项的发生不影响资产负债表日企业的财务报表数字，只说明资产负债表日后发生了某些情况。

以下是资产负债表日后非调整事项：

1. 资产负债表日后发生的重大诉讼、仲裁、承诺。

需要披露的理由：资产负债表日后发生的重大诉讼等事项，对企业影响较大，为防止误导投资者及其他财务报告使用者，应当在报表附注中进行相关披露。

考霸笔记

公司制企业的法定盈余公积按照税后利润10%的比例提取，这是企业的法定义务，其在资产负债表日已经存在，满足日后调整事项的定义，但即使是法定盈余公积的提取，也需要股东大会的批准，所以日后期间提取法定盈余公积，应作为日后调整事项来处理。资产负债表日后提取任意盈余公积属于资产负债表日后非调整事项。

2. 资产负债表日后资产价格、税收政策、外汇汇率发生重大变化。

需要披露的理由：如果资产负债表日后资产价格、外汇汇率发生重大变化，国家税收政策发生重大改变，将会影响企业的财务状况和经营成果，应当在报表附注中及时披露该信息。

3. 资产负债表日后因自然灾害导致资产发生重大损失。

需要披露的理由：自然灾害导致的资产重大损失对企业资产负债表日后财务状况的影响较大，如果不加以披露，有可能使财务报告使用者作出错误的决策，因此应作为非调整事项在报表附注中进行披露。

4. 资产负债表日后发行股票和债券以及其他巨额举债。

需要披露的理由：这一事项的披露能使财务报告使用者了解与此有关的情况及其可能带来的影响，故应披露。

5. 资产负债表日后资本公积转增资本。

需要披露的理由：企业以资本公积转增资本将会改变企业的资本（或股本）结构，影响较大，需要在报表附注中进行披露。

6. 资产负债表日后发生巨额亏损。

需要披露的理由：企业资产负债表日后发生巨额亏损，将会对企业报告期以后的财务状况和经营成果产生重大影响，应当在报表附注中及时披露该事项，以便为投资者或其他财务报告使用者作出正确决策提供信息。

7. 资产负债表日后发生企业合并或处置子公司。

需要披露的理由：企业合并或者处置子公司的行为可以影响股权结构、经营范围等方面，会对企业未来生产经营活动产生重大影响。因此企业应在附注中披露处置子公司的信息。

8. 在资产负债表日后期间分派现金股利和股票股利，都应作为资产负债表日后非调整事项，在报告年度报表附注中披露。

需要披露的理由：该事项对企业资产负债表日后的财务状况有较大影响，可能导致现金较大规模流出、企业股权结构变动等，为便于财务报告使用者更充分地了解相关信息，企业需要在财务报告中适当披露该信息。

【提示】资产负债表日后，企业制订利润分配方案，拟分配或经审议批准宣告发放股利或利润的行为，并不会导致企业在资产负债表日形成现时义务，虽然该事项的发生可导致企业负有支付股利或利润的义务，但支付义务在资产负债表日尚不存在，不应调整资产负债表日的财务报告，因此，该事项为非调整事项。

资产负债表日后调整事项和非调整事项的区别是什么？

（三）调整事项与非调整事项的区别

资产负债表日后发生的某一事项究竟是调整事项还是非调整事项，取决于该事项表明的情况在资产负债表日或资产负债表日以前是否已经存在。若该情况在资产负债表日或之前已经存在，则属于调整事项；反之，则属于非调整事项。

> 调整事项与非调整事项的关系：
>
> 1. 区别：调整事项存在于资产负债表日或以前，资产负债表日后提供了证据对以前已存在的事项作出进一步说明；而非调整事项则是在资产负债表日尚未存在，但在财务会计报告批准报出日之前发生或存在。

2. 联系：二者都是在资产负债表日后至财务报告批准报出日之间存在或发生的，对报告年度的财务会计报告所反映的财务状况、经营成果都将产生重大影响。

总的原则：如果该事项在资产负债表日或资产负债表日以前已经存在，资产负债表日后提供了新的或进一步的证据，那么就属于调整事项，其余的则属于非调整事项。

资产负债表日后调整事项的认定。

例 24-1 · 2015 年多选题

甲公司 20×4 年财务报告于 20×5 年 3 月 20 日对外报出，其于 20×5 年发生的下列交易事项中，应作为 20×4 年资产负债表日后调整事项处理的有（　　）。

A. 1 月 20 日，收到客户退回的部分商品，该商品于 20×4 年 9 月确认为销售收入

B. 2 月 25 日，发布重大资产重组公告，拟发行股份收购一家下游企业 100% 的股权

C. 3 月 10 日，20×3 年被提起诉讼的案件结案，法院判决甲公司赔偿的金额与原预计金额相差 1 200 万元

D. 3 月 18 日，甲公司的子公司发布 20×4 年经审计的利润，购买该子公司的协议约定，甲公司在原预计或有对价的基础上向出售方多支付 1 600 万元

【答案】ACD

【解析】选项 B 资产负债表日后才发生的事项属于非调整事项。

考霸笔记：资产负债表日，甲公司负有向出售方支付对价的现实义务，具体的金额在资产负债表日后得到进一步证实，其满足资产负债表日后调整事项的定义。

例 24-2 · 2012 年多选题

下列各项资产负债表日后事项中，属于调整事项的有（　　）。

A. 资本公积转增资本

B. 以前期间销售的商品发生退回

C. 发现的以前期间财务报表的重大差错

D. 资产负债表日存在的诉讼案件结案对原预计负债金额的调整

【答案】BCD

【解析】以资本公积转增资本属于资产负债表日后非调整事项。

资产负债表日后调整事项的认定。

第二节　调整事项的会计处理

◇ 调整事项的处理原则

◇ 资产负债表日后调整事项的具体会计处理方法

一、调整事项的处理原则

资产负债表日后发生的调整事项，应当如同资产负债表所属期间发生的事项一样，作出相关账务处理，并对资产负债表日已经编制的财务报表进行调整；而对于重大的非调整事项，应当在附注中进行披露。这里的财务报表包括资产负债表、利润表及所有者权益变动表等内容，但不包括现金流量表正表。

考霸笔记：也不调整资产负债表货币资金项目。

为什么调整事项需要调整报告年度的财务报表，而非调整事项不需要调整报告年度的财务报表呢？

因为调整事项发生在报告年度，对报告年度财务报表进行调整能够向财

务报表使用者提供企业真实的财务状况和经营成果，体现了可靠性的会计信息质量要求；但非调整事项发生在报告年度的次年，比如资产负债表日后发生重大诉讼，该事项影响不到报告年度的财务报表，所以不应调整报告年度的财务报表，但该事项是重大的，如不加以说明，将不利于财务报表使用者作出正确的估计和决策，所以应在附注中进行披露。

由于资产负债表日后事项发生在次年，报告年度的有关账目已经结转，特别是损益类科目在结账后已无余额，因此，资产负债表日后发生的调整事项，应当针对不同情况进行处理。

考霸笔记
是否汇算清缴表明是否结税。如果报告年度已汇算清缴，那么就不能再调整报告年度的应交所得税；如果报告年度还未汇算清缴，那么可以调整报告年度的应交所得税。

调整事项会计处理原则见表24-1。

表24-1 **调整事项会计处理原则**

1. 税前调整		(1) 涉及损益的项目通过"以前年度损益调整"科目核算 (2) 涉及利润分配的项目直接在"利润分配"科目核算 (3) 不涉及损益和利润分配的项目，直接调整相关科目
2. 所得税的调整	当期	汇算清缴前，调整报告年度的应交所得税 汇算清缴后，调整本年度的应交所得税
	递延	根据具体情况判断确认或者转回递延所得税
3. 留存收益		将"以前年度损益调整"科目余额转入"利润分配——未分配利润"科目，相应地调整"盈余公积"科目
4. 报表项目调整		(1) 调整报告年度财务报表项目的期末数或本年发生数 (2) 调整本年度财务报表项目的期初数或上年发生数 (3) 上述调整涉及报表附注内容的，还应当作出相应调整 (4) 凡涉及货币资金的均属当期，不调整报告年度报表项目

考霸笔记
【注意】调整事项需调整报告年度报表，非调整事项不调整报告年度报表，但重要的需要披露。

例24-3·2007年单选题

下列有关资产负债表日后事项的表述中，不正确的是（　　）。

A. 调整事项是对报告年度资产负债表日已经存在的情况提供了进一步证据的事项

B. 非调整事项是报告年度资产负债表日及之前其状况不存在的事项

C. 调整事项均应通过"以前年度损益调整"科目进行账务处理

D. 重要的非调整事项只需在报告年度财务报表附注中披露

【答案】C

【解析】只有涉及损益的事项才通过"以前年度损益调整"科目进行账务处理。

例【24-3】讲解。

6027

前期重大差错更正和日后调整事项都是调整以前年度的账，有什么区别？

6028

二、资产负债表日后调整事项的具体会计处理方法

如无特殊说明，本章所有的例子均假定：财务报告批准报出日是次年3月31日，所得税税率为25%，按净利润的10%提取法定盈余公积，提取法定盈余公积后不再作其他分配；调整事项按税法的规定均可调整应交纳的所得税；涉及递延所得税资产的，均假定未来期间很可能取得用来抵扣暂时性差异的应纳税所得额；不

考虑报表附注中有关现金流量表项目的数字。

（一）资产负债表日后诉讼案件结案，法院判决证实了企业在资产负债表日已经存在现时义务，需要调整原先确认的与该诉讼案件相关的预计负债，或确认一项新负债

这一事项是指在资产负债表日已经存在的现时义务尚未确认，资产负债表日后至财务报告批准报出日之前获得了新的或进一步的证据，表明其符合负债的确认条件，应在财务报告中予以确认，从而需要对财务报表相关项目进行调整；或者资产负债表日已确认的某项负债，在资产负债表日后至财务报告批准报出日之间获得新的或进一步的证据，表明需要对已经确认的金额进行调整。

发生资产负债表日后调整事项，汇算清缴前，涉及损益时如何进行会计处理？

例 24-4

A 公司是一家制造业企业，适用的增值税税率为 17%，所得税税率为 25 %。2×14 年其财务报告批准对外报出的时间是 2×15 年的 4 月 5 日，实际对外报出日为 2×15 年 4 月 15 日。所得税的汇算清缴日为 2×15 年 4 月 20 日，在此之前所有的纳税调整事项均可以调整应交所得税。该公司 2×15 年 1 月 1 日至 2×15 年 4 月 20 日发生了下列事项：2 月 2 日，诉讼案件结案，法院宣判 A 公司应当支付给乙公司违约金 1 000 万元。该案件系 2×14 年 11 月 A 公司未按照合同规定发货所导致，A 公司在 2×14 年 12 月 31 日已经确认了 800 万元的预计负债。A 公司于诉讼案件结案时决定不再上诉，并于当天支付了该笔违约金。假设税法对于该项违约金规定，实际支付时可以预以税前扣除。

要求：进行 A 公司 2014—2015 年账务处理。

【答案】

2×14 年 12 月 31 日

借：营业外支出	800	
贷：预计负债		800
借：递延所得税资产	200=800×25%	
贷：所得税费用		200

2×15 年 2 月 2 日

借：以前年度损益调整	200	
贷：其他应付款		200
借：预计负债	800	
贷：其他应付款		800
借：其他应付款	1 000	
贷：银行存款		1 000
借：应交税费——应交所得税	250=1 000×25%	
贷：以前年度损益调整		250
借：以前年度损益调整	200	
贷：递延所得税资产		200
借：盈余公积	15=150×10%	
利润分配——未分配利润	135	
贷：以前年度损益调整		150

考霸笔记：违约金实际确定时，可以税前扣除，会减少应交所得税。

例24-5·2014年单选题

甲公司为上市公司，其20×6年度财务报告于20×7年3月1日对外报出。该公司在20×6年12月31日有一项未决诉讼。经咨询律师，估计很可能败诉并预计将支付的赔偿金额、诉讼费等在760万元至1 000万元之间（其中，诉讼费为7万元）。为此，甲公司预计了880万元的负债。20×7年1月30日，法院判决甲公司败诉，并需赔偿1 200万元，同时需承担诉讼费用10万元。上述事项对甲公司20×6年度利润总额的影响金额为（　　）。

A.-880万元　　B.-1 000万元

C.-1 200万元　　D.-1 210万元

【答案】D

【解析】上述事项属于日后调整事项，调整后报告年度应确认其他应付款1 210万元，借方对应营业外支出1 200万元和管理费用10万元，故对甲公司20×6年度利润总额的影响金额=-1 200-10=-1 210（万元）。

考霸笔记：注意审题，此题考查该事项对利润总额的影响，而非资产负债表日后事项对利润总额的影响。

【总结】资产负债表日后调整事项涉及预计负债（发生在所得税汇算清缴之前），其具体做法见表24-2。

表24-2　**资产负债表日后调整事项总结表1**

考霸笔记：注意：债务重组协议签订于报告年度资产负债表日后事项期间，为一个新的事项，不属于日后调整事项。

内容	调整报告年度“应交税费——应交所得税”科目	调整报告年度“递延所得税资产”科目
1. 假定相关支出实际发生时允许税前扣除，如果企业不再上诉、赔款已经支付，将“预计负债”转入“其他应付款”科目	应调减	将原确认的递延所得税资产转回
2. 假定相关支出实际发生时允许税前扣除，如果企业不服决定上诉，则不能确认“其他应付款”	不能调整	应调整原已确认的递延所得税资产
3. 假定实际支付时税法也不允许扣除，涉及对外担保的预计负债	不能调整	不能调整

（二）资产负债表日后取得确凿证据，表明某项资产在资产负债表日发生了减值或者需要调整该项资产原先确认的减值金额

这一事项是指在资产负债表日，根据当时的资料判断某项资产可能发生了损失或减值，但没有最后确定是否会发生，因而按照当时的最佳估计金额反映在财务报表中，但在资产负债表日至财务报告批准报出日之间，所取得的确凿证据能证明该事实成立，即某项资产已经发生了损失或减值，则应对资产负债表日所作的估计予以修正。

【总结】资产负债表日后调整事项涉及调整减值准备的，具体做法见表24-3。

表24-3　**资产负债表日后调整事项总结表2**

内容	调整报告年度“应交税费——应交所得税”科目	调整报告年度“递延所得税资产”科目
假定相关减值损失实际发生时允许税前扣除	不调整	补提减值准备后： 借：递延所得税资产 　贷：以前年度损益调整

（三）资产负债表日后进一步确定了资产负债表日前购入资产的成本或售出资产的收入

这类调整事项包括两方面的内容：

（1）若资产负债表日前购入的资产已经按暂估金额等入账，资产负债表日后获得证据，可以进一步确定该资产的成本，则应该对已入账的资产成本进行调整。例如，购建固定资产已经达到预定可使用状态，但尚未办理竣工决算，企业已办理暂估入账；资产负债表日后办理决算，此时应根据竣工决算的金额调整暂估入账的固定资产成本等。

（2）企业符合收入确认条件确认资产销售收入，但资产负债表日后获得关于资产收入的进一步证据，如发生销售退回、销售折让等，此时也应调整财务报表相关项目的金额。

【总结】资产负债表日后调整事项涉及销售退回和折让的（没有计提坏账准备的情况下），具体做法见表24-4。

表24-4　　**资产负债表日后调整事项总结表3**

内容	调整报告年度“应交税费——应交所得税”科目	调整报告年度“递延所得税资产”科目
发生于报告年度所得税汇算清缴之前	调整减少	不调整

例24-6·2009年单选题

甲公司20×8年12月31日应收乙公司账款2 000万元，按照当时估计已计提坏账准备200万元。20×9年2月20日，甲公司获悉乙公司于20×9年2月18日向法院申请破产。甲公司估计应收乙公司账款全部无法收回。甲公司按照净利润的10%提取法定盈余公积，其20×8年度财务报表于20×9年4月20日经董事会批准对外报出。不考虑其他因素。甲公司因该资产负债表日后事项减少的20×8年12月31日未分配利润的金额是（　　）万元。

A.180

B.1 620

C.1 800

D.2 000

【答案】B

【解析】甲公司因该事项减少的20×8年度未分配利润金额=（2 000−200）×（1−10%）=1 620（万元）。

资产负债表日后调整事项。如何影响未分配利润？

（四）资产负债表日后发现了财务报表舞弊或差错

这一事项是指资产负债表日后至财务报告批准报出日之前发生的属于资产负债表期间或以前期间存在的财务报表舞弊或差错，这种舞弊或差错应当作为资产负债表日后调整事项，调整报告年度的年度财务报告或中期财务报告相关项目的数字。

【提示】会计政策变更、会计估计变更与资产负债表日后事项没有关系，前期差错与资产负债表日后事项有关系。

资产负债表日后诉讼案件结案如何处理?

例 24-7 · 2015 年多选题

2014年1月1日，甲公司为乙公司的800万元债务提供50%的担保，2014年6月1日，乙公司因无力偿还到期债务被债权人起诉。至2014年12月31日，法院尚未判决，但通过咨询律师，甲公司认为有55%的可能性需要承担全部保证责任，赔偿400万元，并预计还需承担诉讼费用4万元；有45%的可能性无须承担保证责任。2015年2月10日，法院作出判决，甲公司需承担全部保证责任和诉讼费用。甲公司表示服从法院判决，当日履行了担保责任，并支付了4万元的诉讼费。2015年2月20日，其2014年度财务报告经董事会批准报出，不考虑其他因素，下列关于甲公司对该事项的处理的表述中正确的有（　　）。

A.在2015年实际担保款项的会计处理

B.在2014年的利润表中将预计的讼诉费用4万元确认为管理费用

C.在2014年的利润表中确认营业外支出400万元

D.在2014年的财务报表附注中披露或有负债400万元

【答案】BC

【解析】选项C属于非调整事项。

资产负债表日后调整事项与非调整事项的辨析

例 24-8 · 2014 年单选题

甲公司20×3年财务报表于20×4年4月10日对外报出。假定其20×4年发生的下列有关事项均具有重要性，甲公司应当据以调整20×3年财务报表的是（　　）。

A.5月2日，自20×3年9月即已开始策划的企业合并交易获得股东大会批准

B.4月15日，发现20×3年一项重要交易会计处理未充分考虑当时的情况，导致虚增20×3年利润

C.3月12日，某项于20×3年资产负债表日已存在的未决诉讼结案，由于新的司法解释出台，甲公司实际支付的赔偿金额大于原已确认预计负债

D.4月10日，某客户所在地发生自然灾害造成重大损失，导致甲公司20×3年资产负债表日应收该客户货款按新的情况预计的坏账高于原预计金额

【答案】C

【解析】选项A，发生在20×3年报表报出后，不属于资产负债表日后事项；选项B，由于报表已经报出，故不能调整20×3年财务报表；选项C，属于日后期间诉讼案件结案，法院判决证实了企业在资产负债表日存在现时义务，需要调整原确认的相关的预计负债；选项D，属于日后非调整事项。

考霸笔记

回忆预计负债的定义：3个条件。

一般情况下：

	列报	披露
预计负债	√	√
或有负债	×	√
或有资产	×	×

第三节　非调整事项的会计处理

◇ 非调整事项的处理原则

◇ 非调整事项的具体会计处理办法

一、非调整事项的处理原则

资产负债表日后发生的非调整事项，是表明资产负债表日后发生的情况的事项，与资产负债表日存在状况无关，不应当调整资产负债表日的财务报表，但有的非调整事项对财务报告使用者具有重大影响，如不加以说明，将不利于财务报告使用者作出正确的估计和决策，因此，资产负债表日后事项准则要求在附注中披露“重要的资产负债表日后非调整事项的性质、内容，及其对财务状况和经营成果的影响”。

二、非调整事项的具体会计处理办法

资产负债表日后发生的非调整事项，应当在报表附注中披露每项重要的资产负债表日后非调整事项的性质、内容，及其对财务状况和经营成果的影响。无法作出估计的，应当说明原因。

资产负债表日后，企业利润分配方案中拟分配的以及经审议批准宣告发放的股利或利润，不确认为资产负债表日负债，但应当在附注中单独披露。

智能测评

在线练习	我要提问
6033　　6126 扫码在线做题　扫码看答案 本书“本章同步强化训练”均配备二维码，打开微信“扫一扫”即可完成在线测评，查看本章详细的测评反馈报告，了解知识掌握情况，也可扫码直接看答案噢。 快来扫码做题吧！	6102 扫码答疑 本书配备答疑专用二维码，打开微信“扫一扫”，即可完成在线提问，获取专业老师全面个性化解答，让学习问题不再拖延。 快来扫码提问吧！

本章同步强化训练

一、单选题

1. A公司是一家制造业企业，适用的增值税税率为17%，所得税税率为25%。2×14年的财务报告批准对外报出的时间是2×15年的4月5日，实际对外报出日为2×15年4月15日。所得税的汇算清缴日为2×15年4月20日，在此之前所有的纳税调整事项均可以调整应交所得税。该公司2×15年1月1日至2×15年4月20日发生了下列事项：

（1）2月2日，诉讼案件结案，法院宣判A公司应当支付乙公司违约金1 000万元。该案件系2×14年11月A公司未按照合同规定发货所导致，A公司在2×14年12月31日已经确认了800万元的预计负债。A公司于诉讼案件结案时决定不再上诉，并于当天支付了该笔违约金。假设税法对于该项违约金规定，实际支付时可以税前扣除。

（2）A公司于2月28日收到2×14年度的增值税出口退税500万元。假设税法规定对实际收到的增值税出口退税应当一并计入应纳税所得额计算应交所得税。

（3）3月2日，由于2×14年度的违法经营，其被有关部门处以罚款60万元，并于当日支付。

税法规定，对于企业违法经营的罚款不能从企业的应纳税所得额中扣除。

（4）3月5日，发现上年购入的一项专利权一直未摊销。该专利权系A公司2×14年7月4日购入，并于当日达到预定可使用状态。该无形资产的原价为1 000万元，预计净残值为0，预计使用年限为10年。假设税法规定，资产的摊销可以调整企业的应纳税所得额。

（5）4月10日，收到M公司退回的商品100万件，以及税务机关开具的进货退出相关证明。该商品系A公司于2×15年1月10日销售，售价为100万元，产品的成本为60万元，款项尚未收到。A公司于当日收到商品并验收入库，并开具了红字增值税专用发票。假设税法规定，企业实际发生的销售退回，可以对应纳税所得额进行调整。

要求：根据上述资料，不考虑其他资料，回答下列各题：

（1）根据资料（1），A公司的下列会计处理，正确的是（　　）。

A.在2×14年度的财务报告无须调整已经确认的预计负债

B.调减2×14年度财务报表中货币资金项目的金额

C.调减2×15年度货币资金项目的金额

D.在2×15年度的财务报告中调整增加其他应付款科目的金额

（2）根据资料（2）和资料（3），下列说法中不正确的是（　　）。

A.A公司收到的增值税出口退税属于政府补助的一种

B.A公司收到的出口退税会增加2×15年度财务报告中货币资金项目的金额

C.支付的罚款会减少2×15年度净利润的金额为60万元

D.支付的罚款不会减少2×14年度的净利润

（3）根据资料（4），下列说法中正确的是（　　）。

A.该事项属于前期非重要会计差错，应当视同2×15年度发生的事项

B.该项会计差错更正对2×14年度利润总额的影响金额是50万元

C.该项会计差错更正对2×14年度净利润的影响金额是50万元

D.该项会计差错不应当作为资产负债表日后事项进行处理

（4）根据资料（5），下列说法中正确的是（　　）。

A.该项销售退回应当减少2×14年度的应收账款

B.该项销售退回应当减少2×15年1月份的销售收入和销售成本

C.该项销售退回属于资产负债表日后调整事项

D.该项销售退回不属于资产负债表日后调整事项

2.甲公司为增值税一般纳税人，适用的增值税税率是17%，2×14年度的财务报表的批准报出日为2×15年的4月10日。2×14年甲公司实现净利润500万元。2×15年2月15日，董事会作出利润分配方案：按照净利润的10%提取法定盈余公积，分派现金股利100万元。甲公司据此作出相应的会计处理，调整了2×14年报表的相关数字。

根据上述资料，不考虑其他因素，回答下列各题：

（1）下列关于资产负债表日后事项的说法中，不正确的是（　　）。

A.资产负债表日后调整事项是指对资产负债表日已经存在的情况提供了新的或进一步证据的事项

B.资产负债表日后期间发生的企业合并属于资产负债表日后非调整事项

C.资产负债表日后期间董事会作出的利润分配方案不属于资产负债表日后事项

D.资产负债表日后期间发现的前期会计差错属于资产负债表日后事项

（2）该项会计差错在更正时，会对2×14年度财务报表造成影响，下列有关说法不正确的是（　　）。

A.调减应付股利100万元　　B.调增未分配利润150万元

C.调增未分配利润100万元　　D.不需要调整盈余公积项目

3.某上市公司2×14年度财务报告于2×15年1月31日编制完成，所得税汇算清缴日是3月20日，注册会计师完成审计及签署审计报告日是2×15年4月5日，经董事会批准报表对外公布日为4月15日，财务报告实际对外报出日为4月20日，股东大会召开日期是4月23日。

2×15年1月5日，因产品质量原因，客户将2×14年10月10日购入的一大批大额商品（达到重要性要求）退回。

要求：根据上述资料，不考虑其他因素，回答下列问题：

（1）按照准则的规定，资产负债表日后事项的涵盖期间为（　　）。

A.2×15年1月1日至2×15年1月31日　　B.2×15年1月31日至2×15年4月15日

C.2×15年1月1日至2×15年4月15日　　D.2×15年1月1日至2×15年4月20日

（2）下列关于产品退回相关处理的说法中，正确的是（　　）。

A.冲减2×15年度会计报表主营业务收入等相关项目

B.销售退回所涉及的应缴所得税，应作为2×14年的纳税调整事项

C.销售退回所涉及的应缴所得税，应作为2×15年的纳税调整事项

D.在2×15年度会计报告报出时，冲减利润表主营业务收入项目的上年数等相关项目

4.甲公司2×14年10月份与乙公司签订一项供销合同，甲公司未按合同发货，致使乙公司发生重大经济损失。乙公司提起诉讼，至2×14年12月31日法院尚未判决。甲公司2×14年12月31日在资产负债表中的“预计负债”项目确认了500万元的赔偿款。

2×15年3月5日经法院判决，甲公司需偿付乙公司经济损失400万元。甲公司不再上诉，并于当日通过银行转账支付赔偿款。甲公司2×14年度财务会计报告批准报出日为2×15年4月28日，不考虑所得税等相关税费的影响。

要求：根据上述资料，不考虑其他因素，回答下列问题：

（1）在对资产负债表日后调整事项进行调整处理时，以下项目中，不应变更的是（　　）。

A.涉及现金收支的项目　　B.涉及利润分配的项目

C.涉及应交税费的项目　　D.涉及损益的项目

（2）下列关于甲公司报告年度资产负债表有关项目调整的处理中，正确的是（　　）。

A.“预计负债”项目调减100万元；“其他应付款”项目0元

B.“预计负债”项目调减400万元；“其他应付款”项目调增400万元

C.“预计负债”项目调减500万元；“其他应付款”项目调增400万元

D.“预计负债”项目调增400万元；“其他应付款”项目调增400万元

5.某上市公司2×14年财务会计报告批准报出日为2×15年4月10日。该公司在2×15年1月1日至4月10日发生了下列事项，企业当年度净利润为1 200万元：

（1）该公司于2×14年被乙公司起诉，在2×15年3月5日案件终审时，其支付赔偿金50万元，该公司在上年末已确认预计负债30万元。

（2）2月5日，其向丙公司销售一批商品并确认收入实现；3月31日，丙公司因产品质量原因将上述商品退回。

（3）该公司董事会提出2×14年度利润分配方案为每10股送3股股票股利。

（4）该公司支付2×14年度财务报告审计费40万元。

（5）因遭受水灾，其上年购入的存货发生毁损，价值500万元。

要求：根据上述资料，不考虑其他因素，回答下列问题：

（1）以上事项中，属于资产负债表日后调整事项的是（　　）。

A.事项（1）　B.事项（2）　C.事项（3）　D.事项（4）

（2）下列有关事项（5）的表述中，正确的是（　　）。

A.作为资产负债表日后事项中的调整事项处理

B.作为资产负债表日后事项中的非调整事项处理，无须在附注中披露

C.作为资产负债表日后事项中的非调整事项处理，需要在附注中披露

D.不属于资产负债表日后事项

（3）下列有关事项（2）的表述中，正确的是（　　）。

A.作为资产负债表日后事项中的调整事项处理

B.作为资产负债表日后事项中的非调整事项处理

C.冲减2×15年2月份相关收入、成本和税金等相关项目

D.冲减2×15年3月份相关收入、成本和税金等相关项目

二、多选题

1. A公司2×14年财务报告的批准报出日为2×15年3月1日，所得税的汇算清缴日为2×15年3月31日，适用的所得税税率为25%，其按照净利润的10%计提法定盈余公积。相关部门于2×15年2月15日发现A公司以尚未办理竣工结算为由没有将2×14年6月已经达到预定可使用状态的在建工程转入固定资产核算。已知达到预定可使用状态时，在建工程已经发生支出500万元，该项固定资产预计可使用10年，预计净残值为20万元，按照年限平均法计提折旧。2×14年年末该项固定资产仍未办理竣工结算，且在2×14年下半年没有发生新的计入在建工程的支出。

要求：根据上述资料，不考虑其他因素，回答下列各题：

（1）下列事项中应当作为资产负债表日后调整事项处理的是（　　）。

A.资产负债表日后期间发现了报告期间漏记的固定资产

B.资产负债表日后期间发现了报告期间误将某项计入费用化的研发支出资本化计入固定资产成本中

C.资产负债表日后期间债务人发生了严重的财务困难，预计无法偿还到期债务

D.资产负债表日后期间有证据表明债务人在资产负债表日之前就存在严重的财务困难，预计无法偿还到期债务

E.资产负债表日后期间发现本年度漏计提了管理用固定资产的折旧

（2）下列有关A公司的处理，表述正确的有（　　）。

A.该事项应当按照资产负债表日后调整事项进行处理

B.A公司应当采用追溯调整法进行会计差错更正

C.该事项对2×14年利润总额的影响是24万元

D.该事项对2×14年年末资产负债表的影响是调增固定资产476万元，调减在建工程500万元

E.该事项应当调整2×14年年末的未分配利润18万元

2. 甲股份有限公司（以下简称“甲公司”）为上市公司，主要经营大型机械设备的设计、生产、安装和销售。该公司为增值税一般纳税人，适用的增值税税率为17%；适用的所得税税率为

25%。甲公司2×14年度财务会计报告批准报出日为2×15年3月31日。以下事项均发生在所得税汇算清缴前，涉及的商品销售价格和提供劳务价格均不含增值税。某会计师事务所接受委托对甲公司2×14年度财务会计报告进行审计。其在审计过程中，发现以下情况：

（1）2×14年7月，甲公司接到当地法院的通知，B公司已向法院提起诉讼，状告甲公司未征得B公司同意即在其新型设备制造中使用公司已申请注册的专利技术，要求法院判定甲公司向其支付专利技术使用费500万元。甲公司认为其研制的新型设备并未侵犯B公司的专利权，B公司诉讼事由缺乏证据支持，其动机是应对甲公司新型设备的畅销所造成的市场竞争压力。甲公司遂于2×14年10月向法院反诉B公司损害其名誉，要求法院判定B公司向其公开道歉并赔偿损失200万元。截至2×14年12月31日，法院尚未对上述案件作出判决。

甲公司的法律顾问认为，甲公司在该起反诉案件中很可能获胜；如果胜诉，预计可获得的赔款在200万元至400万元之间。为此，甲公司就上述事项在2×14年12月31日确认其他应收款300万元，并计入营业外收入300万元；同时确认递延所得税负债75万元，但未在附注中进行披露。

（2）2×14年6月1日，甲公司与C公司签订设计合同。合同约定：甲公司为C公司设计甲、乙两种型号的设备，合同总价款为2 000万元；设计项目需于2×15年4月1日前完成，项目完成后由C公司进行验收；C公司自合同签订之日起5日内支付合同总价款的30%，余款在该设计项目完成并经C公司验收合格后的次日付清。

2×14年6月1日，甲公司收到C公司支付的合同价款的30%。

至2×14年12月31日，甲公司整个项目设计完工进度为60%，实际发生设计费用1 000万元，预计完成整个设计项目还需发生设计费用500万元。

甲公司就上述事项在2×14年确认劳务收入2 000万元并结转劳务成本1 000万元，并缴纳所得税。

（3）2×14年12月1日，甲公司与D公司签订销售合同。合同规定：甲公司向D公司销售一台大型设备并负责进行安装调试，该设备总价款为3 000万元（含安装费，该安装费与设备售价不可区分）；D公司自合同签订之日起3日内预付设备总价款的50%，余款在设备安装调试完成并经D公司验收合格后付清。该设备的实际成本为2 200万元。

2×14年12月3日，甲公司收到D公司支付的设备总价款的50%。

2×14年12月15日，甲公司将该大型设备运抵D公司，但因人员调配出现问题未能及时派出设备安装技术人员。至2×14年12月31日，该大型设备尚未开始安装。

2×15年1月5日，甲公司派出安装技术人员开始安装该大型设备。该设备安装调试工作于2×15年2月20日完成，甲公司共发生安装费用100万元。经验收合格，D公司2×15年2月25日付清了设备余款。

甲公司就上述事项在2×14年确认销售收入3 000万元，并结转销售成本2 200万元、劳务成本100万元。

假定上述交易价格均为公允价格。

要求：根据上述资料，不考虑其他因素，回答下列问题：

（1）下列关于甲公司以上事项的说法中，不正确的有（　　）。

A.事项（1）属于日后调整事项

B.事项（2）属于日后非调整事项

C.事项（3）不属于日后事项

D.事项（1）、（2）和（3）均属于日后期间发现前期差错，要按照日后调整事项进行处理

E.事项（1）、（2）和（3）均属于前期差错，不属于日后事项

（2）下列关于甲公司所做账务处理的表述中，正确的有（　　）。

A.对事项（1）的调整会减少甲公司2×14年留存收益225万元

B.对事项（1）的调整会减少甲公司2×14年末资产300万元

C.对事项（2）的调整会减少甲公司2×14年留存收益700万元

D.对事项（2）的调整会减少甲公司2×14年留存收益525万元

E.对事项（3）的调整会减少甲公司2×14年留存收益525万元

（3）下列关于以上事项对甲公司2×14年所得税核算影响的表述中，正确的有（　　）。

A.事项（1）减少2×14年应交所得税75万元

B.事项（1）减少2×14年递延所得税负债75万元

C.事项（2）减少2×14年应交所得税175万元

D.事项（3）减少2×14年应交所得税175万元

E.以上事项，总计减少2×14年所得税费用425万元

3.甲股份有限公司在编制2×14年度财务会计报告时，对有关的或有事项进行了检查，包括：

（1）正在诉讼过程中的经济案件估计很可能胜诉并可获得500万元的赔偿；

（2）由于甲公司生产过程中产生的废料污染了河水，环保部门正在进行调查，估计很可能需要支付赔偿金额50万元；

（3）甲公司为A公司提供银行借款担保，担保金额为1 000万元，甲公司了解到A公司近期的财务状况不佳，很可能无法支付将于次年5月20日到期的银行借款2 500万元。

甲股份有限公司2×14年财务报告经董事会批准对外公布的日期为2×15年3月30日，实际对外公布的日期为2×15年4月3日。

甲公司2×15年1月1日至4月3日发生了下列事项：

（1）2月1日，发现上年10月接受捐赠获得的一项固定资产尚未入账；

（2）3月11日，临时股东大会决议购买乙公司60%的股权并于4月2日执行完毕；

（3）3月10日，甲公司接到政府部门通知，要求其支付环境罚款50万元；

（4）3月5日，与丁公司签订债务重组协议，4月1日双方执行完毕；

（5）3月1日，A公司宣告破产，甲公司确定需支付担保款1 000万元。

要求：根据上述资料，不考虑其他因素，回答下列问题：

（1）甲公司在2×14年度12月31日的账务处理中，对上述或有事项处理不正确的有（　　）。

A.甲公司将诉讼过程中很可能获得的500万元赔偿款确认为资产，并在会计报表附注中作了披露

B.甲公司未将诉讼过程中很可能获得的500万元赔偿款确认为资产，但在会计报表附注中作了披露

C.甲公司将因污染环境而很可能发生的50万元赔偿款确认为负债，并在会计报表附注作了披露

D.甲公司将为A公司提供的、A公司很可能无法支付的1 000万元担保确认为负债，并在会计报表附注中作了披露

E.甲公司未将因污染环境而很可能发生的50万元赔偿款确认为负债，也未在会计报表附注中作出披露

（2）甲公司在2×15年1月1日至4月3日发生的事项中，应当作为资产负债表日后事项中的

非调整事项的有（ ）。

A.事项（1） B.事项（2） C.事项（3） D.事项（4）

E.事项（5）

三、计算题

1.白云股份有限公司为发行A股的上市公司（以下称“白云公司”），适用的增值税税率为17%。2×14年年度报告在2×15年3月15日经董事会批准报出。在2×14年年报审计中，注册会计师发现了下列情况：

（1）2×14年12月18日，白云公司对丙公司销售商品一批，取得收入5 000万元（不含税），货款未收。2×15年1月，丙公司提出该商品存在质量问题要求退货，白云公司经与丙公司反复协商，达成一致意见：白云公司给予8%的折让，丙公司放弃退货的要求。白云公司在开出红字增值税专用发票后，在2×15年1月所作的账务处理是：

借：主营业务收入 400（5 000×8%）

　　应交税费——应交增值税（销项税额） 68

　贷：应收账款 468

（2）2×14年12月31日，白云公司拥有甲公司60%的股权，甲公司资产总额为8 000万元，负债总额为10 000万元，因资不抵债生产经营处于困难境地，为此，白云公司决定不将甲公司纳入合并范围。

为帮助甲公司摆脱困境，白云公司董事会决定在2×15年再投入3 000万元对甲公司进行技术改造，以提高甲公司产品的竞争能力。

（3）2×14年12月1日，白云公司采用分期收款方式向Y公司销售A产品一台，销售价格为5 000万元，合同约定发出A产品当日收取价款2 100万元（该价款包括分期收款销售应收的全部增值税），余款分3次于每年12月1日等额收取，第一次收款时间为2×15年12月1日。甲公司A产品的成本为4 000万元。产品已于同日发出，并开具增值税专用发票，收取的2 100万元价款已存入银行。该产品在现销方式下的公允价值为4 591.25万元。

白云公司采用实际利率法摊销未实现融资收益。年实际利率为6%。

白云公司在发出商品时未确认收入，白云公司将在约定的收款日按约定收款金额分别确认收入。白云公司在发出商品时将库存商品4 000万元转入发出商品。

（4）2×15年2月1日，白云公司为了稳定销售渠道，决定以15 000万元的价格收购丁公司发行在外普通股股票，从而拥有丁公司70%的表决权资本。3月1日，白云公司和丁公司办理完成有关股权过户手续。

白云公司对收购丁公司发行在外普通股股票的这一事项，在2×14年度财务报表附注中作了相应披露。

（5）2×14年12月28日，白云公司与K公司签订合同。合同约定：白云公司向K公司销售D产品1台，销售价格为500万元；白云公司承诺K公司如果在两个月内对D产品的质量和性能不满意，可以无条件退货。

12月31日，白云公司发出D产品，开具增值税专用发票，并收到K公司支付的货款。由于D产品系刚试制成功的新产品，白云公司无法合理估计其退货的可能性。白云公司D产品的成本为350万元。白云公司并未确认收入。

2×15年2月28日，白云公司于2×14年12月31日销售给K公司的D产品无条件退货期限届满。K公司对D产品的质量和性能表示满意。白云公司在退货期满时确认收入。

（6）2×14年10月1日，白云公司用闲置资金购入股票500万元，作为交易性金融资产，至年末该股票的收盘价为450万元，白云公司将跌价损失冲减了其他综合收益50万元。白云公司的账务处理是：

借：其他综合收益　　50

　贷：交易性金融资产　　50

（7）2×13年1月，白云公司支付2 500万元购入一项生产用机器，作为固定资产入账。2×13年末，该固定资产出现减值的迹象，白云公司计提了480万元的资产减值损失。2×14年末，白云公司认为该减值的因素已经消失，将计提的资产减值损失作了全额冲回。白云公司的账务处理是：

借：固定资产减值准备　　480

　贷：资产减值损失　　480

要求：

（1）指出上述经济业务事项中，哪些属于调整事项？哪些属于非调整事项？

（2）判断白云公司对上述事项的会计处理是否正确，如果错误，请编写更正分录。

第二十五章

持有待售的非流动资产、处置组和终止经营

本章导学

本章框架图

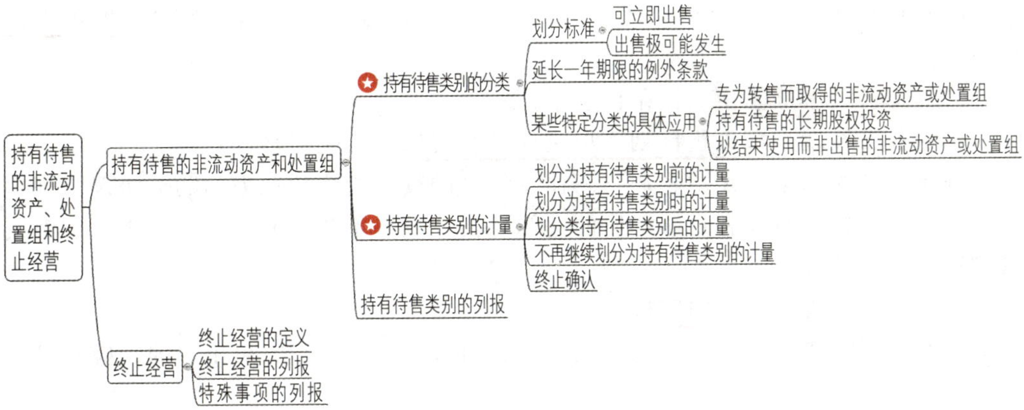

本章考情概述

本章论述了持有待售类别的划分、持有待售的非流动资产、处置组的计量以及终止经营的列报。

本章应当关注的问题：（1）持有待售类别的划分；（2）持有待售的非流动资产、处置组的减值。

2019年教材主要变化

本章内容无变化。

第一节　持有待售的非流动资产和处置组

◇持有待售类别的划分

◇持有待售类别的计量

◇持有待售类别的列报

金融工具是指形成一方的金融资产并形成其他方的金融负债或权益工具的合同。金融工具包括金融资产、金融负债和权益工具。

一、持有待售类别的划分

（一）持有待售类别划分的基本要求

企业主要通过出售（包括具有商业实质的非货币性资产交换，下同）而非持续使用一项非流动资产或处置组收回其账面价值的，应当将其划分为持有待售类别。

处置组，是指在一项交易中作为整体通过出售或其他方式并处置的一组资产，以及在该交易中转让的与这些资产直接相关的负债。

处置组中可能包含企业的任何资产和负债，如流动资产、流动负债、非流动资产和非流动负债。处置组所属的资产组或资产组组合按照《企业会计准则第8号——资产减值》分摊了企业合并中取得的商誉的，该处置组应当包含分摊至处置组的商誉。（第八章资产减值“资产组减值处理”中有详细讲解）

考霸笔记
出售极可能发生包含三个条件：1.管理层作出出售的决议；2.企业已经获得确定的购买承诺；3.出售交易在一年内完成。考试要求：选择题或主观题题干中寻找持有待售类别划分的依据。

1.一般性原则

非流动资产或处置组划分为持有待售类别，应当同时满足下列条件：

（1）根据类似交易中出售此类资产或处置组的惯例，在当前状况下即可立即出售；

（2）出售极可能发生。该条件包括：

①企业已经就一项出售计划作出决议且获得确定的购买承诺；

确定的购买承诺，是指企业与其他方签订的具有法律约束力的购买协议，该协议包含交易价格、时间和足够严厉的违约惩罚等重要条款，使协议出现重大调整或者撤销的可能性极小。

②预计出售将在一年内完成；

③有关规定要求企业相关权力机构或者监管部门批准后方可出售的，应当已经获得批准。

考霸笔记
学习要求：理解发生例外原则时可继续划分为持有待售。当发生不可预见、无法控制的情况导致非关联方之间的交易未在1年内完成但企业承诺继续出售时，将非流动资产或处置组继续划分为持有待售。

2.例外原则

出于以下两个原因导致非关联方之间的交易未能在1年内完成，且有充分证据表明企业仍然承诺出售非流动资产或处置组的，企业应当继续将非流动资产或处置组划分为持有待售类别：

（1）意外设定导致延期

买方或其他方意外设定导致出售延期的条件，企业针对这些条件已经及时采取行动，且预计能够自设定导致出售延期的条件起一年内顺利化解延期因素。

（2）罕见情况导致延期

因发生罕见情况，导致持有待售的非流动资产或处置组未能在一年内完成出售，企业在最初一年内已经针对这些新情况采取必要措施且重新满足了持有待售类别的划分条件。

“罕见情况”：因不可抗力引发的情况、宏观经济形势发生急剧变化等不可控情况。

3.不再继续符合划分条件的处理

持有待售的非流动资产或处置组不再满足持有待售类别划分条件的，企业不应当继续将其划分为持有待售类别。

部分资产或负债从持有待售的处置组中移除后，处置组中剩余资产或负债新组成的处置组仍然满足持有待售类别划分条件的，企业应当将新组成的处置组划分为持有待售类别，否则应当将满足持有待售类别划分条件的非流动资产单独划分为持有待售类别。

（二）某些特定持有待售类别划分的具体应用

1. 专为转售而取得的非流动资产或处置组

企业专为转售而取得的非流动资产或处置组，在取得日满足“预计出售将在一年内完成”的规定条件，且短期（通常为3个月）内很可能满足持有待售类别的其他划分条件的，企业应当在取得日将其划分为持有待售类别。

“其他划分条件”：前述一般性原则中的剩余条件，包括：根据类似交易中出售此类资产或处置组的惯例，在当前状况下即可立即出售；企业已经就一项出售计划作出决议且获得确定的购买承诺；有关规定要求企业相关权力机构或者监管部门批准后方可出售的，应当已经获得批准。

2. 持有待售的长期股权投资

（1）成本法下处置股权

①企业拟全部或部分出售对子公司的投资将导致其丧失对子公司的控制权

企业应当在拟出售的对子公司的投资满足持有待售类别划分条件时，在母公司个别财务报表中将对子公司投资整体划分为持有待售类别，在合并财务报表中将子公司所有资产和负债划分为持有待售类别。（包括拟出售股权和不出售股权）

②企业拟出售的对子公司投资不会导致其丧失对子公司的控制权

企业持有的该长期股权投资并不具有持有待售特征，因此不应当将拟处置的部分股权划分为持有待售类别。

例25-1

甲公司持有A、B、C三家子公司，持股比例分别为80%、70%和60%。现甲公司准备出售持有的子公司股权，具体计划为：

情形1：出售持有的A公司股权的25%，剩余55%的股权继续持有，且仍拥有控制权；不符合持有待售特征，不用划分为持有待售类别。

情形2：出售持有的B公司股权的25%，剩余45%的股权继续持有，但丧失控制权；个报中，所有股权即70%的股权列示为持有待售（而并非只是25%的部分）。

情形3：出售持有的C公司全部股权。

【答案与解析】

情形1：对于A公司，甲公司在出售股权后未丧失控制权，甲公司应当在其个别报表上将目前持有的A公司全部股权（25%+55%）继续作为长期股权投资列示，不应将计划处置的25%股权划分为持有待售类别。

情形2：对于B公司，甲公司在出售股权后丧失了控制权。

在个别报表层面，甲公司应当在其资产负债表上将目前持有的B公司全部股权（25%+45%）划分为持有待售类别。需要注意的是：甲公司不能只将拟出售的B公司25%的股权划分为持有待售类别，剩余45%的股权继续作为长期股权投资列示。

在合并报表层面，甲公司应当将B公司所有资产和负债划分为持有待售类别。

情形3：对于C公司，甲公司在出售股权后不再是C公司的投资者。

考霸笔记
学习要求：掌握专为转售而取得的非流动资产或处置组若满足条件，则划分为持有待售类别的时间为“取得日当天”。

考霸笔记
指前述一般性原则中的剩余条件，包括：根据类似交易中出售此类资产或处置组的惯例：①在当前状况下即可立即出售；②出售极可能发生。

考霸笔记
学习要求：判断成本法下拟处置股权的两种情形是否满足持有待售条件并进行会计处理。
考试要求：判断成本法下拟处置股权是否满足持有待售条件，能用文字描述。
考试频率：暂未考。
考试形式：可考计算分析题。

考霸笔记
符合主要通过出售而非持续使用收回其账面价值的持有待售的特征，需要全部划分为持有待售类别。

判断成本法下拟处置股权的两种情形是否满足持有待售条件并进行会计处理？

第二十五章

考霸笔记
学习要求：掌握权益法下拟处置股权是否满足持有待售条件的判断。
考试要求：根据权益法下拟处置股权进行处理，能用文字进行描述。
考试频率：暂未考。
考试形式：可考计算分析题。

在个别报表层面，甲公司应当在其资产负债表上将目前持有的C公司全部股权（60%）划分为持有待售类别。

在合并报表层面，甲公司应当将C公司所有资产和负债划分为持有待售类别。

（2）权益法下处置股权

①划分为持有待售资产的权益性投资应当停止采用权益法核算；

②未划分为持有待售资产的剩余权益性投资，应当在划分为持有待售的那部分权益性投资出售前继续采用权益法进行会计处理。

判断权益法下拟处置股权是否满足持有待售条件？

例题25-2

企业集团G拟出售持有的部分长期股权投资，假设拟出售的股权符合持有待售类别的划分条件。

情形一：企业集团G拥有联营企业35%的股权，拟出售30%的股权，G持有剩余的5%的股权，且对被投资方不具有重大影响。

情形二：企业集团G拥有合营企业50%的股权（不形成控制），拟出售35%的股权，G持有剩余的15%的股权，且对被投资方不具有共同控制或重大影响。

【要求】判断企业集团G在上述两种情形下如何处理拟出售的投资。

【答案】情形一、二属于拟出售对联营企业和合营企业的投资。

情形一，企业集团G应当将拟出售的30%股权划分为持有待售类别，不再按权益法核算，剩余5%的股权在前述30%的股权处置前，应当采用权益法进行会计处理。

情形二，企业集团G应当将拟出售的35%股权划分为持有待售类别，不再按权益法核算，剩余15%的股权在前述35%的股权处置前，应当采用权益法进行会计处理。

考霸笔记
学习要求：掌握拟结束使用而非出售的非流动资产或处置组不划分为持有待售类别。

3.拟结束使用而非出售的非流动资产或处置组

企业不应当将拟结束使用而非出售的非流动资产或处置组划分为持有待售类别。

拟结束使用而非出售的处置组满足终止经营定义中有关组成部分的条件的，应当自停止使用日起作为终止经营列报。

例如：某企业有一条生产布料的生产线，因市场需求变化，该类布料的销量锐减，企业决定暂停该生产线的生产，但仍然对其进行定期维护，待市场转好时重启生产。由于生产线属于暂停使用，企业不应当将其划分为持有待售类别。

二、持有待售类别的计量

（一）准则适用范围

1.持有待售的非流动资产

以下各类资产不属于《企业会计准则第42号——持有待售的非流动资产、处置组和终止经营》中定义的“持有待售的非流动资产”：

（1）采用公允价值模式进行后续计量的投资性房地产，适用《企业会计准则第3号——投资性房地产》；

（2）采用公允价值减去出售费用后的净额计量的生物资产，适用《企业会计准则第5号——生物资产》；

（3）职工薪酬形成的资产，适用《企业会计准则第9号——职工薪酬》；

（4）递延所得税资产，适用《企业会计准则第18号——所得税》；

（5）由金融工具相关会计准则规范的金融资产，适用金融工具相关会计准则；

（6）由保险合同相关会计准则规范的保险合同所产生的权利，适用保险合同相关会计准则。

除上述各项外的其他持有待售的非流动资产才是我们本章所说的“持有待售的非流动资产”，按照第42号准则的相关规定进行处理。

为便于称呼，我们将上述（1）~（6）的非流动资产简称为“其他准则计量规定的非流动资产”用于以下行文。

2.持有待售的处置组

（1）处置组中的流动资产和负债，按照适用的相关准则处理；

（2）处置组中的非流动资产，按照上述第1条的规定分类处理。

（二）会计处理

1.划分为持有待售类别前的计量

企业将非流动资产或处置组首次划分为持有待售类别前，应当按照相关会计准则的规定计量非流动资产或处置组中各项资产和负债的账面价值。

再如，持有待售的无形资产在划分为持有待售类别前，仍然要摊销，但是自划分为持有待售类别的当期起，即不再摊销。

按照《企业会计准则第8号——资产减值》的规定，当出现“资产已经或者将被闲置、终止使用或者计划提前处置”状况时即视为出现减值迹象，因此对于拟出售的非流动资产或处置组，企业应当在划分为持有待售类别前考虑进行减值测试。

2.划分为持有待售类别时的计量

对于取得日划分为持有待售类别的非流动资产或处置组，企业应当在初始计量时比较假定其不划分为持有待售类别情况下的初始计量金额和公允价值减去出售费用后的净额，以两者孰低计量。

企业初始计量持有待售的非流动资产或处置组时，其账面价值高于公允价值减去出售费用后的净额的，应当将账面价值减记至公允价值减去出售费用后的净额，减记的金额确认为资产减值损失，计入当期损益，同时计提持有待售资产减值准备。

出售费用是企业发生的可以直接归属于出售资产或处置组的增量费用，出售费用直接由出售引起，并且是企业进行出售所必需的，如果企业不出售资产或处置组，该费用将不会产生。

考霸笔记

出售费用包括为出售发生的特定法律服务、评估咨询等中介费用，也包括相关的消费税、城市维护建设税、土地增值税和印花税等，但不包括财务费用和所得税费用；题干中会直接给出出售费用的金额。

考霸笔记

学习要求：掌握划分为持有待售类别前的处理。

例如，持有待售的固定资产在划分为持有待售类别前和重分类的当期仍然要计提折旧，但是在划分为持有待售类别的下个月起不再计提折旧。

考霸笔记

若为固定资产、无形资产，在划分前继续计提折旧、摊销，并进行减值测试。

考霸笔记

学习要求：掌握划分为持有待售类别时按孰低计量的原则。

基于谨慎性原则，按孰低计量，账面价值高于公允价值减去出售费用的净额的部分计提减值损失：

借：资产减值损失

贷：持有待售资产减值准备

考试要求：划分为持有待售类别时计量金额确定及相关会计处理

考试形式：选择题、计算分析题

划分为持有待售类别时如何按孰低的金额计量？

例 25-3 · 2014 年单选题

甲公司计划出售一项固定资产，该固定资产于 20×7 年 6 月 30 日被划分为持有待售固定资产，公允价值为 320 万元，预计处置费用为 5 万元。该固定资产购买于 20×0 年 12 月 11 日，原值为 1 000 万元，预计净残值为零，预计使用寿命为 10 年，采用年限平均法计提折旧，取得时已达到预定可使用状态。不考虑其他因素，该固定资产 20×7 年 6 月 30 日应予列报的金额是（　　）。

A.315 万元　　B.320 万元　　C.345 万元　　D.350 万元

【答案】A

【解析】20×7 年 6 月 30 日，甲公司该项固定资产的账面价值 = 1 000−1 000÷10×6.5 = 350（万元），该项固定资产公允价值减去处置费用后的净额 = 320−5 = 315（万元），应对该项资产计提的减值准备 = 350−315 = 35（万元），故该持有待售资产在资产负债表中列示的金额应为 315 万元。

出售费用包括为出售发生的特定法律服务、评估咨询等中介费用，也包括相关的消费税、城市维护建设税、土地增值税和印花税等，但不包括财务费用和所得税费用。

持有待售非流动资产的减值如何处理？

3. 划分为持有待售类别后的计量

持有待售的非流动资产或处置组中的非流动资产不应计提折旧或摊销，持有待售的处置组中负债的利息和其他费用应当继续予以确认。其后续计量的主要知识点在于减值的计提、转回和不得转回三个方面：

（1）持有待售的非流动资产的减值

①减值计提

企业在资产负债表日重新计量持有待售的非流动资产时，其账面价值高于公允价值减去出售费用后的净额的，应当将账面价值减记至公允价值减去出售费用后的净额，减记的金额确认为资产减值损失，计入当期损益，同时计提持有待售资产减值准备。

考霸笔记

持有待售资产减值可转回，但转回有上限（在划分为持有待售资产后的减值范围内转回），与存货减值转回相同。

②减值转回

后续资产负债表日持有待售的非流动资产公允价值减去出售费用后的净额增加的，以前减记的金额应当予以恢复，并在划分为持有待售类别后确认的资产减值损失金额内转回，转回金额计入当期损益（资产减值损失）。

③减值不得转回

划分为持有待售类别前确认的资产减值损失不得转回。

划分为持有待售的固定资产时如何进行会计处理？

例 25-4 · 2017 年多选题

2×16 年 9 月末，甲公司董事会通过一项决议，拟将持有的一项闲置管理用设备对外出售。该设备为甲公司于 2×14 年 7 月购入，原价为 6 000 万元，预计使用 10 年，预计净残值为零，至董事会决议出售时已计提折旧 1 350 万元，未计提减值准备。甲公司 10 月 3 日与独立第三方签订出售协议。拟将该设备以 4 100 万元的价值出售给独立第三方，预计出售过程中将发生的处置费用为 100 万元。至 2×16 年 12 月 31 日，该设备出售尚未完成，但甲公司预计将于 2×17 年第一季度完成。不考虑其他因素，下列各项关于甲公司因该设备对其财务报表影响的表述中，正确的有（　　）。

A.甲公司2×16年末因持有该设备应计提650万元减值准备

B.该设备在2×16年末资产负债表中应以4 000万元的价值列报为流动资产

C.甲公司2×16年对该设备计提的折旧600万元计入当期损益

D.甲公司2×16年末资产负债表中因该交易应确认4 100万元应收账款

【答案】AB

【解析】该设备划分为持有待售时的原账面价值=6 000−1 350=4 650（万元），预计售价减处置费用的金额=4 100−100=4 000（万元），甲公司应计提的减值准备=4 650−4 000=650（万元），选项A正确；甲公司将该设备作为流动资产列示，列示金额为4 000万元，选项B正确；2×16年度该设备计提折旧的金额=6 000÷10×9÷12=450（万元），选项C错误；2×16年末资产负债表中不确认应收账款，选项D错误。

【知识点】划分为持有待售的固定资产。

（2）持有待售的处置组的减值

对持有待售处置组的减值如何进行会计处理?

①减值计提

第一步，企业在资产负债表日重新计量持有待售的处置组时，应当首先按照相关会计准则的规定计量“其他准则计量规定的非流动资产”的账面价值。

第二步，在进行上述计量后，同“持有待售的非流动资产”一样，企业应当比较“持有待售的处置组”的账面价值和公允价值减去出售费用后的净额，其账面价值高于公允价值减去出售费用后的净额的，应当将账面价值减记至公允价值减去出售费用后的净额，减记的金额确认为资产减值损失，计入当期损益，同时计提持有待售资产减值准备。

对于持有待售的处置组确认的资产减值损失金额，应当先抵减处置组中商誉的账面价值（如果有），再根据处置组中“持有待售的非流动资产”相互之间账面价值所占比重，按比例抵减其账面价值。以上确认的减值损失应当不涉及“其他准则计量规定的非流动资产”。

考霸笔记

学习要求：熟悉计提持有待售处置组减值与资产组减值相似，在分配时，先用减值金额冲减商誉，再用剩余减值金额按比例冲减处置组中的资产。

②减值转回

后续资产负债表日持有待售的处置组公允价值减去出售费用后的净额增加的，以前减记的金额应当予以恢复，并在划分为持有待售类别后“持有待售的非流动资产”确认的资产减值损失金额内转回，转回金额计入当期损益（资产减值损失）。

③减值不得转回

已抵减的商誉账面价值，以及“持有待售的非流动资产”在划分为持有待售类别前确认的资产减值损失不得转回。

4.不再继续划分为持有待售类别的计量

非流动资产或处置组因不再满足持有待售类别的划分条件而不再继续划分为持有待售类别或非流动资产从持有待售的处置组中移除时，应当按照以下两者孰低计量：

（1）划分为持有待售类别前的账面价值，按照假定不划分为持有待售类别情况下本应确认的折旧、摊销或减值等进行调整后的金额；

（2）可收回金额。

例25-5·2014年单选题

甲公司计划出售一项固定资产，该固定资产于20×7年6月30日被划分为持有待售固定资产，公允价值为320万元，预计处置费用为5万元。该固定资产购买于20×0年12月11日，原值为1 000万元，预计净残值为零，预计使用寿命为10年，采用年限平均法计提折旧，取得时已达到预定可使用状态。不考虑其他因素，该固定资产20×7年6月30日应予列报的金额是（　　）。

A.315万元　　B.320万元　　C.345万元　　D.350万元

【答案】A

【解析】20×7年6月30日，甲公司该项固定资产的账面价值＝1 000－1 000÷10×6.5＝350（万元），该项固定资产公允价值减去处置费用后的净额＝320－5＝315（万元），应对该项资产计提的减值准备＝350－315＝35（万元），故该持有待售资产在资产负债表中列示的金额应为315万元。

5.终止确认

企业终止确认持有待售的非流动资产或处置组时，应当将尚未确认的利得或损失计入当期损益。此处的当期损益可作以下几类划分：

（1）资产处置损益

终止确认的是“持有待售的非流动资产”，且该非流动资产不是金融工具、长期股权投资和投资性房地产。

终止确认的是“持有待售的处置组”。

（2）投资收益

终止确认的是“持有待售的非流动资产”，且该非流动资产是金融工具或长期股权投资。

（3）其他业务收入和成本

终止确认的是“持有待售的非流动资产”，且该非流动资产是投资性房地产（成本模式）。

考霸笔记

学习要求：掌握持有待售资产和负债不应当相互抵销，应分别列报为“持有待售资产”和“持有待售负债”。

三、持有待售类别的列报

企业应当在资产负债表中区别于其他资产单独列示持有待售的非流动资产或持有待售的处置组中的资产，区别于其他负债单独列示持有待售的处置组中的负债。

“持有待售的非流动资产或持有待售的处置组中的资产”与“持有待售的处置组中的负债”不应当相互抵销，应当分别作为流动资产和流动负债列示，对应的报表项目分别为“持有待售资产”和“持有待售负债”。

对于当期首次满足持有待售类别划分条件的非流动资产或处置组，不应当调整可比会计期间资产负债表，即无须追溯。

非流动资产或处置组在资产负债表日至财务报告批准报出日之间满足持有待售类别划分条件的，应当作为资产负债表日后非调整事项进行会计处理，并在附注中披露相关信息。

第二节　终止经营

◇终止经营的定义
◇终止经营的列报
◇特殊事项的列报

> **考霸笔记** 判断终止经营的要点是能够单独区分，且已处置或划分为持有待售。

一、终止经营的定义

终止经营，是指企业满足下列条件之一、能够单独区分的组成部分，且该组成部分已经处置或划分为持有待售类别：

> **考霸笔记** 企业组成部分可能是一个资产组，也可能是一组资产组组合，其通常是企业的一个子公司、一个事业部或事业群。

1.该组成部分代表一项独立的主要业务或一个单独的主要经营地区；

2.该组成部分是拟对一项独立的主要业务或一个单独的主要经营地区进行处置的一项相关联计划的一部分；

3.该组成部分是专为转售而取得的子公司。

终止经营包含以下三方面含义：

1.终止经营应当是企业能够单独区分的组成部分。该组成部分的经营和现金流量在企业经营和编制财务报表时是能够与企业的其他部分清楚区分的。

2.终止经营应当具有一定的规模。

终止经营应当代表一项独立的主要业务或一个单独的主要经营地区，或者是拟对一项独立的主要业务或一个单独的主要经营地区进行处置的一项相关联计划的一部分。专为转售而取得的子公司也是企业的组成部分，但不要求具有一定规模。

3.终止经营应当满足一定的时点要求。符合终止经营定义的组成部分应属于以下两种情况之一：

（1）组成部分在资产负债表日之前已经处置，包括已经出售、结束使用（如关停或报废等）。多数情况下，可根据组成部分的所有资产和负债是否均已处置，产生收入和发生成本的来源是否消失去判断。

（2）组成部分在资产负债表日之前已经划分为持有待售类别。有时，企业对一项独立的主要业务或一个单独的主要经营地区进行处置的一项相关联计划会持续数年，并非组成部分中所有的资产组或资产组组合能够同时满足持有待售类别的划分条件。随着处置计划的进行，组成部分中的一些资产组或资产组组合可能先满足持有待售类别划分条件且构成企业的终止经营，其他资产组或资产组组合可能在未来满足持有待售类别的划分条件，应当适时将其作为终止经营处理。

> **考霸笔记** 学习要求：掌握终止经营的时点要求。一项相关联计划持续数年，其中资产组等先后满足持有待售类别划分，则先后作为终止经营处理。

例25-6·教材例题

企业集团F决定出售其专门从事酒店管理的下属子公司R，酒店管理构成F的一项主要业务。子公司R管理一个酒店集团和一个连锁健身中心。为获取最大收益，F决定允许将酒店集团和连锁健身中心出售给不同买家，但酒店和健身中心的转让是相互关联的，即两者或者均出售，或者均不出售。F于2×17年12月6日与企业S就转让连锁健身中心正式签订协议，假设此时连锁健身中心符合持有待售类别的划分条件，但酒店集团尚不符合持有待售类别的划分条件。

终止经营应当满足怎样的时点要求？

【要求】判断酒店集团和连锁健身中心是否构成F的终止经营。

【答案】连锁健身中心构成F的终止经营，酒店集团在未来符合持有待售类别划分条件时，也符合终止经营的定义。

【解析】处置酒店集团和连锁健身中心构成一项相关联的计划，虽然酒店集团和连锁健身中心可能出售给不同买家，但分别属于对一项独立的主要业务进行处置的一项相关联计划的一部分，因此连锁健身中心符合终止经营的定义，酒店集团在未来符合持有待售类别划分条件时，也符合终止经营的定义。

二、终止经营的列报

企业应当在利润表中分别列示持续经营损益和终止经营损益。

不符合终止经营定义的持有待售的非流动资产或处置组，其减值损失和转回金额及处置损益应当作为持续经营损益列报。

终止经营的减值损失和转回金额等经营损益及处置损益应当作为终止经营损益列报。

对于当期列报的终止经营，企业应当在当期财务报表中，将原来作为持续经营损益列报的信息重新作为可比会计期间的终止经营损益列报，并在附注中披露相关信息。终止经营的相关损益应当作为终止经营损益列报，列报的终止经营损益应当包含整个报告期间，而不仅包含认定为终止经营后的报告期间。

三、特殊事项的列报

1.企业专为转售而取得的持有待售子公司的列报

如果企业专为转售而取得的子公司符合持有待售类别的划分条件，应当按照持有待售的处置组和终止经营的有关规定进行列报，但适当简化其资产负债表列示和附注披露。

在合并资产负债表中，允许采用简便方法处理，将企业专为转售而取得的持有待售子公司的全部资产和负债分别作为持有待售资产和持有待售负债项目列示。

在合并利润表中，企业专为转售而取得的持有待售子公司的列示要求与其他终止经营一致，即将该子公司净利润与其他终止经营净利润合并列示在“终止经营净利润”项目中。

2.不再继续划分为持有待售类别的列报

非流动资产或处置组不再继续划分为持有待售类别或非流动资产从持有待售的处置组中移除的，在资产负债表中，企业应当将原来分类为持有待售类别的非流动资产或处置组重新作为固定资产、无形资产等列报，并调整其账面价值。企业应当在当期利润表中将非流动资产或处置组的账面价值调整金额作为持续经营损益列报。

智能测评

在线练习	我要提问
扫码在线做题　扫码看答案 本书“本章同步强化训练”均配备二维码，打开微信“扫一扫”即可完成在线测评，查看本章详细的测评反馈报告，了解知识掌握情况，也可扫码直接看答案噢。 快来扫码做题吧！	扫码答疑 本书配备答疑专用二维码，打开微信“扫一扫”，即可完成在线提问，获取专业老师全面个性化解答，让学习问题不再拖延。 快来扫码提问吧！

本章同步强化训练

一、单选题

1.甲公司计划出售一项固定资产，该固定资产于2×18年6月30日被划分为持有待售固定资产，公允价值为1 030万元，预计出售费用为10万元。该固定资产购买于2×12年12月31日，原值为2 000万元，预计净残值为零，预计使用寿命为10年，采用年限平均法计提折旧，取得时已达到预定可使用状态。不考虑其他因素，该固定资产2×18年6月30日应计提的减值准备的金额为（　　）万元。

A.80　　B.1 100　　C.1 020　　D.0

2.甲公司拥有联营企业乙公司35%的股权，拟出售30%的股权，符合持有待售条件，甲公司持有剩余的5%的股权，且对被投资方不具有重大影响。下列会计处理表述中，正确的是（　　）。

A.甲公司持有乙公司35%的股权投资仍继续采用权益法核算

B.甲公司持有乙公司30%的股权投资停止采用权益法核算，5%的投资继续采用权益法核算

C.甲公司持有乙公司35%的股权投资停止采用权益法核算

D.甲公司将持有乙公司35%的股权划分为持有待售类别

3.关于持有待售和终止经营的列报，下列表述中错误的是（　　）。

A.划分为持有待售的资产产生的损益应作为终止经营损益列报

B.不符合终止经营定义的持有待售的非流动资产或处置组，其减值损失和转回金额及处置损益应当作为持续经营损益列报

C.终止经营的减值损失和转回金额等经营损益及处置损益应当作为终止经营损益列报

D.企业应当在利润表中分别列示持续经营损益和终止经营损益

二、多选题

1.下列项目中，符合划分为持有待售的非流动资产条件的有（　　）。

A.甲公司拥有A办公大楼，由于发展战略发生改变，甲公司与乙公司已签订协议，决定出售A办公楼，且腾空办公大楼所需时间正常且符合交易惯例

B.甲公司拥有B办公大楼，甲公司与丙公司已签订协议，决定新办公大楼竣工前继续使用B办公大楼，竣工后交付丙公司

C.甲公司因经营范围发生改变，与丁公司签订协议，计划将生产M产品的全套生产线出售，同时将尚未完成的客户订单一并移交给丁公司

D.甲公司因经营范围发生改变，与戊公司签订协议，计划将生产M产品的全套生产线出售，但在完成所积压的客户订单后再将生产线转让给戊公司

2. 甲公司2×17年3月31日与乙公司签订一项不可撤销的协议。协议约定，将甲公司管理用设备于9月30日处置给乙公司，处置价款为500万元，处置费用为10万元。该设备为甲公司2×15年9月30日达到预定使用状态的管理设备，入账成本为600万元，按照直线法计提折旧，预计净残值为0，预计使用寿命为10年。假定不考虑其他因素，下列相关表述正确的有（　　）。

A.2×17年3月31日，甲公司应计提资产减值损失20万元

B.2×17年3月31日，甲公司应确认处置损益20万元

C.2×17年9月30日，甲公司应确认处置损益20万元

D.该项管理设备2×17年因计提折旧影响当期损益的金额为15万元

3. 甲公司2×17年1月31日与乙公司签订一项不可撤销的协议。协议约定，将甲公司一项固定资产于6月30日处置给乙公司，处置价款为1 200万元，处置费用为50万元。该固定资产为甲公司自建的、2×15年1月31日达到预定使用的自用厂房，入账成本为1 500万元，按照直线法计提折旧，预计净残值为0，预计使用寿命为30年。假定不考虑其他因素，下列甲公司的相关处理，正确的有（　　）。

A.2017年1月31日，该资产应当转为持有待售资产

B.甲公司应于2×17年1月31日计提资产减值损失250万元

C.甲公司2×17年6月30日应结转固定资产账面价值的金额为1 400万元

D.甲公司2×17年6月30日应确认的资产处置损益为0

第二十六章
企业合并

本章导学

本章框架图

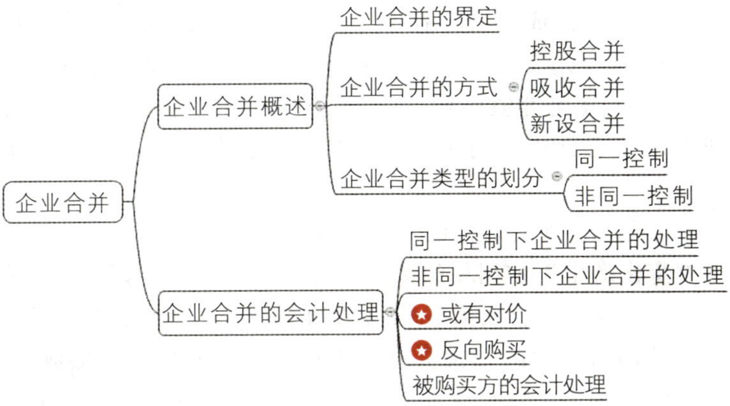

本章考情概述

本章阐述了企业合并的基本概念、企业合并的会计处理，学习本章应当关注的问题：（1）企业合并成本的确定；（2）合并商誉的计算；（3）反向购买的会计处理。

近三年主要考点：（1）同一控制下企业合并的处理；（2）非同一控制下企业合并的处理；（3）企业合并涉及或有对价的处理；（4）反向购买的会计处理。

2019年教材主要变化

本章今年教材最大的变化在于将反向购买中“购买方部分股东不参与反向购买”的会计处理回归到2017年以前教材的做法。

第一节　企业合并概述

◇ 企业合并的界定

◇ 企业合并的方式

一、企业合并的界定

企业合并是将两个或两个以上单独的企业合并形成一个报告主体的交易或事项。应当关注两个方面：

如何理解“业务”？考试是否考察判断？

1. 被购买方是否构成业务

业务是指企业内部某些生产经营活动或资产负债的组合，该组合具有投入、加工处理过程和产出能力，能够独立计算其成本费用或所产生的收入。

（1）企业取得了不形成业务的一组资产或是资产、负债的组合时，应将购买成本基于购买日所取得各项可辨认资产、负债的相对公允价值基础上进行分配，不按照企业合并准则进行处理。分配的结果是取得的有关资产、负债的初始入账价值有可能不同于购买时点的公允价值，但不会因为价值的分配过程产生新的资产或负债项目，资产或资产、负债打包购买中多付或少付的部分均需要分解到取得的资产、负债项目中。

（2）在被购买资产构成业务，需要作为企业合并处理时，计量时点的确定，合并中取得资产、负债的计量，合并差额的处理等均需要按照企业合并准则的有关规定进行处理。如在构成非同一控制下企业合并的情况下，合并中自被购买方取得的各项可辨认资产、负债应当按照其在购买日的公允价值计量，合并成本与取得的可辨认净资产公允价值份额的差额应当确认为单独的一项资产——商誉，或是在企业成本小于合并中取得可辨认净资产公允价值份额的情况下，确认计入当期损益。

2.交易发生前后是否涉及对标的业务控制权的转移

> 考霸笔记
> 控制的理解三要点：拥有权力+参与相关活动+影响可变回报。

报告主体的变化产生于控制权的变化。在交易事项发生以后，投资方拥有对被投资方的权力，通过参与被投资方的相关活动享有可变回报，且有能力运用对被投资方的权力影响其回报金额的，投资方对被投资方具有控制，形成母子公司关系，涉及控制权的转移，该交易或事项发生以后，子公司需要纳入母公司合并财务报表的范围中，从合并财务报告角度形成报告主体的变化；交易事项发生以后，一方能够控制另一方的全部净资产，被合并的企业在合并后失去其法人资格，也涉及控制权及报告主体的变化，形成企业合并。

二、企业合并的方式

企业合并按合并方式划分，包括控股合并、吸收合并和新设合并。

> 考霸笔记
> 控股合并理解：A+B=A+B（A、B各自经营，需要编制合并报表）。

1.控股合并

控股合并是指合并一方通过企业合并交易或事项取得对被合并一方的控制权，企业合并后能够通过所取得的股权等主导被合并一方的生产经营决策并自被合并一方的生产经营活动中获益，被合并一方在企业合并后仍维持其独立法人资格继续经营。

> 考霸笔记
> 吸收合并理解：A+B=A（B主体消失）。

2.吸收合并

吸收合并是指合并一方在企业合并中取得被合并一方的全部净资产，并将对方有关资产、负债并入自身的账簿和报表进行核算。企业合并后，被合并一方的法人资格被注销。

> 考霸笔记
> 新设合并理解：A+B=C（A、B主体消失）。

3.新设合并

新设合并是指参与合并的各方在企业合并后法人资格均被注销，重新注册成立一家新的企业，由新注册成立的企业持有参与合并各企业的资产、负债，在新的基础上经营。

上述三种合并方式中，一般只考控股合并方式，因为只有这种方式涉及长期股权投资并且能够和合并财务报表相关内容串联起来，是考试的重中之重。

第二节 企业合并的会计处理

◇ 同一控制和非同一控制下企业合并的处理

◇ 企业合并涉及的或有对价

◇ 反向购买的处理

◇ 被购买方的会计处理

一、同一控制和非同一控制下企业合并的处理

我国的企业合并准则中将企业合并按照一定的标准划分为两大基本类型——同一控制下的企业合并与非同一控制下的企业合并。企业合并的类型划分不同，所遵循的会计处理原则不同。

企业合并类型的划分（见表26-1）

表26-1 企业合并类型的划分

控股合并类型	概　念
同一控制	参与合并的企业在合并前后均受同一方或相同的多方最终控制且该控制并非暂时性的
非同一控制	参与合并各方在合并前后不受同一方或相同的多方最终控制的合并交易，即同一控制下企业合并以外的其他企业

在会计实务中，同一控制下的企业合并可以表现为多种形式，但历年真题中用于辨别同一控制和非同一控制的方式一般比较直观，以下为考题中常见的表达方式：

1.同一控制

（1）合并双方在合并前属于同一个集团。（此种表达方式最为常见）

（2）甲公司自乙公司购入W公司80%的股份。乙公司系甲公司的母公司的全资子公司。

考霸笔记

从 A← 甲 →B 到 甲→A→B 最终控制方没有改变，还是甲。

2.非同一控制

（1）合并双方在合并前无任何关联关系。

（2）甲公司自B公司购入C公司60%的股份。并购中涉及的各方关系如图26-1所示。

考霸笔记

从 甲 →A 到 B →A B与甲无关联。

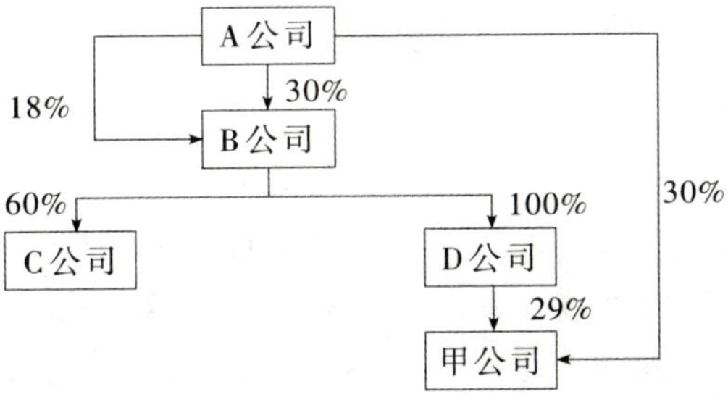

图26-1 并购中涉及的各方关系图

同一和非同一控制下企业合并中涉及或有对价如何处理？

考霸笔记

或有对价具有不确定性，同一控制下企业合并采用权益结合法，或有对价满足负债和资产的条件，可以予以确认，但不影响当期损益。

二、企业合并涉及的或有对价

1.同一控制下企业合并涉及的或有对价

同一控制下企业合并形成的控股合并，在确认长期股权投资初始投资成本时，应按照《企业会计准则第13号——或有事项》的规定，判断是否应就或有对价确认预计负债或者确认资产，以及确认的金额；确认预计负债或资产的，该预计负债或资产金额有对价结算金额的差额不影响当期损益，应当调整资本公积（资本溢价或股本溢价），资本公积（资本溢价或股本溢价）不足冲减的，调整留存收益。

2.非同一控制下企业合并涉及的或有对价

考霸笔记

非同一控制下企业合并采用购买法原则处理，或有对价是为了达到企业合并所支付对价的一部分，需要按照购买日的公允价值计入企业合并成本。

会计准则规定，购买方应当将合并协议约定的或有对价作为企业合并转移对价的一部分，按照其在购买日的公允价值计入企业合并成本。

在购买日12个月内出现对购买日已存在情况的新的或进一步证据需要调整或有对价的，应当予以确认并对原计入合并商誉的金额进行调整；其他情况下发生的或有对价变化或调整，应当区分情况进行会计处理：或有对价为权益性质的，不进行会计处理；或有对价为资产或负债性质的，如果属于会计准则规定的金融工具，应当采用公允价值计量，公允价值变动视有关金融工具的分类计入当期损益或其他综合收益。如不属于会计准则规定的金融工具，则应按照或有事项等准则的规定处理。

上述关于或有对价的规定，主要侧重于两个方面：一是在购买日应当合理估计或有对价并将其计入企业合并成本，购买日后12个月内取得新的或进一步证据表明购买日已存在状况，从而需要对企业合并成本进行调整的，可以据以调整企业合并成本；二是无论是购买日后12个月内还是其他时点，如果出现新的情况导致对原估计或有对价进行调整的，则不能再对企业合并成本进行调整，相关或有对价属于金融工具的，应以公允价值计量，公允价值变动计入当期损益或其他综合收益，或有对价不属于金融工具的，则应按照或有事项等准则进行处理。

考霸笔记

反向购买会计处理比较复杂，整体思路从实质重于形式出发，需要找到会计上的购买方，从此路径思考会相对容易。

三、反向购买的处理

（一）反向购买的定义

非同一控制下的企业合并，以发行权益性证券交换股权的方式进行的，通常发行权益性证券的一方为购买方，但某些企业合并中，发行权益性证券的一方因其生产经营决策在合并后被参与合并的另一方所控制的，发行权益性证券的一方虽然为法律上的母公司，但其为会计上的被购买方，该类企业合并通常称为“反向购买”。

考霸笔记

理解：甲公司通过发行股票交换股权的方式控制了乙公司，但却被乙公司原股东控制了，此为反向购买。

> 例如，甲公司为一家上市公司，乙公司为一家非上市公司。乙公司拟通过收购甲公司的方式达到上市目的，但该交易是通过甲公司向乙公司原股东发行普通股用以交换乙公司原股东持有的对乙公司股权的方式实现。完成该项交易后，乙公司原控股股东持有甲公司50%以上股权，甲公司也持有乙公司50%以上股权，此项合并在现行会计准则的处理中被归类为“反向购买”。

（二）反向购买的会计处理

1.相关会计法律文件

通常我们在进行反向购买的会计处理时，除了遵循《企业会计准则第20号——企业合并》外，还要借鉴两个财政部文件，它们分别是：《财政部会计司关于非上市公司购买上市公司股权实现间接上市会计处理的复函》（财会便〔2009〕17号）和《财政部关于做好执行会计准则企业2008年年报工作的通知》（财会函〔2008〕60号）。

2.具体的会计处理

（1）购买方和被购买方身份的确认

根据会计准则的规定，在遇到反向购买时，我们以发行权益性证券的一方作为法律上的母公司，参与合并的另一方就自然成为子公司，但是在实质进行会计处理时，却要求我们将母公司视作被购买方，而子公司视作购买方处理。

考霸笔记 发行权益性证券方（实质上为会计的被购买方）；参与合并另一方（实质上为会计的购买方）。

（2）合并财务报表的编制主体身份

法律上的母公司。

（3）合并双方资产、负债在合并资产负债表上的列示金额

根据财会便〔2009〕17号的规定，对于“构成业务情况”的反向购买的会计处理需要按照《企业会计准则第20号——企业合并》执行。会计上的被购买方的资产、负债应该按照购买日当天的公允价值列示于合并资产负债表上，会计上的购买方的资产、负债应该按照购买日当天的账面价值列示。

反向购买中企业合并成本如何计算？

（4）企业合并成本

反向购买中，法律上的子公司（购买方）的企业合并成本是指如果以发行权益性证券的方式为获取在合并后报告主体的股权比例，应向法律上母公司（被购买方）的股东发行的权益性证券数量与其公允价值计算的结果。

考霸笔记 合并成本=假设会计上购买方为获取在合并后报告主体的股权比例需要发行的股数×股价。

（5）合并商誉

根据财会便〔2009〕17号的规定，在“构成业务情况”的反向购买中，当“购买方合并成本”取得的上市公司可辨认净资产公允价值份额时，允许将其差额确认为商誉。

【例26-1·计算题】

甲上市公司于2×17年7月31日通过定向增发本企业普通股对乙企业进行合并，取得乙企业100%股权。假定不考虑所得税影响。甲公司及乙企业在合并前简化资产负债表，见表26-2。

表26-2　**甲公司及乙企业合并前资产负债表（简表）**

2×17年7月31日

单位：万元

项　目	甲公司		乙企业	
	账面价值	公允价值	账面价值	公允价值
流动资产	6 500	6 500	9 000	10 000
非流动资产	13 500	15 500	46 000	46 000
资产总额	20 000	22 000	55 000	56 000
流动负债	3 600	3 600	5 000	5 000

续表

项目	甲公司		乙企业	
	账面价值	公允价值	账面价值	公允价值
非流动负债	4 400	4 400	8 000	8 000
负债总额	8 000	8 000	13 000	13 000
所有者权益：				
股本	1 500		900	
资本公积	2 000		7 000	
盈余公积	2 500		6 100	
未分配利润	6 000		28 000	
所有者权益总额	12 000		42 000	

其他资料：

（1）2×17年7月31日，甲公司通过定向增发本企业普通股，以3股换1股的比例自乙企业原股东处取得了乙企业全部股权。甲公司共发行了2 700万股普通股以取得乙企业全部900万股普通股。

（2）甲公司普通股在2×17年7月31日的公允价值为10元，乙企业每股普通股当日的公允价值为30元。甲公司、乙企业每股普通股的面值为1元。

（3）假设甲公司的非流动资产公允价值不等于账面价值是源于一项固定资产。

（4）假定甲公司与乙企业在合并前不存在任何关联方关系。

要求：分析甲公司在2×17年7月31日当天的相关会计处理。

分析：

本题中，甲公司通过定向增发2 700万股股票获取了乙企业100%的控制权，但是其对自身的股权比例下降至1 500÷（1 500+2 700）<50%，说明甲公司原有股东丧失了对甲公司的控制权，乙企业原有股东对甲公司的控股比例达到2 700÷（1 500+2 700）>50%。这种甲公司控制了乙企业但又被乙企业原有股东控制的局面属于“反向购买”。

这时需要由甲公司出面编制合并资产负债表，但是甲公司的资产、负债应该按照购买日当天的公允价值列示于合并资产负债表上，而乙企业的资产、负债应该按照购买日当天的账面价值列示。

关于合并成本的计算，依据前述反向购买方式下合并成本的定义，我们需要假设甲公司没有发行2 700万股股票，而是改由乙企业出面定向增发股票以获取对甲公司的控制权，持股比例达到2 700÷（1 500+2 700）>50%。我们假设乙企业发行的股票数量为x，则得到以下计算公式：

900÷（x+900）=2 700÷（1 500+2 700）

计算得到，x=500万股，因此乙企业的合并成本=500×30=15 000（万元）。

考霸笔记：假定发行，达到同等控制比例。

由于甲公司股票和乙企业股票的置换比例为3∶1，所以乙企业发行500万股股票可以换取甲公司全部股权达到100%控股，因此合并商誉=15 000－（12 000+2 000）×100%=1 000（万元）。

考霸笔记：合并商誉=合并成本－上市公司可辨认净资产公允价值份额。

综上所述，我们将甲公司编制的合并资产负债表简略成表26-3：

表 26-3

合并资产负债表（简表）

2×17 年 7 月 31 日

单位：万元

资 产	购买日金额	期初金额	权 益	购买日金额	期初金额
流动资产	15 500		流动负债	8 600	
非流动资产（不含商誉）	61 500		非流动负债	12 400	
商誉	1 000		负债合计	21 000	
			股本	1 400	
			资本公积	21 500	
			盈余公积	6 100	
			未分配利润	28 000	
资产总计	78 000		权益总计	78 000	

如果假设乙企业的股东并没有都参与到此项反向购买中来，例如：只有其中的90%股权持有者愿意换取甲公司增发的普通股，那我们该如何处理呢？

其实会计处理的思路与上述做法基本一致，只是将乙企业中没有参与此项合并的10%股权“置身事外”划分为少数股东单独处理。如果只是换取乙企业90%股权的话，甲公司应发行的普通股股数为2 430万股（900×90%×3）。我们假设乙企业发行的股票数量为y，则得到以下计算公式：

（900×90%）÷［y+（900×90%）］=2 430÷（1 500+2 430）

计算得到，y=x=500万股。所以乙企业的合并成本还是15 000万元，其合并商誉也仍然是1 000万元。

乙企业未参与股权交换的股东划分为少数股东，其拥有的所有者权益在合并财务报表中应作为少数股东权益列示，金额为4 200万元（4 2000×10%）。

此时甲公司编制的合并资产负债表简略成表26-4：

表 26-4

合并资产负债表（简表）

2×17 年 7 月 31 日

单位：万元

资 产	购买日金额	期初金额	权 益	购买日金额	期初金额
流动资产	15 500		流动负债	8 600	
非流动资产（不含商誉）	61 500		非流动负债	12 400	
商誉	1 000		负债合计	21 000	
			股本	1 310	
			资本公积	20 800	
			盈余公积	5 490	
			未分配利润	25 200	
			归属于母公司股东权益合计	52 800	
			少数股东权益	4 200	
资产总计	78 000		权益总计	78 000	

第二十六章

（反向购买整体难度较大，建议对反向购买中基础的部分掌握即可，如反向购买的判断、合并成本的计算、合并商誉的计算等，其余可量力而行）

四、被购买方的会计处理

非同一控制下的企业合并中，被购买方在企业合并后仍持续经营的，如购买方取得被购买方100%股权，被购买方可以按合并中确定的有关资产、负债的公允价值调账，其他情况下，被购买方不应因企业合并改记资产、负债的账面价值。

本章同步强化训练

一、单选题

1.下列各项中属于企业合并的是（　　）。

A.企业A通过合同性安排对企业B的各项决策拥有过半数的董事会投票权，享有并有能力影响可变回报

B.两方或多方形成合营企业的企业合并

C.企业甲通过投资取得企业乙60%股份，不承担亏损风险，每年按照投资额的10%的获取收益

D.企业A取得了对另一个企业B的控制权，而被购买方（或被合并方）并不构成业务

2.甲公司是上市公司，2×16年2月1日，甲公司临时股东大会审议通过向P公司非公开发行股份，购买P公司持有的乙公司的90%股权。甲公司此次非公开发行前的股份为2 000万股，向P公司发行股份数量为5 000万股，非公开发行完成后，P公司能够控制甲公司。2×16年9月30日，非公开发行经监管部门核准并办理完成股份登记等手续，乙公司经评估确认的发行在外股份的公允价值总额为20 000万元，甲公司2×16年9月30日的股票价格为每股4元。则不考虑少数股东权益时反向购买的合并成本为（　　）万元。

A.20 000　　B.5 000　　C.7 200　　D.0

3.关于同一控制下企业合并的处理中，以下表述正确的是（　　）。

A.进行合并日会计处理时，母公司个别报表需要确认换出资产账面价值和公允价值的差额

B.编制合并报表时，取得被合并方净资产按照个别报表账面价值确认应有份额的金额

C.编制合并报表时有可能存在合并商誉，需要在合并日后12个月内根据合并日已存在事项的变化调整的或有对价进行调整

D.编制合并报表时不产生新的合并商誉

4.甲公司发行500万股普通股（每股面值1元，市价5元）并付出一批账面成本2 000万元、公允价值2 500万元的存货（甲企业为一般纳税人，增值税税率16%）作为合并对价取得乙公司100%的股权，合并后乙公司维持法人资格继续经营，合并双方合并前无关联关系，合并日乙公司的可辨认资产公允价值总额为5 000万元，可辨认负债公允价值总额为2 000万元，甲公司的合并成本为（　　）万元。

A.5 000　　B.3 000　　C.5 400　　D.2 000

5.非同一控制下的企业合并中，以非现金资产作为合并对价取得长期股权投资时，下列关于付出资产公允价值与账面价值差额处理的表述中，不正确的是（　　）。

A.合并对价为存货的，应当作为销售处理，按其公允价值确认收入，同时结转相应的成本

B.合并对价为交易性金融资产的，公允价值与其账面价值的差额，计入投资收益

C.合并对价为固定资产的，公允价值与账面价值的差额，计入资产处置损益

D.合并对价为投资性房地产的，公允价值与账面价值的差额，计入营业外收入或营业外支出

6.企业合并后仍维持其独立法人资格继续经营的企业合并形式为（　　）。

A.换股合并　　B.吸收合并　　C.新设合并　　D.控股合并

7.下列各项中属于企业合并的是（　　）。

A.企业A支付对价取得企业B的净资产（企业B不构成业务），该交易事项发生后，撤销企业B的法人资格

B.投资性主体企业A通过增发自身的普通股自企业B原股东处取得企业B的全部股权，该交易事项发生后，企业B仍持续经营

C.企业A收购B公司60%的股份，收购完成后根据协议在B公司可以派出4名董事，B公司章程规定董事席位不低于9人

D.企业A收购B公司30%的股权

8.甲公司以一台固定资产和一项专利权作为对价取得同一集团内乙公司100%的股权。固定资产原价1 000万元，累计折旧400万元；专利权的原价为600万元，累计摊销为150万元。合并日乙公司账面所有者权益总额为1 300万元，甲公司在确认对乙公司的长期股权投资时，确认的资本公积为（　　）。

A.贷记250万元　　B.借记250万元　　C.不产生资本公积　　D.贷记300万元

9.甲公司于2×15年12月29日以2 000万元取得乙公司80%的股权，能够对乙公司实施控制，形成非同一控制下的企业合并，合并当日乙公司可辨认净资产公允价值总额为1 600万元。2×16年12月25日甲公司又出资400万元自乙公司的其他股东处取得乙公司20%的股权，交易日乙公司有关资产、负债以购买日开始持续计算的金额（对母公司的价值）为2 200万元。甲公司、乙公司及乙公司的少数股东在交易前不存在任何关联方关系。不考虑其他因素，则甲公司在编制2×16年的合并资产负债表时，因购买少数股权而调整的资本公积金额为（　　）。

A.−40万元　　B.20万元　　C.30万元　　D.40万元

10.甲公司与乙公司是两个彼此独立的公司，甲公司拥有丙、丁两个子公司，乙公司拥有子

公司戊。下列合并中，属于同一控制下企业合并的是（　　）。

A.甲合并乙　　B.甲合并戊　　C.丙合并丁　　D.乙合并丙

11. 2×18年1月1日，M公司通过向N公司股东定向增发1 500万股普通股（每股面值为1元，市价为4元），取得N公司70%股权，并控制N公司，另以银行存款支付财务顾问费100万元。双方约定，如果N公司未来3年平均净利润增长率超过10%，M公司需要另外向N公司原股东支付80万元的合并对价；当日，M公司预计N公司未来3年平均净利润增长率很可能达到12%。该项交易前，M公司与N公司及其控股股东不存在关联方关系。不考虑其他因素，M公司该项企业合并的合并成本为（　　）万元。

A.6 000　　B.6 180　　C.6 240　　D.6 080

二、多选题

1. 下列关于控股合并合并日（购买日）需要编制报表的表述中不正确的有（　　）。

A.同一控制下的合并日合并报表的编制，包括合并资产负债表、合并利润表、合并现金流量表

B.同一控制下的合并日需要调整合并资产负债表的期初数

C.非同一控制下的购买日合并报表的编制，包括合并资产负债表、合并利润表、合并现金流量表

D.非同一控制下的购买日需要调整合并资产负债表的期初数

2. 对非同一控制下企业合并的合并成本，下列说法中正确的有（　　）。

A.一次交换交易实现的企业合并，合并成本为购买方在购买日为取得对被购买方的控制权而付出的资产、发生或承担的负债以及发行的权益性证券的公允价值

B.通过多次交换交易（一揽子交易）分步实现的企业合并，其合并成本为每一单项交换交易成本之和

C.购买方为进行企业合并发生的各项直接相关费用应当计入企业合并成本

D.持有被投资方股份作为金融资产核算后追加投资形成非同一控制的情况，合并成本为购买日的金融资产账面价值与新获得股权支付对价公允价值之和

3. 关于同一控制下控股合并在合并日合并报表的编报，正确的有（　　）。

A.合并资产负债表中被合并方的各项资产、负债按其个别报表的账面价值计量

B.合并资产负债表中被合并方的各项资产、负债按其最终控制方角度购买日持续计算的公允价值计量

C.合并商誉为合并方合并成本与享有被合并方净资产公允价值份额的差额

D.被合并方合并前留存收益中归属于合并方的部分应自资本公积转入留存收益

4. 关于同一控制下的企业合并形成母子公司关系的，在合并日，下列说法中正确的有（　　）。

A.合并利润表应当包括参与合并各方自合并当期期初至合并日所发生的收入、费用和利润

B.在控股合并的情况下，被合并方在合并前实现的净利润应体现在合并当期的合并利润表中

C.合并资产负债表中被合并方的各项资产、负债，应当按其账面价值计量

D.合并现金流量表应当包括参与合并各方自合并当期期初至合并日的现金流量

5. 关于非同一控制下控股合并购买日编制合并报表的说法中，正确的有（　　）。

A.合并资产负债表中取得的被购买方可辨认资产和负债按照公允价值确认

B.分步合并的情况下在合并前因内部交易的未实现损益在购买日无需做抵销处理

C.分步合并的情况下原股权投资因权益法确认的其他综合收益（被投资方的投资性房地产确认引起）需要转入留存收益

D.分步合并的情况下原股权投资因权益法确认的其他综合收益（被投资方持有的其他权益工具投资公允价值变动引起）需要转入投资收益

6.2×18年1月2日，A企业以增发的本企业普通股1 000万股为对价购入B企业100%的净资产，对B企业进行控股合并。2×18年1月2日，A企业股票公允价值每股13.5元。2×18年6月1日，A企业完成对B企业的董事会改组，向共9位董事席位中派出5位，另4位中有3位独立董事、1位职工董事，董事会改组完成当日，A公司的股价为12.5元。合并前A企业与B企业不存在任何关联方关系，所得税税率为25%，假定该项合并符合税法规定的免税合并条件，购买日B企业各项可辨认资产、负债的公允价值如下表。

资产	账面价值	公允价值	负债和所有者权益	账面价值	公允价值
银行存款	8 000	8 000	短期借款	100	100
应收账款	1 200	1 200	应付账款	5 000	5 000
存货	200	300	其他应付款	4 000	4 000
长期股权投资	1 000	1 000	预计负债	0	300
固定资产	5 000	7 000	负债合计	9 100	9 400
无形资产	5 000	4 000	实收资本（股本）	10 000	
商誉	0	0	资本公积	300	
			盈余公积	100	
			未分配利润	900	
资产总计	20 400	21 500	所有者权益合计	11 300	

下列选项中正确的有（　　）。

A.购买日应确认递延所得税资产为325万元　　B.购买日应确认递延所得税负债525万元

C.购买日应确认商誉为1 600万元　　D.购买日应确认商誉为600万元

7.A公司2×09年1月2日发行1 000万股份作为第一次收购价款收购甲公司持有的B公司股份的60%股权。A公司同甲公司针对此次收购作出约定，甲公司就B公司在收购完成后的经营业绩向A公司作出承诺：B公司2×09年、2×10年、2×11年度经审计扣除非经常性损益后归属于母公司股东的净利润分别不低于2 000万元、3 000万元和4 000万元。如果B公司未达成承诺业绩，甲公司将在B公司每一相应年度的审计报告出具后30日按B公司实际实现的净利润与承诺利润的差额，以甲公司持有的A公司股份对A公司按照实际业绩低于承诺业绩的差额进行补偿；同时，A公司需要以实际业绩低于等于承诺业绩的金额的50%、高于承诺业绩部分金额的100%以另发行股份的方式作为第二期收购价款；上述补偿结算不抵消，均需在2×12年完成支付。另假设合并之前，A公司和甲公司不存在关联方关系。下列选项中，正确的有（　　）。

A.购买日12个月内出现承诺业绩相对购买日作出的估计发生变化，应当予以确认并对原计入合并商誉的金额进行调整

B.或有对价为资产或负债性质的，如果属于会计准则规定的金融工具，应当采用公允价值计量，公允价值变动视有关金融工具的分类计入当期损益

C.假如购买日估计甲公司需要对A公司进行补偿，应对相关或有对价确认为资本公积

D. A公司购买日应预估后续的要发行的股份作为对价的部分确认权益工具，后续该权益工具价值发生变化的（第二次发行前）不做会计处理

8.针对非上市公司以所持有的对子公司投资等资产为对价取得上市公司的控制权，构成反向购买的，需要编制的合并报表的情况，注册会计师小王、小李、小丁、小赵提出以下看法。

小王：交易发生时，上市公司未持有任何资产、负债或仅持有现金、交易性金融资产等不构成业务的资产或负债的，上市公司在编制合并财务报表时，购买企业应按照权益性交易的原则进行处理，不得确认商誉或确认计入当期损益。

小李：上市公司无论是构成业务还是不构成业务，编制合并报表时都需要按照上市公司的资产和负债的公允价值入账。

小丁：交易发生时，上市公司保留的资产、负债构成业务的，对于形成非同一控制下企业合并的，企业合并成本与取得的上市公司可辨认净资产公允价值份额的差额应当确认为商誉或是计入当期损益。

小赵：判断是否构成业务，主要看企业内部某些生产经营活动或资产负债的组合是否具有投入、加工处理过程和产出能力，能够独立计算其成本费用或所产生的收入等，目的在于为投资提供股利、降低成本或带来其他经济利益。有关资产或资产、负债的组合具备了投入和加工处理过程两个要素即可认为构成一项业务。

上述言论中，正确的是（　　）。

A.小王　　B.小李　　C.小丁　　D.小赵

三、综合题

1.A公司为上市公司。2×16年12月31日，A公司与P公司达成收购P公司持有的B公司60%的股权的协议，完成非同一控制下的企业合并。

（1）收购定价的相关约定如下：①2×16年12月31日支付银行存款5 000万元；②自B公司经上市公司指定的会计师事务所完成2×17年度财务报表审计后1个月内，A公司以银行存款支付第二期收购价款，该价款按照B公司2×17年税后净利润的2倍为基础计算。

（2）业绩承诺。B公司承诺2×17年实现税后净利润人民币1 200万元，若2×17年B公司实际完成净利润不足1 200万元，由B公司的原股东P公司对A公司做出补偿，补偿方案有四种可选。方案一，按税后净利润低于人民币1 200万元的差额的1.5倍做出现金补偿；方案二，按税后净利润低于人民币1 200万元的差额的1.5倍以P公司的商品做出补偿，A公司收到后作为库存商品核算；方案三，按税后净利润低于人民币1 200万元的差额的1.5倍以等值的P公司自身股权做出补偿，A公司收到股权后作为交易性金融资产核算；方案四，按税后净利润低于人民币1 200万元的差额的1.5倍以等值的P公司持有的A公司的股权做出补偿。（其他假定：未经审计的报表其真实性达不到基本确定的状态；不考虑增值税等其他因素）

问题一：假设2×16年12月31日预计2×17年实现净利润2 000万元（90%≥可能性≥80%），实际实现净利润2 500万元。要求，针对四种不同的业绩承诺方案写出2×16年12月31日起的A

公司所有母公司个别报表的会计处理。

问题二：假设2×16年12月31日预计2×17年实现净利润800万元（90%≥可能性≥80%），实际实现净利润1 000万元。要求，针对四种不同的业绩承诺方案写出2×16年12月31日起的A公司所有母公司个别报表的会计处理。

2. A上市公司于2×19年9月30日通过定向增发本企业普通股以及支付部分现金作为对价对B企业进行合并，取得B企业100%股权。假定不考虑所得税影响。A公司及B企业在合并前简化资产负债表如下。

项目	A公司	B企业
流动资产	5 000	4 500
非流动资产	19 000	60 000
资产总额	24 000	64 500
流动负债	1 200	1 500
非流动负债	300	3 000
负债总额	1 500	4 500
所有者权益：		
股本	1 500	1 300
资本公积		
盈余公积	6 000	16 700
未分配利润	15 000	42 000
所有者权益总额	22 500	60 000

其他资料：

（1）2×19年9月30日，A公司通过定向增发本企业普通股2 600万股，从B企业原股东甲公司处取得了B企业100%股权。

A公司每股普通股在2×19年9月30日的公允价值为20元，B企业每股普通股当日的公允价值为40元。A公司、B企业每股普通股的面值均为1元。

（3）2×19年9月30日，A公司（法律上的母公司）除非流动资产公允价值较账面价值高5 000万元以外（假设差异全部来源于一项剩余使用寿命为10年的固定资产），其他资产、负债项目的公允价值与其账面价值相同。假设当日A公司可辨认资产、负债的计税基础等于账面价值。

（4）假定A公司与B企业在合并前不存在任何关联方关系。

企业所得税税率25%。

问题1：判断A公司合并B企业的合并类型及理由。

问题2：编制A公司2×19年9月30日合并资产负债表。

合并资产负债表

项目	A公司	B企业	合并金额
流动资产			
非流动资产			
商誉			
递延所得税资产			
资产总额			
流动负债			
非流动负债			
递延所得税负债			
负债总额			
股本（4 100万股）			
资本公积			
盈余公积			
未分配利润			
少数股东权益			
所有者权益合计			

问题3：A公司、B企业2×19年个别报表实现净利润分别为2 000万元和3 000万元，2×19年没有发生内部交易，假定利润均匀实现，试计算2×19年度合并报表的每股基本收益。

第二十七章

合并财务报表

本章导学

本章框架图

- 合并财务报表
  - 合并财务报表的合并理论
    - 母公司理论
    - 实体理论
    - 所有权理论
  - 合并范围的确定
    - 控制的定义
  - 合并财务报表编制原则、前期准备事项及程序
    - 编制原则
    - 合并报表的构成
    - 前期准备事项
    - 合并报表的编制程序
  - ✪ 长期股权投资与所有者权益的合并处理（同一控制下企业合并）
    - 合并日合并报表
    - 合并日后合并报表
  - ✪ 长期股权投资与所有者权益的合并处理（非同一控制下企业合并）
    - 购买日合并报表
    - 购买日后合并报表
  - ✪ 内部商品交易的合并处理
    - 内部交易第一年的抵销处理
    - 内部交易第二年的抵销处理
    - 减值因素的引入
    - 所得税的引入
    - 逆流交易的处理
  - ✪ 内部债权债务的合并处理
    - 应收应付账款的抵销处理
      - 应收应付第一年的抵销处理
      - 应收应付第二年的抵销处理
      - 减值因素的引入
      - 所得税的引入
      - 逆流交易的处理
  - ✪ 内部固定资产交易的合并处理
    - 交易当年的抵销处理
    - 交易后第二年的抵销处理
    - 所得税的引入
    - 逆流交易的处理
  - ✪ 内部无形资产交易的合并处理
    - 交易当年的抵销处理
    - 交易后第二年的抵销处理
    - 所得税的引入
    - 逆流交易的处理
  - ✪ 特殊交易在合并财务报表中的会计处理
    - 追加投资的会计处理
      - 购买子公司少数股权
      - 通过多次交换交易实现企业合并
    - 处置对子公司投资的会计处理
      - 不丧失控制权情况下部分处置子公司股权
      - 丧失控制权情况下部分处置子公司股权
        - 一次交易处置子公司
        - 多次交易分步处置子公司
  - 所得税会计相关的合并处理
  - 合并现金流量表的编制

本章考情概述

本章阐述了合并日后合并财务报表的编制。

学习本章应当关注的问题：(1) 合并财务报表调整抵销分录的编写；(2) 追加投资、处置对子公司投资、因子公司少数股权增资导致母公司股权稀释等特殊交易的会计处理。

近三年主要考点：(1) 合并财务报表中调整抵销分录的处理；(2) 购买子公司少数股权的会计处理；(3) 丧失控制权下处置子公司部分股权的会计处理等。

2019年教材主要变化

根据财会〔2019〕1号文件修订了教材合并报表中的部分报表项目。

第一节 合并财务报表的合并理论

◇ 母公司理论

◇ 实体理论

◇ 所有权理论

编制合并财务报表的合并理论，到目前为止主要有母公司理论、实体理论以及所有权理论等。

一、母公司理论

所谓母公司理论，是将合并财务报表视作母公司本身的财务报表反映范围的扩大，从母公司角度来考虑合并财务报表的合并范围、选择合并处理方法。

二、实体理论

实体理论认为合并财务报表是企业集团各成员企业构成的经济联合体的财务报表，编制合并财务报表是为整个经济体服务的。

因此，目前国际财务报告准则及我国企业会计准则主要采用的就是实体理论。

三、所有权理论

所有权理论运用于合并财务报表编制时，既不强调企业集团中存在的法定控制关系，也不强调企业集团各成员企业所构成的经济实体，而是强调编制合并财务报表的企业对另一企业的经济活动和财务决策具有重大影响的所有权。

在采用所有权理论的情况下，对于其拥有所有权的企业的资产、负债和当期实现的净损益，均按照一定的比例合并计入合并财务报表。这也是一些国家的合并财务报表相关准则规定比例合并法的理论基础。

第二节 合并范围的确定

◇ 以“控制”为基础，确定合并范围

◇ 纳入合并范围的特殊情况——对被投资方可分割部分的控制

◇ 合并范围的豁免——投资性主体

◇ 控制的持续评估

一、以“控制”为基础，确定合并范围

合并范围是指参与合并财务报表编制的主体范围，母公司应当以“控制”为基础判定纳入合并范围的子公司（包括母公司所控制的单独主体）。

1.“控制”的界定

控制，是指投资方拥有对被投资方的权力，通过参与被投资方的相关活动而享有可变回报，并且有能力运用对被投资方的权力影响其回报金额。

2.“控制”的两个基本要素

考霸笔记：控制，需要同时满足两个条件：权力+可变回报。

（1）因涉入被投资方而享有可变回报；

（2）拥有对被投资方的权力，并且有能力运用对被投资方的权力影响其回报金额。投资方只有同时具备上述两个要素，才能控制被投资方。

二、纳入合并范围的特殊情况——对被投资方可分割部分的控制

投资方通常应当对是否控制被投资方整体进行判断。但极个别情况下，有确凿证据表明同时满足下列条件并且符合相关法律法规规定的，投资方应当将被投资方的一部分（以下简称“该部分”）视为被投资方可分割的部分（单独主体），进而判断是否控制该部分（单独主体）。

（1）该部分的资产是偿付该部分负债或该部分其他权益的唯一来源，不能用于偿还该部分以外的被投资方的其他负债；

（2）除与该部分相关的各方外，其他方不享有与该部分资产相关的权利，也不享有与该部分资产剩余现金流量相关的权利。

如果投资方能够控制上述可分割部分，则应当将该部分纳入合并范围，而其他方在考虑对被投资方的合并时不能再将该部分考虑在内。

如何理解投资性主体？

三、合并范围的豁免——投资性主体

1.豁免规定

母公司应当将其全部子公司（包括母公司所控制的被投资单位可分割部分、结构化主体）纳入合并范围。但是，如果母公司是投资性主体，则只应将那些为投资性主体的投资活动提供相关服务的子公司纳入合并范围，其他子公司不应予以合并，母公司对其他子公司的投资应当按照公允价值计量且其变动计入当期损益。

为什么只将那些提供相关服务的子公司纳入投资性主体的合并范围？

一个投资性主体的母公司如果其本身不是投资性主体，则应当将其控制的全部主体，包括投资性主体以及通过投资性主体间接控制的主体，纳入合并财务报表

范围。

2.投资性主体的定义

当母公司同时满足下列条件时，该母公司属于投资性主体：

（1）该公司是以向投资者提供投资管理服务为目的，从一个或多个投资者处获取资金；

（2）该公司的唯一经营目的，是通过资本增值、投资收益或两者兼有而让投资者获得回报；

（3）该公司按照公允价值对几乎所有投资的业绩进行考量和评价。

3.投资性主体的特征

母公司属于投资性主体的，通常情况下应当符合下列所有特征：

（1）拥有一个以上投资；

（2）拥有一个以上投资者；

（3）投资者不是该主体的关联方；

（4）其所有者权益以股权或类似权益方式存在。

4.因投资性主体转换引起的合并范围的变化

当母公司由非投资性主体转变为投资性主体时，除仅将为其投资活动提供相关服务的子公司纳入合并财务报表范围编制合并财务报表外，企业自转变日起对其他子公司不再予以合并，其会计处理参照部分处置子公司股权但不丧失控制权的处理原则。

当母公司由投资性主体转变为非投资性主体时，应将原未纳入合并财务报表范围的子公司于转变日纳入合并财务报表范围，原未纳入合并财务报表范围的子公司在转变日的公允价值视同购买的交易对价，按照非同一控制下企业合并的会计处理方法进行会计处理。

四、控制的持续评估

当环境或情况发生变化时，投资方需要评估控制的两个基本要素中的一个或多个是否发生了变化。如果有任何事实或情况表明控制的两项基本要素中的一个或多个发生了变化，投资方应重新评估对被投资方是否具有控制。

第三节　合并财务报表的编制原则、前期准备事项及程序

◇ 合并财务报表的编制原则

◇ 合并财务报表的构成

◇ 合并财务报表编制的前期准备事项

◇ 合并财务报表的编制程序

如何理解合并财务报表编制原则？是否需要记忆。

一、合并财务报表的编制原则

1. 合并财务报表的特点

（1）反映的对象是由母公司和其全部子公司组成的会计主体；

（2）编制者是母公司；

（3）合并财务报表是站在合并财务报表主体的立场上，以纳入合并范围的企业个别财务报表为基础，根据其他有关资料，抵销母公司与子公司、子公司相互之间发生的内部交易，考虑了特殊交易对合并财务报表的影响后编制的，旨在反映合并财务报表主体作为一个整体的财务状况、经营成果及现金流量。

2. 合并财务报表编制的原则

应遵循财务报表编制的一般原则和要求，并且还应遵循以下原则和要求：

（1）以个别财务报表为基础编制；

（2）一体性原则；

（3）重要性原则。

二、合并财务报表的构成

合并财务报表至少包括合并资产负债表、合并利润表、合并所有者权益变动表（或合并股东权益变动表）、合并现金流量表和附注。

（1）合并资产负债表。

合并资产负债表是反映母公司和子公司所形成的企业集团某一特定日期财务状况的报表。

（2）合并利润表。

合并利润表是反映母公司和子公司所形成的企业集团整体在一定期间内经营成果的报表。

（3）合并所有者权益变动表（或合并股东权益变动表）。

合并所有者权益变动表（或合并股东权益变动表）是反映母公司在一定期间内，包括经营成果分配在内的所有者（或股东）权益增减变动情况的报表。它是从母公司的角度，站在母公司所有者的立场反映企业所有者（或股东）在母公司中的权益增减变动情况的报表。

（4）合并现金流量表。

合并现金流量表是反映母公司和子公司所形成的企业集团在一定期间内现金流入、流出量以及现金净增减变动情况的报表。

（5）附注。

三、合并财务报表编制的前期准备事项

（1）统一母子公司的会计政策；

（2）统一母子公司的资产负债表日及会计期间；

（3）对以外币计量的子公司个别财务报表进行折算；

（4）收集与编制合并财务报表相关的资料。

四、合并财务报表的编制程序

（1）设置合并工作底稿。

合并财务报表是在纳入合并范围的母子公司个别财务报表基础上编制而成的，

考霸笔记

合并报表编制和个别报表编制的起步不同。个别报表：凭证→账→表

合并报表：个别报表→工作底稿→合并报表

考霸笔记

一体性原则最简单的理解是母子公司同为一体，所以内部交易才需要抵销。（母子公司之间交易在集团层面看，不算真正的交易）

考霸笔记

合并报表编制过程中，需要对工作底稿进行调整抵销，同时要考虑成本，所以不重要的交易就忽略不计。

考霸笔记

体现了可比性原则，是保证母子公司财务报表各项目反映内容一致的基础。

考霸笔记

将外币折算为记账本位币。

考霸笔记

底稿就像草稿，完成了合并的编制就没用了，来年再次编制合并报表，需要重新编制合并工作底稿。

但是这种编制并不是简单的汇总，而是需要进行必要的调整和抵销，为了便于完成这些专业化的会计处理，我们通常借助于“合并工作底稿”这一工作平台完成。合并工作底稿的模板样式见表27-1。

表27-1 **合并工作底稿模板样式**

项　目	母公司	子公司1	…	子公司n	调整/抵销分录		少数股东权益	合并金额
					借方	贷方		
资产负债表：								
⋮								
利润表：								
⋮								
现金流量表：								
⋮								
所有者权益变动表：								
⋮								

（2）将母公司和纳入合并范围的子公司的个别资产负债表、利润表及所有者权益变动表各项目的数据过入合并工作底稿，并在合并工作底稿中对母公司和子公司个别财务报表各项目的数据进行加总，计算得出个别资产负债表、个别利润表及个别所有者权益变动表各项目合计数额。

考霸笔记
整个合并报表编制过程中，最关键的就是调整分录和抵销分录。

（3）**编制调整分录与抵销分录**。

合并财务报表的会计主体是整个企业集团，因此我们需要对导入合并工作底稿的母子公司个别财务报表数据进行调整和抵销。这里的调整、抵销分录的编制是本章的重点内容，在后面将具体讲解。

> 注意：无论调整分录还是抵销分录都是针对导入的母子公司个别财务报表数据展开的，因此会计分录借贷的是报表项目而不是会计科目。具体区分见表27-2。

表 27-2　需要区分的常见报表项目和会计科目

报表类型	报表项目	会计科目
资产负债表	应收账款	坏账准备
	存货	库存商品、存货跌价准备
	固定资产	累计折旧、固定资产减值准备
	无形资产	累计摊销、无形资产减值准备
	未分配利润	利润分配
利润表	营业收入	主营业务收入、其他业务收入
	营业成本	主营业务成本、其他业务成本
	资产处置收益/损失	资产处置损益

如何区分报表项目和会计科目，是否需要记忆？

（4）计算合并财务报表各项目的合并金额。

完成必要的调整和抵销分录编制后，我们需要在此基础上结合母子公司个别财务报表数据计算出将来列示于合并财务报表上的数据，即前述合并工作底稿中最右边一列的"合并金额"。

（5）填列合并财务报表。

当我们完成"合并金额"一列中所有空格的计算后，即可将该列数据导出填入空白的合并财务报表中，至此合并财务报表编制的主要程序完成。

为什么要抵销长期股权投资和所有者权益？

第四节　长期股权投资与所有者权益的合并处理（同一控制下企业合并）

◇ 同一控制下取得子公司合并日合并财务报表的编制

◇ 直接投资及同一控制下取得子公司合并日后合并财务报表的编制

一、同一控制下取得子公司合并日合并财务报表的编制

根据《企业会计准则第20号——企业合并》，母公司在合并日需要编制合并日的合并资产负债表、合并利润表和合并现金流量表等合并财务报表。此处我们只涉及合并日合并资产负债表的编制。

1. 长期股权投资和子公司所有者权益的抵销

借：股本（实收资本）
　　资本公积
　　其他综合收益
　　盈余公积
　　未分配利润
　（以上为子公司所有者权益账面价值）
　贷：长期股权投资　（母公司对子公司股权投资）
　　　少数股东权益　（子公司所有者权益账面价值×少数股东持股比例）

注：同一控制下企业合并不产生新商誉！

考霸笔记：少数股东权益，合并报表中的项目，体现了少数股东所占有的所有者权益份额，因为合并财务报表的编制理论为实体理论。

考霸笔记：同一控制下企业合并，不会新产生任何资产或负债，自然就不会产生商誉这个资产。

另外，当母公司对子公司的持股比例为100%时，则上述抵销分录中子公司所有者权益项目全部与母公司对子公司的长期股权投资抵销，无需按比例再确认“少数股东权益”。

为什么同一控制下控股合并需要编制恢复留存收益的分录?

2.（子公司）留存收益的部分恢复　（按母公司持股比例恢复）

借：资本公积
贷：盈余公积
未分配利润

上述分录中借方的资本公积归属于合并方，贷方的留存收益则归属于被合并方。当合并方的资本公积（资本溢价或股本溢价）余额不足，导致被合并方在合并前实现的留存收益在合并资产负债表中未予全额恢复的，合并方应当在报表附注中对这一情况进行说明。

考霸笔记

对长期股权投资进行调整，是因为合并报表编制模式为“模拟权益法”，需要把个别报表中长期股权投资在成本法下的账面价值调整为权益法下的价值，调整后的账面价值才能反映所占子公司的所有者权益份额。

二、直接投资及同一控制下取得子公司合并日后合并财务报表的编制

（一）母公司对子公司长期股权投资的调整　（按权益法）

将母公司对子公司长期股权投资由成本法核算的结果调整为权益法核算的结果，使母公司对子公司长期股权投资项目反映其在子公司所有者权益中所拥有权益的变动情况。

1. 投资收益的确认　（应享有或分担子公司当期实现净损益的份额）

按照子公司当年实现的净利润中属于母公司享有的份额，调整增加对子公司长期股权投资的金额，并调整增加当年投资收益。会计分录为：

借：长期股权投资　（公司当年实现的净利润×持股比例）
贷：投资收益

此处子公司当年实现的净利润是调整后的净利润，调整的事项主要有：

（1）被投资单位有关资产、负债的公允价值与其账面价值不同的，应以投资时被投资单位有关资产、负债的公允价值为基础计算确定净利润，从而需要对被投资单位账面净利润进行调整。

（2）在确认应享有或应分担的被投资单位净利润（或亏损）额时，法规或章程规定不属于投资企业的净损益应当予以剔除后计算。例如，被投资单位发行了分类为权益的可累积优先股等类似的权益工具，无论被投资单位是否宣告分配优先股股利，投资方计算应享有被投资单位的净利润时，均应将归属于其他投资方的累积优先股股利予以扣除。

以上调整类似于个别报表权益法核算时的调整。但是个别报表权益法核算是要抵销内部交易的（顺流逆流交易都要抵销），此处我们不用考虑抵销内部交易。因为在合并报表层面投资收益最终为0，即假设此处考虑了内部交易计算出投资收益，后面还是要抵销，因此可不必考虑，这样计算简便，不容易出错。

2. 成本法的调整　（取得子公司分派的利润或现金股利）

母公司个别报表采用成本法核算，当期子公司宣告分派的现金股利或利润，在母公司个别报表层面已经确认了投资收益。但是，在合并报表层面，认可的是权益法，该股利应当冲减长期股权投资的账面价值，因此有以下分录：

借：投资收益
　贷：长期股权投资

3. 其他所有者权益变动的确认（其他综合收益，资本公积——其他资本公积）

对于子公司除净利润以外其他所有者权益的变动，根据权益法的规定，母公司应当将所享有的金额计入资本公积或其他综合收益。会计分录为：

借：长期股权投资
　贷：资本公积
　　其他综合收益

为什么合报中成本法调权益法，发放股利的分录借的是投资收益，不是应收股利？

（二）投资和权益的抵销分录

借：股本
　资本公积（期初数+本期调整数）
　其他综合收益（期初数+本期调整数）
　盈余公积（期初数+本期调整数）
　未分配利润（期初数+本期实现-分配-计提盈余公积→指未分配利润——年末）
　贷：长期股权投资（个别财务报表数据+合并财务报表调整的数据）
　　少数股东权益

为什么要做这笔抵销分录如何理解并快速记忆？

（三）子公司留存收益的部分恢复

借：资本公积（此笔分录照抄合并日编写的留存收益恢复的会计分录）
　贷：盈余公积
　　未分配利润

考霸笔记

此笔分录原理与合并日处理相同，但由于当年子公司的经营情况，所有者权益项目金额会发生变化。

（四）母公司对子公司投资收益的抵销

前面第一笔分录中，我们将母公司对子公司的长期股权投资从成本法转为权益法的同时，确认了母公司对子公司的投资收益。这种投资收益属于内部损益不能对外公开，需要抵销。为此，我们需要编制以下抵销分录：

借：投资收益（子公司调整后的净利润×母公司持股比例）
　少数股东损益（子公司调整后的净利润×少数股东持股比例）
　年初未分配利润
　贷：提取盈余公积
　　向股东分配利润
　　年末未分配利润

为什么逆流交易需要单独调整这笔分录？

逆流交易单独调整少数股东损益：

借：少数股东权益
　贷：少数股东损益

考霸笔记

在逆流交易中，少数股东是指子公司的少数股东，在合并报表中，还是有一席之地的，未实现内部交易损益少数股东会承担一部分。

（五）母子公司应收应付股利的抵销

如果子公司向股东宣告分派现金股利形成对母公司负债的，在股利发放之前，双方个别财务报表上分别形成了“应付股利”和“应收股利”两项内容，此类内部债权债务也需要抵销。会计分录如下：

借：应付股利
　贷：应收股利

综上所述，上述所有合并工作底稿中会计分录的推导既适用于合并后当年年

考霸笔记
本题为同一控制下企业合并报表编制会计处理，对于调整抵销分录需要牢牢掌握。

末，也适用于合并以后各年度合并财务报表的编写。

例 27-1·计算题

甲公司2×17年1月1日以银行存款11 500万元购入乙公司80%的股权。甲、乙公司合并前已属于同一控制下的企业。假设甲、乙公司采用的会计政策相同，合并日之前两家公司之间未发生其他需抵销的内部交易。2×17年年末，甲、乙公司的个别财务报表数据见表27-3至表27-5。

表 27-3

资产负债表（简表）

2×17年12月31日

单位：万元

资　产	甲公司	乙公司	权　益	甲公司	乙公司
货币资金	41 700	17 400	短期借款	4 500	3 000
应收账款	1 800	600	应付账款	5 100	2 400
应收股利	900	0	应付股利	0	1 000
存货	1 600	2 500	股本	20 000	8 000
长期股权投资	19 000	2 300	资本公积	10 500	2 000
固定资产	1 700	900	其他综合收益	2 600	1 500
			盈余公积	3 600	1 000
			未分配利润	20 400	4 800
资产合计	66 700	23 700	权益合计	66 700	23 700

表 27-4

利润表（简表）

2×17年12月31日

单位：万元

项　目	甲公司	乙公司
一、营业收入	29 000	16 400
减：营业成本	13 000	9 100
税金及附加	1 200	700
销售费用	3 100	2 300
管理费用	1 200	840
财务费用	800	320
资产减值损失	300	40
加：公允价值变动损益（损失以“-”号填列）	0	0
投资收益（损失以“-”号填列）	2 600	400
资产处置损益（损失以“-”号填列）	0	0
其他收益	0	0
二、营业利润（亏损以“-”号填列）	12 000	3 500
加：营业外收入	500	150
减：营业外支出	200	50
三、利润总额（亏损总额以“-”号填列）	12 300	3 600
减：所得税费用	1 800	600
四、净利润（净亏损以“-”号填列）	10 500	3 000
五、其他综合收益的税后净额	600	300
六、综合收益总额	11 100	3 300

表 27-5

所有者权益变动表（简表）

2×17 年度

单位：万元

项目	甲公司						乙公司					
	股本	资本公积	其他综合收益	盈余公积	未分配利润	股东权益合计	股本	资本公积	其他综合收益	盈余公积	未分配利润	股东权益合计
一、上年年末余额	20 000	10 000	2 000	3 000	15 000	50 000	8 000	2 000	1 200	800	3 000	15 000
加：会计政策变更												
前期差错更正												
二、本年年初余额	20 000	10 000	2 000	3 000	15 000	50 000	8 000	2 000	1 200	800	3 000	15 000
三、本年增减变动金额（减少以“–”号填列）												
（一）综合收益总额			600		10 500	11 100			300		3 000	3 300
（二）所有者投入和减少资本												
（三）利润分配												
1.提取盈余公积				600	–600					200	–200	
2.对股东的分配					–4 500	–4 500					–1 000	–1 000
3.其他												
（四）股东权益内部结转												
四、本年年末余额	20 000	10 000	2 600	3 600	20 400	56 600	8 000	2 000	1 500	1 000	4 800	17 300

考霸笔记
解题流程：
1.判断是合并日还是合并日后。
2.合并日两笔分录：长投与所有者权益抵销；恢复留存收益。
3.合并日后五步分录。
①按权益法调整长期股权投资账面价值。
②长期股权投资与所有者权益抵销。
③留存收益恢复。
④投资收益抵销。
⑤内部交易抵销。

假设甲公司2×17年全年实现净利润10 500万元，当年提取盈余公积600万元，向股东完成分派现金股利4 500万元。乙公司当年因持有的可供出售金融资产公允价值变动，确认了其他综合收益税后净额600万元。

假设乙公司2×17年全年实现净利润3 000万元，当年提取盈余公积200万元，向股东宣告分派现金股利1 000万元。乙公司当年因持有的可供出售金融资产公允价值变动，确认了其他综合收益税后净额300万元。

要求：编制甲公司2×17年12月31日合并乙公司财务报表的调整和抵销分录（单位：万元）。

答案：

①投资收益确认。

借：长期股权投资　　2 400=3 000×80%

　贷：投资收益　　2 400

②成本法调整。

借：投资收益　　800=1 000×80%

　贷：长期股权投资　　800

③其他所有者权益的变动处理。

借：长期股权投资　　240=300×80%

　贷：其他综合收益　　240

④投资和权益的抵销分录。

借：股本　　8 000

　　资本公积　　2 000

　　其他综合收益　　1 500

　　盈余公积　　1 000

　　未分配利润　　4 800

　贷：长期股权投资　　13 840=17 300×80%

　　　少数股东权益　　3 460=17 300×20%

⑤子公司留存收益的部分恢复。

借：资本公积　　3 040

　贷：盈余公积　　640=800×80%

　　　未分配利润　　2 400=3 000×80%

⑥母公司对子公司投资收益的抵销。

在前述会计分录①中，我们根据权益法的规定确认了甲公司对乙公司的投资收益2 400万元（3 000×80%），但是这部分内部投资收益不能出现在合并财务报表上，为此需要抵销，并同时确认合并利润表中的少数股东损益项目。

借：投资收益　　2 400

　　少数股东损益　　600=3 000×20%

　　年初未分配利润　　3 000

　贷：提取盈余公积　　200

　　　向股东分配利润　　1 000

　　　年末未分配利润　　4 800

⑦ 母子公司应收应付股利的抵销。

将甲、乙公司个别财务报表上的内部应收、应付股利项目抵销，具体会计分录为：

借：应付股利　800

　贷：应收股利　800

第五节　长期股权投资与所有者权益的合并处理（非同一控制下企业合并）

◇ 非同一控制下取得子公司购买日合并财务报表的编制

◇ 非同一控制下取得子公司购买日后合并财务报表的编制

一、非同一控制下取得子公司购买日合并财务报表的编制

购买日当天购买方需要编制的合并财务报表仅限于合并资产负债表，而无需编制合并利润表和合并现金流量表。以下是编制购买日合并资产负债表过程中涉及的相关会计处理。

1. 被购买方个别财务报表上的资产、负债以其在购买日的公允价值计量

以存货为例，假定存货的公允价值大于账面价值：

借：存货（公允价值-账面价值）

　贷：资本公积

2. 递延所得税的确认（考虑所得税的情况下编制）

借：资本公积

　贷：递延所得税负债

3. 母公司长期股权投资与子公司所有者权益抵销处理

（1）购买日企业合并成本>取得的被购买方可辨认净资产公允价值份额

借：股本（实收资本）

　　资本公积

　　其他综合收益

　　盈余公积

　　未分配利润

　　商誉

　贷：长期股权投资（母公司对子公司股权投资）

　　　少数股东权益

（2）购买日企业合并成本<取得的被购买方可辨认净资产公允价值份额

借：股本（实收资本）

　　资本公积

　　其他综合收益

　　盈余公积

　　未分配利润

考霸笔记

非同一控制下企业合并采用的是购买法，从头到尾只认可公允价值。在个别报表中，算长投所占份额是按照可辨认净资产公允价值进行计算，同理，合并报表在合并之前，需要将账面价值调整为公允价值。

考霸笔记

购买日对资产负债进行调整，是对净资产进行调整，评估增值的部分，增加所有者权益，计入资本公积中最合适。

考霸笔记

如果考虑所得税，资产的账面价值和计税基础就产生了差异，需要确认相应的递延所得税。

考霸笔记

长期股权投资与子公司所有者权益进行抵销时，借方差额计入商誉。

考霸笔记
抵销贷方差额计入营业外收入，合并成本小于可辨认净值产公允价值，表明赚到了。

贷：长期股权投资（母公司对子公司股权投资）
　　少数股东权益
　　盈余公积
　　未分配利润

4. 分步到位实现控股合并时的新增分录（权益法——成本法）

购买方在购买日之前持有的被购买方股权如果被划分为权益法下长期股权投资的，该部分股权投资的账面价值需要在合并工作底稿中按照购买日公允价值重新计量，调整金额计入当期投资收益，另外原持有期间涉及的其他综合收益也需要转为当期投资收益。

考霸笔记
从权益法到成本法，合并报表中认为这是从非控制到控制，虽然名称都是长期股权投资，但性质完全不一样，所以视同处置之前持有的权益法下的长期股权投资，按照新的公允价值购入。处置的时候，不要忘记该结转的都要结转，如其他综合收益、资本公积——其他资本公积。

借：长期股权投资
　贷：投资收益
借：其他综合收益
　贷：投资收益

（或相反分录）

二、非同一控制下取得子公司购买日后合并财务报表的编制

（1）应当以购买日确定的各项可辨认资产、负债及或有负债的公允价值为基础对子公司的财务报表进行调整。

以存货为例，假定存货的公允价值大于账面价值：

借：存货
　贷：资本公积

考虑所得税，则会计分录为：

借：资本公积
　贷：递延所得税负债

考霸笔记
合并报表中，不管是非同一控制还是同一控制，都是按照权益法进行合并的，所以需要将长期股权投资从个别报表的成本法调整为权益法。

（2）公司对子公司长期股权投资由成本法核算的结果调整为权益法核算的结果。

① 投资收益的确认。

按照子公司当年实现的净利润中属于母公司享有的份额，调整增加对子公司长期股权投资的金额，并调整增加当年投资收益。会计分录为：

借：长期股权投资
　贷：投资收益

② 成本法的调整。

母公司个别财务报表采用成本法核算，当期子公司宣告分派的现金股利或利润，母公司在个别财务报表层面已经确认了投资收益。但是，在合并报表层面，认可的是权益法，该股利应当冲减长期股权投资的账面价值，因此有以下分录：

借：投资收益
　贷：长期股权投资

③ 其他所有者权益变动的确认。

对于子公司除净利润以外其他所有者权益的变动，根据权益法的规定，母公司应当根据所享有的金额计入资本公积或其他综合收益。会计分录为：

借：长期股权投资
　贷：资本公积
　　　其他综合收益

（3）投资和权益的抵销。

借：股本
　　资本公积（期初数+本期调整数）
　　其他综合收益（期初数+本期调整数）
　　盈余公积（期初数+本期调整数）
　　未分配利润（期初数+本期实现-分配-计提盈余公积）
　　商誉
　贷：长期股权投资（个别财务报表数据+合并财务报表调整的数据）
　　　少数股东权益

（4）投资收益的抵销。

借：投资收益
　　少数股东损益
　　年初未分配利润
　贷：提取盈余公积
　　　对所有者（或股东）的分配
　　　未分配利润

逆流交易单独调整少数股东损益：

借：少数股东权益
　贷：少数股东损益

整体解题思路。

考霸笔记

权益法→成本法→公允价值。这是本题的整个持股比例的变化，分别从个别报表和合并报表进行考察，非常重要，但也非常有套路，一定要全面掌握。

例27-2·2015年综合题改编

甲公司为一上市的集团公司，原持有乙公司30%股权，能够对乙公司施加重大影响。甲公司于20×3年及20×4年发生的相关交易事项如下：

（1）20×3年1月1日，甲公司从乙公司的控股股东——丙公司处受让乙公司50%股权，受让价格为13 000万元，款项已用银行存款支付，并办理了股东变更登记手续。购买日，乙公司可辨认净资产的账面价值为18 000万元，公允价值为20 000万元（含原未确认的无形资产公允价值2 000万元），除原未确认入账的无形资产外，其他各项可辨认资产及负债的公允价值与账面价值相同。上述无形资产系一项商标权，自购买日开始尚可使用10年，预计净残值为零，采用直线法摊销。甲公司受让乙公司50%股权后，共计持有乙公司80%股权，能够对乙公司实施控制。甲公司受让乙公司50%股权时，所持乙公司30%股权的账面价值为5 400万元，其中投资成本4 500万元、损益调整870万元、其他权益变动30万元；公允价值为6 200万元。

（2）20×3年1月1日，乙公司个别财务报表中所有者权益的账面价值为18 000万元，其中实收资本15 000万元、资本公积100万元、盈余公积290万元、未分配利润2 610万元。20×3年度，乙公司个别财务报表实现净利润500万元，因投资性房地产转换产生的其他综合收益60万元。

（3）20×4年1月1日，甲公司向丁公司转让所持乙公司股权70%，转让价格为20 000万元，款项已收到，并办理了股东变更登记手续。出售日，甲公司所持乙公司剩余10%股权的公允价值为2 500万元。转让乙公司70%股权后，甲公司不能对乙公司实施控制、共同控制和重大影响，甲公司将其作为以公允价值计量且其变动计入当期损益的金融资产核算。

其他相关资料：甲公司与丙公司、丁公司于交易发生前无任何关联方关系。甲公司受让乙公司50%股权后，甲公司与乙公司无任何关联方交易。

乙公司按照净利润的10%计提法定盈余公积，不计提任意盈余公积。20×3年度及20×4年度，乙公司未向股东分配利润。

不考虑相关税费及其他因素。

要求：

（1）根据资料（1），计算甲公司20×3年度个别财务报表中受让乙公司50%股权后长期股权投资的初始投资成本，并编制与取得该股权相关的会计分录（单位：万元，下同）。

（2）根据资料（1），计算甲公司20×3年度合并财务报表中因购买乙公司发生的合并成本及应列报的商誉。

（3）根据资料（1），计算甲公司20×3年度合并财务报表中因购买乙公司50%股权应确认的投资收益。

（4）根据资料（1）和（2）编制甲公司20×3年度合并资产负债表和合并利润表相关的调整及抵销分录。

为什么成本法转为权益法个别报表和合并报表中计算处置投资收益不同？

（5）根据上述资料，计算甲公司20×4年度个别财务报表中因处置70%股权应确认的投资收益，并编制相关会计分录。

（6）根据上述资料，计算甲公司20×4年度合并财务报表中因处置70%股权应确认的投资收益。

答案：

（1）甲公司20×3年度个别财务报表中受让乙公司50%股权后长期股权投资的初始投资成本=5 400+13 000=18 400（万元）。

借：长期股权投资　　（5 400→原持股比例账面价值。）　　18 400

　贷：长期股权投资——投资成本　　4 500

　　　　——损益调整　　870

　　　　——其他权益变动　　30

　　银行存款　　13 000

（2）合并成本=6 200+13 000=19 200（万元）。（6 200→原持股比例公允价值。）

商誉=6 200+13 000−20 000×80% = 3 200（万元）。

（3）应确认的投资收益=6 200−5 400+30=830（万元）

(4)会计分录如下:

借:无形资产 2 000

贷:资本公积 2 000

借:管理费用 200

贷:无形资产 200=2 000÷10

借:长期股权投资 800

贷:投资收益 800

借:资本公积 30

贷:投资收益 30

借:长期股权投资 288

贷:投资收益 240=(500−200)×80%

其他综合收益 48=60×80%

借:实收资本 15 000

资本公积 2 100=100+2 000

其他综合收益 60

盈余公积 340=290+50

年末未分配利润 2 860=2 610+500−200−50

商誉 3 200

贷:长期股权投资 19 488

少数股东权益 4 072

借:投资收益 240

少数股东损益 60

年初未分配利润 2 610

贷:提取盈余公积 50

年末未分配利润 2 860

(5)甲公司20×4年度个别财务报表中因处置70%股权应确认的投资收益=20 000−16 100 +30+2 500−2 300=4 130(万元)。会计分录如下:

借:银行存款 20 000

贷:长期股权投资 16 100

投资收益 3 900

借:资本公积 30

贷:投资收益 30

借:可供出售金融资产(或交易性金融资产) 2 500

贷:长期股权投资 2 300

投资收益 200

(6)甲公司20×4年度合并财务报表中因处置70%股权应确认的投资收益=20 000+ 2 500−(18 000+2 000+500+60−200)×80%−3 200+60×80%=3 060(万元)。

考霸笔记

个别报表处置投资收益计算简单,权益法→成本法→公允价值。计算投资收益时需要注意:
①原权益法下的其他综合收益、资本公积需要转出。
②视同把长期股权投资全部处置。
③按照剩余持股比例计算剩余份额的入账价值。

考霸笔记

合并报表与个别报表中计算投资收益最大的不同点:合并报表处置时,长期股权投资是按照权益法全部进行调整过的账面价值。相当于处置权益法长期股权投资。

内部商品交易的抵销分录如何理解？是否要全部背下来？

第六节　内部商品交易的合并处理

内部销售收入和内部销售成本的抵销处理。

1.存货——存货　（一方的存货卖给另一方，仍作为存货核算）

第一年：

借：营业收入
　贷：营业成本
　　存货

第二年：

① 将年初存货中未实现内部销售利润抵销。

借：期初未分配利润（期初存货中未实现内部销售利润）
　贷：营业成本

② 将本期内部商品销售收入抵销。

借：营业收入（本期内部商品销售产生的收入）
　贷：营业成本

③ 将期末存货中未实现内部销售利润抵销。

借：营业成本
　贷：存货（期末存货中未实现内部销售利润）

考霸笔记

内部交易未实现，合并报表不能认可，可税法照认不误。所以计税基础是按照售价，账面价值是按照未交易之前的金额。在合并报表中账面价值与计税基础产生了差额，就应当确认相应的递延所得税。

2.引入所得税

具体如图27-1所示。

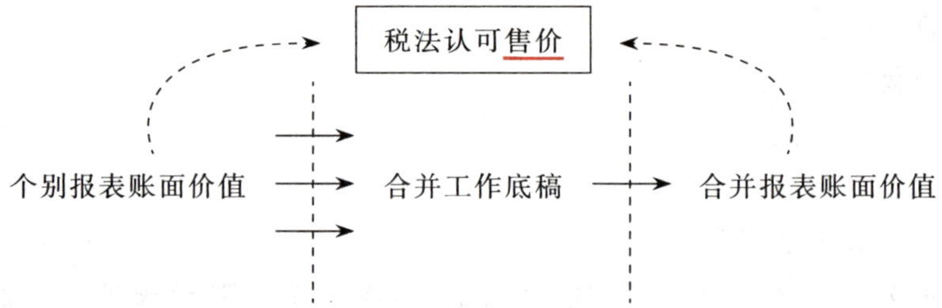

图27-1　引入所得税

内部交易存货抵销及相关所得税如何处理？

例27-3

假设同一集团内的母公司A向子公司B出售商品100件，成本为10元/件，售价为12元/件。B公司买入该批商品后当年对外出售60件，第二年又出售30件。

要求：编制抵销分录并考虑所得税因素的影响。

答案：

（1）第一年

① 抵销个别报表内部交易损益及存货。

借：营业收入　　1 200
　贷：营业成本　　1 120
　　存货　　80=40×（12-10）

② 调整合并财务报表中递延所得税资产。

考霸笔记

调整递延所得税，不能直接比较合并报表中的账面价值和计税基础，需要先分析个别报表中是否已经计提了递延所得税，然后再实行多退少补。

个别报表中存货的账面价值=40×12=480（元），计税基础=40×12=480（元），不确认递延所得税资产；

合并报表中存货的账面价值=40×10=400（元），计税基础=40×12=480（元），确认递延所得税资产=80×0.25=20（元）。

因此，在合并报表层面应做一笔分录：

借：递延所得税资产　20

　贷：所得税费用　20

（2）第二年

① 抵销期初存货中未实现内部销售利润。

借：期初未分配利润　80

　贷：营业成本　80

② 抵销期末存货中未实现内部销售利润。→看本期期末存货数。

借：营业成本　20

　贷：存货　20=10×（12−10）

③ 调整期初递延所得税资产的会计分录。→由第一年第②笔分录得来，“所得税费用”用“未分配利润——年初”代替。

借：递延所得税资产　20

　贷：未分配利润——年初　20

④ 调整合并财务报表中递延所得税资产。

个别报表中存货的账面价值=10×12=120（元），计税基础=10×12=120（元），不确认递延所得税资产；

合并报表中存货的账面价值=10×10=100（元），计税基础=10×12=120（元），确认递延所得税资产=20×0.25=5（元）。

由于在合并报表层面已经做了第③笔递延所得税分录，可画出T形账户，见表27-6。

表27-6

递延所得税资产		
期初	20	
		15 → 求此发生额。
期末	5	

即：借：所得税费用　15

　　贷：递延所得税资产　15

考霸笔记

存货跌价准备，税法不管是在个别报表还是在合并报表都是不认可的。所以跌价准备会影响账面价值，但不会影响计税基础。

3. 引入存货跌价准备

无论是个别报表还是合并报表，计税基础都不认可减值准备。

例27-4

假设同一集团内的母公司A向子公司B出售商品100件，成本为10元/件，售价为12元/件。B公司买入该批商品后当年对外出售60件，第二年又出售30件。假设第一年年末商品的可变现净值为11元/件，第二年年末商品的可变现净值为6元/件。

要求：编制抵销分录并考虑所得税因素的影响。

答案：

（1）第一年：

① 抵销个别财务报表内部交易损益及存货。

内部交易存货涉及减值及所得税如何合并处理?

第二十七章

考霸笔记

内部未实现部分，分别在个别报表和合并报表不同角度分析，判断是否该计提跌价准备。实行“多退少补”原则。

考霸笔记

第一步：分析个别报表递延所得税。

第二步：比较合并报表账面价值与计税基础，明确合报应列示的递延所得税。

第三步：挤出差额，则为调整分录

借：营业收入　　1 200=100×12

　贷：营业成本　　1 120

　　存货　　80=40×（12-10）

② 抵销个别财务报表计提的存货跌价准备。

借：存货——存货跌价准备　　40=40×（11-10）

　贷：资产减值损失　　40

③ 调整合并财务报表中递延所得税资产。

个别报表中存货的账面价值=40×11=440（元），计税基础=40×12=480（元），确认递延所得税资产= 40×0.25=10（元）。

合并报表中存货的账面价值=40×10=400（元），计税基础=40×12=480（元），确认递延所得税资产= 80×0.25=20（元）。

因此，在合并报表层面应补做一笔分录：

借：递延所得税资产　　10

　贷：所得税费用　　10

（2）第二年：

① 抵销期初存货中未实现内部销售利润。

借：期初未分配利润　　80

　贷：营业成本　　80

② 抵销期末存货中未实现内部销售利润。

借：营业成本　　20

　贷：存货　　20=10×（12-10）

③ 抵销期初存货跌价准备。

借：存货——存货跌价准备　　40

　贷：期初未分配利润　　40

④ 调整期初递延所得税资产的会计分录。

借：递延所得税资产　　10

　贷：未分配利润——年初　　10

⑤ 抵销本期销售商品结转的存货跌价准备。

借：营业成本　　30=40×30÷40

　贷：存货——存货跌价准备　　30

⑥ 调整本期存货跌价准备。

个别财务报表层面存货跌价准备的余额=10×（12-6）=60（元）

合并财务报表层面存货跌价准备的余额=10×（10-6）=40（元）

由于合并报表层面已经做了第③、⑤笔抵销分录，可画出T形账户，见表27-7。

表27-7

存货跌价准备

说明	借方	贷方	说明
来源于上面第③笔分录。←	40	60	→个别报表导入。
		30	→来源于上面第⑤笔分录。
求此发生额。←	10		
		40	→合并报表余额。

即：借：存货——存货跌价准备　　10

　　贷：资产减值损失　　10

⑦ 调整合并财务报表中递延所得税资产。

个别报表中存货的账面价值=10×6=60（元），计税基础=10×12=120（元），确认递延所得税资产= 60×0.25=15（元）。

合并报表中存货的账面价值=10×6=60（元），计税基础=10×12=120（元），确认递延所得税资产= 60×0.25=15（元）。

由于合并报表层面已经做了第④笔递延所得税分录，可画出T形账户，见表 27-8。

表 27-8

存货跌价准备

个别报表导入。←	15		
来源于上面第④笔分录。←	10		
		10	→求此发生额。
合并报表余额。	15		

即：借：所得税费用　　10

　　贷：递延所得税资产　　10

第七节　内部债权、债务的合并处理

考霸笔记：内部债权债务的抵销分录原理相同，应收冲应付，预付冲预收等。

◇ 内部债权债务抵销概述

◇ 内部应收应付款项及其坏账准备的合并处理

一、内部债权债务抵销概述

在编制合并资产负债表时，需要进行抵销处理的内部债权、债务项目主要包括：

（1）应收账款与应付账款；

（2）应收票据与应付票据；

（3）预付账款与预收账款；

（4）长期债券投资与应付债券；

（5）应收股利与应付股利；

（6）其他应收款与其他应付款。

应收账款如有坏账准备，如何做抵销分录？

二、内部应收应付款项及其坏账准备的合并处理

1. 第一年

（1）内部应收账款抵销时：

借：应付账款（含税金额）

　贷：应收账款

（2）内部应收账款计提的坏账准备抵销时：

借：应收账款——坏账准备

　贷：信用减值损失

（3）考虑所得税：

借：所得税费用

　贷：递延所得税资产

2. 第二年

（1）内部应收账款抵销时：

借：应付账款

　贷：应收账款

（2）内部应收账款计提的坏账准备抵销时：

借：应收账款——坏账准备

　贷：年初未分配利润

借（或贷）：应收账款——坏账准备

　贷（或借）：信用减值损失

（3）考虑所得税：

借：年初未分配利润

　贷：递延所得税资产

借（或贷）：所得税费用

　贷（或借）：递延所得税资产

应收应付账款抵销完整解题思路。

例 27-5

假设甲、乙两公司属于同一集团内的两家公司，因为业务往来，甲、乙两公司之间分别形成应收账款和应付账款。假设甲公司采用应收账款余额百分比法计提坏账准备，所用比例为10%。连续2年甲公司应收账款及相关数据见表27-9。

表 27-9　**甲公司应收账款及相关数据**　单位：元

年份	应收账款余额	坏账准备余额
1	100	10
2	130	13

（1）第一年

① 借：应付账款　100

　　贷：应收账款　100

② 借：应收账款——坏账准备　10

　　贷：信用减值损失　10

③ 考虑所得税

由于个别报表已经确认递延所得税资产 10×25%=2.5（元），在合并报表层面根本不存在应收应付款，因此不存在递延所得税，需做抵销处理。

借：所得税费用　2.5

　贷：递延所得税资产　2.5

（2）第二年

① 借：应付账款　130

　　贷：应收账款　130

② 借：应收账款——坏账准备　　10
　　贷：未分配利润——年初　　10

③ 借：应收账款——坏账准备　　3
　　贷：信用减值损失　　3

④ 考虑所得税

借：未分配利润——年初　　2.5
　贷：递延所得税资产　　2.5

由于个别财务报表层面已经确认递延所得税资产13×25%=3.25（元），合并报表层面根本不存在应收应付款，因此不存在递延所得税，需做抵销处理。前面已抵销期初的2.5元，因此补做以下分录：

借：所得税费用　　0.75
　贷：递延所得税资产　　0.75

应收票据与应付票据、预付款项与预收款项等比照上述方法进行抵销处理。

第八节　内部固定资产交易的合并处理

（一）固定资产取得以及后续计量

内部固定资产交易和内部存货交易的区别。

1. 存货——固定资产→即一方的存货卖给另一方作为固定资产核算。

第一年：

① 将与内部交易形成的固定资产包含的未实现内部销售损益予以抵销。

借：营业收入
　贷：营业成本
　　　固定资产

② 将内部交易形成的固定资产当期多计提的折旧予以抵销。

借：固定资产——累计折旧
　贷：管理费用

③ 确认递延所得税资产（考虑所得税）。

借：递延所得税资产
　贷：所得税费用

第二年：

① 将期初未分配利润中包含的未实现内部销售损益予以抵销，以调整期初未分配利润。

借：年初未分配利润
　贷：固定资产——原价

② 将内部交易形成的固定资产上期多计提的折旧费和累计折旧予以抵销，以调整期初未分配利润。

借：固定资产——累计折旧
　贷：年初未分配利润

③将内部交易形成的固定资产当期的计提的折旧费和累计折旧予以抵销。

借：固定资产——累计折旧
　贷：管理费用

④ 考虑所得税。

借：递延所得税资产 ——→来源于第一年的分录。
　贷：期初未分配利润
借（或贷）：所得税费用
　贷（或借）：递延所得税资产

例 27-6

假设2×11年6月集团内的甲公司向乙公司出售一件商品，售价150万元，成本100万元，乙公司买入该设备后作为管理用固定资产，预计寿命为5年，无残值，采用年限平均法计提折旧。

要求：编制抵销分录并考虑所得税因素（单位：万元）。

答案：

（1）第一年：

借：营业收入　150
　贷：营业成本　100
　　固定资产——原价　50
借：固定资产——累计折旧　5
　贷：管理费用　5
借：递延所得税资产　11.25=（50-5）×25%
　贷：所得税费用　11.25

（2）第二年：

借：未分配利润——年初　50
　贷：固定资产——原价　50
借：固定资产——累计折旧　15
　贷：管理费用　10
　　未分配利润——年初　5
借：递延所得税资产　11.25=（50-5）×25%
　贷：未分配利润——年初　11.25
借：所得税费用　2.5=10×25%
　贷：递延所得税资产　2.5

存货出售形成固定资产内部交易解题思路?

考霸笔记

递延所得税资产余额=（50-15）×25%=8.75（万元），因此需要冲减2.5万元(11.25-8.75)。

2. 固定资产——固定资产

第一年：

① 将与内部交易形成的固定资产包含的未实现内部销售损益予以抵销。

借：资产处置收益（企业内部销售的利得）
　贷：固定资产——原价（企业内部购进多计的原价）

考霸笔记

固定资产的正常出售、转让等原因产生内部交易的抵销反映在“资产处置收益”项目。

② 将内部交易形成的固定资产当期多计提的折旧费和累计折旧予以抵销。

借：固定资产——累计折旧

贷：管理费用

③ 确认递延所得税资产（考虑所得税）。

借：递延所得税资产
　贷：所得税费用

第二年：

① 将期初未分配利润中包含的未实现内部销售损益予以抵销，以调整期初未分配利润。

借：年初未分配利润
　贷：固定资产——原价

② 将内部交易形成的固定资产上期多计提的折旧费和累计折旧予以抵销，以调整期初未分配利润。

借：固定资产——累计折旧
　贷：年初未分配利润

③ 将内部交易形成的固定资产当期多计提的折旧费和累计折旧予以抵销。

借：固定资产——累计折旧
　贷：管理费用

④ 考虑所得税。

借：递延所得税资产
　贷：期初未分配利润
借（或贷）：所得税费用
　贷（或借）：递延所得税资产

考霸笔记
照抄第一年的分录。

固定资产出售形成固定资产内部交易解题思路。

例 27-7

假设乙公司持有甲公司 80% 股权，当年 3 月份乙公司向甲公司销售一台设备，该设备原价 120 万元，已计提折旧 30 万元，售价 130 万元。甲公司购入该设备后作为管理用固定资产，预计使用寿命为 5 年，无残值，采用年限平均法计提折旧。假设考虑所得税因素。

要求：编制当年固定资产交易相关抵销分录（单位：万元）。

答案：

（1）第一年：

借：资产处置收益　40
　贷：固定资产——原价　40
借：固定资产——累计折旧　6
　贷：管理费用　6
借：递延所得税资产　8.5=（40-6）×25%
　贷：所得税费用　8.5

（2）第二年：

借：未分配利润——年初　40

贷：固定资产——原价	40
借：固定资产——累计折旧	6
贷：未分配利润——年初	6
借：固定资产——累计折旧	8
贷：管理费用	8
借：递延所得税资产	8.5
贷：未分配利润——年初	8.5
借：所得税费用	2
贷：递延所得税资产	2

考霸笔记 递延所得税资产余额=（40-6-8）×25%=6.5（万元），因此需要冲减2万元（8.5-6.5）。

（二）固定资产清理的合并处理（✓此处了解即可）

1.使用期限届满

将上述抵销分录中的“固定资产——原价”项目和“固定资产——累计折旧”项目用“资产处置收益”项目或“资产处置损失”项目代替。

①将期初固定资产原价中未实现内部销售利润抵销。

借：期初未分配利润
　贷：资产处置收益（期初固定资产原价中未实现内部销售利润）

②将期初累计多提折旧抵销。

借：资产处置收益（期初累计多提折旧）
　贷：期初未分配利润

③将本期多提折旧抵销。

借：资产处置收益（本期多提折旧）
　贷：管理费用

④将前期累计的递延所得税资产全部抵销，使余额为0。

借：所得税费用
　贷：递延所得税资产

2.超期使用，发生清理

①将期初固定资产原价中未实现内部销售利润抵销。

借：期初未分配利润
　贷：固定资产原价（期初固定资产原价中未实现内部销售利润）

②将累计折旧包含的未实现内部销售利润抵销。

借：固定资产——累计折旧
　贷：期初未分配利润

3.未满使用期，清理

①将期初固定资产原价中未实现内部销售利润抵销。

借：期初未分配利润
　贷：资产处置收益（期初固定资产原价中未实现内部销售利润）

②将期初累计多提折旧抵销。

借：资产处置收益（期初累计多提折旧）
　贷：期初未分配利润

③ 将本期多提折旧抵销。

借：资产处置收益（本期多提折旧）
　贷：管理费用

④ 将前期累计的递延所得税资产全部抵消，使余额为0。

借：所得税费用
　贷：递延所得税资产

第九节　内部无形资产交易的合并处理

考霸笔记

内部交易的合并处理除了内部存货交易外，第七节、第八节和第九节原理都是相通的。

内部无形资产交易和内部固定资产交易有哪些共同点和不同点？

1. 第一年会计处理

① 将本期购入的无形资产原价中未实现内部销售利润抵销。

借：资产处置收益
　贷：无形资产——原价

② 将本期多提摊销抵销。

借：无形资产——累计摊销（本期多提摊销）
　贷：管理费用

③ 所得税处理（考虑所得税）。

借：递延所得税资产
　贷：所得税费用

2. 第二年会计处理

① 将期初无形资产原价中未实现内部销售利润抵销。

借：期初未分配利润
　贷：无形资产——原价（期初无形资产原价中未实现内部销售利润）

② 将期初累计多提摊销抵销。

借：无形资产——累计摊销（期初累计多提摊销）
　贷：期初未分配利润

③ 将本期多提摊销抵销。

借：无形资产——累计摊销（本期多提摊销）
　贷：管理费用

④ 考虑所得税。

借：递延所得税资产
　贷：期初未分配利润
借（或贷）：所得税费用
　贷（或借）：递延所得税资产

例27-8

假设2×11年7月集团内的甲公司向乙公司出售一项专利，售价为150万元，成本为100万元，该项专利预计剩余寿命为5年，无残值，采用年限平均法摊销。

要求：编制抵销分录并考虑所得税因素。

答案：

（1）第一年：

借：资产处置收益 50
　贷：无形资产——原价 50
借：无形资产——累计摊销 5
　贷：管理费用 5
借：递延所得税资产 11.25=（50-5）×25%
　贷：所得税费用 11.25

（2）第二年：

借：未分配利润——年初 50
　贷：无形资产——原价 50
借：无形资产——累计摊销 5
　贷：未分配利润——年初 5
借：无形资产——累计摊销 10
　贷：管理费用 10
借：递延所得税资产 11.25=（50-5）×25%
　贷：未分配利润——年初 11.25
借：所得税费用 2.5=10×25%
　贷：递延所得税资产 2.5

考霸笔记
本题综合考查了内部交易合并处理，不要着急和慌乱，慢慢读题，将整个题干分解为不同的内部交易，分别进行处理。

例27-9·2012年综合题

20×8年1月2日，甲公司以发行1 200万股本公司普通股（每股面值1元）为对价，取得同一母公司控制的乙公司60%股权，甲公司该项合并及合并后有关交易或事项如下：

（1）甲公司于20×8年1月2日控制乙公司，当日甲公司净资产账面价值为35 000万元，其中股本15 000万元、资本公积12 000万元、盈余公积3 000万元、未分配利润5 000万元；乙公司净资产账面价值为8 200万元，其中实收资本2 400万元、资本公积3 200万元、盈余公积1 000万元、未分配利润1 600万元。

（2）甲公司20×8年至20×9年与其子公司发生的有关交易或事项如下：

考霸笔记
此题干解决存货内部交易形成存货的合并处理。

①20×9年10月，甲公司将生产的一批A产品出售给乙公司。该批产品在甲公司的账面价值为1 300万元，出售给乙公司的销售价格为1 600万元（不含增值税额，下同）。乙公司将该商品作为存货，至20×9年12月31日尚未对集团外独立第三方销售，相关货款亦未支付。

甲公司对1年以内的应收账款按余额的5%计提坏账。

考霸笔记
此题干解决固定资产内部交易形成固定资产的合并处理。

②20×9年6月20日，甲公司以2 700万元自子公司（丙公司）购入其原自用的设备作为管理用固定资产，并于当月投入使用。该设备系丙公司于20×6年12月以2 400万元取得，原预计使用10年，预计净残值为零，采用年限平均法计提

折旧，未发生减值。甲公司取得该资产后，预计尚可使用7.5年，预计净残值为零，采用年限平均法计提折旧。

③ 20×9年12月31日，甲公司存货中包括一批原材料，系于20×8年自其子公司（丁公司）购入，购入时甲公司支付1 500万元，在丁公司的账面价值为1 000万元。

20×9年用该原材料生产的产品的市场萎缩，甲公司停止了相关产品生产。至12月31日，甲公司估计其可变现净值为700万元，计提了800万元存货跌价准备。

考霸笔记：此题干解决存货内部交易形成存货发生减值的合并处理。

④ 20×9年12月31日，甲公司有一笔应收子公司（戊公司）款项3 000万元，系20×7年向戊公司销售商品而发生，戊公司已将该商品于20×7年对集团外独立第三方销售。甲公司20×8年对该笔应收款项计提了800万元坏账，考虑到戊公司20×9年财务状况进一步恶化，甲公司20×9年对该应收款项进一步计提了400万元坏账准备。

考霸笔记：此题干解决应收债权和应收债务的合并处理。

（3）其他有关资料：

① 以20×8年1月2日甲公司合并乙公司时确定的乙公司净资产账面价值为基础，乙公司后续净资产变动情况如下：20×8年实现净利润1 100万元、其他综合收益200万元；20×9年实现净利润900万元、其他综合收益300万元。上述期间乙公司未进行利润分配。

② 本题中有关公司适用的所得税税率均为25%，且预计未来期间能够产生足够的应纳税所得额用于抵减可抵扣暂时性差异的所得税影响。不考虑除所得税以外的其他相关税费。

③ 有关公司均按净利润的10%提取法定盈余公积，不提取任意盈余公积。

④ 甲公司合并乙公司交易符合免税重组条件，在计税时交易各方选择进行免税处理。

要求：根据上述资料，编制甲公司20×9年合并财务报表有关的抵销分录（单位：万元）。

答案：

（1）A产品内部交易的抵销。

综合考察内部交易合并处理时，如何理清解题思路？

借：营业收入　　1 600
　贷：营业成本　　1 300
　　　存货　　300
借：递延所得税资产　　75=300×25%
　贷：所得税费用　　75
借：应付账款　　1 600
　贷：应收账款　　1 600
借：应收账款（坏账准备）　　80=1 600×5%
　贷：信用减值损失　　80
借：所得税费用　　20
　贷：递延所得税资产　　20

(2) 固定资产内部交易的抵销。

借：资产处置收益 900=2 700-（2 400-2 400÷104 000）

贷：固定资产 900

借：固定资产（累计折旧） 60=900÷7.5÷2

贷：管理费用 60

借：递延所得税资产 210=（900-60）×25%

贷：所得税费用 210

(3) 原材料内部交易的抵销。

借：年初未分配利润 500=1 500-1 000

贷：存货 500

借：递延所得税资产 125=500×25%

贷：年初未分配利润 125

借：存货跌价准备 500

贷：资产减值损失 500

分析：集团计提＝1 000-700＝300（万元）；购进企业＝1 500-700＝800（万元）。

借：所得税费用 125

贷：递延所得税资产 125=500×25%

(4) 对内部债权债务的抵销。

借：应收账款（坏账准备） 800

贷：年初未分配利润 800

借：年初未分配利润 200

贷：递延所得税资产 200=800×25%

借：应付账款 3 000

贷：应收账款 3 000

借：应收账款（坏账准备） 400

贷：信用减值损失 400

借：所得税费用 100

贷：递延所得税资产 100=400×25%

(5) 对长期股权投资的权益法调整及相关抵销。

借：长期股权投资 1 500

贷：未分配利润 660=1 100×60%

投资收益 540=900×60%

其他综合收益 300=500×60%

借：实收资本 2 400

资本公积 3 200

其他综合收益 500

盈余公积 1 200=1 000＋2 000×10%

未分配利润 3 400=1 600＋2 000×90%

贷：长期股权投资　　　　　　　　　　6 420=8 200×60%＋1 500
　　少数股东权益　　　　　　　　　　4 280
借：投资收益　　　　　　　　　　540=900×60%
　　少数股东损益　　　　　　　　　　360=900×40%
　　年初未分配利润　　　　　　　　2 590=1 600＋1 100×90%
贷：提取盈余公积　　　　　　　　　　90
　　年末未分配利润　　　　　　　　　　3 400

考霸笔记：特殊交易，主要是股权比例变动时的会计处理。

母公司购买少数股权，为什么在个别报表和合并报表中的会计处理不相同？

第十节　特殊交易在合并财务报表中的会计处理

◇ 追加投资的会计处理
◇ 处置对子公司投资的会计处理
◇ 因子公司少数股东增资导致母公司股权稀释
◇ 交叉持股的合并处理
◇ 逆流交易的合并处理
◇ 其他特殊交易

一、追加投资的会计处理

（一）母公司购买子公司少数股东股权

（1）个别财务报表

考霸笔记：个别报表中，购买少数股权，就是正常的购买法交易，按照付出对价的公允价值进行确认长期股权投资。

个别财务报表按照实际支付价款或公允价值确认长期股权投资，如果以非货币性资产对价，应确认资产的处置损益。

（2）合并财务报表

考霸笔记：合并报表中，购买少数股权是权益性交易，不得影响损益。

因购买少数股权新取得的长期股权投资与按照新增持股比例计算应享有子公司自购买日或合并日开始持续计算的可辨认净资产份额之间存在差额，应当调整资本公积（资本溢价或股本溢价），资本公积不足冲减的，调整留存收益。

合并资产负债表确认资本公积 ＝支付价款－子公司自购买日持续计算可辨认净资产×新增股权比例

如何理解"一揽子交易"，考试需要做判断，还是有哪些关键信息提示？

（二）企业因追加投资等原因能够对非同一控制下的被投资方实施控制

1.个别财务报表

区分金融资产到成本法，权益法到成本法，具体会计处理参见第七章。

2.合并财务报表

首先，判断分步交易是否属于"一揽子交易"。如果分步取得对子公司股权投资直至取得控制权的各项交易属于"一揽子交易"，应当将各项交易作为一项取得子公司控制权的交易，并区分企业合并的类型分别进行会计处理。

考霸笔记：一揽子交易，简单理解为前后交易彼此影响，联系性极强，只能合并在一起考虑，才能完整。

如果不属于"一揽子交易"，则应区分金融资产到成本法，权益法到成本法。

（1）金融资产——控制（见表27-10）

表27-10 **金融资产——控制**

报表主体	处理流程	具体操作
合并财务报表	计算商誉	合并商誉＝企业合并成本－合并中取得被购买方可辨认净资产公允价值（考虑所得税后）的份额
	调整子公司资产负债的账面价值 （账面调成公允价值）	借：存货、固定资产等【评估增值】 递延所得税资产【评估减值确认递延所得税的影响】 贷：应收账款等【评估减值】 递延所得税负债【评估增值确认递延所得税的影响】 资本公积【差额】
	长期股权投资和子公司所有者权益抵销	借：股本 资本公积（期初数+本期调整数） 其他综合收益 盈余公积 未分配利润 商誉 贷：长期股权投资（个别财务报表确认的数据） 少数股东权益

公允价值计量→形成控制和权益法核算→形成控制有什么不同?

（2）权益法——控制（见表27-11）

表27-11 **权益法——控制**

报表主体	处理流程	具体操作
合并财务报表	合并成本计算	合并成本=购买日之前持有的被购买方的股权于购买日的公允价值+购买日新购入股权所支付对价的公允价值
	商誉计算	合并商誉＝企业合并成本－合并中取得被购买方可辨认净资产公允价值（考虑所得税后）的份额
	调整个别财务报表原股权投资金额 （账面调成公允价值）	借：长期股权投资（差额） 贷：投资收益
	其他权益变动、其他综合收益转投资收益	借：其他综合收益 资本公积 贷：投资收益
	调整子公司资产负债的账面价值 （账面调成公允价值）	借：存货、固定资产等【评估增值】 递延所得税资产【评估减值确认递延所得税的影响】 贷：应收账款等【评估减值】 递延所得税负债【评估增值确认递延所得税的影响】 资本公积【差额】
	长期股权投资和子公司所有者权益抵销	借：股本 资本公积（期初数+本期调整数） 其他综合收益 盈余公积 未分配利润 商誉 贷：长期股权投资（个别财务报表确认的数据） 少数股东权益

考霸笔记

合并报表中，视同将原权益法下的长投全部处置再买回。

（三）通过多次交易分步实现的同一控制下企业合并

1. 个别财务报表

区分金融资产到成本法，权益法到成本法，具体会计处理参见第七章。

2. 合并财务报表

对于分步实现的同一控制下企业合并，根据企业会计准则，同一控制下企业合并在编制合并财务报表时，应视同参与合并的各方在最终控制方开始控制时即以目前的状态存在进行调整，在编制比较报表时，以不早于合并方和被合并方同处于最终控制方的控制之下的时点为限，将被合并方的有关资产、负债并入合并方合并财务报表的比较报表中，并将合并而增加的净资产在比较报表中调整所有者权益项下的相关项目。

为避免对被合并方净资产的价值进行重复计算，合并方在取得被合并方控制权之前持有的股权投资，在取得原股权之日与合并方和被合并方同处于同一方最终控制之日孰晚日起至合并日之间已确认有关损益、其他综合收益以及其他净资产变动，应分别冲减比较报表期间的期初留存收益或当期损益。

（四）本期增加子公司时如何编制合并财务报表（非同一控制下企业合并）

1. 合并资产负债表

在编制合并资产负债表时，以本期取得的子公司在合并资产负债表日的资产负债表为基础编制。对于本期投资或追加投资取得的子公司，不需要调整合并资产负债表的期初数。

但为了提高会计信息的可比性，应当在合并财务报表附注中披露本期取得的子公司对合并财务报表的财务状况的影响，即披露本期取得的子公司在购买日的资产和负债金额。

2. 合并利润表

在编制合并利润表时，应当以本期取得的子公司自取得控制权日起至本期期末为会计期间的财务报表为基础，将本期取得的子公司自取得控制权日起至本期期末的收入、费用和利润通过合并，纳入合并财务报表之中。

同时，为了提高会计信息的可比性，应在合并财务报表附注中披露本期取得的子公司对合并财务报表的经营成果的影响，以及对前期相关金额的影响。

3. 合并现金流量表

在编制合并现金流量表时，应当将本期取得的子公司自取得控制权日起至本期期末止的现金流量的信息纳入合并现金流量表。

将取得子公司所支付的现金扣除子公司持有的现金及现金等价物后的净额，在有关投资活动类的“取得子公司及其他营业单位所支付的现金”项目中反映，如为负数，在有关投资活动类的“收到的其他与投资活动有关的现金”项目中反映。

不丧失控制权部分处置子公司为什么在个别报表和合并报表中会计处理不同？

二、处置对子公司投资的会计处理

（一）在不丧失控制权的情况下部分处置对子公司长期股权投资

1. 个别财务报表

出售股权取得的价款或对价的公允价值与所处置投资账面价值的差额，应作为投资收益。

怎么理解丧失控制权下处置部分子公司股权，合并报表中投资收益的计算公式？

2.合并财务报表

对于处置价款与处置长期股权投资相对应享有子公司自购买日或合并日开始持续计算的净资产份额之间的差额，应当调整资本公积（资本溢价或股本溢价），资本公积不足冲减的，调整留存收益。

（二）母公司因处置对子公司长期股权投资而丧失控制权

1.一次交易处置子公司

（1）个别财务报表

区分成本法到权益法，成本法到金融资产，具体的会计处理参见第七章内容。

（2）合并财务报表

① 终止确认长期股权资产、商誉等的账面价值，并终止确认少数股东权益（包括属于少数股东的其他综合收益）的账面价值。

② 按照丧失控制权日的公允价值重新计量剩余股权，按剩余股权对被投资方的影响程度，将剩余股权作为长期股权投资或金融工具进行核算。

③ 处置股权取得的对价与剩余股权的公允价值之和，减去按原持股比例计算应享有原有子公司自购买日开始持续计算的可辨认净资产账面价值份额与商誉之和，形成的差额计入丧失控制权当期的投资收益。

④ 与原有子公司的股权投资相关的其他综合收益、其他所有者权益变动，应当在丧失控制权时转入当期损益，由于被投资方重新计量设定受益计划净负债或净资产变动而产生的其他综合收益除外。

合并报表当期的处置投资收益=[（处置股权取得的对价＋剩余股权公允价值）－原有子公司自购买日开始持续计算的可辨认净资产×原持股比例]－商誉＋其他综合收益、其他所有者权益变动×原持股比例

2.多次交易分步处置子公司

首先，判断分步交易是否属于"一揽子交易"。如果该交易属于一揽子交易，应当将各项交易作为一项处置子公司股权投资并丧失控制权的交易进行会计处理；但是，在丧失控制权之前每一次处置价款与所处置的股权对应的长期股权投资账面价值之间的差额，在个别财务报表中，应当先确认为其他综合收益，到丧失控制权时再一并转入丧失控制权的当期损益。

如果分步交易不属于"一揽子交易"，则在丧失对子公司控制权以前的各项交易，应按照本章上述"母公司在不丧失控制权的情况下部分处置对子公司的长期股权投资"的有关规定进行会计处理。

（三）本期减少子公司时如何编制合并财务报表

在本期出售转让子公司部分股份或全部股份，丧失对该子公司的控制权而使其成为非子公司的情况下，应当将其排除在合并财务报表的合并范围之外。

1.合并资产负债表

原子公司出售转让股份而成为非子公司，不需要对其资产负债表进行合并。

2.合并利润表

应当以该子公司期初至丧失控制权成为非子公司之日止的利润表为基础，将该子公司自期初至丧失控制权之日止的收入、成本、利润纳入合并利润表。

3.合并现金流量表

应将该子公司自期初至丧失控制权之日止的现金流量的信息纳入合并现金流量表。

因子公司少数股东增资导致母公司股权稀释，为什么不能影响损益?

三、因子公司少数股东增资导致母公司股权稀释

主要考点：资本公积的调整

母公司应当按照增资前的股权比例计算其在增资前子公司账面净资产中的份额，该份额与增资后按母公司持股比例计算的在增资后子公司账面净资产份额之间的差额计入资本公积，资本公积不足冲减的，调整留存收益。

四、交叉持股的合并处理

交叉持股，是指在由母公司和子公司组成的企业集团中，母公司持有子公司一定比例股份，能够对其实施控制，同时子公司也持有母公司一定比例股份，即相互持有对方的股份。

1.母公司

对于母公司持有的子公司股权，与通常情况下母公司长期股权投资同子公司所有者权益的合并抵销处理相同。

2.子公司

（1）对于子公司持有的母公司股权，应当按照子公司取得母公司股权日所确认的长期股权投资的初始投资成本，将其转为合并财务报表中的库存股，作为所有者权益的减项，在合并资产负债表中所有者权益项目下以“减：库存股”项目列示。

借：库存股
　贷：长期股权投资

（2）对于子公司持有母公司股权所确认的投资收益（如利润分配或现金股利），应当进行抵销处理。

借：投资收益
　贷：向股东分配利润

（3）子公司将所持有的母公司股权分类为其他权益工具投资的，按照公允价值计量的，同时冲销子公司累计确认的公允价值变动。

五、逆流交易的合并处理

如果母子公司之间发生逆流交易，即子公司向母公司出售资产，则所发生的未实现内部交易损益，应当按照母公司对该子公司的分配比例在“归属于母公司所有者的净利润”和“少数股东损益”之间分配抵销，即合并报表上投资收益的抵销。如果存在逆流交易，单独做一笔分录：

借：少数股东权益
　贷：少数股东损益

六、其他特殊交易

对于站在企业集团合并财务报表角度的确认和计量结果与其所属的母公司或子公司的个别财务报表层面的确认和计量结果不一致的，在编制合并财务报表时，应站在企业集团角度对该特殊交易事项予以调整。例如，作为子公司投资性房地产的大厦，出租给集团内其他企业使用，母公司应在合并财务报表层面作为固定资产反映。

第十一节　所得税会计相关的合并处理

企业合并中关于所得税的内容，已经在前面相关章节引入，此处不再赘述。

第十二节　合并现金流量表的编制

◇ 合并现金流量表概述

◇ 编制合并现金流量表需要抵销的项目

一、合并现金流量表概述

合并现金流量表是综合反映母公司及其子公司组成的企业集团，在一定会计期间现金流入、现金流出数量以及其增减变动情况的财务报表。

二、编制合并现金流量表需要抵销的项目

编制合并现金流量表时需要进行抵销处理的项目主要有：

（1）母公司与子公司、子公司相互之间当期以现金投资或收购股权增加的投资所产生的现金流量。

① 母公司以现金购买子公司少数股权。

母公司个别财务报表层面：投资活动现金流出。

合并财务报表层面：筹资活动现金流出。

② 不丧失控制权下部分处置对子公司长期股权投资。

母公司个别财务报表层面：投资活动现金流入。

合并财务报表层面：筹资活动现金流入。

（2）母公司与子公司、子公司相互之间当期取得投资收益收到的现金与分配股利、利润或偿付利息支付的现金。

（3）母公司与子公司、子公司相互之间以现金结算债权与债务所产生的现金流量。

（4）母公司与子公司、子公司相互之间当期销售商品所产生的现金流量。

（5）母公司与子公司、子公司相互之间处置固定资产、无形资产和其他长期资产收回的现金净额与购建固定资产、无形资产和其他长期资产支付的现金等。

（6）母公司与子公司相互之间当期发生的其他内部交易所产生的现金流量等。

智能测评

在线练习	我要提问
扫码在线做题　　扫码看答案 本书“本章同步强化训练”均配备二维码，打开微信“扫一扫”即可完成在线测评，查看本章详细的测评反馈报告，了解知识掌握情况，也可扫码直接看答案噢。 快来扫码做题吧！	扫码答疑 本书配备答疑专用二维码，打开微信“扫一扫”，即可完成在线提问，获取专业老师全面个性化解答，让学习问题不再拖延。 快来扫码提问吧！

本章同步强化训练

一、单选题

1.甲公司2013年和2014年发生如下投资业务：

2013年1月1日，甲公司取得B公司20%的普通股股权，支付的购买价款为1 200万元，当日B公司可辨认净资产的公允价值为5 500万元（与账面价值相等）。取得投资后甲公司派人参与B公司的生产经营决策。2013年度B公司实现净利润800万元，在此期间，B公司未宣告发放现金股利或利润。B公司因当年购入的股票划分为以公允价值计量且其变动计入其他综合收益的金融资产公允价值上升确认其他综合收益200万元。甲公司和B公司均按净利润的10%提取盈余公积，甲公司与B公司在上述业务发生前不具有关联方关系。

2014年1月1日，甲公司通过增发普通股300万股（股票面值为每股1元，市价为每股10元）的方式从乙公司（与甲公司无关联方关系）取得B公司40%的普通股股权，甲公司同时支付审计、律师咨询等相关费用40万元，支付股票发行费用100万元。当日B公司所有者权益的账面价值为6 800万元，可辨认净资产的公允价值为7 000万元，甲公司原取得的B公司20%股权的公允价值为1 450万元。

要求：根据上述资料，不考虑所得税等其他因素，回答下列题目。

（1）2013年12月31日，甲公司个别报表中长期股权投资的账面价值为（　　）万元。

A.1 200　　B.1 400　　C.1 360　　D.1 300

（2）2014年1月1日，甲公司个别报表中长期股权投资的账面价值为（　　）万元。

A.4 400　　B.4 370　　C.4 450　　D.4 320

（3）2014年1月1日，甲公司因该投资形成的合并成本为（　　）万元。

A.4 400　　B.4 370　　C.4 450　　D.4 320

（4）2014年1月1日，达到企业合并时合并报表中应确认的商誉的金额为（　　）万元。

A.250　　B.370　　C.200　　D.0

2.甲公司于2013年12月31日以1 800万元银行存款取得对乙公司60%的股权，能够对乙公司实施控制，形成非同一控制下的企业合并。合并当日乙公司可辨认净资产的公允价值为2 500

万元。2014年12月31日甲公司又出资570万元自乙公司的其他股东处取得乙公司20%的股权，当日乙公司有关资产、负债以购买日开始持续计算的金额（甲公司根据购买日计算的价值）为2 800万元，公允价值为2 850万元。甲公司、乙公司及乙公司的少数股东在交易前不存在任何关联方关系。

要求：根据上述资料，不考虑其他因素，回答下列题目。

（1）甲公司在编制2014年的合并资产负债表时，应确认的商誉金额为（　　）万元。

A.300　　B.0　　C.310　　D.290

（2）甲公司在编制2014年的合并资产负债表时，因购买少数股权而调整的资本公积金额为（　　）万元。

A.20（借方）　　B.10（借方）　　C.10（贷方）　　D.0

3.2×13年1月1日，甲公司支付800万元取得乙公司100%的股权。购买日乙公司可辨认净资产的公允价值为600万元。2×13年1月1日至2×14年12月31日期间，乙公司以购买日可辨认净资产公允价值为基础计算实现的净利润为50万元（未分配现金股利），持有的以公允价值计量且其变动计入其他综合收益的金融资产（投资对象为债券）的公允价值上升20万元，除上述外，乙公司无其他影响所有者权益变动的事项。2×15年1月1日，甲公司转让所持有乙公司70%的股权，取得转让款项700万元；甲公司持有乙公司剩余30%股权的公允价值为300万元。转让后，甲公司能够对乙公司施加重大影响。

要求：根据上述资料，不考虑其他因素，回答下列题目。

（1）甲公司因转让乙公司70%股权在2×15年度个别财务报表中应确认的投资收益是（　　）。

A.91万元　　B.111万元　　C.140万元　　D.160万元

（2）甲公司因转让乙公司70%股权在2×15年度合并工作底稿中调整确认的投资收益是（　　）。

A.15万元　　B.31万元　　C.40万元　　D.10万元

（3）甲公司因转让乙公司70%股权在2×15年度合并财务报表中应确认的投资收益是（　　）。

A.91万元　　B.111万元　　C.140万元　　D.150万元

4.甲公司与乙公司均为丙公司的子公司。2014年6月1日，甲公司以银行存款2 000万元和一项无形资产作为对价，取得丙公司持有的乙公司80%的股权，能够对乙公司实施控制。合并过程中另发生法律咨询费用50万元。当日，该项无形资产的账面价值为500万元，公允价值为600万元；乙公司的所有者权益账面价值总额为3 000万元，其中盈余公积为100万元，未分配利润为400万元，可辨认净资产公允价值为3 050万元。2014年6月1日甲公司的“资本公积—股本溢价”科目（合并前）贷方余额为300万元。

要求：根据上述资料，不考虑其他因素，回答下列各题。

（1）甲公司合并乙公司，对甲公司当期损益的影响金额为（　　）。

A.0　　B.-50万元　　C.100万元　　D.50万元

（2）关于甲公司对上述事项的处理表述中，正确的是（　　）。

A.甲公司在合并财务报表中应确认商誉100万元

B.编制合并财务报表时，甲公司应将乙公司合并前实现的留存收益中归属于甲公司的部分只能恢复200万元。

C.甲公司在合并日编制合并财务报表时，不需要编制合并现金流量表

D.甲公司与乙公司在2014年6月份以前发生的交易，不予以抵销

5.A公司于2010年3月2日以1 050万元取得B公司20%的股份，取得投资时B公司可辨认净

资产的账面价值等于公允价值为5 000万元。因能够参与B公司的生产经营决策，A公司对持有的该投资采用权益法核算。2011年1月1日A公司又支付价款3 500万元取得B公司50%的股份，从而能够对B公司实施控制，发生法律服务、评估咨询等中介费用300万元。购买日B公司可辨认净资产公允价值为6 000万元。自A公司2010年取得投资后至2011年增资前，B公司共实现净利润500万元（假定不存在需要对净利润进行调整的因素），未进行利润分配，B公司所持有的以公允价值计量且其变动计入其他综合收益的金融资产（投资对象为股票）公允价值变动（增加）额为500万元。合并日前取得的长期股权投资于购买日当天的公允价值为1 300万元。A公司按照10%提取盈余公积。

要求：根据上述资料，不考其他因素，回答下列各题。

（1）关于发生的法律服务、评估咨询等中介费用300万元的处理，正确的是（　　）。

A.作为内部交易在合并时进行抵销　　B.记入资本公积科目

C.记入长期股权投资科目　　D.记入管理费用科目

（2）下列关于A公司在购买日的会计处理表述中，正确的是（　　）。

A.企业持股比例上升，权益法改为成本法核算，属于会计政策变更

B.在合并财务报表中，对于购买日之前持有的被购买方的20%股权，应当按照该股权在购买日的公允价值进行重新计量

C.该投资在合并当日的合并成本为4 750万元

D.在合并工作底稿中对于购买日之前持有的被购买方的股权，应当按照该股权在购买日的公允价值进行重新计量，并结转购买日之前持有的被购买方的股权涉及的其他综合收益，所以应该调增投资收益150万元

6.A公司2014年发生的部分交易或事项资料如下：

（1）2014年1月1日，A公司以增发200万股普通股（每股市价20元）和一批存货作为对价，从C公司处取得B公司80%的股权，能够对B公司实施控制。该批存货的成本为400万元，公允价值（等于计税价格）为500万元。合并合同规定，如果B公司未来两年的平均净利润增长率超过15%，则A公司应另向C公司支付100万元的合并对价。当日，A公司预计B公司未来两年的平均净利润增长率很可能将超过15%。

（2）当日，B公司可辨认净资产账面价值为5 000万元，公允价值为5 300万元，差额为B公司一项固定资产所引起的，该项固定资产的账面价值为700万元，公允价值为1 000万元。

（3）A公司与C公司不具有关联方关系；企业所得税税率为25%。

要求：根据上述资料，不考虑其他因素，回答下列各题。

（1）A公司该项企业合并确定的合并成本为（　　）。

A.4 600万元　　B.4 500万元　　C.4 685万元　　D.4 185万元

（2）对于该项企业合并的递延所得税影响，甲公司在购买日应做的处理为（　　）。

A.确认递延所得税资产50万元　　B.确认递延所得税负债75万元

C.确认递延所得税资产75万元　　D.不需确认递延所得税

（3）该项企业合并的合并商誉为（　　）。

A.445万元　　B.0　　C.420万元　　D.505万元

7.甲公司为增值税一般纳税人，适用的增值税税率为13%。甲公司对其所得税采用资产负债表债务法核算，其适用的所得税税率为25%。2×14年3月5日从其拥有70%股份的子公司购进管理用设备一台，该设备系其子公司生产的产品，其成本400万元，售价500万元（不含增值税），

作为固定资产核算，另支付运输安装费50万元，甲公司已付款且该设备当月投入仍作为固定资产使用，预计使用5年，净残值为0。

要求：根据上述资料，不考虑其他因素，回答下列第题目。

（1）甲公司于2×14年年末编制合并报表时涉及该业务所抵销多计提的折旧金额是（　　）万元。

A.20　　B.75　　C.22.5　　D.15

（2）下列关于2×14年该业务的抵销分录中，不正确的是（　　）（单位：万元）。

A.借：营业收入　500

　贷：营业成本　400

　　固定资产——原价　100

B.借：固定资产——累计折旧　15

　贷：管理费用　15

C.借：所得税费用　21.25

　贷：递延所得税负债　21.25

D.借：递延所得税资产　21.25

　贷：所得税费用　21.25

（3）甲公司于2×15年年末编制合并报表时，合并报表中该项固定资产的金额为（　　）万元。

A.260　　B.292.5　　C.392.5　　D.357.5

8.甲公司是乙公司的母公司，且甲公司与乙公司均为增值税一般纳税人，适用的增值税税率为17%。2×14年发生如下事项：

（1）2×14年3月2日，甲公司出售1 000件商品给乙公司，每件售价为20万元（不含增值税），每件成本15万元。至2×14年12月31日，乙公司从甲公司购买的上述商品尚有300件未对外出售，其可变现净值为每件13万元。

（2）2×14年12月31日，甲公司自乙公司购入一台乙公司生产的设备，售价为1 000万元，增值税税额为170万元，成本为850万元。甲公司购入后作为管理用固定资产核算，甲公司在运输过程中另发生运输费、保险费等20万元。

要求：根据上述资料，不考虑其他因素，回答下列题目。

（1）编制合并报表时，该项内部交易应抵销的存货跌价准备金额为（　　）万元。

A.0　　B.2 100　　C.1 500　　D.7 000

（2）2×14年12月31日因甲公司购买乙公司所生产的设备而产生的未实现内部交易损益为（　　）万元。

A.150　　B.320　　C.170　　D.340

（3）2×14年甲公司编制合并报表利润表时，“营业成本”项目抵销的金额是（　　）万元。

A.20 000　　B.19 350　　C.18 750　　D.20 750

9.甲、乙公司适用的所得税税率均为25%。甲公司2×14年3月10日从其拥有60%股份的子公司——乙公司购进设备一台，该设备为乙公司所生产的产品，成本1 200万元，售价1 755万元（含增值税，增值税税率13%）；甲公司另付运输安装费20万元。甲公司已付款且该设备当月投入使用，预计使用年限为5年（与税法相同），净残值为零，采用年数总和法计提折旧（与税法相同）。

要求：根据上述资料，不考虑其他因素，回答下列问题。

（1）2×14年末甲公司编制合并报表时，应在合并报表确认的递延所得税资产是（ ）。

A.60万元 B.56.25万元 C.104.06万元 D.0

（2）2×15年末甲公司编制合并报表时，应抵销当年多提的折旧额为（ ）。

A.80万元 B.90.67万元 C.85.33万元 D.85万元

10.2×14年1月1日，甲公司以银行存款购入乙公司70%的股份，能够对乙公司实施控制。2×14年乙公司从甲公司购进A商品500件，购买价格为每件5万元。甲公司A商品每件成本为4.2万元。2×14年乙公司对外销售A商品300件，每件销售价格为5.5万元；年末结存A商品200件。2×14年12月31日，A商品每件可变现净值为4.5万元；乙公司对A商品计提存货跌价准备100万元。

2×15年乙公司对外销售A商品100件，每件销售价格为4.5万元。2×15年12月31日，乙公司年末存货中包括从甲公司购进的A商品100件，A商品每件可变现净值为4万元。A商品存货跌价准备的期末余额为100万元。假定甲公司和乙公司适用的所得税税率均为25%。

要求：根据上述资料，不考虑其他因素，回答下列问题。

（1）2×14年末甲公司编制合并报表时，应在合并报表抵销处理的递延所得税资产发生额是（ ）。

A.15万元 B.40万元 C.25万元 D.0

（2）2×15年末甲公司编制合并报表时，应在合并报表中抵销的资产减值损失项目的金额是（ ）。

A.50万元 B.30万元 C.20万元 D.100万元

11.甲乙公司没有关联关系，甲公司2×14年1月1日投资3 000万元购入乙公司80%股权，当日乙公司可辨认净资产公允价值为3 500万元，账面价值3 300万元，其差额是由无形资产导致的（尚可使用年限为5年）。2×14年乙公司实现净利润500万元，2×14年乙公司分配现金股利200万元；2×15年乙公司实现净利润700万元，未进行利润分配，所有者权益其他项目未发生变化。

要求：根据上述资料，不考虑其他因素，回答下列问题。

（1）购买日应确认的商誉金额为（ ）。

A.100万元 B.250万元 C.200万元 D.0

（2）2×15年期末甲公司编制合并抵销分录时，抵销的子公司所有者权益合计为（ ）。

A.884万元 B.4 420万元 C.4 620万元 D.4 500万元

（3）2×15年期末甲公司编制合并抵销分录时，长期股权投资应调整为（ ）。

A.4 420万元 B.3 536万元 C.3 736万元 D.3 896万元

12.甲公司只有一个子公司乙公司，2×14年度甲公司和乙公司个别现金流量表中“销售商品、提供劳务收到的现金”项目的金额分别为5000万元和2 000万元，“购买商品、接受劳务支付的现金”项目的金额分别为3 000万元和1 500万元。2×14年甲公司向乙公司销售商品收到现金600万元，不考虑其他事项。甲公司编制的合并现金流量表中“销售商品、提供劳务收到的现金”项目的金额为（ ）万元。

A.7 000 B.4 400 C.6 000 D.6 400

13.某企业采用备抵法核算坏账损失，坏账准备计提比例为应收账款余额的5%。上年年末该公司对其子公司内部应收账款余额为1 000万元，本年年末余额为5 000万元。该公司本年编制合并财务报表时应抵销“未分配利润——年初”的金额为（　　）。

A.50万元　　B.250万元　　C.200万元　　D.300万元

14.子公司2×14年以800万元的价格（不含增值税）购进母公司成本为500万元的货物，全部形成期末存货。子公司2×15年又以1 500万元的价格（不含增值税）购进母公司成本为920万元的货物。2×15年子公司对外销售部分存货，结转存货的账面价值为640万元，售价780万元。公司采用先进先出法结转存货成本，母子公司所得税税率为25%。2×15年末母公司编制合并报表时，该事项对抵销分录中“递延所得税资产”项目发生额的影响为（　　）。

A.75万元　　B.85万元　　C.160万元　　D.145万元

15.A公司为B公司的母公司，A公司当期销售一批产品给B公司，销售成本为2 000万元，售价为2 500万元。截至当期期末，子公司已对外销售该批存货的80%，期末留存的存货的可变现净值为300万元。不考虑其他因素，则A公司在当期期末编制合并报表时应抵销的存货跌价准备的金额为（　　）。

A.200万元　　B.0　　C.100万元　　D.150万元

二、多选题

1.2011年真题

甲公司20×0年1月1日购入乙公司80%股权，能够对乙公司的财务和经营政策实施控制。除乙公司外，甲公司无其他子公司。20×0年度，乙公司按照购买日可辨认净资产公允价值为基础计算实现的净利润为2 000万元，无其他所有者权益变动。20×0年末，甲公司合并财务报表中少数股东权益为825万元。20×1年度，乙公司按购买日可辨认净资产公允价值为基础计算的净亏损为5 000万元，无其他所有者权益变动。20×1年末，甲公司个别财务报表中所有者权益总额为8 500万元。下列各项关于甲公司20×0年度和20×1年度合并财务报表列报的表述中，正确的有（　　）。

A.20×1年度少数股东损益为0

B.20×0年度少数股东损益为400万元

C.20×1年12月31日少数股东权益为0

D.20×1年12月31日股东权益总额为5 925万元

E.20×1年12月31日归属于母公司股东权益为6 100万元

2.甲公司为股份有限公司，发生如下交易或事项：

（1）2×14年1月5日以一台固定资产和一项专利权作为对价取得同一集团内乙公司80%的股权。固定资产原价3 000万元、累计折旧500万元的设备，公允价值为2 800万元；专利权的原价为1 500万元、累计摊销为300万元，公允价值为1 000万元。合并日乙公司所有者权益相对于企业集团而言的账面价值为4 500万元，支付审计评估费用50万元。

（2）2×14年12月1日发行500万股普通股（每股面值1元，市价12元）作为合并对价取得A公司100%的股权，合并后A公司维持法人资格继续经营，涉及合并双方合并前无关联关系，合并日A企业的可辨认资产公允价值总额为8 000万元，可辨认负债公允价值总额为3 000万元，支付发行股票相关的佣金、手续费500万元，为企业合并发生的审计、法律服务50万元、评估咨询费10万元。

要求：根据上述资料，不考虑增值税费等其他因素，回答下列各题。

（1）下列关于甲公司企业合并过程中发生的各项相关费用的处理中，正确的有（　　）。

A.同一控制下企业合并中支付的审计评估费用50万元，记入“管理费用”科目

B.非同一控制下企业合并中支付发行股票相关的佣金、手续费500万元，应冲减“资本公积”科目

C.非同一控制下企业合并中发生的审计、法律服务50万元，应记入“管理费用”科目

D.非同一控制下企业合并中发生的评估咨询费10万元，应冲减“资本公积”科目

E.非同一控制下企业合并中为企业合并发生的审计、法律服务、评估咨询费60万元，记入“长期股权投资”科目

（2）下列各项关于上述交易或事项对甲公司2×14年度个别财务报表相关项目列报金额影响的表述中，正确的有（　　）。

A.长期股权投资9 700万元

B.资本公积4 900万元

C.营业外收入300万元

D.管理费用110万元

E.对于乙公司的投资形成商誉100万元

3.下列关于非同一控制下，企业合并成本在取得的可辨认资产和负债之间的分配说法中，正确的有（　　）。

A.取得的无形资产在其公允价值能够可靠计量的情况下应单独予以确认

B.对于购买方在企业合并时可能需要代购买方承担的或有负债，在其公允价值能够可靠计量的情况下，在合并报表中作为或有负债在表外披露

C.对于被购买方在企业合并前已经确认的商誉和递延所得税项目，不应予以考虑

D.取得的资产、负债在应税合并时，其计税基础应以公允价值计量

E.取得的资产、负债在免税合并时，其计税基础应以公允价值计量

4.按照我国企业会计准则的规定，编制合并现金流量表时，抵销处理包括的内容有（　　）。

A.企业集团内部当期以现金出售无形资产所产生的现金流量的抵销处理

B.企业集团内部当期取得集团外企业分配的现金股利的抵销处理

C.企业集团内部以现金结算债权与债务所产生的现金流量的抵销处理

D.企业集团内部当期销售商品所产生的现金流量的抵销处理

E.企业集团内部处置固定资产等收回的现金净额与购建固定资产等支付的现金的抵销处理

5.以下关于母公司在报告期内增减子公司处理的表述中，不正确的有（　　）。

A.母公司在报告期内因同一控制下企业合并增加的子公司不应当调整合并资产负债表的期初数

B.在报告期内因同一控制下企业合并增加的子公司应当调整合并资产负债表的期初数

C.因非同一控制下企业合并增加的子公司应当调整合并资产负债表的期初数

D.因非同一控制下企业合并增加的子公司不应当调整合并资产负债表的期初数

E.报告期内处置的子公司，其资产负债表不再纳入合并报表

三、综合题

1.控制权日合并报表和控制权日后合并报表（第二十七章综合）

2×14年1月1日甲公司以5 000万元购入乙公司60%股权，当日乙公司可辨认净资产公允价值为8 000万元，账面价值为7 550万元，乙公司主要报表数据项目如下。

乙公司主要报表数据

单位：万元

项目	账面价值	公允价值
存货A	300	350
固定资产	800	1 200
股本	4 000	
资本公积	2 000	
盈余公积	550	
未分配利润	1 000	

上述固定资产当日剩余寿命为10年，合并双方均对此主张采用年限平均法计提折旧，无残值。上述存货A在当年出售40%，剩余部分在第二年（2×15年）出售完毕。

乙公司2×14年全年实现净利润3 000万元，乙公司当年提取盈余公积200万元、向股东分配现金股利1 000万元。2×14年3月乙公司向甲公司出售存货B一批，成本400万元，售价520万元，甲公司买入存货B后当年向第三方出售了1/3，剩余部分在第二年（2×15年）对外出售完毕。甲公司当年净利润为12 000万元。

乙公司2×15年全年实现净利润4 000万元，乙公司当年提取盈余公积300万元、向股东分配现金股利1 200万元。2×15年7月1日乙公司向甲公司出售专利一项，账面价值500万元，售价550万元，该专利无残值，寿命5年，采用直线法摊销。甲公司当年净利润为15 000万元。

假设甲公司和乙公司所得税税率均为25%。

要求：

（1）假设甲、乙两公司在合并前无任何关联关系，编制2×14年1月1日、2×14年年末以及2×15年年末合并报表中的相关调整分录和抵销分录。计算2×14年年末和2×15年年末合并报表中的以下几项报表项目金额：归属于母公司股东权益合计、净利润、归属于母公司股东的净利润、少数股东损益。

（2）假设甲、乙两公司在合并前属于同一个集团，编制2×14年1月1日、2×14年年末以及2×15年年末合并报表中的相关调整分录和抵销分录。计算2×14年年末和2×15年年末合并报表中的以下几项报表项目金额：归属于母公司股东权益合计、净利润、归属于母公司股东的净利润、少数股东损益。

（3）续上述（1），假设甲公司于2×16年1月1日以2 000万元再次追加投资购入乙公司10%股权。编制甲公司个别报表和合并报表中的相关会计分录，并计算合并报表层面的商誉。

2.按控制权日公允价值或账面价值持续计算的子公司价值

2×13年1月1日甲公司以定向增发1 000万股股票和银行存款1 000万元购入乙公司80%的股权，每股股价为8.6元。当日乙公司可辨认净资产账面价值为10 000万元（不含递延所得税资产和负债），除以下项目以外，乙公司其他可辨认资产、负债的公允价值与账面价值相等。

账面价值与公允价值

单位：万元

项目	账面价值	公允价值
存货A	500	800
固定资产	1 500	2 000
预计负债	0	100

假设上述存货在2013年和2014年分别出售了1/3。固定资产在当日的剩余寿命为5年，合并双方都认为采用年限平均法折旧，无残值。上述或有负债为乙公司因产品质量诉讼被客户告上法院所致，至2013年1月1日法院尚未进行判决，乙公司法律顾问认为此项诉讼败诉的可能性为49%。2014年3月1日法院对此项诉讼作出判决，驳回原告诉讼请求。

2×13年5月乙公司出售一批存货B给甲公司，成本100万元，售价250万元，甲公司购入存货B后当年出售1/5，第二年（2×14年）出售了2/5，至2×14年年末还剩余2/5的存货B尚未出售。

2×13年8月甲公司出售一项专利技术给乙公司，账面价值300万元，公允价值400万元，该项专利技术剩余寿命为5年，双方均认为采用直线法摊销，无残值。

乙公司2×13年和2×14年的账面净利润分别为3 000万元和4 000万元。

假设不考虑所得税以外的其他税收因素。

要求：

（1）计算乙公司在2×13年年末和2×14年年末的所有者权益账面价值。

（2）假设甲、乙两公司在合并前无任何关联关系，计算截至2×13年年末和2×14年年末乙公司按购买日公允价值持续计算的应纳入甲公司合并报表的可辨认净资产价值和净资产价值。

（3）假设甲公司购入乙公司80%股权使用的并不是上述混合支付方式而是9 600万元银行存款。则上述（2）的答案是否受影响？

（4）假设甲、乙两公司在合并前属于同一个集团，计算截至2×13年年末和2×14年年末乙公司按合并日账面价值持续计算的应纳入甲公司合并报表的可辨认净资产价值和净资产价值。

3. 多次交易分步实现控股合并（权益法→成本法）

A公司于2014年1月取得B公司30%的股份，成本为2 500万元，当日B公司可辨认净资产公允价值为7 500万元。取得投资后A公司派人参与B公司的生产经营决策。2014年A公司确认对B公司的投资收益800万元，另B公司持有的以公允价值计量且其变动计入其他综合收益的金融资产（投资对象为股票）在当年公允价值增加2 000万元，在此期间，B公司未宣告发放现金股利或利润。2015年1月1日，A公司以一批存货作为支付对价进一步购入B公司30%的股份，该批存货的成本为6 000万元，公允价值为8 000万元。当日B公司可辨认净资产的公允价值为20 000万元，账面价值为19 000万元。A公司之前取得的30%股权在当日的公允价值为3 800万元。

假定本题考虑增值税和所得税。

要求：

（1）编制A公司2014年度的相关处理；

（2）假设A公司对B公司的合并为同一控制下企业合并，编制A公司2015年度合并日个别财务报表和合并财务报表的账务处理。

（3）假设A公司对B公司的合并为非同一控制下企业合并，编制A公司2015年度购买日个别财务报表和合并财务报表的账务处理。

4. 多次交易分步实现控股合并（公允价值计量→成本法）

A公司于2014年1月取得B上市公司3%的股份，成本为250万元，A公司获得B公司股票后将其归类为以公允价值计量且其变动计入其他综合收益的金融资产。2014年12月31日该批股票的公允价值为350万元，2015年1月1日该批股票的公允价值为360万元。2015年1月1日，A公司以一批存货作为支付对价进一步购入B公司57%的股份，该批存货的成本为6 000万元，公允价值为8 000万元。当日B公司可辨认净资产的公允价值为15 000万元，账面价值为14 000万元。

假定本题考虑增值税和所得税。

要求：

（1）编制A公司2014年度的相关处理；

（2）假设A公司对B公司的合并为同一控制下企业合并，编制A公司2015年度合并日个别财务报表和合并财务报表的账务处理。

（3）假设A公司对B公司的合并为非同一控制下企业合并，编制A公司2015年度购买日个别财务报表和合并财务报表的账务处理。

5. 反向购买

2014年8月31日甲公司通过A上市公司（以下简称A公司）实现了上市。具体做法是：A上市公司于2014年8月31日通过定向增发本公司普通股对甲公司进行合并，取得甲公司100%股权。假定不考虑所得税影响。甲公司及A公司在进行合并前简化资产负债表如下。

甲公司及A公司合并前资产负债表（简表）

单位：万元

项目	A公司	甲公司
流动资产	1 000	1 500
非流动资产	5 000	11 500
资产总计	6 000	13 000
流动负债	518	500
非流动负债	2 182	2 500
负债合计	2 700	3 000
股东权益：		
股本	1 000	2 000
资本公积	300	1 000
盈余公积	1 000	3 000
未分配利润	1 000	4 000
股东权益合计	3 300	10 000

其他资料：

（1）2014年8月31日，A公司通过定向增发本公司普通股，以2股换1股的比例自甲公司原股东处取得了甲公司全部股权。A公司共发行了4 000万股普通股以取得甲公司全部2 000万股普通股。

（2）A公司普通股在2014年8月31日的公允价值为每股15元，甲公司普通股当日的公允价值为每股30元。A公司、甲公司每股普通股的面值均为1元。

（3）2014年8月31日，A公司除非流动资产公允价值较账面价值高800万元以外，其他资产、负债项目的公允价值与其账面价值相同。甲公司除流动资产公允价值较账面价值高100万元以外，其他资产、负债项目的公允价值与其账面价值相同。

（4）假定A公司与甲公司在合并前不存在任何关联方关系。以上业务不考虑其他因素和相关税费的影响。

甲公司及A公司合并后资产负债表（简表）

单位：万元

项目	合并数据
流动资产	
非流动资产	
商誉	
资产总计	
流动负债	
非流动负债	
负债合计	
股东权益：	
股本（5 000万股普通股）	
资本公积	
盈余公积	
未分配利润	
股东权益合计	

要求：

（1）确定2014年甲公司与A公司合并业务的购买方；

（2）确定2014年甲公司与A公司合并后甲公司原股东持有A公司的股权比例；

（3）计算2014年甲公司与A公司合并业务中的合并成本、合并商誉；

（4）计算购买日合并数据中股票的数量及股本金额、资本公积的金额；

（5）填列购买日简要资产负债表中合并后的数据。

（6）假设上述合并过程中，甲公司股东只有90%参与此项合并，用手中所持股权换取A公司增发的股票，则上述（1）~（5）有何影响。

6. 丧失控制权情况下处置部分对子公司投资（成本法→权益法）

甲公司于2×14年7月1日出售其所持子公司（乙公司）股权的60%，所得价款9 000万元收存银行，同时办理了股权划转手续。当日，甲公司持有乙公司剩余股权的公允价值为5 800万元。甲公司出售乙公司股权后，仍持有乙公司32%股权并在乙公司董事会中派出1名董事。

甲公司原所持乙公司80%股权系2×13年1月1日以8 000万元从非关联方购入，购买日乙公司可辨认净资产的公允价值为9 000万元，除办公楼的公允价值大于账面价值1 500万元外，其余各项可辨认资产、负债的公允价值与账面价值相同。上述办公楼按20年、采用年限平均法计提折旧，自购买日开始尚可使用15年，预计净残值为零。

2×13年1月1日至2×14年6月30日，乙公司实现净利润2 400万元，以公允价值计量且其变动计入其他综合收益的金融资产（投资对象为债券）公允价值增加800万元。

其他有关资料：

①甲公司实现净利润按10%提取法定盈余公积后不再分配；

②本题不考虑税费及其他因素。

要求：根据上述资料回答下列问题。

（1）说明甲公司出售乙公司股权后对乙公司的投资应当采用的后续计量方法，并说明理由；

（2）计算甲公司出售乙公司股权在其个别财务报表中应确认的投资收益，并编制相关会计分录；

（3）计算甲公司出售乙公司股权在其合并财务报表中应确认的投资收益，并编制相关的调整分录；

（4）编制甲公司因持有乙公司股权比例下降对其长期股权投资账面价值调整相关的会计分录。

7.存货内部交易的抵销——2007年真题改编

甲股份有限公司（本题下称"甲公司"）为上市公司，系增值税一般纳税人，适用的增值税税率为17%。相关资料如下：

（1）20×6年1月1日，甲公司以银行存款11 000万元，自乙公司购入W公司80%的股份。乙公司系甲公司的母公司的全资子公司。

W公司20×6年1月1日股东权益总额为15 000万元，其中股本为8 000万元、资本公积为3 000万元、盈余公积为2 600万元、未分配利润为1 400万元。

W公司20×6年1月1日可辨认净资产的公允价值为17 000万元。

（2）W公司20×6年实现净利润2 500万元，提取盈余公积250万元。当年购入的以公允价值计量且其变动计入其他综合收益的金融资产因公允价值上升确认其他综合收益300万元。

20×6年W公司从甲公司购进A商品400件，购买价格为每件2万元。甲公司A商品每件成本为1.5万元。

20×6年W公司对外销售A商品300件，每件销售价格为2.2万元；年末结存A商品100件。

20×6年12月31日，A商品每件可变现净值为1.8万元；W公司对A商品计提存货跌价准备20万元。

（3）W公司20×7年实现净利润3 200万元，提取盈余公积320万元，分配现金股利2 000万元。20×7年W公司出售上年购入的金融资产而转出20×6年确认的其他综合收益120万元，因以公允价值计量且其变动计入其他综合收益的金融资产公允价值上升而再次确认其他综合收益150万元。

20×7年W公司对外销售A商品20件，每件销售价格为1.8万元。

20×7年12月31日，W公司年末存货中包括从甲公司购进的A商品80件，A商品每件可变现净值为1.4万元。A商品存货跌价准备的期末余额为48万元。

要求：

（1）编制甲公司购入W公司80%股权的会计分录。

（2）编制甲公司20×6年度合并财务报表时与内部商品销售相关的抵销分录。

（3）编制甲公司20×6年度合并财务报表时对W公司长期股权投资的调整分录及相关的抵销分录。

（4）编制甲公司20×7年度合并财务报表时与内部商品销售相关的抵销分录。

（5）编制甲公司20×7年度合并财务报表时对W公司长期股权投资的调整分录及相关的抵销

分录。

8.内部应收、应付账款的抵销

甲、乙两家公司系母子公司关系，因为双方之间的内部交易，甲公司账上长期保持对乙公司的应收账款。具体数据如下：

甲公司账簿数据

期末	应收账款——乙公司	坏账准备——乙公司
1	150	15
2	200	20
3	240	24
4	220	22
5	300	30

要求：编制上述连续5个期间内内部债权债务的抵销分录，包括递延所得税的相关分录。

9.内部固定资产交易的抵销

甲、乙两家公司系母子公司关系，2×14年6月30日甲公司销售一台办公设备给乙公司，乙公司买入后作为固定资产使用。假设该设备出售前账面价值为400万元，售价为640万元，寿命为5年，无残值。

要求：

(1) 本题没有给出甲公司对乙公司的控股比例，这对该项内部交易的抵销是否有影响？

(2) 编制固定资产使用寿命内的抵销分录，包括递延所得税相关分录。

(3) 假设该设备在甲公司账上分类为存货，则对上述(2)的答案有何影响？

(4) 假设上述内部交易的标的从设备改为专利权，则对抵销分录有何影响？

本章导学。

第二十八章 每股收益

本章框架图

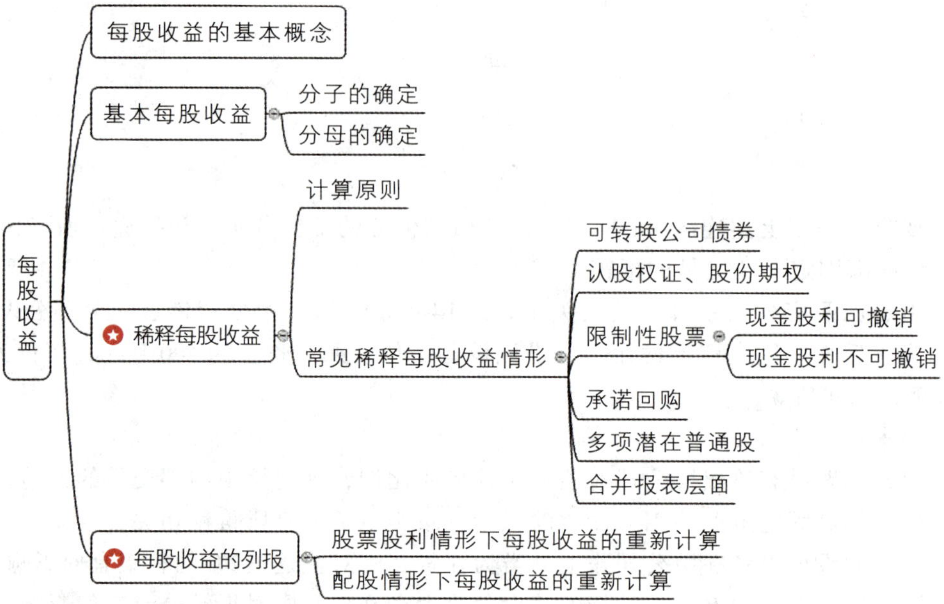

本章考情概述

本章主要阐述了每股收益的计算。2014年有一道综合题与本章内容有关，属于比较重要的章节。

本章应关注的主要问题：近几年侧重考核基本每股收益的计算、认股权证、股份期权和可转换公司债券影响下的稀释每股收益的计算以及每股收益的重新计算等内容。

本章近三年主要考点：（1）基本每股收益的计算；（2）稀释每股收益的计算；（3）影响稀释每股收益的因素。

2019年教材主要变化

本章内容无变化。

第一节　每股收益的基本概念

每股收益是指普通股股东每持有一股普通股所能享有的企业净利润或需承担的企业净亏损。

每股收益包括基本每股收益和稀释每股收益两类。

基本每股收益仅考虑当期实际发行在外的普通股股份，而稀释每股收益的计算和列报主要是为了避免每股收益虚增可能带来的信息误导。

第二节 基本每股收益

考霸笔记：要想计算算得好，分子分母很重要。

◇ 分子的确定

◇ 分母的确定

基本每股收益是指企业应当按照属于普通股股东的当期净利润，除以发行在外普通股的加权平均数从而计算出的每股收益。

考霸笔记：每股收益是，每一普通股所能分享的收益。所以分子为利润，分母为股数。

一、分子的确定（一般为题目中给出的净利润）

计算基本每股收益时，分子为归属于普通股股东的当期净利润，即企业当期实现的可供普通股股东分配的净利润或应由普通股股东分担的净亏损金额。发生亏损的企业，每股收益以负数列示。

二、分母的确定（考试中重点考查对象）

计算基本每股收益时，分母为当期发行在外普通股的算术加权平均数，即期初发行在外普通股股数根据当期新发行或回购的普通股股数与相应时间权重的乘积进行调整后的股数。

需要指出的是，公司库存股不属于发行在外的普通股，且无权参与利润分配，应当在计算分母时扣除。

考霸笔记：实际发行在外普通股股数计算，最重要的就是找准时间（时间权重的关键）。

发行在外普通股加权平均数

= 期初发行在外普通股股数

+ 当期新发行普通股股数×已发行时间÷报告期时间

− 当期回购普通股股数×已回购时间÷报告期时间

✓基础公式，非常重要！

【注意】股票股利、拆股或并股、资本公积转增股本、留存收益转增股本，这些情形都没有导致所有者权益总额的变化，只是在所有者权益内部之间进行转变，没有增加或减少权益金额，而不具有稀释性，只是重新列报而已。因此以上事项不需要使用时间权重来进行加权，不论是6月1日还是8月1日资本公积转增资本，新增股票的时间权重不需要考虑，或者说新增股票的时间权重为12/12，也就是按照全年进行计算。为了增加基本每股收益的可比性，需要重新计算以前年度的基本每股收益。

例28-1·2013年单选题

甲公司20×3年1月1日发行在外普通股为10 000万股，引起当年发行在外普通股股数变动的事项：

（1）9月30日，为实施一项非同一控制下企业合并定向增发2 400万股；

（2）11月30日，以资本公积转增股本，每10股转增2股。

甲公司20×3年实现归属于普通股股东的净利润8 200万元，不考虑其他因素，甲公司20×3年基本每股收益金额为（　　）。

为什么计算每股收益时，因发放股票股利而增加的普通股股数不考虑时间权重?

6078

A. 0.55元/股

B. 0.64元/股

C. 0.76元/股

D. 0.82元/股

【答案】B

【解析】甲公司20×3年基本每股收益＝8 200÷（10 000×1.2＋2 400×3÷12×1.2）＝0.64（元/股）

【注意】是否考虑时间权重，要看股数增加是否付出了对价，进而影响了所有者权益总额。如果付出了对价，增加了所有者权益总额，就要考虑时间权重；要是没付出对价，不影响所有者权益总额，就不需要考虑时间权重，比如发放股票股利，资本公积转增股本。

盈余公积转增股本，这种情况下只是增加了普通股的数量，但并不影响所有者权益金额，这既不影响企业所拥有或控制的经济资源，也不改变企业的盈利能力，即只意味着同样的损益现在要由扩大或缩小了的股份规模来享有或分担，所以无需考虑时间权重。

时间权重：企业派发股票股利、公积金转增资本、拆股或并股等增加减少的股数的时间权重与派发、转增的基础时间权重一致，而不是决定派发分配之日。比如2012年5月1日，以年初发行在外的普通股股数为基础每10股送1股，送股的时间权重就是1，不是8/12。比如2012年8月1日，以6月30日发行在外的普通股股数为基础每10股送1股，送股的时间权重就是1，不是5/12。

【提示】新发行普通股

新发行普通股股数应当根据发行合同的具体条款，从应收对价之日（一般为股票发行日）起计算确定。

第三节　稀释每股收益

◇ 基本计算原则

◇ 可转换公司债券

◇ 认股权证、股份期权

◇ 限制性股票

◇ 企业承诺将回购其股份的合同

◇ 多项潜在普通股

◇ 子公司、合营企业或联营企业发行的潜在普通股

考霸笔记

计算原则关键词：“假设”。未来转换、具有稀释性的可转换公司债券、期权、权证等，在发行时假设转换，以此对每股收益的计算，为稀释每股收益。

一、基本计算原则

稀释每股收益是以基本每股收益为基础，假设企业所有发行在外的稀释性潜在普通股均已转换为普通股，从而分别调整归属于普通股股东的当期净利润

（调整分子）以及发行在外普通股的加权平均数（调整分母）计算而得的每股收益。

（一）稀释性潜在普通股

潜在普通股是指赋予其持有者在报告期或以后期间享有取得普通股权利的一种金融工具或其他合同。目前，我国企业发行的潜在普通股主要有可转换公司债券、认股权证、股份期权等。

稀释性潜在普通股，是指假设当期转换为普通股会减少每股收益的潜在普通股。对于亏损企业而言，稀释性潜在普通股是指假设当期转换为普通股会增加每股亏损金额的潜在普通股。计算稀释每股收益时只考虑稀释性潜在普通股的影响，而不考虑不具有稀释性的潜在普通股。

如何快速理解稀释每股收益计算过程？

考霸笔记 稀释每股收益，顾名思义只考虑具有稀释性的潜在普通股的影响。

（二）分子的调整

计算稀释每股收益时，应当根据下列事项对归属于普通股股东的当期净利润进行调整：

（1）当期已确认为费用的稀释性潜在普通股的利息（＋）；

（2）稀释性潜在普通股转换时将产生的收益或费用。上述调整应当考虑相关的所得税影响（利息费用×（1−税率））。

（三）分母的调整

考霸笔记 注意时间权重。系考试重点！

计算稀释每股收益时，当期发行在外普通股的加权平均数应当为计算基本每股收益时普通股的加权平均数与假定稀释性潜在普通股转换为已发行普通股而增加的普通股股数的加权平均数之和。

假定稀释性潜在普通股转换为已发行普通股而增加的普通股股数应当按照其发行在外的时间进行加权平均。以前期间发行的稀释性潜在普通股，应当假设在当期期初转换为普通股；当期发行的稀释性潜在普通股，应当假设在发行日转换普通股。

总结：

（1）以前期间发行的稀释性潜在普通股，应当假设在当期期初转换为普通股；

（2）当期发行的稀释性潜在普通股，应当假设在发行日转换为普通股；

（3）当期被注销或终止的稀释性潜在普通股，应当按照当期发行在外的时间加权平均计入稀释每股收益；

（4）当期被转换或行权的稀释性潜在普通股，应当从当期期初至转换日（或行权日）计入稀释每股收益中，从转换日（或行权日）起所转换的普通股则计入基本每股收益中。

二、可转换公司债券

稀释每股收益
＝（净利润＋假设转换时增加的净利润）
÷（发行在外普通股加权平均数＋假设转换所增加的普通股股数加权平均数）

可转换公司债券是指发行公司依法发行、在一定期间内依据约定的条件可以转换成股份的公司债券。

对于可转换公司债券，可以采用假设转换法判断其稀释性，并计算稀释每股收益。

首先，假设这部分可转换公司债券在当期期初（或发行日）即已转换成普通股，从而一方面增加了发行在外的普通股股数，另一方面节约了公司债券的利息费用（包括溢、折价的摊销），增加了归属于普通股股东的当期净利润。

其次，用增加的净利润除以增加的普通股股数，得出增量股的每股收益，与原来的每股收益比较。如果增量股的每股收益小于原每股收益，则说明该可转换公司债券具有稀释作用，应当计入稀释每股收益的计算中。

为什么盈利企业行权价格低于当期普通股平均市场价格时，应当考虑其稀释性，亏损企业行权价格高于当期普通股平均市场价格时，考虑稀释性?

三、认股权证、股份期权

知识结构如图28-1所示。

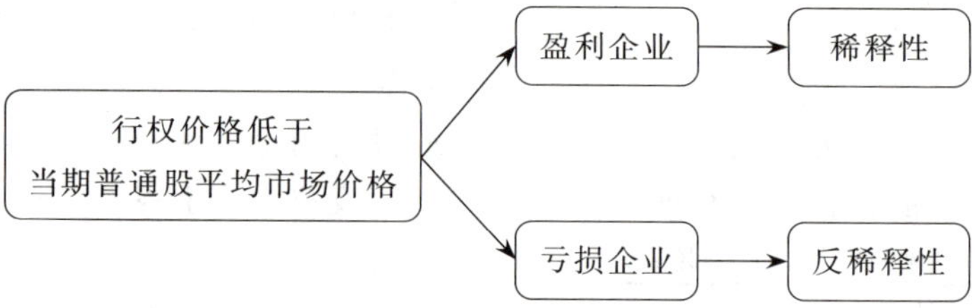

图28-1 知识结构图

对于稀释性认股权证、股份期权，计算稀释每股收益时，一般无需调整作为分子的净利润金额，只需按照下列公式对作为分母的普通股加权平均数进行调整：

对于盈利企业认股权证和股份期权等的行权价格低于当期普通股平均市场价格时，应当考虑其稀释性。

考霸笔记 增加的普通股计算原理：支付的对价按照市场价格正常购入股数与合同股数相比较低，差额的部分即为增加的普通股股数。

$$\text{调整增加的普通股股数}=\text{拟行权时转换的普通股股数}-\text{拟行权时转换的普通股股数}\times\text{行权价格}\div\text{当期普通股平均市场价格}$$

认股权证、股份期权行权时发行的普通股可以视为两部分，一部分是按照平均市场价格发行的普通股，这部分普通股由于是按照市价发行，导致企业经济资源流入与普通股股数同比例增加，既没有稀释作用也没有反稀释作用，不影响每股收益金额。

另一部分是无对价发行的普通股，这部分普通股由于是无对价发行，企业可利用的经济资源没有增加，但发行在外的普通股股数增加了，因此具有稀释性，应当计入稀释每股收益中。

【理解】拟行权时转换的普通股股数，增加了普通股的数量，但是购买者并不是以市场价格进行购买的，而是以低于市场价格进行行权（高了就不会行权），假设拟行权股数是10 000股，行权价格是3元/股，市场价格是5元/股，这相当于以30 000元买到的实际股数是10 000×3/5=6 000（股），但是市场实际增加了10 000股，具有稀释作用的就是4 000股，等于10 000-10 000×3/5。所以这个公式实际上算的是具有稀释性的股数是多少（就是4 000股）。

例28-2·2015年多选题

下列各项潜在普通股中，在计算稀释性的有（　　）。

A.发行的行权价格低于普通股平均价格的期权

B.签订的承诺以高于当期普通股平均市场价格回购本公司股份的协议

C.发行的购买价格高于当期普通股平均市场价格的认股权证

D.持有的增量每股大于当期基本每股收益的可转换公司债券

【答案】AB

【解析】选项C，对于盈利企业，发行的购买价格低于当期普通股平均市场价格的认股权证，具有稀释性；选项D，对于盈利企业，持有的增量每股收益小于当期基本每股收益的可转换公司债券，具有稀释性。

如何快速判断稀释性?

例28-3·2014年单选题

甲公司20×3年实现归属于普通股股东的净利润为1 500万元，发行在外普通股的加权平均数为3 000万股。甲公司20×3年有两项与普通股相关的合同：（1）4月1日授予的规定持有者可于20×4年4月1日以5元/股的价格购买甲公司900万股普通股的期权合约；（2）7月1日授予员工100万份股票期权，每份期权于2年后的到期日可以3元/股的价格购买1股甲公司普通股。甲公司20×3年普通股平均市场价格为6元/股。不考虑其他因素，甲公司20×3年稀释每股收益是（　　）。

A.0.38元/股　　B.0.48元/股

C.0.49元/股　　D.0.50元/股

【答案】B

【解析】甲公司20×3年稀释每股收益＝1 500÷[3 000＋（900−900×5÷6）×9÷12＋（100−100×3÷6）×6÷12]＝0.48（元/股）

例28-4·2012年单选题

甲公司20×6年度归属于普通股股东的净利润为1 200万元，发行在外的普通股加权平均数为2 000万股，当年度该普通股平均市场价格为每股5元。20×6年1月1日，甲公司对外发行认股权证1 000万份，行权日为20×7年6月30日，每份认股权可以在行权日以3元的价格认购甲公司1股新发的股份。甲公司20×6年度稀释每股收益的金额是（　　）。

A. 0.4元/股　　B. 0.46元/股

C. 0.5元/股　　D. 0.6元/股

【答案】C

【解析】甲公司20×6年度基本每股收益金额=1 200÷2 000=0.6（元/股），发行认股权证调整增加的普通股股数=1 000−1 000×3÷5=400（万股），稀释每股收益金额=1 200÷（2 000+400）=0.5（元/股）。

四、限制性股票

考霸笔记：限制性股票计算每股收益的难度较高，但考试难度不大，了解文字性表述即可。

（一）等待期内基本每股收益的计算

上市公司在等待期内发放现金股利的会计处理及基本每股收益的计算，应视其发放的现金股利是否可撤销采取不同的方法：

（1）现金股利可撤销，即一旦未达到解锁条件，被回购限制性股票的持有者将无法获得（或需要退回）其在等待期内应收（或已收）的现金股利。等待期内计算基本每股收益时，分子应扣除当期分配给预计未来可解锁限制性股票持有者的现金股利；分母不应包含限制性股票的股数。

（2）现金股利不可撤销，即不论是否达到解锁条件，限制性股票持有者仍有权获得（或不得被要求退回）其在等待期内应收（或已收）的现金股利。等待期内计算基本每股收益时，应当将预计未来可解锁限制性股票作为同普通股一起参加剩余利润分配的其他权益工具处理，分子应扣除归属于预计未来可解锁限制性股票的净利润；分母不应包含限制性股票的股数。

（二）等待期内稀释每股收益的计算

等待期内计算稀释每股收益时，应视解锁条件不同采取不同的方法：

（1）解锁条件仅为服务期限条件的，企业应假设资产负债表日尚未解锁的限制性股票已于当期期初（或晚于期初的授予日）全部解锁，并参照《企业会计准则第34号——每股收益》中股份期权的有关规定考虑限制性股票的稀释性。其中，行权价格为限制性股票的发行价格加上资产负债表日尚未取得的职工服务按《企业会计准则第11号——股份支付》有关规定计算确定的公允价值。锁定期内计算稀释每股收益时，分子应加回计算基本每股收益分子时已扣除的当期分配给预计未来可解锁限制性股票持有者的现金股利或归属于预计未来可解锁限制性股票的净利润。

行权价格=限制性股票的发行价格+资产负债表日尚未取得的职工服务的公允价值

稀释每股收益=当期净利润÷（普通股加权平均数+调整增加的普通股加权平均数）

$$=\frac{\text{当期}}{\text{净利润}}\div\left[\frac{\text{普通股加}}{\text{权平均数}}+\left(\frac{\text{限制性}}{\text{股票股数}}-\frac{\text{行权}}{\text{价格}}\times\frac{\text{限制性}}{\text{股票股数}}\right)\div\frac{\text{当期普通股}}{\text{平均市场价格}}\right]$$

企业回购股份稀释性判断，与认股权证和期权有什么不同？

（2）解锁条件包含业绩条件的，企业应假设资产负债表日即为解锁日并据以判断资产负债表日的实际业绩情况是否满足解锁要求的业绩条件。满足业绩条件的，应当参照上述解锁条件仅为服务期限条件的有关规定计算稀释性每股收益；不满足业绩条件的，计算稀释性每股收益时不必考虑此限制性股票的影响。

考霸笔记

回购价高于市场价，对于企业来说，与按市价回购相比，少回购的一部分是具有稀释性的。

五、企业承诺将回购其股份的合同

企业承诺将回购其股份的合同中规定的回购价格高于当期普通股平均市场价格时，应当考虑其稀释性（如图28-2所示）。

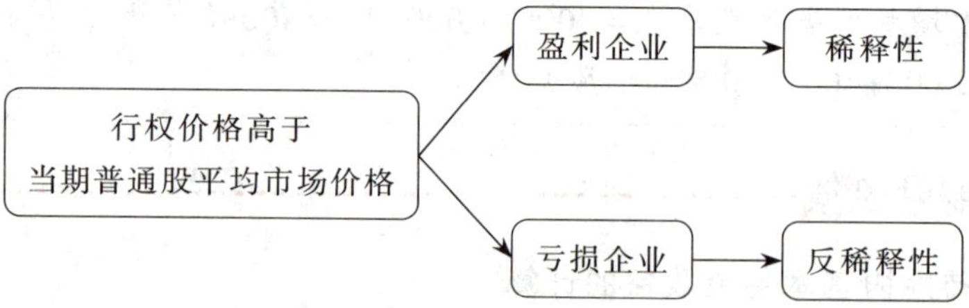

图28-2　企业回购解析图

计算稀释每股收益时，具体公式为：

调整增加的普通股股数 = 拟回购的普通股股数 × 回购价格 ÷ 当期普通股平均市场价格 − 拟回购的普通股股数

【理解】不是从绝对数上增加了发行在外的普通股，而是由于回购价格高于市场价格，与按市场价格的回购相比，相同资金按合同价格少回购了，少回购的可以理解为多发行的。

例如，发行在外1 000万普通股，当期普通股平均价格为10元/股，合同规定的股价为15元/股，回购量为200万股。按合同价格15元/股回购200万股，需支付300万元，而这300万元按市场价格可回购300万股，差额100万股就是没有按市场价格购买而少回购的，也就是多发行的。

代入公式：15×200÷10−200＝100（万股）

例28-5·2011年单选题

甲公司20×0年1月1日发行在外的普通股为27 000万股，20×0年度实现归属于普通股股东的净利润为18 000万元，普通股平均市价为每股10元。20×0年度，甲公司发生的与其权益性工具相关的交易或事项如下：

（1）4月20日，宣告发放股票股利，以年初发行在外普通股股数为基础每10股送1股，除权日为5月1日。

（2）7月1日，根据经批准的股权激励计划，授予高管人员6 000万份股票期权。每份期权行权时可按4元的价格购买甲公司1股普通股，行权日为20×1年8月1日。

（3）12月1日，甲公司按市价回购普通股6 000万股，以备实施股权激励计划之用。

要求：根据上述资料，不考虑其他因素，回答下列第1小题和第2小题。

1. 甲公司20×0年度的基本每股收益是（　　）。

A. 0.62元/股　　B. 0.64元/股　　C. 0.67元/股　　D. 0.76元/股

2. 甲公司20×0年度的稀释每股收益是（　　）。

A. 0.55元/股　　B. 0.56元/股　　C. 0.58元/股　　D. 0.62元/股

【答案】

A

【解析】基本每股收益=18 000÷（27 000+27 000÷10×1−6 000×1÷12）=0.62（元/股）。

【答案】

C

解析：稀释每股收益=18 000÷[（27 000＋27 000÷10×1−6 000×1÷12）＋（6 000−6 000×4÷10）×6÷12]=0.58（元/股）。

六、多项潜在普通股

考霸笔记：学习难度较高，考试不常见。

为了反映潜在普通股最大的稀释作用，稀释性潜在普通股应当按照其稀释程度从大到小的顺序计入稀释每股收益，直至稀释每股收益达到最小值。

对外发行多项潜在普通股的企业应当按照下列步骤计算稀释每股收益：

（1）列出企业发行在外的各潜在普通股。

（2）假设各潜在普通股已于当期期初（或发行日）转换为普通股，确定其对归属于普通股股东当期净利润的影响金额。可转换公司债券的假设转换一般会增加当期净利润金额；股份期权和认股权证的假设行权一般不影响当期净利润。

（3）确定各潜在普通股假设转换后将增加的普通股股数。值得注意的是，稀释性股份期权和认股权证假设行权后，计算增加的普通股股数不是发行的全部普通股股数，而应当是其中无对价发行部分的普通股股数。

（4）计算各潜在普通股的增量股每股收益，判断其稀释性。增量股每股收益越小的潜在普通股稀释程度越大。

（5）按照潜在普通股稀释程度从大到小的顺序，将各稀释性潜在普通股分别计入稀释每股收益中。分步计算过程中，如果下一步得出的每股收益小于上一步得出的每股收益，表明新计入的潜在普通股具有稀释作用，应当计入稀释每股收益中；反之，则表明具有反稀释作用，不计入稀释每股收益中。

（6）最后得出的最小每股收益金额即为稀释每股收益。

七、子公司、合营企业或联营企业发行的潜在普通股

子公司、合营企业、联营企业发行能够转换成其普通股的稀释性潜在普通股，不仅应当包括在其稀释每股收益的计算中，而且应当包括在合并稀释每股收益以及投资者稀释每股收益的计算中。

考霸笔记

每股收益在综合题中的考查方式，参考2014年真题掌握即可。

例28-6·2014年综合题

甲公司20×8年发生的部分交易事项如下：

（1）20×8年4月1日，甲公司对9名高管人员每人授予20万份甲公司股票认股权证，每份认股权证持有人有权在20×9年2月1日按每股10元的价格购买1股甲公司股票。该认股权证不附加其他行权条件，无论行权日相关人员是否在职，均不影响其享有的权利，行权前的转让也不受限制。授予日，甲公司股票每股市价10.5元，每份认股权证的公允价值为2元。

甲公司股票20×8年平均市价为10.8元，自20×8年4月1日至12月31日平均市价为12元。

（2）20×8年7月1日，甲公司发行5年期可转换债券100万份，每份面值100元，票面年利率5%，利息在每年6月30日支付（第一次支付在20×9年6月30日）。可转换债券持有人有权在期满时按每份债券的面值换5股股票的比例将债券转换为甲公司普通股股票。在可转换债券发行日，甲公司如果发行同样期限的不附转换权的公司债券，则需要支付年利率为8%的市场利率。

（3）20×8年9月10日，甲公司以每股6元的价格自公开市场购入100万股乙公司股票，另支付手续费8万元，取得时乙公司已宣告按照每股0.1元的标准发放上年度现金股利。甲公司将取得的乙公司股票指定为其他权益工具投资。上述手续费以银行存款支付，有关现金股利于9月15日收到。

20×8年12月31日，乙公司股票的收盘价为每股7.5元。

（4）甲公司20×7年全年发行在外的普通股均为1 000万股，不存在具有稀释性的潜在普通股。20×8年1月31日，甲公司临时股东大会批准以未分配利润转增

股本1 000万股，之后发行在外普通股的数量均为2 000万股。

甲公司20×8年归属于普通股股东的净利润为5 000万元，20×7年归属于普通股股东的净利润为4 000万元。其他资料：（P/A，5%，5）=4.3295；（P/A，8%，5）=3.9927；（P/F，5%，5）=0.7835；（P/F，8%，5）=0.6806。不考虑所得税等相关税费及其他因素的影响。

要求：（1）根据资料（1），说明甲公司20×8年应进行的会计处理，计算20×8年应确认的费用金额并编制相关会计分录。

（2）根据资料（2），说明甲公司对可转换公司债券应进行的会计处理，编制甲公司20×8年与可转换公司债券相关的会计分录，计算20×8年12月31日与可转换公司债券相关负债的账面价值。

（3）根据资料（3），编制甲公司20×8年与其他权益工具投资相关的会计分录。

（4）根据资料（1）至（4），确定甲公司20×8年在计算稀释每股收益时应考虑的具有稀释性的潜在普通股并说明理由；计算甲公司20×8年度财务报表中应该列报的本年度和上年度基本每股收益、稀释每股收益。

例28-6讲解

答案：

（1）已授予高管人员的认股权证属于以权益结算的股份支付，由于相关权利不附加其他行权条件，没有等待期，应根据授予的认股权证在授予日的公允价值确认当期员工服务成本。

当期应确认的费用=9×20×2=360（万元）

会计分录（单位：万元）：

借：管理费用　　360
　贷：资本公积　　360

（2）甲公司对可转换公司债券应进行的会计处理：该可转债初始确认时应区分负债和权益部分，并按负债部分的实际利率确认利息费用。

负债部分：10 000×0.6806+（10 000×5%）×3.9927=8 802.35（万元）

权益部分：10 000−8 802.35=1 197.65（万元）

应确认的利息费用：8 802.35×8%×6÷12=352.09（万元）

会计分录（单位：万元）：

借：银行存款　　10 000
　　应付债券——利息调整　　1 197.65
　贷：应付债券——面值　　10 000
　　　其他权益工具　　1 197.65

借：财务费用　　352.09 → 8 802.35×8%×6÷12
　贷：应付债券——利息调整　　102.09
　　　应付利息　　250 → 10 000×5%×6÷12

甲公司可转换公司债券相关负债20×8年12月31日的账面价值=10 000−1 197.65+102.09=8 904.44（万元）。

（3）会计分录（单位：万元）

借：应收股利　　10

　　其他权益工具投资　　598 → 100×6－10＋8

　贷：银行存款长靴　　608

借：银行存款　　10

　贷：应收股利　　10

借：其他权益工具投资　　152 → 100×7.5－598

　贷：其他综合收益　　152

（4）假设认股权证于发行日即转为普通股所计算的股票数量增加额：

［9×20–（9×20×10）÷12］×9÷12＝22.5（万股）

增量股每股收益为0，具有稀释性。

假设可转换债券于发行日即转为普通股所计算的净利润增加额和股票数量增加额：

净利润增加额＝352.09（万元）

股票数量增加额＝100×5×6÷12＝250（万股）

增量股每股收益=352.09÷250＝1.41（元/股），具有稀释性。

20×8年度：

基本每股收益＝5 000÷2 000＝2.5（元/股）

稀释每股收益＝（5 000＋352.09）÷（2 000＋250＋22.5）＝2.36（元/股）

20×7年度：

基本每股收益＝4 000÷2 000＝2（元/股）

稀释每股收益与基本每股收益相同，为2元/股。

第四节　每股收益的列报

◇ 重新计算

◇ 列报

一、重新计算

（一）派发股票股利、公积金转增资本、拆股和并股

企业派发股票股利、公积金转增资本、拆股或并股等，会增加或减少其发行在外普通股或潜在普通股的数量，但并不影响所有者权益的总金额，这既不影响企业所拥有或控制的经济资源，也不改变企业的盈利能力，即意味着同样的损益现在要由扩大或缩小了的股份规模来享有或分担。

因此，为了保持会计指标的前后期可比性，企业应当在相关报批手续全部完成后，按调整后的股数重新计算各列报期间的每股收益。上述变化发生于资产负债表日至财务报告批准报出日之间的，应当以调整后的股数重新计算各列报期间的每股收益。

例28-7·2016年多选题

下列说法中应该重新计算各项报表期间每股收益的有（ ）。

A.报告年度以盈余公积转为股本

B.报告年度资产负债表日后期间分拆股份

C.报告年度以发行股份为对价实现非同一控制下的企业合并

D.报告年度因发生企业前期重大会计差错而对财务报告进行调整

【答案】ABD

【解析】C选项，实现企业合并并不会影响每股收益的计算。

例28-8·2009年综合题

甲公司为上市公司，20×6年至20×8年的有关资料如下：

（1）20×6年1月1日发行在外普通股股数为82 000万股。

（2）20×6年5月31日，经股东大会同意并经相关监管部门核准，甲公司以20×6年5月20日为股权登记日，向全体股东每10股发放1.5份认股权证，共计发放12 300万份认股权证，每份认股权证可以在20×7年5月31日按照每股6元的价格认购1股甲公司普通股。

20×7年5月31日，认股权证持有人全部行权，甲公司收到认股权证持有人交纳的股款73 800万元。20×7年6月1日，甲公司办理完成工商变更登记，将注册资本变更为94 300万元。

（3）20×8年9月25日，经股东大会批准，甲公司以20×8年6月30日股份94 300万股为基数，向全体股东每10股派发2股股票股利。

（4）甲公司归属于普通股股东的净利润20×6年度为36 000万元，20×7年度为54 000万元，20×8年度为40 000万元。

（5）甲公司股票20×6年6月至20×6年12月平均市场价格为每股10元，20×7年1月至20×7年5月平均市场价格为每股12元。

本题假定不存在其他股份变动因素。

要求：

（1）计算甲公司20×6年度利润表中列示的基本每股收益和稀释每股收益。

（2）计算甲公司20×7年度利润表中列示的基本每股收益和稀释每股收益。

（3）计算甲公司20×8年度利润表中列示的基本每股收益和稀释每股收益以及经重新计算的比较数据。

【答案】

（1）20×6年度每股收益计算如下：

20×6年发行在外普通股加权平均数＝82 000（万股）

基本每股收益＝36 000÷82 000＝0.44（元/股）

20×6年调整增加的普通股股数＝（12 300－12 300×6÷10）＝4 920（万股）

稀释每股收益＝36 000÷（82 000+4 920×7÷12）＝0.42（元/股）

（2）20×7年度每股收益计算如下：

20×7年发行在外普通股加权平均数＝82 000+12 300×7÷12＝89 175（万股）

基本每股收益＝54 000÷89 175＝0.61（元/股）

20×7年调整增加的普通股股数 = 12 300 − 12 300×6÷12 = 6 150（万股）

稀释每股收益 = 54 000÷（82 000+12 300×7÷12+6 150×5÷12） = 0.59（元/股）

【注释】认股权证在当期转股前具有稀释性。

（3）20×8年度每股收益计算如下：

20×8年发行在外普通股加权平均数 = （82 000+12 300）×1.2 = 113 160（万股）

20×8年基本每股收益 = 40 000÷113 160 = 0.35（元/股）

20×8年稀释每股收益 = 基本每股收益 = 0.35（元/股）

20×7年度基本每股收益 = 54 000÷［（82 000+12 300×7÷12）×1.2］=0.50（元/股）

20×7年度稀释每股收益 = 54 000÷［（82 000+12 300×7÷12+6 150×5÷12）×1.2］=0.49（元/股）

考霸笔记

配股的计算过程比较复杂，建议通过课程加强对其理解，梳理计算过程，然后在考前突击即可。

（二）配股

配股在计算每股收益时比较特殊，因为它是向全部现有股东以低于当前股票市价的价格发行普通股，实际上可以将其理解为按市价发行股票和无对价送股的混合体。也就是说，配股中包含的送股因素具有与股票股利相同的效果，导致发行在外普通股股数增加的同时，却没有相应的经济资源流入。因此，计算基本每股收益时，应当考虑配股中的送股因素，将这部分无对价的送股（不是全部配发的普通股）视同列报最早期间期初就已发行在外，并据以调整各列报期间发行在外普通股的加权平均数，计算各列报期间的每股收益。

对配股后基本每股收益的计算过程中调整系数的理解。

为此，企业首先应当计算出一个调整系数，再用配股前发行在外普通股的股数乘以该调整系数，得出计算每股收益时应采用的普通股股数。

什么叫每股理论除权价格？

简单来说，每股理论除权价实际上就是每股除权价的概念。

除权指的是股票的发行公司依一定比例分配股票给股东作为股票股利，此时增加公司的总股数。除权是由于公司股本增加，每股股票所代表的企业实际价值（每股净资产）有所减少，需要在发生该事实之后从股票市场价格中剔除这部分因素。

如股票现价每股10元，公司发布公告：10送10股，那么理论除权价格为5元/股。

每股理论除权价格 =（行权前发行在外普通股的公允价值总额 + 配股收到的款项）÷ 行权后发行在外的普通股股数

调整系数 = 行权前发行在外普通股的每股公允价值÷每股理论除权价格

因配股而重新计算的上年度基本每股收益 = 上年度基本每股收益÷调整系数

本年度基本每股收益 = 归属于普通股股东的当期净利润 ÷（配股前发行在外普通股股数 × 调整系数 × 配股前普通股发行在外的时间权重 + 配股后发行在外普通股加权平均数）

企业存在发行在外的除普通股以外的金融工具的，在计算基本每股收益时，基本每股收益中的分子，即归属于普通股股东的净利润不应包含其他权益工具的股利或利息，其中，对于发行的不可累积优先股等其他权益工具应扣除当期宣告发放的股利，对于发行的累积优先股等其他权益工具，无论当期是否宣告发放股利，均应予以扣除。基本每股收益计算中的分母，为发行在外普通股的加权平均股数。

对于同普通股股东一起参加剩余利润分配的其他权益工具，在计算普通股每股收益时，归属于普通股股东的净利润不应包含根据可参加机制计算的应归属于其他权益工具持有者的净利润。

（三）以前年度损益的追溯调整或追溯重述

按照《企业会计准则第28号——会计政策、会计估计变更和差错更正》的规定，对以前年度损益进行追溯调整或追溯重述的，应当重新计算各列报期间的每股收益。

二、列报

考霸笔记
概念性内容，了解即可。

> 概念性内容，了解即可，对于财务报表列报的内容，不论是在选择题当中，还是在综合题当中，在以往年度都没有考查到，而且其内容的确也是没有可考性，可以合理推断在以后年度也不会出现在考题中，因此在我们备考学习的过程中，对于不会考查的内容，建议不要花时间掌握，对其有一个印象即可。

不存在稀释性潜在普通股的企业应当在利润表中单独列示基本每股收益。存在稀释性潜在普通股的企业应当在利润表中单独列示基本每股收益和稀释每股收益。编制比较财务报表时，各列报期间中只要有一个期间列示了稀释每股收益，那么所有列报期间均应当列示稀释每股收益，即使其金额与基本每股收益相等。

企业应当在附注中披露与每股收益有关的下列信息：（1）基本每股收益和稀释每股收益分子、分母的计算过程。（2）列报期间不具有稀释性但以后期间很可能具有稀释性的潜在普通股。（3）在资产负债表日至财务报告批准报出日之间，企业发行在外普通股或潜在普通股发生重大变化的情况。

企业如有终止经营的情况，应当在附注中分别以持续经营和终止经营披露基本每股收益和稀释每股收益。

智能测评

在线练习	我要提问
扫码在线做题　扫码看答案 本书“本章同步强化训练”均配备二维码，打开微信“扫一扫”即可完成在线测评，查看本章详细的测评反馈报告，了解知识掌握情况，也可扫码直接看答案噢。 快来扫码做题吧！	扫码答疑 本书配备答疑专用二维码，打开微信“扫一扫”，即可完成在线提问，获取专业老师全面个性化解答，让学习问题不再拖延。 快来扫码提问吧！

本章同步强化训练

一、单选题

1.甲公司2014年归属于普通股股东的净利润为40 000万元，期初发行在外的普通股股数28 000万股，年内普通股股数未发生变化。2014年1月1日，公司按面值发行20 000万元的三年期可转换公司债券，债券每张面值100元，票面固定年利率为3%，利息自发行之日起每年支付一次，即每年12月31日为付息日。该批可转换公司债券自发行结束后12个月以后即可转换为公司股票，即转股期为发行12个月后至债券到期日止的期间。转股价格为每股12.5元，即每100元债券可转换为8股面值为1元的普通股。债券利息不符合资本化条件，直接计入当期损益，适用的所得税税率为25%。假设不具备转换选择权的类似债券的市场年利率为5%。

要求：根据上述资料，不考虑其他因素，回答下列各题（计算结果保留两位小数）。

（1）2014年1月1日，发行可转换公司债券负债成份的公允价值为（　　）万元。

A.18 910.70　　B.17 276.75　　C.18 392.40　　D.20 000

（2）甲公司2014年度基本每股收益为（　　）元/股。

A.1.50　　B.1.43　　C.1.40　　D.1.35

（3）甲公司2014年度稀释每股收益为（　　）元/股。

A.1.35　　B.1.43　　C.0.44　　D.1.38

2.某上市公司2013年1月1日发行在外的普通股为50 000万股，2013年4月1日按市价新发行普通股10 000万股。2014年7月1日分派股票股利，以2013年12月31日总股本为基数，向全体股东每10股送3股。2014年度和2013年度净利润分别为56 000万元和45 000万元。(计算结果保留两位小数)

要求：根据上述资料，不考虑其他因素，回答下列问题。

（1）下列有关每股收益列报的说法中，不正确的是（　　）。

A.只要有一个期间列示了稀释每股收益，那么所有的列报期间均应当列示稀释每股收益，即使其金额与基本每股收益相等

B.不存在稀释性潜在普通股的上市公司应当在利润表中单独列示基本每股收益

C.存在稀释性潜在普通股的上市公司应当在利润表中单独列示基本每股收益和稀释每股收益

D.所有企业均应在利润表中列示基本每股收益和稀释每股收益

（2）该上市公司2014年度利润表中本年度基本每股收益为（　　）。

A.0.72元/股　　B.0.81元/股　　C.1.05元/股　　D.0.58元/股

（3）该上市公司2014年度比较利润表中上年度基本每股收益为（　　）。

A.0.78元/股　　B.0.80元/股　　C.0.60元/股　　D.0.75元/股

3.A公司2×14年度净利润为900万元（不包括子公司利润或子公司支付的股利），发行在外普通股1 000万股，持有子公司B公司80%的普通股股权。

B公司2×14年度净利润为500万元，发行在外普通股400万股，普通股平均市场价格为10元。年初，B公司对外发行50万份可用于购买其普通股的认股权证，行权价格为6元，A公司持有20万份认股权证。假设当年无认股权证被行权，且除股利外母子公司之间没有其他需抵消的内部交易。(结果保留两位小数)

要求：根据上述资料，不考虑其他因素，回答下列问题。

（1）下列有关基本每股收益计算的表述中，不正确的是（　　）。

A.计算基本每股收益时，不仅需要考虑当期实际发行在外的普通股股份，还需要考虑发行在外的稀释性潜在普通股

B.公司应当按照归属于普通股股东的当期净利润，除以发行在外普通股的加权平均数计算基本每股收益

C.以合并财务报表为基础计算每股收益时，分子应当是归属于母公司普通股股东的当期合并净利润，即扣减少数股东损益后的余额

D.计算基本每股收益时，只需要考虑当期实际发行在外的普通股股份

（2）B公司2×14年度的基本每股收益和稀释每股收益分别为（　　）。

A.1.25元/股和1.19元/股　　B.1.25元/股和1.11元/股

C.1.19元/股和1.25元/股　　D.1.25元/股和1.09元/股

（3）A公司2×14年度合并报表的基本每股收益和稀释每股收益为（　　）。

A.0.9元/股和0.68元/股　　B.1.3元/股和0.68元/股

C.1.3元/股和1.29元/股　　D.0.9元/股和1.29元/股

4.长城公司2×14年4月1日对外发行800万份认股权证，规定每份认股权证可按行权价格8元/股在规定的日期行权，行权日为2×15年3月31日。2×14年度长城公司实现利润总额5 000万元，净利润为3 800万元，2×14年度发行在外普通股加权平均股数2 500万股，普通股当期平均市场价格为10元/股。

要求：根据上述资料，不考虑其他因素，回答下列问题。

（1）长城公司2×14年度基本每股收益为（　　）元/股。

A.2.00　　B.1.52　　C.1.40　　D.1.62

（2）长城公司2×14年度稀释每股收益为（　　）元/股。

A.2.00　　B.1.52　　C.1.43　　D.1.45

5.甲公司2×14年度归属于普通股股东的净利润为650万元，发行在外普通股加权平均数为900万股。2×14年7月1日，该公司与股东签订一份远期回购合同，承诺一年后以每股6元的价格回购其发行在外的250万股普通股。假设，该普通股2×14年7月至12月平均每股市场价格为4元。

要求：根据上述资料，不考虑其他因素，回答下列问题。

（1）甲公司2×14年度基本每股收益为（　　）元/股。

A.0.68　　B.0.72　　C.0.63　　D.0.58

（2）甲公司2×14年度稀释每股收益为（　　）元/股。

A.0.68　　B.0.72　　C.0.63　　D.0.58

6.A企业2×14年度归属于普通股股东的净利润为20 800万元，2×14年1月1日发行在外普通股股数为6 000万股，2×14年6月20日，该企业发布增资配股公告，向截止到2×14年6月30日（股权登记日）所有登记在册的老股东配股，配股比例为每10股配1股，配股价格为每股5元，除权交易基准日为2×14年7月1日。假设行权前一日的市价为每股12元，2×13年度A企业基本每股收益为2.8元/股。

要求：根据上述资料，不考虑其他因素，回答下列问题。

（1）A企业2×14年度利润表中的本年度基本每股收益为（　　）元/股。

A.2.64　　B.3.30　　C.3.21　　D.1.89

（2）A企业2×14年度利润表中的上年度基本每股收益为（　　）元/股。

A.2.64　　B.3.30　　C.3.21　　D.1.89

7.长江股份有限公司所有的股票均为普通股，均发行在外，每股面值1元。长江公司2×14年度部分业务资料如下。

（1）2×14年初股东权益金额为15 200万元，其中股本3 000万元。

（2）2月18日，公司董事会制订2×13年度的利润分配方案：分别按净利润的10%计提法定盈余公积；分配现金股利500万元，以10股配送3股的形式分配股票股利。该利润分配方案于4月1日经股东大会审议通过。

（3）7月1日增发新股1 200万股。

（4）为了奖励职工，11月1日回购本公司600万股。

（5）2×14年度公司可供股东分配的净利润为3 520万元。

根据以上资料，长江公司2×14年的基本每股收益为（　　）。

A.0.69元/股　　B.0.75元/股　　C.0.80元/股　　D.0.78元/股

8.甲公司2×14年初发行在外的普通股为1 000万股，当年普通股平均市场价格10元，2×14年归属于普通股股东的净利润为680万元。当年年初对外发行300万份认股权证，行权价格6元；7月1日新发行450万股普通股，则稀释每股收益为（　　）。

A.0.51元/股　　B.0.61元/股　　C.0.58元/股　　D.0.45元/股

二、多选题

1.甲公司为上市公司，2×14年1月1日按面值发行票面年利率3%的可转换公司债券，面值5 000万元，期限为5年，利息每年年末支付。经测算得到实际利率为5%，甲公司在对该项可转换公司债券进行初始确认时，按相关规定进行了分拆，其中负债成分的公允价值为4 566.93万元，权益成分公允价值为433.07万元。债券利息不符合资本化条件，甲公司适用的所得税税率为25%。

该可转换公司债券在发行一年后可以转换为股票，转换价格为每股8元，即按债券面值每100元可转换为12.5股面值1元的普通股。甲上市公司2×14年归属于普通股股东的净利润为2 800万元，2×14年发行在外普通股加权平均数为3 000万股。

要求：根据上述资料，不考虑其他因素，回答下列问题（计算结果保留两位小数）。

（1）下列与企业每股收益相关的各种情况中，具有反稀释性的有（　　）。

A.企业发行并假定转换为普通股的可转换公司债券，其增量每股收益大于原每股收益

B.盈利企业发行认股权证且行权价低于当期普通股平均市场价格

C.盈利企业发行股份期权且行权价高于当期普通股平均市场价格

D.企业承诺将回购其股份的合同中规定的回购价格高于当期普通股平均市场价格

E.企业承诺将回购其股份的合同中规定的回购价格低于当期普通股平均市场价格

（2）下列关于甲上市公司2×14年每股收益的表述中，正确的有（　　）。

A.基本每股收益为0.93元/股

B.假设该可转换公司债券转股，增量股的每股收益为0.27元/股

C.该可转换公司债券具有稀释性

D.稀释每股收益为0.82元/股

E.稀释每股收益为0.93元/股

2.下列关于计算稀释每股收益时，潜在普通股的发行在外时间确定正确的有（　　）。

A.以前期间发行的稀释性潜在普通股假设当期期初转换为普通股

B.当期发行的稀释性潜在普通股假设在发行日转换为普通股

C.当期被注销或终止的稀释性潜在普通股，在计算稀释每股收益时不予考虑

D.当期被转换或行权的稀释性潜在普通股，在计算稀释每股收益时不予考虑

E.当期被转换或行权的稀释性潜在普通股，应当从当期期初至转换日（或行权日）计入稀释每股收益中

3.下列有关企业派发股票股利的说法中，正确的有（　　）。

A.派发的股票股利不作账务处理，应当在备查簿中备查登记派发股票的数量

B.企业派发股票股利不影响企业所有者权益的总额

C.派发股票股利属于资产负债表日后事项的，应当以调整后的股数重新计算各列报期间的每股收益

D.提供比较财务报表的，应当以调整后的股数重新计算比较期间的每股收益

E.提供比较财务报表的，不需重新计算比较期间的每股收益

4.下列关于每股收益的说法中，正确的有（　　）。

A.基本每股收益仅考虑当期实际发行在外的普通股股份，按照归属于普通股股东的当期净利润除以当期实际发行在外普通股的加权平均数计算确定

B.计算稀释每股收益时，当期发行在外普通股的加权平均数应当为计算基本每股收益时普通股的加权平均数与假定稀释性潜在普通股转换为已发行普通股而增加的普通股股数的加权平均数之和

C.派发股票股利、公积金转增资本、拆股、并股配股时，应重新计算各列报期间每股收益

D.对于稀释性认股权证、股份期权等，计算稀释每股收益时，一般无需调整分子净利润金额

E.存在多种稀释性因素时，稀释性潜在普通股应当按照其稀释程度从小到大的顺序计入稀释每股收益，直至稀释每股收益达到最小值

5.计算稀释每股收益时，下列说法中正确的有（　　）。

A.企业承诺回购股份合同的回购价格高于当期普通股平均市场价格的，该项回购合同具有稀释性

B.企业承诺回购股份合同的回购价格高于当期普通股平均市场价格的，该项回购合同具有反稀释性

C.企业承诺回购股份合同的回购价格低于当期普通股平均市场价格的，该项回购合同具有稀释性

D.企业承诺回购股份合同的回购价格低于当期普通股平均市场价格的，该项回购合同具有反稀释性

E.企业承诺回购股份合同的回购价格与当期普通股平均市场价格相等时，该项回购合同对基本每股收益没有任何影响

三、计算题

1.甲公司为上市公司，2×12年至2×14年的有关资料如下：

（1）2×12年1月1日发行在外普通股股数为18 000万股。

（2）2×12年5月31日，经股东大会同意并经相关监管部门核准，甲公司以2×12年5月20日为股权登记日，向全体股东每10股发放2份认股权证，共计发放3 600万份认股权证，每份认股权证可以在2×13年5月31日按照每股12元的价格认购1股甲公司普通股。

2×13年5月31日，认股权证持有人全部行权，甲公司收到认股权证持有人交纳的股款43 200万元。2×13年6月1日，甲公司办理完成工商变更登记，将注册资本变更为21 600万元。

（3）2×14年9月25日，经股东大会批准，甲公司以2×14年6月30日股份21 600万股为基数，向全体股东每10股派发3股股票股利。

（4）甲公司归属于普通股股东的净利润2×12年度为15 250万元，2×13年度为19 500万元，2×14年度为22 800万元。

（5）甲公司股票2×12年6月至2×12年12月平均市场价格为每股18元，2×13年1月至2×13年5月平均市场价格为每股22元。

本题假定不存在其他股份变动因素。要求如下：

（1）计算甲公司2×12年度利润表中列示的基本每股收益和稀释每股收益。

（2）计算甲公司2×13年度利润表中列示的基本每股收益和稀释每股收益。

（3）计算甲公司2×14年度利润表中列示的基本每股收益和稀释每股收益以及经重新计算的比较数据。

2.A公司2×14年度归属于普通股股东的净利润为10 000万元（不包括其子公司B公司的利润或B公司支付的股利），发行在外普通股加权平均数为6 000万股。A公司持有B公司80%的股权。

B公司2×14年度归属于普通股股东的净利润为2 000万元，发行在外的普通股加权平均数为1 800万股，该普通股当年平均市场价格为10元。2×14年5月1日，B公司对外发行900万份可用于购买其普通股的认股权证，每份认股权证可以在行权日认购B公司1股新发行的股份，行权价格为3元，A公司持有其中的200万份，当年无认股权证被行权。假设除认股权证外，母子公司之间没有其他需抵消的内部交易；A公司取得对B公司投资时，B公司各项可辨认资产等的公允价值与其账面价值一致。(计算结果保留两位小数)。要求如下：

（1）计算B公司2×14年的基本每股收益和稀释每股收益。

（2）计算2×14年合并报表层面的基本每股收益和稀释每股收益。

第二十九章　公允价值计量

本章导学。

考霸笔记
本章学习方法建议：熟读相关基础定义，以应对选择题。

本章框架图

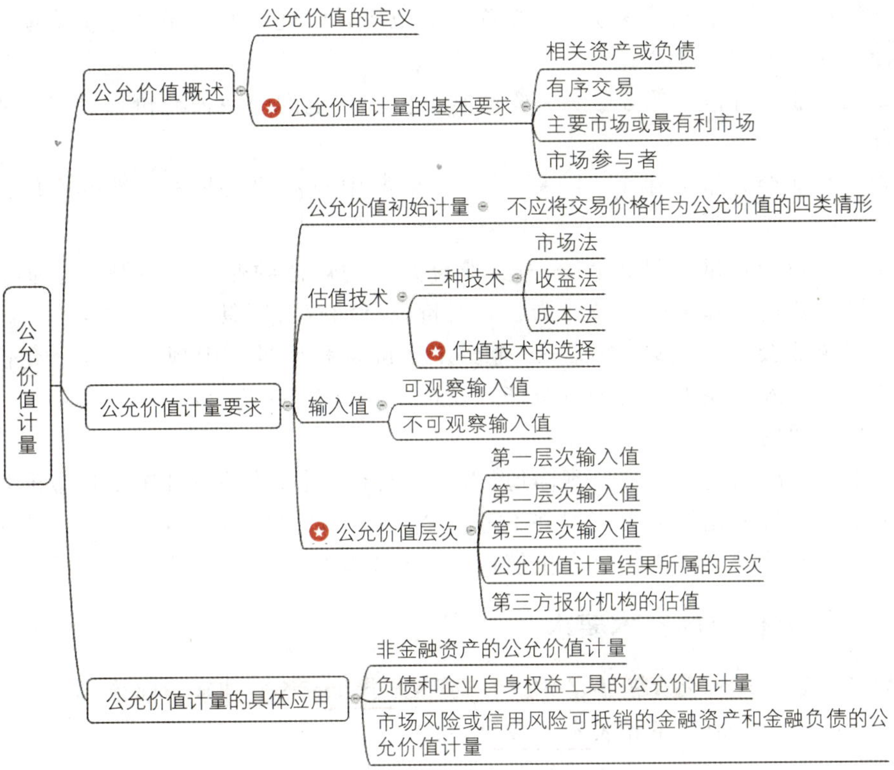

本章考情概述

本章是2015年教材的新增章节，阐述了公允价值的概念和方法，根据2014年财政部发布的《企业会计准则第39号——公允价值计量》编写。

本章应关注的主要问题：基本理论、基本原理和相关概念。

近三年主要考点：公允价值计量结果所属层次。

2019年教材主要变化

本章内容无变化。

第一节　公允价值概述

◇ 公允价值的定义

◇ 公允价值的基本要求

一、公允价值的定义

1. 定义

公允价值，是指市场参与者在计量日发生的有序交易中，出售一项资产所能收到或者转移一项负债所需支付的价格，即脱手价格。

2. 关于适用范围

考霸笔记
注意：可能在选择题中考查。

（1）适用范围。

①《企业会计准则第3号——投资性房地产》中规范的采用公允价值模式进行后续计量的投资性房地产；

②《企业会计准则第8号——资产减值》中规范的使用公允价值确定可收回金额的资产；

③《企业会计准则第16号——政府补助》中规范的以非货币性资产形式取得的政府补助；

④《企业会计准则第20号——企业合并》中规范的非同一控制下企业合并中取得的可辨认资产和负债以及作为合并对价发行的权益工具；

⑤《企业会计准则第22号——金融工具确认和计量》中规范的以公允价值计量且其变动计入当期损益的金融资产以及可供出售金融资产等。

（2）不适用范围。

对于存货准则规范的可变现净值、资产减值准则规范的预计未来现金流量现值等计量属性，与公允价值类似但并不遵循公允价值计量的有关规定，股份支付和租赁业务相关的计量也不遵循公允价值计量的有关规定。

二、公允价值的基本要求

考霸笔记
基础概念，了解即可。

为了更好地理解公允价值的定义，应从四个方面掌握其基本要求：

一是以公允价值计量相关资产或负债；

二是应用于相关资产或负债以公允价值计量的有序交易；

三是有序交易发生的主要市场或最有利市场；

四是主要市场或最有利市场中的市场参与者。

（一）相关资产或负债（见表29-1）

考霸笔记
举例：企业发行的普通股、企业发行的使持有者有权以固定价格购入固定数量企业普通股的认股权证等。

表29-1 相关资产或负债知识表

定义	相关资产或负债，是指其他相关会计准则要求或允许企业以公允价值计量的资产或负债，也包括企业自身权益工具
企业以公允价值计量相关资产或负债，应当考虑该资产或负债的特征以及该资产或负债是以单项还是以组合的方式进行计量等因素	
特征	（1）资产状况和所在位置 （2）对资产出售或使用的限制（注意区分该限制是针对该资产本身的还是针对资产持有者的）

续表

特征	如果该限制是针对相关资产本身的，那么此类限制是该资产具有的一项特征，任何持有该资产的企业都会受到影响，市场参与者在计量日对该资产进行定价时会考虑这一特征。因此，企业以公允价值计量该资产，应当考虑该限制特征。 如果该限制是针对资产持有者的，那么此类限制并不是该资产的特征，只会影响当前持有该资产的企业，而其他企业可能不会受到该限制的影响，市场参与者在计量日对该资产进行定价时不会考虑该限制因素。因此，企业以公允价值计量该资产时，也不应考虑针对该资产持有者的限制因素
计量单元	企业是以单项还是以组合的方式对相关资产或负债进行公允价值计量，取决于该资产或负债的计量单元。计量单元，是指相关资产或负债以单独或者组合方式进行计量的最小单位

考霸笔记
企业以公允价值计量相关资产或负债，应当假定市场参与者在计量日出售资产或者转移负债的交易，是在当前市场条件下的有序交易。

（二）有序交易（见表29-2）

表29-2　　有序交易知识表

有序交易，是在计量日前一段时期内该资产或负债具有惯常市场活动的交易，不包括被迫清算和抛售。如果判定交易是有序的，则以交易价格为基础确定公允价值
当存在下列情况时不应作为有序交易： （1）在当前市场情况下，市场在计量日之前一段时间内不存在相关资产或负债的惯常市场交易活动 （2）在计量日之前，相关资产或负债存在惯常的市场交易，但资产出售方或负债转移方仅与单一的市场参与者进行交易 （3）资产出售方或负债转移方处于或者接近于破产或托管状态 （4）资产出售方为满足法律或者监管规定而被要求出售资产 （5）与相同或类似资产或负债近期发生的其他交易相比，出售资产或转移负债的价格是一个异常值

如何理解有序交易？

考霸笔记
是否作为有序交易，判断的关键语句：惯常市场活动。不存在惯常市场、只有单一参与者、处于不正常状态都不能作为有序交易。

（三）主要市场或最有利市场（见表29-3）

表29-3　　主要市场或最有利市场知识表

主要市场	是指相关资产或负债交易量最大和交易活跃程度最高的市场
最有利市场	是指在考虑交易费用和运输费用后，能够以最高金额出售相关资产或者以最低金额转移相关负债的市场
主要市场或最有利市场的识别	通常情况下，如果不存在相反的证据，企业正常进行资产出售或者负债转移的市场可以视为主要市场或最有利市场。相关资产或负债的主要市场（或者在不存在主要市场情况下的最有利市场）应当是企业可进入的市场，但不要求企业于计量日在该市场上实际出售资产或者转移负债。不同的企业可以进入不同的市场，对相同资产或负债而言，不同企业可能具有不同的主要市场（或者在不存在主要市场情况下的最有利市场）

续表

主要市场或最有利市场的应用	企业应当以主要市场上相关资产或负债的价格为基础，计量该资产或负债的公允价值。即使企业能够于计量日在主要市场以外的另一个市场上，获得更高的出售价格或更低的转移价格，企业也仍应当以主要市场上相关资产或负债的价格为基础，计量该资产或负债的公允价值。不存在主要市场或者无法确定主要市场的，企业应当以相关资产或负债最有利市场的价格为基础，计量其公允价值。企业在确定最有利市场时，应当考虑交易费用、运输费用等

考霸笔记

交易费用是指企业发生的可直接归属于资产出售或者负债转移的费用。

（四）市场参与者

市场参与者，是指在相关资产或负债的主要市场（或者在不存在主要市场情况下的最有利市场）中，相互独立的、熟悉资产或负债情况的、能够且愿意进行资产或负债交易的买方和卖方。

第二节　公允价值计量要求

◇ 公允价值初始计量

◇ 估值技术

◇ 输入值

◇ 公允价值层次

一、公允价值初始计量

如何理解交易价格与公允价值的关系？

企业应根据交易性质和相关资产或负债的特征判断初始确认时的公允价值是否与其交易价格相等。企业在取得资产或者承担负债的交易中，交易价格是进入价格，而公允价值是脱手价格。

在大多数情况下，相关资产或负债的进入价格等于其脱手价格。

但在下列情况下，不应将取得资产或者承担负债的交易价格作为该资产或负债的公允价值：

（1）关联方之间的交易，但如果企业有证据表明关联方之间的交易是按照市场条款进行的，那么该交易价格可作为确定其公允价值的基础。

（2）被迫进行的交易，或者资产出售方（或负债转移方）在交易中被迫接受价格的交易。

（3）交易价格所代表的计量单元不同于以公允价值计量的相关资产或负债的计量单元。

（4）进行交易的市场不是该资产或负债的主要市场（或最有利市场）。

二、估值技术

估值技术通常包括市场法、收益法和成本法。企业应当根据实际情况从市场法、收益法和成本法中选择一种或多种估值技术，用于估计相关资产或负债的公允价值。准则未规定企业应当优先使用何种估值技术，除非在活跃市场上存在相同资产或负债的公开报价。相关资产或负债存在活跃市场公开报价的，企业应当优先使用该报价确定该资产或负债的公允价值。估值技术知识表见表29-4。

如何快速辨识不同的估值技术及适用范围?

表29-4 估值技术知识表

1. 市场法	市场法是利用相同或类似的资产、负债或资产和负债组合的价格以及其他相关市场交易信息进行估值的技术 企业在应用市场法时，除直接使用相同或类似资产或负债的公开报价外，还可以使用市场乘数法等估值方法。市场乘数法是一种使用可比企业市场数据估计公允价值的方法，包括上市公司比较法、交易安全比较法等
2. 收益法	收益法是企业将未来金额转换成单一现值的估值技术 企业使用收益法时，应当反映市场参与者在计量日对未来现金流量或者收入费用等金额的预期。企业使用的收益法包括现金流量折现法、多期超额收益折现法、期权定价模型等估值方法
3. 成本法	成本法，是反映当前要求重置相关资产服务能力所需金额的估值技术，通常是指现行重置成本 在成本法下，企业应当根据折旧贬值情况，对市场参与者获得或构建具有相同服务能力的替代资产的成本进行调整。折旧贬值包括实体性损耗、功能性贬值以及经济性贬值 企业主要使用现行重置成本法估计与其他资产或其他资产和负债一起使用的有形资产的公允价值
4. 估值技术的选择	企业在公允价值计量中使用的估值技术一经确定，不得随意变更。除非变更估值技术或其应用方法能使计量结果在当前情况下同样或者更能代表公允价值，包括但不限于下列情况： （1）出现新的市场 （2）可以取得新的信息 （3）无法再取得以前使用的信息 （4）改进了估值技术 （5）市场状况发生变化等 企业变更估值技术及其应用方法的，应当按照会计估计变更处理，并对估值技术及其应用方法的变更进行披露

三、输入值

企业以公允价值计量相关资产或负债，应当考虑市场参与者在对相关资产或负债进行定价时所使用的假设。市场参与者所使用的假设即为输入值，可分为可观察输入值和不可观察输入值。

企业使用估值技术时，应当优先使用可观察输入值，仅当相关可观察输入值无法取得或取得不切实可行时才使用不可观察输入值。企业通常可以从交易所市场、做市商市场、经纪人市场、直接交易市场获得可观察输入值。

1. 公允价值计量中相关的溢价和折价——在企业能够获得相同或类似资产或负债在活跃市场的报价、市场参与者将考虑与相关资产或负债的特征相关的溢价或折价的情况下，企业应当根据这些溢价或折价，如控制权溢价、少数股东权益折价、流动性折价等，对相同或类似资产或负债的市场交易价格进行调整。企业不应考虑与计量单元不一致的溢价或折价。

2. 以出价和要价为基础的输入值——出价是经纪人或做市商购买一项资产或处置一项负债所愿意支付的价格，要价是经纪人或做市商出售一项资产或承担一项负债所愿意收取的价格。企业可使用出价计量资产头寸，使用要价计量负债头寸，也可使用市场参与者在实务中使用的在出价和要价之间的中间价或其他定价惯例计量相关资产或负债。但是，企业不应使用与公允价值计量假定不一致的方法，如对资产使用要价，对负债使用出价。

考霸笔记
历年真题中曾考查过此考点，需注意。

四、公允价值层次

考霸笔记
第一层次输入值为公允价值提供了最可靠的证据，第二层次输入值次之，第三层次输入值最次。

企业应当将估值技术所使用的输入值划分为三个层次，并最优先使用活跃市场上相同资产或负债未经调整的报价（第一层次输入值），最后使用不可观察输入值（第三层次输入值）。输入值知识表见表29-5。

表29-5 **输入值知识表**

1. 第一层次输入值	这是企业在计量日能够取得的相同资产或负债在活跃市场上未经调整的报价。企业使用相同资产或负债在活跃市场的公开报价对该资产或负债进行公允价值计量时，通常不应进行调整，但特殊情况除外。在活跃市场中，企业应当以单项资产或负债的市场报价（第一层次输入值）与企业持有数量的乘积确定其持有的金融资产或金融负债的公允价值
2. 第二层次输入值	这是除第一层次输入值外相关资产或负债直接或间接可观察的输入值。对于具有特定期限（如合同期限）的相关资产或负债，第二层次输入值必须在其几乎整个期限内是可观察的。第二输入值包括： （1）活跃市场中类似资产或负债的报价 （2）非活跃市场中相同或类似资产或负债的报价 （3）除报价以外的其他可观察输入值，包括在正常报价间隔期间可观察的利率和收益率曲线等 （4）市场验证的输入值等
3. 第三层次输入值	这是相关资产或负债的不可观察输入值，包括不能直接观察和无法由可观察市场数据验证的利率、股票波动率、企业合并中承担的弃置义务的未来现金流量、企业使用自身数据作出的财务预测等。企业只有在相关资产或负债几乎很少存在市场交易活动，导致相关可观察输入值无法取得或取得不切实可行的情况下，才能使用第三层次输入值，即不可观察输入值

公允价值计量结果所属的层次：公允价值计量结果所属的层次，由对公允价值计量整体而言重要的输入值所属的最低层次决定。公允价值计量结果所属的层次，

取决于估值技术的输入值，而不是估值技术本身。企业在确定公允价值计量结果所属的层次时，不应考虑为取得基于公允价值的其他计量所作的调整，例如，计量公允价值减去处置费用时的处置费用。

第三方报价机构的估值：企业使用第三方报价机构（如经纪人、做市商等）提供的出价或要价计量相关资产或负债公允价值的，应当确保该第三方报价机构提供的出价或要价遵循了准则要求。企业应当综合考虑相关资产或负债所处市场的特点等因素，对出价和要价的质量进行判断。企业即使使用了第三方报价机构提供的估值，也不应简单地将该公允价值计量结果划入第三层次输入值。企业应当了解估值服务中应用到的输入值，并根据该输入值的可观察性和重要性，确定相关资产或负债公允价值计量结果的层次。

考霸笔记
此题难度较大，完全是概念题。

例 29-1 · 2016 年多选题

下列有关公允价值计量结果所属层次的表述中，正确的是（　　）。

A. 公允价值计量结果所属层次，取决于估值技术的输入值

B. 公允价值计量结果所属层次由对公允价值计量整体而言重要的输入值所属的最高层次决定

C. 使用第二层次输入值对相关资产进行公允价值计量时，应当根据资产的特征进行调整

D. 对相同资产或负债在活跃市场上报价进行调整的公允价值计量结果应划分为第二层次或第三层次

【答案】AC

【解析】公允价值计量结果所属的层次，由对公允价值计量整体而言重要的输入值所属的最低层次决定，因此选项B不正确，企业使用相同资产或负债在活跃市场的公开报价对资产或负债进行公允价值计量的，通常不应进行调整，因此选项D不正确。

第三节　公允价值计量的具体应用

◇ 非金融资产的公允价值计量

◇ 负债和企业自身权益工具的公允价值计量

◇ 市场风险或信用风险可抵销的金融资产和金融负债的公允价值计量

一、非金融资产的公允价值计量

（一）非金融资产的最佳用途

企业以公允价值计量非金融资产，应当考虑市场参与者通过直接将该资产用于最佳用途产生经济利益的能力，或者通过将该资产出售给能够用于最佳用途的其他市场参与者产生经济利益的能力。

最佳用途，是指市场参与者实现一项非金融资产或其所属的一组资产和负债的价值最大化时该非金融资产的用途。企业判定非金融资产的最佳用途，应当考虑该用途是否为法律上允许、实物上可能以及财务上可行的使用方式。

（1）企业判断非金融资产的用途在法律上是否允许，应当考虑市场参与者

在对该非金融资产定价时所考虑的资产使用在法律上的限制。企业在计量日对非金融资产的使用必须未被法律禁止，例如，如果政府禁止在生态保护区内进行房地产开发和经营，则该保护区内土地的最佳用途不可能是工业或商业用途的开发。

（2）企业判断非金融资产的用途在实物上是否可能，应当考虑市场参与者在对该非金融资产定价时所考虑的资产实物特征，例如，一栋建筑物是否能够作为仓库使用、是否能够作为房屋出租、建筑物结构能否更改。

（3）企业判断非金融资产的用途在财务上是否可行，应当考虑在法律上允许且实物上可能的情况下，市场参与者通过使用该非金融资产能否产生足够的收益或现金流量，从而在补偿将该非金融资产用于这一用途所发生的成本之后，仍然能够满足市场参与者所要求的投资回报。

通常情况下，企业对非金融资产的当前用途可视为最佳用途。

（二）非金融资产的估值前提

企业以公允价值计量非金融资产，应当在最佳用途的基础上确定该非金融资产的估值前提，是单独使用该非金融资产还是将其与其他资产或负债组合使用：

（1）通过单独使用实现非金融资产最佳用途的，该非金融资产的公允价值应当是将该资产出售给同样单独使用该资产的市场参与者的当前交易价格。

（2）通过与其他资产或负债组合使用实现非金融资产最佳用途的，该非金融资产的公允价值应当是将该资产出售给以同样组合方式使用资产的市场参与者的当前交易价格，并且假定市场参与者可以取得组合中的其他资产或负债。

考霸笔记

负债与自身权益工具的公允价值计量，都是假定在计量日转移给市场参与者。

二、负债和企业自身权益工具的公允价值计量

企业以公允价值计量负债，应当假定在计量日将该负债转移给市场参与者，而且该负债在转移后继续存在，由作为受让方的市场参与者履行相关义务。企业以公允价值计量自身权益工具，应当假定在计量日将该自身权益工具转移给市场参与者，而且该自身权益工具在转移后继续存在，并由作为受让方的市场参与者取得与该工具相关的权利、承担相应的义务。

在任何情况下，企业都应当最优先使用相关的可观察输入值，只有在相关可观察输入值无法取得或取得不切实可行的情况下，才可以使用不可观察输入值，用以估计在计量日市场参与者之间按照当前市场情况转移一项负债或权益工具的有序交易中的价格。

（一）确定负债或企业自身权益工具公允价值的方法

如果存在相同或类似负债或企业自身权益工具可观察市场报价，那么企业应当以该报价为基础确定负债或企业自身权益工具的公允价值。但在很多情况下，企业可能无法获得公开报价。企业应当确定该负债或自身权益工具是否被其他方作为资产持有。负债或企业自身权益工具知识表见表29-6。

（二）不履约风险

企业以公允价值计量相关负债，应当考虑不履约风险，并假定不履约风险在负

表 29-6 负债或企业自身权益工具知识表

1. 被其他方作为资产持有的负债或企业自身权益工具	企业应当根据下列方法估计其公允价值： （1）如果对应资产存在活跃市场的报价，并且企业能够获得该报价，那么企业应当以对应资产的报价为基础确定该负债或企业自身权益工具的公允价值 （2）如果对应资产不存在活跃市场的报价，或者企业无法获得该报价，那么企业可使用其他可观察的输入值，例如，对应资产在非活跃市场中的报价 （3）如果上述（1）和（2）中的可观察价格都不存在，那么企业应使用收益法、市场法等估值技术
2. 未被其他方作为资产持有的负债或企业自身权益工具	不存在相同或类似负债或企业自身权益工具报价，并且其他方未将其作为资产持有的，企业应当从承担负债或发行权益工具的市场参与者角度，采用估值技术确定该负债或企业自身权益工具的公允价值。即使不存在对应资产（如弃置义务），企业也可使用估值技术计量该负债的公允价值

债转移前后保持不变。不履约风险，是指企业不履行义务的风险，包括但不限于企业自身信用风险。

（三）负债或企业自身权益工具转移受限

企业以公允价值计量负债或自身权益工具，并且该负债或自身权益工具存在限制转移因素的，如果企业在公允价值计量的输入值中已经考虑了这些因素，则不应再单独设置相关输入值，也不应对其他输入值进行相关调整。但对于负债转移的限制未反映在交易价格或用于计量公允价值的其他输入值中的，企业应当对输入值进行调整，以反映该限制。

（四）具有可随时要求偿还特征的金融负债

具有可随时要求偿还特征的金融负债的公允价值，不应低于债权人要求偿还时的应付金额，即从可要求偿还第一天起折现的现值。

考霸笔记
了解即可。

三、市场风险或信用风险可抵销的金融资产和金融负债的公允价值计量

企业持有一组金融资产和金融负债时，将会面临包括利率风险、货币风险和其他价格风险等市场风险和交易对手的信用风险。

企业基于其市场风险或特定交易对于信用风险的净敞口来管理其金融资产和金融负债时，在满足准则要求的情况下，可以在当前市场情况下市场参与者之间于计量日进行的有序交易中，以出售特定风险敞口的净多头（即资产）所能收到的价格或转移特定风险敞口的净空头（即负债）所需支付的价格为基础，计量该组金融资产和金融负债的公允价值。

智能测评

在线练习	我要提问
扫码在线做题　扫码看答案 本书“本章同步强化训练”均配备二维码，打开微信“扫一扫”即可完成在线测评，查看本章详细的测评反馈报告，了解知识掌握情况，也可扫码直接看答案噢。 快来扫码做题吧！	扫码答疑 本书配备答疑专用二维码，打开微信“扫一扫”，即可完成在线提问，获取专业老师全面个性化解答，让学习问题不再拖延。 快来扫码提问吧！

本章同步强化训练

一、单选题

1.企业以公允价值计量相关资产，以下各项中不属于相关资产特征的是（　　）。

A.资产的地理位置和环境　　B.资产的新旧程度

C.对资产出售的限制　　D.对资产持有者的限制

2.关于计量单元，下列说法中正确的是（　　）。

A.是指相关资产单独进行计量的最小单位

B.是指相关负债单独进行计量的最小单位

C.是指相关资产和负债单独进行计量的最小单位

D.是指相关资产或负债以单独或者组合方式进行计量的最小单位

3.通常情况下，下列公允价值层次中，属于第一层次输入值的有（　　）。

A.异常的市场报价

B.正常报价间隔期间可观察的利率和收益率曲线

C.无法由可观察市场数据验证的利率

D.企业在计量日能够取得的相同资产或负债在活跃市场上未经调整的报价

4.下列公允价值层次中，不能作为第二层次输入值的有（　　）。

A.活跃市场中类似资产或负债的报价

B.正常报价间隔期间可观察的利率和收益率曲线

C.非活跃市场中相同或类似资产或负债的报价

D.股票波动率

5.为了避免重复计算或者忽略风险因素的影响，折现率与现金流量应当保持一致，下列项目中不正确的是（　　）。

A.企业使用了合同现金流量的，应当采用能够反映预期违约风险的折现率

B.企业使用了概率加权现金流量的，应当采用能够反映预期违约风险的折现率

C.企业使用了包含了通货膨胀率影响的现金流量的，应当采用名义折现率

D.企业使用了排除了通货膨胀影响的现金流量的，应当采用实际利率

6.下列关于确定负债或企业自身权益工具公允价值的方法的说法中，不正确的是（　　）。

A.具有可观察市场报价的相同或类似负债或企业自身权益工具，企业应当以该报价为基础确定其公允价值

B.其他方将其作为资产持有的负债或企业自身权益工具，如果对应资产存在活跃市场的报价且企业能够获得该报价，企业应当以对应资产的报价为基础确定其公允价值

C.不存在相同或类似负债或企业自身权益工具报价，并且其他方未将其作为资产持有的，企业应当从承担负债或者发行权益工具的市场参与者角度，采用估值技术确定其公允价值

D.其他方将其作为资产持有的负债或企业自身权益工具，如果对应资产不存在活跃市场的报价或企业能够获得该报价，企业应当以其自身报价为基础确定其公允价值

7.为提高公允价值计量和相关披露的一致性和可比性，下列输入值中，企业在估计相关资产或负债的公允价值时，应最优先使用的是（　　）。

A.第一层次输入值　　B.第二层次输入值

C.第三层次输入值　　D.不需要区分先后顺序

8.企业以公允价值计量相关资产或负债时，下列说法中错误的是（　　）。

A.相关资产或负债，是指其他相关会计准则要求或允许企业以公允价值计量的资产或负债，也包括企业自身权益工具

B.相关资产或负债以公允价值计量的计量单元，是指相关资产或负债以单独或者组合方式进行计量的最小单位

C.企业应用于相关资产或负债公允价值计量的有序交易，是在计量日前一段时期内该资产或负债具有惯常市场活动的交易，包括被迫清算和抛售

D.企业以公允价值计量的相关资产或负债，应当基于市场参与者之间的交易确定该资产或负债的公允价值

9.关于公允价值准则中的相关资产和负债，下列说法中正确的是（　　）。

A.是指其他相关会计准则要求或允许企业以公允价值计量的资产或负债，也包括企业自身权益工具

B.包括部分资产和企业自身权益工具，不包括负债

C.包括部分资产和负债，不包括企业自身权益工具

D.包括所有资产和负债

10.企业在按照会计准则规定采用公允价值计量相关资产或负债时，下列各项有关确定公允价值的表述中，正确的是（　　）。

A.在确定资产的公允价值时，可同时获取出价和要价的，应使用要价作为资产的公允价值

B.使用估值技术确定公允价值时，应当使用市场上可观察输入值，在无法取得或取得可观察输入值不切实可行时才能使用不可观察输入值

C.在根据选定市场的交易价格确定相关资产或负债的公允价值时，应当根据交易费用对有关价格进行调整

D.以公允价值计量资产或负债，应当首先假定出售资产或转移负债的有序交易在该资产或负债的最有利市场进行

二、多选题

1.下列公允价值层次中，属于第三层次输入值的是（　　）。

A.股票投资期末收盘价　　B.市场验证的输入值

C.股票波动率　　D.企业使用自身数据作出的财务预测

2.企业以公允价值对相关资产或负债进行初始计量的，不应将取得资产或者承担负债的交易价格作为该资产或负债的公允价值的有（　　）。

A.关联方之间的交易

B.被迫进行的交易或者资产出售方（或负债转移方）在交易中被迫接受价格的交易

C.交易价格所代表的计量单元不同于以公允价值计量的相关资产或负债的计量单元

D.进行交易的市场不是该资产或负债的主要市场（或者在不存在主要市场情况下的最有利市场）

3.布莱克-斯科尔斯期权定价模型中的输入值包括（　　）。

A.即期价格　　B.行权价格　　C.合同期限　　D.无风险利率

4.为避免重复计算或忽略风险因素的影响，折现率与现金流量应当保持一致，下列项目中正确的有（　　）。

A.企业使用合同现金流量的，应当采用能够反映预期违约风险的折现率

B企业使用概率加权现金流量的，应当采用能够反映预期违约风险的折现率

C.企业使用包含通货膨胀影响的现金流量的，应当采用名义折现率

D企业使用排除通货膨胀影响的现金流量的，应当采用实际利率

5.下列各项关于输入值的说法中正确的有（　　）。

A.输入值可分为可观察输入值和不可观察输入值

B.企业在使用估值技术时，应当优先使用可观察输入值

C.企业采用估值技术计量公允价值时，应当选择与市场参与者在相关资产或负债的交易中所考虑的并且与该资产或负债特征相一致的输入值

D.企业不应考虑与要求或允许公允价值计量的其他相关会计准则中规定的计量单元不一致的溢价或折价

第三十章

政府及民间非营利组织会计

本章导学。

6091

考霸笔记

学习心态：本章涉及财务会计和预算会计两条线，涉及科目生僻，但难度不大且很好理解，要抱着多多熟悉几遍就可以拿下本章的心态。

考试形式：本章属于2018年新增章节，在2018年考试中以主观题出现，非常出其不意；由于考生对此章内容接触少，对考题感觉比较生僻，因此2018年政府会计的考题得分低很正常；每一年考题中均存在冷僻考点，影响考生心态，但即使冷僻考点得分低也一定不会影响通过，这是铁律。

本章框架图

- 政府及民间非营利组织会计
  - 政府会计概述
    - 政府会计标准体系
      - 基本准则
      - 具体准则及应用指南
      - 会计制度
    - 政府会计核算模式
      - 预算会计和财务会计的“适度分离”
      - 预算会计和财务会计的“相互衔接”
    - 政府会计要素及其确认和计量
      - 预算会计要素
        - 预算收入
        - 预算支出
        - 预算结余
      - 财务会计要素
        - 资产
        - 负债
        - 净资产
        - 收入
        - 费用
    - 政府财务报告和决算报告
      - 政府财务报告
      - 政府决算报告
  - 政府单位特定业务的会计核算
    - 单位会计核算一般原则
    - ★ 国库集中支付业务
      - 财政直接支付
      - 财政授权支付
    - ★ 非财政拨款收支业务
      - 事业（预算）收入
      - 捐赠（预算）收入和支出
      - 债务预算收入和债务还本支出
      - 投资支出
    - ★ 预算结转结余及分配业务
      - 财政拨款结转结余的核算
      - 非财政拨款结转的核算
      - 非财政拨款结余的核算
      - 非营结余、其他结余及非财政拨款结余分配
    - 净资产业务
    - 资产业务
    - 负债业务
  - 民间非营利组织会计
    - 民间非营利组织会计概述
      - 特征
      - 会计要素
        - 反映财务状况
          - 资产
          - 负债
          - 净资产
        - 反映业务成果
          - 收入
          - 费用
    - ★ 民间非营利组织特定业务的会计核算
      - 捐赠业务
      - 受托代理业务
      - 会费收入
      - 业务活动成本
      - 净资产

本章考情概述

本章论述了政府会计和民间非营利组织会计的一般业务处理。

本章应当关注的问题：（1）国库集中支付业务；（2）非财政拨款收支业务。

本章为2018年教材新增内容，本章知识点的考试方式偏向于客观题。

2019年教材主要变化

本章内容无实质性变化。

第一节　政府会计概述

◇政府会计标准体系

◇政府会计核算模式

◇政府会计要素及其确认和计量

◇政府财务报告和决算报告

一、政府会计标准体系

我国的政府会计标准体系由政府会计基本准则、具体准则及应用指南和政府会计制度等组成。

政府会计主体主要包括各级政府、各部门、各单位。其中：

（1）各级政府

各级政府指各级政府财政部门，具体负责财政总会计的核算。

（2）各部门、各单位

各部门、各单位指与本级政府财政部门直接或者间接发生预算拨款关系的国家机关、军队、政党组织、社会团体、事业单位和其他单位。

但是，军队、已纳入企业财务管理体系的单位和执行《民间非营利组织会计制度》的社会团体，其会计核算不适用政府会计准则制度。

二、政府会计核算模式

政府会计由预算会计和财务会计构成。

预算会计，是指以收付实现制为基础对政府会计主体预算执行过程中发生的全部收入和全部支出进行会计核算，主要反映和监督预算收支执行情况的会计。

如何理解政府会计的“双”核算模式？

财务会计，是指以权责发生制为基础对政府会计主体发生的各项经济业务或者事项进行会计核算，主要反映和监督政府会计主体财务状况、运行情况和现金流量等的会计。

（一）政府预算会计和财务会计的“适度分离”

（1）“双功能”。政府会计应当实现预算会计和财务会计双重功能。预算会计应准确完整地反映政府预算收入、预算支出和预算结余等预算执行信息，财务会计应全面准确反映政府的资产、负债、净资产、收入、费用等财务信息。

（2）“双基础”。预算会计实行收付实现制，国务院另有规定的从其规定；财务会计实行权责发生制。

（3）“双报告”。政府会计主体应当编制决算报告和财务报告。前者以预算会计核算生成的数据为基础，后者以财务会计核算生成的数据为基础。

（二）政府预算会计和财务会计的“相互衔接”

政府预算会计和财务会计“适度分离”，并不是要求政府会计主体分别建立预算会计和财务会计两套账，对同一笔经济业务或事项进行会计核算，而是要求政府预算会计要素和财务会计要素相互协调，决算报告和财务报告相互补充，共同反映政府会计主体的预算执行信息和财务信息。

三、政府会计要素及其确认和计量

（一）政府预算会计要素

政府预算会计要素包括预算收入、预算支出与预算结余。

政府预算会计有哪些要素?

1.预算收入

预算收入是指政府会计主体在预算年度内依法取得的并纳入预算管理的现金流入。预算收入一般在实际收到时予以确认，以实际收到的金额计量，即体现收付实现制。

2.预算支出

预算支出是指政府会计主体在预算年度内依法发生并纳入预算管理的现金流出。预算支出一般在实际支付时予以确认，以实际支付的金额计量，即体现收付实现制。

3.预算结余

预算结余是指政府会计主体预算年度内预算收入扣除预算支出后的资金余额，以及历年滚存的资金余额。

预算结余包括结余资金和结转资金。结余资金是指年度预算执行终了，预算收入实际完成数扣除预算支出和结转资金后剩余的资金。结转资金是指预算安排项目的支出年终尚未执行完毕或者因故未执行，且下年需要按原用途继续使用的资金。

考霸笔记
①结余资金是指年度预算执行终了，预算收入实际完成数扣除预算支出和结转资金后剩余的资金。②结转资金是指预算安排项目的支出年终尚未执行完毕或者因故未执行，且下年需要按原用途继续使用的资金。

（二）政府财务会计要素

政府财务会计要素包括资产、负债、净资产、收入和费用。

1.资产

（1）资产的定义。

资产是指政府会计主体过去的经济业务或者事项形成的，由政府会计主体控制的，预期能够产生服务潜力或者带来经济利益流入的经济资源。

服务潜力是指政府会计主体利用资产提供公共产品和服务以履行政府职能的潜在能力。

经济利益流入表现为现金及现金等价物的流入，或者现金及现金等价物流出的减少。

（2）资产的确认条件。

符合政府资产定义的经济资源，在同时满足以下条件时，确认为资产：

①与该经济资源相关的服务潜力很可能实现或者经济利益很可能流入政府会计

主体；

②该经济资源的成本或者价值能够可靠地计量。

(3) 资产的计量属性。

考霸笔记
对比企业财务会计中资产的计量属性：历史成本、重置成本、现值、公允价值、可变现净值。

政府资产的计量属性主要包括历史成本、重置成本、现值、公允价值和名义金额。

政府会计主体在对资产进行计量时，一般应当采用历史成本。采用重置成本、现值、公允价值计量的，应当保证所确定的资产金额能够持续、可靠计量。无法采用上述计量属性的，采用名义金额（即人民币1元）计量。

(4) 报表归属。

符合资产定义和资产确认条件的项目，应当列入资产负债表。

2.负债

(1) 负债的定义。

负债是指政府会计主体过去的经济业务或者事项形成的，预期会导致经济资源流出政府会计主体的现时义务。

现时义务是指政府会计主体在现行条件下已承担的义务。未来发生的经济业务或者事项形成的义务不属于现时义务，不应当确认为负债。

(2) 负债的确认条件。

符合政府负债定义的义务，在同时满足以下条件时，确认为负债：

①履行该义务很可能导致含有服务潜力或者经济利益的经济资源流出政府会计主体；

②该义务的金额能够可靠地计量。

(3) 负债的计量属性。

政府负债的计量属性主要包括历史成本、现值和公允价值。

政府会计主体在对负债进行计量时，一般应当采用历史成本。采用现值、公允价值计量的，应当保证所确定的负债金额能够持续、可靠计量。

(4) 报表归属。

符合负债定义和负债确认条件的项目，应当列入资产负债表。

考霸笔记
需要强调的是，在企业财务会计中净资产又称为所有者权益（或股东权益），但是在政府财务会计中没有这种说法。

3.净资产

净资产是指政府会计主体资产扣除负债后的净额，其金额取决于资产和负债的计量。

净资产项目应当列入资产负债表。

需要强调的是，在企业财务会计中净资产又称为所有者权益（或股东权益），但是在政府财务会计中没有这种说法。

4.收入

(1) 收入的定义。

收入是指报告期内导致政府会计主体净资产增加的、含有服务潜力或者经济利益的经济资源的流入。

(2) 收入的确认条件。

收入的确认应当同时满足以下条件：

①与收入相关的含有服务潜力或者经济利益的经济资源很可能流入政府会计

主体；

②含有服务潜力或者经济利益的经济资源流入会导致政府会计主体资产增加或者负债减少；

③流入金额能够可靠地计量。

（3）报表归属。

符合收入定义和收入确认条件的项目，应当列入收入费用表。

5.费用

（1）费用的定义。

费用是指报告期内导致政府会计主体净资产减少的、含有服务潜力或者经济利益的经济资源的流出。

（2）费用的确认条件。

费用的确认应当同时满足以下条件：

①与费用相关的含有服务潜力或者经济利益的经济资源很可能流出政府会计主体；

②含有服务潜力或者经济利益的经济资源流出会导致政府会计主体资产减少或者负债增加；

③流出金额能够可靠地计量。

（3）报表归属。

符合费用定义和费用确认条件的项目，应当列入收入费用表。

四、政府财务报告和决算报告

（一）政府财务报告

1.政府财务报告的定义

政府财务报告是反映政府会计主体某一特定日期的财务状况和某一会计期间的运行情况和现金流量等信息的文件。

2.政府财务报告的构成

政府财务报告应当包括财务报表和其他应当在财务报告中披露的相关信息和资料，财务报表包括会计报表和附注。

会计报表至少应当包括资产负债表、收入费用表和现金流量表。

3.政府财务报告的种类

政府财务报告主要分为政府部门财务报告和政府综合财务报告。

（1）政府部门财务报告是指政府各部门、各单位按规定编制的财务报告；

（2）政府综合财务报告是指由政府财政部门编制的，反映各级政府整体财务状况、运行情况和财政中长期可持续性的报告。

（二）政府决算报告

政府决算报告是综合反映政府会计主体年度预算收支执行结果的文件。政府决算报告应当包括决算报表和其他应当在决算报告中反映的相关信息和资料。

第二节 政府单位特定业务的会计核算

◇单位会计核算一般原则
◇国库集中支付业务
◇非财政拨款收支业务
◇预算结转结余及分配业务
◇净资产业务
◇资产业务
◇负债业务

一、单位会计核算一般原则

（一）单位预算会计

1.预算会计恒等式

单位预算会计通过预算收入、预算支出和预算结余三个要素，全面反映单位预算收支执行情况。预算会计恒等式为“预算收入-预算支出=预算结余”。

2.会计基础

单位预算会计采用收付实现制，国务院另有规定的从其规定。

考霸笔记：政府预算会计以收付实现制为基础，账务处理考虑实际收到和实际支付。

3.“资金结存”科目及其明细科目的设置

为了保证单位预算会计要素单独循环，在日常核算时，单位应当设置“资金结存”科目，核算纳入部门预算管理的资金的流入、流出、调整和滚存等情况。根据资金支付方式及资金形态，“资金结存”科目应设置“零余额账户用款额度”“货币资金”“财政应返还额度”三个明细科目。年末预算收支结转后“资金结存”科目借方余额与预算结转结余科目贷方余额相等。

（二）单位财务会计

1.财务会计恒等式

单位财务会计通过资产、负债、净资产、收入、费用五个要素，全面反映单位财务状况、运行情况和现金流量情况。

（1）财务状况等式→反映时点数。

反映单位财务状况的等式为“资产-负债=净资产”。

（2）运行情况等式→反映时期数。

反映运行情况的等式为“收入-费用=本期盈余”，本期盈余经分配后最终转入净资产。

考霸笔记：预算会计以收付实现制为基础，涉及现金收支的业务，进行预算会计核算，不涉及现金的业务，不进行预算会计核算。

2.会计基础

财务会计实行权责发生制。

（三）业务核算

1.既要财务会计核算又要预算会计核算

单位对于纳入部门预算管理的现金收支业务，在采用财务会计核算的同时应当进行预算会计核算；对于其他业务，仅需进行财务会计核算。

考霸笔记：对于单位受托代理的现金以及应上缴财政的现金所涉及的收支业务，仅需要进行财务会计处理，不需要进行预算会计处理。

这里的现金，是指单位的库存现金以及其他可以随时用于支付的款项，包括库存现金、银行存款、其他货币资金、零余额账户用款额度、财政应返还额度，以及通过财政直接支付方式支付的款项。

2.仅需财务会计核算

对于其他业务，仅需进行财务会计核算。对于单位受托代理的现金以及应上缴财政的现金所涉及的收支业务，仅需要进行财务会计处理，不需要进行预算会计处理。

二、国库集中支付业务

国库集中支付，是指以国库单一账户体系为基础，将所有财政性资金都纳入国库单账户体系管理，收入直接缴入国库和财政专户，支出通过国库单一账户体系支付到商品和劳务供应者或用款单位的一项国库管理制度。

实行国库集中支付的单位，财政资金的支付方式包括财政直接支付和财政授权支付。

（一）财政直接支付

1.财政直接支付定义

在财政直接支付方式下，单位在需要使用财政资金时，按照批复的部门预算和资金使用计划，向财政国库支付执行机构提出支付申请。

在这种支付方式下，单位提出支付申请，由财政部门发出支付令，再由代理银行经办资金支付。

2.财政直接支付方式下的账务处理

（1）单位收到“财政直接支付入账通知书”时，按照通知书中的直接支付入账金额进行会计处理。

①预算会计。

在预算会计中借记“行政支出”“事业支出”等科目，贷记“财政拨款预算收入”科目。（“资金结存——财政应返还额度”是资产类科目，预算会计专用）

②财务会计。

同时在财务会计中借记“库存物品”“固定资产”“应付职工薪酬”“业务活动费用”“单位管理费用”等科目，贷记“财政拨款收入”科目。（“财政应返还额度”是资产类科目）

（2）当年预算指标年末存在结余。

年末，根据本年度财政直接支付预算指标数与当年财政直接支付实际支出数的差额进行处理。

①预算会计。

在预算会计中借记“资金结存——财政应返还额度”科目，贷记“财政拨款预算收入”科目。

②财务会计。

同时在财务会计中借记“财政应返还额度”科目，贷记“财政拨款收入”科目。

（3）次年使用上年结余的预算指标进行支付。

下年度恢复财政直接支付额度后，单位以财政直接支付方式发生实际支出时，进行会计处理。

①预算会计。

在预算会计中借记“行政支出”“事业支出”等科目，贷记“资金结存——财政应

> 考霸笔记
> 学习要点：财政直接支付下，必须在单位收到财政直接支付入账通知书时才进行会计处理。

> 考霸笔记
> 学习要点：①预算指标大于当年直接支付实际支出数时，在预算会计和财务会计中都必须通过财政应返还额度对应的资产类科目进行指标补记；②预算指标存在结余时，一定将超出实际支出数的预算部分确认为收入。

> 考霸笔记
> 学习要点：次年在使用上年结余的预算指标进行支付时，必须在实际发生支出时才做处理。

返还额度”科目。（“资金结存——财政应返还额度”是资产类科目，预算会计专用）

②财务会计。

同时在财务会计中借记“库存物品”“固定资产”“应付职工薪酬”“业务活动费用”“单位管理费用”等科目，贷记“财政应返还额度”科目。

（“财政应返还额度”是资产类科目）

如何对财政直接支付进行账务处理？

例 30-1

某事业单位的财政资金支付方式为财政直接支付，2×17 年经批准的部分预算为 100 万元，当年实际支付 80 万元，其中 70 万元用于固定资产采购，10 万元用于水电费支付。年末结余预算资金 20 万元。2×18 年 2 月该事业单位采购物办公物资 30 万元，其中 20 万元为上年结余的预算资金，10 万元为 2×18 年预算资金。

分析：

（1）2×17 年使用财政资金支付固定资产采购和水电费时：

借：事业支出　　800 000

　贷：财政拨款预算收入　　800 000

同时，

借：固定资产　　700 000

　　单位管理费用　　100 000

　贷：财政拨款收入　　800 000

（2）2×17 年年末结余预算资金时：

借：资金结存——财政应返还额度　　200 000

　贷：财政拨款预算收入　　200 000

同时，

借：财政应返还额度——财政直接支付　　200 000

　贷：财政拨款收入　　200 000

（3）2×18 年 2 月发生支出时：

借：事业支出　　300 000

　贷：资金结存——财政应返还额度（使用上年度结余的预算指标）　　200 000

　　　财政拨款预算收入　　100 000

同时，

借：库存物品　　300 000

　贷：财政应返还额度——财政直接支付（使用上年度结余的预算指标）　　200 000

　　　财政拨款收入　　100 000

考霸笔记

在财政授权支付方式下，单位申请到的是用款限额而不是存入单位账户的实有资金，单位可以在用款限额内自行开具支付令，再由代理银行向收款人付款。

（二）财政授权支付

1. 财政授权支付的定义

在财政授权支付方式下，单位按照批复的部门预算和资金使用计划，向财政国库支付执行机构申请授权支付的月度用款限额，财政国库支付执行机构将批准后的限额通知代理银行和单位，并通知中国人民银行国库部门。单位在月度用款限额内，自行开具支付令，通过财政国库支付执行机构转由代理银行向收款人付款，并与国库单一账户清算。

在这种支付方式下，单位申请到的是用款限额而不是存入单位账户的实有资金，单位可以在用款限额内自行开具支付令，再由代理银行向收款人付款。

2.财政授权支付方式下的账务处理

(1) 获得用款额度时：

①预算会计。

在预算会计中借记“资金结存——零余额账户用款额度”科目，贷记“财政拨款预算收入”科目。（“资金结存——零余额账户用款额度”是资产类科目，预算会计专用）

②财务会计。

同时，在财务会计中借记“零余额账户用款额度”科目，贷记“财政拨款收入”科目。（“零余额账户用款额度”是资产类科目）

(2) 使用当年预算指标进行支付。

①预算会计。

按照实际支用的额度，在预算会计中借记“行政支出”“事业支出”等科目，贷记“资金结存——零余额账户用款额度”科目。

②财务会计。

同时在财务会计中借记“库存物品”“固定资产”“应付职工薪酬”“业务活动费用”“单位管理费用”等科目，贷记“零余额账户用款额度”。

(3) 年末注销当年预算指标中剩余额度。

①预算会计。

在预算会计中借记“资金结存——财政应返还额度”科目，贷记“资金结存——零余额账户用款额度”科目。

②财务会计。

同时，在财务会计中借记“财政应返还额度”科目，贷记“零余额账户用款额度”科目。

(4) 次年初恢复额度时。

①预算会计。

在预算会计中借记“资金结存——零余额账户用款额度”科目，贷记“资金结存——财政应返还额度”科目。

②财务会计。

同时，在财务会计中借记“零余额账户用款额度”科目，贷记“财政应返还额度——财政授权支付”科目。

(5) 年末，单位本年度财政授权支付预算指标数大于零余额账户用款额度下达数时。

①预算会计。

在预算会计中借记“资金结存——财政应返还额度”科目，贷记财政拨款预算收入”科目。

②财务会计。

同时，在财务会计中借记“财政应返还额度”科目，贷记“财政拨款收入”科目。

考霸笔记
学习要点：财政授权支付下，是在收到“授权支付到账通知书”后才做获得额度的会计处理。

考霸笔记
学习要点：对于授权支付业务年末注销的额度，在次年恢复额度时立即做账务处理，且恢复额度的会计处理为注销额度的相反分录。

考霸笔记
学习要点：补记预算指标时，按照预算指标数大于额度下达数的差额确认收入，且指标暂时储存在财政应返还额度的相应科目中；等到次年收到财政部门批复的上年末下达额度时，指标转入零余额账户用款额度的相应科目中。

（6）次年恢复上述额度时。

①预算会计。

在预算会计中借记“资金结存——零余额账户用款额度”科目，贷记“资金结存——财政应返还额度”科目。

②财务会计。

同时，在财务会计中借记“零余额账户用款额度”科目，贷记“财政应返还额度”科目。

财政授权支付下获得额度、使用额度、注销额度如何进行会计处理?

例 30-2

某事业单位的财政资金支付方式为财政授权支付，2×17年该事业单位向财政部门申请的财政授权支付用款额度为100万元，最终经批准的用款额度为100万元。当年实际支付80万元，其中70万元用于固定资产采购，10万元用于水电费支付。年末结余预算资金20万元。2×18年2月该事业单位采购物办公物资30万元，其中20万元为上年结余的预算资金，10万元为2×18年预算资金。

分析：

（1）获得财政部门批准的用款额度100万元。

借：资金结存——零余额账户用款额度　　1 000 000
　贷：财政拨款预算收入　　1 000 000

同时，

借：零余额账户用款额度　　1 000 000
　贷：财政拨款收入　　1 000 000

（2）2×17年使用财政资金支付固定资产采购和水电费时。

借：事业支出　　800 000
　贷：资金结存——零余额账户用款额度　　800 000

同时，

借：固定资产　　700 000
　　单位管理费用　　100 000
　贷：零余额账户用款额度　　800 000

（3）2×17年年末结余预算资金予以注销时。

借：资金结存——财政应返还额度　　200 000
　贷：资金结存——零余额账户用款额度　　200 000

同时，

借：财政应返还额度——财政授权支付　　200 000
　贷：零余额账户用款额度　　200 000

（4）2×18年初恢复上年未用完额度时。

借：资金结存——零余额账户用款额度　　200 000
　贷：资金结存——财政应返还额度　　200 000

同时，

借：零余额账户用款额度　　200 000
　贷：财政应返还额度——财政授权支付　　200 000

（5）2×18年2月使用恢复的上年额度20万元发生支出时。

借：事业支出　200 000

　贷：资金结存——零余额账户用款额度　200 000

同时，

借：库存物品　200 000

　贷：零余额账户用款额度　200 000

使用2×18年预算用款额度10万元采购办公物资的会计处理省略。

三、非财政拨款收支业务

（一）事业（预算）收入

事业收入是指事业单位开展专业业务活动及其辅助活动实现的收入，不包括从同级政府财政部门取得的各类财政拨款。对于事业收入，单位的会计处理为：（1）预算会计。在预算会计中应当设置“事业预算收入”科目，采用收付实现制核算。（2）财务会计。在财务会计中应当设置“事业收入”科目，采用权责发生制核算。

考霸笔记 反映运行情况的等式=收入－费用=本期盈余

考霸笔记 权责发生制，指在会计核算中，按照收入已经实现，费用已经发生，并应由本期负担为标准来确认本期收入和本期费用。

1.对采用财政专户返还方式管理的事业（预算）收入

（1）实现应上缴财政专户的事业收入时，按照实际收到或应收的金额，在财务会计中借记“银行存款”“应收账款”等科目，贷记“应缴财政款”科目。向财政专户上缴款项时，按照实际上缴的款项金额，在财务会计中借记“应缴财政款”科目，贷记“银行存款”等科目。

（2）收到从财政专户返还的事业收入时，按照实际收到的返还金额，在财务会计中借记“银行存款”等科目，贷记“事业收入”科目；同时在预算会计中借记“资金结存——货币资金”科目，贷记“事业预算收入”科目。

考霸笔记 学习要点：实际收到应上缴财政专户的事业收入不需要确认收入，而是确认为负债。

2.对采用预收款方式确认的事业（预算）收入　（本知识点了解即可）

（1）实际收到预收款项时，按照收到的款项金额，在财务会计中借记“银行存款”等科目，贷记“预收账款”科目；同时在预算会计中借记“资金结存——货币资金”科目，贷记“事业预算收入”科目。

（2）以合同完成进度确认事业收入时，按照基于合同完成进度计算的金额，借记“预收账款”科目，贷记“事业收入”科目。

考霸笔记 学习要点：收到从财政专户返还的事业收入时，确认收入。

3.对采用应收款方式确认的事业收入

根据合同完成进度计算本期应收的款项，在财务会计中借记“应收账款”科目，贷记“事业收入”科目。实际收到款项时，在财务会计中借记“银行存款”等科目，贷记“应收账款”科目；同时在预算会计中借记“资金结存——货币资金”科目，贷记“事业预算收入”科目。

4.对于其他方式下确认的事业收入

按照实际收到的金额，在财务会计中借记“银行存款”“库存现金”等科目，贷记“事业收入”科目；同时在预算会计中借记“资金结存——货币资金”科目，贷记“事业预算收入”科目。

5.事业活动中涉及增值税业务的

事业活动中涉及增值税业务的，事业收入按照实际收到的金额扣除增值税销项税之后的金额入账，事业预算收入按照实际收到的金额入账。

获得捐赠（预算）收入时如何进行会计处理？

（二）捐赠（预算）收入和支出

1.捐赠（预算）收入

捐赠收入指单位接受其他单位或者个人捐赠取得的收入，包括现金捐赠和非现金捐赠收入。捐赠预算收入指单位接受的现金资产。

（1）单位接受捐赠的货币资金。

①财务会计。

借记“银行存款”“库存现金”等科目，贷记“捐赠收入”科目。

②预算会计。

借记“资金结存——货币资金”科目，贷记“其他预算收入——捐赠预算收入”科目。

（2）单位接受捐赠的存货、固定资产等非现金资产。

①财务会计。

借记“库存物品”“固定资产”等科目，按照发生的相关税费、运输费等，贷记“银行存款”等科目，按照其差额，贷记“捐赠收入”科目。

②预算会计。

按照发生的相关税费、运输费等支出金额，借记“其他支出”科目，贷记“资金结存——货币资金”科目。

考霸笔记

学习要点：接受非现金资产捐赠时，预算会计中只针对涉及货币资金部分做处理。

2.捐赠（支出）费用

（1）单位对外捐赠现金资产的，按照实际捐赠的金额，分别以下情况处理。

①财务会计。

借记“其他费用”，贷记“银行存款”“库存现金”等科目。

②预算会计。

借记“其他支出”，贷记“资金结存——货币资金”科目。

（2）单位对外捐赠库存物品、固定资产等非现金资产。

①财务会计。

应当将资产的账面价值转入“资产处置费用”科目。

②预算会计。

如未支付相关费用，预算会计则不做账务处理。

（三）债务预算收入和债务还本支出（本知识点简单熟悉即可）

债务预算收入是指事业单位按照规定从银行和其他金融机构等借入的、纳入部门预算管理的、不以财政资金作为偿还来源的债务本金。

债务还本支出是指事业单位偿还自身承担的纳入预算管理的从金融机构举借的债务本金的现金流出。

事业单位为了核算借款及债务预算收入，在预算会计下应设置“债务预算收入”和“债务还本支出”科目，在财务会计下设置“短期借款”“长期借款”“应付利息”等科目。

1.事业单位借入各种短期借款、长期借款

（1）预算会计。

借记“资金结存——货币资金”科目，贷记“债务预算收入”科目。

（2）财务会计。

借记“银行存款”科目，贷记“短期借款”“长期借款”科目。

2.事业单位按期计提长期借款的利息

按照计算确定应支付的利息金额，在财务会计中借记“其他费用”或“在建工程”科目，贷记“应付利息”或“长期借款——应付利息”科目。

待实际支付利息时：

（1）预算会计。

借记“事业支出”等科目，贷记“资金结存——货币资金”科目。

（2）财务会计。

借记“应付利息”科目，贷记“银行存款”等科目

3.事业单位偿还各项短期或长期借款

（1）预算会计。

借记“债务还本支出”科目，贷记“资金结存——货币资金”科目。

（2）财务会计。

借记“短期借款”“长期借款”科目，贷记“银行存款”科目。

（四）投资支出（本知识点简单熟悉即可）

投资支出指事业单位以货币资金对外投资发生的现金流出。

为了核算投资支出，事业单位应当在预算会计下设置“投资支出”科目，在财务会计下设置“短期投资”“长期股权投资”“长期债权投资”等科目。

1.事业单位以货币资金对外投资

（1）预算会计。

借记“投资支出”科目，贷记“资金结存——货币资金”科目。

（2）财务会计。

借记“短期投资”“长期股权投资”“长期债券投资”等科目，贷记“银行存款”等科目。

2.事业单位收到投资时垫付的利息或股利

（1）预算会计。

借记“资金结存——货币资金”科目，贷记“投资支出”科目。

（2）财务会计。

借记“银行存款”科目，贷记“短期投资”“应收股利”“应收利息”等科目。

3.事业单位持有投资期间收到现金股利或分期付息的利息

（1）预算会计。

借记“资金结存——货币资金”科目，贷记“投资预算收益”科目。

（2）财务会计。

借记“银行存款”科目，贷记“应收股利”“应收利息”科目。

4.事业单位出售、对外转让或到期收回本年度以货币资金取得的对外投资

考霸笔记

学习要点：注意与企业财务会计有关账务处理的区别：①企业财务会计中持有期间投资分红或分的利息要影响投资收益；②政府财务会计处理中，持有期间投资分红或分的利息只是资产内部增减变动，不影响收入、费用。

（1）预算会计。

按照实际收到的金额，借记“资金结存——货币资金”科目，按照取得投资时“投资支出”科目的发生额，贷记“投资支出”科目，按照其差额，贷记或借记“投资预算收益”科目（如果单位出售、对外转让或到期收回的是以前年度以货币资金取得的对外投资，应当将上述业务处理中的“投资支出”科目改为“其他结余”）。

（2）财务会计。

按照实际收到的金额，借记“银行存款”科目，按照对外投资的账面余额贷记“短期投资”“长期股权投资”“长期债券投资”科目，按照尚未领取的现金股利、利润或尚未收取的利息，贷记“应收股利”或“应收利息”科目，按照发生的相关税费等支出，贷记“银行存款”等科目，按照借贷方差额，借记或贷记“投资收益”科目。

考霸笔记
财政拨款结转结余不参与事业单位的结余分配，单独设置“财政拨款结转”和“财政拨款结余”科目核算。

四、预算结转结余及分配业务

（一）财政拨款结转结余

1.财政拨款结转的核算

（1）与财政拨款结转资金调整业务相关的账务处理。

①按照规定从其他单位调入财政拨款结转资金的，按照实际调增的额度数额或调入的资金数额，借记“资金结存——财政应返还额度、零余额账户用款额度、货币资金”科目，贷记“财政拨款结转——归集调入”科目。

②按照规定向其他单位调出财政拨款结转资金的，按照实际调减的额度数额或调出的资金数额，借记“财政拨款结转——归集调出”，贷记“资金结存——财政应返还额度”“零余额账户用款额度”“货币资金”科目。

考霸笔记
学习要点：年末结转后，本科目除“累计结转”明细科目外，其他明细科目应无余额。（类似企业财务会计中利润分配科目年末结转后，除“未分配利润”明细科目外，其他明细科目无余额）

（2）与年末财政拨款结转业务相关的账务处理。

年末，将财政拨款预算收入本年发生额转入本科目，借记“财政拨款预算收入”科目，贷记“财政拨款结转——本年收支结转”科目；将各项支出中财政拨款支出本年发生额转入本科目，借记“财政拨款结转——本年收支结转”科目，贷记各项支出（财政拨款支出）科目。

例30-3

20×7年6月，财政部门拨付某事业单位基本支出补助400万元、项目补助100万元，“事业支出”科目下“财政拨款支出（基本支出）“财政拨款支出（项目支出）”明细科目的当期发生额分别为400万元和80万元。月末，该事业单位将本月财政拨款收入和支出结转。

【要求】不考虑其他事项。月末，作出该事业的账务处理。

【答案】（1）结转财政拨款收入（单位：万元）：

借：财政拨款预算收入——基本支出　400
　　——项目支出　100
　贷：财政拨款结转——本年收支结转——基本支出结转　400
　　——项目支出结转　100

期末财政拨款结转如何进行会计处理？

（2）结转财政拨款支出：

借：财政拨款结转——本年收支结转——基本支出结转　400
　　　　　　　　　　——项目支出结转　80
　贷：事业支出——财政拨款支出（基本支出）　400
　　　　　　——财政拨款支出（项目支出）　80

2.财政拨款结余的核算

（1）与财政拨款结余资金调整业务相关的账务处理。

①经财政部门批准对财政拨款结余资金改变用途，调整用于本单位基本支出或其他未完成项目支出的，按照批准调剂的金额，借记“财政拨款结余——单位内部调剂”科目，贷记“财政拨款结转——单位内部调剂”科目。

②按照规定上缴财政拨款结余资金或注销财政拨款结余资金额度的，按照实际上缴资金数额或注销的资金额度，借记“财政拨款结余——归集上缴”科目，贷记“资金结存——财政应返还额度”“零余额账户用款额度”“货币资金”科目。

（2）与年末财政拨款结余业务相关的账务处理。

①年末，对财政拨款结转各明细项目执行情况进行分析，按照有关规定将符合财政拨款结余性质的项目余额转入财政拨款结余，借记“财政拨款结转——累计结转”科目，贷记“财政拨款结余——结转转入”。

②年末冲销有关明细科目余额。将本科目（年初余额调整、归集上缴、单位内部调剂、结转转入）余额转入本科目（累计结余）。结转后，本科目除“累计结余”明细科目外，其他明细科目应无余额。

考霸笔记
学习要点：年末结转后，本科目除“累计结余”明细科目外，其他明细科目应无余额。

（二）非财政拨款结转（本知识点简单熟悉即可）

考霸笔记
学习要点：非财政拨款结转结余通过设置“非财政拨款结转”“非财政拨款结余”“专用结余”“经营结余”“非财政拨款结余分配”等科目核算。

非财政拨款结转的主要账务处理如下：

（1）年末，将事业预算收入、上级补助预算收入、附属单位上缴预算收入、非同级财政拨款预算收入、债务预算收入、其他预算收入本年发生额中的专项资金收入转入本科目，借记“事业预算收入”“上级补助预算收入”“附属单位上缴预算收入”“非同级财政拨款预算收入”“债务预算收入”“其他预算收入”科目下各专项资金收入明细科目，贷记“非财政拨款结转——本年收支结转”科目；将行政支出、事业支出、其他支出本年发生额中的非财政拨款专项资金支出转入本科目，借记“非财政拨款结转本年收支结转”科目，贷记“行政支出”“事业支出”“其他支出”科目下各非财政拨款专项资金支出明细科目。

（2）按照规定从科研项目预算收入中提取项目管理费或间接费时，按照提取金额在预算会计中借记“非财政拨款结转——项目间接费用或管理费”科目，贷记“非财政拨款结余——项目间接费用或管理费”科目；同时在财务会计中借记“单位管理费用科目，贷记“预提费用——项目间接费或管理费”科目。

因会计差错更正等事项调整非财政拨款结转资金的，按照收到或支出的金额，在预算会计中借记或贷记“资金结存——货币资金”科目，贷记或借记本科目“非财政拨款结转——年初余额调整”科目；同时在财务会计中借记或贷记“以前年度盈余调整”，贷记或借记“银行存款”等科目。

按照规定缴回非财政拨款结转资金的，按照实际缴回资金数额，在预算会计中借记“非财政拨款结转——缴回资金”科目，贷记“资金结存——货币资金”科目；同时在财务会计中借记“累计盈余”科目，贷记“银行存款”等科目。

(3) 年末，冲销有关明细科目余额。将“非财政拨款结转——年初余额调整、项目间接费用或管理费、缴回资金、本年收支结转”科目余额转入“非财政拨款结转——累计结转”科目。结转后，“非财政拨款结转”科目除“累计结转”明细科目外，其他明细科目应无余额。

(4) 年末，完成上述结转后，应当对非财政拨款专项结转资金各项目情况进行分析，将留归本单位使用的非财政拨款专项（项目已完成）剩余资金转入非财政拨款结余，借记“非财政拨款结转——累计结转”科目，贷记“非财政拨款结余——结转转入”科目。

考霸笔记
非财政拨款结余指事业单位历年滚存的非限定用途的非同级财政拨款结余资金，主要为非财政拨款结余扣除结余分配后滚存的金额。

(三) 非财政拨款结余 （本知识点简单熟悉即可）

非财政拨款结余的主要账务处理如下：

(1) 年末，将留归本单位使用的非财政拨款专项（项目已完成）剩余资金转入本科目，借记“非财政拨款结转——累计结转”科目，贷记“非财政拨款结余——结转转入”科目。

(2) 按照规定从科研项目预算收入中提取项目管理费或间接费时，按照提取金额，在预算会计中借记“非财政拨款结转——项目间接费用或管理费”科目，贷记“非财政拨款结余——项目间接费用或管理费”科目；同时在财务会计中借记“单位管理费用”科目，贷记“预提费用——项目间接费或管理费”科目。

有企业所得税缴纳义务的事业单位实际缴纳企业所得税时，按照缴纳金额，在预算会计中借记“非财政拨款结余——累计结余”科目，贷记“资金结存——货币资金”科目；同时在财务会计中借记“其他应缴税费——单位应交所得税”科目，贷记“银行存款”等科目。

因会计差错更正等调整非财政拨款结余资金的，按照收到或支出的金额，在预算会计中借记或贷记“资金结存——货币资金”科目，贷记或借记“非财政拨款结余——年初余额调整”科目；同时在财务会计中借记或贷记“以前年度盈余调整”，贷记或借记“银行存款”等科目。

(3) 年末，冲销有关明细科目余额。将“非财政拨款结余——年初余额调整、项目间接费用或管理费、结转转入”科目余额结转入“非财政拨款结余——累计结余”科目。结转后，本科目除“累计结余”明细科目外，其他明细科目应无余额

(4) 年末，事业单位将“非财政拨款结余分配”科目余额转入非财政拨款结余。“非财政拨款结余分配”科目为借方余额的，借记“非财政拨款结余——累计结余”科目，贷记“非财政拨款结余分配”科目；“非财政拨款结余分配”科目为贷方余额的，借记“非财政拨款结余分配”科目，贷记“非财政拨款结余——累计结余”科目。

年末，行政单位将“其他结余”科目余额转入非财政拨款结余。“其他结余”科目为借方余额的，借记“非财政拨款结余——累计结余”科目，贷记“其他结余”科目；“其他结余”科目为贷方余额的，借记“其他结余”科目，贷记“非财政拨款结余——累计结余”科目。

（四）经营结余、其他结余及非财政拨款结余分配 （本知识点作为了解即可）

1.经营结余的核算

事业单位应当在预算会计中设置“经营结余”科目。期末，事业单位应当结转本期经营收支。根据经营预算收入本期发生额，借记“经营预算收入”科目，贷记“经营结余”科目；根据经营支出本期发生额，借记“经营结余”科目，贷记“经营支出”科目。年末，如“经营结余”科目为贷方余额，将余额结转入“非财政拨款结余分配”科目，借记“经营结余”科目，贷记“非财政拨款结余分配”科目；如为借方余额，为经营亏损，不予结转。

2.其他结余的核算

单位应当在预算会计中设置“其他结余”科目，核算单位本年度除财政拨款收支、非同级财政专项资金收支和经营收支以外各项收支相抵后的余额。

年末，单位应将事业预算收入、上级补助预算收入、附属单位上缴预算收入、非同级财政拨款预算收入、债务预算收入、其他预算收入本年发生额中的非专项资金收入以及投资预算收益本年发生额转入本科目，借记“事业预算收入”“上级补助预算收入”“附属单位上缴预算收入”“非同级财政拨款预算收入”“债务预算收入”“其他预算收入”科目下各非专项资金收入明细科目和“投资预算收益”科目，贷记“其他结余科目（“投资预算收益”科目本年发生额为借方净额时，借记本科目，贷记“投资预算收益”科目）；将行政支出、事业支出、其他支出本年发生额中的非同级财政、非专项资金支出，以及上缴上级支出、对附属单位补助支出、投资支出、债务还本支出本年发生额转入本科目，借记“其他结余”科目，贷记“行政支出”“事业支出”“其他支出”科目下各非同级财政、非专项资金支出明细科目和“上缴上级支出”“对附属单位补助支出”“投资支出”“债务还本支出”科目。

年末，完成上述结转后，行政单位将本科目余额转入“非财政拨款结余——累计结余”科目；事业单位将本科目余额转入“非财政拨款结余分配”科目。

3.非财政拨款结余分配的核算

事业单位应当在预算会计中设置“非财政拨款结余分配”科目，核算事业单位本年度非财政拨款结余分配的情况和结果。年末，事业单位应将“其他结余”科目余额和“经营结余”科目贷方余额转入“非财政拨款结余分配”科目。根据有关规定提取专用基金的，按照提取的金额，借记“非财政拨款结余分配”科目，贷记“专用结余”科目；同时在财务会计中按照相同金额，借记“本年盈余分配”科目，贷记“专用基金”科目，然后将“非财政拨款结余分配”科目余额转入非财政拨款结余。

五、净资产业务

对于教材内容一般性阅读了解即可。

六、资产业务

对于教材内容一般性阅读了解即可。

七、负债业务

对于教材内容一般性阅读了解即可。

第三节 民间非营利组织会计

◇民间非营利组织会计概述

◇民间非营利组织特定业务的会计核算

一、民间非营利组织会计概述

（一）民间非营利组织会计的特征

民间非营利组织的特征为：（1）该组织不以营利为宗旨和目的；（2）资源提供者向该组织投入资源不取得经济回报；（3）资源提供者不享有该组织的所有权。

（二）民间非营利组织会计的特点

（1）以权责发生制为会计核算基础。

（2）在采用历史成本计价的基础上，引入公允价值计量基础。

（3）由于民间非营利组织资源提供者既不享有组织的所有权，也不取得经济回报，因此，其会计要素不应包括所有者权益和利润，而是设置了净资产这一要素。

（4）由于民间非营利组织采用权责发生制作为会计核算基础，因此设置了费用要素，而没有使用行政、事业单位的支出要素。

考霸笔记

反映财务状况的会计等式：资产－负债＝净资产。反映业务活动情况的会计等式：收入－费用＝净资产变动额。

（三）民间非营利组织的会计要素

1.反映财务状况的会计要素

（1）资产，是指过去的交易或者事项形成并由民间非营利组织拥有或者控制的资源，该资源预期会给民间非营利组织带来经济利益或者服务潜力。资产应当按其流动性分为流动资产、长期投资、固定资产、在建工程、文物文化资产、无形资产和受托代理资产等。

（2）负债，是指过去的交易或者事项形成的现时义务，履行该义务预期会导致含有经济利益或者服务潜力的资源流出民间非营利组织。负债按其流动性分为流动负债、长期负债和受托代理负债等。

（3）净资产，是指民间非营利组织的资产减去负债后的余额，包括限定性净资产和非限定性净资产。

2.反映业务成果的会计要素

（1）收入，是指民间非营利组织开展业务活动取得的、导致本期净资产增加的经济利益或者服务潜力的流入。收入应当按其来源分为捐赠收入、会费收入、提供服务收入、政府补助收入、投资收益、商品销售收入等主要业务活动收入和其他收入等。

（2）费用，是指民间非营利组织为开展业务活动所发生的、导致本期净资产减少的经济利益或者服务潜力的流出。费用应当按照其功能分为业务活动成本、管理费用、筹资费用和其他费用等。

（四）民间非营利组织财务报告

民间非营利组织的财务会计报告由会计报表、会计报表附注和财务情况说明书组成。会计报表至少应当包括资产负债表、业务活动表和现金流量表三张基本报表，附注侧重披露编制会计报表所采用的会计政策、已经在会计报表中得到反映的重要项目的具体说明和未在会计报表中得到反映的重要信息的说明等内容。

例 30-4

20×8 年 8 月 24 日，某基金会与乙企业签订了一份捐赠协议。协议规定，乙企业将向该基金会捐赠 180 000 元，其中 160 000 元用于资助贫困地区的儿童；20 000 元用于此次捐赠活动的管理，款项将在协议签订后的 20 日内汇至该基金会银行账户。根据此协议，20×8 年 9 月 12 日，该基金会收到了乙企业捐赠的款项 180 000 元。20×8 年 10 月 9 日，该基金会将 160 000 元转赠给数家贫困地区的小学，并发生了 18 000 元的管理费用。20×8 年 10 月 14 日，该基金会与乙企业签订了一份补充协议，协议规定，此次捐赠活动节余的 2 000 元由该基金会自由支配。下列关于该基金会的账务处理中正确的是（　　）。

A.20×8 年 8 月 24 日，确认捐赠收入

B.20×8 年 9 月 12 日，确认"捐赠收入——限定性收入"

C.20×8 年 9 月 12 日，确认受托代理资产

D.20×8 年 10 月 14 日，将限定性收入转入非限定性收入

【答案】BD

【解析】该基金会应做如下账务处理：

（1）20×8 年 8 月 24 日，不满足捐赠收入的确认条件，不需要进行账务处理。

（2）20×8 年 9 月 12 日，按照收到的捐款金额，确认捐赠收入：

借：银行存款　　180 000

　贷：捐赠收入——限定性收入　　180 000

（3）20×8 年 10 月 9 日，按照实际发生的金额，确认业务活动成本：

借：业务活动成本　　160 000

　　管理费用　　18 000

　贷：银行存款　　178 000

（4）20×8 年 10 月 14 日，部分限定性捐赠收入的限制在确认收入的当期得以解除，将其转为非限定性捐赠收入：

借：捐赠收入——限定性收入　　2 000

　贷：捐赠收入——非限定性收入　　2 000

如何对民间非营利组织捐赠业务进行会计处理？

二、民间非营利组织特定业务的会计核算

（一）捐赠业务

为了对捐赠进行正确的核算，民间非营利组织应当区分捐赠与捐赠承诺。捐赠承诺是指捐赠现金或其他资产的书面协议或口头约定等。捐赠承诺不满足非交换交易收入的确认条件。民间非营利组织对于捐赠承诺，不应予以确认，但可以在会计报表附注中作相关披露。

考霸笔记

捐赠属于非交换交易的一种，通常是指某个单位或个人（捐赠人），或无偿地清偿或取消该单位或个人（受赠人）的负债。捐赠业务的特征：无偿（非交换交易）、自愿、不属于投入或分配。

考霸笔记
学习非常要点：①民间非营利组织获得的捐赠承诺不确认捐赠收入；②民间非营利组织获得劳务捐赠，不予确认捐赠收入，但应当在会计报表附注中作相关披露。

需要注意的是，劳务捐赠是捐赠的一种，即捐赠人自愿地向受赠人无偿提供劳务。民间非营利组织对于其接受的劳务捐赠，不予确认，但应当在会计报表附注中作相关披露。

一般情况下，对于无条件的捐赠，民间非营利组织应当在捐赠收到时确认收入；对于附条件的捐赠，应当在取得捐赠资产控制权时确认收入，但当民间非营利组织存在需要偿还全部或部分捐赠资产或者相应金额的现时义务时，应当根据需要偿还的金额同时确认一项负债和费用。

（二）受托代理业务

考霸笔记
在受托代理业务中，民间非营利组织只是起到中介人的作用。

民间非营利组织收到受托代理资产时，应当按照应确认的受托代理资产的入账金额，借记“受托代理资产”科目，贷记“受托代理负债”科目。在转赠或者转出受托代理资产时，应当按照转出受托代理资产的账面余额，借记“受托代理负债”科目，贷记“受托代理资产”科目。收到的受托代理资产如果为现金、银行存款或其他货币资金，可以不通过“受托代理资产”科目核算，而在“现金”“银行存款”“其他货币资金”科目下设置“受托代理资产”明细科目进行核算。

例 30-5

20×7 年 12 月 1 日，甲基金会与乙企业签订了一份捐赠合作协议，协议规定：乙企业将通过甲基金会向丙学校捐款 100 000 元，乙企业应当在协议签订后的 10 日内将款项汇往甲基金会银行账户，甲基金会应当在收到款项后的 10 日内将款项汇往丙学校的银行账户。20×7 年 12 月 8 日，乙企业按照协议规定将款项汇至甲民间非营利组织账户。20×7 年 12 月 15 日，甲民间非营利组织按照协议规定将款项汇至丙学校账户。

如何对民间非营利组织受托代理业务进行会计处理？

【要求】假设不考虑其他因素和税费，作出甲基金会相关的账务处理。

【答案】

（1）20×7 年 12 月 8 日，收到银行存款时（单位：万元）：

借：银行存款——受托代理资产　　10
　贷：受托代理负债　　10

（2）20×7 年 12 月 15 日，转出银行存款时：

借：受托代理负债　　10
　贷：银行存款——受托代理资产　　10

【解析】首先根据协议规定判断，此项交易对于甲民间非营利组织属于受托代理交易。

（三）会费收入

考霸笔记
民间非营利组织的会费收入通常属于非交换交易收入。

民间非营利组织为了核算会费收入，应当设置“会费收入”科目，并应当在“会费收入”科目下设置“非限定性收入”明细科目。如果存在限定性会费收入，还应当设置“限定性收入”明细科目；同时，民间非营利组织应当按照会费种类（如团体会费、个人会费等），在“非限定性收入”或“限定性收入”科目下设置明细科目，进行明细核算。在会计期末，民间非营利组织应当将“会费收入”科目中“非限定性收入”明细科目当期贷方发生额转入“非限定性净资产”科目，将该科目中“限定性收入”明细科目当期贷方发生额转入“限定性净资产”科目。期末结转后该科目应无余额。

（四）业务活动成本

民间非营利组织发生的业务活动成本，应当按照其发生额计入当期费用。业务活动成本的主要账务处理如下：

（1）发生的业务活动成本，应当借记“业务活动成本”科目，贷记“现金”“银行存款”“存货”“应付账款”等科目。

（2）会计期末，将“业务活动成本”科目的余额转入非限定性净资产，借记“非限定性净资产”科目，贷记“业务活动成本”科目。

（五）净资产

考霸笔记：按照是否受到限制，民间非营利组织的净资产分为限定性净资产和非限定性净资产。

1. 限定性净资产

（1）期末结转限定性收入。民间非营利组织限定性净资产的主要来源是获得了限定性收入（主要是限定性捐赠收入和政府补助收入）。期末，民间非营利组织应当将当期限定性收入的贷方余额转入限定性净资产，即将各收入科目中所属的限定性收入明细科目的贷方余额转入“限定性净资产”科目的贷方，借记“捐赠收入——限定性收入”“政府补助收入——限定性收入”等科目，贷记“限定性净资产”科目。

（2）限定性净资产的重分类。如果限定性净资产的限制已经解除，应当对净资产进行重新分类，将限定性净资产转为非限定性净资产，借记“限定性净资产”科目，贷记“非限定性净资产”科目。

考霸笔记：有些情况下，资源提供者或国家法律、行政法规会对以前期间未设置限制的资产增加时间或用途限制，应将非限定性净资产转入限定性净资产：

借：限定性净资产

贷：非限定性净资产

2. 非限定性净资产

（1）期末结转非限定性收入和成本费用项目。期末，民间非营利组织应当将捐赠收入、会费收入、提供服务收入、政府补助收入、商品销售收入、投资收益和其他收入等各项收入科目中非限定性收入明细科目的期末余额转入非限定性净资产，借记“捐赠收入——非限定性收入”“会费收入——非限定性收入”“提供服务收入——非限定性收入”“政府补助收入——非限定性收入”“商品销售收入——非限定性收入”“投资收益——非限定性收入”“其他收入——非限定性收入”科目，贷记“非限定性净资产”科目。

期末，民间非营利组织应当将业务活动成本、管理费用、筹资费用和其他费用的期末余额均结转至非限定性净资产，借记“非限定性净资产”科目，贷记“业务活动成本”“管理费用”“筹资费用”“其他费用”科目。“非限定性净资产”科目的期末贷方余额，反映民间非营利组织历年积存的非限定性净资产金额。

（2）限定性净资产的重分类。如果限定性净资产的限制已经解除，应当对净资产进行重新分类。

（3）调整以前期间非限定性收入、费用项目。如果因调整以前期间非限定性收入、费用项目而涉及调整非限定性净资产的，应当就需要调整的金额，借记或贷记有关科目，贷记或借记“非限定性净资产”科目。

智能测评

在线练习	我要提问
扫码在线做题　扫码看答案 本书“本章同步强化训练”均配备二维码，打开微信“扫一扫”即可完成在线测评，查看本章详细的测评反馈报告，了解知识掌握情况，也可扫码直接看答案噢。 快来扫码做题吧！	扫码答疑 本书配备答疑专用二维码，打开微信“扫一扫”，即可完成在线提问，获取专业老师全面个性化解答，让学习问题不再拖延。 快来扫码提问吧！

本章同步强化训练

一、单选题

1.财务报表是对政府会计主体财务状况．运行情况和现金流量等信息的结构性表述，包括（　　）。

A.财务综合财务报告　　B.政府决算报告

C.政府部门财务报告　　D.会计报表和附注

2.下列项目中，不属于政府预算会计要素的有（　　）。

A.净资产　　B.预算收入

C.预算支出　　D.预算结余

3.20×8年10月，某行政单位以财政直接支付方式购买一批电脑，支付给供应商30 000元价款。下列预算会计处理中，正确的有（　　）。

A.借记“固定资产”30 000元　　B.借记“行政支出”30 000元

C.借记“库存物品”30 000元　　D.借记“事业支出”30 000元

4.下列不属于民间非营利组织的会计要素的有（　　）。

A.资产　　B.负债

C.净资产　　D.利润

5.事业单位年终结账时，下列（　　）账户的贷方余额转入“财政拨款结转”账户。

A.财政拨款收入　　B.上级补助收入

C.事业收入　　D.其他收入

6.报告期末，民间非营利组织的各费用账户余额应当转入（　　）账户。

A.限定性净资产　　B.非限定性净资产

C.限定性净资产或非限定性净资产　　D.限定性净资产和非限定性净资产

7.20×8年10月，某行政单位以财政直接支付方式购买一批电脑，支付给供应商30 000元价款。下列预算会计处理中，正确的（　　）。

A.借记“固定资产”30 000元　　B.借记“行政支出”30 000元

C.借记“库存物品”30 000元

D.借记“事业支出”30 000元

二、多选题

1.政府决算报告的编制以（　　）。

A.收付实现制为基础

B.财务会计核算生成的数据为准

C.权责发生制为基础

D.预算会计核算生成的数据为准

2.下列属于政府资产计量属性的有（　　）。

A.历史成本

B.可变现净值

C.名义金额

D.公允价值

3.下列属于政府负债计量属性的有（　　）。

A.历史成本

B.名义金额

C.现值

D.公允价值

4.国库集中收付制度下，财政支出的拨付方式包括（　　）。

A.财政直接支付

B.财政授权支付

C.财政转移支付

D.财政集中支付

5.对国库集中授权支付业务，下列事项中正确的有（　　）。

A.收到“财政直接支付入账通知书”时，按入账通知书中表明的金额进行会计处理

B.应设置“零余额账户用款额度”账户

C.应当同时进行预算会计和财务会计的处理

D.年末，须根据代理银行提供的对账单作注销额度的相关账务处理

6.行政事业单位发生下列事项，应进行预算会计核算的有（　　）。

A.收到“财政直接支付入账通知书”

B.收到“财政支付到账通知书”

C.受托代理的现金

D.应上缴财政的现金

7.下列有关捐赠（预算）收入，说法正确的有（　　）。

A.捐赠收入包括现金捐赠和非现金捐赠收入

B.捐赠收入指单位接收的现金资产

C.捐赠预算收入包括现金捐赠和非现金捐赠收入

D.捐赠预算收入指单位接收的现金资产

8.民间非营利组织的财务报表包括（　　）。

A.资产负债表

B.业务活动表

C.现金流量表

D.利润表

9.下列账户余额期末应转入非限定性净资产的有（　　）。

A.捐赠收入–非限定性收入

B.捐赠收入–限定性收入

C.解除限制的限定性净资产

D.投资者收益–非限定性收入

三、综合题

资料1：2018年10月8日，某事业单位根据经过批准的部门预算和用款计划，向同级财政部门申请支付第三季度电费900万元。10月18日，财政部门经审核后，以财政直接支付方式向自来水公司支付了该单位的电费900万元。10月22日，该事业单位收到了“财政直接支付入账通知书”。

资料2：2018年10月2日，该事业单位开展专项咨询服务，开具的增值税专用发票上注明的劳务收入为500万元，增值税税额为30万元，款项已存入银行。

资料3：2018年10月15日，该事业单位接受GD公司捐赠的一批实验材料，GD公司所提供的凭据表明其价值为50万元，该事业单位以银行存款支付了运输费1万元，不考虑相关税费。

要求：根据上述资料编制该事业单位的相关分录（单位：万元）。

第三部分

跨章节综合集训

专题一：长期股权投资、所得税和非同一控制企业合并

2×18年1月1日甲公司以10 000万元购入乙公司80%股权，当日乙公司可辨认净资产账面价值为11 250万元（不包含递延所得税资产或负债），乙公司当日主要报表数据项目见表1：

表1 主要报表数据 单位：万元

项目	账面价值	公允价值
存货	1 600	2 000
固定资产	4 000	4 600
股本	5 000	
资本公积	2 200	
其他综合收益	1 000	
盈余公积	1 050	
未分配利润	2 000	

假设上述存货和固定资产的计税基础等于其当日的账面价值。上述固定资产（办公楼）当日剩余寿命为10年，合并双方均对此主张采用年限平均法计提折旧，无残值。上述存货在当年出售40%，剩余部分在第2年（2×19年）出售完毕。

乙公司2×18年全年实现净利润3 000万元，乙公司当年提取盈余公积200万元，向股东分配现金股利1 000万元。

乙公司2×19年全年实现净利润4 000万元，乙公司当年提取盈余公积300万元，宣告向股东分配现金股利1 200万元。

2×18年11月1日，乙公司向甲公司出售专利一项，账面价值500万元，售价560万元，该专利无残值，寿命5年，采用直线法摊销。

假设甲公司和乙公司所得税税率均为25%，2×18年现金股利于2×18年年末已发放，2×19年现金股利截至年末尚未发放。

要求：

（1）编制2×18年1月1日甲公司个别报表的分录和合并工作底稿中的调整或抵销分录。

（2）编制2×18年12月31日甲公司个别报表的分录和合并工作底稿中的调整或抵销分录。

（3）编制2×19年12月31日甲公司个别报表的分录和合并工作底稿中的调整或抵销分录。

专题二：反向购买和内部交易

2×19年3月31日，甲公司通过A上市公司（以下简称A公司）实现了上市。具体做法是：A上市公司于2×19年3月31日通过定向增发本公司普通股对甲公司进行合并，取得甲公司80%股权。甲公司及A公司在进行合并前简化资产负债表见表2。

其他资料：

（1）2×19年3月31日，A公司通过定向增发本公司普通股，以2股换1股的比例自甲公司原股东处取得了甲公司80%股权。A公司共发行了3 200万股普通股以取得甲公司1 600万股普通股。

（2）A公司普通股在2×19年3月31日的公允价值为每股5元，甲公司普通股当日的公允价值为每股10元。A公司、甲公司每股普通股的面值均为1元。

表2　　　　甲公司及A公司合并前资产负债表（简表）　　　　单位：万元

项目	A公司	甲公司
流动资产	1 000	1 500
非流动资产	5 000	11 500
资产总计	6 000	13 000
流动负债	518	500
非流动负债	2 182	2 500
负债合计	2 700	3 000
股东权益：		
股本	1 000	2 000
资本公积	300	1 000
盈余公积	1 000	3 000
未分配利润	1 000	4 000
股东权益合计	3 300	10 000

（3）2×19年3月31日，A公司除非流动资产公允价值较账面价值高800万元以外，其他资产、负债项目的公允价值与其账面价值相同。甲公司除流动资产公允价值较账面价值高100万元以外，其他资产、负债项目的公允价值与其账面价值相同。

（4）假定A公司与甲公司在合并前不存在任何关联方关系。

（5）2×19年6月，甲公司销售一批存货给A公司，成本为100万元，售价为150万元，当年A公司将存货对外出售2/5。

（6）假设以上业务不考虑其他因素和相关税费的影响。合并后资产负债表见表3。

表3　　　　甲公司及A公司合并后资产负债表（简表）　　　　单位：万元

项目	合并数据
流动资产	
非流动资产	
商誉	
资产总计	
流动负债	
非流动负债	
负债合计	
股东权益：	
股本(4 600万股普通股)	
资本公积	
盈余公积	
未分配利润	
股东权益合计	

要求：

（1）确定2×19年3月31日甲公司与A公司合并业务的购买方；

（2）确定2×19年3月31日甲公司与A公司合并后甲公司原股东持有A公司的股权比例；

（3）计算2×19年3月31日甲公司与A公司合并业务中的合并成本、合并商誉；

（4）填列购买日简要资产负债表中合并后的数据；

（5）编写内部存货交易的抵销分录。

专题三：金融资产、所得税和长期股权投资

2×17年1月1日，甲公司支付7 000万元取得乙公司80%的股权，当日乙公司可辨认净资产的公允价值为8 000万元，可辨认净资产的账面价值为7 800万元。当日乙公司有一项固定资产（办公设备）的账面价值为500万元，公允价值为700万元，剩余寿命5年，假设无残值，该设备采用年限平均法折旧。另假设该设备当日的计税基础等于账面价值。

2×17年，乙公司按购买日公允价值持续计算的净利润为240万元，因非投资性房地产转换为投资性房地产（公允价值模式）在转换日产生贷方差额80万元，确认权益结算的股份支付费用25万元。

2×18年，乙公司按购买日公允价值持续计算的净利润为300万元，持有的以公允价值计量且其变动计入其他综合收益的金融资产的公允价值上涨了60万元。当年年末，乙公司发放现金股利40万元。

2×19年1月1日，甲公司转让乙公司50%的股权，售价5 000万元，转让后甲公司对乙公司的剩余持股比例为30%，能对其施加重大影响。当日剩余30%股权的公允价值为3 000万元。

假定甲、乙公司提取盈余公积的比例均为10%，所得税税率为25%。

要求：分以下两种情形编制转换日当天甲公司个别财务报表和合并财务报表层面的相关会计分录，并计算合并报表层面的投资收益（单位：万元）。

情形1：乙公司2×18年持有的以公允价值计量且其变动计入其他综合收益的金融资产为其他债权投资。

情形2：乙公司2×18年持有的以公允价值计量且其变动计入其他综合收益的金融资产为其他权益工具投资。

专题四：借款费用和可转换公司债券

甲上市公司(以下简称“甲公司”)经批准于2×18年1月1日以5 010万元的价格(不考虑相关税费)发行面值总额为5 000万元的可转换公司债券，筹集资金专门用于某工程项目。

（1）该可转换公司债券期限为3年，票面年利率为5%，实际年利率为6%。自2×19年起，每年1月1日支付上年度利息。自2×19年1月1日起，该可转换公司债券持有人可以申请按债券面值转为甲公司的普通股股票(每股面值为1元)，初始转换价格为每股10元，即按债券面值每10元转换1股股票。

2×19年1月1日，甲公司支付了上年度的利息，且债券持有者于当日将可转换公司债券全部转为甲公司的普通股股票，相关手续已于当日办妥。

（2）除上述可转换公司债券外，甲公司还有两笔按本金取得的一般借款：

第一笔一般借款为2×17年10月1日取得，本金为1 000万元，年利率为6%，期限为2年；第二笔一般借款为2×17年12月1日取得，本金为1 500万元，年利率为7%，期限为18个月。

（3）工程项目于2×18年1月1日开工，工程采用出包方式，发生的支出如下：

2×18年1月1日支出2 000万元；

2×18年5月1日支出2 600万元；

2×18年7月1日支出1 400万元；

（4）2×18年8月1日，由于发生安全事故发生人员伤亡，工程停工。2×19年1月1日，工程再次开工，并于当日发生支出600万元。2×19年3月31日，工程验收合格，试生产出合格产品。2×19年4月，为了使该工程能更好的使用，发生职工培训费50万元，该工程于2×19年5月1日正式投入运营。

假设专门借款未动用部分用于短期投资，月收益率0.5%。

其他资料：（P/A，6%，3）=2.6730；（P/F，6%，3）=0.8396。

要求：

（1）编制2×18年1月1日发行可转换公司债券的会计分录。

（2）判断该在建工程的资本化期间并说明理由。

（3）计算2×18年借款费用应予资本化的金额，编制与利息费用相关的会计分录。

（4）编制2×19年1月1日支付债券利息及可转换公司债券转为甲公司普通股有关的会计分录。

（5）计算2×19年借款费用应予资本化的金额，编制与利息费用相关的会计分录。

专题五：收入和或有事项

某建筑企业签订了一项总金额为1 500万元的固定造价合同，合同完工进度按照累计实际发生的合同成本占合同预计总成本的比例确定。工程已于2×18年1月开工，预计2×20年9月完工。最初预计的工程总成本为1 300万元，到2×19年年底，由于材料价格上涨等因素调整了预计总成本，预计工程总成本已上升为1 550万元。该建筑企业于2×20年7月提前两个月完成了建造合同，最终累计总成本为1 540万元。工程质量优良，客户同意支付奖励款100万元。建造该工程的其他有关资料见表4。

表4　**其他有关资料**　单位：万元

项　目	2×18年	2×19年	2×20年
累计实际发生成本	520	1 200	1 540
预计完成合同尚需发生成本	780	350	—
结算合同价款	500	800	300
实际收到价款	400	700	500

假定该工程整体构成单项履约义务，并属于在某一时间段内履行的履约义务，该公司采用成本法计算履约进度。

要求：按照修订后的收入准则编制2×18—2×20年期间该建筑公司的相关会计分录。

智能测评

扫码看答案	我要提问
打开微信“扫一扫”即可直接看答案，登录高顿网校网页端进入课程，即可批量下载“本章同步强化训练”答案噢。	本书配备答疑专用二维码，打开微信“扫一扫”，即可完成在线提问，获取专业老师全面个性化解答，让学习问题不再拖延。 快来扫码提问吧！

附录 注册会计师全国统一考试（专业阶段）全真模拟测试卷

高顿财经研究院根据最新考纲和教材，精选历年真题，组建了一套题型、题量完全和正式考试一致的真题模拟卷，帮助你提前感受考试场景，进入备考状态，考生们可以随时随地手机扫码在线模考练习。

“全真模拟测试卷”具有如下特点：

1.根据最新考纲和教材，剔除或修改已过时的题目，排除教材修改带来的影响；

2.在线练习，即时反馈，随时随地检测学习效果。

开启真题模考练习，只需一步：

扫码下方二维码，开始全真模拟测试吧！